普通高等教育“十三五”规划教材

工 程 力 学

（第三版）

主　编　屈本宁
副主编　杨邦成

科 学 出 版 社
北　京

内 容 简 介

本书是根据教育部高等学校力学教学指导委员会力学基础课程教学指导分委员会颁布的理工科非力学专业力学基础课程基本要求(2008年版)中理论力学课程基本要求(B类)中静力学的要求和材料力学课程基本要求(B类)编写而成。本书分两篇共15章。分别阐述静力学和材料力学的基础理论和方法，并以材料力学内容为主。

本书注重与工程实际相结合，深入浅出，通过大量例题阐述分析问题、解决问题的思路及方法。每章附有多种形式的思考题和习题，习题附有参考答案。

本书利用现代教育技术和互联网信息技术，将部分学生难以理解的知识点，通过二维码技术实现教学互动，以达到帮助学生理解知识点的目的。

本书可作为工科非机械类和非土建类各专业本科、专科64～80学时工程力学课程的教材，也可供开放大学学生、自学者以及工程技术人员参考。

图书在版编目(CIP)数据

工程力学/屈本宁主编. —3版. —北京：科学出版社，2017.8

普通高等教育“十三五”规划教材

ISBN 978-7-03-054417-9

Ⅰ.①工…　Ⅱ.①屈…　Ⅲ.①工程力学－高等学校－教材　Ⅳ.①TB12

中国版本图书馆CIP数据核字(2017)第217332号

责任编辑：邓　静　张丽花／责任校对：郭瑞芝

责任印制：赵　博／封面设计：迷底书装

科学出版社出版

北京东黄城根北街16号

邮政编码：100717

http://www.sciencep.com

涿州市般润文化传播有限公司印刷

科学出版社发行　　各地新华书店经销

*

2003年2月第　一　版　　开本：787×1092　1/16

2017年8月第　三　版　　印张：22

2025年1月第十八次印刷　　字数：522 000

定价：69.80元

(如有印装质量问题，我社负责调换)

第三版前言

本书分别于2003年出版第一版和2008年出版第二版，并在2009年荣获云南省高校优秀教材奖。本书对应的工程力学课程是云南省精品课程(2005获评)和云南省精品课程资源共享平台课程(2012获评)。经过多年的教学实践，我们感到在内容的取舍、编排及描述等方面仍有进一步提高和改进的空间。另外，信息时代改变了人们获得信息的方式，读者希望通过互联网平台的各种通道获取课程更多的信息。因此，为更好满足教学及信息化的需要，拟对本书进行改版。在保持本书主要内容、体系和叙述风格的基础上，在以下几个方面进行了修订：

(1)部分章节在内容的叙述上进行了充实、改进和调整，使其更清晰、简洁。

(2)为突出工程力学理论的工程应用，在某些章节增加了工程应用实例，使理论与工程问题结合更加紧密，内容更加充实和全面。

(3)对部分内容进行了必要的增删和修改，精炼了文字叙述，统一了名称，力求达到精炼、准确。

(4)在部分章节内容配有相应的视频或动画，通过扫二维码链接可观看，帮助读者建立直观概念，更好地理解知识点。

本书由屈本宁任主编并修订前言，绪论，第1、2、3章；杨邦成任副主编并修订第8、9、15章；蓝虹修订第5、6、7、10、11章；李鹏程修订第4、12、13、14章及附录Ⅱ；王时越修订附录Ⅰ。

本书虽经再次修订，但由于编者水平有限，书中的不足之处仍在所难免，敬请读者批评指正。

特别感谢科学出版社给予的热情鼓励与支持，以及责任编辑为本书顺利出版而付出的心血。

编　者

2017年2月

第一版前言

本书根据教育部高等工科本科理论力学课程基本要求（中学时）中静力学的要求和材料力学课程基本要求（中学时）以及教育部工科力学课程教学指导委员会面向 21 世纪工科力学课程教学改革的要求在原有讲义基础上编写而成。全书内容涵盖了工程力学的全部基本内容。书中的物理量符号、名称和计量单位均采用国际单位制。

在编写中对与物理重复的部分以及课程自身重复部分进行了精简和重组，提高了起点。并以学习力学基本知识和能力培养为目标，吸取了现行教材之所长和编者多年的教学经验。在叙述方面，深入浅出，注重概念引入的工程背景以及分析和解决问题的思路和方法。书中安排了较多的例题，精选各型思考题和习题，难度适中。习题均附有答案，既适合课堂教学又便于自学。

本书可作为工科非机类和非土建类各专业本科、专科 70～80 学时工程力学课程的教材，也可供电大生、自学者，以及工程技术人员参考。

全书分二篇共十五章。由屈本宁任主编并编写前言，引言，第一、二、三章；张曙红任副主编并编写第十二、十三、十四、十五章；李鹏程编写第四章；郑辉中编写第五、六章及型钢表；蓝虹编写第七、八、九、十、十一章及索引；文宏光编写力学实验部分。

为使本书尽快出版，科学出版社给予了热情的帮助和大力支持，责任编辑付出了大量辛勤的劳动，在此一并表示衷心的感谢。由于编者水平有限，书中的不足之处在所难免，敬请读者批评指正。

编　者

2002 年 11 月

目　录

绪　论

工程力学由静力学和材料力学两部分内容组成，主要研究物体的受力分析、平衡条件及构件的强度、刚度和稳定性。随着现代科学技术的发展，力学的应用已渗入到许多学科领域。作为一般工程专业的一门技术基础课，工程力学课程所介绍的力学基本概念、基本理论和基本方法，既可以直接用于解决工程实际问题，又是学习一系列后续技术基础课和专业课程的重要基础。

静力学研究力的基本性质、力系的简化方法及力系平衡的理论，并用于对物体进行受力分析和计算，是工程力学的基础部分。力系指作用在物体上的一群力；平衡是机械运动的特殊情况，指物体相对地球保持静止或匀速直线运动。而机械运动是物体在空间的位置随时间改变的现象。静力学侧重研究物体的外力以及这些外力之间的平衡关系，因此忽略物体的变形，将物体简化为刚体来研究。

材料力学研究构件在外力作用下的变形、受力与破坏的规律。为合理设计构件截面形状和尺寸，选择适当的材料提供有关强度、刚度与稳定性分析的基本理论和方法。与静力学不同，材料力学研究物体内部的受力与变形，并将构件视为弹性变形体。

所谓构件，指机械或工程结构的每一组成部分；构件要实现预定的功能，必须具备一定的承载能力。而构件的承载能力包括强度、刚度和稳定性三个方面的能力。其中，强度指构件在外力作用下抵抗破坏的能力；刚度指构件在外力作用下抵抗变形的能力；稳定性指构件在外力作用下保持原有平衡形态的能力。研究构件这三个方面的能力是材料力学的主要内容。

工程实际中，为保证构件能正常工作，需要对其进行承载能力方面的计算。例如图 0.1 所示的厂房结构，由立柱、屋顶、行车梁等构件组成，承受各个构件的自重、载荷重力、风雪的压力、地基的支承力等。在计算结构的承载能力时，工程力学中通常归结为三类问题:一类问题是设计问题。无论是厂房的总体结构还是其构件，在建造或制造前都要根据结构承载要求和经济条件进行设计。比如立柱，要保证满足强度条件、稳定性和经济性，必须合理选择材料；合理确定截面形状和尺寸等，这些都是设计时要解决的问题。第二类问题是校核问题。即在给定的载荷作用下，考察承受载荷的构件能否安全正常工作。比如起吊重物，钢丝绳会不会被拉断？行车大梁是否会发生过大弹性变形？等等。在设计过程或某些特定载荷作用下常需要根据强度、刚度和稳定性条件进行校核。第三类问题是确定许可载荷。即确定结构或构件在满足安全性的前提下所能承受的最大载荷。

图 0.1

解决这三类问题，首先都要对结构或构件进行受力分析和计算，以确定构件所受的外力。这就需要应用静力学理论和方法，对各个构件的受力进行分析，并应用平衡方程计算各个构件(如组成屋架的各杆件、吊车梁、立柱、基础等)上所受外力的大小。其次对结构或构件进行强度、刚度和稳定性方面的计算，解决受力构件的三类问题。这就要用到材料力学的理论和方法。由此可见，材料力学以静力学为基础，二者相互联系和衔接，形成了工程力学。因此在学习过程中，既要注意每部分在研究对象、内容和方法上的区别，又要注意后面部分对前面部分的理论和方法的应用，这样才能学好这门课。

第一篇 静 力 学

本篇静力学部分介绍的是力对物体作用的外效应，以刚体为对象研究了力的性质及平衡规律。

第1章 静力学基础

静力学理论是从静力学公理出发，以静力学基本概念和力的作用效应为基础，经逻辑推理和数学演绎而得到的。因此本章介绍静力学基本概念、静力学公理、力矩、力偶、物体受力分析方法和受力图，侧重研究力的基本性质。

1.1 静力学基本概念及静力学公理

1.1.1 力和刚体的概念

力的概念和刚体的概念是静力学中的两个基本概念。

1. 力的概念

力的概念是人们从生产实践中总结出来的。定义为：力是物体间相互的机械作用，这种作用使物体的运动状态和形状发生改变。如放在直线轨道上的小车，开始是静止的，在一水平力作用下，由静止变为运动，其运动状态发生了改变，如图 1.1(a)所示。

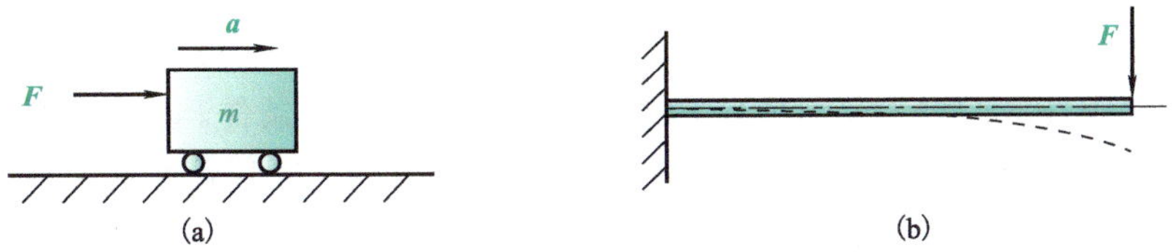

图 1.1

又如跳水运动员用的跳板，当运动员站上去时，在重力作用下跳板产生了变形，如图 1.1(b)所示，其轴线由直线变为虚线所示的曲线。由此，将力使物体运动状态的改变称为力的外效应，而将力使物体形状的改变称为力的内效应。一般情况下，力使物体同时发生运动状态和形状的改变，两种状态共存。而在实际工程中，研究力对物体的作用，应根据研究重点而有所侧重。如上述的小车，运动状态的改变是主要的，可略去受力后小车的变形，侧重研究力的外效应；而对于跳板，变形是主要的，略去引起运动改变的外效应，而侧重研究力的内效应。

实践证明，力对物体的作用效果取决于力的大小、方向和作用点三个要素。这三要素可用矢量概括，如图 1.2 所示，矢量的长度表示力的大小，箭头表示方向，矢尾端 A 表示作用点(也可用矢端表示力的作用点)。

力的国际单位为牛顿(N)或千牛(kN)。

2. 刚体的概念

刚体是在任何情况下，大小和形状都不改变的物体。刚体是对实际受力物体的力学抽象。自然界中任何物体受力后都要发生变形。如果物体变形较小，在研究平衡或运动时不起主要作用，变形可以略去不计。如图 1.3 所示的横梁，在力 $\boldsymbol{F}$ 的作用下其挠度 δ 仅为梁长度 l 的千分之几。在考察横梁平衡时可以略去因挠度引起的梁水平长度的微小变化，仍用梁的原长进行计算，不致引起显著的误差。显然，刚体模型的引入，既反映了问题的主要方面又能保证精度，简化计算过程。应当注意，刚体模型仅适应于小变形问题，不适用于大挠度、大应变和与变形有关的问题。

静力学以刚体为研究对象。

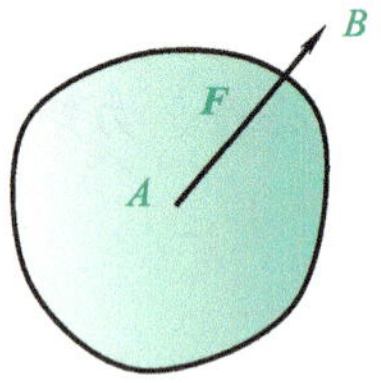

图 1.2

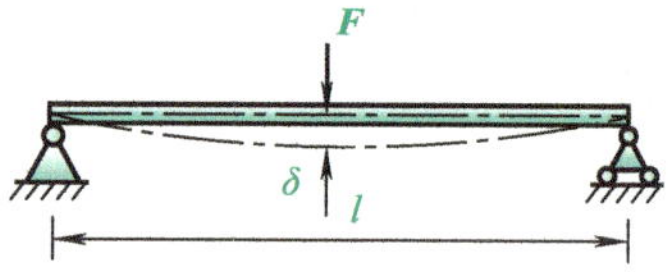

图 1.3

1.1.2 静力学公理

静力学公理是人们经过长期生产实践中总结并经实践反复检验的关于力的性质的客观真理。无需证明而为人们所公认。静力学公理是静力学的基础，主要有以下几个公理。

1. 二力平衡公理

作用在刚体上两个力平衡的必要与充分条件是：两个力的大小相等、方向相反并作用于同一直线上。如图 1.4 所示，即有

$$\boldsymbol{F}_1 = -\boldsymbol{F}_2 \tag{1.1}$$

满足此公理并且作用于同一物体上的两力，是最简单的平衡力系。二力平衡条件对于刚体是必要与充分条件，而对于变形体仅为必要条件而不是充分条件。如柔软的绳索，受大小相等方向相反的两个力拉伸时，可以保持平衡，但压缩时则不能保持平衡。

在工程中常有作用两个力而平衡的构件，称之为二力构件，如图 1.5 所示的无重弯杆 BC 及图 1.6 所示的无重刚杆 AB 均为二力构件，后者也称为“二力杆”。

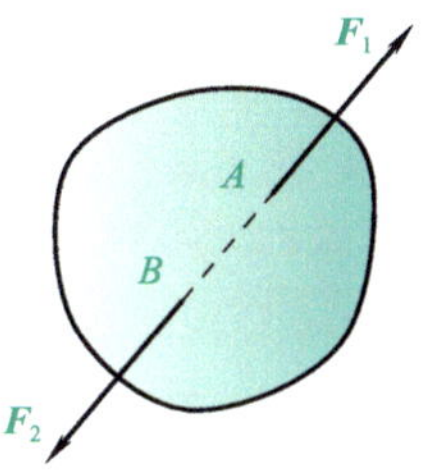

图 1.4

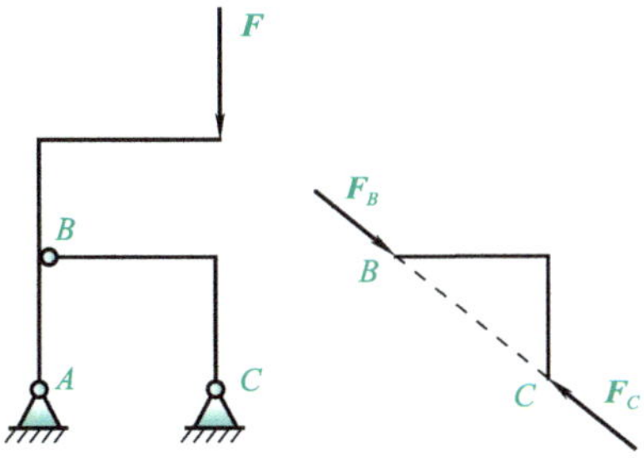

图 1.5

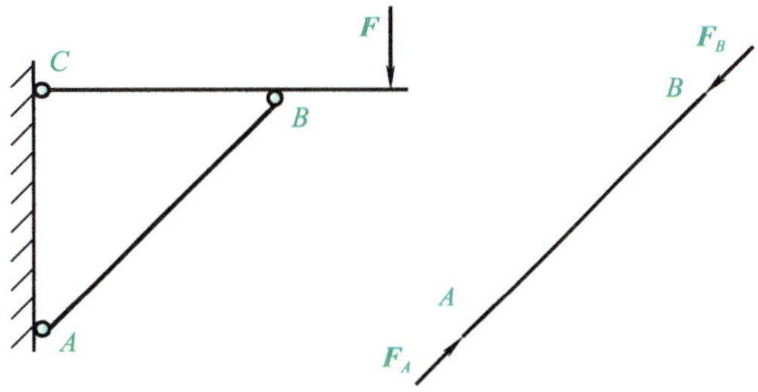

图 1.6

2. 力的平行四边形法则

作用于物体上同一点的两个力，可以合成为一个合力，合力的作用点仍在该点，合力的大小和方向由这两个力矢为边构成的平行四边形的对角线确定。

平行四边形法则是力的合成方法，称为矢量加法。合力称为两分力的矢量和或几何和(图 1.7(a))，表示为

$$\boldsymbol{F}_{\mathrm{R}} = \boldsymbol{F}_1 + \boldsymbol{F}_2 \tag{1.2}$$

此关系也可用平行四边形的一半表示，称为力三角形，如图 1.7(b)所示。对于复杂的共点力系，可以运用这一规则将各力两两合成得到合力。应用此法则也可将一个力分解为两个力。另外，此公理无论对刚体还是变形体都是适用的。

3. 加减平衡力系公理

在作用于刚体的已知力系上加上或减去任意平衡力系，不改变原力系对刚体的作用效应。

此公理表明，加、减平衡力系后的新力系与原力系等效。此公理只适用于刚体不适用于变形体。如图 1.8 所示的变形体在已知的力系 $\boldsymbol{F}$，$\boldsymbol{F}'$上加上一对平衡力系 $\boldsymbol{F}_1$，$\boldsymbol{F}'_1$。很显然，加平衡力系前后变形量是不相同的，因而不能等效。

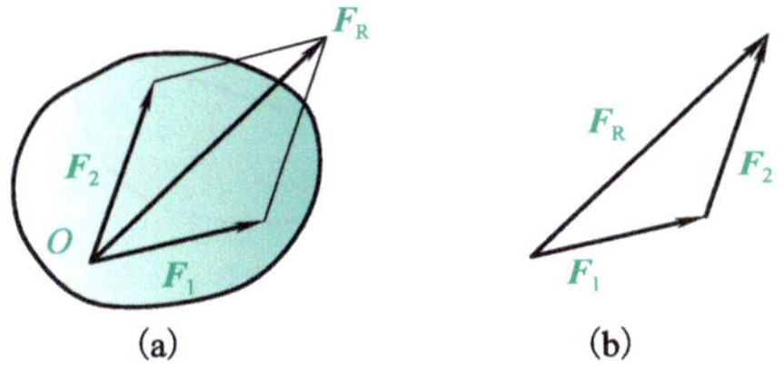

图 1.7

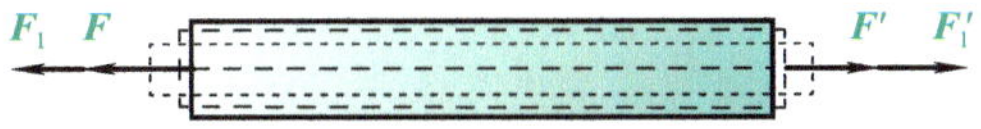

图 1.8

由此公理可以得到两个有用的推理。

推理 1(力的可传性原理)作用在刚体上某点的力，可沿其作用线移到刚体的任意点而不改变该力对刚体的作用。

设有一力 $\boldsymbol{F}$ 作用于刚体上 A 点，在力 $\boldsymbol{F}$ 作用线上某点 B 处加上一对平衡力 $\boldsymbol{F}_1$ 和 $\boldsymbol{F}_2$，如图 1.9 所示，并使 $\boldsymbol{F} = \boldsymbol{F}_1 = -\boldsymbol{F}_2$。据加减平衡力系公理，不改变力 $\boldsymbol{F}$ 对刚体的作用。此时又可将 $\boldsymbol{F}$ 和 $\boldsymbol{F}_2$ 看作是一对平衡力，又据此公理，可以减去，因此图 1.9(a)与 1.9(c)所示的情形等效。由此可知，力 $\boldsymbol{F}$ 被由点 A 沿其作用线移到了点 B，由于 B 点是任取的，于是推理成立。

力的可传性原理使力对刚体作用效应的三要素成为力的大小、方向和作用线。因此对于刚体，力是滑动矢量。

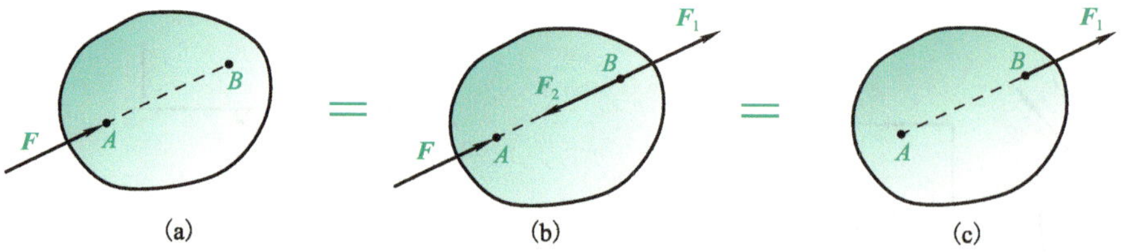

图 1.9

对于变形体，力的可传性原理不能成立。如图 1.10 所示的变形体在图 1.10(a) 中轴向力的作用下，产生拉伸变形，如虚线所示。若将 A 端的力沿其作用线移到 B 端而将 B 端的力沿其作用线移到 A 端，如图 1.10(b) 所示，此时变形体产生压缩变形，如虚线所示，显然与两力移动前不等效。

图 1.10

推理 2(三力平衡汇交定理) **作用于刚体上的三个相互平衡的力，若其中两个力的作用线汇交于一点，则此三力必在同一平面内，且第三个力的作用线通过汇交点。**

如图 1.11 所示在刚体上 A、B、C 三点处作用有三个相互平衡的力 $\boldsymbol{F}_1$、$\boldsymbol{F}_2$ 和 $\boldsymbol{F}_3$。将力 $\boldsymbol{F}_1$ 和 $\boldsymbol{F}_2$ 沿其作用线移至汇交点 O 并按平行四边形法则求得合力 $\boldsymbol{F}_{12}$。合力 $\boldsymbol{F}_{12}$ 位于 $\boldsymbol{F}_1$ 和 $\boldsymbol{F}_2$ 构成的平面，此时刚体受两力 $\boldsymbol{F}_{12}$ 和 $\boldsymbol{F}_3$ 的作用而平衡。由二力平衡公理，两力必共线，故 $\boldsymbol{F}_3$ 必通过 $\boldsymbol{F}_1$ 与 $\boldsymbol{F}_2$ 的汇交点，$\boldsymbol{F}_{12}$ 与 $\boldsymbol{F}_3$ 也必在同一平面内，亦即三力 $\boldsymbol{F}_1$、$\boldsymbol{F}_2$、$\boldsymbol{F}_3$ 共面。推理得证。

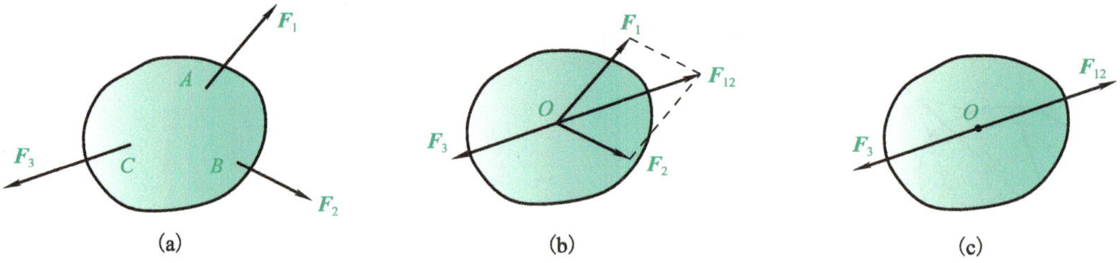

图 1.11

4. 作用与反作用定律

两物体间作用力与反作用力总是同时存在，两力的大小相等方向相反，沿着同一直线，分别作用在两个相互作用的物体上。例如图 1.12 所示的物体与绳间的受力，力 $\boldsymbol{F}$ 和 $\boldsymbol{F}'$ 是作用力与反作用力。

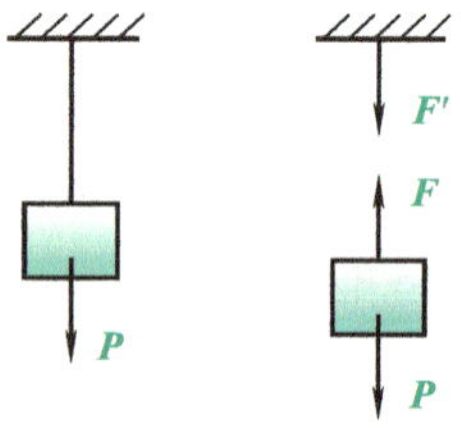

图 1.12

应当注意，作用力反作用力分别作用在两个物体上，与二力平衡公理不同，它们不是平衡力系。

5. 刚化原理

变形体在某一力系作用下处于平衡若将此变形体刚化（硬化）为刚体，则其平衡状态保持不变。

此公理建立了刚体的平衡条件与变形体平衡条件之间的关系。说明变形体平衡时与将变形体视为(硬化为)刚体后的平衡条件相同。由此，可以将静力学导出的刚体的平衡条件应用到变形体问题中，从而扩大了刚体静力学的应用范围。

注意，此公理的应用前提是变形体在力系作用下处于平衡状态，否则不能应用。

1.2　力在坐标轴上的投影

在静力学中，着重研究作用在刚体上力系的简化(合成)及力系的平衡问题。通常有两种方法，其一称为几何法，即基于平行四边形法则或三角形法则，绘制力多变形来研究。此法原理清楚直观，但不易操作，精度差；其二是解析法，即运用力在坐标轴上投影的方法来研究，优点是容易计算，精度高，能处理复杂问题。本书侧重介绍解析法。

1.2.1　力在轴上的投影

由力的定义可知，力是矢量，因此力在轴上的投影与矢量在轴上的投影相同。

设力 $\boldsymbol{F}$ 作用于 A 点，如图 1.13 所示，分别过矢量的 A 和 B 两点作 x 轴的垂线(相当于垂直于 x 轴的上方有一束平行光线照下来)，垂足分别为 a 和 b。令 $F_x=ab$ 称为力在轴 x 上的投影。若 $\boldsymbol{F}$ 与 x 正向的夹角为 α，$\boldsymbol{i}$ 为 x 轴的单位矢量，则力的投影大小为

$$F_x = \boldsymbol{F}\cdot\boldsymbol{i} = F\cos\alpha \tag{1.3}$$

即，力在轴上的投影等于力 $\boldsymbol{F}$ 与 x 轴单位矢量 $\boldsymbol{i}$ 的点乘或等于力的大小与力矢量和投影轴正向间夹角余弦的乘积。显然，力在轴上的投影是代数量。图 1.13(a)和图 1.13(b)所示分别表示力在轴上为正和为负的投影。当力与投影轴垂直时，力在轴上的投影等于零。在实际计算时，为方便常采用较直观的方法判断投影的正负号。如从 a 到 b 的指向与坐标轴正向相同，则投影为正，如图 1.13(a)所示，反之投影为负，如图 1.13(b)所示。

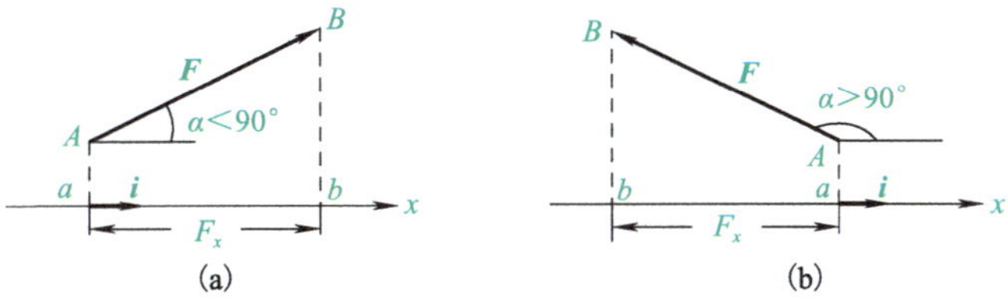

图 1.13

1.2.2　力在直角坐标轴上的投影

将力在坐标轴上投影的方法应用到直角坐标系中。如图 1.14 所示，已知力 $\boldsymbol{F}$ 与平面直角坐标轴 x、y 的夹角分别为 α 和 β，则力 $\boldsymbol{F}$ 在 x、y 轴上的投影分别为

$$F_x = \boldsymbol{F}\cdot\boldsymbol{i} = F\cos\alpha\,,\qquad F_y = \boldsymbol{F}\cdot\boldsymbol{j} = F\cos\beta = F\sin\alpha \tag{1.4}$$

而力 $\boldsymbol{F}$ 沿坐标轴 x 和 y 的分力分别为 $\boldsymbol{F}_x$ 和 $\boldsymbol{F}_y$，它们的大小分别与力在 x 和 y 轴上的投影相等。此时力的解析表达式为

$$\boldsymbol{F} = \boldsymbol{F}_x + \boldsymbol{F}_y = F_x\boldsymbol{i} + F_y\boldsymbol{j} \tag{1.5}$$

如果已知力 $\boldsymbol{F}$ 在轴上的投影 F_x、F_y，则可以求得力的大小和方向。即

$$\left.\begin{aligned} &F = \sqrt{F_x^2 + F_y^2} \\ &\cos\alpha = \frac{F_x}{F},\quad \cos\beta = \frac{F_y}{F} \end{aligned}\right\} \tag{1.6}$$

应当注意，在直角坐标下，沿坐标轴的分力的大小与力在轴上的投影相等，易将力的分力和投影两个不同的概念相混淆。实际上，力的分力按平行四边形法则运算得到，仍为矢量，而力的投影则按式(1.4)计算得出，是代数量。如图 1.15 所示力 $\boldsymbol{F}$ 在斜坐标下的分解与投影，表明了分力 $\boldsymbol{F}_x$、$\boldsymbol{F}_y$ 与投影 F_x、F_y 的区别。

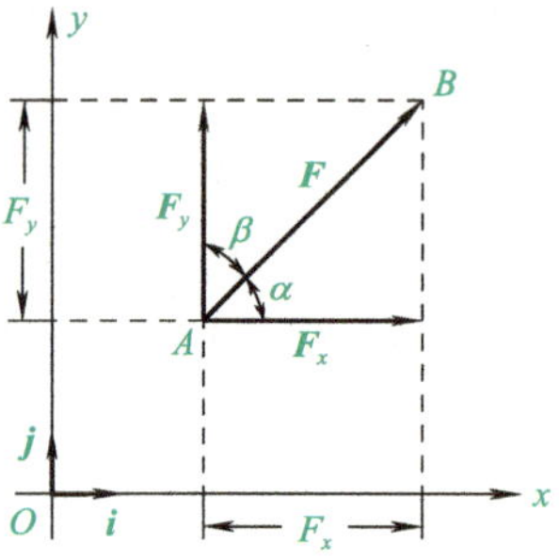

图 1.14

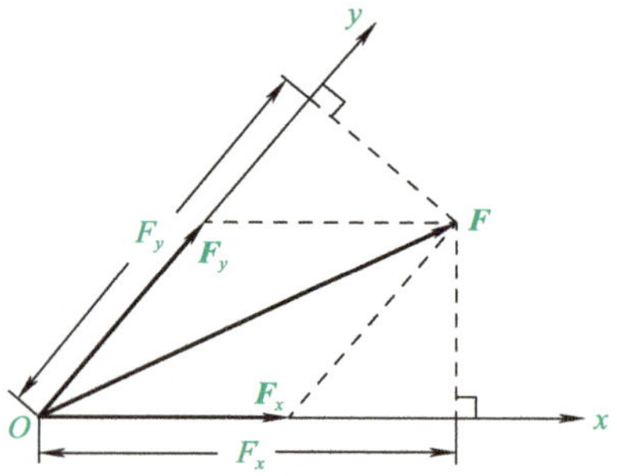

图 1.15

将力投影的概念应用到三维直角坐标中。设力 $\boldsymbol{F}$ 与三个坐标轴 x、y 和 z 的夹角分别为 α、β 和 γ，如图 1.16 所示。按力在轴上的投影定义，$\boldsymbol{F}$ 在三个坐标轴上的投影分别为

$$\left.\begin{aligned} F_x &= \boldsymbol{F}\cdot\boldsymbol{i} = F\cos\alpha \\ F_y &= \boldsymbol{F}\cdot\boldsymbol{j} = F\cos\beta \\ F_z &= \boldsymbol{F}\cdot\boldsymbol{k} = F\cos\gamma \end{aligned}\right\} \tag{1.7}$$

通常，在空间坐标下要同时确定力与坐标轴的三个夹角是不易的。在实际计算中，采用先确定力与某一坐标的夹角并求出力在该轴上的投影，再将力在垂直于该轴的坐标平面上投影，得到一力矢量，然后再将该力在平面内的坐标轴上投影。例如已知力 $\boldsymbol{F}$ 与 z 轴的夹角为 γ，则力在轴上的投影为 $F_z = F\cos\gamma$。为求 F_x 和 F_y，先将力 $\boldsymbol{F}$ 投影到 Oxy 平面得到力矢 $\boldsymbol{F}_{xy}$，其大小为 $F_{xy} = F\sin\gamma$，再将力 $\boldsymbol{F}_{xy}$ 分别向 x 和 y 轴投影，若已知力 $\boldsymbol{F}_{xy}$ 与 x 轴的夹角为 φ，如图 1.17 所示，则可得

$$\left.\begin{aligned} F_x &= F_{xy}\cos\varphi = F\sin\gamma\cos\varphi \\ F_y &= F_{xy}\sin\varphi = F\sin\gamma\sin\varphi \\ F_z &= F\cos\gamma \end{aligned}\right\} \tag{1.8}$$

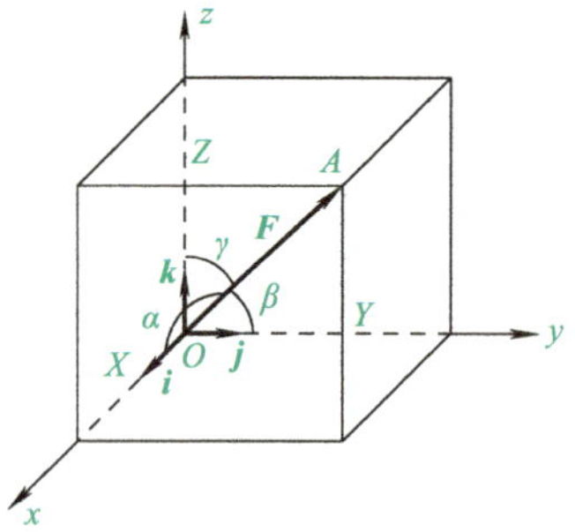

图 1.16

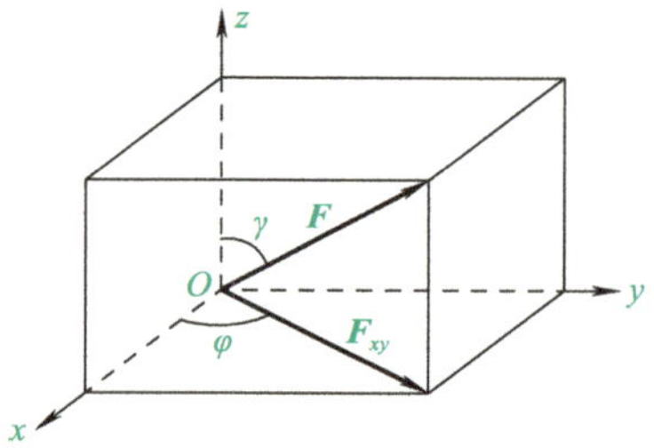

图 1.17

这种经两次投影求力在轴上投影的方法称为二次投影法。可以看出应用二次投影法只要已知力与坐标轴的一个夹角和力在平面上的投影与坐标的一个夹角即可求出力在三个坐标轴上的投影，为求解带来方便。

设 $\boldsymbol{F}_x$、$\boldsymbol{F}_y$ 和 $\boldsymbol{F}_z$ 分别为力 $\boldsymbol{F}$ 在轴 x、y 和 z 上的分量，以 $\boldsymbol{i}$、$\boldsymbol{j}$、$\boldsymbol{k}$ 表示沿 x、y 和 z 轴的单位矢量，则空间力 $\boldsymbol{F}$ 的解析表达式为

$$\boldsymbol{F}=\boldsymbol{F}_x+\boldsymbol{F}_y+\boldsymbol{F}_z=F_x\boldsymbol{i}+F_y\boldsymbol{j}+F_z\boldsymbol{k} \tag{1.9}$$

在求得力 $\boldsymbol{F}$ 在坐标轴上的投影后，其大小和方向余弦可表示为

$$\left.\begin{aligned}&F=|\boldsymbol{F}|=\sqrt{F_x^2+F_y^2+F_z^2}\\&\cos(\boldsymbol{F},\boldsymbol{i})=\frac{F_x}{F},\quad \cos(\boldsymbol{F},\boldsymbol{j})=\frac{F_y}{F},\quad \cos(\boldsymbol{F},\boldsymbol{k})=\frac{F_z}{F}\end{aligned}\right\} \tag{1.10}$$

【例 1.1】 棱边长为 a 的正立方体上作用有力 $\boldsymbol{F}_1$、$\boldsymbol{F}_2$，如图 1.18 所示，试计算二力在三个坐标轴上的投影。

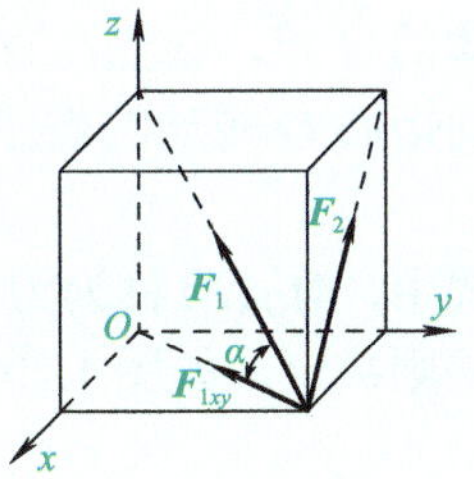

图 1.18

解　求 $\boldsymbol{F}_1$ 在坐标 x、y 轴上的投影可应用二次投影法。首先将 $\boldsymbol{F}_1$ 投影到 Oxy 平面内得到力矢量 $\boldsymbol{F}_{1xy}$，由图 1.18 可得，$\cos\alpha=\dfrac{\sqrt{6}}{3}$，故力 $\boldsymbol{F}_{1xy}$ 的大小为

$$F_{1xy}=F_1\cos\alpha=\frac{\sqrt{6}F_1}{3}$$

然后再将力 $\boldsymbol{F}_{1xy}$ 向 x、y 轴投影，得到力 $\boldsymbol{F}_1$ 在这两坐标轴上的投影为

$$F_{1x}=-F_{1xy}\sin 45°=\frac{-\sqrt{3}}{3}F_1$$

$$F_{1y}=-F_{1xy}\cos 45°=\frac{-\sqrt{3}}{3}F_1$$

而 $\boldsymbol{F}_1$ 在 z 轴上的投影为

$$F_{1z}=F_1\sin\alpha=\frac{\sqrt{3}}{3}F_1$$

同理，可求出 $\boldsymbol{F}_2$ 在三个坐标轴上的投影，分别为

$$F_{2x}=-F_2\cos 45°=-\frac{\sqrt{2}}{2}F_2$$

$$F_{2y}=0$$

$$F_{2z}=F_2\sin 45°=\frac{\sqrt{2}}{2}F_2$$

1.3　力　　矩

力对物体作用的外效应，一般分为平动和转动两种。如图 1.1(a)所示的小车受力作平动和常见的用扳手拧螺丝使扳手转动的情形。力沿作用线的平移效应由力矢量的大小和方向来决定，而力的转动效应，则取决于力矩。力矩又分为力对点之矩和力对轴之矩，在静力学中具有重要意义。

1.3.1 力对点之矩

力对点之矩，是力使物体绕某点(称为力矩中心，简称矩心)转动效应的量度。也是力学中的一个重要概念。在物理学中我们知道在平面上的力对点(矩心)之矩的效应取决于力 F 与力臂 h 的乘积和转向，如图 1.19 所示。因此力对点之矩可用代数量表示为

$$M_O(\boldsymbol{F}) = \pm F \cdot h$$

式中，正负号表示力矩的转向，使物体绕矩心逆时针转动为正，反之为负。

在空间中，力使物体绕某点转动的效应，除了取决于力与力臂的乘积和转向外，还取决于力与矩心组成的平面方位，因为平面方位不一样，作用效果不同。于是在空间中力对点之矩由三要素决定，即①力的大小与力臂的乘积；②力和矩心所决定的平面的方位；③力在力矩作用平面内绕矩心转动的转向。

力矩对物体作用的三要素可用矢量概括和表示，如图 1.20 所示。在空间某一力作用于刚体的 A 点，该点在直角坐标下的矢径为 $\boldsymbol{r}$，点 B 为力矢的端点。可以证明，力 $\boldsymbol{F}$ 使刚体绕空间矩心 O 转动的效应可以用力作用点 A 的位置矢径 $\boldsymbol{r}$ 与力 $\boldsymbol{F}$ 的矢积表示，即

$$\boldsymbol{M}_O(\boldsymbol{F}) = \boldsymbol{r} \times \boldsymbol{F} \tag{1.11}$$

式中，$\boldsymbol{M}_O(\boldsymbol{F})$ 称为力 $\boldsymbol{F}$ 对 O 点之矩矢。其方向垂直于 $\boldsymbol{r}$ 和 $\boldsymbol{F}$ 所构成的平面，指向按右手螺旋法则决定，如图 1.20 所示。

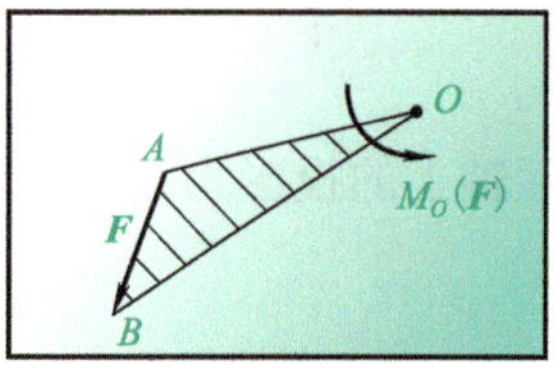

图 1.19

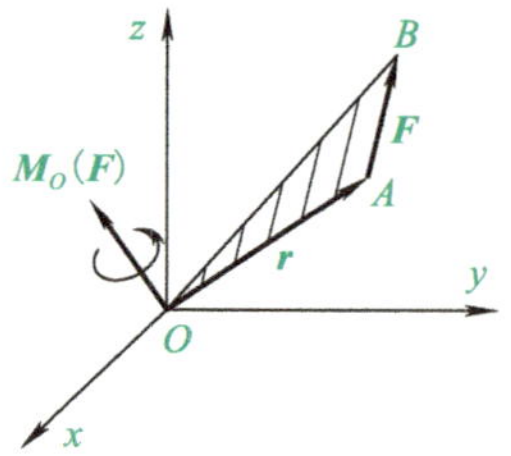

图 1.20

若以(x, y, z)和(F_x, F_y, F_y)分别表示矢径 $\boldsymbol{r}$ 和力 $\boldsymbol{F}$ 在坐标轴 x、y、z 上的投影，则矢径 $\boldsymbol{r}$ 和力 $\boldsymbol{F}$ 的解析表达式分别为

$$\boldsymbol{r} = x\boldsymbol{i} + y\boldsymbol{j} + z\boldsymbol{k}$$

$$\boldsymbol{F} = F_x\boldsymbol{i} + F_y\boldsymbol{j} + F_z\boldsymbol{k}$$

力对点的矩的解析表达式则可表示为

$$\boldsymbol{M}_O(\boldsymbol{F}) = \boldsymbol{r} \times \boldsymbol{F} = (x\boldsymbol{i} + y\boldsymbol{j} + z\boldsymbol{k}) \times (F_x\boldsymbol{i} + F_y\boldsymbol{j} + F_z\boldsymbol{k}) \tag{1.12a}$$

或

$$\boldsymbol{M}_O(\boldsymbol{F}) = \boldsymbol{r} \times \boldsymbol{F} = \begin{vmatrix} \boldsymbol{i} & \boldsymbol{j} & \boldsymbol{k} \\ x & y & z \\ F_x & F_y & F_z \end{vmatrix} = (yF_z - zF_y)\boldsymbol{i} + (zF_x - xF_z)\boldsymbol{j} + (xF_y - yF_x)\boldsymbol{k} \tag{1.12b}$$

由式(1.12b)得到力矩矢 $\boldsymbol{M}_O(\boldsymbol{F})$ 在三个坐标轴上的投影分别为

$$\left.\begin{aligned} [\boldsymbol{M}_O(\boldsymbol{F})]_x &= yF_z - zF_y \\ [\boldsymbol{M}_O(\boldsymbol{F})]_y &= zF_x - xF_z \\ [\boldsymbol{M}_O(\boldsymbol{F})]_z &= xF_y - yF_x \end{aligned}\right\} \tag{1.13}$$

在国际单位制中，力对点之矩的单位是 N·m(牛顿·米)或 kN·m(千牛顿·米)。

1.3.2 合力矩定理

若将作用于 A 点力 $\boldsymbol{F}_R$ 按六面体法则分解为 $\boldsymbol{F}_1$，$\boldsymbol{F}_2$ 和 $\boldsymbol{F}_3$ 的合力，如图 1.21 所示，即

$$\boldsymbol{F}_R = \sum \boldsymbol{F}$$

则用矢径 $\boldsymbol{r}$ 左叉乘此式两端各项，得

$$\boldsymbol{r} \times \boldsymbol{F}_R = \boldsymbol{r} \times \sum \boldsymbol{F} = \sum \boldsymbol{r} \times \boldsymbol{F} \tag{1.14}$$

表明合力对 O 点之矩矢等于各分力对同一点的矩矢的矢量和。或表示为

$$\boldsymbol{M}_O(\boldsymbol{F}_R) = \sum \boldsymbol{M}_O(\boldsymbol{F}) \tag{1.15}$$

这就是合力矩定理。它表明合力对某点之矩与分力对同一点之矩之间的关系。此关系可以推广到有限个分力的情形。在后面将证明合力矩定理对任意力系也成立。

对于各力都位于同一平面的平面力系，力对点之矩用代数量描述即可。故式(1.15)成为代数式。即

$$M_O(\boldsymbol{F}_R) = \sum M_O(\boldsymbol{F}) \tag{1.16}$$

即，平面力系的合力对任一点之矩等于各力对同一点之矩的代数和。

利用合力矩定理有时可方便地求力对点(轴)之矩。如求图 1.22 所示的力对点之矩。直接求力 $\boldsymbol{F}$ 对 O 点之矩时，力臂 h 不易求，但将力沿坐标轴方向分解，再由合力矩定理求解则较方便。即

$$\begin{aligned} M_O(\boldsymbol{F}) &= F \cdot h = M_O(\boldsymbol{F}_y) + M_O(\boldsymbol{F}_x) \\ &= xF_y - yF_x \end{aligned}$$

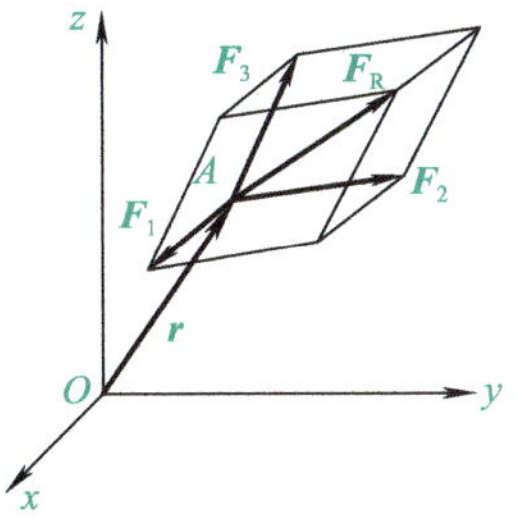

图 1.21

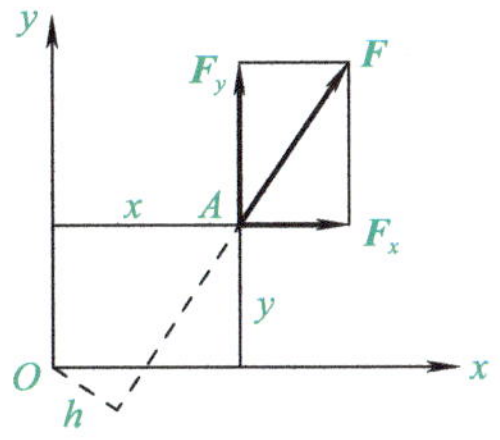

图 1.22

【例 1.2】 水平梁 AB 受三角形分布载荷的作用，如图 1.23 所示，分布载荷的最大值为 q(N/m)，梁长 l。试求合力作用线的位置。

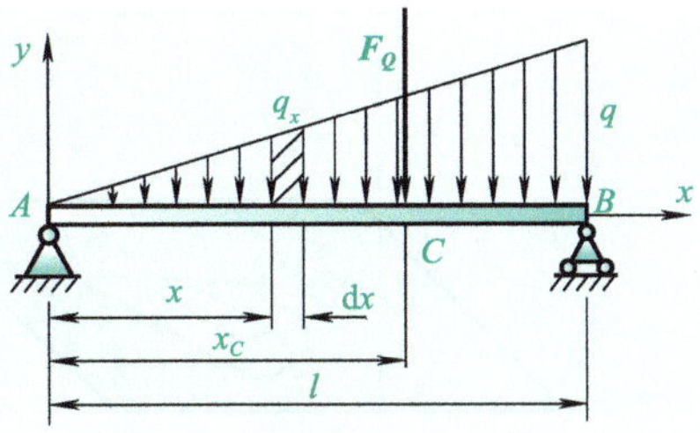

图 1.23

解 先求分布载荷的合力 F_Q，取梁的 A 端为原点，取坐标如图 1.23 所示。在 x 处取微段 dx，作用在此段的分布载荷为 q_x，根据几何关系 $q_x = \dfrac{x}{l}q$，在 dx 长度上合力的大小为 $q_x$dx，而整根梁上的合力为

$$F_Q = \int_0^l q_x \mathrm{d}x = \int_0^l q\frac{x}{l}\mathrm{d}x = \frac{q}{l}\cdot\frac{x^2}{2}\bigg|_0^l = \frac{1}{2}ql \tag{a}$$

设合力 F_Q 的作用线距 A 端为 x_C，则合力 F_Q 对 A 点之矩为

$$M_A(F_Q) = F_Q \cdot x_C \tag{b}$$

另一方面，dx 微段的合力 $q_x\mathrm{d}x$ 对 A 点的力矩为 $q_x\mathrm{d}x\cdot x$，则全部力对 A 点之矩的代数和可用如下积分求得

$$M_A(\boldsymbol{F}_Q)=\int_0^l xq_x\mathrm{d}x=\int_0^l \frac{q}{l}x^2\mathrm{d}x=\frac{q}{l}\cdot\frac{x^3}{3}\bigg|_0^l=\frac{1}{3}ql^2 \tag{c}$$

于是根据合力矩定理得

$$F_Q\cdot x_C=\frac{1}{3}ql^2 \tag{d}$$

将式(a)代入式(d)得到合力作用线位置坐标为

$$x_C=\frac{1}{3F_Q}ql^2=\frac{2}{3}l$$

与三角形的几何特征对比，三角形分布载荷的合力正好与三角形分布载荷图形的面积相等，而合力作用点距梁 A 端 2/3 梁长处，正好是三角形分布载荷图形形心的 x 坐标。据此，在计算三角形分布载荷时，可应用这一规律直接计算，而不必积分。其他形式的分布载荷也有类似规律，读者可自行总结。

1.3.3 力对轴之矩

工程中常需要描述力对刚体绕某轴的转动，如机床的主轴在一群力作用下绕固定轴的转动。为描述力使刚体绕某轴的转动效应，在此介绍力对轴之矩的概念和计算方法。

力对轴之矩可以从平面的力对点之矩的概念加以推广。如图 1.24 所示，平面上的力对点之矩可以看作是力对通过矩心并垂直于平面的 z 轴之矩。平面上的力对点之矩就成了三维空间中的力对轴之矩，也就是，空间力对轴之矩的度量与平面力对点之矩度量相同，都可用**代数量**描述。即

$$M_z=M_O(\boldsymbol{F})=F\cdot h=\pm 2\Delta OAB$$

考察一般情况，设力 $\boldsymbol{F}$ 与转轴 z 不平行也不垂直，如图 1.25 所示。现考察 $\boldsymbol{F}$ 的转动效应。将力 $\boldsymbol{F}$ 沿 z 轴和垂直于 z 轴的平面 P 上分解，其中分力 $\boldsymbol{F}_z$ 与 z 轴平行，对刚体无转动效应，故 $M_z(\boldsymbol{F}_z)=0$。而力 $\boldsymbol{F}_{xy}$ 位于平面 P 上，力对 z 轴的转动效应与图 1.24 类似，可由力对 z 轴与平面 P 的交点 O 之矩来度量。由此得到力对轴之矩的定义：

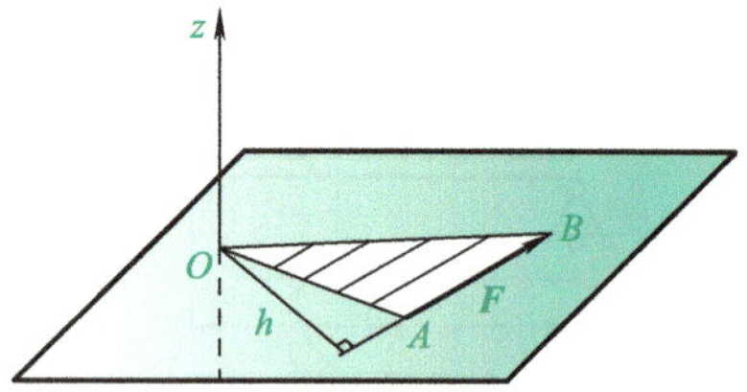

图 1.24

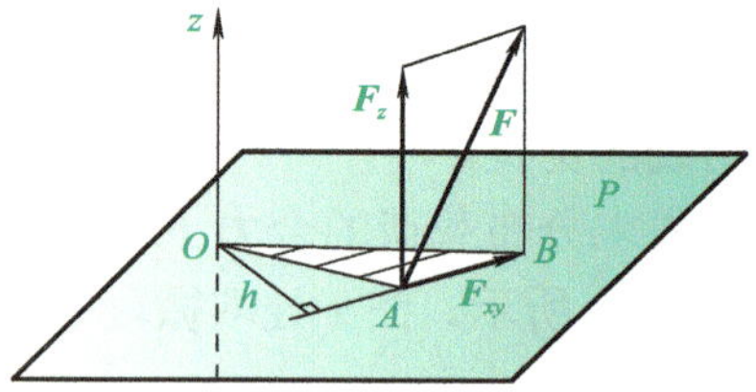

图 1.25

空间的力对轴之矩是力使刚体绕此轴转动效应的度量，它等于此力在垂直于轴的任意平面上的投影对该轴与平面交点之矩，即

$$M_z(\boldsymbol{F})=M_z(\boldsymbol{F}_{xy})=\pm F_{xy}h=\pm 2\Delta OAB \tag{1.17}$$

式中，正负号按右手螺旋法则确定。若大拇指与坐标轴正向相同时为正，反之为负，或从轴的正向看，若力的投影使刚体绕该轴逆时针转为正，顺时针为负。显然，**力对轴之矩是代数量**。

由式(1.17)可知，当力与轴相交(h=0)或力与轴平行($F_{xy}=0$)时力对轴之矩等于零。或者说，力与轴共面时力对轴之矩为零。

现考察在直角坐标系中作用在刚体上 A 点的力 $\boldsymbol{F}$ 对各坐标轴之矩，如图 1.26 所示。如求力对 z 轴的矩，首先将 $\boldsymbol{F}$ 在垂直于 z 轴的 xy 平面上投影，得到 $\boldsymbol{F}_{xy}$；再计算力 $\boldsymbol{F}_{xy}$ 对 z 轴与 xy 平面交点 O 之矩。由合力矩定理，力 $\boldsymbol{F}$ 对 z 轴之矩为

$$M_z(\boldsymbol{F})=M_O(\boldsymbol{F}_{xy})=xF_y-yF_x$$

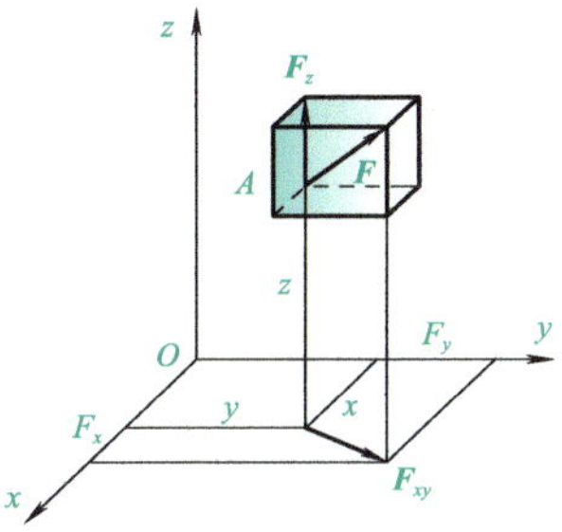

图 1.26

同理，可求得力 $\boldsymbol{F}$ 对 x 轴和 y 轴的矩。于是力 $\boldsymbol{F}$ 对三个坐标轴之矩分别表示为

$$\left.\begin{aligned}M_x(\boldsymbol{F})&=yF_z-zF_y\\M_y(\boldsymbol{F})&=zF_x-xF_z\\M_z(\boldsymbol{F})&=xF_y-yF_x\end{aligned}\right\}\tag{1.18}$$

力对各坐标轴之矩正负号的确定与上述力对轴之矩正负号确定的方法相同。

1.3.4　力对点之矩与力对通过该点的轴之矩的关系

现考察力对点之矩矢与力对通过该点的轴之矩的关系。将力对点之矩矢在直角坐标轴上的投影式(1.13)与力对坐标轴之矩的式(1.18)作对比，可知

$$\left.\begin{aligned}[\boldsymbol{M}_O(\boldsymbol{F})]_x&=M_x(\boldsymbol{F})\\[\boldsymbol{M}_O(\boldsymbol{F})]_y&=M_y(\boldsymbol{F})\\[\boldsymbol{M}_O(\boldsymbol{F})]_z&=M_z(\boldsymbol{F})\end{aligned}\right\}\tag{1.19}$$

式(1.19)表明，力 $\boldsymbol{F}$ 对坐标原点 O 之矩矢在某坐标轴上的投影等于力 $\boldsymbol{F}$ 对该轴之矩。一般地，力对某点之矩矢在通过该点的任一轴上的投影，等于此力对该轴的矩。这就是力对点之矩矢与力对通过该点的轴之矩的关系。利用此关系在计算力对点之矩矢时不必求矢量的投影而是求力对轴之矩，这给计算带来方便。

应注意，上述关系中“任一轴”的方向可以任意但必须通过矩心，否则上述关系不能成立。

1.4　力偶和力偶矩

1.4.1　力偶的表示

作用在刚体上大小相等，方向相反，作用线相互平行不共线的两个力组成的力系称为力偶。它是一简单的特殊力系。力偶中两个力作用线之间的距离 d 称为力偶臂，如图 1.27(a)所示。力 $\boldsymbol{F}$ 和 $\boldsymbol{F}'$所在的平面称为力偶作用面，力偶常用符号($\boldsymbol{F}$，$\boldsymbol{F}'$)表示。

力偶中由于两个力大小相等，方向相反，它们在任意轴上的投影之和恒等于零，表明它不能合成为不等于零的合力，因此力偶不能使刚体平移，而力偶中两力又不相平衡，其作用效果只能使刚体产生转动。由此可知，力偶对刚体的作用效果是使刚体发生转动。

力偶在工程和日常生活中常遇到，如汽车司机转动方向盘时，手加于方向盘上的两个大小相等，方向相反的力构成了力偶；拧水龙头时手施加于阀门的两个力构成力偶；攻丝时施加于丝扳手柄的两平行力构成力偶。

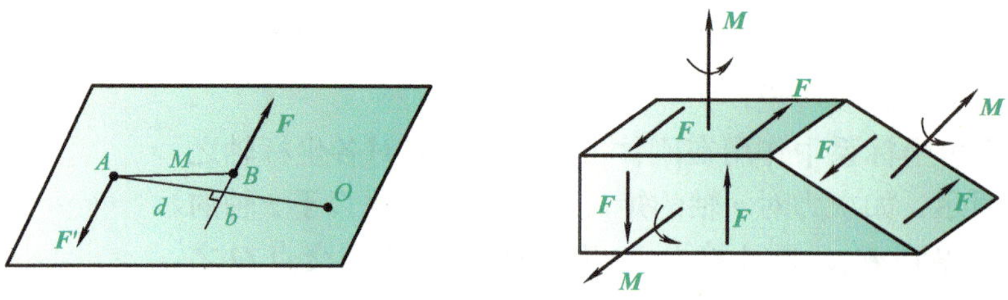

(a)　　(b)

图 1.27

由于力偶的合力恒为零，故不能用一个力来与力偶等效代替，因而也不能用一个力与力偶平衡。表明，力偶只能与力偶等效，也只能用力偶来平衡。力偶和力相互独立和力一起成为物体间相互机械作用的基本力学量。

力偶使刚体产生转动效应，这种效应可用力对点之矩来计算。设一力偶如图 1.27(a)所示。现计算力偶的两个力对作用面内任一点的矩之和。由合力矩定理，力偶的大小为

$$M = M_O(\boldsymbol{F}') + M_O(\boldsymbol{F}) = OA \cdot F' - Ob \cdot F = (OA - Ob)F = F \cdot d$$

由此可知力偶对作用面内任一点之矩可用 Fd 度量，而与矩心位置无关。在力偶作用面内，考虑力偶的转向，可用代数量 $M = \pm F \cdot d$ 表示，称之为力偶矩，其中正号表示逆时针转动，而负号表示顺时针转动。显然，力偶矩表示了力偶对刚体的作用，也就是力偶在其作用面内的作用效果取决于力偶矩。

如果只在平面上考虑问题，力偶系中各力偶称为平面力偶，其中每个力偶都可用代数量描述，因此平面力偶是代数量。

在三维空间，力偶对刚体的作用效应不仅与力偶的大小和转向有关，而且还与力偶作用面的方位有关。如图 1.27(b)所示的力偶在不同方位作用面上对刚体作用的情形。力偶在水平面上时使刚体在水平面内转动；在垂直面上时使刚体在垂直面内转动；而在任意平面上时对刚体的作用效果又不相同。总之，空间力偶对刚体的作用效果取决于三个因素，即力偶的大小、转向和作用面方位。可用垂直于力偶作用面的矢量概括此三因素，称为力偶矩矢。其中矢量的指向表示力偶作用面法线方向，长度表示力偶大小；力偶转向按右手螺旋规则决定，即右手拇指与力偶矩矢指向相同，其余四指握成拳时，四指指向表示力偶的转向。

力偶矩矢常用符号($\boldsymbol{F}$，$\boldsymbol{F}'$)或 $\boldsymbol{M}$ 表示，如图 1.27(b)所示。因此力偶对刚体的作用取决于力偶矩矢。

1.4.2 力偶的等效定理及力偶的性质

1. 力偶的等效定理

力偶矩矢是力偶对刚体转动效应的度量，因此两力偶的等效条件是它们的力偶矩矢相等，换言之，两个力偶矩矢相等的力偶等效。

2. 力偶的性质

由前面的分析可得到力偶的第一个性质。

性质 1　力偶不能与一个力等效，因此不能用一个力与之平衡。

如图 1.28(a)所示的方向盘，只要力偶矩不变，在方向盘的 A、B 两点加力和在 C、D 两点加力，方向盘的转动效果是相同的；又如图 1.28(b)所示的螺丝刀，在力偶矩不变的情况下，手握手柄的上端或下端，都不会影响力偶对螺丝刀的作用。原因在于，力或力偶位置的变化

都没有改变力偶矩或力偶矩矢，故不影响力偶的作用。于是得到力偶的第二个性质。

性质 2　力偶可在作用面内任意移转或移到任一平行于作用面的平面上而不改变力偶对刚体的作用效应。

表明力偶矩矢是自由矢量。

据力偶 $M = \pm F \cdot d$ 易得第三个性质。

性质 3　力偶在保持其大小和转向不变的情况下，可以同时改变力的大小和力偶臂的长短而不改变力偶对刚体的作用。

根据此性质，力偶在其作用面内可用一弯箭头表示，如图 1.29 所示。

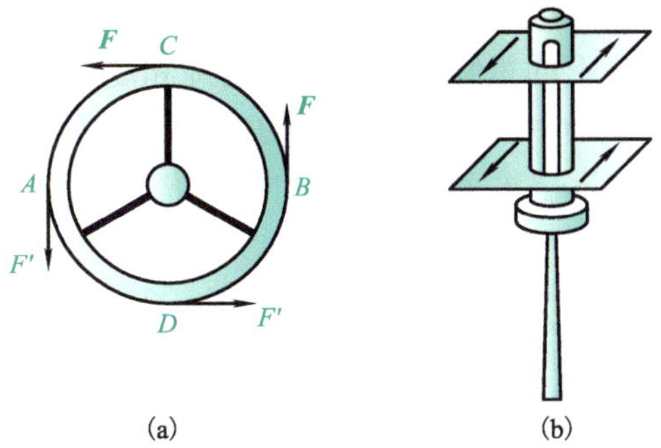

图 1.28

图 1.29

1.5　物体的受力分析及受力图

在研究物体的受力及力的作用效果时，首先要知道所研究的物体，即研究对象上，以什么样的方式受什么样的力、几个力等。为此要对物体进行受力分析，弄清研究对象自身受力及与周围物体之间的受力关系。这种受力关系的图形表示称为受力图。

1.5.1　自由体与非自由体、约束与约束反力

在进行受力分析之前，引入约束概念及约束反力的性质。为此先介绍自由体和非自由体的概念。能在空间任意移动的物体，称为自由体。如在空中飞行的飞机，在太空中飞行的飞船、卫星等。在空间中某些运动或位移受到限制的物体称为非自由体。如在铁轨上运行的机车只能在轨道上运行，其运动受到限制，故为非自由体。工程中大多数结构构件或机械零部件都是非自由体。

很显然，非自由体之所以不能在空间任意运动，是因为它的某些运动或位移受到限制，将这种限制称为约束。约束的作用总是通过某物体来实现的，因此也将约束定义为：对非自由体的某些运动或位移起限制作用的物体。如铁轨是机车的约束，车床中轴承是主轴的约束等。约束与非自由体相接触产生了相互作用力，约束作用于非自由体上的力称为约束力。约束力由作用于非自由体上能使其运动或具有运动趋势的主动力(如重力、弹性力，风力，水压力等)而产生，因此约束力是被动力，也称为约束反力，简称约反力。约束反力一般是未知的。

约束反力与约束的性质有关。经大量的实际观察发现，无论是何种约束，约束反力作用在被约束物体上与约束相接触的点或面上，其方向遵循一定的规律，即约束反力的方向始终

与被约束物体运动或位移的方向相反。这也是判断约束反力方向的一般原则。

约束反力的大小在静力学中可以根据作用在刚体上的主动力与约反力满足平衡条件来确定。

1.5.2 工程中常见约束的分类及其约束反力

约束反力是通过约束和被约束物体相互接触而产生的，这种接触力的特征与接触面的物理性质和约束的结构形式有关。对于工程中常见的约束形式，按约束的物理性质可分为柔性约束和刚性约束两大类。

1. 柔性约束

柔性约束通常指不能承受压缩和弯曲而只能承受拉伸的细长柔软体，如不可伸长的绳索、皮带、链条等约束均属这类约束。如图 1.30(a)、(c)所示的重物及皮带轮中的绳和皮带都是柔性约束，约束反力如图 1.30(b)、(d)所示。可以看出约束反力遵循一定的规律，即柔性体约束反力作用点在接触点，方向始终沿柔性体的轴线背离被约束的物体。

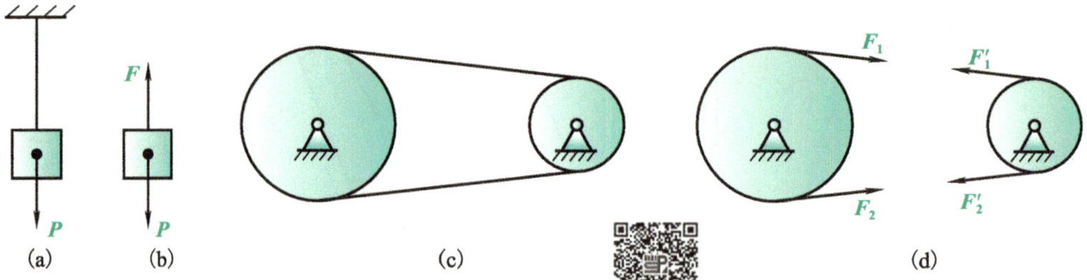

图 1.30

2. 刚性约束

刚性约束指被约束物体与约束之间的接触为刚性接触。工程中常分为以下几种。

1) 光滑面约束

当被约束物体与约束之间的摩擦可以忽略不计时，它们之间的约束为光滑面约束。光滑面约束不能限制物体在接触点切面上的任何位移，如图 1.31 所示，而只能限制沿接触公法线方向指向支承面的位移。刚性光滑面约束反力的特点是，约束反力作用在接触点处，沿两物体接触表面的公法线方向，指向被约束物体。由于约反力总是沿公法线方向故也称为法向反力。

图 1.32(a)和 1.32(b)所示为杆和圆柱的受力。约束反力的方向均沿接触处公法线方向指向被约束物体。应注意，对于图 1.32(a)所示的直线边与尖点接触的光滑面约束，尖端处的切线方位不定，但与接触直线边的公切线只有一条，也就是直线边，与之垂直的直线即为公法线。因此约束反力均垂直于直线边。

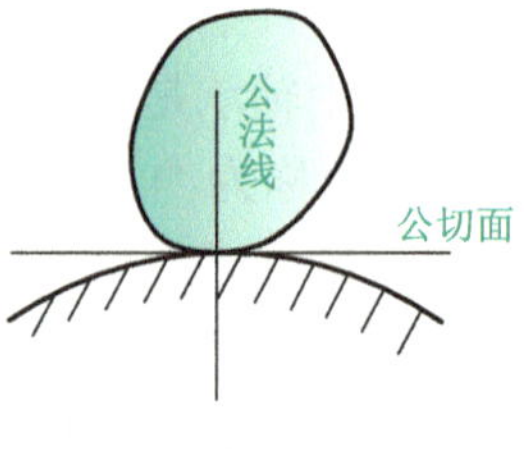

图 1.31

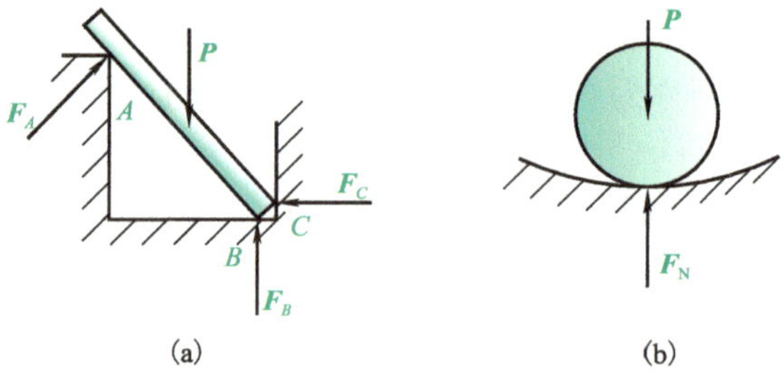

图 1.32

2）光滑圆柱形铰链约束

光滑圆柱形铰链约束包含向心轴承、圆柱形铰链、固定铰支座和滚动铰支座等。它们在工程中常见。

(1) 向心轴承。

向心轴承如图 1.33(a) 所示，它在机器中是转轴的约束，它允许轴在孔内任意转动，但它限制转轴在垂直于轴线任意方向的位移。不计摩擦，其约束性质与光滑面约束相同。当轴与轴承在点 A 接触时，约束反力 $\boldsymbol{F}_A$ 过接触点 A 沿公法线指向轴心，如图 1.33(a) 所示。实际上，由于接触点的位置与作用在轴上的其他力有关，很难预先确定，约束反力的方向也无法确定。这时可应用平行四边形法则将约束反力用相互正交的分力来代替。向心轴承的力学模型如图 1.33(b)、(c) 所示。

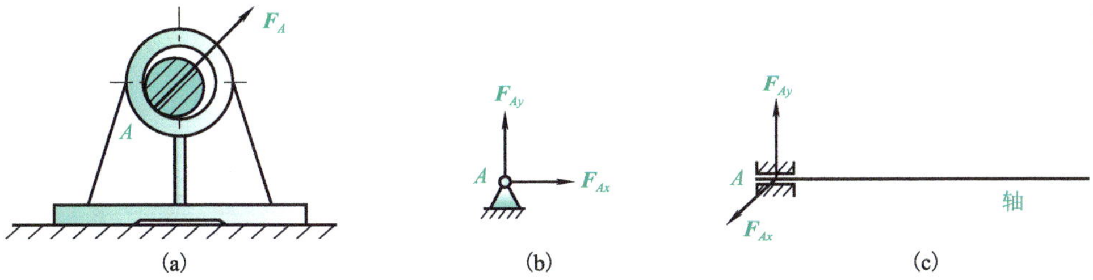

图 1.33

(2) 圆柱形铰链和固定铰支座。

工程中常在两个构件 A、B 上加工相同直径的柱孔，并用一圆柱形销钉将两构件连接在一起，这种连接称为**铰链**，如图 1.34(a) 所示。拆开三部分如图 1.34(b) 所示。铰链所连接的两个构件互为约束，其特点是限制构件的任意径向的相对位移，而不能限制构件绕轴销的相对转动和平行于轴销轴线的位移。由于柱孔与柱销光滑接触，约束反力通过接触点垂直于销钉并指向销钉中心。与向心轴承类似，销钉与构件的接触点的位置不易找到，故约束反力用两个正交分力来表示。构件 A、B 与销钉 C 的约束力如图 1.34(c) 所示。

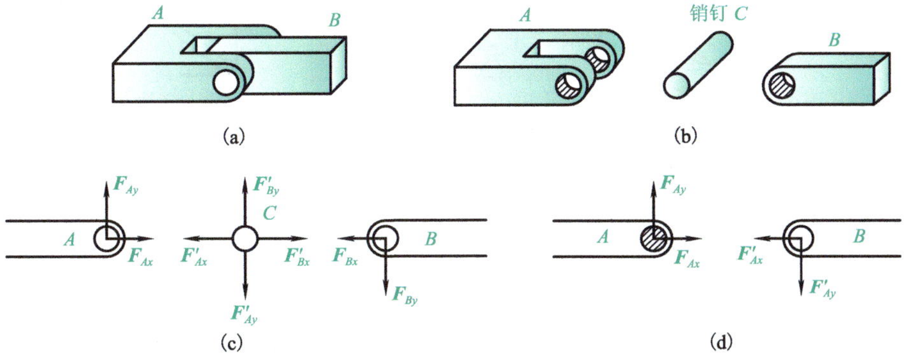

图 1.34

力符号上有“ ′ ”，表示反作用力。$\boldsymbol{F}_{Ax}$ 与 $\boldsymbol{F}'_{Ax}$，$\boldsymbol{F}_{Ay}$ 与 $\boldsymbol{F}'_{Ay}$，$\boldsymbol{F}_{Bx}$ 与 $\boldsymbol{F}'_{Bx}$，$\boldsymbol{F}_{By}$ 与 $\boldsymbol{F}'_{By}$ 是作用力与反作用力。若在销钉上不受其他力或不单独研究销钉受力时，可将销钉与其中一构件合为一体。构件 A、B 的约束与约束反力如图 1.34(d) 所示。

若将铰链约束中的某一构件固定，如图 1.35(a) 所示，称为**固定铰支座**。它限制构件在固定铰支座处的任何位移，但不限制转动，约束特点与向心轴承相同。固定铰支座的力学模型的常见形式及支反力如图 1.35 和图 1.36 所示。

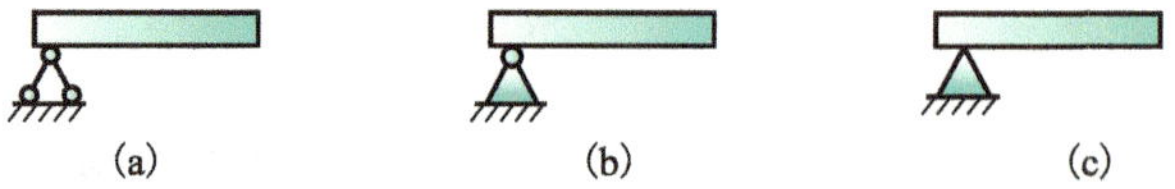

图 1.35

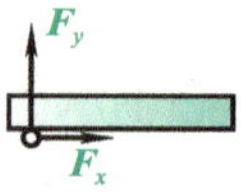

图 1.36

(3) 滚动支座（辊轴支座）。

若上述固定铰支座底部不固定，而是放在辊轴上，如图 1.37(a) 所示，称为滚动支座或辊轴支座。其简图如图 1.37(b) 所示。它可以沿支承面移动，对被约束构件只在垂直于支承面方向有约束，因此与光滑面约束的性质相同，其约束反力的方向垂直于支承面，并通过铰链中心指向被约束构件，如图 1.37(c) 所示。工程中的桥梁、屋架等结构中常使用滚动支座。

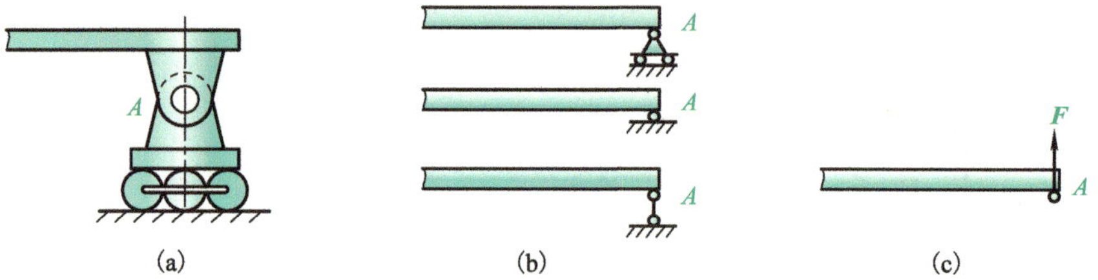

图 1.37

3) 球形铰链约束

球型铰链简称球铰，是一种空间约束。其结构形式如图 1.38(a) 所示。构件的一端为球形，它被约束在固定的球窝中。球铰使球心不能有任何的位移，但可绕球心任意转动。若不计摩擦，其约束性质与光滑面约束相同，约束反力通过球心，因接触点的位置一般不易确定，常将约束反力分解为相互垂直的三个力，如图 1.38(c) 所示。

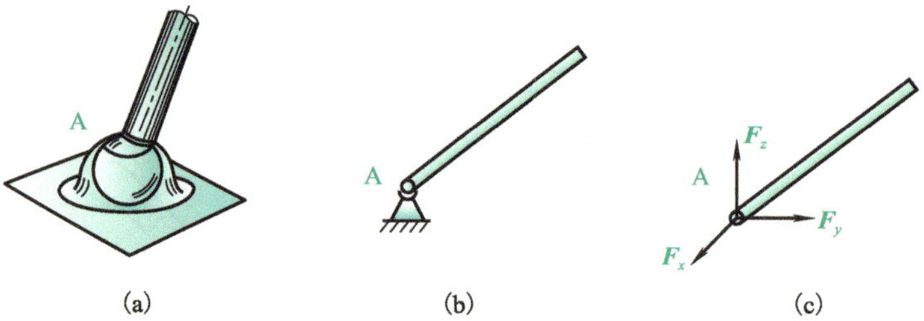

图 1.38

4) 止推轴承

止推轴承是机器中常用的约束，其结构如图 1.39(a)、(b) 所示，也是一种空间约束。它与向心轴承的不同之处在于，不仅限制轴在垂直于轴线平面内的任意运动，而且限制沿轴向的位移。因此增加了沿轴向的约束分力。约束简图与约束反力如图 1.39(c) 所示。

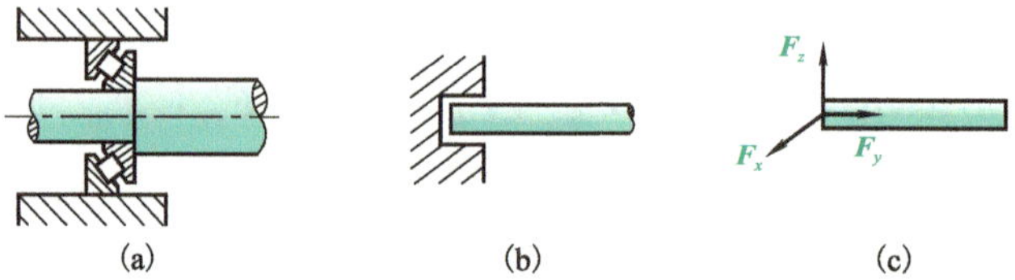

图 1.39

5) 固定端约束

固定端约束是常见的约束形式。如固定在房屋墙内的雨篷、阳台，固定在地面的电线杆，夹持在车床上的车刀等都是固定端约束。它的特点是构件在固定端处不能有任何移动和转动。因此有限制构件移动的约束反力和限制转动的约束反力偶，如图 1.40 所示。平面上的固定端约束反力用两个正交分力表示，反力偶用平面力偶表示，如图 1.40(c)所示。而空间力偶的约束反力用沿坐标的三个正交分力表示，反力偶矩矢也用沿坐标轴的三个分量表示，如图 1.40(e)所示。

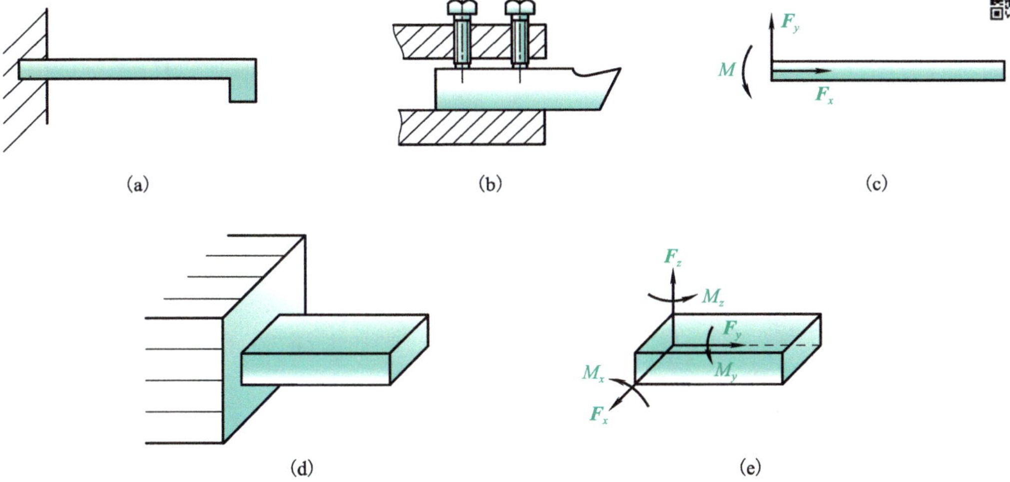

图 1.40

1.5.3　物体的受力分析方法及步骤

在了解了常见约束的性质及约束反力方向的确定方法之后，可对物体进行受力分析。对于工程问题，常需要对结构系统中的某一构件或某几个构件的组合进行力学的计算。这时，首先要根据问题的性质和要求，确定系统中哪些构件是需要研究的，被确定的物体或构件称为研究对象，此步骤简称为确定研究对象。然后将研究对象从系统中分离出来，单独画出该物体的轮廓简图，此步骤称为取分离体。最后在分离体上画出全部的主动力并根据约束情况画出全部的约束反力。这样就得到了研究对象的受力图。

正确地画出受力图是解决静力学问题的一个非常重要的步骤，应熟练掌握。以下举例说明受力分析方法。

【例 1.3】　三角形支架简图如图 1.41(a)所示。杆 AB 在 A 端与一固定铰支座连接，D 点处由铰链与杆 CD 相连接，CD 杆在 C 端与固定铰支座连接。在杆 AB 上作用有外力 $\boldsymbol{F}_1$ 和 $\boldsymbol{F}_2$，不计杆件自重，试绘出杆 CD、AB 及整体的受力图。

解　由题意，以杆 CD 为研究对象，并从三角架中取出，如图 1.41(b)所示。由于不计杆重，CD 杆只有约束处 C 和 D 两点受力，故为二力杆。二力 $\boldsymbol{F}_C$ 和 $\boldsymbol{F}_D$ 大小相等，方向相反，沿杆轴线。再取 AB 杆为研究对象并单独画出，如图 1.41(c)所示。先将已知力 $\boldsymbol{F}_1$ 和 $\boldsymbol{F}_2$ 画出，再画约束反力，在铰链 D 处杆 AB 与杆 CD 连接，而 D 处的受力 $\boldsymbol{F}_D'$ 与杆 CD 在 D 处的受力 $\boldsymbol{F}_D$ 是作用力的反作用力。在铰链 A 处，由于约束反力的方向不能确定，故用两个正交力 $\boldsymbol{F}_{Ax}$ 和 $\boldsymbol{F}_{Ay}$ 表示。最后再以整体为研究对象，受力如图 1.41(d)所示。

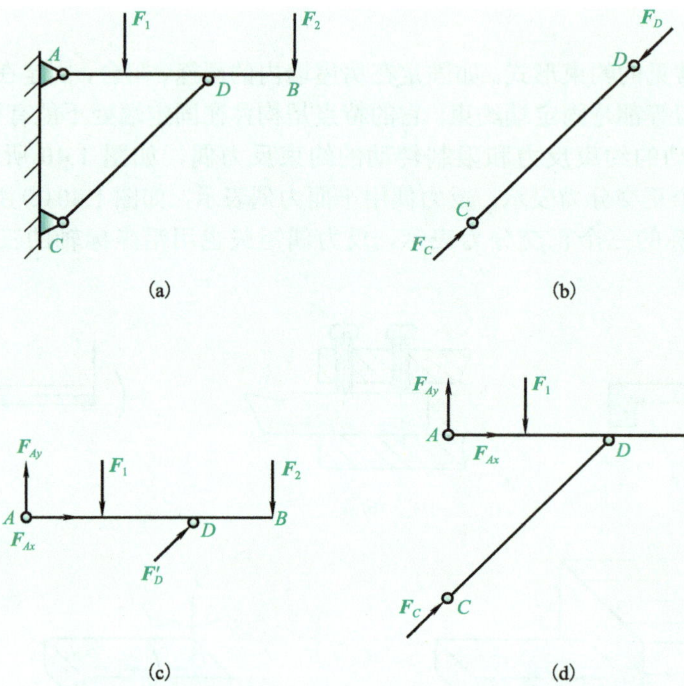

图 1.41

【例 1.4】 三铰拱桥简化图形如图 1.42(a)所示，AC 和 CB 部分用铰链 C 连接，A 和 B 用固定铰支座与地面连接。因用三铰连接形成拱桥故称为三铰拱桥。现在 AC 部分作用有力 $\boldsymbol{F}$，不计自重，试绘出 AC、CB 部分和整体的受力图。

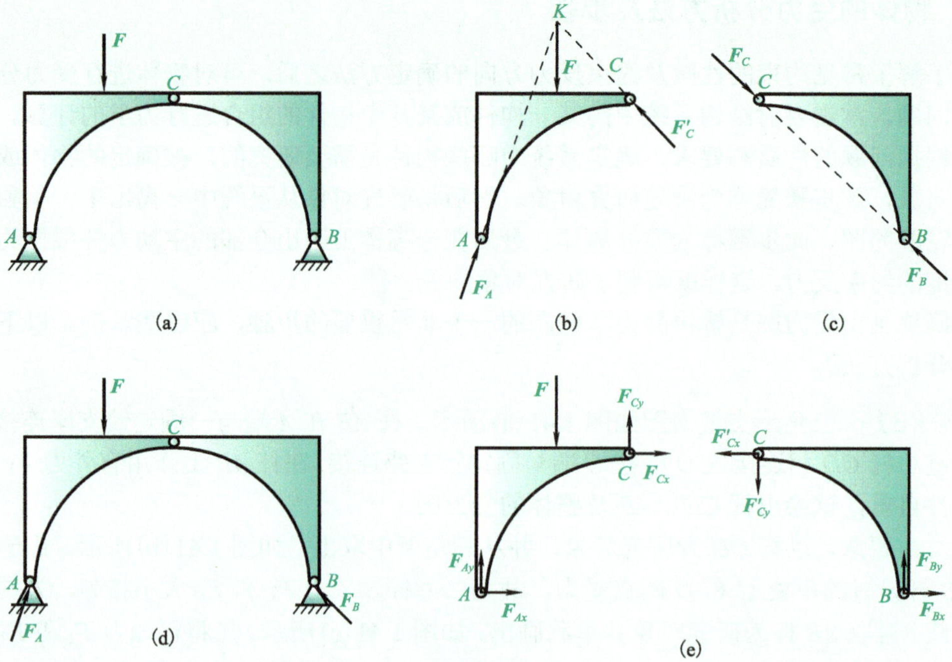

图 1.42

解 按题意，先分别取 AC 和 CB 为研究对象，并将铰链销钉与 AC 或 CB 固连，如图 1.42(b)、(c)所示。因不计自重，CB 为二力构件，受力如图 1.42(c)所示。对于 AC 部分，受主动力和铰链 A 及 C 处共三个力，其中主动力和 C 点约束力方向已知并且作用线相交于 K 点，根据三力平衡汇交定理，A 支座的约束反力作用线必过汇交点 K，于是确定出 $\boldsymbol{F}_A$，如图 1.42(b)所示。最后以整体为研究对象，由于支座 A 和 B 的约束反力已确定出，整体受力如图 1.42(d)所示。

从以上两例可以看出，在确定约束反力方向时，根据研究对象受力情况可以应用二力平衡公理和三力平衡汇交定理确定约束反力的方向。在应用平衡方程计算约束反力时为求解方便，并不强求预先确定出约束反力的方向。如上例三铰拱，可以画成如图 1.42(e)所示的受力图。

【例 1.5】 曲柄冲压机简图如图 1.43(a)所示。由皮带轮、连杆和滑块组成，其中大皮带轮 A 重为 $\boldsymbol{P}$、滑块 C 上作用有来自工件的阻力为 $\boldsymbol{F}$，其他构件自重不计，系统处于平衡。试作皮带轮 A、连杆 BC 及滑块 C 的受力图。

解 在系统中可以判断出杆 BC 为二力杆，故先以杆为研究对象，受力如图 1.43(b)所示。再以轮 A 为研究对象并从系统中取出，作用在上面的力有主动力 $\boldsymbol{P}$，支座 A 的约束反力 $\boldsymbol{F}_{Ax}$ 和 $\boldsymbol{F}_{Ay}$，皮带的约束反力 $\boldsymbol{F}_1$ 和 $\boldsymbol{F}_2$ 及杆 BC 的约束力 $\boldsymbol{F}'_B$。其受力图如图 1.43(c)所示。最后以滑块 C 为研究对象，其上受工件阻力 $\boldsymbol{F}$、BC 杆的约束力 $\boldsymbol{F}'_C$ 和滑道的水平法向反力 $\boldsymbol{F}_{\mathrm{N}}$。受力图如图 1.43(d)所示。

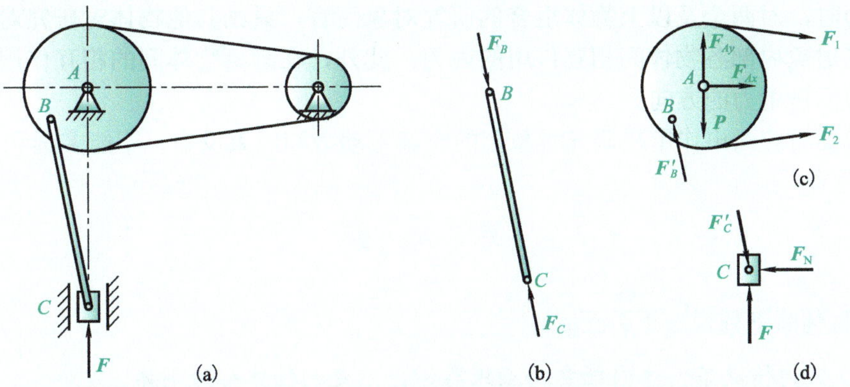

图 1.43

【例 1.6】 图 1.44(a)所示连续梁，长 $4a$，由光滑铰链 C、固定端 A 及滚动支座 B 连接而成。梁上作用有均布载荷 $\boldsymbol{q}$ 及力偶 M。试作整体、AC 梁、CB 梁的受力图。

解 以整体为研究对象。作用在梁上的主动力有力偶 M 和均布力 $\boldsymbol{q}$(也称为分布载荷或分布集度，表示单位长度分布力的集中程度，单位为 N/m)；在 B 处为滚动支座，约束反力为 $\boldsymbol{F}_B$，方向铅直向上；A 处为固定端，约束反力为 $\boldsymbol{F}_{Ax}$ 和 $\boldsymbol{F}_{Ay}$ 并有约束反力偶 M_A，转向设为正向，受力图如图 1.44(b)所示。

再以 AC 梁为研究对象。作用在上面主动力有力偶 M 和均布力 $\boldsymbol{q}$；约束反力有 A 处固定端的 $\boldsymbol{F}_{Ax}$，$\boldsymbol{F}_{Ay}$ 和 M_A，铰链 C 处的 $\boldsymbol{F}_{Cx}$，$\boldsymbol{F}_{Cy}$，受力图如图 1.44(c)所示。

最后以 CB 梁为研究对象。作用在其上的主动力有均布载荷 $\boldsymbol{q}$；B 处的约束反力 $\boldsymbol{F}_B$ 和 C 处的约束反力 $\boldsymbol{F}'_{Cx}$，$\boldsymbol{F}'_{Cy}$，它们与图 1.44(c)中的 $\boldsymbol{F}_{Cx}$，$\boldsymbol{F}_{Cy}$ 互为作用力与反作用力，受力图如图 1.44(d)所示。

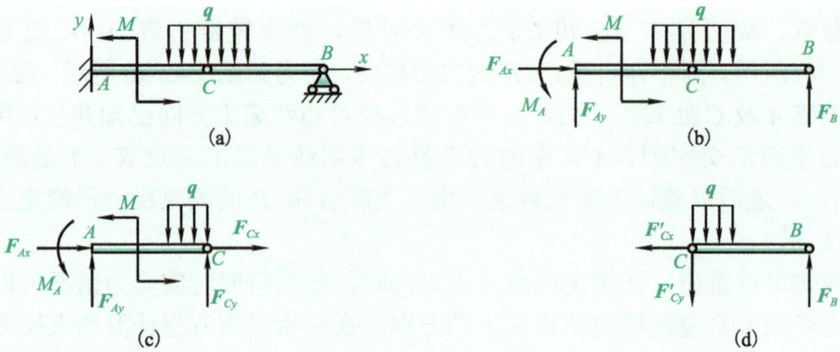

图 1.44

从以上各受力分析的例子，可归纳出准确画出受力图的步骤及注意点：

1)取分离体

根据题意要求，确定研究对象，并将其从周围物体中取出，单独画出，称为取分离体。此步骤一定不能省略，否则受力关系表达不清。

2)画主动力

根据原结构的受力情况，把分离体承受的所有主动力(含力偶)画在分离体相应的位置上。

3)画约束反力

根据约束的特征，在分离体上与约束接触处画出与原约束等效的约束反力。应当注意，画约束反力时，对两个及以上物体组合的研究对象而言，只画其他物体对研究对象的外力，而不画研究对象内部各物体间相互作用的内力。此外，在画两物体间的相互作用力时，要注意作用力与反作用力的方向。

画受力图时应画出作用在研究对象上的全部主动力和约束反力，不能多画和少画。

思　考　题

一、判断题(判断下列说法是否正确)

1-1　在任何情况下，体内任意两点距离保持不变的物体称为刚体。

1-2　物体在两个力作用下平衡的必要与充分条件是这两个力大小相等、方向相反，沿同一直线。

1-3　加减平衡力系公理不但适用于刚体，而且也适用于变形体。

1-4　力的可传性只适用于刚体，不适用于变形体。

1-5　两点受力的构件都是二力杆。

1-6　只要作用于刚体上的三个力汇交于一点，该刚体一定平衡。

1-7　力的平行四边形法则只适用于刚体。

1-8　凡矢量都可以应用平行四边形法则合成。

1-9　只要物体平衡，都能应用加减平衡力系公理。

1-10　凡是平衡力系，它的作用效果都等于零。

1-11　合力总是比分力大。

1-12　只要两个力大小相等，方向相同，则它们对物体的作用效果相同。

1-13 平面上一力 $\boldsymbol{F}$，其作用点的位置坐标为 $A(x,y)$，则该力对点 $B(a, b)$ 的矩为

$$M_B(\boldsymbol{F}) = F_y(x-a) - F_x(y-b)$$

1-14 空间力 $\boldsymbol{F}$ 对一点的矩矢在任意轴上的投影等于空间力 $\boldsymbol{F}$ 对于该轴的矩。

1-15 空间两力偶，其力偶矩的大小相等，则此两力偶等效。

1-16 空间力偶可以从刚体内的一个平面移到另一任意平面而不改变它对刚体的作用效果。

1-17 思图 1.1 所示三铰拱受力 $\boldsymbol{F}$ 和 $\boldsymbol{F}_1$ 作用，其中 $\boldsymbol{F}$ 作用于铰 C 的销子上，则 AC、BC 部件都不是二力部件。

1-18 桌子压地板，地板以反作用力支承桌子，此二力等值、反向、共线，所以桌子平衡不动。

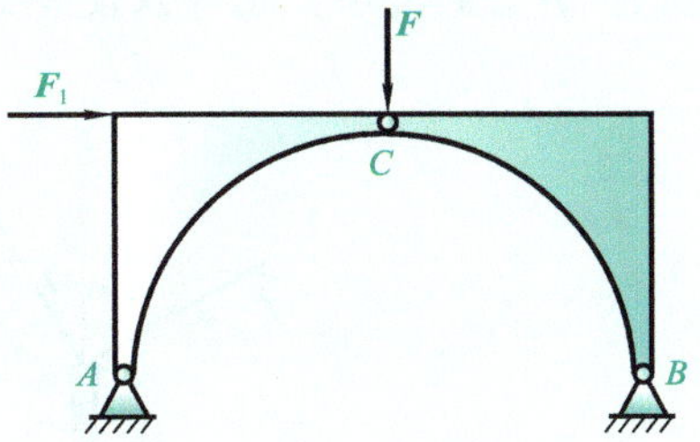

思图 1.1

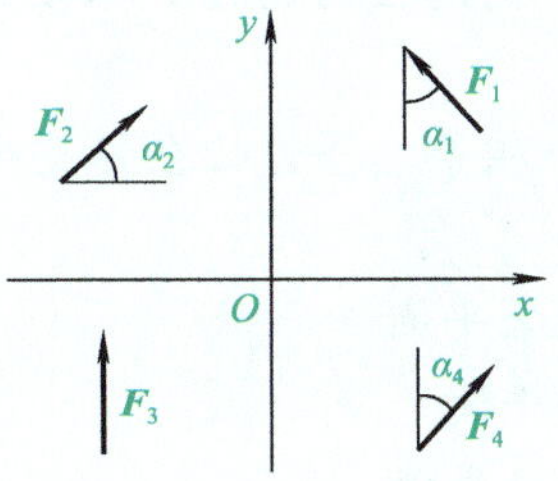

思图 1.2

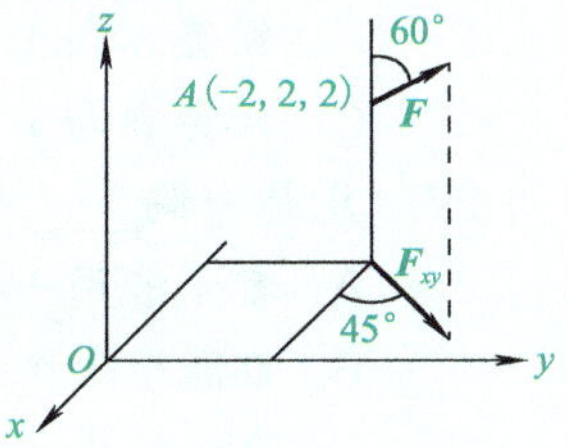

思图 1.3

二、填空题(将答案填入下画线处)

1-19 思图 1.2 中，$\boldsymbol{F}_1$ 在 x 轴上和 y 轴上的投影分别为______和______；$\boldsymbol{F}_2$ 在 x 轴上和 y 轴上的投影分别为______和______；$\boldsymbol{F}_3$ 在 x 轴上和 y 轴上的投影分别为______和______；$\boldsymbol{F}_4$ 在 x 轴上和 y 轴上的投影分别为______和______。

1-20 思图 1.3 中，力 $\boldsymbol{F}$ 的大小为 F，它与 z 轴的夹角为 60°，它在 Oxy 面内的分量 $\boldsymbol{F}_{xy}$ 与 x 轴的夹角为 45°，力 $\boldsymbol{F}$ 作用点的坐标(单位：cm)为 $A(-2, 2, 2)$，则 $\boldsymbol{F}$ 在 x 轴上的投影为______，$\boldsymbol{F}$ 在 y 轴上的投影为______，$\boldsymbol{F}$ 在 z 轴上的投影为______。

1-21 思图 1.3 中，力 $\boldsymbol{F}$ 对坐标原点 O 的矩为______，对 x 轴的矩为______，对 y 轴的矩为______，对 z 轴的矩为______。

1-22 平面问题的固定端约束，其约束反力的个数有______个，空间问题的固定端约束，其约束反力的个数有______个。

1-23 空间力偶的等效条件为______________，平面力偶的等效条件为______________。

1-24 将一个已知力 $\boldsymbol{F}$ 分解为 $\boldsymbol{F}_1$ 和 $\boldsymbol{F}_2$ 两个分力，要得到唯一解，其可能的条件为______________。

三、选择题(将选择答案填入下画线处)

1-25 思图 1.4 中，求 A、B 和 C 处的约束反力时，力 $\boldsymbol{F}$ 不能沿其作用线滑动的情况应为______。

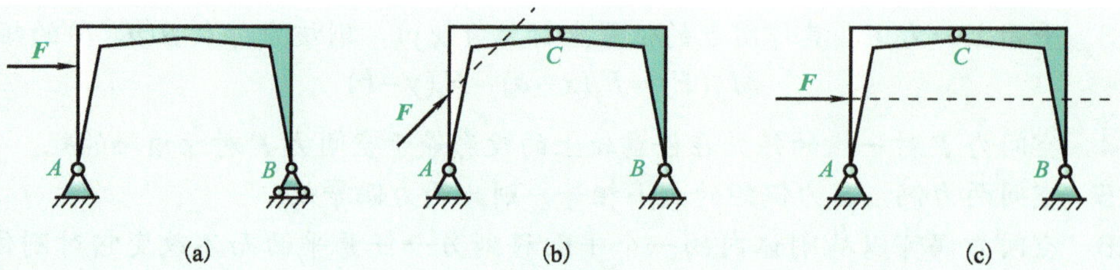

思图 1.4

1-26 在拔桩时，桩上已经作用一个与铅垂方向夹角为 30° 的力 $\boldsymbol{F}$，如思图 1.5 所示。现欲再加一个力 $\boldsymbol{P}$，此力与铅垂直线夹角为 α，为使力 $\boldsymbol{P}$ 和 $\boldsymbol{F}$ 的合力在铅直方向，则________。

A. 力 $\boldsymbol{P}$ 与铅直线夹角 α 必须等于 30°

B. 对于 $0° < \alpha < 90°$ 内的任何角 α，只要适当选择 $\boldsymbol{P}$ 力的大小，总可以使合力在铅直方向上

C. 只要 $\boldsymbol{P}$ 与 $\boldsymbol{F}$ 大小相等，合力必在铅直线上

1-27 凡是力偶______________。

A. 都不能用一个力来平衡

B. 都能用一个力来平衡

C. 有时能用一个力来平衡

1-28 已知力 $\boldsymbol{F}$ 的大小及其与 x 轴的夹角，可以确定_________。

A. $\boldsymbol{F}$ 在 x 轴上的投影

B. $\boldsymbol{F}$ 在 x 方向的分力

C. $\boldsymbol{F}$ 对坐标系原点的矩

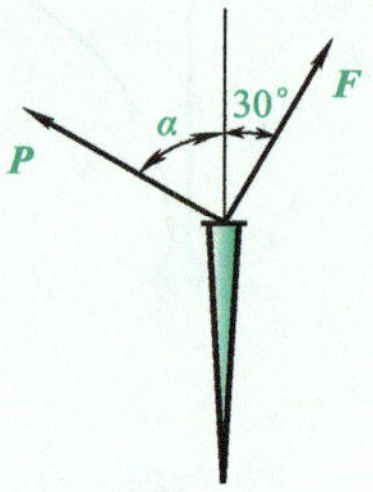

思图 1.5

习　题

1.1 题图 1.1 中，分别给出各力作用点的坐标(单位: cm)及方向，各力的大小为 F_1=5kN，F_2=10kN，F_3=30kN，求各力对坐标原点 O 的矩。

1.2 一平面力系如题图 1.2 所示，设 $\boldsymbol{F}_1$ 和 $\boldsymbol{F}_2$ 的大小均为 100N，作用点坐标(单位: cm)及方向如题图 1.2 所示；力偶矩 M_1 和 M_2 的大小分别为 300N·cm 和 450N·cm，转向如题图 1.2 所示。试求各力及各力偶在各坐标轴上的投影以及对坐标原点 O 的矩。

1.3 在正平行六面体上作用有大小均为 100N 的三个力 $\boldsymbol{F}_1$、$\boldsymbol{F}_2$、$\boldsymbol{F}_3$，如题图 1.3 所示，求各力对坐标轴的矩。

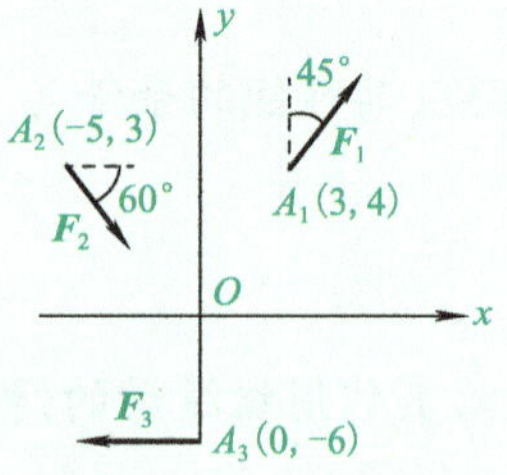

题图 1.1

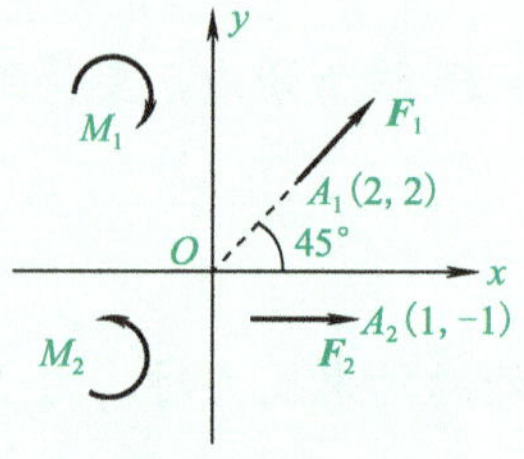

题图 1.2

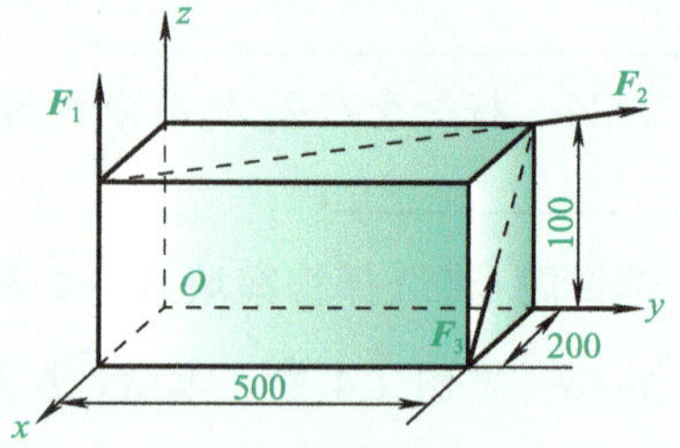

题图 1.3

1.4　题图 1.4 中，不计各部件的自重，试画出指定部件的受力图。

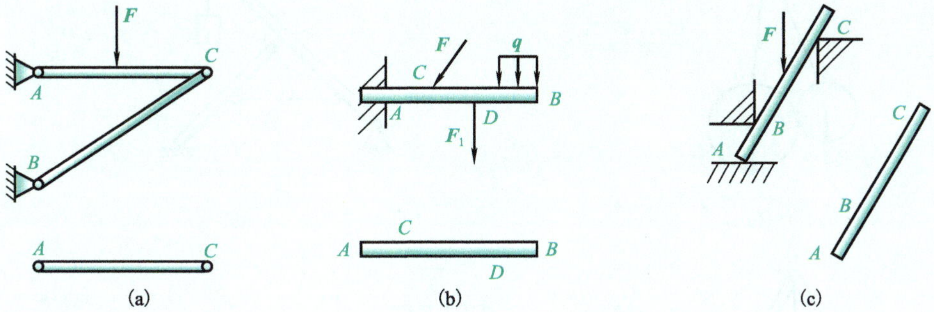

题图 1.4

1.5　有五种情况，F 的大小已知，方向如题图 1.5 所示，不计各部件的自重，试用三力平衡汇交定理确定支座 A 处约束反力的方向。

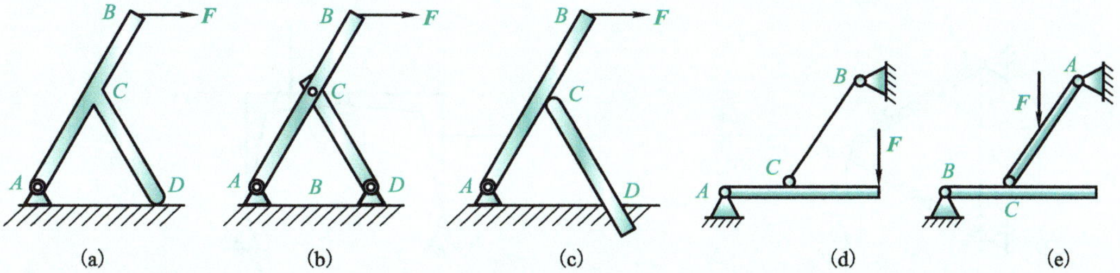

题图 1.5

1.6　画出题图 1.6 中各物体的受力图。图中所有接触处均为光滑。各物体的自重除图中已标出的外，其余均略去不计。

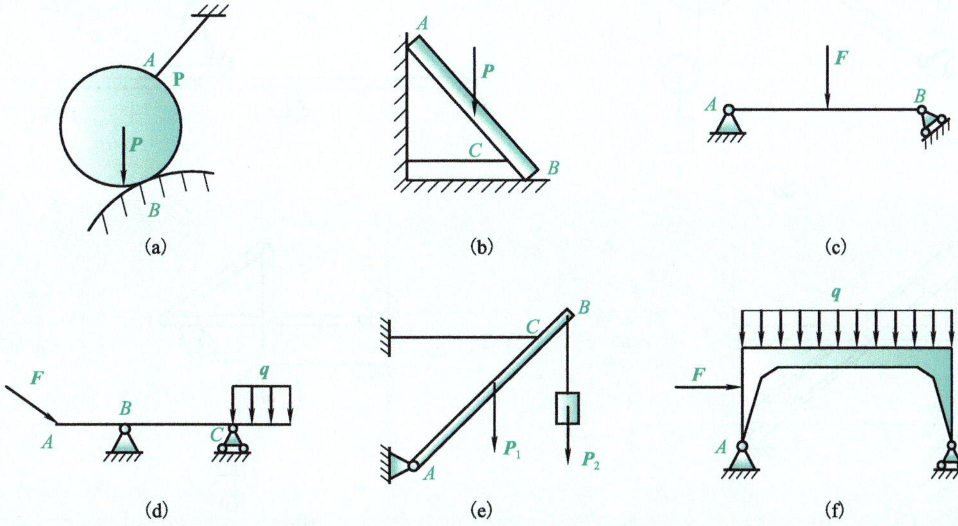

题图 1.6

1.7　画出题图 1.7 各物体系中每个物体的受力图。所有摩擦均不计，各物自重除题图 1.7 中已画出的外均不计。

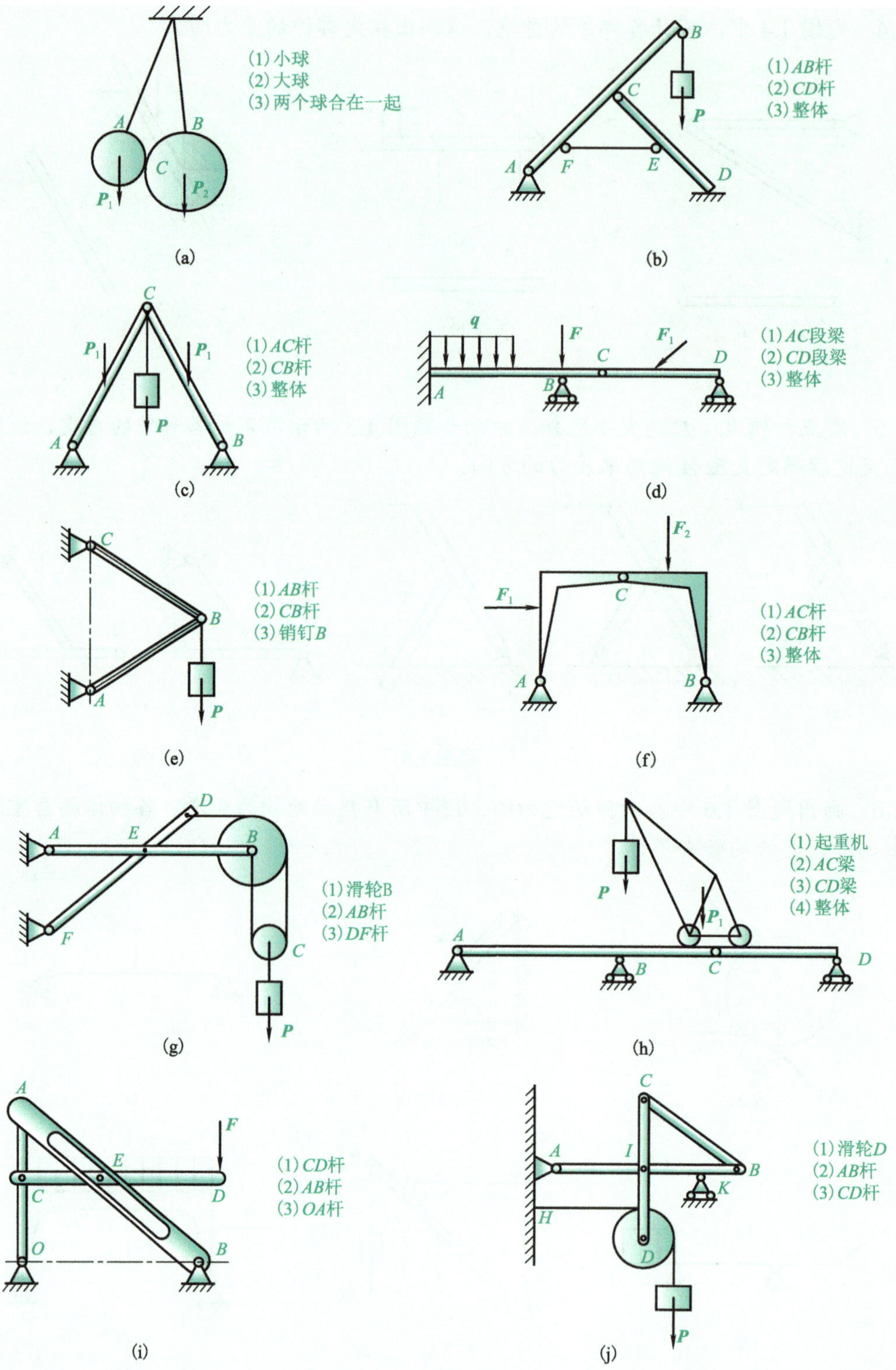
(1)小球
(2)大球
(3)两个球合在一起
(a)
(1)AB杆
(2)CD杆
(3)整体
(b)
(1)AC杆
(2)CB杆
(3)整体
(c)
(1)AC段梁
(2)CD段梁
(3)整体
(d)
(1)AB杆
(2)CB杆
(3)销钉B
(e)
(1)AC杆
(2)CB杆
(3)整体
(f)
(1)滑轮B
(2)AB杆
(3)DF杆
(g)
(1)起重机
(2)AC梁
(3)CD梁
(4)整体
(h)
(1)CD杆
(2)AB杆
(3)OA杆
(i)
(1)滑轮D
(2)AB杆
(3)CD杆
(j)

题图 1.7

第 2 章 力系的简化

力系的简化(亦称为力系的合成)是静力学的主要内容之一。所谓力系的简化指用一简单的力系等效代替一复杂力系的过程，同时也是力系合成的过程。在应用中常需要知道物体或构件受力后的总的效果，这就需要力系的合成。另外，在建立力系平衡方程时也要用到力系的合成结果。

为方便讨论，将力系按各力作用线分布特征进行分类。若力系中各力的作用线位于同一平面内，称为**平面力系**；若力系中各力的作用线不完全位于同一平面内则称为**空间力系**；若力系中各力的作用线汇交于一点，称为**汇交力系**，可有空间汇交力系和平面汇交力系；力系中各力的作用线相互平行，称为**平行力系**，可有空间平行力系和平面平行力系；多个力偶构成的力系称为**力偶系**，可有空间力偶系和平面力偶系。

本章主要介绍各种力系的简化方法与结果，并讨论物体的重心及其确定方法。

2.1 汇交力系的合成

汇交力系在工程中也是常见的。如图 2.1 所示，起吊的重物，钢丝绳的受力汇交于一点；曲柄滑块机构的滑块受汇交力系作用；挂架各杆的受力汇交于一点，它们都是汇交力系的例子。下面介绍汇交力系简化的几何与解析方法。

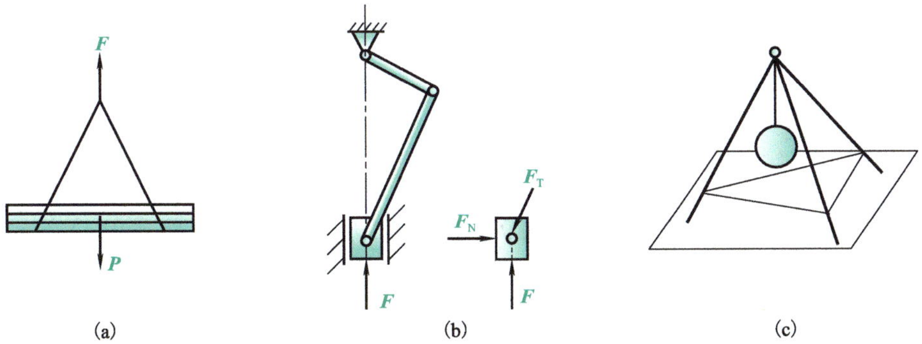

图 2.1

2.1.1 汇交力系合成的几何法

设刚体上作用有三个平面汇交力 $\boldsymbol{F}_1$、$\boldsymbol{F}_2$、$\boldsymbol{F}_3$，如图 2.2(a)所示。根据力的可传性原理，

可将各力沿其作用线移动到汇交点 O，如图 2.2(b) 所示。利用平行四边形法则，将汇交力两两合成，得到此平面汇交力系的合力 $\boldsymbol{F}_{\mathrm{R}}$，如图 2.2(c) 所示。即**平面汇交力系可以合成为一个合力，合力的作用线通过汇交点，合力的大小和方向等于各分力的矢量和**。即

$$\boldsymbol{F}_{\mathrm{R}} = \boldsymbol{F}_1 + \boldsymbol{F}_2 + \boldsymbol{F}_3$$

表明三个力的作用可以用一个合力等效代替。

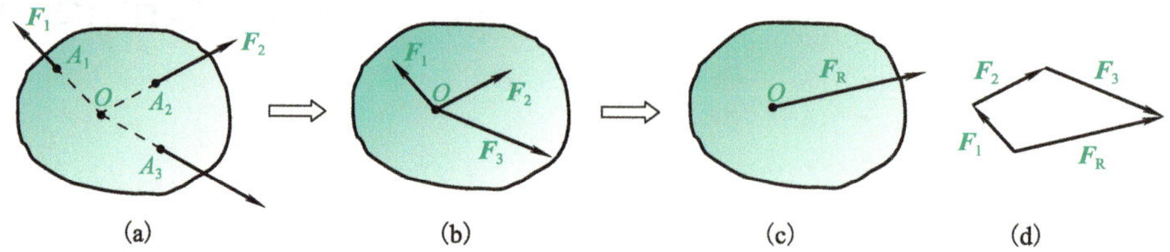

图 2.2

在应用平行四边形法则时，可用平行四边形的一半，即力三角形进行矢量相加，称为**力多边形法则**。具体做法是，从任一点开始，按一定长度比例给出各力的大小，并根据各力的方位，依次将各力首尾相连，得到一开口的力多边形，再从第一个力的起点到最后一力的终点画出一力矢量作为力多边形的封闭边，如图 2.2(d) 所示。显然，封闭边矢量即为平面汇交力系的合力。应当指出，用力多边形法则求合力时，各分力的先后顺序不同，所得力多边形的形状不相同，但所得合力的大小与方向是相同的。

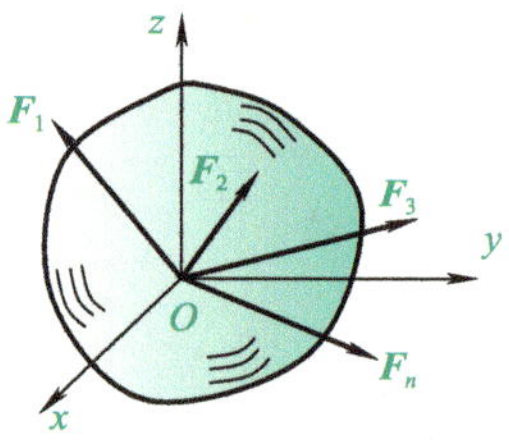

图 2.3

以上方法和结论可推广到具有 n 个力的情形。对于空间汇交力系的合成也仍然可以用力多边形法则进行合成，但所得到的是空间的力多边形。对图 2.3 所示的具有 n 个力的空间汇交力系进行合成，同样可得结论，**汇交力系合成的结果为一作用线通过汇交点的合力 $\boldsymbol{F}_{\mathrm{R}}$，其合力等于各分力的矢量和**。即

$$\boldsymbol{F}_{\mathrm{R}} = \sum_{i=1}^{n} \boldsymbol{F}_i \tag{2.1}$$

理论上，空间汇交力系的合成也可用几何法，但其多边形由空间折线构成，方位确定较难，不易采用。实际中，空间汇交力系的合成常采用解析法。

2.1.2 汇交力系合成的解析法

应用几何法进行合成，概念较清晰，但实际应用有难度并且精度较差，较少采用。实际中常采用解析法。

以各力作用线的汇交点为坐标原点建立坐标系，如图 2.3 所示，将式(2.1)在 x、y、z 坐标轴上投影，得

$$F_{\mathrm{R}x} = \sum F_{ix}, \quad F_{\mathrm{R}y} = \sum F_{iy}, \quad F_{\mathrm{R}z} = \sum F_{iz} \tag{2.2}$$

表明，**合力在坐标轴上的投影等于各分力在同一坐标轴上投影的代数和**。此投影关系称为**合力投影定理**。

根据合力投影定理，汇交力系的合力大小为

$$F_{\mathrm{R}} = \sqrt{\left(\sum F_{ix}\right)^2 + \left(\sum F_{iy}\right)^2 + \left(\sum F_{iz}\right)^2}$$

合力的方向余弦为

$$\cos\alpha=\frac{F_{Rx}}{F_R},\qquad \cos\beta=\frac{F_{Ry}}{F_R},\qquad \cos\gamma=\frac{F_{Rz}}{F_R}\tag{2.3}$$

式中，α、β、γ 分别为合力 $\boldsymbol{F}_R$ 与 x、y、z 坐标轴正向之间的夹角。

2.2　力偶系的合成

力偶系分为平面力偶系和空间力偶系。若组成力偶系的各力偶作用面位于同一平面内，称为平面力偶系；若组成力偶系的各力偶作用面不在同一平面内，则称为空间力偶系。空间力偶系为力偶系的一般情形。

由空间力偶的性质可知：力偶矩矢是一自由矢量。利用此性质，可以把每一个力偶矩矢平移到一个指定点，形成一个空间汇交的力偶矢量系。如图 2.4 所示，将力偶矩矢 $\boldsymbol{M}_1$ 和 $\boldsymbol{M}_2$ 平移到指定点 A，再应用平行四边形法则，求得合力偶矢量 $\boldsymbol{M}=\boldsymbol{M}_1+\boldsymbol{M}_2$。同理，对力偶系中的各力偶矩矢量进行两两合成，最终得到一个合力偶矢量。

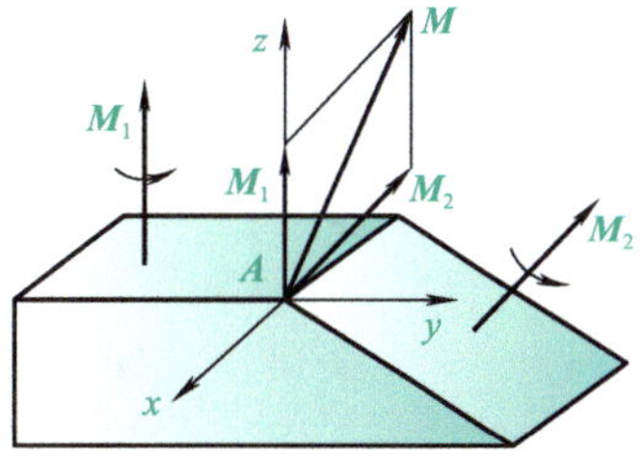

图 2.4

于是可得结论，空间力偶系可以合成为一个合力偶，该合力偶矩矢 $\boldsymbol{M}$ 等于力偶系中各力偶矩矢的矢量和。即

$$\boldsymbol{M}=\sum\boldsymbol{M}_i\tag{2.4}$$

类似汇交力系的解析法，以指定点为原点设立直角坐标系，将式(2.4)在坐标轴上投影，得

$$M_x=\sum M_{ix},\qquad M_y=\sum M_{iy},\qquad M_z=\sum M_{iz}\tag{2.5}$$

即：合力偶矩矢在坐标轴上的投影等于各分力偶矩矢在同一坐标轴上投影的代数和。于是力偶大小为

$$M=\sqrt{\left(\sum M_{ix}\right)^2+\left(\sum M_{iy}\right)^2+\left(\sum M_{iz}\right)^2}\tag{2.6}$$

方向余弦为

$$\cos\alpha=\frac{M_x}{M},\qquad \cos\beta=\frac{M_y}{M},\qquad \cos\gamma=\frac{M_z}{M}\tag{2.7}$$

式中，α、β、γ 分别表示合力偶矩矢与 x、y、z 坐标轴正向之间的夹角。

对于平面力偶系的特殊情形，假设各力偶的作用平面均为 Oxy 平面，力偶矢量成为与 z 轴平行的矢量。则由式(2.5)和式(2.6)，平面力偶系的合力偶为

$$M=M_z=\sum M_i\tag{2.8}$$

式中，M_i 为各平面力偶，是代数量。

式(2.8)表明，平面力偶系合成的最终结果为一个合力偶，该合力偶的力偶矩等于力偶系中各力偶矩的代数和。其代数量的正负规定为：从 z 轴的正向往下看，该力偶使刚体逆时针转为正，顺时针转为负。

2.3 任意力系向任意一点简化　主矢和主矩

在工程中，任意力系最为常见。如图 2.5 所示的传动轴、小车、横梁及曲柄滑块机构。其中传动轴受到空间任意力系作用；小车、横梁及曲柄滑块机构严格说来也受空间力系作用，但是由于它们具有质量和受力对称面，为简化问题，将受力向对称面简化，认为所有力作用于同一平面，这样均可作为平面任意力系来处理。工程中大量问题都可以归结为平面问题。

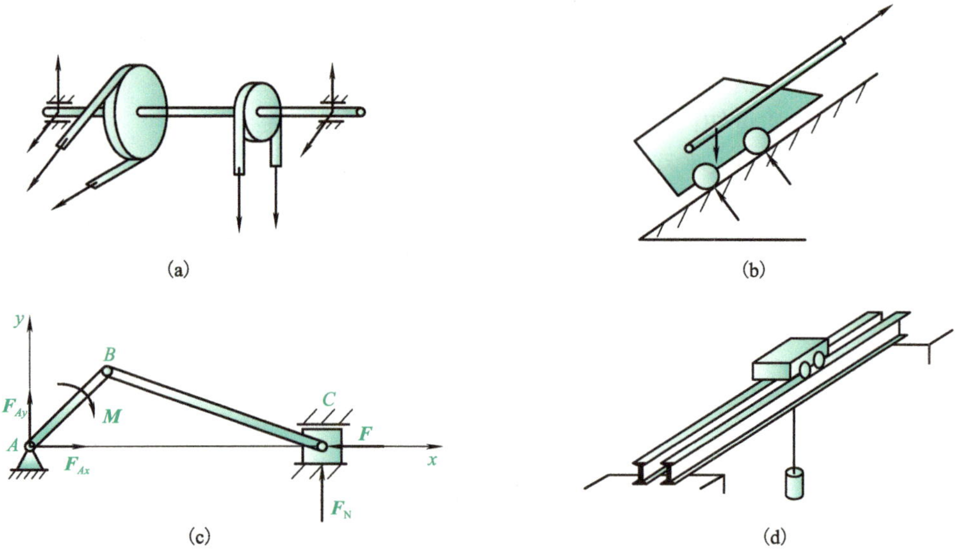

图 2.5

对于任意力系的简化，若仍采用平行四边形法则或平行力系合成方法来简化显得非常麻烦。因此本节介绍一种简便并具普遍意义的简化方法，即力系向一点简化的方法。此方法的理论基础是力的平移定理。因此先介绍力的平移定理，再讨论任意力系的简化及结果。

2.3.1 力的平移定理

设在某平面刚体上点 A 处作用一力 $\boldsymbol{F}$，如图 2.6(a)所示。在刚体上任意点 B 处加上一对平衡力 $\boldsymbol{F}'$ 和 $\boldsymbol{F}''$，如图 2.6(b)所示，并使 $\boldsymbol{F}''=-\boldsymbol{F}'=\boldsymbol{F}$ 作用线平行。由加减力系平衡公理知，所加平衡力并不改变原来的力 $\boldsymbol{F}$ 对刚体的作用。由图 2.6(b)可知，三个力中 $\boldsymbol{F}'$ 与 $\boldsymbol{F}$ 构成一力偶，其矩 $M=(\boldsymbol{F}',\boldsymbol{F})=Fd$。此时刚体受到一力和一力偶的作用，如图 2.6(c)所示。其中力 $\boldsymbol{F}''$ 作用于 B 点，由 $\boldsymbol{F}$ 平移而得到；力偶的矩为原力 $\boldsymbol{F}$ 对平移点的矩，即 $M=Fd=M_B(\boldsymbol{F})$，此力偶称为附加力偶。由此得到力的平移定理：**可以把作用在刚体上点 A 的力 $\boldsymbol{F}$ 平行移到任意点 B，平移后必须附加一个力偶，这个附加力偶矩等于原来的力 $\boldsymbol{F}$ 对新作用点的矩。**

力的平移定理虽从平面情形导出，但对于空间情形该定理仍然成立。所不同的是附加力偶是矢量，并且等于力对平移点的矩矢，即

$$\boldsymbol{M}=\boldsymbol{M}_B(\boldsymbol{F})$$

定理表明，平移前的一个力与平移后的一个力和一个附加力偶等效，因而可以互换。

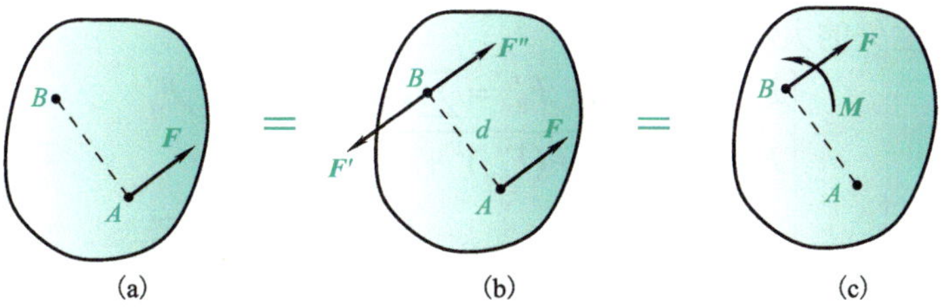

图 2.6

力的平移定理不仅是力系简化的理论依据，还可说明一些力学现象。例如攻丝时应当用两只手同时加力于丝扳，以便产生力偶。如果只用一只手加力，如图 2.7 所示，则作用在丝扳一端的力 $\boldsymbol{F}$ 与作用在点 O 的力 $\boldsymbol{F}'$ 和附加力偶 $\boldsymbol{M}$ 等效。附加力偶 $\boldsymbol{M}$ 固然能起到使丝扳转动的作用，但力 $\boldsymbol{F}'$ 使丝锥受弯有可能折断，因此攻丝时应避免一边加力。

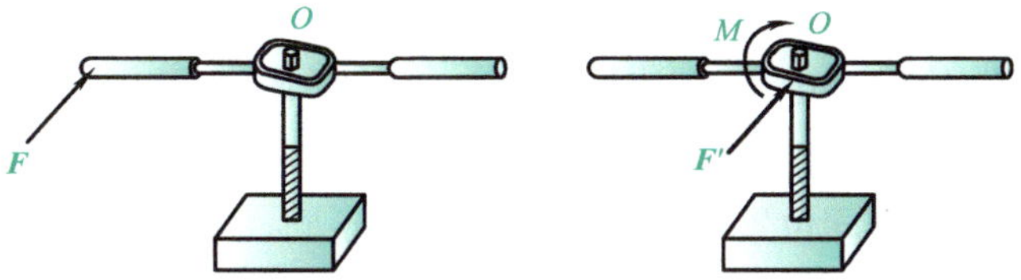

图 2.7

2.3.2　力系向任意一点简化　主矢和主矩

设刚体上有 n 个空间力 $\boldsymbol{F}_1$、$\boldsymbol{F}_2$、……、$\boldsymbol{F}_n$ 作用，为简明只画出三个力，如图 2.8(a)所示。将该力系向空间任一点 O 简化，这个任选的点称为简化中心。根据力的平移定理，将力系中各力一一向简化中心 O 等效平移，得到作用在简化中心 O 的一个空间汇交力系 $\boldsymbol{F}_1'$、$\boldsymbol{F}_2'$、……、$\boldsymbol{F}_n'$ 和一个空间力偶系 $\boldsymbol{M}_1=\boldsymbol{M}_O(\boldsymbol{F}_1)$、$\boldsymbol{M}_2=\boldsymbol{M}_O(\boldsymbol{F}_2)$、……、$\boldsymbol{M}_n=\boldsymbol{M}_O(\boldsymbol{F}_n)$，如图 2.8(b)所示。分别按空间汇交力系和空间力偶系的简化方法进行合成，得到作用于简化中心 O 的力 $\boldsymbol{F}_R'$ 和一个力偶 $\boldsymbol{M}_O$，如图 2.8(c)所示。并有

$$\begin{cases}\boldsymbol{F}_R'=\sum\boldsymbol{F}_i'=\sum\boldsymbol{F}_i\\ \boldsymbol{M}_O=\sum\boldsymbol{M}_O(\boldsymbol{F}_i)\end{cases}\tag{2.9}$$

式中，$\boldsymbol{F}_R'$ 称为原力系的主矢；$\boldsymbol{M}_O$ 等于各力对简化中心的矩之矢量和，称为原力系对简化中心 O 的主矩。式(2.9)表明，空间任意力系向任一点简化，得到作用于简化中心的一个主矢和一个主矩。也即空间任意力系对刚体的作用与一个主矢和一个主矩的作用等效。可以说，空间任意力系对刚体的作用效果取决于力系的主矢和主矩。因此，主矢和主矩成为描述力系对刚体作用的两个重要物理量。

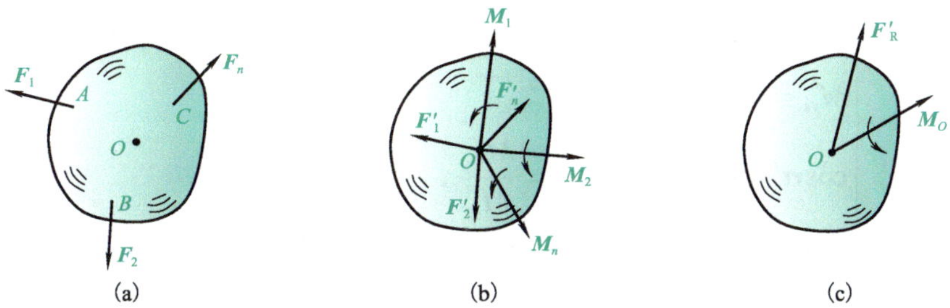

图 2.8

应用解析法，主矢的大小和方向为

$$\begin{cases} F'_{Rx}=\sum F'_{ix}, \quad F'_{Ry}=\sum F'_{iy}, \quad F'_{Rz}=\sum F'_{iz} \\ F'_{R}=\sqrt{(F'_{Rx})^2+(F'_{Ry})^2+(F'_{Rz})^2} \\ \cos\alpha=\dfrac{F'_{Rx}}{F'_{R}}, \quad \cos\beta=\dfrac{F'_{Ry}}{F'_{R}}, \quad \cos\gamma=\dfrac{F'_{Rz}}{F'_{R}} \end{cases} \tag{2.10}$$

式中，α、β 和 γ 分别为主矢 $\boldsymbol{F}'_{R}$ 与坐标轴 x、y 和 z 正向之间的夹角。

而根据空间力对点之矩矢与力对轴之矩之间的关系，主矩的大小和方向为

$$\begin{cases} M_{Ox}=\sum M_x(\boldsymbol{F}_i), \quad M_{Oy}=\sum M_y(\boldsymbol{F}_i), \quad M_{Oz}=\sum M_z(\boldsymbol{F}_i) \\ M_O=\sqrt{M_{Ox}^2+M_{Oy}^2+M_{Oz}^2} \\ \cos\alpha'=\dfrac{M_{Ox}}{M_O}, \quad \cos\beta'=\dfrac{M_{Oy}}{M_O}, \quad \cos\gamma'=\dfrac{M_{Oz}}{M_O} \end{cases} \tag{2.11}$$

式中，α'、β' 和 γ' 分别为主矩 $\boldsymbol{M}_O$ 与坐标轴 x、y 和 z 正向之间的夹角。

从力系的简化过程可以看出，主矢等于各力的矢量和，与简化中心的位置无关，而主矩是按力对点的矩计算的，不同位置的简化中心，力臂不同，主矩就不相同。因此，主矢与简化中心的选取无关，而主矩则与简化中心的选取有关。

简化中心的选取是任意的，选取不同的简化中心，主矢不变，主矩不同，因而简化结果不同。下面对简化结果作进一步讨论。

2.4 力系简化结果讨论

1. $\boldsymbol{F}'_{R}\neq 0$，$\boldsymbol{M}_O=0$，即主矢不为零，主矩为零的情形

当 $\boldsymbol{F}'_{R}\neq \boldsymbol{0}$，而 $\boldsymbol{M}_O=\boldsymbol{0}$ 时，简化结果为通过简化中心 O 的一个力 $\boldsymbol{F}'_{R}$。这个力与原力系等效，故为力系的合力 $\boldsymbol{F}_{R}$，其大小和方向为

$$\begin{cases} F'_{R}=\sqrt{(\sum F'_{ix})^2+(\sum F'_{iy})^2+(\sum F'_{iz})^2} \\ \cos\alpha=\dfrac{\sum F'_{ix}}{F'_{R}}, \quad \cos\beta=\dfrac{\sum F'_{iy}}{F'_{R}}, \quad \cos\gamma=\dfrac{\sum F'_{iz}}{F'_{R}} \end{cases} \tag{2.12}$$

式中，α、β 和 γ 分别表示合力 $\boldsymbol{F}'_{R}$ 与坐标轴 x、y 和 z 正向之间的夹角。

2. $\boldsymbol{F}'_{R}=0$，$\boldsymbol{M}_O\neq 0$，即主矢为零而主矩不为零的情形

由主矢的性质可知，当 $\boldsymbol{F}'_{R}=\boldsymbol{0}$，$\boldsymbol{M}_O\neq \boldsymbol{0}$ 时，简化结果为一力偶，即原力系与一个矩等于 $\boldsymbol{M}_O$ 的力偶等效。由力偶的性质可知，此时的主矩与简化中心的选择无关。力偶大小与方向为

$$\begin{cases} M_{Ox}=\sum M_x(\boldsymbol{F}_i), \quad M_{Oy}=\sum M_y(\boldsymbol{F}_i), \quad M_{Oz}=\sum M_z(\boldsymbol{F}_i) \\ M_O=\sqrt{M_{Ox}^2+M_{Oy}^2+M_{Oz}^2} \\ \cos\alpha'=\dfrac{M_{Ox}}{M_O}, \quad \cos\beta'=\dfrac{M_{Oy}}{M_O}, \quad \cos\gamma'=\dfrac{M_{Oz}}{M_O} \end{cases} \tag{2.13}$$

式中，α'、β' 和 γ' 分别为主矩 $\boldsymbol{M}_O$ 与坐标轴 x、y 和 z 正向之间的夹角。

3. $F'_R \neq 0$，$M_O \neq 0$，即主矢和主矩均不为零的情形

主矢和主矩均不为零的情形是力系简化的一般情况。由于比较复杂，分三种情况作进一步讨论。

1) $F'_R \perp M_O$，即主矢与主矩互相垂直

主矢和主矩互相垂直，此时主矢与主矩的作用面共面，如图 2.9(a)、(b)所示，平面力系的情形与此相同。利用力的平移定理推导的逆过程，将力偶用两力代替并且使 $\boldsymbol{F}_R = \boldsymbol{F}'_R = -\boldsymbol{F}''_R$，由加减平衡公理，得到作用线通过点 A 的一个合力 $\boldsymbol{F}_R$，如图 2.9(c)所示。合力作用线到原简化中心 O 的距离 d 为

$$d = \frac{M_O}{F_R} \tag{2.14}$$

另由图 2.9(b)、(c)可知

$$\boldsymbol{M}_O = \boldsymbol{M}_O(\boldsymbol{F}_R) \tag{2.15}$$

而力系简化时，由式(2.9)得主矩为

$$\boldsymbol{M}_O = \sum \boldsymbol{M}_O(\boldsymbol{F}_i)$$

故

$$\boldsymbol{M}_O(\boldsymbol{F}_R) = \sum \boldsymbol{M}_O(\boldsymbol{F}_i) \tag{2.16}$$

即，空间任意力系的合力对于任一点的矩等于各分力对同一点的矩的矢量和。这就是空间任意力系的合力矩定理。

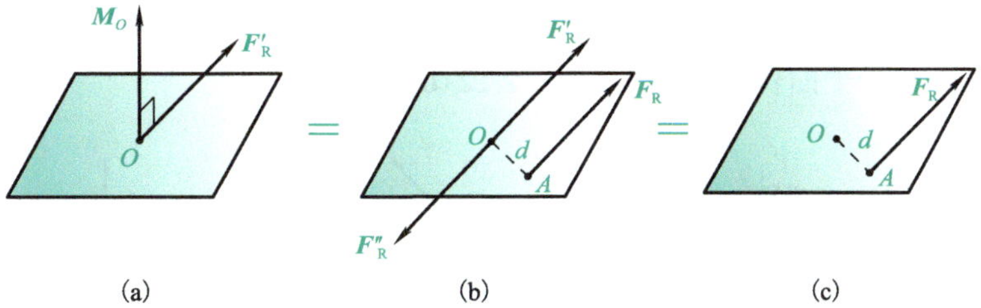

图 2.9

2) $F'_R \parallel M_O$，即主矢与主矩平行的情形

如图 2.10 所示，主矢与主矩平行的情形，称为力螺旋。若 $\boldsymbol{F}'_R$ 与 $\boldsymbol{M}_O$ 指向相同，如图 2.10(a)所示称为右螺旋；若 $\boldsymbol{F}'_R$ 与 $\boldsymbol{M}_O$ 指向相反，如图 2.10(b)所示，称为左螺旋。用螺丝刀拧螺丝及钻床钻孔就是力螺旋的情形。

图 2.10

3) 主矢与主矩既不平行又不垂直（F_R'与M_O有任意夹角α）的情形

对于主矢与主矩既不平行又不垂直的情形(图 2.11(a))，可将主矩沿着主矢方向和与主矢垂直的方向分解为$\boldsymbol{M}_O'$和$\boldsymbol{M}_O''$，如图 2.11(b)所示。将$\boldsymbol{M}_O'$和$\boldsymbol{F}_R'$按第 1)种情况简化为作用于A点的力$\boldsymbol{F}_R'$，再与$\boldsymbol{M}_O''$构成力螺旋。因此最后简化结果为过A点的**力螺旋**，如图 2.11(c)所示。

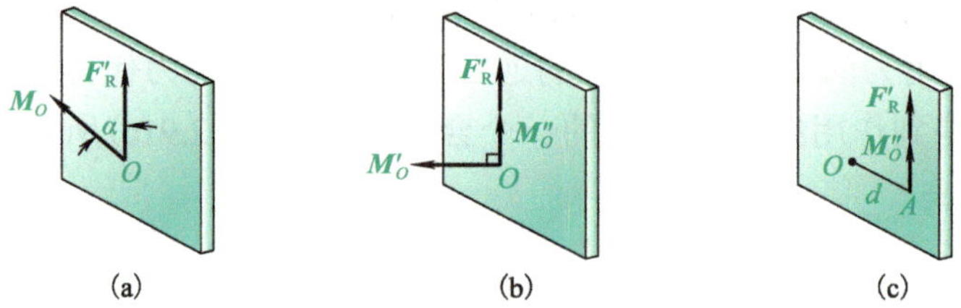

图 2.11

应当注意，对于**平面力系**，主矢与主矩的作用平面共面，总有$\boldsymbol{F}_R'$与$\boldsymbol{M}_O$垂直，最后简化结果为一合力，如第 1)种情形，不可能出现力螺旋的情况。

4. $F_R'=0$，$M_O=0$，即主矢与主矩均为零的情形

主矢与主矩均为零的情形是空间力系平衡的情形，将在第 3 章中详细讨论。

【例 2.1】 用力系简化的理论分析平面固定端的约束反力。

如图 2.12 所示的平面固定端约束，在第 1 章中已从约束的特点讨论过其约束反力。现从力系简化的角度作进一步讨论。如图 2.12(a)所示的悬臂梁，一端固定一端自由，当梁受到同平面的外载时，其插入部分由于受到墙的约束，在接触面上作用有一群分布的约束反力，在平面问题中构成了一个平面任意力系，如图 2.12(b)所示。

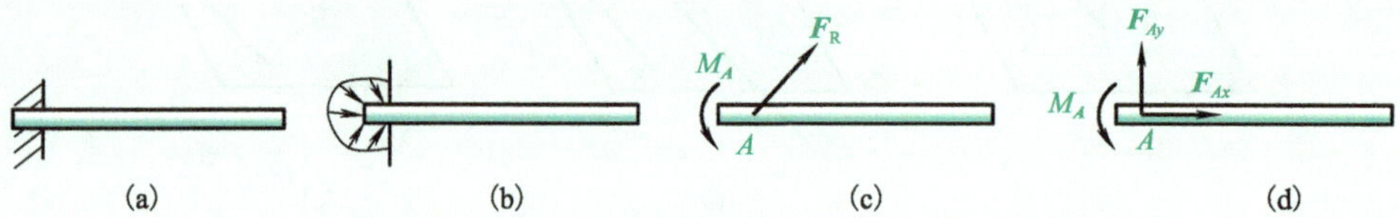

图 2.12

由于约束反力的分布规律未知，要对此作详细研究显然是很困难的。而实际上往往不必知道力的分布形式而只要知道分布约反力对梁的总的作用效果就足够了。为此，应用力系的简化理论将分布力向固定端某点A简化，得到一个力$\boldsymbol{F}_R$和一个力偶M_A，如图 2.12(c)所示。一般情况下，力$\boldsymbol{F}_R$的大小和方向均未知，可用两个相互垂直的分力来代替。因此，固定端A处的约束反力可简化为两个约束反力$\boldsymbol{F}_{Ax}$、$\boldsymbol{F}_{Ay}$和一个力偶矩为M_A的约束反力力偶，如图 2.12(d)所示，与第 1 章讨论结果相同。

【例 2.2】 一折杆承受平面力和力偶作用，如图 2.13 所示。若已知$\boldsymbol{F}_1$=50N，$\boldsymbol{F}_2$=850N，$\boldsymbol{F}_3$=250N，$\boldsymbol{F}_4$=850N，M_1=200N·m，M_2=400N·m，其他尺寸如图 2.13(a)所示(单位为 cm)。求(1)所有力向A点简化的结果；(2)将A点得到的简化结果再简化成作用在AB连线上的合力。

解 (1)按力系简化的方法，将各力向A点简化，得到一个主矢$\boldsymbol{F}_R$和一主矩M_A。主矢$\boldsymbol{F}_R$在x轴和y轴上的投影分别为

$$F_{Rx}=\sum F_x=-F_1+F_4=-50+850=800(\mathrm{N})$$
$$F_{Ry}=\sum F_y=-F_2+F_3=-850+250=-600(\mathrm{N})$$

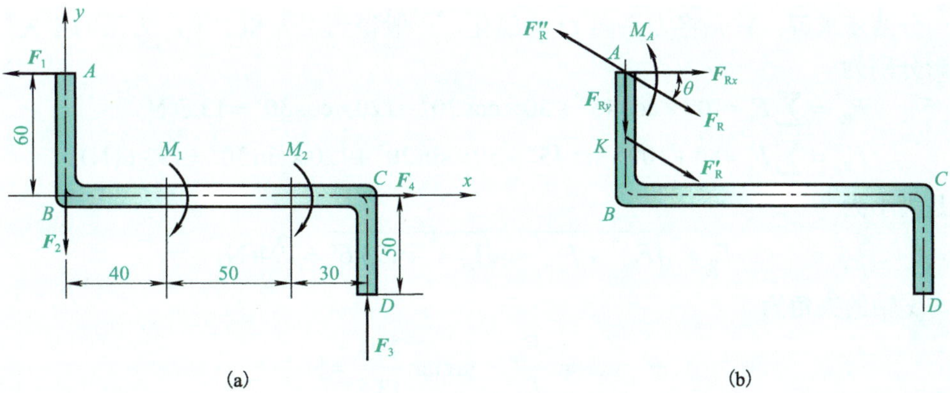

图 2.13

而大小和方向分别为

$$F_R = \sqrt{F_{Rx}^2 + F_{Ry}^2} = \sqrt{800^2 + (-600)^2} = 1000(\text{N})$$

$$\theta = \arctan\left|\frac{F_{Ry}}{F_{Rx}}\right| = \arctan\frac{600}{800} = 36.8°$$

向 A 点简化的主矩等于各力对 A 点的矩的代数和，即

$$\begin{aligned} M_A &= \sum M_A(\boldsymbol{F}) = -M_1 - M_2 + 0.6F_4 + 1.2F_3 \\ &= -200 - 400 + 0.6\times 850 + 1.2\times 250 = 210(\text{N}\cdot\text{m}) \end{aligned}$$

简化结果如图 2.13(b)所示。

(2)向 A 点简化得到的主矢和主矩不等于零，因此，可按力的平移定理的逆过程进一步简化为一个合力。考虑力偶 M_A 的转向将其用两个平行力($\boldsymbol{F}'_R$，$\boldsymbol{F}''_R$)代替，并且使 $\boldsymbol{F}''_R$ 与 $\boldsymbol{F}_R$ 大小相等，方向相反且共线，如图 2.13(b)所示。显然，$\boldsymbol{F}''_R$ 与 $\boldsymbol{F}_R$ 是一对平衡力，可以移去，此时力系与合力 $\boldsymbol{F}'_R$ 等效。相当于将力 $\boldsymbol{F}_R$ 从 A 点平移到 K 点，力作用线平移的距离为

$$d = \frac{M_A}{F_R} = \frac{210}{1000} = 0.21(\text{m})$$

合力作用点 K 到 A 点的距离为

$$KA = \frac{d}{\cos\theta} = \frac{0.21}{\cos 36.8°} = \frac{0.21}{0.8} = 0.26(\text{m})$$

【例 2.3】 试求图 2.14(a)所示的平面任意力系的合力。图 2.14 中长度单位为 m。

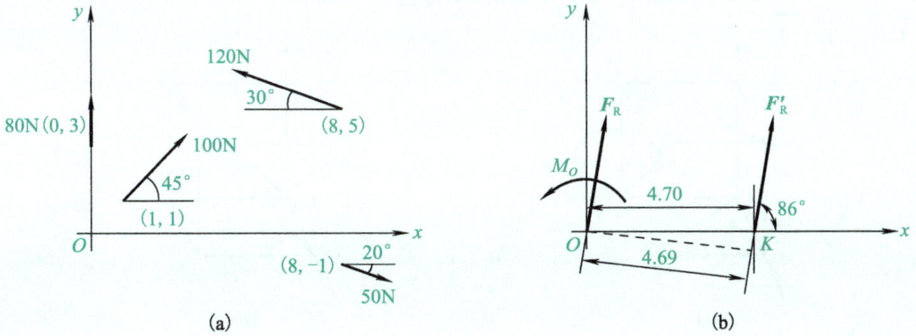

图 2.14

解 分两步求解。首先将力系向 O 点简化，一般得到主矢和主矩。力系的主矢沿 x 和 y 轴的投影分别为

$$F_{Rx}=\sum F_x=100\times\cos45°+50\times\cos20°-120\times\cos30°=13.8(\text{N})$$

$$F_{Ry}=\sum F_y=80+100\times\sin45°-50\times\sin20°+120\times\sin30°=193.6(\text{N})$$

则主矢是大小为

$$F_R=\sqrt{F_{Rx}{}^2+F_{Ry}{}^2}=\sqrt{13.8^2+193.6^2}=194(\text{N})$$

其指向与 x 轴的夹角为

$$\theta=\arctan\frac{F_{Ry}}{F_{Rx}}=\arctan\frac{194}{13.8}=86°$$

力系对简化中心 O 的主矩为

$$M_O=\sum M_O(F)=1\times100\times\sin45°-1\times100\times\cos45°+1\times50\times\cos20°-8\times50\times\sin20°$$
$$+5\times120\times\cos30°+8\times120\times\sin30°=910(\text{N}\cdot\text{m})$$

可见，主矢和主矩均不等于零，方向和转向如图 2.14(b)所示。

再将主矢和主矩按力的平移定理的逆过程作进一步简化，得到一过 K 点的合力，力作用线平移的距离为

$$d=\frac{M_O}{F_R}=\frac{910}{194}=4.69(\text{m})$$

合力作用线与 x 轴的交点的坐标为

$$x=\frac{d}{\cos4°}=\frac{4.69}{\cos4°}=4.70(\text{m})$$

如图 2.14(b)所示。

【例 2.4】 正方体各边长 a，在四个顶点 O、A、B、C 上分别作用着大小都等于 P 的四个力 $\boldsymbol{F}_1$、$\boldsymbol{F}_2$、$\boldsymbol{F}_3$、$\boldsymbol{F}_4$，方向如图 2.15 所示。试求这力系向点 O 的简化结果及力系的最后合成结果。

解 (1)将各力向点 O 简化。选坐标系 $Oxyz$ 如图 2.15 所示，各力在轴 x、y、z 上的投影的代数和分别为

$$\sum F_x=F_1\cos45°-F_2\cos45°=P\cos45°-P\cos45°=0$$

$$\sum F_y=F_1\cos45°+F_2\cos45°-F_3\cos45°+F_4\cos45°=\sqrt{2}P$$

$$\sum F_z=F_3\cos45°+F_4\cos45°=\sqrt{2}P$$

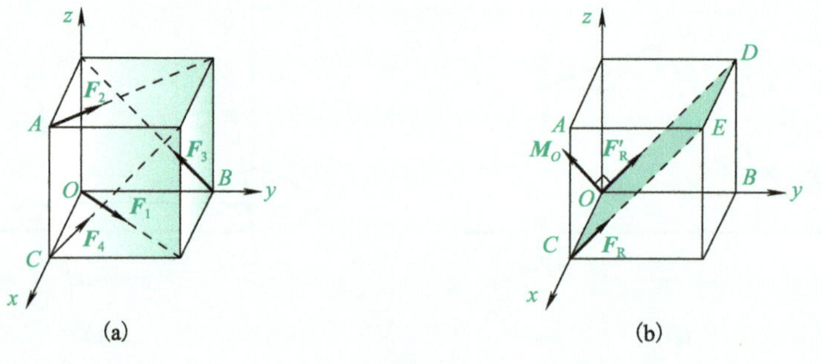

图 2.15

可求得主矢 $\boldsymbol{F}'_{\mathrm{R}}$ 的大小和方向为

$$F'_{\mathrm{R}}=\sqrt{(\sum F_x)^2+(\sum F_y)^2+(\sum F_z)^2}$$
$$=\sqrt{0^2+(\sqrt{2}P)^2+(\sqrt{2}P)^2}=2P$$

$$\cos(\boldsymbol{F}'_{\mathrm{R}},x)=\frac{\sum F_x}{F'_R}=0,\quad \cos(\boldsymbol{F}'_{\mathrm{R}},y)=\frac{\sum F_y}{F'_{\mathrm{R}}}=\frac{\sqrt{2}}{2},\quad \cos(\boldsymbol{F}'_{\mathrm{R}},z)=\frac{\sum F_z}{F'_{\mathrm{R}}}=\frac{\sqrt{2}}{2}$$

可见，主矢 $\boldsymbol{F}'_{\mathrm{R}}$ 位于 Oyz 平面内，并与轴 y 和 z 的夹角均为 45°，即沿图 2.15(b)中的 OD 对角线。各力对各坐标轴 x、y、z 的主矩的代数和分别为

$$\sum M_x(\boldsymbol{F})=-aF_2\cos45°+aF_3\cos45°=-aP\cos45°+aP\cos45°=0$$
$$\sum M_y(\boldsymbol{F})=-aF_2\cos45°-aF_4\cos45°=-aP\cos45°-aP\cos45°=-\sqrt{2}aP$$
$$\sum M_z(\boldsymbol{F})=aF_2\cos45°+aF_4\cos45°=aP\cos45°+aP\cos45°=\sqrt{2}aP$$

则力系对点 O 的主矩 $\boldsymbol{M}_O$ 的大小和方向分别为

$$M_O=\sqrt{[\sum M_x(\boldsymbol{F})]^2+[\sum M_y(\boldsymbol{F})]^2+[\sum M_z(\boldsymbol{F})]^2}$$
$$=\sqrt{0^2+(-\sqrt{2}aP)^2+(\sqrt{2}aP)^2}=2aP$$

$$\cos(\boldsymbol{M}_O,x)=\frac{\sum M_x(\boldsymbol{F})}{M_O}=0$$
$$\cos(\boldsymbol{M}_O,y)=\frac{\sum M_y(\boldsymbol{F})}{M_O}=-\frac{\sqrt{2}}{2}$$
$$\cos(\boldsymbol{M}_O,z)=\frac{\sum M_z(\boldsymbol{F})}{M_O}=\frac{\sqrt{2}}{2}$$

可知，主矩 $\boldsymbol{M}_O$ 也在 Oyz 平面内，并与轴 y 和轴 z 分别成 135° 和 45° 夹角，并与 $\boldsymbol{F}'_{\mathrm{R}}$ 相垂直，如图 2.15(b)所示。

由此可知，力系向点 O 简化的结果是作用在点 O，大小和方向与主矢相同的一个力和矩为主矩的一个力偶。

(2)求最后合成结果。因为 $\boldsymbol{F}'_{\mathrm{R}}\neq0$，$\boldsymbol{M}_O\neq0$，且二者垂直，故力系可以进一步合成为一个合力 $\boldsymbol{F}_{\mathrm{R}}$，其大小和方向与 $\boldsymbol{F}'_{\mathrm{R}}$ 相同，而作用线到 O 的距离为

$$d=\frac{M_O}{F'_{\mathrm{R}}}=\frac{2aP}{2P}=a$$

即合力 $\boldsymbol{F}_{\mathrm{R}}$ 的作用线通过点 C 并沿对角线 CE，如图 2.15(b)所示。

2.5　平行力系的中心和重心

在力学和若干工程技术问题中，物体的重心位置具有重要意义。高速旋转机械的均衡运转、飞机的稳定飞行、确定起重机的配重等都会涉及物体重心的问题。因此，在机械、航空、建筑工程等的设计中，常常都需要确定物体重心的位置。

众所周知，在地球附近的物体都受到地球的吸引力，此力即为物体的重力。如果将物体看成是由许多质点所组成的，则各个质点所受重力的作用线汇交于地心，形成一个空间汇交

力系。考虑到一般物体的尺寸远远小于地球的尺寸，而且离地心又很遥远，因此将物体各质点的重力近似视为平行力系，这对工程计算是足够精确的。

平行力系可以合成为一合力，其作用点称为平行力系中心。如果平行力是重力则此时平行力系的中心称为重心。本节将介绍确定平行力系中心及物体重心的方法。

2.5.1 平行力系的中心

设刚体上作用有 n 个相互平行的力 $\boldsymbol{F}_1$、$\boldsymbol{F}_2$、……、$\boldsymbol{F}_n$，构成一平行力系，其合力 $\boldsymbol{F}_\mathrm{R}=\sum\boldsymbol{F}_i$；各力的作用点分别为 A_1、A_2、……、A_n，而 $\boldsymbol{r}_1$、$\boldsymbol{r}_2$、……、$\boldsymbol{r}_n$ 分别为这 n 个作用点的位置矢量，如图 2.16 所示；$\boldsymbol{r}_c$ 为该平行力系合力作用点(即平行力系中心 c)的位置矢量。

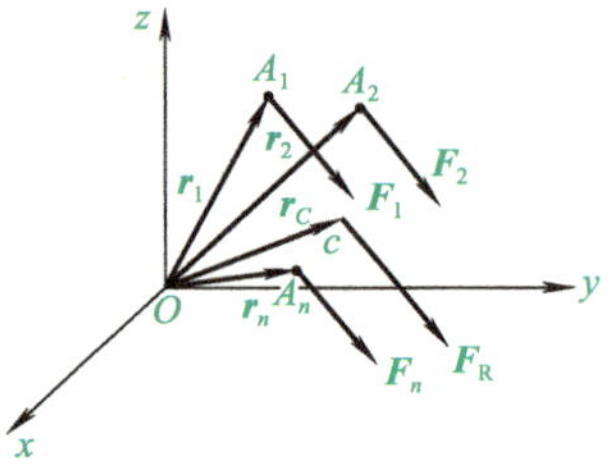

图 2.16

设 $\boldsymbol{n}_O$ 为平行力方向的单位矢量，则合力表示为 $\boldsymbol{F}_\mathrm{R}=F_\mathrm{R}\,\boldsymbol{n}_O$，各分力表示为 $\boldsymbol{F}_i=F_i\,\boldsymbol{n}_O$，根据合力矩定理

$$\boldsymbol{M}_O(\boldsymbol{F}_\mathrm{R})=\sum\boldsymbol{M}_O(\boldsymbol{F}_i) \tag{2.16}$$

有

$$\boldsymbol{r}_c\times F_\mathrm{R}\boldsymbol{n}_O=\sum\boldsymbol{r}_i\times F_i\boldsymbol{n}_O$$

或写成

$$F_\mathrm{R}\boldsymbol{r}_c\times\boldsymbol{n}_O=\left(\sum F_i\boldsymbol{r}_i\right)\times\boldsymbol{n}_O$$

对比等式两边，显然有

$$F_\mathrm{R}\boldsymbol{r}_c=\sum F_i\boldsymbol{r}_i$$

于是，得到平行力系中心的位置矢量

$$\boldsymbol{r}_c=\frac{\sum\boldsymbol{r}_iF_i}{F_\mathrm{R}}=\frac{\sum\boldsymbol{r}_iF_i}{\sum F_i} \tag{2.17}$$

可以看出，平行力系中心的位置只与力系中各力的大小及作用点的位置有关，而与各力作用线的方位无关。换言之，不论平行力系的方向如何，并不影响平行力系中心的位置。

将式(2.17)向三个坐标轴上投影，可得平行力系中心的坐标公式

$$x_c=\frac{\sum x_iF_i}{\sum F_i},\qquad y_c=\frac{\sum y_iF_i}{\sum F_i},\qquad z_c=\frac{\sum z_iF_i}{\sum F_i} \tag{2.18}$$

式中，x_i、y_i、z_i 分别为 $\boldsymbol{r}_i$ 沿 x、y、z 轴的投影，也就是力 $\boldsymbol{F}_i$ 作用点 A_i 的坐标。

2.5.2 物体的重心及其确定方法

求物体的重心，只需将式(2.17)和式(2.18)中的力 F_i 换成重力 P_i 即可。若物体是连续体，则式(2.17)和式(2.18)中的求和号变为积分号。若物体是均质的，则物体的重心与形心重合，此时求物体的重心就归结为求物体的形心。这些公式在高等数学定积分应用中已作过讨论，不再赘述。下面介绍一些确定重心的常用方法。

确定重心的方法一般有计算方法和实验方法，计算方法按式(2.17)和式(2.18)或积分公式计算，但只适宜简单规则形状的物体。对于由简单形状物体组成的复杂结构可用组合法计算，而对于任意形状的工程复杂结构，则可用实验方法。下面介绍组合法和实验法

1. 组合法

工程实际中有许多结构，形状虽然复杂，但却是由一些简单几何形状的物体组合而成，

如图 2.17(a)的工字形，可看作是由三块矩形组成。求这种组合形体重心(或形心)的方法是，将组合体分割成几个形状简单的形体，确定每个简单形体的重心(形心)坐标和面积或体积，这种方法称为分割法，然后按式(2.17)或式(2.18)求得组合体的重心(或形心)，称为组合法。在进行分割时，式(2.18)中的 x_i、y_i、z_i 应为第 i 块物体的重心(或形心)坐标；$F_i=P_i=\gamma_i\Delta V_i$，$\gamma_i$ 和 ΔV_i 分别为第 i 块物体的重度和体积，即

$$x_c=\frac{\sum x_i\gamma_i\Delta V_i}{\sum\gamma_i\Delta V_i},\quad y_c=\frac{\sum y_i\gamma_i\Delta V_i}{\sum\gamma_i\Delta V_i},\quad z_c=\frac{\sum z_i\gamma_i\Delta V_i}{\sum\gamma_i\Delta V_i}\tag{2.18a}$$

对于均质物体 $\gamma_i=\rho g=\text{const}$，$\rho$ 为质量密度，重心(形心)坐标为

$$x_c=\frac{\sum x_i\Delta V_i}{\sum\Delta V_i},\quad y_c=\frac{\sum y_i\Delta V_i}{\sum\Delta V_i},\quad z_c=\frac{\sum z_i\Delta V_i}{\sum\Delta V_i}\tag{2.18b}$$

对于平面问题，公式中体积 ΔV_i 改为面积 ΔS_i 即可。

若物体是由一些简单几何形状中挖去另一些简单几何形体所组成，如图 2.17(b)所示，只要把挖去部分的体积或面积取为负值，则上述组合法公式仍然适用。这种方法称为负体积法(空间)或负面积法(平面)。

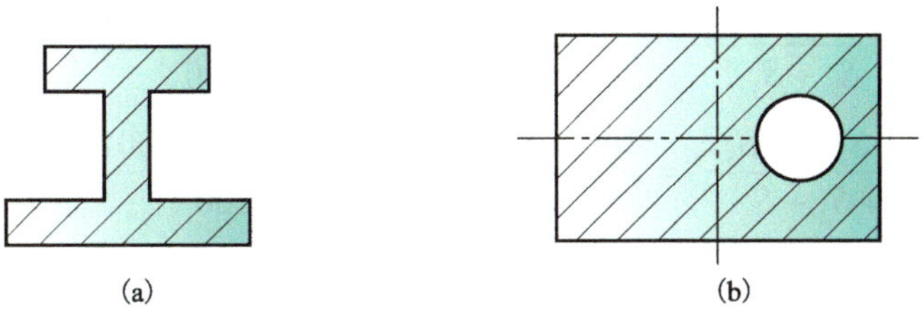

图 2.17

【例 2.5】 求长为 l，横截面如图 2.18 所示的均质型钢的重心。

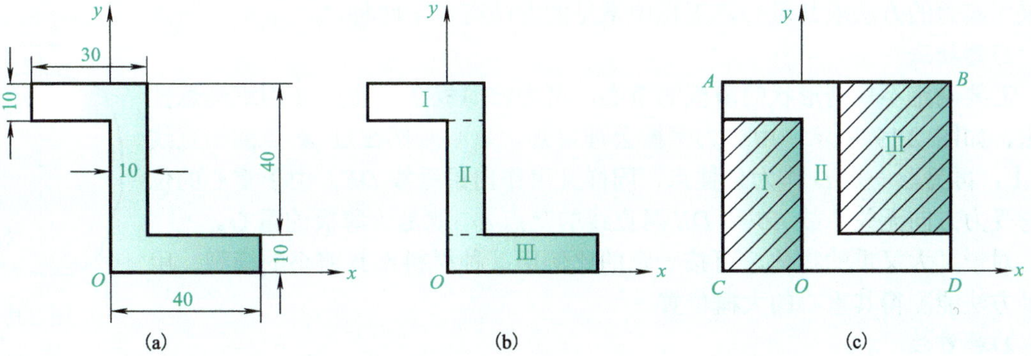

图 2.18

解 型钢为等截面并且为均质，因此其重心必位于 $l/2$ 处的对称面上，现确定对称面上重心的位置。

(1)用分割法求。

将均质薄板图形分割成如图 2.18(b)所示的三个矩形，各矩形的面积及在图 2.18 所示坐标下的形心坐标分别为

$$S_1=300 \qquad x_1=-5 \qquad y_1=45$$
$$S_2=300 \qquad x_2=5 \qquad y_2=25$$
$$S_3=400 \qquad x_3=20 \qquad y_3=5$$

则，该平面图形的形心坐标为

$$x_c=\frac{S_1x_1+S_2x_2+S_3x_3}{S_1+S_2+S_3}=\frac{300\times(-5)+300\times5+400\times20}{300+300+400}=8(\text{mm})$$

$$y_c=\frac{S_1y_1+S_2y_2+S_3y_3}{S_1+S_2+S_3}=\frac{300\times45+300\times25+400\times5}{300+300+400}=23(\text{mm})$$

(2)用负面积法求。

将平面图形看作是由矩形 $ABCD$ 中挖去矩形 II 和 III 而形成的，计算时被挖去的部分的面积在公式中取负号即可，设 S_1 为矩形 $ABCD$ 的面积，则

$$S_1=50\times60=3000 \qquad x_1=10 \qquad y_1=25$$
$$S_2=20\times40=-800 \qquad x_2=-10 \qquad y_2=20$$
$$S_3=30\times40=-1200 \qquad x_3=25 \qquad y_3=30$$

则平面图形的形心坐标为

$$x_c=\frac{S_1x_1+S_2x_2+S_3x_3}{S_1+S_2+S_3}=\frac{3000\times10+(-800)\times(-10)+(-1200)\times25}{3000-800-1200}=8(\text{mm})$$

$$y_c=\frac{S_1y_1+S_2y_2+S_3y_3}{S_1+S_2+S_3}=\frac{3000\times25+(-800)\times20+(-1200)\times30}{3000-800-1200}=23(\text{mm})$$

可见，在相同的坐标系下，两种方法求出的结果相同。对于具有对称线、对称面、对称中心的均质物体，其形心一定位于对称线、对称面、对称中心上。

2. 实验法

对于工程中一些形状复杂或质量分布不均匀的物体，上述积分法和组合法难以应用，但可采用实验的方法求其重心，工程中常见的方法有以下两种。

1）悬挂法

若要确定不规则形状的薄板的重心，可先将薄板在任意点 A 用细绳悬挂起来，如图 2.19 所示，由二力平衡公理可知，重心必然在过 A 点的铅直线 AB 上，再另取一点 D 作为悬挂点，同样又可作出铅垂线 DE，由于重心的位置与受力方向无关，故 AB 和 DE 两直线的交点 c，就是该薄板的重心。

对于又大又重的物体，可按一定的比例用某种材料作其缩小的模型，用这种方法能测得其重心的大概位置。

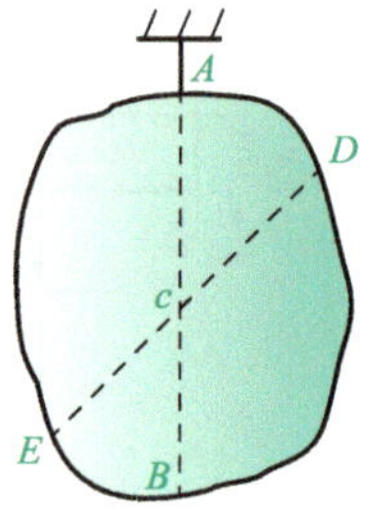

图 2.19

2）称重法

对某些形状复杂，体积庞大的非均质物体，可以用称重法确定其重心。首先，测得物体的重量 P，然后将物体一端放在固定支座 A 上，另一端置于台秤 B 上，如图 2.20 所示。读取台秤的读数得到约反力 F_{NB} 的值，并且量取 AB 间的水平距离 L。显然，根据物体的平衡条件可解出 x_c 值。即由 $\sum M_A(F)=0$，得

$$-x_cP+LF_{NB}=0$$

解得

$$x_c=\frac{LF_{NB}}{P}$$

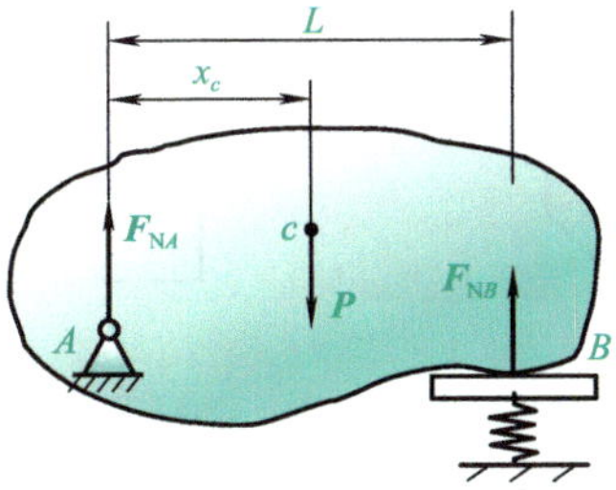

图 2.20

求得重心的 x_c 坐标，也就是得到了一条通过物体重心 c 的铅垂线，若抬高或降低点 B，重复以上过程再获得一条类似的直线，则这两条直线的交点就是物体的重心。

3) 查表法

可从工程设计手册中查阅各种形状物体的重心计算公式。

思　考　题

一、判断题(判断下列说法是否正确)

2-1　空间汇交力系合成的最终结果是一个合力，合力的作用线通过各力的汇交点，其大小和方向由原力系中各分力的矢量和确定。

2-2　空间力偶系合成的最终结果为一个合力偶，其大小和方位由原力偶系中各分力偶的矢量和确定，该合力偶矢可以任意滑动和平行移动。

2-3　空间力系向任一点简化得到的主矢和主矩与任选的简化中心有关。

2-4　空间力偶矩可以从刚体内的一个平面移到刚体内的另一任意平面而不改变它对刚体的作用效果。

2-5　两个等效的空间力系分别向同一刚体内的任意两点 A_1、A_2 简化，得 $\boldsymbol{F}'_{R1}$、$\boldsymbol{M}_1$ 和 $\boldsymbol{F}'_{R2}$、$\boldsymbol{M}_2$。因为此两个力系等效，所以有 $\boldsymbol{F}'_{R1}=\boldsymbol{F}'_{R2}$， $\boldsymbol{M}_1=\boldsymbol{M}_2$。

2-6　物体的重心一定在物体内。

2-7　均质物体的形心就是它的重心。

2-8　如果选取两个不同的坐标系来计算同一物体的重心位置，所得重心坐标相同。

2-9　重心坐标与坐标系的选取无关。

2-10　重心在物体内的位置与坐标系的选取有关。

二、填空题

2-11　若空间汇交力系合成为一个合力，其合力的作用线通过____________。

2-12　边长为 a 的立方体的三条棱边上作用着大小相等的三个力 $\boldsymbol{F}_1$、$\boldsymbol{F}_2$、$\boldsymbol{F}_3$，如思图 2.1 所示，则此力系简化的最后结果是____________。

2-13　空间平行力系 $\boldsymbol{F}_1$、$\boldsymbol{F}_2$、$\boldsymbol{F}_3$、$\boldsymbol{F}_4$ 如思图 2.2 所示，其简化的最后结果为____________。

2-14　平面一般力系向其平面内任一点简化，如主矩恒等于零，则力系____________。

2-15　分布载荷的合力大小等于____________，合力作用线的位置可用____________来求，合力作用线通过____________。

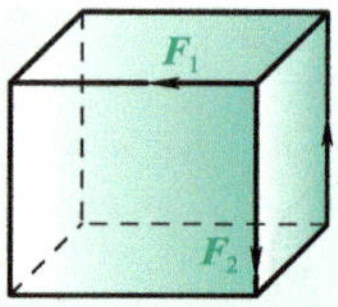

思图 2.1

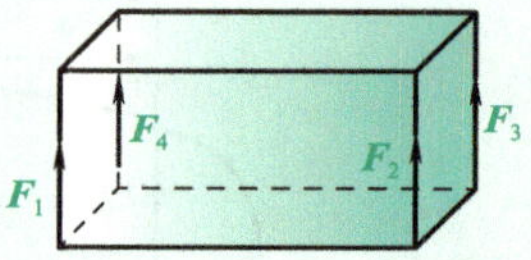

思图 2.2

2-16 平行力系的中心指的是______________；物体的重心指的是______________；物体的形心指的是______________。

习　题

2.1 如题图 2.1 所示，把作用在平板上的各力向点 O 简化，已知 $F_1=300\text{kN}$，$F_2=200\text{kN}$，$F_3=350\text{kN}$，$F_4=250\text{kN}$，试求力系的主矢和对点 O 的主矩以及力系的最后合成结果。图中长度单位为 cm。

2.2 将题图 2.2 所示平面任意力系向点 O 简化，并求力系合力的大小及其与原点 O 的距离。已知 $F_1=150\text{N}$，$F_2=200\text{N}$，$F_3=300\text{N}$，力偶的臂等于 8cm，力偶的力 $F=200\text{N}$。图中长度单位为 cm。

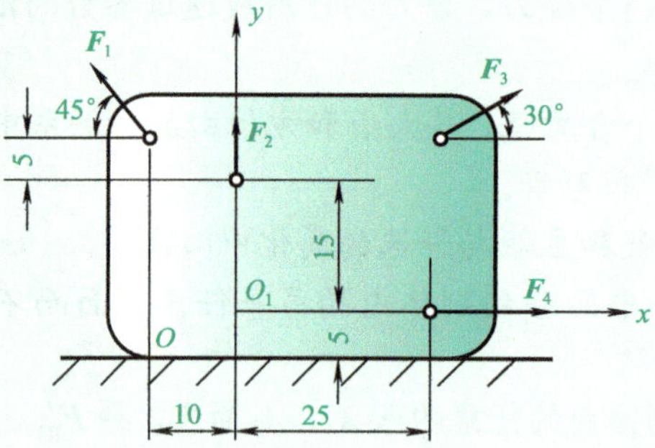

题图 2.1

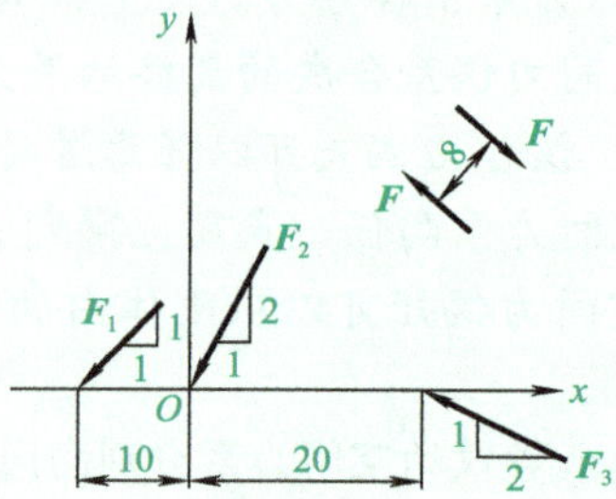

题图 2.2

2.3 在题图 2.3 所示力系中，$F_1=100\text{N}$，$F_2=300\text{N}$，$F_3=200\text{N}$，各力作用线位置如图所示，求力系向点 O 简化的结果。

2.4 如题图 2.4 所示，在半径为 R 的圆面积内挖出一半径为 r 的圆孔，求剩余面积的重心。

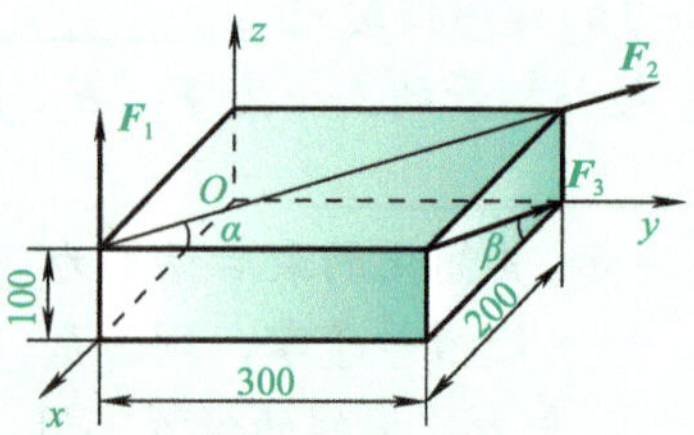

题图 2.3

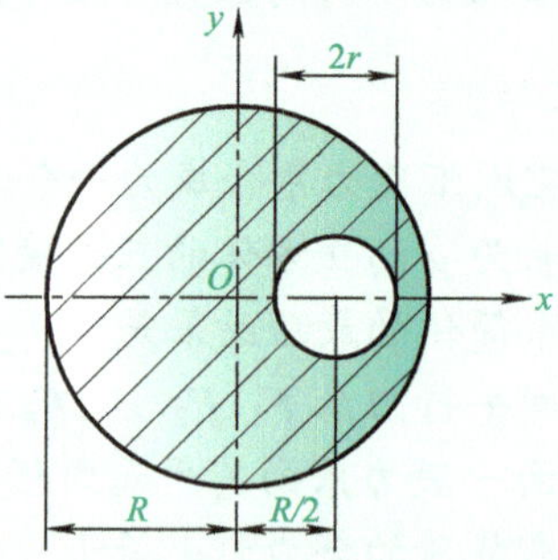

题图 2.4

2.5　求题图 2.5 所示型材截面形心的位置。

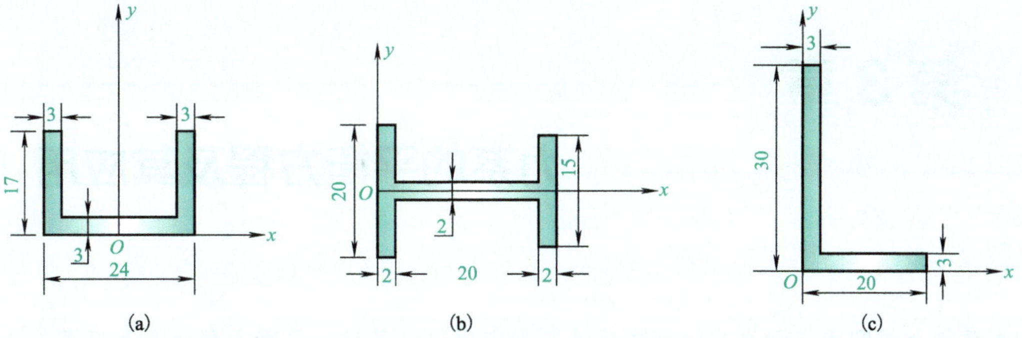

题图 2.5

2.6　题图 2.6 所示机床重为 25kN，当水平放置时（$\theta=0°$），称上读数为 17.5kN，当 $\theta=20°$ 时称上读数为 15kN，试确定机床重心的位置。

2.7　均质块尺寸如题图 2.7 所示，求其重心的位置。

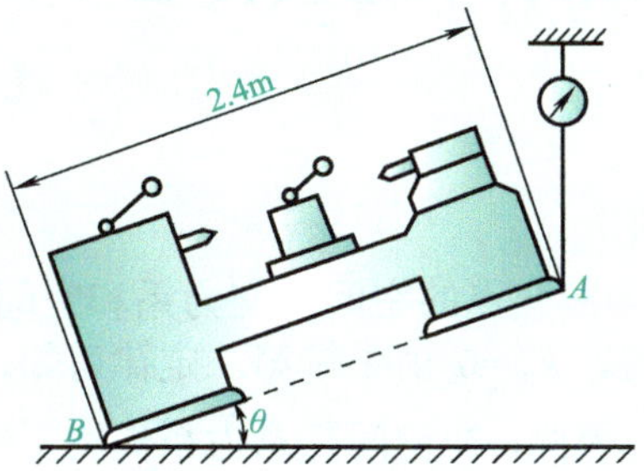

题图 2.6

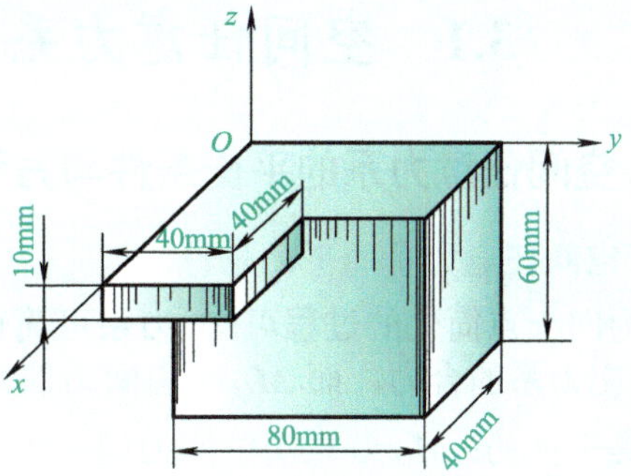

题图 2.7

第 3 章

力系的平衡方程及其应用

本章将介绍空间任意力系的平衡条件及平衡方程，并讨论平衡方程的各种形式以及它们的应用，最后介绍考虑摩擦时物体的平衡问题。

由第 2 章可知，若将一空间力系向任一点 O 简化，一般可得主矢 $\boldsymbol{F}_{\mathrm{R}}'$ 和主矩 $\boldsymbol{M}_O$。在简化结果的讨论中主矢和主矩同时等于零，即 $\boldsymbol{F}_{\mathrm{R}}'=0$，$\boldsymbol{M}_O=0$ 是静力学中最重要的情形。

3.1 空间任意力系的平衡条件和平衡方程

3.1.1 空间任意力系的平衡条件与方程

1. 空间任意力系的平衡条件

由力向一点简化的过程可知，力系可简化为以 O 为汇交点的空间汇交力系和空间力偶系，$\boldsymbol{F}_{\mathrm{R}}'$ 是汇交力系的合力，而 $\boldsymbol{M}_O$ 是空间力偶系的合力偶。$\boldsymbol{F}_{\mathrm{R}}'=0$ 由牛顿第二定律可知，空间汇交力系是平衡的；$\boldsymbol{M}_O=0$ 表明空间力偶系也是平衡的。因此，在空间任意力系作用下刚体是平衡的。反之若在空间任意力系作用下刚体平衡，则由动力学关系可知，力系必须同时满足 $\boldsymbol{F}_{\mathrm{R}}'=0$，$\boldsymbol{M}_O=0$ 的条件。于是得到结论：空间任意力系平衡的必要与充分条件是，力系的主矢和对任一点的主矩同时等于零。即有

$$\boldsymbol{F}_{\mathrm{R}}'=\sum \boldsymbol{F}_i=0 \tag{3.1}$$

$$\boldsymbol{M}_O=\sum \boldsymbol{M}_O(\boldsymbol{F}_i)=0 \tag{3.2}$$

平衡条件对于工程构件的设计计算具有重要意义。

2. 空间任意力系的平衡方程

为应用方便，平衡条件式(3.1)和式(3.2)用解析式表示。按空间矢量的投影方法，式(3.1)和式(3.2)在直角坐标系 x、y、z 三个坐标轴上的投影分别为

$$\left.\begin{aligned}
&\sum F_x=0\\
&\sum F_y=0\\
&\sum F_z=0\\
&\sum M_x(\boldsymbol{F})=0\\
&\sum M_y(\boldsymbol{F})=0\\
&\sum M_z(\boldsymbol{F})=0
\end{aligned}\right\} \tag{3.3}$$

于是得到结论，空间力系平衡的必要与充分(解析)条件是：力系中各力分别在 x、y、z 三个坐标轴上投影的代数和等于零，以及各力分别对 x、y、z 三个坐标轴的矩的代数和也等

于零。式(3.3)即为空间任意力系的平衡方程。其中六个方程相互独立，在求解空间力系作用下刚体的平衡问题时，最多能列六个独立的平衡方程，求解六个未知数。式(3.3)由平衡条件导出，亦称为空间力系平衡方程的基本形式。

在实际应用时，所列的方程还可以有其他形式，如六个方程中，在保证相互独立的前提下，可以是两个投影方程和四个力矩方程(称四矩式)；或一个投影方程和五个力矩方程(称五矩式)；或六个力矩方程(六矩式)。应用中，通常采用平衡方程的基本形式，在特殊需要时采用其他形式。总之，无论平衡方程采用何种形式，所能求解问题的未知数都不能超过六个。

3.1.2　平衡方程的几种特殊形式

式(3.3)给出的六个平衡方程，是针对空间任意力系给出的，在实际中，并不一定都有六个独立的平衡方程。下面介绍几种特殊的情况。

1. 汇交力系

简易起重装置，如图 3.1 所示，由三脚架支承。若脚架杆的自重远小于起吊物体的重量，则可以略去三脚架杆的自重而把三脚架杆视为二力杆；略去滑轮大小，认为起吊物体的重力作用于三脚架杆的连接销子 D 上；因此，销子 D 受到的力构成一空间汇交力系。

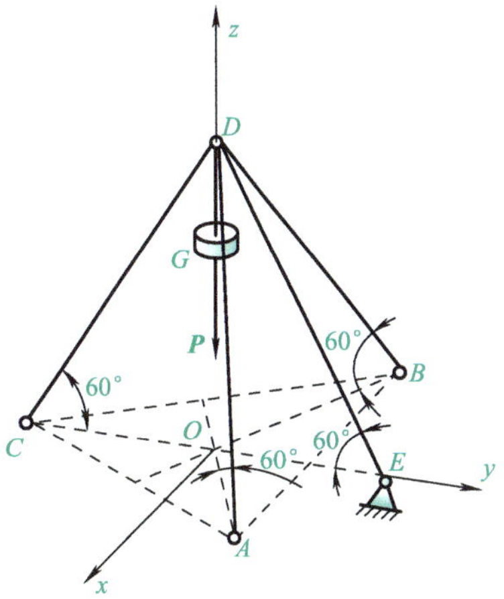

图 3.1

对于空间汇交力系，平衡条件是其合力为零，因此在式(3.3)中三个投影方程分别为零；由合力矩定理可以证明，式(3.3)中的三个力矩方程左边恒等于零，于是空间汇交力系的平衡方程为

$$\left.\begin{aligned}\sum F_x&=0\\ \sum F_y&=0\\ \sum F_z&=0\end{aligned}\right\}\tag{3.4}$$

这三个方程相互独立，可以求解三个未知量。

对于平面汇交力系，各力作用线位于同一平面。若力系位于 Oxy 平面内，此时，式(3.4)中 $\sum F_z\equiv 0$，因此平面汇交力系有两个独立平衡方程，即

$$\left.\begin{aligned}\sum F_x&=0\\ \sum F_y&=0\end{aligned}\right\}\tag{3.5}$$

这两个方程可求解两个未知量。

2. 平行力系

工程中如塔吊、车间中的行车平衡时受到了空间平行力系的作用。设空间平行力系与 z 轴平行，如图 3.2 所示，则式(3.3)中 $\sum F_x\equiv 0$，$\sum F_y\equiv 0$，$\sum M_z(\boldsymbol{F})\equiv 0$，于是可得与 z 轴平行的空间平行力系的平衡方程为

$$\left.\begin{aligned}\sum F_z&=0\\ \sum M_x(\boldsymbol{F})&=0\\ \sum M_y(\boldsymbol{F})&=0\end{aligned}\right\}\tag{3.6}$$

这三个独立方程可以求解三个未知量。

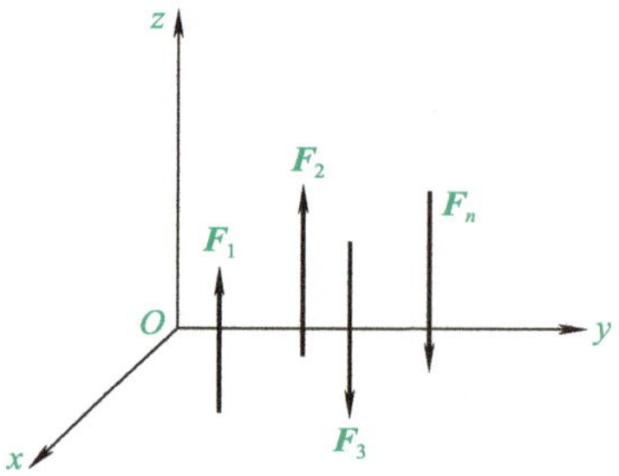

图 3.2

对于平面平行力系，若平面平行力系位于 Oxy 平面并作用线与 y 轴平行，则式(3.3)中 $\sum F_x\equiv 0$，$\sum F_z\equiv 0$，$M_y(\boldsymbol{F})\equiv 0$，$\sum M_x(\boldsymbol{F})\equiv 0$，于是得到平面平行力系的独立平衡方程为

$$\left.\begin{aligned}\sum F_y=0\\\sum M_z(F)=0\end{aligned}\right\}\tag{3.7}$$

显然，平面平行力系的平衡方程可求解两个未知量。

3. 力偶系

对于空间力偶系，由力偶的性质可知 $\sum F_x\equiv 0$，$\sum F_y\equiv 0$，$\sum F_z\equiv 0$，则空间力偶系平衡方程为

$$\left.\begin{aligned}\sum M_x(\boldsymbol{F})=0\\\sum M_y(\boldsymbol{F})=0\\\sum M_z(\boldsymbol{F})=0\end{aligned}\right\}\tag{3.8}$$

这三个独立的方程可以求解三个未知数。

对于作用面位于同一平面的平面力偶系，若各力偶作用面均位于 Oxy 平面上，式(3.3)中的六个方程中，除力偶必满足的 $\sum F_x\equiv 0$，$\sum F_y\equiv 0$，$\sum F_z\equiv 0$ 的三式外，还满足 $\sum M_x(\boldsymbol{F})\equiv 0$，$M_y(\boldsymbol{F})\equiv 0$ 两式，则平面力偶系平衡方程为 $\sum M_z(\boldsymbol{F})=0$ 或写为

$$\sum M=0\tag{3.9}$$

由此可知，平面力偶系只有一个独立平衡方程，只能求解一个未知量。

如钻床在工件上加工多个孔的情况，如图 3.3 所示，已知每个钻头的钻削力偶，计算固定螺栓 A、B 处的反力。因各主动钻削力偶在同一平面内，A、B 处的约束必构成一约束反力偶与之平衡。因此这是一个平面力偶系的平衡问题。

图 3.3

4. 平面任意力系

平面任意力系是工程中最常见的力系。由第2.1节可知，严格说来，物体都是受空间力系作用，而非平面力系。但是解决空间力系的问题要比解决平面问题复杂得多，因此在工程中，根据受力特点可将一些空间力系的问题简化为平面力系的问题来处理。这样的处理，一般都能满足工程要求。例如，图3.4所示的屋架，由于沿垂直于纸面方向的尺寸远小于其余两个方向的尺寸，并且受力平行于纸面，因此可略去厚度将屋架受力作为平面力系来处理。受力如图3.4所示。又如，如图3.5所示的汽车，受空间力系作用，但它在平行于纸面有垂直的受力对称面，可将所有受力简化到对称面上，处理为平面力系。

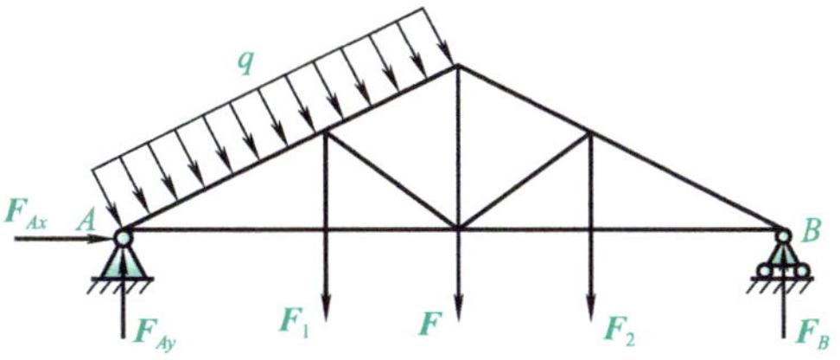

图3.4

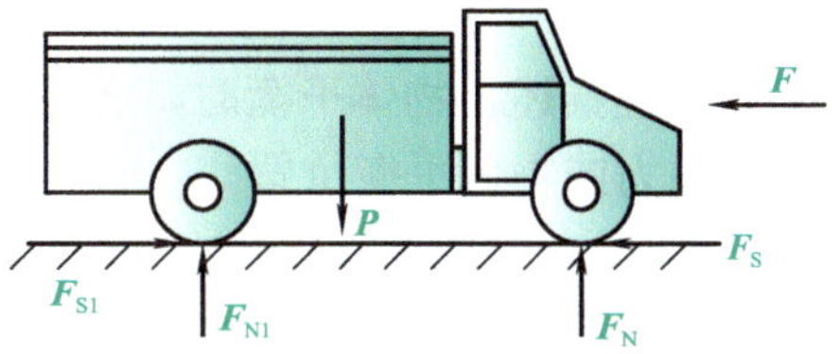

图3.5

设力系位于平面内，可知式(3.3)中，$\sum F_z \equiv 0$，$\sum M_x(\boldsymbol{F}) \equiv 0$，$\sum M_y(F) \equiv 0$，并在平面上令$\sum M_O(\boldsymbol{F}) = \sum M_z(\boldsymbol{F})$，其中$O$为平面上任一点，则平面任意力系的平衡方程为

$$\left.\begin{aligned}\sum F_x &= 0\\ \sum F_y &= 0\\ \sum M_O(\boldsymbol{F}) &= 0\end{aligned}\right\} \tag{3.10}$$

表明平面任意力系平衡的解析条件是，力系中所有力在x、y两个坐标轴上的投影的代数和分别等于零，以及各力对于平面内任一点O的矩的代数和等于零。三个方程相互独立，可以求解三个未知量。

式(3.10)称为平面任意力系平衡方程的基本形式。此外，平衡方程还有另外两种形式，即二矩式和三矩式。它们都是平衡的必要与充分条件，但都附加了限制条件。

二矩式：平衡方程由一个投影方程和两个力矩方程表示，即

$$\left.\begin{aligned}\sum F_x &= 0\\ \sum M_A(\boldsymbol{F}) &= 0\\ \sum M_B(\boldsymbol{F}) &= 0\end{aligned}\right\} \tag{3.11}$$

附加条件是，矩心A、B的连线不与投影轴x垂直(读者可自行分析)。

三矩式：平衡方程由三个力矩方程表示，即

$$\left.\begin{aligned}\sum M_A(\boldsymbol{F}) &= 0\\ \sum M_B(\boldsymbol{F}) &= 0\\ \sum M_C(\boldsymbol{F}) &= 0\end{aligned}\right\} \tag{3.12}$$

附加条件是，矩心A、B、C三点不共线。(读者也可自行分析)

式(3.11)和式(3.12)中，当满足各自的附加条件时，三个方程是相互独立的，可以求解三个未知量。在某些情况下，应用二矩式或三矩式比较方便。

必须指出，对于单个刚体(或一个研究对象)的平衡问题，在能列出的平衡方程中最多只有三个是独立的，只能求解三个未知量，任何多于三个的平衡方程都是前三个方程的线性组

合，因此是不独立的。但是多余的方程可用来校核计算结果。

3.2 平面力系平衡方程的应用

第 3.1 节中讨论了平面任意力系的平衡方程基本形式及特殊形式，还讨论了平面力系的特殊情形，如平面汇交力系、平面平行力系、平面力偶系及其平衡方程。下面结合具体问题分单个物体(或单个研究对象)及物体系统两种情形说明平衡方程的应用。

3.2.1 单个物体的平衡问题

平衡方程描述了物体平衡时，各受力之间应满足的关系。因此可以应用平衡方程求平衡物体的未知力或物体平衡位置。

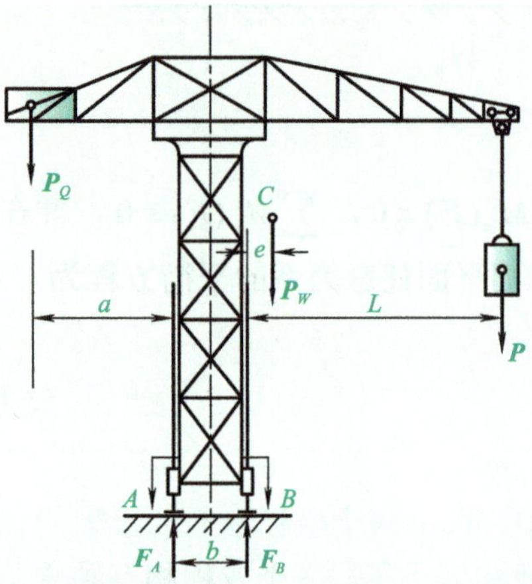

图 3.6

【例 3.1】 移动式起重机如图 3.6 所示，自重为 $\boldsymbol{P}_W$，吊重为 $\boldsymbol{P}$，配重为 $\boldsymbol{P}_Q$，已知轨距 $b=3\text{m}$，$a=6\text{m}$，$L=10\text{m}$，机身重 $P_W=500\text{kN}$，其作用线至右轨的距离 $e=1.5\text{m}$，起重机起吊的最大载荷 $P=250\text{kN}$。欲保证起重机满载和空载时都不翻倒，试确定平衡配重 P_Q 之值。

解 (1)选起重机为研究对象，受力如图 3.6 所示，主动力 $\boldsymbol{P}_W$、$\boldsymbol{P}$、$\boldsymbol{P}_Q$ 和法向约束反力 $\boldsymbol{F}_A$ 和 $\boldsymbol{F}_B$ 构成平面平行力系。按照题意，要保证起重机不翻倒，各力必须满足平衡条件。然而满足平衡方程的力 $\boldsymbol{P}_Q$ 的值可有无穷多个，但对应于平衡的临界状态却只有两个，即满载和空载的临界状态。起重机平衡的 $\boldsymbol{P}_Q$ 值应为介于对应两个平衡临界状态的 $\boldsymbol{P}_Q$ 之间的一个范围。由图 3.6 可知，满载临界状态是绕 B 点向右翻倒的平衡临界状态；空载(P=0)临界状态是绕 A 点向左翻倒的平衡临界状态。对应这两个临界状态，可由平衡条件分别确定出所需配重的最小值和最大值，而保证起重机不翻倒的配重应介于二者之间。

(2)列平衡方程，即

满载时，起重机有绕 B 点向右翻倒的倾向，为保证不翻倒，必须满足平衡方程，即

$$\sum M_B(\boldsymbol{F})=0\text{，}\quad P_Q(a+b)-F_Ab-P_We-Pl=0 \tag{a}$$

不翻倒的力学条件为

$$F_A\geqslant 0$$

临界情况下，取 $F_A=0$，此时得到的配重应是最小值，即 $P_Q=P_{Q\min}$，代入式(a)解得

$$P_{Q\min}=\frac{Pl+P_We}{a+b}=\frac{250\times 10+500\times 1.5}{6+3}=361(\text{kN})$$

空载时 $(P=0)$，起重机有绕 A 点向左翻倒的倾向，要保证不翻倒，应满足平衡方程，即

$$\sum M_A(\boldsymbol{F})=0\text{，}\quad P_Qa+F_Bb-P_W(b+e)=0 \tag{b}$$

同理，不翻倒的力学条件为

$$F_B\geqslant 0$$

临界情况下，取 $F_B=0$，此时得到的配重应是最大值，即 $P_Q=P_{Q\max}$，代入式(b)解得

$$P_{Q\max}=\frac{(e+b)P_W}{a}=\frac{(1.5+3)\times 500}{6}=375(\text{kN})$$

因此，保证起重机平衡时配重应满足

$$P_{Q\min}\leqslant P_Q\leqslant P_{Q\max}$$

即

$$361(\text{kN})\leqslant P_Q\leqslant 375(\text{kN})$$

【例 3.2】 用多轴钻床同时加工某工件上的四个孔，如图 3.3 所示，钻孔时每个钻头对工件的切削力偶矩 $M=-15\text{N·m}$，不计摩擦，求加工时两个固定螺钉 A 和 B 所受的力。

解 如图 3.3 所示，工件上作用四个同平面的力偶，故属平面力偶系的平衡问题。根据力偶系的合成定理，四个力偶合成后为一合力偶；根据力偶性质，力偶只能由力偶来平衡，故 A、B 处的约束反力必将构成一力偶($\boldsymbol{F}_B$，$\boldsymbol{F}_A$)与切削合力偶平衡。

取工件为研究对象，受力图如图 3.3(b)所示。由力偶平衡方程

$$\sum M=0,\qquad 4M-0.2F_A=0$$

解得

$$F_A=F_B=300(\text{N})$$

【例 3.3】 悬臂梁 AB 如图 3.7(a)所示，A 端固定，梁长为 l，其上作用集度为 $\boldsymbol{q}$ 的均布载荷，B 端作用集中力 $\boldsymbol{F}$，与铅垂方向成 45° 角，且 B 端受力偶 M 作用。求固定端 A 的约束反力。

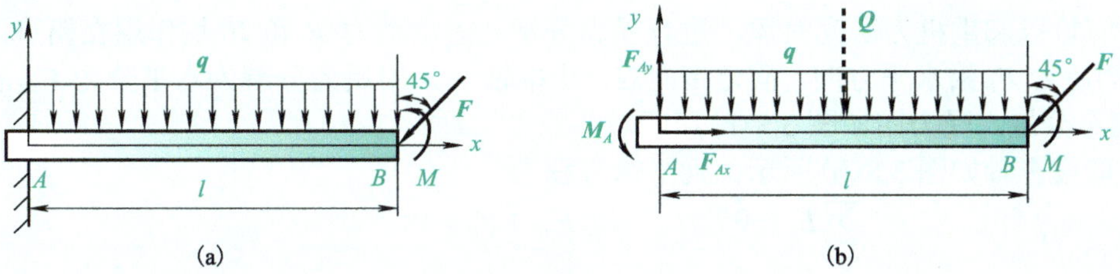

图 3.7

解 (1)取研究对象。以梁 AB 为研究对象进行受力分析，受力如图 3.7(b)所示，以集中力 $\boldsymbol{Q}$ 等效代替均布载荷 $\boldsymbol{q}$ 的作用，且 $Q=ql$，$\boldsymbol{Q}$ 在图中用虚线箭头表示。这是一个平面任意力系的平衡问题。

(2)取坐标列平衡方程。坐标选取如图 3.7 所示，可得

$$\sum F_x=0,\qquad F_{Ax}-F\sin 45^\circ=0 \tag{a}$$

$$\sum F_y=0,\qquad F_{Ay}-F\cos 45^\circ-Q=0 \tag{b}$$

$$\sum M_A(\boldsymbol{F})=0,\qquad M_A+M-Fl\cos 45^\circ-\frac{l}{2}Q=0 \tag{c}$$

(3)解方程。

三个平衡方程对应三个未知数，方程可解。式(a)、式(b)和式(c)中，每式只含有一个未知数，解之并将 $Q=ql$ 代入得

$$F_{Ax}=F\sin 45^\circ=\frac{\sqrt{2}}{2}F$$

$$F_{Ay}=F\cos 45^\circ+Q=\frac{\sqrt{2}}{2}F+ql$$

$$M_A=Fl\cos 45^\circ+\frac{1}{2}Ql-M=\frac{\sqrt{2}}{2}Fl+\frac{ql^2}{2}-M$$

【例 3.4】起重机自重 $P=10\text{kN}$，可绕铅直轴 AB 转动，起重机的挂钩上挂有重 $P_1=40\text{kN}$ 的重物；起重机尺寸如图 3.8 所示（c 为重心），求止推轴承 A 和轴承 B 处的反力。设两轴承的厚度不计。

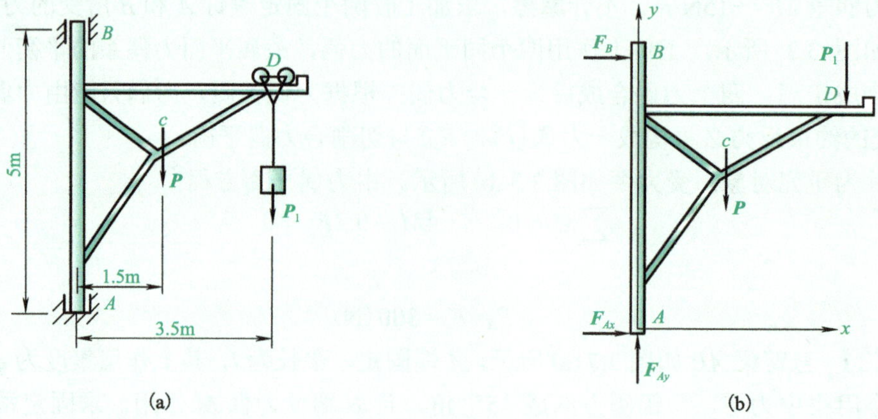

图 3.8

解 (1) 以起重机为研究对象，进行受力分析。因主动力 $\boldsymbol{P}$ 和 $\boldsymbol{P}_1$ 均作用在铅直面内，故轴承 B 的反力 $\boldsymbol{F}_B$ 沿水平方向，假定指向右。止推轴承 A 的反力分解为水平分力 $\boldsymbol{F}_{Ax}$ 和垂直分力 $\boldsymbol{F}_{Ay}$ 两个分量。受力图如图 3.8(b) 所示。

(2) 取投影轴如图 3.8(b) 所示，列平衡方程为

$$\sum F_x=0,\qquad F_{Ax}+F_B=0 \tag{a}$$

$$\sum F_y=0,\qquad F_{Ay}-P-P_1=0 \tag{b}$$

$$\sum M_A(\boldsymbol{F})=0,\qquad -5F_B-1.5P-3.5P_1=0 \tag{c}$$

(3) 解平衡方程并代入数据得

$$F_B=\frac{-(1.5P+3.5P_1)}{5}=-31(\text{kN})$$

$$F_{Ax}=-F_B=31(\text{kN})$$

$$F_{Ay}=P+P_1=50(\text{kN})$$

式中，F_B 为负值，表明其真实方向与假设方向相反。

利用多余的不独立方程 $\sum M_B(\boldsymbol{F})=0$ 来校核上述计算结果，即

$$\sum M_B(\boldsymbol{F})=0,\qquad 5F_{Ax}-1.5P-3.5P_1=0$$

得

$$F_{Ax}=\frac{(1.5P+3.5P_1)}{5}=31(\text{kN})$$

结果同前，表明计算正确。

【例 3.5】 行车水平梁 AB，A 端以铰链固定，B 端用拉杆 BC 拉住，如图 3.9(a)所示。梁重 $P=4\text{kN}$，载荷重 $P_1=10\text{kN}$，不计拉杆自重，梁尺寸如图 3.9(a)所示。试求拉杆的拉力和铰链 A 的约束反力。

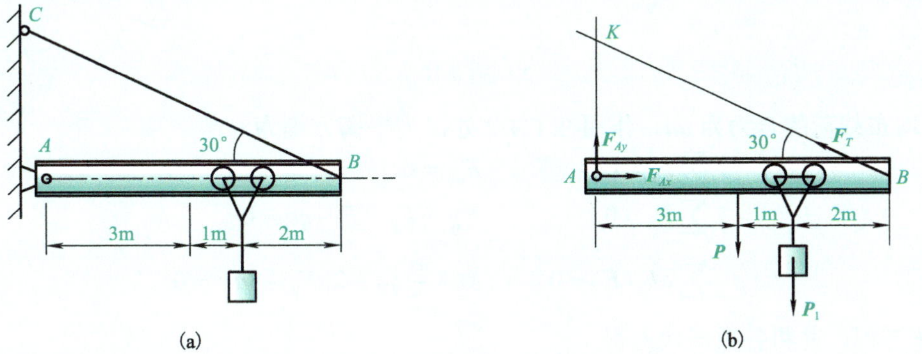

图 3.9

解 (1)选取梁 AB 与重物一起为研究对象，受力分析如图 3.9(b)所示。

(2)取投影轴，列平衡方程为

$$\sum F_x=0,\qquad F_{Ax}-F_T\cos30°=0 \tag{a}$$

$$\sum F_y=0,\qquad F_{Ay}+F_T\sin30°-P-P_1=0 \tag{b}$$

$$\sum M_A(\boldsymbol{F})=0,\qquad 6F_T\cdot\sin30°-3P-4P_1=0 \tag{c}$$

(3)解联立方程。由式(c)、式(a)和式(b)解得

$$F_T=17.33(\text{kN}),\qquad F_{Ax}=15.01(\text{kN}),\qquad F_{Ay}=5.33(\text{kN})$$

本例亦可用平衡方程的另外两种形式求得。如用二矩式，分别以 A、B 为矩心，列平衡方程为

$$\sum M_A(\boldsymbol{F})=0,\qquad 6F_T\cdot\sin30°-3P-4P_1=0 \tag{d}$$

$$\sum M_B(\boldsymbol{F})=0,\qquad 3P+2P_1-6F_{Ay}=0 \tag{e}$$

$$\sum F_x=0,\qquad F_{Ax}-F_T\cos30°=0 \tag{f}$$

式(d)和式(e)中都只有一个未知数，不必联立求解而直接求得 F_T 和 F_{Ay}，再将 F_T 代入式(f)求出 F_{Ax}。

用三矩式求。以 A、B 及力 F_T 和 F_{Ay} 作用线的交点 K 为矩心，列平衡方程为

$$\sum M_A(\boldsymbol{F})=0,\qquad 6F_T\cdot\sin30°-3P-4P_1=0 \tag{g}$$

$$\sum M_B(\boldsymbol{F})=0,\qquad 3P+2P_1-6F_{Ay}=0 \tag{h}$$

$$\sum M_K(\boldsymbol{F})=0,\qquad 6F_{Ax}\cdot\tan30°-3P-4P_1=0 \tag{i}$$

式(g)～式(i)中，每式中只包含一个未知数，无需联立求解而直接得出结果。

【例 3.6】 水平外伸梁如图 3.10(a)所示，若均布载荷集度 $q=20\text{kN/m}$，$F=20\text{kN}$，力偶矩 $M=8\text{kN·m}$，$a=0.8\text{m}$，求支座 A 和 B 的约束反力。

解 (1)取 CD 梁为研究对象，受力如图 3.10(b)所示。

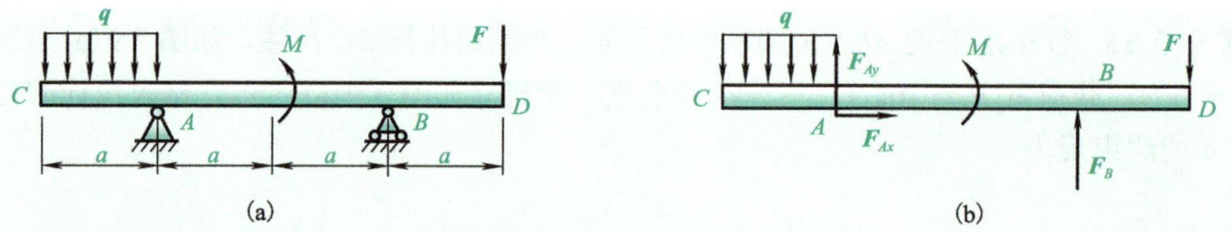

图 3.10

(2)均布载荷的合力为 qa，作用在 $CA/2$ 处，列平衡方程为

$$\sum F_x = 0, \qquad F_{Ax} = 0 \tag{a}$$

$$\sum F_y = 0, \qquad F_{Ay} + F_B - F - qa = 0 \tag{b}$$

$$\sum M_A(\boldsymbol{F}) = 0, \qquad M + \frac{a}{2}qa + 2aF_B - 3aF = 0 \tag{c}$$

联立求解方程，并将各数据代入得

$$F_{Ax} = 0, \quad F_{Ay} = 15\,(\text{kN}), \quad F_B = 21\,(\text{kN})$$

综上各例，求解单个物体平衡问题的一般步骤及要点归纳如下：

1)根据题意选取研究对象，并画出研究对象的受力图

受力图中刚性约束的未知约束反力的指向可以假定，其真实指向由平衡方程确定。

2)选取适当的投影轴和矩心，列出独立的平衡方程

由上述各例可知，灵活应用平衡方程的各种形式和适当选取投影轴和矩心，可以减少平衡方程中未知量的数目，尽量避免求解联立方程。一般以两个未知力的交点为矩心，而投影轴尽量与未知力垂直。

3)解平衡方程并对结果进行讨论

在计算结果中如果力出现负号，说明受力图中假设的力的指向与真实指向相反；如果无负号，说明与真实指向相同。

3.2.2 物体系统的平衡问题

工程中，任何一部机器或一个工程结构都是由若干零件或构件组成的物体系统。通常研究其平衡问题不仅要求出系统所受的未知力，而且还要求出物体间相互作用的“内力”。为此就要把某些物体从系统中分离出来单独研究。此外，对于物体系的平衡问题，有时也要把物体分开来研究，才能求出所有未知外力。可见求解物体系平衡问题是以求解单个物体的平衡问题为基础的。

在求解物体系统平衡问题时，通常要判断问题能否用平衡方程完全解决，为此，首先介绍静定与静不定的概念。

当系统平衡时，组成系统的每一个物体都处于平衡状态，而每个物体在力系作用下可列独立平衡方程的数目是确定的。对于物体系统，可列独立平衡方程的数目就等于组成系统的每个物体可列独立平衡方程数的总和。显然，独立方程的数目就代表了能求解的未知量的数目。例如，对于平面问题，若系统中有 n 个物体，每个物体均受平面任意力系作用，均可列 3 个独立平衡方程，则系统可列的独立平衡方程数目为 $3n$ 个，能求解 $3n$ 个未知量。

于是定义，系统中未知量的数目与独立平衡方程的数目相等，所有的未知量可由平衡方程全部求出的问题称为静定问题。而系统中未知量的数目多于独立平衡方程的数目，未知量不能全由平衡方程求出的问题称为静不定问题或超静定问题。静不定问题中未知量总数与独立平衡方程总数之差称为静不定次数或超静定次数。

工程中，静不定问题往往是为了增加构件的刚度和坚固性所增加多余约束而引起的。如图 3.11 所示的吊车吊一重物，当用两根绳子悬挂(图 3.11(a))，未知约束反力有两个，而重物受平面汇交力系作用，共有两个独立平衡方程，因此是静定的。有时为了安全，用三根绳悬挂重物(图 3.11(b))，未知约反力有三个，而独立平衡方程只有两个，因此是静不定的，而且是一次静不定问题。又如，一轴用两个轴承支承(图 3.12)，轴受平面平行力系作用，有两个独立平衡方程，故为静定问题。为增加轴的刚度，增加一个轴承，故有三个未知力，而轴只有两个独立平衡方程，因此为静不定问题。再如，悬臂梁(图 3.13)，受平面任意力系作用，有三个未知数，可列三个独立平衡方程，为静定问题。为减小变形，增加滚动支座(图 3.13(b))，则有四个未知力，多于独立平衡方程数目，故为静不定问题。

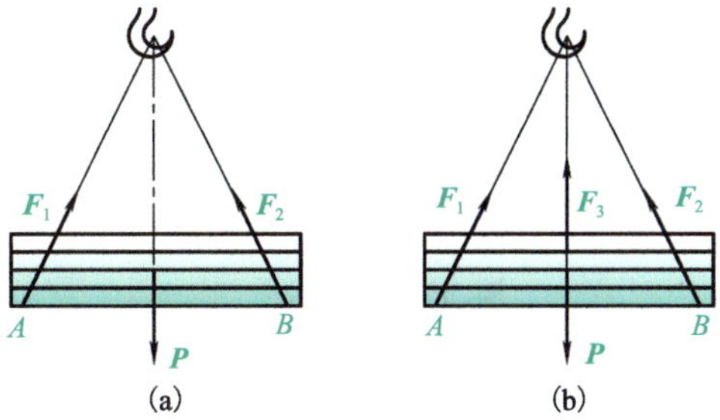

图 3.11

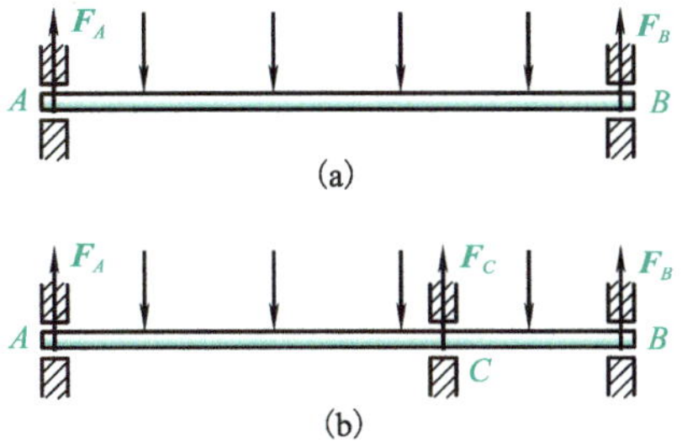

图 3.12

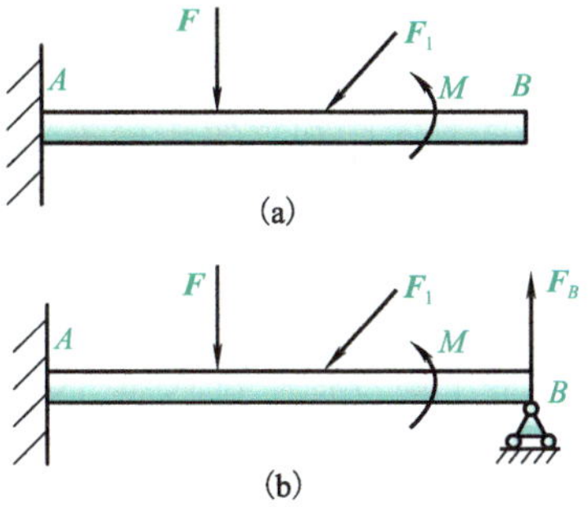

图 3.13

对于静不定问题，未知数仅用平衡方程不能全部求解，必须考虑物体受力作用而产生的变形，加列力与变形之间的关系以及变形协调关系式，以此作为补充方程，才能使方程的数目等于未知数的数目。静不定问题已超过刚体静力学的范围，将在材料力学中研究。

在求解物体系的平衡问题时，一般应先判断问题是否静定。在确定问题为静定之后，根据题意可以选取每个物体为研究对象列出全部平衡方程，然后求解；也可先取整个物体系统或部分物体的组合体为研究对象，列出平衡方程。因方程中不包含研究对象内部各物体间的相互作用力，未知数较少；解出部分未知数后，再从系统中选取某些物体作为研究对象，列出平衡方程，直至求出系统平衡问题的所有未知量。另外，取研究对象时，以待求量为目标，以引入较少中间未知数为原则，提高求解效率。

【例 3.7】 平面起重装置如图 3.14 所示。AB 杆的 A 端用固定铰支座与墙面连接，B 端用一销子与 BC 杆和滑轮连接，BC 杆 C 端与固定铰支座连接。一钢丝绳跨过滑轮,一端与卷扬机相连,另一端与重物相连。略去摩擦和滑轮大小,不计杆和滑轮的自重,若已知重物重 $P=20\text{kN}$,求平衡时杆 AB 和 BC 所受的力。

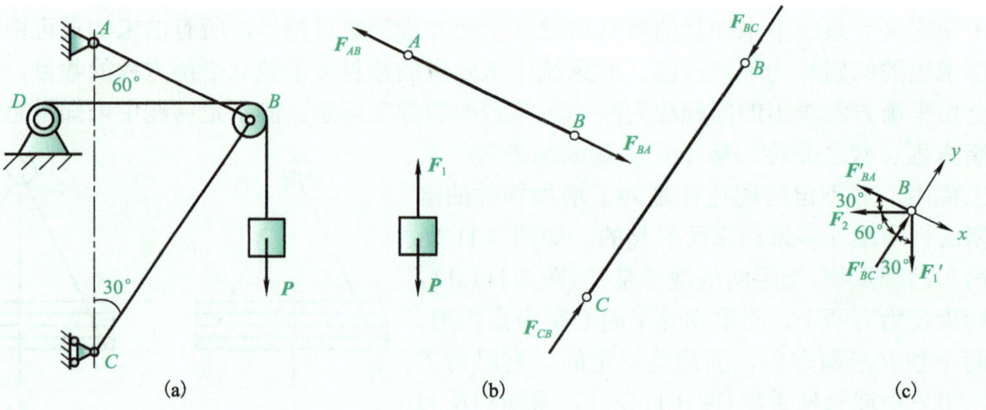

图 3.14

解 (1)取研究对象。因杆 AB 和 BC 不计自重，故为二力杆。假设 AB 杆和 BC 杆分别受拉力和压力，并且沿杆轴线，如图 3.14(b)所示。又因不计滑轮大小，绳子的受力通过 B，因此，杆子的受力和绳子的受力汇交于 B 点，构成一平面汇交力系。取销子 B 为研究对象，画受力图如图 3.14(c)所示。由于不计摩擦，并由图 3.14(b)、(c)，有

$$F_1 = F_1' = F_2' = P = 20(\text{kN}) \tag{a}$$

(2)用解析法求解，选取坐标轴。本问题中待求量为 F'_{BA} 和 F'_{BC}，二者又相互垂直，为使所列平衡方程中未知量尽量少，取正交坐标系如图 3.14(c)所示。

(3)根据式(3.5)列平衡方程为

$$\sum F_x = 0, \quad -F'_{BA} - F_2\cos30° + F_1'\sin30° = 0 \tag{b}$$

$$\sum F_y = 0, \quad F'_{BC} - F_1'\cos30° - F_2\cos60° = 0 \tag{c}$$

(4)求解平衡方程。将式(a)代入式(b)和式(c)后，每个方程中只有一个未知数，不必联立，而直接求解，即

由式(b)得

$$F'_{BA} = -P(\cos30° - \sin30°) = -20\times(0.866 - 0.5) = -7.32(\text{kN})$$

由式(c)得

$$F'_{BC} = P(\cos30° + \cos60°) = 20\times(0.866 + 0.5) = 27.32(\text{kN})$$

两杆的受力即为 $F_{BA} = F'_{BA} = -7.32\text{kN}$，$F_{BC} = F'_{BC} = 27.32\text{kN}$。其中 AB 杆的力为负，表明力的实际方向与原假定的方向相反，即 AB 杆实际上受压力；BC 杆的力为正，表明力的实际方向与假设方向相同，即 BC 杆受压力。

在求解平衡问题时，坐标的选取只影响求解的难易程度而不影响最终结果。读者可另选坐标加以验证和比较。

【例 3.8】 曲轴冲床如图 3.15 所示，由飞轮 I、连杆 AB 和冲头 B 组成。A、B 两处为铰链连接，$OA=R$，$AB=l$，如忽略摩擦和物体自重，当 OA 在水平位置时系统平衡，连杆与垂直方向的夹角为 φ，冲压力为 $\boldsymbol{F}$。求作用于轮 I 上的力偶矩 M 的大小；轴承 O 处的约束反力；连杆 AB 受的力以及冲头 B 给导轨的侧压力。

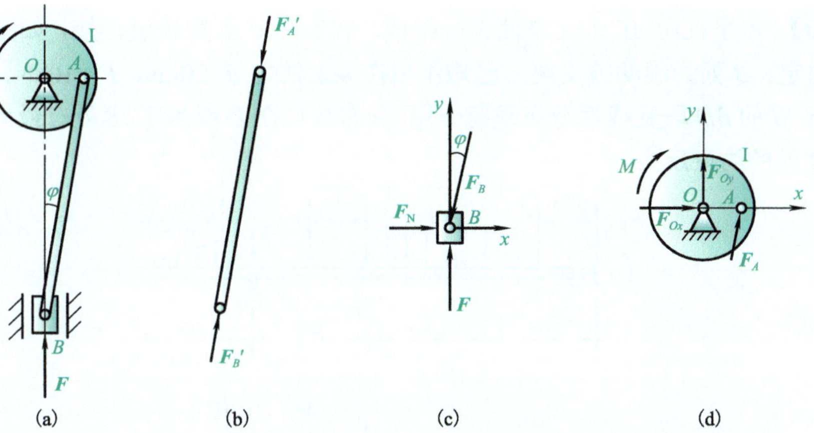

图 3.15

解　系统由冲头、飞轮和连杆三部分组成。由题意，对整个系统来说，不仅要求外力而且还要求各部分之间的作用力，因此需要分析每个物体的平衡。分别以连杆、冲头和飞轮为研究对象作受力分析。由于不计自重，连杆只有两端点受力故为二力杆。各物体受力如图 3.15 所示。因作用于冲头上的力 $\boldsymbol{F}$ 是已知力，而飞轮上的力偶和支反力均为未知，故应先取与已知力有直接联系的冲头为研究对象，受力如图 3.15(c)所示，它为平面汇交力系。按图 3.15(c)所示坐标列平衡方程为

$$\sum F_x = 0, \qquad F_N - F_B \sin\varphi = 0 \tag{a}$$

$$\sum F_y = 0, \qquad F - F_B \cos\varphi = 0 \tag{b}$$

由式(b)得

$$F_B = \frac{F}{\cos\varphi} \tag{c}$$

将式(c)代入式(a)得

$$F_N = F\tan\varphi$$

F_B 和 F_N 均为正值，说明原假设的方向是对的。冲头对导轨的侧压力大小与 F_N 相同，方向与 $\boldsymbol{F}_N$ 相反，作用在导轨上。

再以飞轮为研究对象，受力如图 3.15(d)所示，它受到力偶、连杆作用力及轴承反力的作用，是平面任意力系。按图 3.15(d)所示坐标列平衡方程为

$$\sum M_O(\boldsymbol{F}) = 0, \qquad F_A \cos\varphi \cdot R - M = 0 \tag{d}$$

$$\sum F_x = 0, \qquad F_{Ox} + F_A \sin\varphi = 0 \tag{e}$$

$$\sum F_y = 0, \qquad F_{Oy} + F_A \cos\varphi = 0 \tag{f}$$

因为 $F_A = F_A' = F_B = F/\cos\varphi$，由式(d)得到作用于轮上的力偶的大小为

$$M = FR$$

由式(e)得

$$F_{Ox} = -F_A \sin\varphi = -F\tan\varphi$$

由式(f)得

$$F_{Oy} = -F_A \cos\varphi = -F$$

式中，负号说明轴承反力 F_{Ox}、F_{Oy} 的真实方向与图示假设方向相反。

【例 3.9】 水平梁由 AC 和 CD 两部分组成，它们在 C 处用铰链连接，如图 3.16 所示。梁的 A 端为固定，B 处为滚动铰支座。已知作用在梁上的力 F=20kN，F_1=10kN，均布载荷的集度 p=5kN/m，梁的 BD 段受线性分布载荷作用，分布载荷在 D 端为零，B 处有最大值 q=6kN/m，试求 A 和 B 处的约束反力。

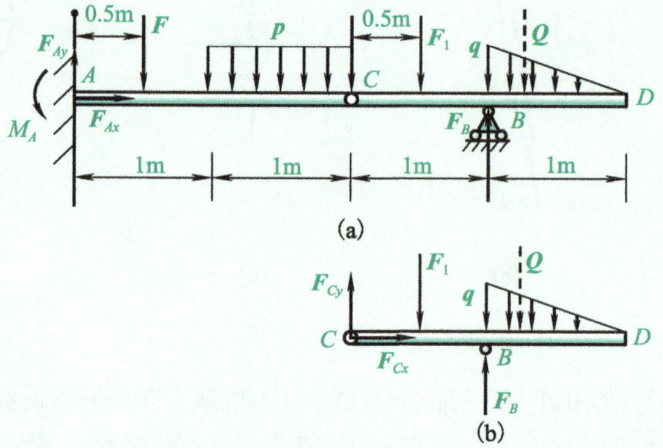

图 3.16

解 可以判定此问题为静定问题。由题意，欲求梁的约反力，先取整体为研究对象，受力如图 3.16(a)所示，它示出了欲求的全部约反力。图 3.16(a)中均布载荷的合力 $p\times1$，作用点距 C 点左边 0.5m 处；线性分布载荷合力 $\boldsymbol{Q}$ 的大小为三角形面积，即 $Q=\dfrac{q}{2}\times1$，作用点在距 B 为 $BD/3$ 处；按图 3.16(a)所示坐标轴列平衡方程为

$$\sum F_x=0,\qquad F_{Ax}=0 \tag{a}$$

$$\sum F_y=0,\qquad F_{Ay}+F_B-F-F_1-p\cdot1-Q=0 \tag{b}$$

$$\sum M_A(\boldsymbol{F})=0,\qquad 3F_B+M_A-0.5F-1.5\times p\times1-2.5F_1-\left(3+\frac{1}{3}\right)Q=0 \tag{c}$$

三个方程中包含四个未知数 F_{Ax}，F_{Ay}、F_B 和 M_A，还不能全部求解。再取 CD 为研究对象，受力如图 3.16(b)所示。为尽量不引入新的未知数，以 C 为矩心列力矩平衡方程为

$$\sum M_C(\boldsymbol{F})=0,\qquad F_B\times1-0.5F_1-\frac{4}{3}Q=0 \tag{d}$$

将 $Q=\dfrac{q}{2}$ 代入式(d)，得

$$F_B=0.5F_1+\frac{2}{3}q=9(\text{kN})$$

代入式(b)和式(c)，分别求得

$$F_{Ay}=29(\text{kN}),\qquad M_A=25.5(\text{kN}\cdot\text{m})$$

例中取 CD 为研究对象，虽然除式(d)外，还可列两个平衡方程，但式(d)已可求出式(b)、式(c)所需的 F_B，故没有必要再列这两个平衡方程。

系统平衡问题取研究对象并无固定取法。如在此例中，先取 CD 求出 F_{Cx}、F_{Cy}、F_B 后再取 AC 段研究也可得到同样的结果。总之取研究对象应以求解过程简单明了为原则。

【例 3.10】 构架由三杆 AB、AC 和 DG 组成，如图 3.17 所示，杆 DG 上的销子 E 可在杆 AC 的槽内滑动。不计各处的摩擦，求在水平杆 DG 的 G 端作用竖直力 $\boldsymbol{F}$ 时杆 AB 上点 A、B 和杆 DG 上 E 处的约束力。

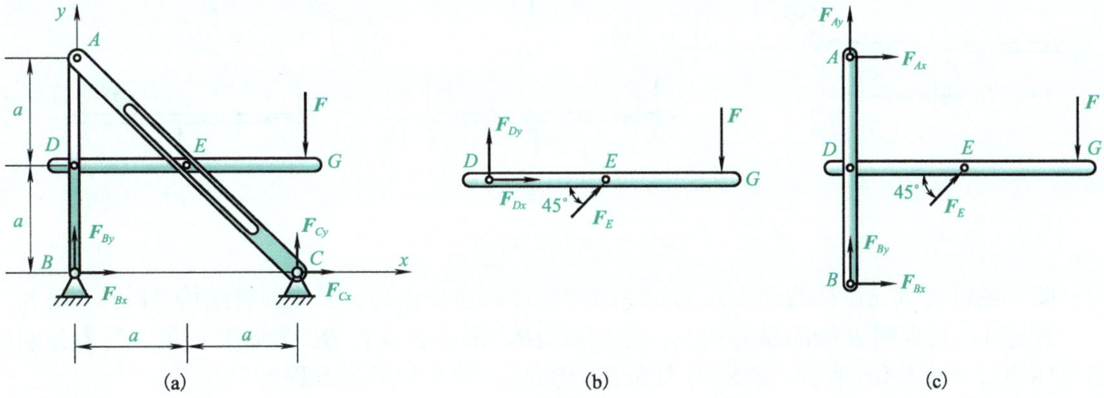

图 3.17

解 题意要求的 A、E 及 B 处的约束力分别表示 AB 杆与 AC 杆之间、AC 与 DG 杆之间的作用力以及支座 B 的约束反力。对构架来说，A 处、E 处的力是内力，因此求解时应将构架“拆开”，将它们显露出来，再列平衡方程。

构架在 B 处受待求约束反力 $\boldsymbol{F}_{Bx}$、$\boldsymbol{F}_{By}$ 作用，故先取整体为研究对象，坐标及受力如图 3.17(a)所示。对 C 列力矩平衡方程 $\sum M_C = 0$ 易得 $F_{By}=0$。因共有四个未知支反力，再列其他平衡方程也不能将 F_{Bx} 求出。

再取 DG 为研究对象，受力如图 3.14(b)所示，对 D 列力矩平衡方程为

$$\sum M_D = 0, \quad aF_E \sin 45^\circ - 2aF = 0 \tag{a}$$

解得

$$F_E = \frac{2F}{\sin 45^\circ} = 2\sqrt{2}F$$

因 D 点约束力题目不需要求，故其余两个方程不必列出。

再取 AB 和 DG 连在一起的部分为研究对象，受力如图 3.17(c)所示，其中，F_E、F_{By} 已求出，尚有 F_{Bx}、F_{Ax}、F_{Ay} 三个未知量待求，可列三个平衡方程为

$$\sum M_B = 0, \quad -2aF_{Ax} - 2aF = 0 \tag{b}$$

$$\sum F_x = 0, \quad F_E \cos 45^\circ + F_{Ax} + F_{Bx} = 0 \tag{c}$$

$$\sum F_y = 0, \quad F_{Ay} + F_{By} - F + F_E \sin 45^\circ = 0 \tag{d}$$

将 F_E 代入式(c)和式(d)并联立求解式(c)、式(b)和式(d)，最后得到

$$F_E = 2\sqrt{2}F, \quad F_{Ax} = -F, \quad F_{Ay} = -F, \quad F_{Bx} = -F, \quad F_{By} = 0$$

本例还有其他求解方案，读者可自研。

【例 3.11】 平面结构如图 3.18(a)所示，由 AB、BC 两均质杆在 B 处用销钉连接(光滑铰链)，A 处、C 处均为固定铰支座。在销钉 B 上悬挂一重物。已知重物重 P，均质杆 AB 重 P_1，BC 重 P_2。试求销钉 B 对杆 BC 的约束反力。

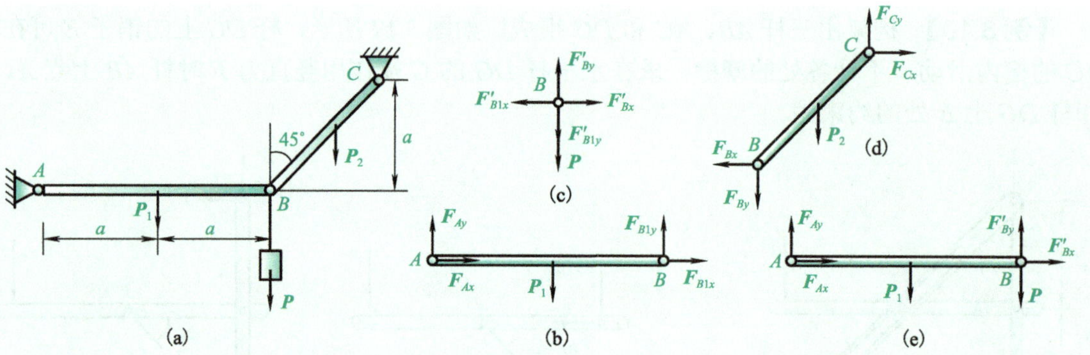

图 3.18

解 销钉 B 对 BC 杆的约束反力，对结构整体而言是内力。因此须将结构“拆开”研究。

方法 1：为表明 B 处的受力情况，分别以 AB、销子 B 及杆 BC 为研究对象，受力分别如图 3.18(b)、(c)及(d)所示。欲求的力为 F_{Bx} 和 F_{By}，为此列平衡方程为

对图 3.18(b)得

$$\sum M_A(\boldsymbol{F})=0,\qquad 2aF_{B1y}-aP_1=0 \tag{a}$$

对图 3.18(c)得

$$\sum F_y=0,\qquad F'_{By}-F'_{B1y}-P=0 \tag{b}$$

对图 3.18(d)得

$$\sum M_C(\boldsymbol{F})=0,\qquad aF_{By}-aF_{Bx}+\frac{a}{2}P_2=0 \tag{c}$$

由式(a)和式(b)，并注意 $F'_{By}=F_{By}$，$F'_{B1y}=F_{B1y}$ 得

$$F_{By}=P+\frac{P_1}{2}$$

把上式代入式(c)，得

$$F_{Bx}=P+\frac{P_1+P_2}{2}$$

方法 2：分别以杆 AB 和销子 B 的组合体及杆 BC 为研究对象，受力图 3.18(e)和 3.18(d)所示，列平衡方程为

对图 3.18(e)得

$$\sum M_A(\boldsymbol{F})=0,\qquad 2aF'_{By}-2aP-aP_1=0 \tag{d}$$

对图 3.18(d)得

$$\sum M_C(\boldsymbol{F})=0,\qquad aF_{By}-aF_{Bx}+\frac{a}{2}P_2=0 \tag{e}$$

由式(d)和式(e)解得

$$F_{Bx}=P+\frac{P_1+P_2}{2},\qquad F_{By}=P+\frac{P_1}{2}$$

例 3.11 说明结构中含有销子并有集中力作用在销子上时的求解方法。其中关键是要弄清各部分的受力关系。**方法 1** 的受力关系比较明确，但受力图复杂；**方法 2** 中的销钉与 AB 杆之间的受力是内力，将结构拆为二部分，受力图简单，求解无需引入中间未知数，故**方法 2 优于方法 1**。此例的求解还说明，适当应用平衡方程的形式，可以使方程中未知数最少，求解快捷。

由以上各例可归纳求解物体系平衡问题的步骤及注意点：

1)判定系统是否静定，能否用刚体静力学求解

将系统中各物体取出画受力图，考察所能列的独立平衡方程数与全部未知数是否相等，若相等则为静定系统，否则为静不定系统。

2)根据题意，取研究对象并画受力图

由于物体系统的结构和连接方式多种多样，研究对象的选取很难有一成不变的方法。为较快找到求解思路，可参考以下原则。

① 如果未知数的求解与系统约束反力有关，并且未知约束力不超过三个或超过三个不拆开也可求出部分约反力时，则应先取整体为研究对象。

② 如果取整体不能求出题目要求的待求量，则着眼于待求量，选取与待求量有关，受力简单的一个刚体或几个刚体的组合体为研究对象，应尽量避开不需要求出的未知量。

③ 每个研究对象上未知数的数目一般最好不要超过此研究对象所能列出的独立平衡方程数目。以避免多个研究对象的平衡方程联立求解。但情况复杂时应视情况而定。

④ 对选取的研究对象，正确画出受力图。受力图上只画外力不画内力，不能画漏，也不能多画。当几个物体分拆后，要注意物体间作用力与反作用力之间的关系。

3)列平衡方程

根据受力图中不同类型的力系及待求量数目，灵活应用平衡方程的各种形式，列写相应的平衡方程。为简捷，尽量使每个平衡方程只有一个未知量，避免解联立方程。这就应适当选取坐标投影轴和矩心，即坐标轴尽量与不需求的未知力垂直；矩心可取在二个未知力作用线的交点上。此外应注意，除了列写求解待求量所必需的平衡方程外，其余平衡方程则不必列出。

4)求解平衡方程

解方程时先用字母运算求得结果后再代入数据计算，以减少错误和误差；若求得的力或力偶的值为负值，则说明力的实际方向或力偶的转向与受力图中假设的方向(或转向)相反；若将它代入另一方程求解其他未知量时，负号亦应一并代入。

3.3　空间力系平衡方程的应用

由式(3.3)给出的空间任意力系的平衡方程，除了这一平衡方程的基本形式以外还可有四矩式、五矩式、六矩式等形式。但是满足何种条件才能使所列的方程式是独立的问题比较复杂。一般地，只要能保证所列的方程式是独立的即可。通常大量工程问题应用平衡方程的基本形式已足够。

空间任意力系平衡方程的应用，与平面力系平衡方程的应用类似。在具体解题时应注意空间约束反力的分析、空间力对轴之矩和力在轴上投影的计算。

【例 3.12】 起重装置如图 3.19 所示，铅直柱高 $AB=3\text{m}$，$AE=AG=4\text{m}$，拉索 BE、BG 相对于吊臂平面 ABC 对称布置，且$\angle DAE=\angle DAG=45°$，$\angle ACB=15°$，$\angle BAC=45°$。如吊重 $P=200\text{kN}$，其他部件重量均可略去不计，A 处可看作是光滑球铰链，试求拉索和支柱所受的力。

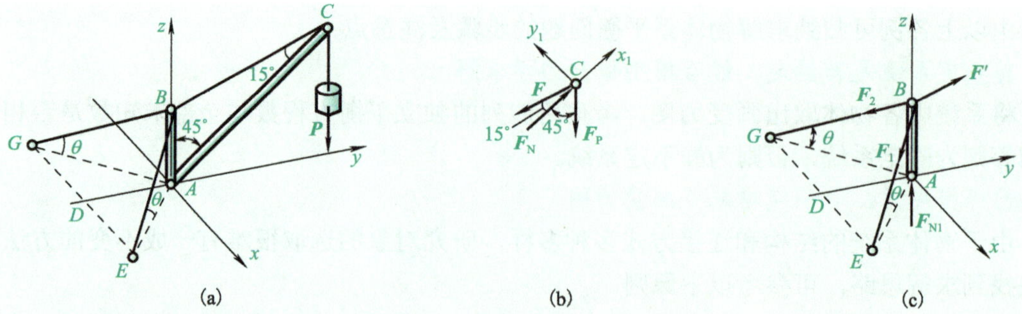

图 3.19

解 由于不计杆重，杆 AB 和杆 AC 为二力杆，因此杆与索在点 A、B、C 处将构成汇交力系。要求拉索和支柱所受的力可分别取点 C 和点 B 研究。

先取点 C 为研究对象，受力如图 3.19(b)所示。各力均在同一平面 ABC 内，为一平面汇交力系。取直角坐标如图 3.19(b)所示。为求 F，只需列一个平衡方程，即

$$\sum F_{y1}=0,\qquad F\sin 15^\circ - F_{\mathrm{P}}\sin 45^\circ = 0 \tag{a}$$

因 $F_P = P$，得

$$F = F_{\mathrm{P}}\frac{\sin 45^\circ}{\sin 15^\circ} = 200\times\frac{\sin 45^\circ}{\sin 15^\circ} = 546.4(\mathrm{kN})$$

再取节点 B 为研究对象，受力如图 3.19(c)所示，为一空间汇交力系，则平衡方程为

$$\sum F_x = 0,\qquad F_1\cos\theta\sin 45^\circ - F_2\cos\theta\sin 45^\circ = 0 \tag{b}$$

$$\sum F_y = 0,\qquad F'\sin 60^\circ - F_1\cos\theta\cos 45^\circ - F_2\cos\theta\cos 45^\circ = 0 \tag{c}$$

$$\sum F_z = 0,\qquad F_{\mathrm{N1}} + F'\cos 60^\circ - F_1\sin\theta - F_2\sin\theta = 0 \tag{d}$$

因

$$\cos\theta = \frac{AE}{BE} = \frac{4}{\sqrt{3^2+4^2}} = \frac{4}{5},\qquad \sin\theta = \frac{AB}{BE} = \frac{3}{\sqrt{3^2+4^2}} = \frac{3}{5},\qquad F' = F$$

联立以上各式，并且 $F' = F$，解得

$$F_1 = F_2 = \frac{F\sin 60^\circ}{2\cos\theta\cos 45^\circ} = \frac{546.4\times\sin 60^\circ}{2\times\frac{4}{5}\cos 45^\circ} = 418.2(\mathrm{kN})$$

$$F_{\mathrm{N1}} = 2F_2\sin\theta - F\cos 60^\circ = 2\times 418.3\times\frac{3}{5} - 546.4\cos 60^\circ = 228.6(\mathrm{kN})$$

综上结果，索 BC 拉力为 546.4kN，索 BG 和索 BE 所受拉力均为 418.2 kN，支柱 AB 所受压力为 228.6kN。

【例 3.13】 水平传动轴上装有两个皮带轮 C 和 D，可绕 AB 轴转动，如图 3.20(a)所示。已知皮带轮的半径 $r_1 = 200\mathrm{mm}$，$r_2 = 250\mathrm{mm}$，皮带轮与轴承间的距离为 $a = b = 500\mathrm{mm}$，两皮带轮间的距离为 $c = 1000\mathrm{mm}$。套在轮 C 上的皮带是水平的，其拉力为 $F_2 = 2F_1 = 5000\mathrm{N}$；套在轮 D 上的皮带与铅直线成角 $\alpha = 30^\circ$，其拉力为 $F_3 = 2F_4$。求平衡时，拉力 F_3、F_4 及轴承 A、B 的约束反力。

解 (1)取轴连同两个皮带轮为研究对象，受力如图 3.20(b)所示。A、B 处皆为向心轴承，每个约束有垂直于轴的两个约束反力分量，各力构成空间力系，共有五个未知量。

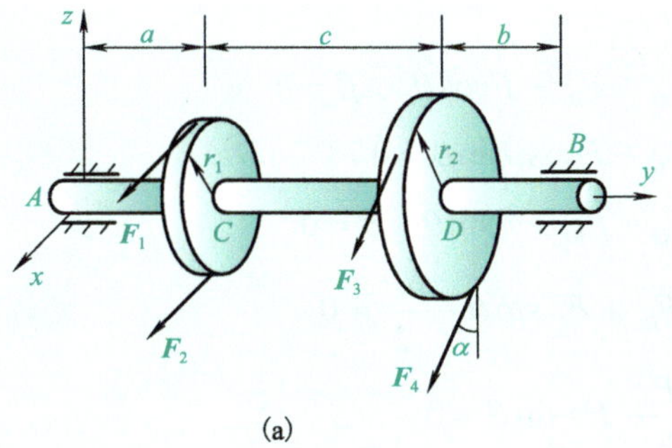

图 3.20

(2) 列平衡方程。

$$\sum M_y(\boldsymbol{F})=0\,,\qquad (F_1-F_2)r_1+(F_3-F_4)r_2=0 \tag{a}$$

$$\sum M_x(\boldsymbol{F})=0\,,\qquad -(F_3+F_4)(a+c)\cos\alpha+F_{Bz}(a+b+c)=0 \tag{b}$$

$$\sum M_z(\boldsymbol{F})=0\,,\qquad -(F_1+F_2)a-(F_3+F_4)(a+c)\sin\alpha-(a+b+c)F_{Bx}=0 \tag{c}$$

$$\sum F_x=0\,,\qquad F_{Ax}+F_1+F_2+F_3\sin\alpha+F_4\sin\alpha+F_{Bx}=0 \tag{d}$$

$$\sum F_z=0\,,\qquad F_{Az}-F_3\cos\alpha-F_4\cos\alpha+F_{Bz}=0 \tag{e}$$

(3) 解方程。将式(a)～式(e)联立求解，并注意 $F_2=2F_1$，$F_3=2F_4$ 得

$$F_3=4000\,(\text{N}),\qquad F_4=2000\,(\text{N}),$$

$$F_{Ax}=-6375\,(\text{N}),\qquad F_{Az}=1299\,(\text{N}),\qquad F_{Bx}=-4125\,(\text{N}),\qquad F_{Bz}=3897\,(\text{N})$$

本题计算结果中 F_{Ax}、F_{Bx} 的负号说明其真实方向与图 3.20(b) 中所画的方向相反。另外，计算中所列的方程的形式不是唯一的，一般应尽量使方程中的未知量最少，最好是一个方程中含一个未知量，为此，应使投影轴尽可能与比较多的未知量垂直，矩轴尽可能与比较多的未知力共面。

【例 3.14】 矩形板重 $\boldsymbol{P}$，在 A 处用球铰，B 处用柱形铰链支承在竖直墙面上，并在 C 处用无重绳 CE 将板固定于水平位置，且 EA 与铅垂线平行，如图 3.21(a) 所示。设 CE 杆与水平面的交角为 θ，$AD=a$，$AB=b$，求 A、B、C 处的约束反力。

解　(1) 以矩形板为研究对象，球铰 A 处有三个约束反力，柱形铰链 B 处有两个约束反力，CE 的约束反力为作用于点 C 的拉力 $\boldsymbol{F}$。矩形板的受力如图 3.21(b) 所示。

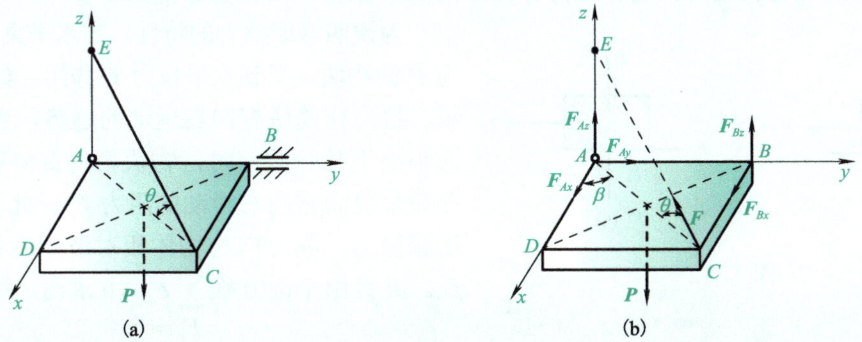

图 3.21

(2)取坐标系如图 3.21(b)所示，列平衡方程为

$$\sum F_x = 0, \quad F_{Ax} + F_{Bx} - F\cos\theta\cos\beta = 0 \tag{a}$$

$$\sum F_y = 0, \quad F_{Ay} - F\cos\theta\sin\beta = 0 \tag{b}$$

$$\sum F_z = 0, \quad F_{Az} + F_{Bz} + F\sin\theta - P = 0 \tag{c}$$

$$\sum M_x(\boldsymbol{F}) = 0, \quad bF_{Bz} + Fb\sin\theta - \frac{bP}{2} = 0 \tag{d}$$

$$\sum M_y(\boldsymbol{F}) = 0, \quad \frac{aP}{2} - Fa\sin\theta = 0 \tag{e}$$

$$\sum M_z(\boldsymbol{F}) = 0, \quad -bF_{Bx} = 0 \tag{f}$$

联立求解式(a)～式(f)，得

$$F_{Ax} = \frac{ap}{2\sqrt{a^2+b^2}}\cot\theta, \quad F_{Ay} = \frac{bp}{2\sqrt{a^2+b^2}}\cot\theta,$$

$$F_{Az} = \frac{P}{2}, \quad F_{Bx} = 0, \quad F_{Bz} = 0, \quad F = \frac{P}{2\sin\theta}$$

3.4 考虑摩擦时的平衡问题

摩擦是自然界中普遍存在的物理现象。它是两接触物体之间有相对滑动或有相对滑动趋势时存在的阻碍。在以前各章中，假设物体之间的接触面是完全光滑的，不考虑摩擦力的作用，这仅仅是当摩擦力远小于其他载荷时，对所研究问题的一种简化。如物体间的接触面较光滑，或有良好润滑时摩擦力很小，对所研究的问题不起重要作用，这样假设是合理的。但在很多情况下，摩擦对物体的平衡有重要影响，这时就必须考虑摩擦。例如机床上的夹具依靠摩擦来锁紧工件，皮带传动、摩擦轮传动、摩擦制动器等等，都是靠摩擦来工作的。本节介绍静滑动摩擦的性质和考虑摩擦时平衡问题的求解以及滚动摩阻的概念。

3.4.1 静滑动摩擦力和静滑动摩擦定律

两个相互接触的物体，当其接触表面之间有相对滑动趋势，但保持相对静止时，彼此作用着阻碍相对滑动的阻力。这种阻力称为静滑动摩擦力，简称静摩擦力。

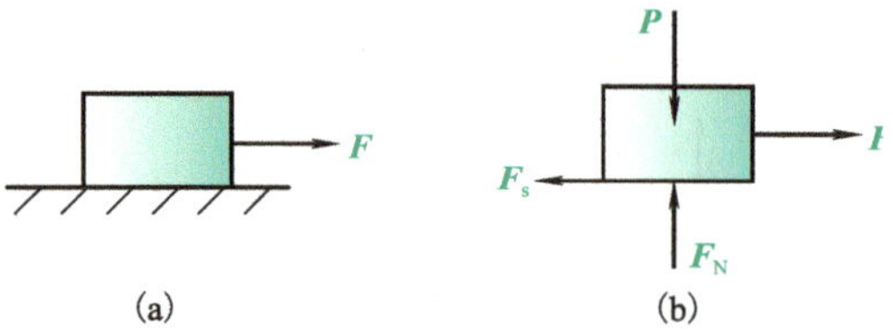

图 3.22

为说明静摩擦力的特性。在水平桌面上放一重为 $\boldsymbol{P}$ 的物块，受到水平拉力 $\boldsymbol{F}$ 作用，如图 3.22 所示。拉力使物块有向右运动的趋势。当拉力 $\boldsymbol{F}$ 的大小小于某一数值时，物块仍将保持静止，表明存在着阻碍它向右滑动的阻力 $\boldsymbol{F}_s$。此力就是静滑动摩擦力，其方向与物体相对滑动趋势的方向相反。并且由平衡方程 $\sum F_x = 0$ 求出，即

$$F_s = F$$

表明摩擦力的大小随水平力 $\boldsymbol{F}$ 的增大而增大。这与一般约束反力的性质相同。而所不同的是，它并不随 $\boldsymbol{F}$ 的增大而无限制地增大；当逐步增加 $\boldsymbol{F}$ 使其达到一定数值时，物块处于要滑动而未滑动的平衡临界状态。这时只要 $\boldsymbol{F}$ 再增大一点，物块即开始滑动，不再保持平衡。

表明当物块处于平衡临界状态时，静摩擦力达到最大值，称为最大静滑动摩擦力，简称最大静摩擦力，以 $\boldsymbol{F}_{\mathrm{smax}}$ 表示。此后若拉力 $\boldsymbol{F}$ 再继续增大，物块与支承面间产生相对滑动，此时的摩擦力称为动滑动摩擦力。

通过以上分析，静滑动摩擦力的性质概括如下：

(1) 当物体与约束面之间有正压力并具有相对滑动趋势时，沿接触面切线方向产生静滑动摩擦力，其方向与物体滑动趋势方向相反；

(2) 静摩擦力的大小由平衡条件确定，其数值介于零与最大值之间，即

$$0 \leqslant F_{\mathrm{s}} \leqslant F_{\mathrm{smax}} \tag{3.13}$$

当物体处于静止到运动的临界状态时，摩擦力达到最大值。

大量的实验证明，最大静滑动摩擦力 $\boldsymbol{F}_{\mathrm{smax}}$ 的大小与接触面之间的正压力 $\boldsymbol{F}_{\mathrm{N}}$ 成正比，即

$$F_{\mathrm{smax}} = f_{\mathrm{s}} F_{\mathrm{N}} \tag{3.14}$$

式中，f_{s} 是比例常数，称为静滑动摩擦因数，简称静摩擦因数，是无量纲量。

式(3.14)揭示的规律称为静滑动摩擦定律，简称静摩擦定律，又称库仑定律。

静摩擦因数的大小要由实验测定，它与接触物体的材料、接触面粗糙程度、温度、湿度及润滑情况等因素有关，一般情况下与接触面积的大小无关。

静摩擦因数的值可在工程手册中查到，表 3.1 中列出了部分常用材料的摩擦因数。

表 3.1 常用材料静摩擦因数

材料名称	静摩擦因数 f_{s}		材料名称	静摩擦因数 f_{s}	
	无润滑	有润滑		无润滑	有润滑
钢对钢	0.15	0.1～0.12	铸铁对铸铁		0.18
钢对铸铁	0.3		青铜对青铜		0.1
钢对青铜	0.15	0.1～0.15	皮革对铸铁	0.3～0.5	0.15
软钢对铸铁	0.2		软钢对青铜	0.2	
砖对混凝土	0.76		木材对木材	0.4～0.6	0.1

掌握摩擦规律，可以更有效地利用摩擦和减小摩擦。要增大最大静摩擦力，可以通过加大正压力或增大摩擦因数来实现。例如在皮带转动中，要增加皮带与皮带轮间的摩擦，可以用张紧轮(增大皮带与皮带轮之间的压力)，或采用三角皮带代替平皮带的方法，增大摩擦力。若要减小摩擦，可以设法减小摩擦因数。如提高接触表面的光洁度，加入润滑剂等。

3.4.2 考虑摩擦时的平衡问题举例

考虑摩擦时平衡问题的解法与不考虑摩擦时平衡问题的解法并无原则上的差别，它们都需满足力系的平衡条件，只是在进行物体受力分析时，必须考虑摩擦力。根据静滑动摩擦力的性质，摩擦力的方向与相对滑动趋势的方向相反，它的大小在零与最大值之间，是个未知量。要确定这些新增加的未知量，除列出平衡方程外，还需要列出补充方程，即

$$F_{\mathrm{s}} \leqslant f_{\mathrm{s}} F_{\mathrm{N}}$$

补充方程的数目应与摩擦力的数目相同。

工程实际中，所遇到的问题中常有两种情况，一是物体处于平衡的临界状态，这时摩擦力等于最大值，即 $F_{\mathrm{smax}} = f_{\mathrm{s}} F_{\mathrm{N}}$。二是物体处于平衡，由于摩擦力在 $0 \leqslant F_{\mathrm{s}} \leqslant F_{\mathrm{smax}}$ 的范围内，平衡也具有一定的条件范围。因此将第一种情况和第二种情况的分析分别称为临界分析和平衡范围分析。通常为了方便，先按平衡临界状态计算，求得结果后再进行分析讨论。

【例 3.15】 物体重为 $\boldsymbol{P}$，放在倾角为 θ 的斜面上，它与斜面间摩擦因数为 f_s，如图 3.23 所示，当物体处于平衡时，试求水平力 $\boldsymbol{F}$ 的大小。

图 3.23

解 物块在力 $\boldsymbol{F}$ 的作用下，可以有两种滑动趋势。当力较小时，物体有向下滑动的趋势；当力较大时，物块有向上滑动的趋势。因此，力 $\boldsymbol{F}$ 的数值必在一定范围内。

先求力的最小值。当力 $\boldsymbol{F}$ 达到此值时，物体处于向下滑动的临界状态。在此情形下，摩擦力沿斜面向上，并达到最大值 $F_{s\max}$，受力如图 3.23(a)所示。列平衡方程为

$$\sum F_x = 0,\quad F_{s\max} + F_{\min}\cos\theta - P\sin\theta = 0 \tag{a}$$

$$\sum F_y = 0,\quad F_N + F_{\min}\sin\theta - P\cos\theta = 0 \tag{b}$$

式(a)和式(b)中有 F_N、$F_{s\max}$ 和 $F_{\min}$ 三个未知数，根据静摩擦定律，最大静摩擦力 $F_{s\max}$ 满足

$$F_{s\max} = f_s F_N \tag{c}$$

联立求解式(a)～式(c)，得

$$F_{\min} = \frac{P(\sin\theta - f_s\cos\theta)}{\cos\theta + f_s\sin\theta} = P\frac{\tan\theta - f_s}{1 + f_s\tan\theta}$$

再求 $\boldsymbol{F}$ 的最大值。当力 $\boldsymbol{F}$ 达到此值时，物体处于向上滑的临界状态。此时，摩擦力沿斜面向下并达到最大值 $F'_{s\max}$，物块受力情况如图 3.23(b)所示，列平衡方程为

$$\sum F_x = 0,\quad F_{\max}\cos\theta - P\sin\theta - F'_{s\max} = 0 \tag{d}$$

$$\sum F_y = 0,\quad F'_N - P\cos\theta - F_{\max}\sin\theta = 0 \tag{e}$$

因 F'_N 与第一种情形的 F_N 不同，故 $F'_{s\max}$ 与 $F_{s\max}$ 不同，列补充方程

$$F'_{s\max} = f_s F'_N \tag{e$'$}$$

联立求解式(d)～式(e′)，得

$$F_{\max} = \frac{P(\sin\theta + f_s\cos\theta)}{\cos\theta - f_s\sin\theta} = P\frac{\tan\theta + f_s}{1 - f_s\tan\theta}$$

综合上述两个结果可知，只有当 F 满足 $F_{\min} \leqslant F \leqslant F_{\max}$ 时，即满足

$$P\frac{\tan\theta - f_s}{1 + f_s\tan\theta} \leqslant F \leqslant P\frac{\tan\theta + f_s}{1 - f_s\tan\theta}$$

时物体才能处于平衡。

从例 3.15 可知，摩擦力的方向随着运动的趋势不同而改变，其大小又在一定范围内变化，故保持物块静止所需的主动力 $\boldsymbol{F}$ 的大小也有一个范围，这是考虑摩擦时平衡问题的特点。

【例 3.16】 起重绞车制动器由带制动块的手柄和制动轮所组成，如图 3.24 所示，已知制动轮半径为 R，鼓轮半径为 r，制动轮与制动块间的摩擦因数为 f_s，提升的重物 E，重 P。又知其余尺寸 l、a、b，不计手柄和制动轮重量，求能够制动所需的最小制动力 F。

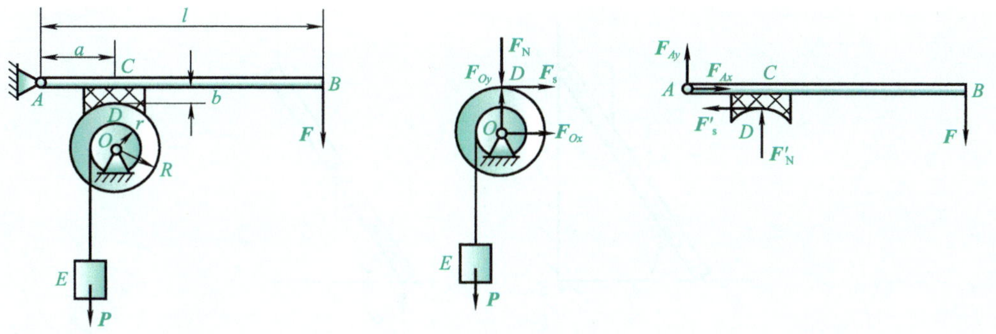

图 3.24

解　分别取轮与重物和制动杆为研究对象，受力分析如图 3.24(b)、(c)所示。欲求 $\boldsymbol{F}$，由图 3.24(c)可知，需要求得 $\boldsymbol{F}_s'$ 和 $\boldsymbol{F}_N'$。而 $\boldsymbol{F}_s'$ 和 $\boldsymbol{F}_N'$ 分别是制动轮上 $\boldsymbol{F}_s$ 和 $\boldsymbol{F}_N$ 的反作用力。若以图 3.24(b)所示为研究对象，易求出 $\boldsymbol{F}_s$。再考虑摩擦力的性质，可求得 $\boldsymbol{F}$。

对图 3.24(b)，列平衡方程为

$$\sum M_O(\boldsymbol{F})=0\,,\qquad P\cdot r-F_sR=0 \tag{a}$$

求得平衡制动所需摩擦力为

$$F_s=\frac{rP}{R}$$

再对图 3.24(c)写出 AB 杆平衡方程，并注意 $F_N'=F_N$，$F_s'=F_s$，即有

$$\sum M_A(\boldsymbol{F})=0\,,\qquad F_Na-F_sb-Fl=0 \tag{b}$$

从而解得

$$F_N=\frac{Fl+F_sb}{a}=\frac{Fl+Pbr/R}{a}$$

当轮子被制动时，摩擦力 F_s 满足 $0\leqslant F_s\leqslant f_sF_N$，即

$$\frac{P\cdot r}{R}\leqslant\frac{Fl+P\cdot rb/R}{a}f_s$$

解得

$$F\geqslant\left(\frac{a}{f_s}-b\right)\frac{Pr}{Rl}$$

可见，力 $\boldsymbol{F}$ 的最小值为

$$F=\left(\frac{a}{f_s}-b\right)\frac{Pr}{Rl}$$

【例 3.17】 梯子长 $AB=l$，重 $P=100\text{N}$，靠在光滑墙上并和水平地面成 $\theta=75°$ 角，如图 3.25 所示。已知地面与梯子间的摩擦因数 $f_s=0.4$。问重 $P_1=700\text{N}$ 的人能否爬到梯子顶端而不致使梯子滑倒？并求地面对梯子的摩擦力。假定梯子的重心在其中点 C。

解　人爬梯子，因墙面为光滑，可以判定梯子在 B 处有向左运动的趋势。现假设人站在顶端时仍能平衡。取梯子 AB 为研究对象，受力如图 3.25(b)所示。

梯子受平面任意力系作用。只有三个未知力 $\boldsymbol{F}_{NA}$、$\boldsymbol{F}_{NB}$ 及摩擦力 $\boldsymbol{F}_B$，故可列三个平衡方程为

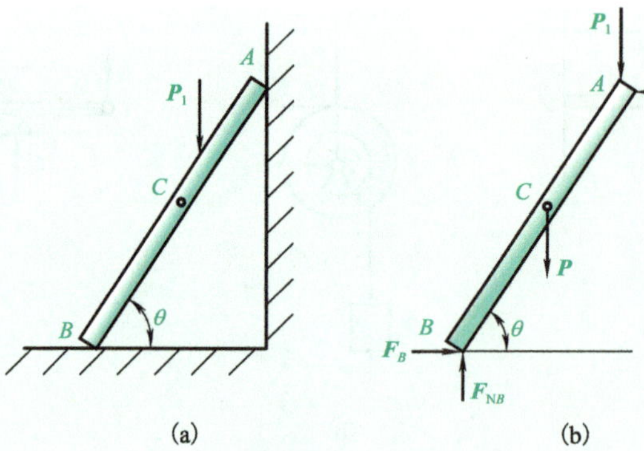

图 3.25

$$\sum F_x = 0\text{，}\qquad F_B - F_{NA} = 0 \tag{a}$$

$$\sum F_y = 0\text{，}\qquad F_{NB} - P - P_1 = 0 \tag{b}$$

$$\sum M_A(\boldsymbol{F}) = 0\text{，}\qquad F_B l\sin\theta + P\frac{l}{2}\cos\theta - F_{NB} l\cos\theta = 0 \tag{c}$$

三式联立求解得

$$F_{NA} = \frac{P+2P_1}{2}\cos\theta = 201(\text{N})\text{，}\qquad F_{NB} = P + P_1 = 800(\text{N})\text{，}\qquad F_B = F_{NA} = 210(\text{N})$$

此时，临界静摩擦力 $F_{B\max} = f_s F_{NB} = 320\,\text{N}$，显然地面对梯子的摩擦力 $F_B \leqslant F_{B\max}$，表明人爬到梯子顶端时能维持梯子的平衡而不滑动。

如果求出的摩擦力大于临界静滑动摩擦力，即 $F_B > F_{B\max}$，则上述求解不能成立。因为人还未爬到顶端，摩擦力就已超过临界静摩擦力，梯子不能保持平衡而滑动。

3.4.3 滚动摩阻概念

由实践可知，使滚子滚动比使它滑动省力。所以工程中，常利用物体的滚动代替滑动。如在搬运重物时，在其下面放上滚筒以滚代滑来省力，如图 3.26 所示。由此表明，滚动比滑动阻碍小，但并不意味滚动无阻碍。事实上，要加一定大小的力滚子才会滚动，并且滚子在坚硬平滑的路面上滚动比在松软不平的路面上容易。这表明，滚动受到的阻碍与滚子和地面接触处的变形及变形程度有关。这种阻碍称为滚动摩阻。完整叙述为：一个物体沿另一物体表面作相对滚动或有相对滚动的趋势时，在接触面上出现的对物体滚动的阻碍称为滚动摩阻。显然研究滚动摩阻应考虑接触处滚子和地面的变形。

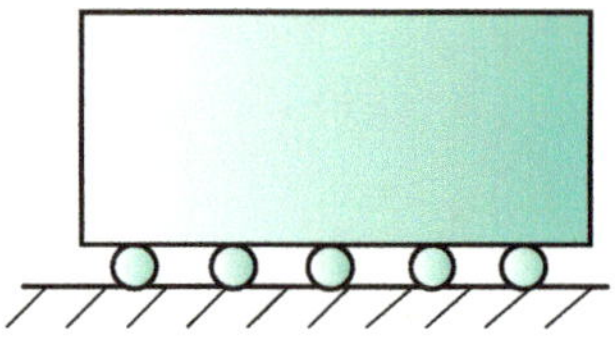

图 3.26

考察平面的圆轮受到水平推力 $\boldsymbol{F}$ 作用而处于静止，接触处产生法向反力和滑动摩擦力如图 3.27 所示。摩擦力 $\boldsymbol{F}_s$ 一方面阻止了轮与支承面间的相对滑动，同时与 $\boldsymbol{F}$ 构成了一个促使轮向前滚动的为偶$(\boldsymbol{F},\ \boldsymbol{F}_s)$。而实际上轮是静止的，并未滚动，表明支撑处必存在一个阻止圆轮滚动的阻力偶才使轮子保持静止的。

为方便，考虑地面有变形而滚子仍然为刚体，如图 3.27(b)所示。地面在接触处产生对滚子的分布反力。根据力系简化理论可将分布反力向 A 点简化，得到一个力 $\boldsymbol{F}_R$ 和一个力偶 M。其中，$\boldsymbol{F}_R$ 又可分解为 $\boldsymbol{F}_s$ 和 $\boldsymbol{F}_N$。力偶 M 称为滚动摩阻力偶，简称滚阻力偶。它与主动力偶$(\boldsymbol{F},\ \boldsymbol{F}_s)$相平衡，其转向与滚动的趋向相反，如图 3.27(d)所示。

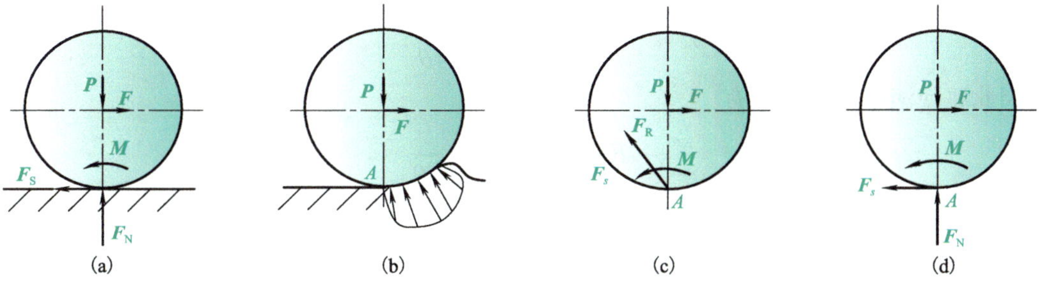

图 3.27

由$\sum M_A(\boldsymbol{F})=0$得

$$M=M_A(\boldsymbol{F}) \tag{3.15}$$

上式表明圆轮静止时滚动摩阻力偶矩 M 随主动力偶矩的增大而增大。当 $\boldsymbol{F}$ 增加到某个值时，滚子处于将滚而未滚的临界状态。此时，滚动摩阻力偶矩达到最大值。称为**最大滚动摩阻力偶矩**，用 $M_{\max}$ 表示。若 $\boldsymbol{F}$ 再增加，轮子将会滚动。由此可知，平衡时滚动摩阻力偶矩 M 的大小介于零与最大值之间，即

$$0 \leqslant M \leqslant M_{\max} \tag{3.16}$$

$M_{\max}$ 由**滚动摩阻定律**确定，即**最大滚动摩阻力偶矩 $M_{\max}$ 与支承面的正压力 F_N 的大小成正比**，即

$$M_{\max}=\delta \cdot F_N \tag{3.17}$$

式中，δ 是比例系数，称为**滚动阻摩系数**，具有**长度**的量纲，它与滚子和支承面的材料硬度、湿度等因素有关，与滚子半径无关。

滚动摩阻系数可用实测方法得到，表 3.2 是几种材料的滚动摩阻系数的值。

表 3.2　滚动摩阻系数 δ

材料名称	δ (mm)	材料名称	δ (mm)
铸铁与铸铁	0.5	软钢与钢	0.05
钢质车轮与钢轨	0.5	有滚珠轴承的料车与钢轨	0.09
木与钢	0.3～0.4	无滚珠轴承的料车与钢轨	0.21
木与木	0.5～0.8	淬火钢珠对钢	0.01
钢质车轮与木面	1.5～2.5	轮胎与路面	2～10

由于滚动摩阻系数较小。因此在大多数情况下，滚动摩阻可忽略不计。

【例 3.18】 滚子重 $\boldsymbol{P}$，半径为 R，与水平支承面间的滚动摩阻系数为 δ，在滚子中心 O 点作用一拉力 $\boldsymbol{F}$，与水平线夹角为 θ，如图 3.28 所示。问 $\boldsymbol{F}$ 等于多大时，滚子开始滚动？

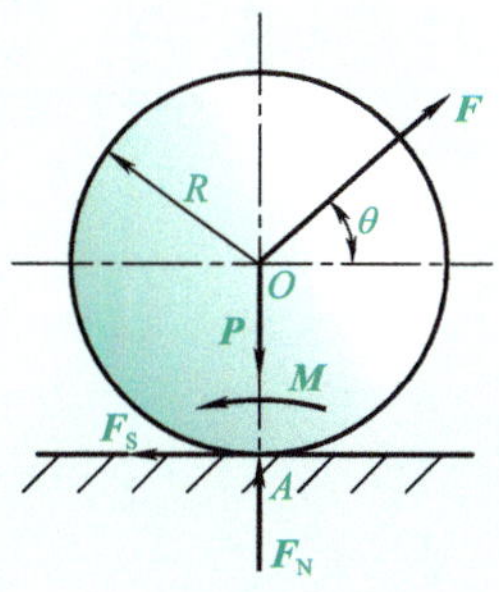

图 3.28

解　取滚子为研究对象，其受力如图所示，列平衡方程为

$$\sum F_y=0,\quad F_N+F\sin\theta-P=0 \tag{a}$$

$$\sum M_A=0,\quad M-F\cos\theta\cdot R=0 \tag{b}$$

由题意，滚子开始滚动时，滚动摩阻力偶矩达到最大值，即

$$M=F_N\cdot\delta \tag{c}$$

联立求解式(a)～式(c)，得

$$F=\frac{\delta P}{\sin\theta+R\cos\theta}$$

因此要使滚子滚动必须有

$$F\geqslant\frac{\delta P}{\sin\theta+R\cos\theta}$$

若 $\boldsymbol{F}$ 是水平推力，即 $\theta=0$，则

$$F=\frac{\delta}{R}P$$

3.5 工程应用举例

静力学的应用非常广泛，在工程设计和工程实施中均有广泛应用，并且起到了十分重要的作用。本节举了两个例子说明静力学在工程中的应用，使读者了解静力学的工程意义。

【例 3.19】 如图 3.29(a)所示的是台秤结构示意图，不计杆件自重。(1)台秤的结构设计要求重物放在秤台上任何位置都不应该影响称重结果，试验证结构可满足要求。(2)若重物 W=750N，置于秤台上，尺寸如图 3.30 所示，确定此时配重 S 的重量。

解 (1)如图 3.29(a)的系统中，因不计杆重，杆 AF、CB、HE、IJ、MK 均为二力杆。为证明重物放在平台任何位置都不影响称量结果，假设重物任意位置用 x 表示，如图 3.29(b)所示。此时只要证明杆 IJ 受力与 x 无关即可。

取平台 GD 研究，受力如图 3.29(b)，列平衡方程为

$$\sum F_y=0,\qquad F_G'+F_D=W \tag{a}$$

$$\sum M_G(\boldsymbol{F})=0,\qquad 2aF_D-Wx=0 \tag{b}$$

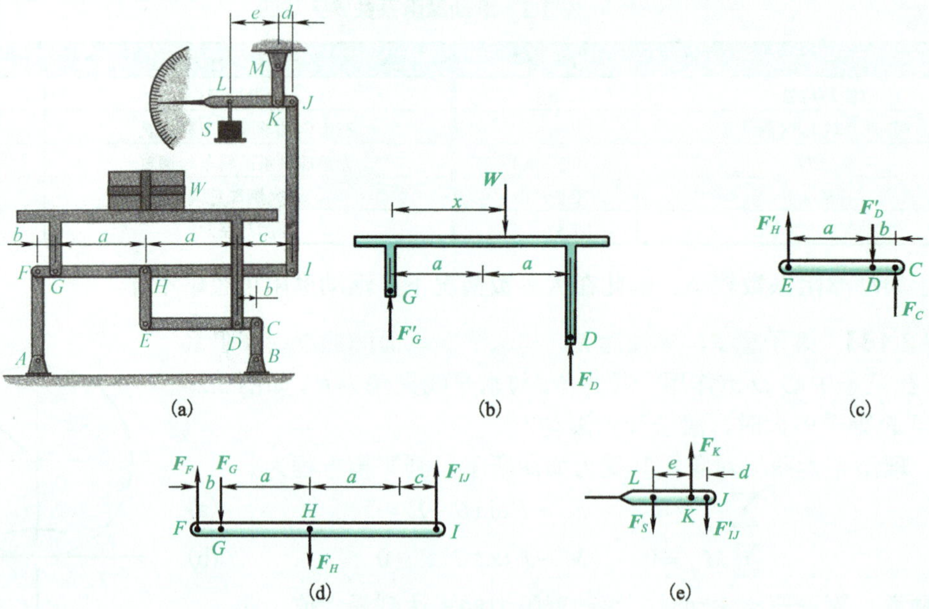

图 3.29

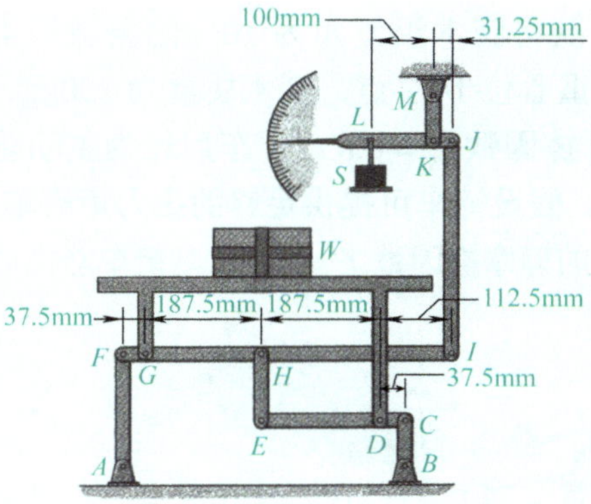

图 3.30

解得
$$F_D=\frac{Wx}{2a},\qquad F_G'=\left(1-\frac{x}{2a}\right)W$$

取杆 EC 研究，受力如图 3.29(c) 所示，列平衡方程为
$$\sum M_C(\boldsymbol{F})=0,\qquad bF_D'-(a+b)F_H'=0 \tag{c}$$

得
$$F_H'=\frac{bF_D'}{(a+b)}=\frac{bWx}{2a(a+b)}$$

取杆 FI 研究，受力如图 (d) 所示，列平衡方程为
$$\sum M_F(\boldsymbol{F})=0,\qquad (2a+b+c)F_{IJ}-(a+b)F_H-bF_G=0 \tag{d}$$

解得
$$F_{IJ}=\frac{1}{2a+b+c}[(a+b)F_H+bF_G]$$

将 $F_H=F_H'$、$F_G=F_G'$ 代入上式得
$$F_{IJ}=\frac{W}{2a+b+c}\left(\frac{bx}{2a}+b-\frac{bx}{2a}\right)=\frac{bW}{2a+b+c} \tag{e}$$

由此可知，杆力 F_{IJ} 与 x 无关，表明重物放在平台任意位置均不影响称量，结构满足要求。之所以 F_{IJ} 与 x 无关，是因为结构的对称性，如 $FG=DC$，$GH=ED$，及铰链 H 位于平台中间的布置。结构的巧妙设计致 F_{IJ} 与 x 无关。

(2) 若重物 $W=750\text{N}$ 置于秤台上，且 $a=187.5\text{mm}$，$b=37.5\text{mm}$，$c=112.5\text{mm}$，$d=31.25\text{mm}$，$e=100\text{mm}$，如图 3.30 所示，欲确定配重 S 的重量。

由式 (e)，得 IJ 杆受力为
$$F_{IJ}=\frac{bW}{2a+b+c}=\frac{37.5\times750}{2\times187.5+37.5+112.5}=53.57(\text{N})$$

取杆 LJ 研究，受力如图 3.29(e)，列平衡方程为
$$\sum M_K(\boldsymbol{F})=0,\qquad eF_S-dF_{IJ}=0 \tag{f}$$

得
$$F_S=\frac{d}{e}F_{IJ}=\frac{31.25}{100}\times53.57=16.74(\text{N})$$

即为所要求配重的重量。例中导出的式子可用于类似结构的计算。

【例 3.20】 一轮式铲车欲将圆木沿倾角为 10° 的斜坡向上推，如图 3.31(a)所示。已知铲车的重量为 $P=40\text{kN}$，重心位于 G 点；圆木质量为 250kg，圆木与地面间的静摩擦因数 $f_s=0.5$，轮与地面间的静摩擦因数 $f_s'=0.8$。铲车后轮为主动轮，前轮为从动轮，可自由滚动并略去其与地面间的摩擦。假设铲车可提供足够的扭力矩给车后轮。试确定：(1)铲车能否推动圆木？(2)若轮与地面间的静摩擦因数 $f_s'=0.7$，则铲车能推动最大圆木的质量为多少？

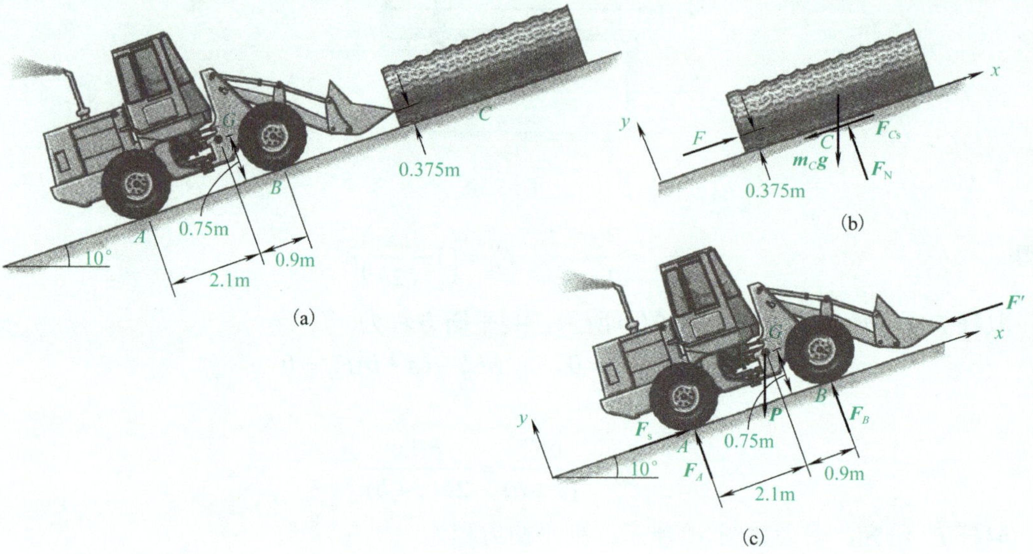

图 3.31

解 这是一包含摩擦的静力学应用问题。铲车要能够推动圆木，首先要保证其后轮在工作时不打滑，亦即地面提供的摩擦力能使车轮与地面间无相对滑动，其次圆木在铲车的推动下，与地面间的摩擦力要达到临界静摩擦力才可能进入运动状态。因此此问题要综合考虑铲车和圆木的相互作用以及平衡状态。

(1)先取圆木研究，计算出需要推动的最大推力。受力如图 3.31(b)所示，取坐标如图，列平衡方程为

$$\sum F_x=0,\qquad F-F_{Cs}-m_C g\sin 10^\circ=0 \tag{a}$$

$$\sum F_y=0,\qquad F_N-m_C g\cos 10^\circ=0 \tag{b}$$

再取铲车研究，受力如图 3.31(c)所示，列平衡方程为

$$\sum F_x=0,\qquad F_s-F-P\sin 10^\circ=0 \tag{c}$$

$$\sum F_y=0,\qquad F_A+F_B-P\cos 10^\circ=0 \tag{d}$$

$$\sum M_B(\boldsymbol{F})=0,\qquad 0.375F+0.75P\sin 10^\circ+0.9P\cos 10^\circ-3F_A=0 \tag{e}$$

要推动圆木，圆木所受静滑动摩擦力达到最大值，故补充

$$F_{Cs}=f_s F_N \tag{f}$$

由式(f)、式(b)、式(a)联立解得

$$F=(f_s\cos 10^\circ+\sin 10^\circ)m_C g \tag{g}$$

此力即为需要铲车提供的推力。

由式(c)，求得铲车需要的静滑动摩擦力

$$F_s=(f_s\cos10^\circ+\sin10^\circ)m_Cg+P\sin10^\circ \tag{h}$$

代入数据得 $F_s=8577.75\text{N}$ 。又由式(e)，求得

$$F_A=\frac{1}{3}(0.375F+0.75P\sin10^\circ+0.9P\cos10^\circ) \tag{i}$$

将式(g)及相关数据代入式(i)，得 $F_A=13882.36\text{N}$ ，于是轮子与地面最大静滑动摩擦力为

$$F_{s\max}=f_s'F_A=0.8\times13882.36=11105.89(\text{N})$$

显然，所需的静滑动摩擦力 $F_s<F_{s\max}$ ，表明铲车能提供足够的静滑动摩擦力推动圆木而不会打滑。

(2) 当 $f_s'=0.7$ 时，求能推动的圆木质量。此时令 $F_s=F_{s\max}=f_s'F_A$ ，代入式(h)，得

$$f_s'F_A=(f_s\cos10^\circ+\sin10^\circ)m_Cg+P\sin10^\circ \tag{j}$$

将式(j)、式(e)和式(g)联立，不难解得

$$m_C=\frac{-[(0.75-3/f_s')\sin10^\circ+0.9\cos10^\circ]P}{(0.375-3/f_s')(f_s\cos10^\circ+\sin10^\circ)g}=\frac{10892.28}{25.52}=426.78(\text{kg}) \tag{k}$$

能够推动圆木的最大质量为426.78kg。

若要计算加于铲车后轮轴的扭力偶矩 M，容易由 $M=R\cdot F_{s\max}$ (其中 R 为轮半径)计算出。

本例虽为一带有具体数字的例子，但只要在以上各式中将相关数据进行替换，即可用于类似问题的研究。

思　考　题

一、判断题(判断下列的说法是否正确)

3-1　对一空间任意力系，若其力多边形自行封闭，则该力系的主矢为零。

3-2　只要是空间力系就可以列出 6 个独立的平衡方程。

3-3　若由三个力偶组成的空间力偶系平衡，则三个力偶矩矢首尾相连必构成自行封闭的三角形。

3-4　空间汇交力系平衡的充分和必要条件是力系的合力为零；空间力偶系平衡的充分和必要条件是力偶系的合力偶矩为零。

3-5　若平面平行力系平衡，可以列出三个独立的平衡方程。

3-6　平面任意力系的三个独立平衡方程不能全部采用投影方程。

3-7　静不定问题的主要特点是其未知量的个数多于系统独立平衡方程的个数，所以未知量不能由平衡方程式全部求出。

3-8　只要受力物体处于平衡状态，摩擦力的大小一定是 $F=f_sF_N$。

3-9　在考虑滑动与滚动共存的问题中，滑动摩擦力不能应用 $F=f_sF_N$ 来代替。

3-10　滚动摩擦力偶矩是由于相互接触的物体表面粗糙所产生的。

二、填空题(将正确答案填入画线处)

3-11　若一空间力系中各力的作用线平行于某一固定平面，则此力系有________个独立的平衡方程。

3-12 板 $ABCD$ 由六根杆支承如思图 3.1 所示，受任意已知力系而处于平衡，为保证所列的每个方程中只包含一个未知力，则所取力矩平衡方程和投影平衡方程分别为________________________。

3-13 思图 3.2 所示各结构，属静不定的结构是________________________。

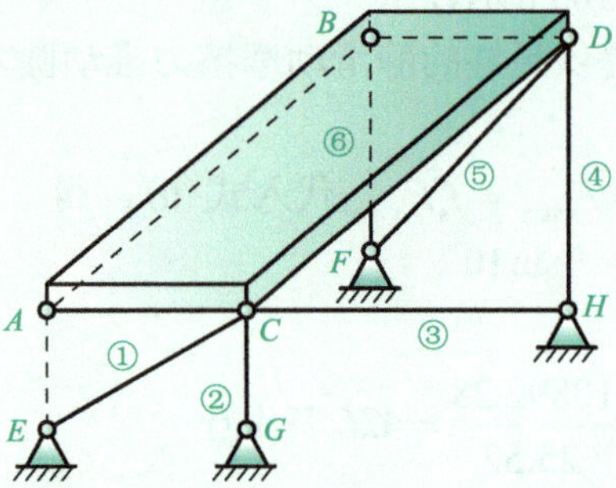

思图 3.1

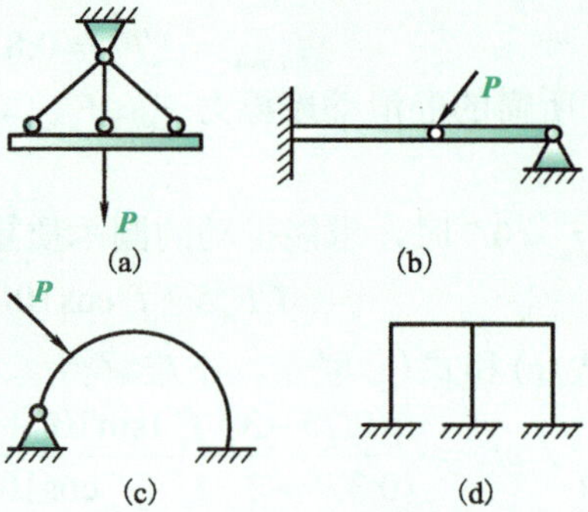

思图 3.2

3-14 考虑摩擦时物体的平衡问题，其特点在于________________________。

3-15 物块重 $\boldsymbol{P}$，放置在粗糙的水平面上，接触处的摩擦因数为 f_s，要使物块沿水平面向右滑动，可沿 OA 方向施加拉力 $\boldsymbol{F}_1$，也可沿 BO 方向施加推力 $\boldsymbol{F}_2$，如思图 3.3 所示，两种情况比较，图____________所示的情形更省力。

3-16 材料相同、粗糙度相同的平皮带和三角皮带，如思图 3.4 所示，在相同压力 $\boldsymbol{F}$ 作用下，____皮带的最大摩擦力大于____皮带的最大摩擦力。

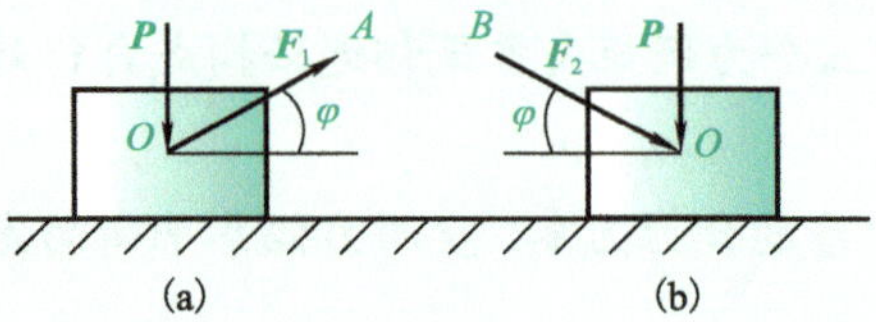

思图 3.3

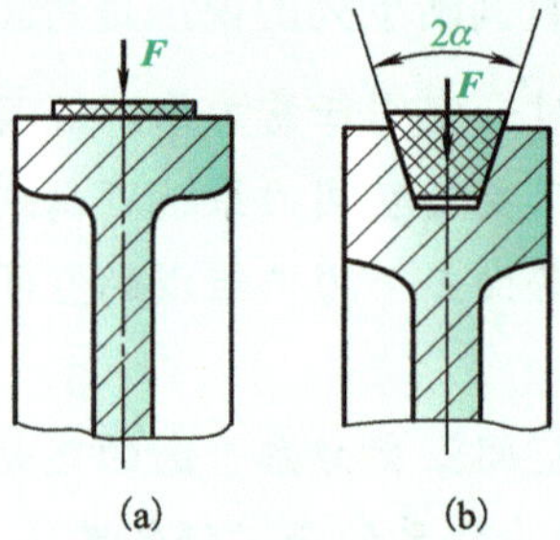

思图 3.4

习　题

3.1 题图 3.1 所示结构中各杆的重量不计，AB 和 CD 两杆铅垂，力 $\boldsymbol{F}_1$ 和 $\boldsymbol{F}_2$ 的作用线水平。已知 $F_1=2\text{kN}$，$F_2=1\text{kN}$，求杆件 CE 所受的力。

3.2 压榨机构如题图 3.2 所示，杆 AB、BC 的自重不计，A、B、C 处均为铰链连接。油泵压力 $F=3\text{kN}$，方向水平，$h=20\text{mm}$，$l=150\text{mm}$，试求滑块 C 施于工件的压力。

3.3 重为 P 的均质圆球放在板 AB 与墙壁 AC 之间，D、E 两处均为光滑接触，尺寸如题图 3.3 示，设板 AB 的重量不计，求 A 处的约束反力及绳 BC 的拉力。

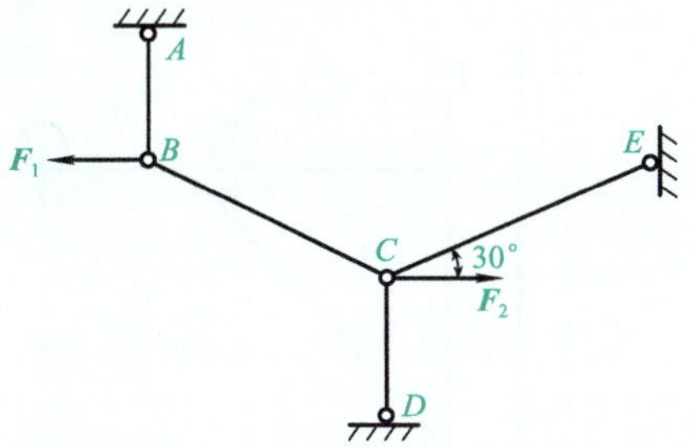

题图 3.1

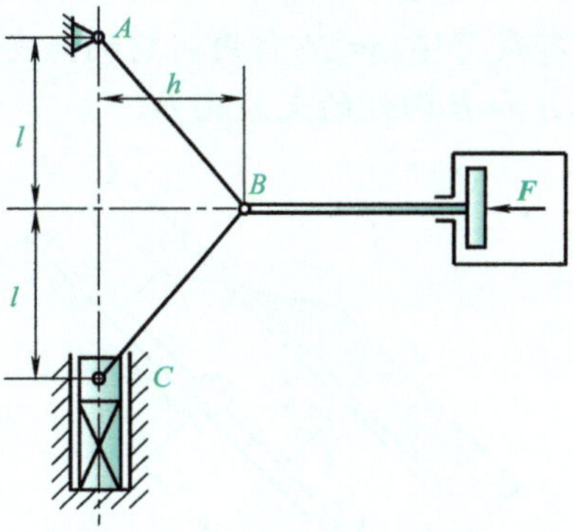

题图 3.2

3.4　题图 3.4 所示组合梁自重不计，受力如图所示，求 A、B、C 处约束反力。

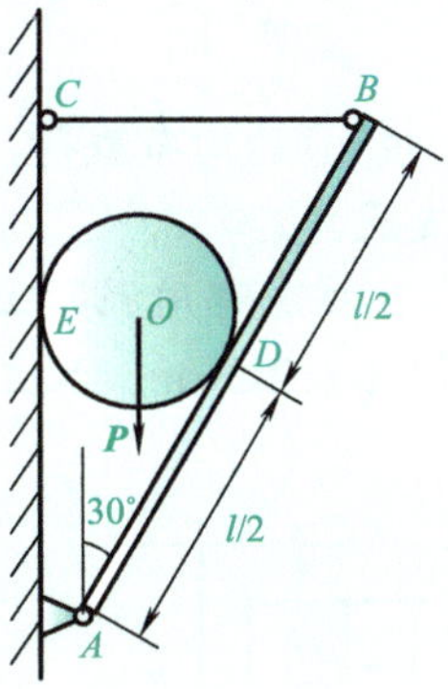

题图 3.3

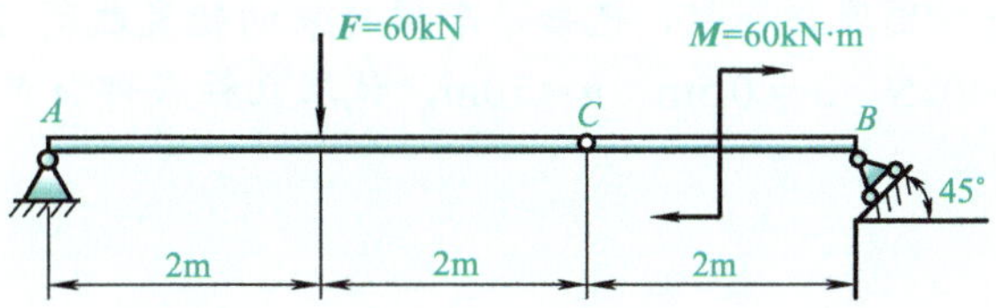

题图 3.4

3.5　如题图 3.5 所示，在水平梁上作用着两个力偶，其中一个力偶矩 $M_1=60\text{kN·m}$，另一个力偶矩 $M_2=40\text{kN·m}$，已知 $AB=3.5\text{m}$，求 A、B 两支座处的约束反力。

3.6　如题图 3.6 所示，锻锤工作时，如受工件给它的反作用力有偏心，则会使锻锤 C 发生偏斜，这将在导轨 AB 上产生很大的压力，从而加速导轨的磨损并影响锻件的精度。已知冲击力 $F=100\text{kN}$，偏心距 $e=20\text{mm}$，锻锤高度 $h=200\text{mm}$，试求锻锤给导轨两侧的压力。

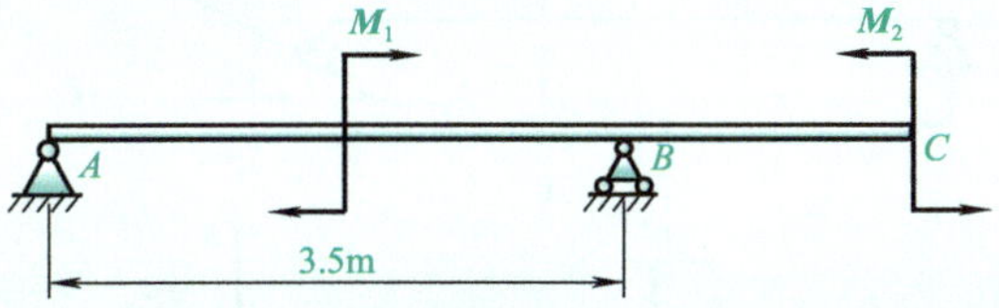

题图 3.5

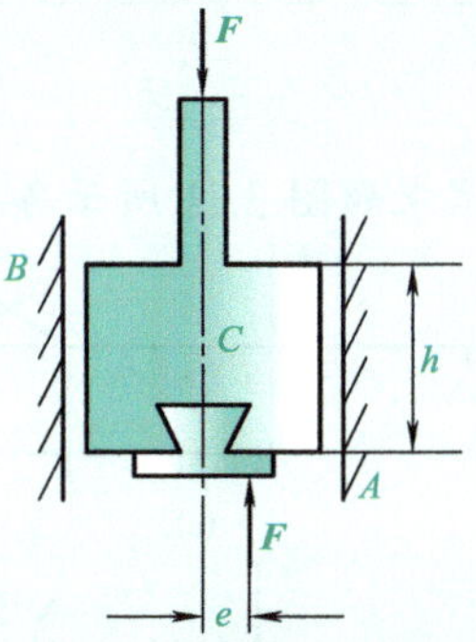

题图 3.6

3.7　高炉上料小车如题图 3.7 所示，车和料共重 $P=240\text{kN}$，重心在 C 点，已知 $a=100\text{cm}$，$b=140\text{cm}$，$e=100\text{cm}$，$d=140\text{cm}$，$\theta=55°$，求钢索的拉力和轨道的支反力。

3.8 如题图 3.8 所示，起重机的支柱 AB 由点 B 的止推轴承和点 A 的轴承铅直固定，起重机上有载荷 $\boldsymbol{F}_1$ 和 $\boldsymbol{F}_2$ 作用，它们与支柱的距离分别为 a 和 b，如 A、B 两点间的距离为 c，求轴承 A 和 B 两处的支座反力。

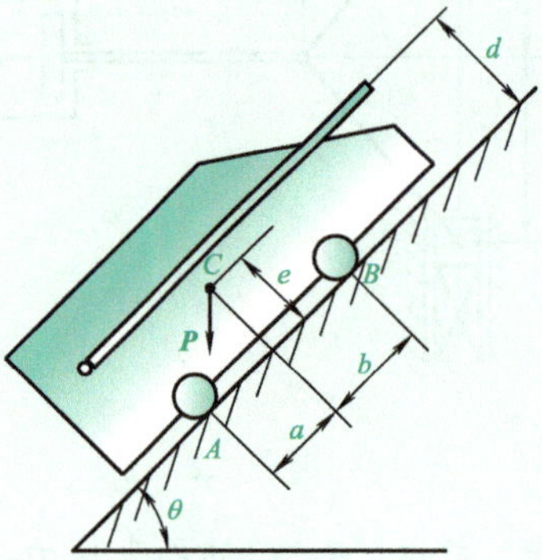

题图 3.7

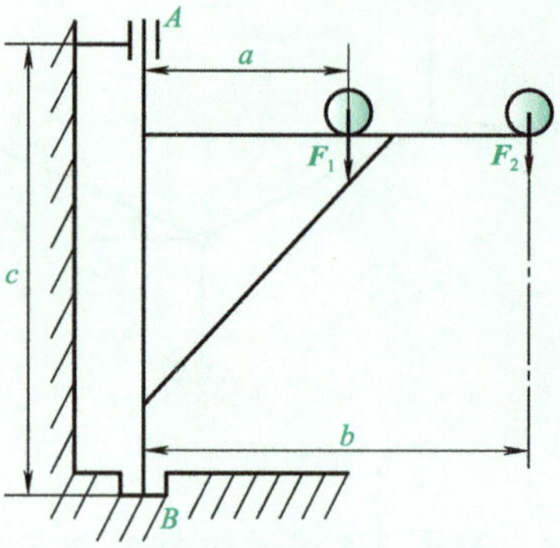

题图 3.8

3.9 如题图 3.9 所示，支持着外阳台的水平梁承受强度为 q(N/m) 的均布载荷，在水平梁的外端柱上作用载荷 $\boldsymbol{F}$，柱的轴线到墙的距离为 l，求插入端的支反力。

3.10 如题图 3.10 所示，露天厂房立柱的底部是杯形基础，立柱底部用混凝土砂浆与杯形基础固连在一起，已知吊车梁传来的铅直载荷 $F = 60\text{kN}$，风荷 $q = 2\text{kN/m}$，又立柱自身重 $P = 40\text{kN}$，$a = 0.5\text{m}$，$h = 10\text{m}$，试求立柱底部 A 的约束反力。

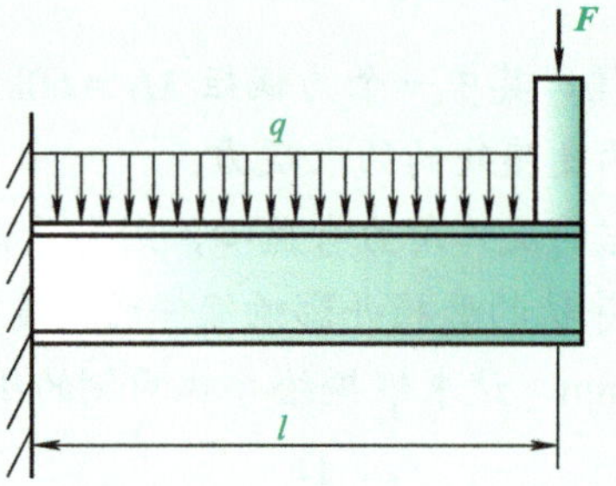

题图 3.9

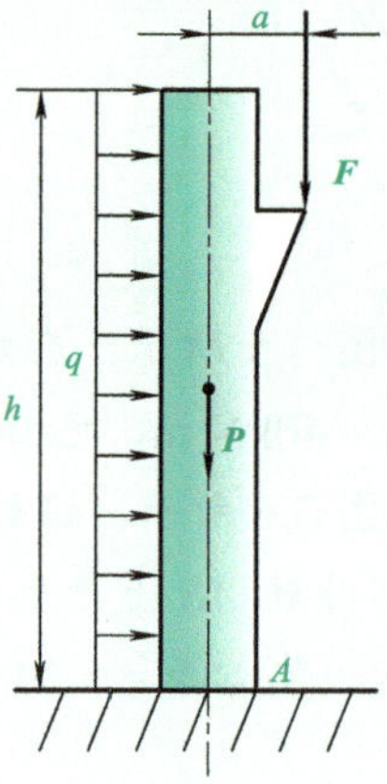

题图 3.10

3.11 试求题图 3.11 所示各梁的支座反力。

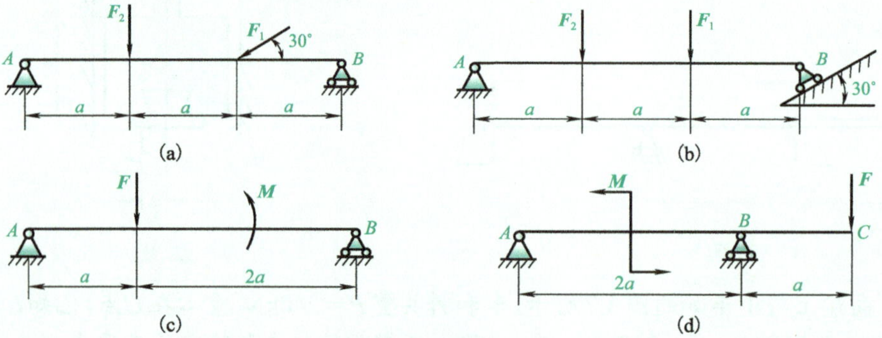

题图 3.11

3.12　试求下列各梁及钢架的支座反力，载荷及尺寸如题图 3.12 所示。

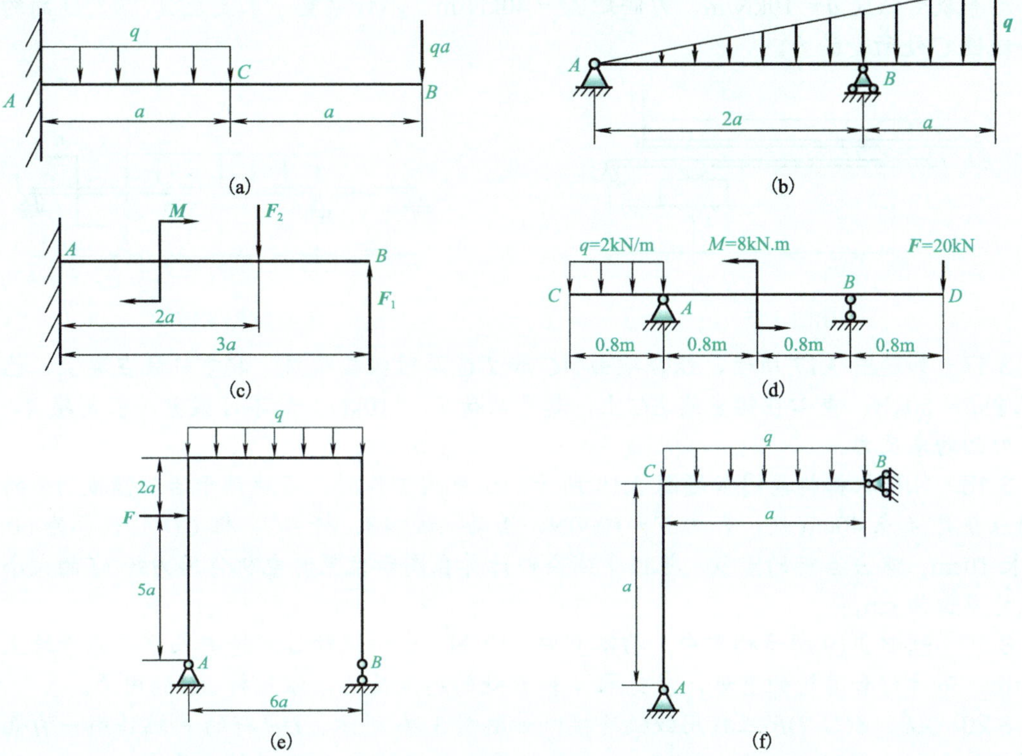

题图 3.12

3.13　悬臂式吊车的结构简图如题图 3.13 所示，由 DE、AC 二杆组成，A、B、C 为铰链连接。已知 $P_1 = 5\text{kN}$，$P_2 = 1\text{kN}$，不计杆重，试求杆 AC 所受的力和 B 点的支反力。

3.14　梯子的两部分 AB 和 AC 在点 A 铰接，又在 DE 两点用水平绳连接，如题图 3.14 所示。梯子放在光滑的水平面上，其一边作用有铅直力 $\boldsymbol{F}$，尺寸如图所示。如不计梯重，求绳的拉力 $\boldsymbol{F}_\text{s}$。

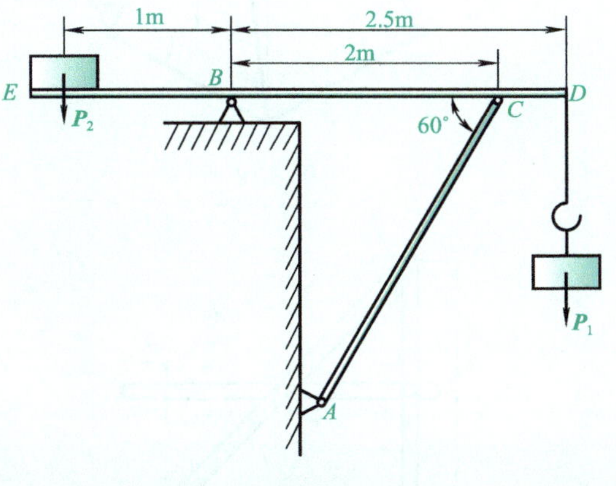

题图 3.13

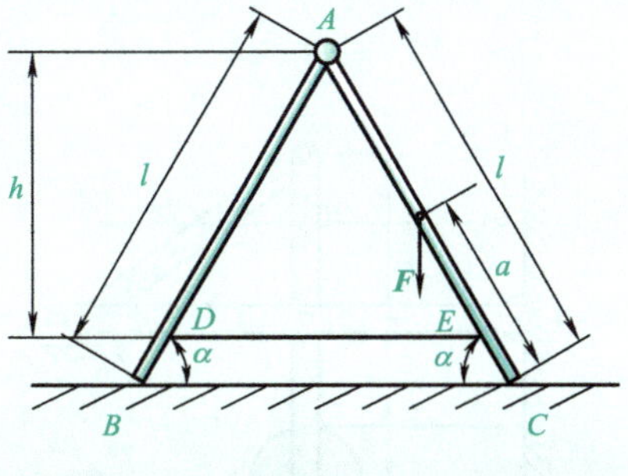

题图 3.14

3.15　题图 3.15 所示夹紧机构中的省力装置。A 和 E 为铰链，其余为光滑面约束，已知 $\boldsymbol{F}$、a 和 l。试求杆 BE 对工件 D 的夹紧力。

3.16 由 AC 和 CD 构成的组合梁通过铰链 C 连接，它的支承和受力如题图 3.16 所示，已知均布载荷强度 $q=10\text{kN/m}$，力偶矩 $M=40\text{kN·m}$，不计梁重，求支座 A、B、D 的约束反力和铰链 C 处所受的力。

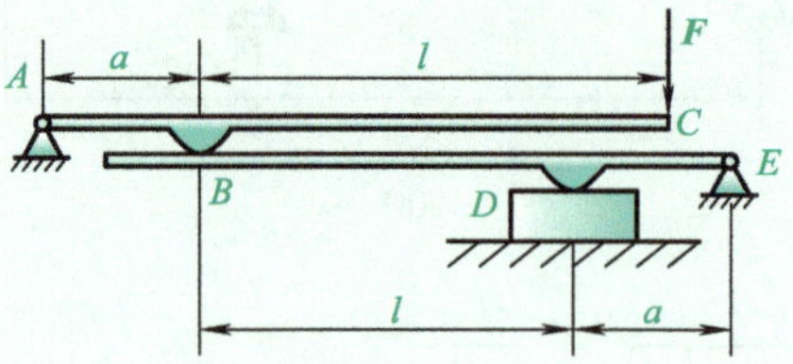

题图 3.15

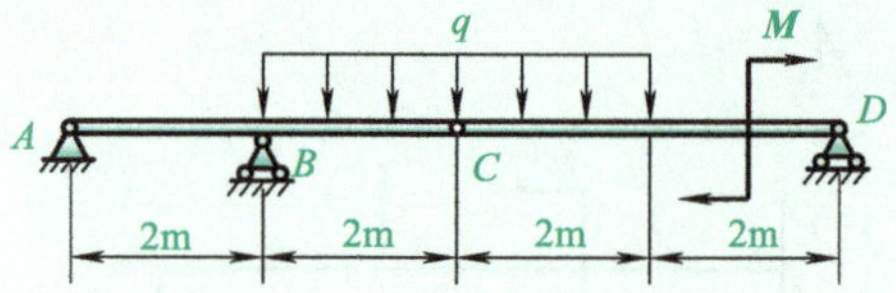

题图 3.16

3.17 如题图 3.17 所示，组合梁由 AC 和 DC 两段铰接构成，起重机放在梁上，已知起重机重 $P=50\text{kN}$，重心在铅直线 EC 上，起重载荷 $P_1=10\text{kN}$，如不计梁重，求支座 A、B 和 D 三处的约束反力。

3.18 轧碎机机构简图如题图 3.18 所示，设机构工作时，石块施于活动颚板 AB 的合力作用点在离 A 点 40cm 处，合力 $F=1000\text{N}$，活动颚板 AB、杆 BC、杆 CD 的长各为 60cm，OE 长 10cm，略去各杆的重量，根据平衡条件计算在图示位置时电机作用力矩 M 的大小。图中尺寸单位为 cm。

3.19 题图 3.19 所示构架中，物体重 $P=12\text{kN}$，由细绳跨过滑轮 E 而水平系于墙上，尺寸如图。不计杆和滑轮的重量，求支承 A 和 B 处的约束反力，以及杆 BC 的内力。

3.20 AB、AC、DF 三杆用铰链连接，如题图 3.20 所示。DF 杆的 F 端作用一力偶，其力偶矩的大小为 1kN·m，又 $a=0.5\text{m}$，不计杆重，求铰链 D 和 E 的约束反力。

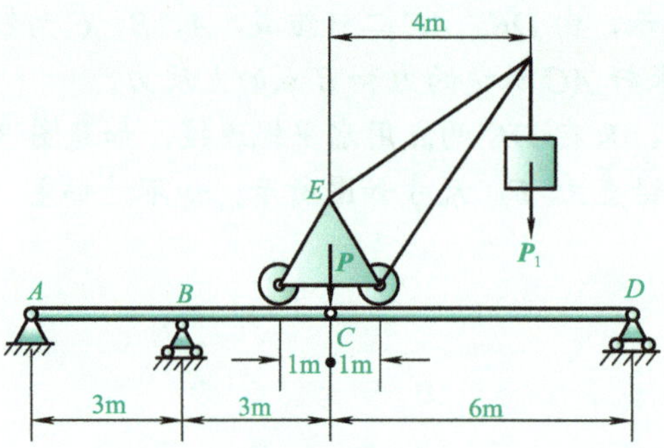

题图 3.17

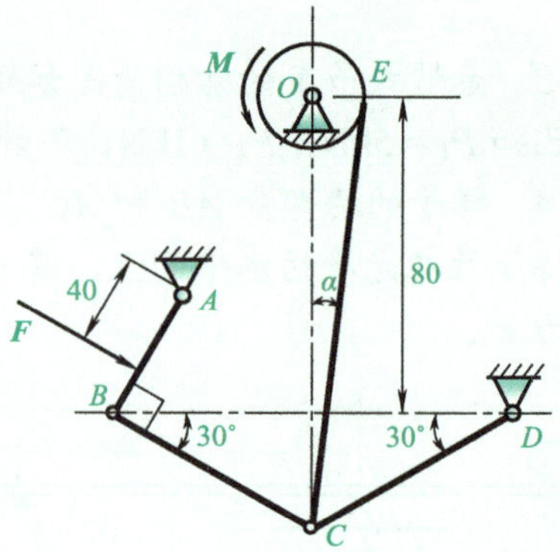

题图 3.18

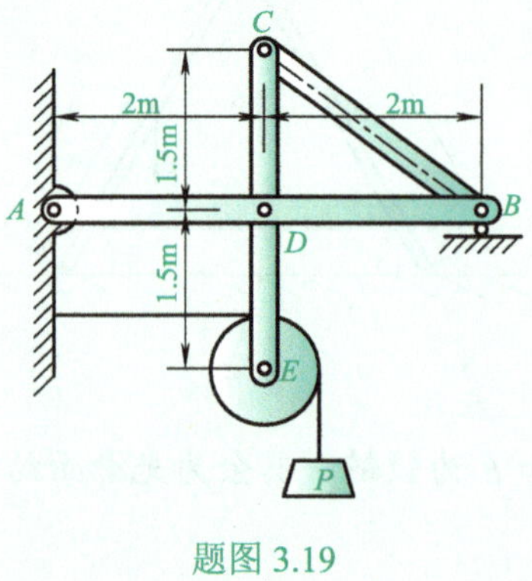

题图 3.19

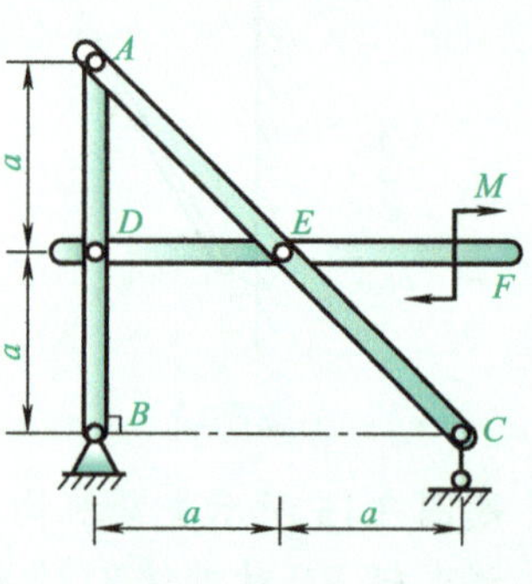

题图 3.20

3.21 在题图 3.21 所示刚架中，已知均布载荷 $q_1 = q_2 = 500\text{N/m}$，$F = 200\text{N}$，$AC = b = 1\text{m}$，$CD = a = 2\text{m}$，滚动支座 B 所在斜面的倾角为 45°，求支座反力。

3.22 如题图 3.22 所示，无底的圆柱形空筒放在光滑的固定平面上，内放两个重球，设每个球重为 P，半径为 r，圆筒的半径为 R。若不计各接触面的摩擦和筒的厚度，求圆筒不致翻倒的最小重量 P_1。

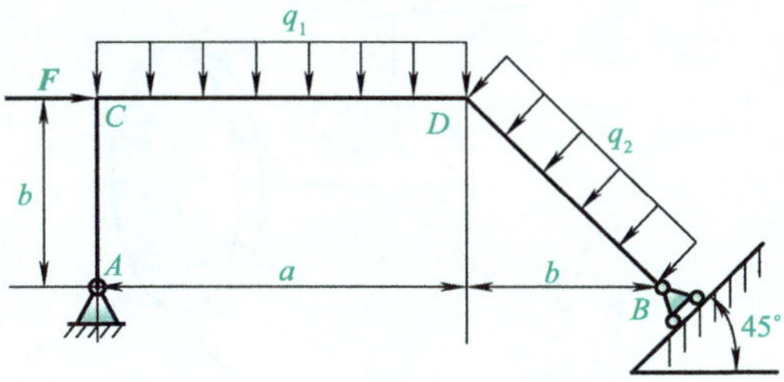

题图 3.21

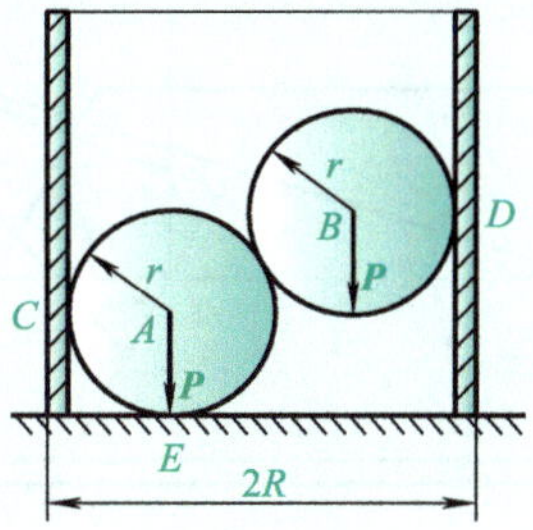

题图 3.22

3.23 构架如题图 3.23 所示，由杆 GB、CE 和 DF 组成，并用销子连接二滑轮，滑轮直径均为 400mm，绳子绕过二滑轮与杆 FD 平行。若重物重 $P = 490\text{N}$，不计杆重和摩擦，试求 AB 绳中张力 F 和 CE 上销子 C 处的约束力。

3.24 构架如题图 3.24 所示，设 $\angle CBA = \angle BCA = 60°$，$\angle EAD = 30°$，物体的重量 $P = 3\text{kN}$，平面 ABC 是水平的，A、B、C 各点均为铰接。试求撑杆 AB 和 AC 的内力，以及绳索 AD 的拉力。

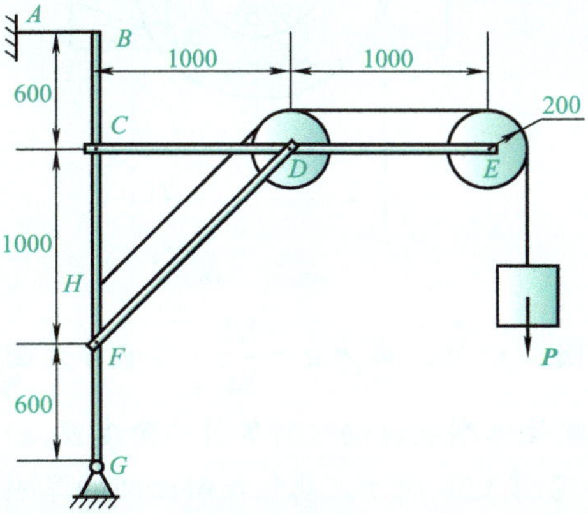

题图 3.23

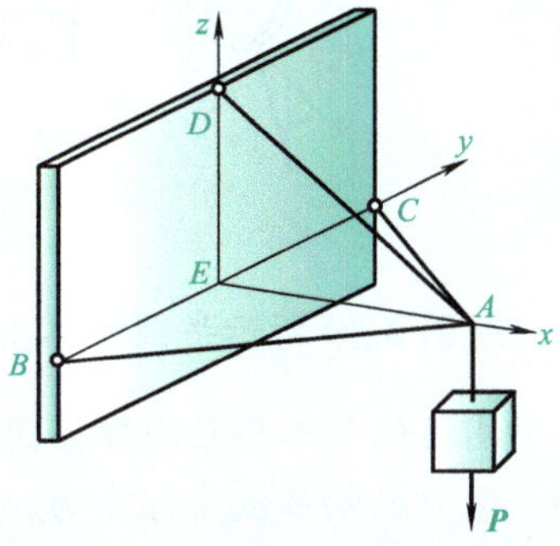

题图 3.24

3.25 如题图 3.25 所示的空间构架由三根杆件组成，在 D 端用球铰链连接，A、B 和 C 端也用球铰链固定在水平地板上。今在 D 端挂一重物 $P = 10\text{kN}$，各杆自重不计，求各杆的内力。

3.26 如题图 3.26 所示，三圆盘 A、B、C 的半径分别为 15cm、10cm、5cm，三根轴 OA、OB、OC 在同一平面内，$\angle AOB$ 为直角，三个圆盘上分别受三个力偶作用，求使物体平衡所需的力 $\boldsymbol{F}$ 和 α 角。

3.27 某传动轴由 A、B 两轴承支承，如题图 3.27 所示。圆柱直齿轮的节圆直径 $d = 17.3\text{cm}$，压力角 $\alpha = 20°$，在法兰盘上作用一力偶矩为 $M = 1030\text{N·m}$ 的力偶，如轮轴的自重和摩擦不计，求传动轴匀速转动时 A、B 两轴承的约束反力。

3.28 如题图 3.28 所示，在轴上作用一力偶($\boldsymbol{F}$，$\boldsymbol{F}'$)，其矩 $M=100\text{N·m}$，有一半径为 $r=0.25\text{m}$ 的制动轮装在轴上，制动轮和制动块间的摩擦因数 $f_s=0.25$。欲使制动轮静止，制动块对制动轮的压力应为多少？

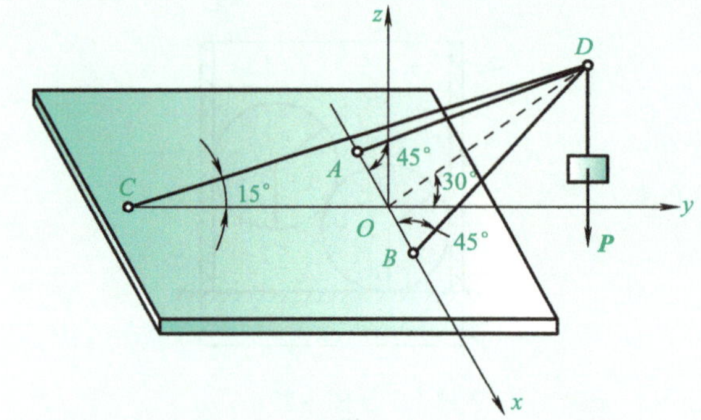

题图 3.25

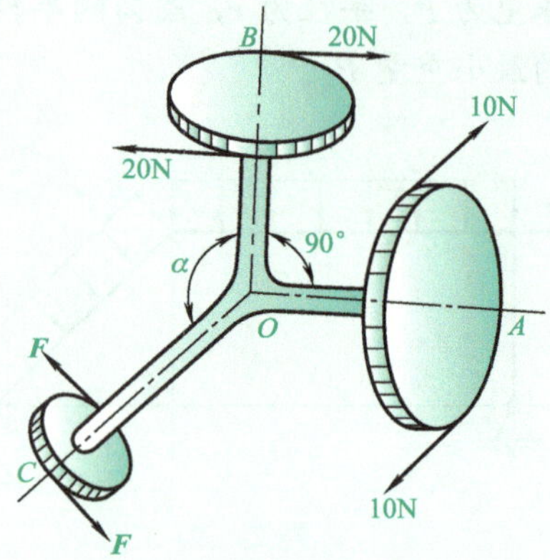

题图 3.26

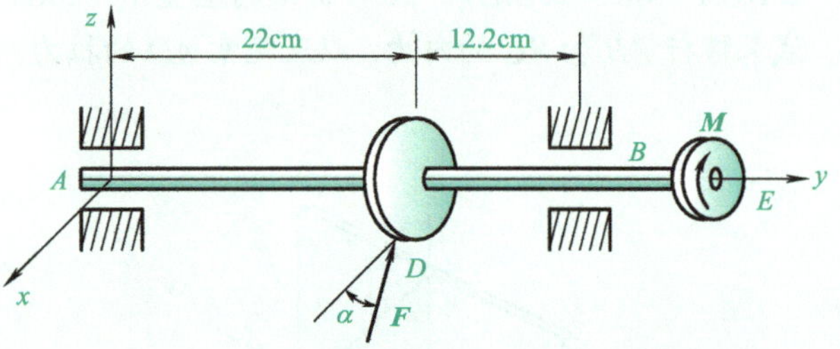

题图 3.27

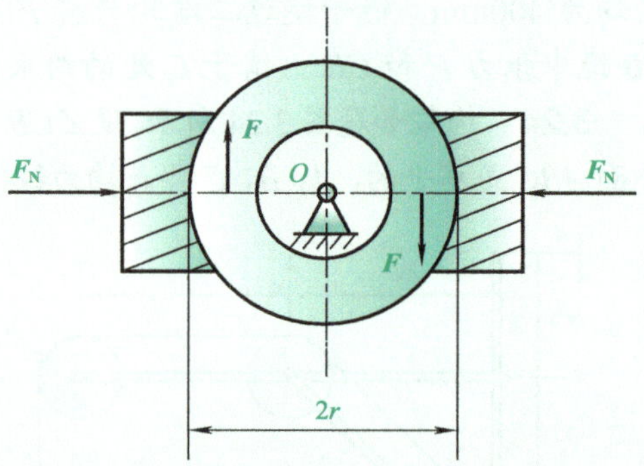

题图 3.28

3.29 题图 3.29 所示半圆柱体重 P，重心 c 到圆心 O 的距离为 $a=\dfrac{4R}{3\pi}$，其中 R 为圆柱体半径。如半圆柱体与水平面间摩擦因数为 f_s，求半圆柱体刚被拉动时所偏过的角度 θ。

3.30 重 P 的物体放在倾角为 α 的斜面上，如题图 3.30 所示。物体与斜面间的摩擦因数为 $\tan\alpha_m$。若物体上受到与斜面交角为 θ 的力 $\boldsymbol{F}$ 作用，物体尺寸不计，求恰好可以拉动物体时的力 $\boldsymbol{F}$ 的大小。又问 θ 角为何值时力 $\boldsymbol{F}$ 最小？并求此最小值。

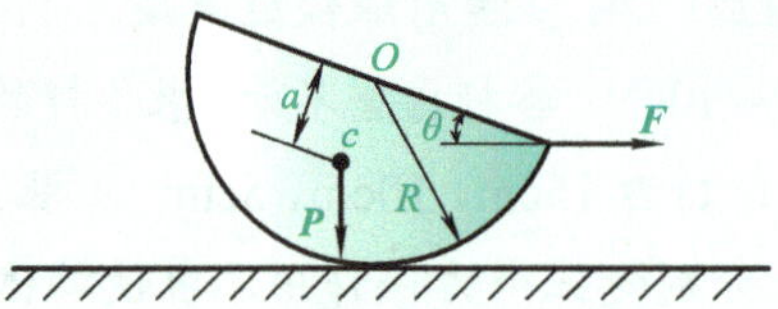

题图 3.29

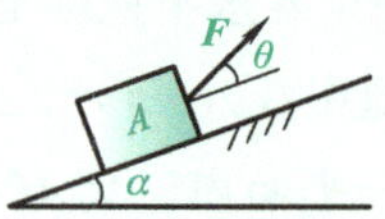

题图 3.30

3.31 如题图 3.31 所示两种情况，即图(a)物体重 $P=1000\text{N}$，推力 $F = 200\text{N}$，摩擦因数 $f_s=0.3$；图(b)物体重 $P=200\text{N}$，压力 $F=500\text{N}$，摩擦因数 $f_s=0.3$。物体能否平衡？并给出摩擦力的大小和方向。

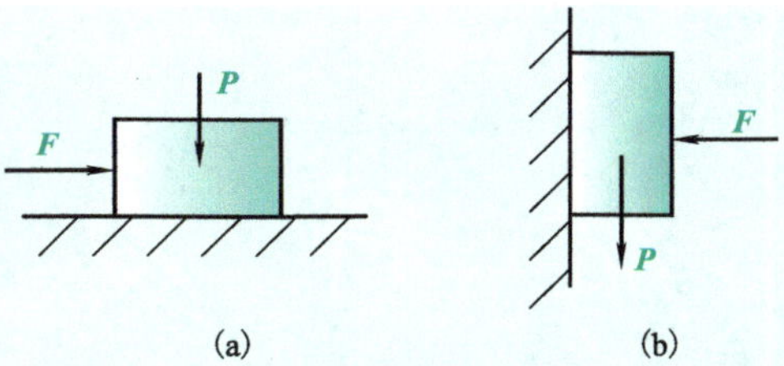

题图 3.31

3.32　重 $P=100\text{N}$ 的长方形均质木块放置在水平地面上，尺寸如题图 3.32 所示。木块与地面间的摩擦因数 $f_s=0.4$，求木块能保持平衡时的水平力 $\boldsymbol{F}$ 的大小。

3.33　如题图 3.33 所示平板车重 P，已知一水平力 $\boldsymbol{F}$ 作用于车架。若车轮沿地面滚动而不滑动，且滚阻系数为 δ。略去车轮重量，试求：

(1) 拉动平板车的最小水平力 $F_{\min}$；

(2) 此时地面对前后轮的滚阻力偶矩。

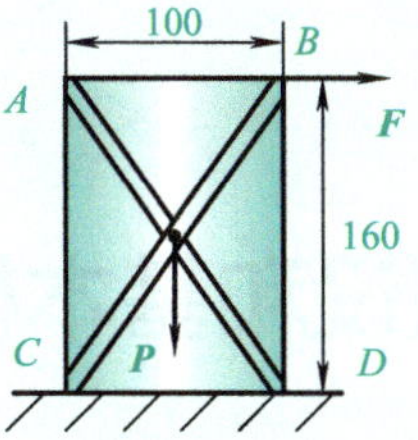

题图 3.32

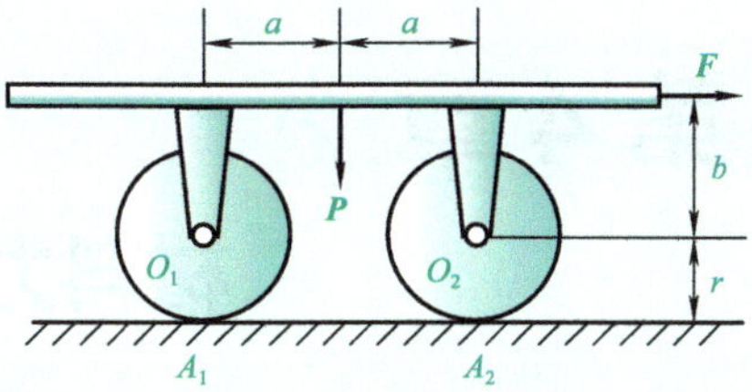

题图 3.33

第二篇 材料力学

本篇介绍材料力学，以杆件为对象研究力对物体作用的内效应。主要分析杆件在外力作用下的应力、应变、变形和能量，以及材料的力学性能，为杆件的工程设计提供理论依据和计算方法，以保证杆件具有足够的强度、刚度和稳定性。

第4章 材料力学的基本假设和基本概念

4.1 材料力学概述

在各种机械和工程结构中，最基本的元件是零件或部件(统称为构件)。构件受到外力(载荷)作用时，将产生形状和尺寸的变化，这种变化称之为变形。此前讨论的对象都是刚体模型，而在实际工程中的构件都是可变形的固体，简称为变形体(或变形固体)。按照产生变形的程度可将其分为两类：一类是可以恢复的变形，称为弹性变形，一般这类变形都比较小；另一类是不可恢复的变形，称为塑性变形。

当构件受力过大时，会发生断裂或产生显著的塑性变形(称之为破坏或失效)而造成事故；或者受力后产生过大的变形而影响正常工作。例如，机器中常用的齿轮轴，有时会因载荷过大而发生断裂或在受力后变形过大而影响齿轮间的正常啮合。有些受压力作用的细长直杆，如千斤顶的螺杆、内燃机的连杆等，当压力过大时，会产生突然的侧向大变形，丧失原有的直线平衡形式，这种突然改变其原有平衡状态的现象，称为丧失稳定性或失稳。这些情况在工程实际中不允许出现。因此设计或制作每一个构件时，都必须考虑在受力时不破坏(失效)、不产生过大变形和不发生失稳，只有这样才能保证整个机械或结构能够安全、可靠地工作。

因此，要保证整个机械或结构能够安全、可靠地工作，其中的每个构件必须具有足够的承载能力，即应满足下述三方面的要求：

(1)强度要求。所谓强度，指构件抵抗破坏的能力。构件必须具有足够的强度。

(2)刚度要求。所谓刚度，指构件抵抗变形的能力。构件必须具有足够的刚度。

(3)稳定性要求。所谓稳定性，指构件保持原有平衡状态的能力。构件必须具有足够的稳定性。

强度、刚度和稳定性，是材料力学研究的主要内容。

一个合理的构件设计，不但应该满足强度、刚度和稳定性的要求以保证其安全可靠，还应该符合经济原则。一般说来，选用较好的材料或者把构件的尺寸做得粗大些，可以提高构件的强度、刚度和稳定性，有利于保证构件安全可靠地工作。但是，这将会多用材料，提高造价，造成浪费，违背经济的原则。而选用价廉质低的材料或者减小构件尺寸以减少用料，虽然比较经济，但却可能使构件工作时不安全。可见，安全与经济经常是矛盾的。材料力学的任务就是在满足强度、刚度和稳定性的要求下，为设计既经济又安全的构件，提供必要的理论基础和计算方法。

研究构件的强度、刚度和稳定性时，应了解材料在外力作用下表现出的变形和破坏等方面的特性，即材料的力学性能，而力学性能要由实验来测定。此外，材料力学中的理论推导过程，都是根据实验观测来作出变形情况的假设，再运用数学和力学推导，最后，还必须由实验验证这些结果的正确性。因此，没有材料力学实验，不仅不能作理论推导，也无从验证所得的结果的正确性，更不敢应用它们。显然，没有材料力学实验，材料力学作为一门重要的工程学科就失去了基础和依据。另一方面，还有一些尚无理论结果的问题，须借助实验方法来解决。所以，实验分析和理论研究同样是材料力学解决问题的方法。由此可见，材料力学实验在材料力学中占有重要的地位。

4.2　材料力学的基本假设

制造各种构件所采用的材料，虽然品种繁多，性质各异，但它们都有一个共同的特性，就是在外力作用下会产生变形。研究构件的强度、刚度和稳定性等问题时，变形是一个不可忽略的因素，因此，在材料力学中，将组成构件的材料皆视为变形固体。材料的物质结构和性质是比较复杂的，为了突出问题的主要方面，必须对研究对象进行抽象，忽略某些次要因素，保留其主要属性，简化为合适的力学模型。在材料力学中，对变形固体作以下基本假设。

1) 连续性假设：认为组成固体的物质不留空隙地充满了整个固体的体积

实际上，组成固体的粒子(如金属中的晶粒)之间存在着空隙，并不连续，但这种空隙与构件的尺寸相比极其微小，研究固体的宏观性能时可以忽略不计。于是认为固体材料在其整个体积内连续分布。根据这个假设，某些力学量(如应力、应变和变形等)可看作是固体内点坐标的连续函数，从而可以运用高等数学的工具(如微分、积分等)对其进行分析计算。

2) 均匀性假设：认为在固体内各点处具有相同的力学性能

就使用最多的金属材料来说，组成金属材料各晶粒的力学性能并不完全相同，从宏观角度看，组成构件的金属材料的任一部分都包含大量晶粒，且无序地排列在整个体积之内，而固体的力学性能是各晶粒力学性能的统计平均值，所以可以认为固体内各点处具有相同的力学性能。根据这个假设，可以在构件的任意处取出无限小的部分进行研究，然后将研究结果应用于整个构件；也可将由小尺寸试件测得的材料的力学性能应用于尺寸不同的构件。

3) 各向同性假设：认为固体材料在各个不同方向的力学性能相同

这个假设符合许多材料的实际性能，如玻璃就是典型的各向同性材料。对金属这类由晶粒组成的材料，虽然每个晶粒的力学性能有方向性，但从统计学结果看，在宏观层次，沿各个方向的力学性能接近相同。这种沿各个方向力学性能相同的材料称为各向同性材料。常用的工程材料，如钢、铜、塑料、玻璃，都是各向同性材料。如材料在各个方向上的力学性能不同，则称为各向异性材料，如轧制钢材、木材、胶合板和某些人工合成材料等。

4）小变形假设：认为固体受力后的变形比固体的原始尺寸小得多

工程实际中构件受力后的变形一般都很小，它相对于构件的原始尺寸小得多，因此在分析构件上力的平衡关系时，变形的影响可忽略不计，仍按构件的原始尺寸进行计算，使问题得到简化。相反，如果构件受力后的变形很大，其影响不可忽略时，则必须按构件变形后的尺寸进行计算。前者称为小变形问题，后者称为大变形问题。材料力学一般只研究小变形问题。

4.3　外力、内力与截面法

4.3.1　外力及其分类

当研究某一构件时，可以设想把这一构件从周围物体中单独取出，并用力来代替周围各物体对构件的作用。这些来自构件外部的力就是外力(载荷)。

1．按作用方式分为表面力和体积力

表面力是作用于物体表面的力，又可分为分布力和集中力。分布力是连续作用于物体表面的力，如作用于油缸内壁上的油压力，作用于船体上的水压力等。有些分布力是沿杆件轴线作用的，如楼板对屋梁的作用力。集中力是作用于物体上一点的力，若外力的作用面积远小于物体的表面尺寸，就可看作是作用于一点的集中力，如火车轮对钢轨的压力，滚珠轴承对轴的反作用力等。体积力是连续分布于物体内部各点的力，如物体的自重和惯性力等。

2．按载荷随时间的变化分为静载荷和动载荷

不随时间变化或缓慢变化的载荷，称为静载荷。而大小或方向随时间变化的载荷，称为动载荷。按随时间变化的方式，动载荷又可分为交变载荷和冲击载荷。交变载荷是随时间作周期性变化的载荷，例如，当齿轮转动时，作用于每一个齿上的力都是随时间作周期性变化的。冲击载荷是瞬间施加于物体上的载荷，例如，急刹车时飞轮的轮轴、锻造时汽锤的锤杆等都受到冲击载荷的作用。

构件在静载荷作用下和在动载荷作用下所表现的力学性能颇不相同，分析方法也有差异。因为静载荷问题比较简单，所建立的理论和分析方法又可作为解决动载荷问题的基础，所以首先研究静载荷问题。

4.3.2　内力与截面法

1．内力的概念

我们知道，物体是由无数粒子组成的，在其未受到外力作用时，各粒子间就存在着相互作用的内力(称为固有内力)，以维持它们之间的联系及物体的形状。当物体受到外力作用时，各粒子间的相对位置将发生改变，引起物体变形。同时，粒子间的固有内力也将发生变化，因外力作用而引起的固有内力的改变量，称为附加内力，简称内力。内力随外力的增加而增大，当内力增大到一定限度时就会引起构件破坏，因而它与构件的强度密切相关。因此，为了揭示构件的变形和破坏规律，必须首先研究内力。

由静力学可知，在分析两物体之间的相互作用力时，必须将此二物体分开。同理，研究构件在外力作用下各部分之间的内力，也应将各部分分离。如要研究图 4.1(a)所示 m–m 截面上的内力，用一假想平面将构件沿该截面切为 Ⅰ、Ⅱ两部分，如图 4.1(b)所示，将内力暴露出来，按照连续性假设，在 m–m 截面上的内力是连续分布力，并且两部分物体在 m–m 截面上的力是作用力与反作用力的关系。通常，把这个分布力系向截面形心(即截面形状的几何中心)简化，得到主矢和主矩。主矢和主矩与作用在分离部分上的所有外力构成平衡力系，可由平衡方程求出。今后所称内力，即指截面上分布内力的主矢和主矩。在后面的章节中，会分别详细介绍这些内力的具体类型，一般它们包括轴力 $\boldsymbol{F}_{\mathrm{N}}$、剪力 $\boldsymbol{F}_{\mathrm{S}}$、扭力 $\boldsymbol{T}$ 和弯矩 $\boldsymbol{M}$。

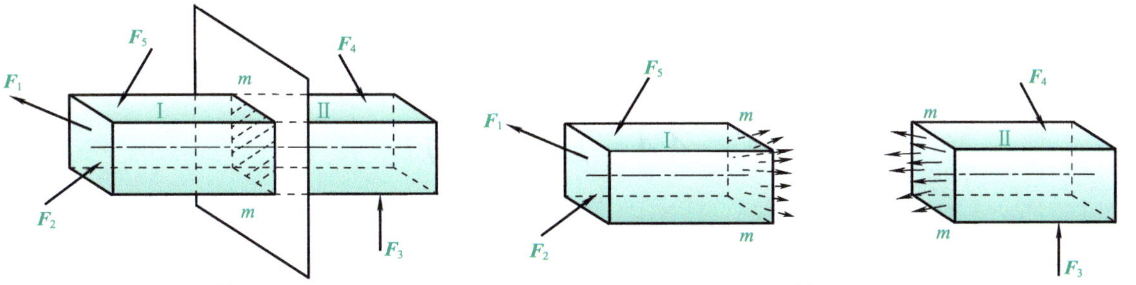

图 4.1

2. 截面法

上述用截面假想地把构件分成两部分，以便显示并计算内力的方法称为截面法。可将其归纳为以下三个步骤：

(1) 分二留一。欲求某一截面上的内力时，就沿该截面假想地把构件分成二部分，任意保留其中一部分为研究对象，而抛弃另一部分。

(2) 内力代弃。用作用于截面上的内力来代替抛弃部分对保留部分的作用。

(3) 内外平衡。作用在保留部分上的外力和内力应保持平衡。建立平衡方程，确定未知内力的大小和方向。

【例 4.1】 钻床如图 4.2(a)所示，在载荷 $\boldsymbol{F}$ 作用下，试确定 $m-m$ 截面上的内力。

解　(1) 分二留一。沿 $m-m$ 截面假想地将钻床分成两部分，保留 $m-m$ 截面以上部分为研究对象，并选取坐标系，如图 4.2(b)所示。

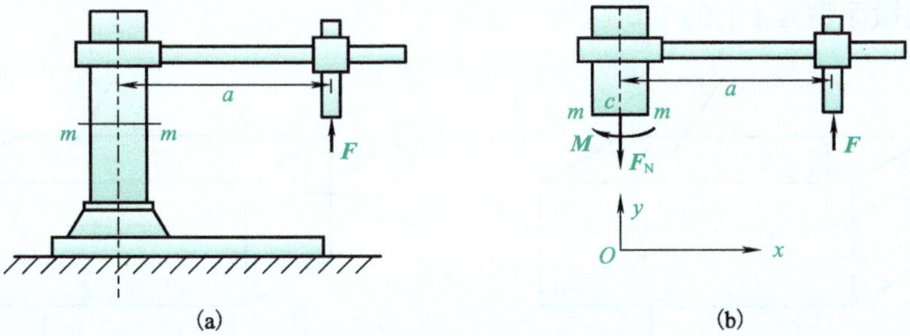

图 4.2

(2) 内力代弃。在研究对象的 $m-m$ 截面上作用着分布内力系，将此内力系向 $m-m$ 截面形心 c 简化，根据研究对象的平衡条件知，可以得到一个主矢 $\boldsymbol{F}_{\mathrm{N}}$ 和主矩 M，它们的方向和转向如图 4.2(b)所示。这里的 $\boldsymbol{F}_{\mathrm{N}}$ 和 $\boldsymbol{M}$ 就是弃去的下半部分对保留的上半部分的作用力(即内力)。

(3)内外平衡。由于整个钻床是平衡的，所以我们保留的上半部分也应该保持平衡。也就是说，作用在研究对象上的外力 $\boldsymbol{F}$ 和内力 $\boldsymbol{F}_{\mathrm{N}}$、$\boldsymbol{M}$ 应该相互平衡，据此可写出研究对象的平衡方程为

$$\sum F_y = 0, \quad F - F_{\mathrm{N}} = 0$$

$$\sum M_C = 0, \quad Fa - M = 0$$

于是，求得截面 $m-m$ 上的内力 $\boldsymbol{F}_{\mathrm{N}}$ 和 $\boldsymbol{M}$ 为

$$F_{\mathrm{N}} = F, \quad M = Fa$$

4.4 应　力

1. 应力的概念

通过截面法，可以求出构件的内力。但是仅仅求出内力还不能解决构件的强度问题。因为如果同样大小的内力作用在不同大小的横截面上，会产生不同的结果。例如两根材料相同、横截面面积不等的直杆，若两者所受的轴向拉力相同(此时横截面上的内力也相同)，则随着拉力的增加，细杆将先被拉断。这说明构件的危险程度取决于截面上分布内力的聚集程度，即应力，而不是取决于分布内力的总合。在上述实例中，同样的轴向拉力，聚集在较小的横截面上时(应力大)，就比较危险，而如果是分布在较大的横截面上(应力小)，就比较安全。因此讨论构件的强度问题时，还必须了解内力在截面上某一点处的聚集程度，这种聚集程度用分布在单位面积上的内力来衡量，称为该点的应力。

2. 应力的定义

1)截面上一点的应力

在截面 $m-m$ 上，围绕某一点 C 处取一微小面积 ΔA，其上连续地分布着内力，它们的合力就是作用在微小面积 ΔA 上的微内力 ΔP，如图 4.3(a)所示。定义 ΔA 上内力的平均集度为

$$p_{\mathrm{m}} = \frac{\Delta P}{\Delta A}$$

式中，p_{m} 称为微面积 ΔA 上的平均应力。

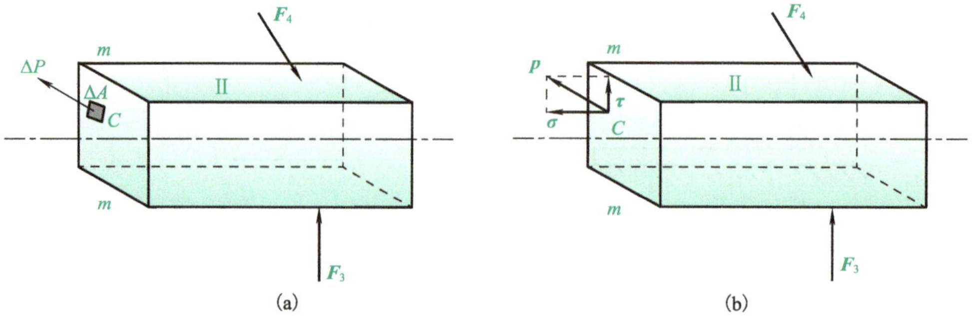

图 4.3

一般情况下，由于内力是非均匀分布的，故平均应力 p_m 还不能真实地表明一点处内力的密集程度。这里应用高等数学中极限的概念，以消除 ΔA 大小的影响。令上式中的 ΔA 趋于零，则 p_m 的大小和方向都将趋于一定的极限，即

$$p=\lim_{\Delta A\to 0}\frac{\Delta P}{\Delta A}=\frac{\mathrm{d}P}{\mathrm{d}A} \tag{4.1}$$

式中，p 称为 $m-m$ 截面上 C 点的应力，式(4.1)即为应力的定义。叙述为：**应力是一点处内力的集度；或者粗略地说，应力是单位面积上的内力，p 则称为全应力。**

2) 正应力和切应力

全应力 $\boldsymbol{p}$ 是一个矢量。一般说来它既不与截面垂直，也不与截面相切。因此，通常把全应力 $\boldsymbol{p}$ 分解成垂直于截面的分量 $\boldsymbol{\sigma}$ 和切于截面的分量 $\boldsymbol{\tau}$(图 4.3(b))。其中垂直于截面的分量 σ 称为正应力；切于截面的分量 τ 称为切应力。

国际单位制中，应力的单位是牛/米²(N/m²)，称为帕斯卡或简称帕(Pa)。由于这个单位太小，使用不便，通常使用千帕(kPa)、兆帕(MPa)及吉帕(GPa)。其中 1kPa=10^3Pa，1MPa=10^6Pa，1GPa=10^9Pa。

4.5 应　　变

构件受力后会发生变形，就整个构件来看，构件变形后的形状极不相同，也很复杂。但是，若把构件划分成无数个边长为无限小的六面体，称为单元体，则就每个单元体来看，其变形情况就很单纯。而且我们经常需要研究一点处力与变形的关系，这时也需要利用单元体的变形。为此，我们首先研究单元体的变形情况。

4.5.1 正应变

设想在构件中某点 O 附近取棱边长度分别为 Δx、Δy、Δz 的单元体。在一个单元体中，可能发生的第一种变形，是棱边长度的改变。取单元体如图 4.4(a)所示。单元体变形前的棱边边长分别为 Δx、Δy、Δz。以棱边 OA 为例，若变形后边长 Δx 改变了 Δu，则 Δu 代表棱边 OA 的长度变化(或叫线变形)，它是线段 OA 的绝对变形。

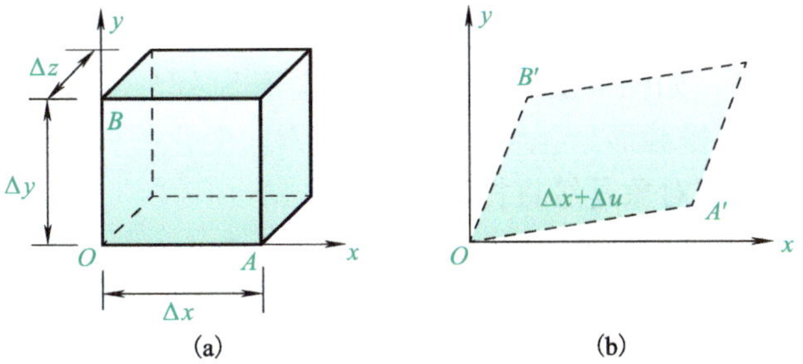

图 4.4

由于 Δu 的大小与原长 Δx 的长短有关，所以它不能表示棱边 OA 的变形程度。为了表明 OA 线段的变形程度，应取单位长度的线变形作为衡量线变形的基本度量。

Δu 与 Δx 的比值，代表棱边 OA 每单位长度的平均线变形，称为平均应变，用 ε_m 表示，即

$$\varepsilon_m = \frac{\Delta u}{\Delta x} \tag{4.2}$$

逐渐缩小Δx值，使Δx趋近于零，则ε_m的极限值为

$$\varepsilon = \lim_{\Delta x \to 0} \frac{\Delta u}{\Delta x} = \frac{du}{dx} \tag{4.3}$$

式中，ε表示O点处沿x方向的变形程度，称为O点处沿该方向的线应变或正应变。

正应变具有下列性质：

(1) 正应变ε是一点处线变形的基本度量。

(2) 由式(4.3)可知，正应变ε是一个无量纲量。

4.5.2 切应变

在单元体中，可能发生的第二种变形，是互相垂直的两个棱边间的夹角发生改变。如图4.4(b)所示，变形前单元体在xy平面内两个棱边OA与OB相互垂直，夹角为$\pi/2$。变形后的棱边为OA'与OB'，OA'与OB'的夹角为$\angle A'OB'$。变形前后角度的改变量为$(\pi/2-\angle A'OB')$。当A和B趋近于O点，即Δx、Δy趋近于0时，角度的改变量的极限值为

$$\gamma = \lim_{\substack{\Delta x \to 0 \\ \Delta y \to 0}} \left(\frac{\pi}{2} - \angle A'OB' \right) \tag{4.4}$$

式中，γ称为O点处在xy平面内的切应变或角应变。因此，切应变γ是单元体中直角的改变量。

切应变γ具有下列性质：

(1) 切应变γ是一点处角变形的基本度量，它所量度的是直角的改变。

(2) 切应变γ是一个无量纲量，常用弧度(rad)表示。

4.6 杆件变形的基本形式

工程实际中，构件的类型多种多样。按其几何形状特征，可分为杆、板、壳、块体等。凡是纵向（长度方向）尺寸远大于横向（垂直于长度方向）尺寸的构件，称为杆件，或简称杆。杆件的横截面和轴线是两个主要几何特征。横截面是指垂直于杆件长度方向的截面，各横截面形心的连线，即为杆件的轴线，如图4.5所示。轴线是直线的杆称为直杆，如图4.5(a)所示。轴线是曲线的杆称为曲杆，如图4.5(b)所示。横截面形状和大小沿长度方向不变的直杆称为等直杆，如图4.5(a)所示。横截面形状和大小沿长度方向变化的杆称为变截面杆，如图4.5(c)所示。材料力学的主要研究对象是等直杆。

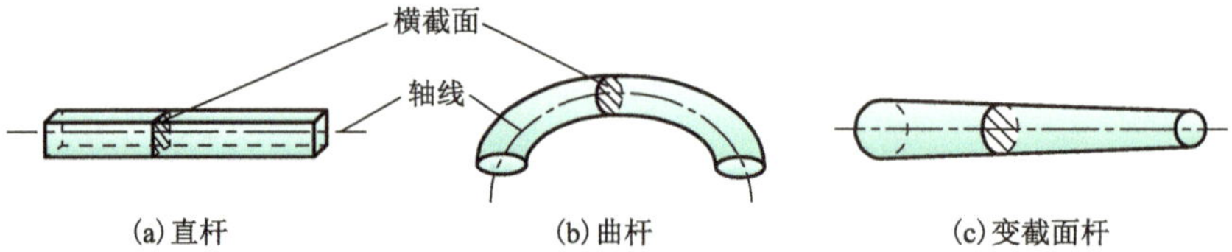

图4.5

在实际结构中，杆件在外力作用下产生变形的情况很复杂。作用在杆件上的外力情况不同，产生的变形也各异。就杆件一点周围的一个单元体来说，它的变形由正应变和切应变来

描述。所有单元体的变形的积累就形成杆件的整体变形。就杆件的整体变形来说，有以下四种基本形式。

1）拉伸或压缩

外力的合力沿杆件轴线作用，使杆件发生伸长或缩短变形。例如，托架中的拉杆 AB 和压杆 BC 受力后的变形，如图 4.6 所示。

2）剪切

一对垂直于杆轴线的力，作用在杆的两侧表面上，而且两力的作用线非常靠近，使杆件的两部分沿力的作用方向发生相对错动。例如，连接件中的铆钉受力后的变形，如图 4.7 所示。

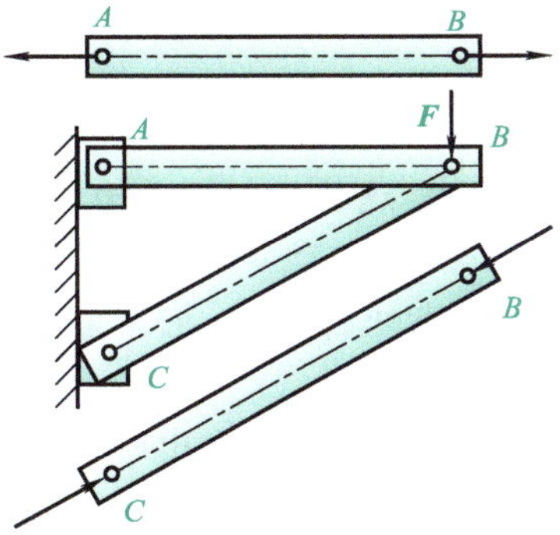

图 4.6

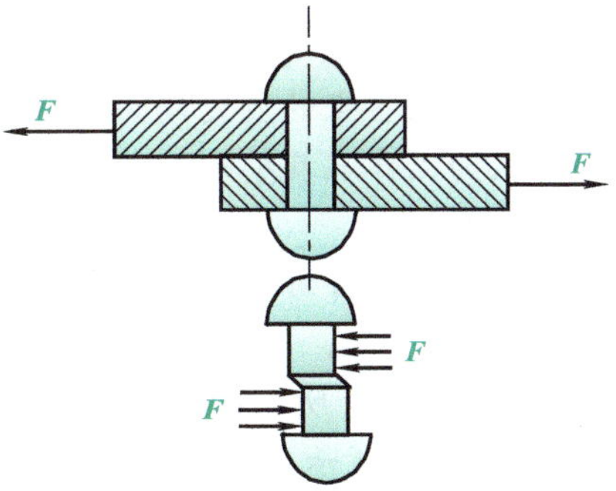

图 4.7

3）扭转

杆件受一对大小相等、转向相反、作用面垂直杆轴线的力偶的作用，杆件的任意两个横截面发生绕杆轴线的相对转动。例如，机器中的传动轴受力后的变形，如图 4.8 所示。

4）弯曲

杆件受垂直于杆轴线的横向力、分布力或作用面通过杆轴线的力偶的作用，杆轴线由直线变为曲线。例如，单梁吊车的横梁受力后的变形，如图 4.9 所示。

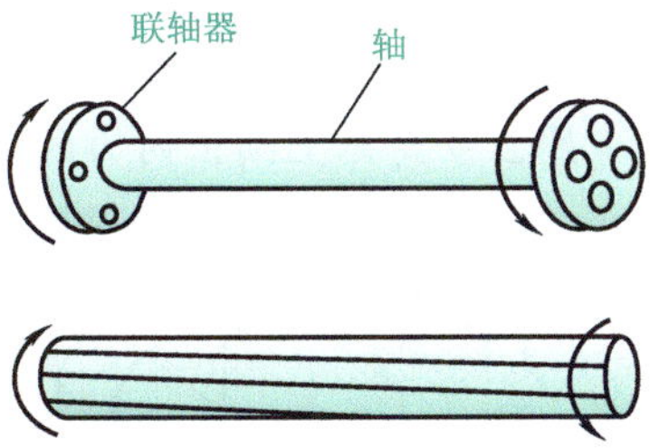

图 4.8

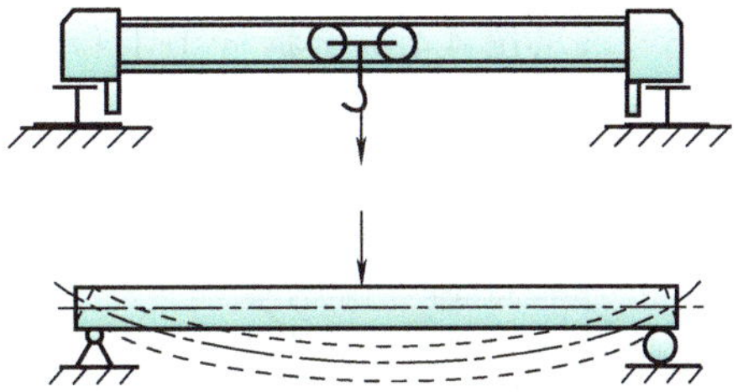

图 4.9

在工程实际中，有些杆件的变形比较简单，只产生上述四种基本变形中的一种。有些杆件的变形则比较复杂，会同时发生两种或两种以上的基本变形，这种情况称为组合变形。例如，车床主轴工作时同时发生弯曲、扭转和压缩三种基本变形；钻床立柱同时发生拉伸和弯曲两种基本变形。

今后将按拉压、剪切、扭转、弯曲的顺序，首先分别研究每种基本变形问题，然后再研究组合变形问题。

思　考　题

4-1　判断下列结论的正确性。

(1) 同一截面上正应力 σ 与切应力 τ 必相互垂直。

(2) 同一截面上各点的正应力 σ 必定大小相等，方向相同。

(3) 同一截面上各点的切应力必相互平行。

(4) 思图 4.1 所示结构，AD 杆发生的变形为弯曲与压缩的组合变形。

(5) 应变分为正应变 ε 和切应变 γ。

(6) 应变为无量纲量。

(7) 若物体各部分均无变形，则物体内各点的应变均为零。

(8) 若物体内各点的应变均为零，则物体无位移。

4-2　认为固体在其整个几何空间内无间隙地充满了物质，这样的假设称为________。根据这一假设构件的_____、_____和_____就可以用坐标的连续函数来表示。

4-3　在拉(压)杆斜截面上某点处的分布内力集度称为该点处的_____，它沿着截面法线方向的分量称为______，而沿截面切线方向的分量称为______。

4-4　求思图 4.2 所示结构中 1-1 和 2-2 截面的内力，并在分离体上画出内力的方向。

4-5　思图 4.3 所示直角折杆在 DC 段承受均布载荷 q，求 AB 段上内力矩为零的截面位置。

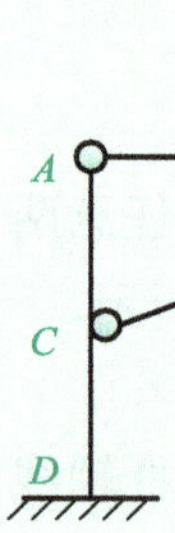

思图 4.1

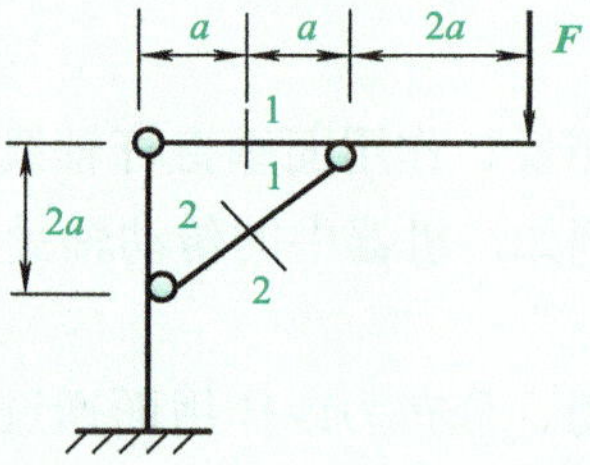

思图 4.2

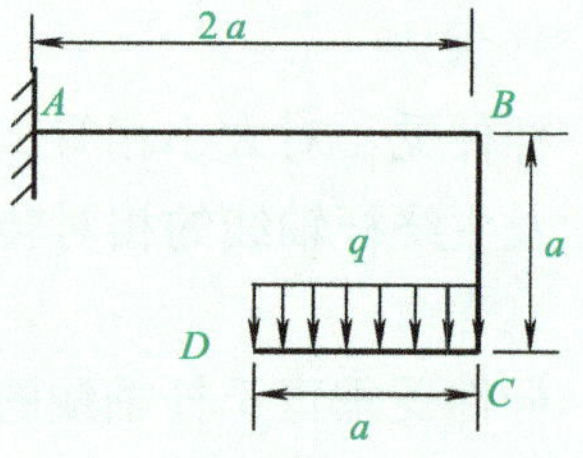

思图 4.3

4-6　求思图 4.4 所示折杆 1-1 和 2-2 截面的内力，并在分离体上画出内力的方向。

4-7　求思图 4.5 所示结构中 1-1 和 2-2 截面的内力，并在分离体上画出内力的方向。

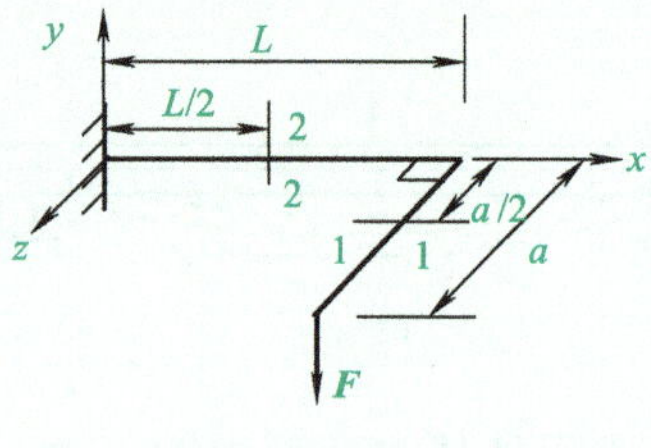

思图 4.4

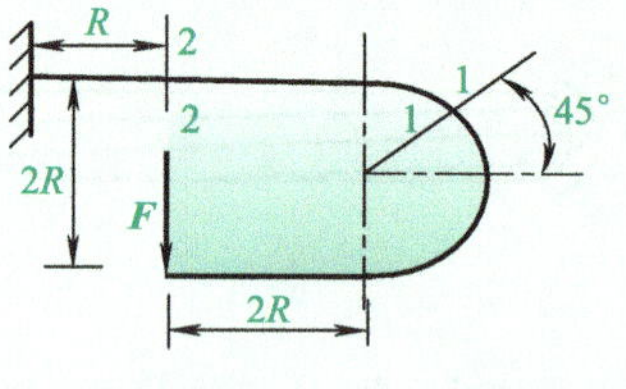

思图 4.5

习　题

4.1　判断下列结论的正确性。

(1) 确定截面内力的截面法，适用于不论等截面或变截面、直杆或曲杆、基本变形或组合变形、横截面或任意截面的普遍情况。

(2)杆件某截面上的内力是该截面上应力的代数和。

(3)题图 4.1 所示结构中，*AB* 杆将发生弯曲与压缩的组合变形。

(4)根据各向同性假设，可认为材料的弹性常数在各方向都相同。

(5)根据均匀性假设，可认为构件的弹性常数在各点处都相同。

4.2　根据材料的主要性能作如下三个基本假设________，________，________。

4.3　所谓____，是指材料或构件抵抗破坏的能力。所谓____，是指构件抵抗变形的能力。

4.4　构件的承载能力包括________，________和________三个方面。

4.5　题图 4.2 所示结构中，杆 1 发生____变形，杆 2 发生____变形，杆 3 发生____变形。

4.6　题图 4.3 所示结构中，杆 1 发生____变形，杆 2 发生____变形，杆 3 发生_____变形。

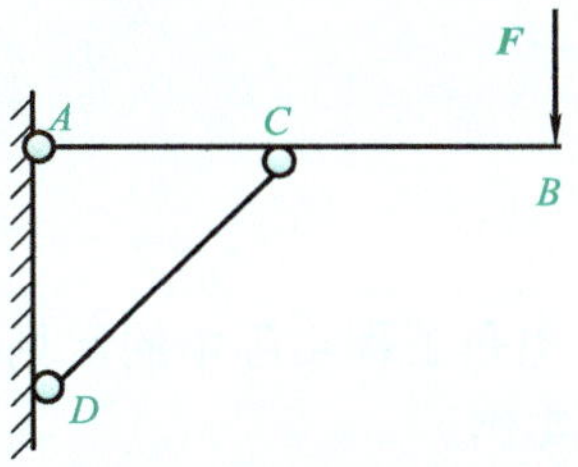

题图 4.1

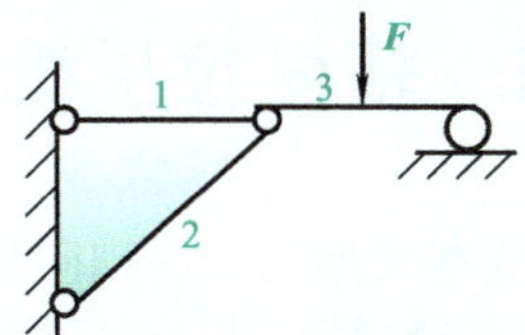

题图 4.2

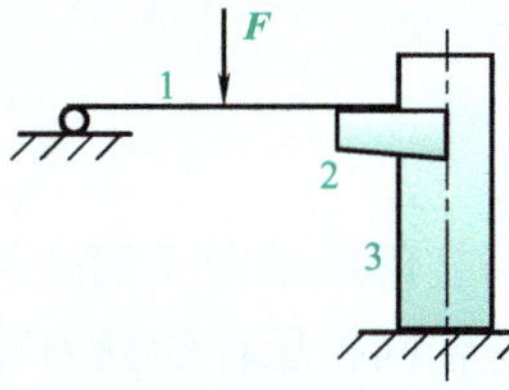

题图 4.3

4.7　题图 4.4 所示为构件内 *A* 点处取出的单元体，构件受力后单元体的位置为虚线所示，则称 d*u*/d*x* 为____________，d*v*/d*y* 为____________，($\alpha_1 + \alpha_2$)为______________。

4.8　求题图 4.5 所示折杆 1-1 和 2-2 截面的内力，并在分离体上画出内力的方向。

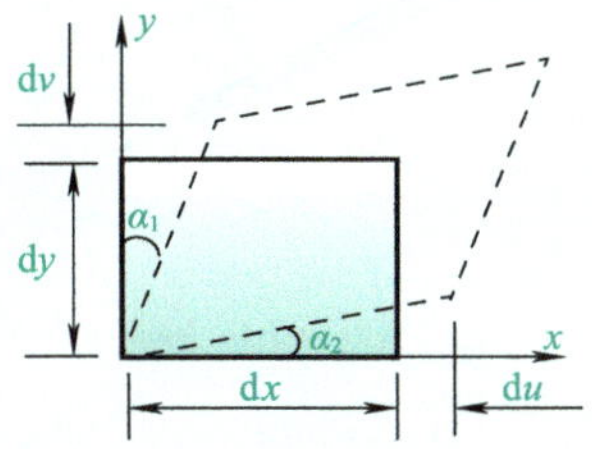

题图 4.4

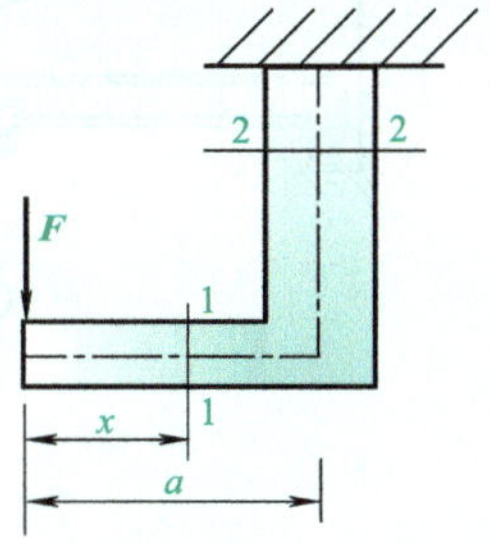

题图 4.5

4.9　题图 4.6 (a)、(b)、(c) 分别为构件内某点处取出的单元体，变形后情况如虚线所示，则单元体(a)的切应变 γ =____；单元体(b)的切应变 γ =_____；单元体(c)的切应变 γ =_____。

4.10　求题图 4.7 所示折杆 1-1 和 2-2 截面的内力，并在分离体上画出内力的方向。

4.11　求题图 4.8 所示杆 *A* 端的反力和 1-1 截面的内力，并在分离体上画出支反力和内力的方向。

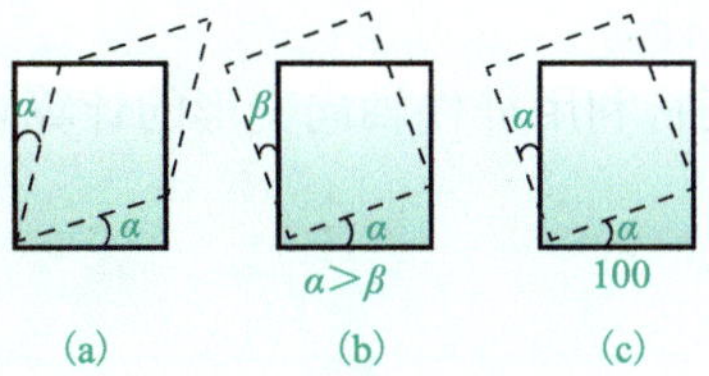

题图 4.6

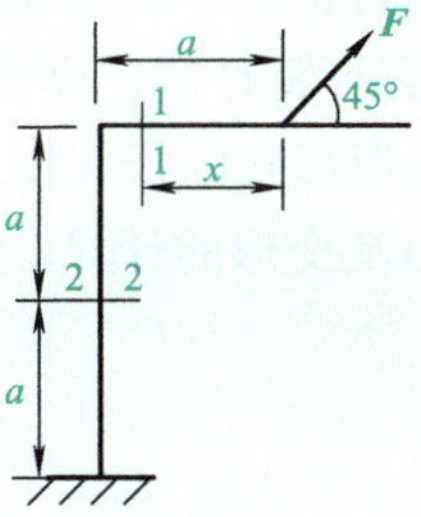

题图 4.7

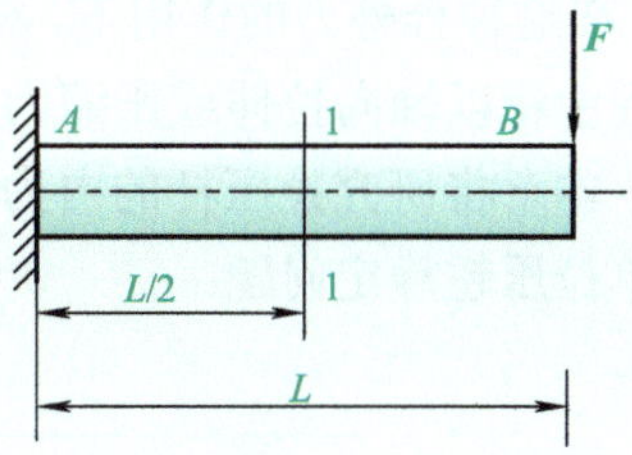

题图 4.8

第 5 章 轴向拉压杆的应力与变形

5.1 轴向拉压概述

轴向拉伸或轴向压缩是杆件的基本变形之一，轴向拉压杆也是工程实际中的常见构件，为了了解轴向拉压杆的受力特征和变形特征，先考察几个工程实例。

图 5.1(a)为一简易悬臂吊车。当吊起重量为 F 的重物时，受拉构件有钢丝绳 DE 和杆 BC，受力分析分别如图 5.1(b)、(c)所示，其特点都是两端受有与轴线重合的拉力作用。

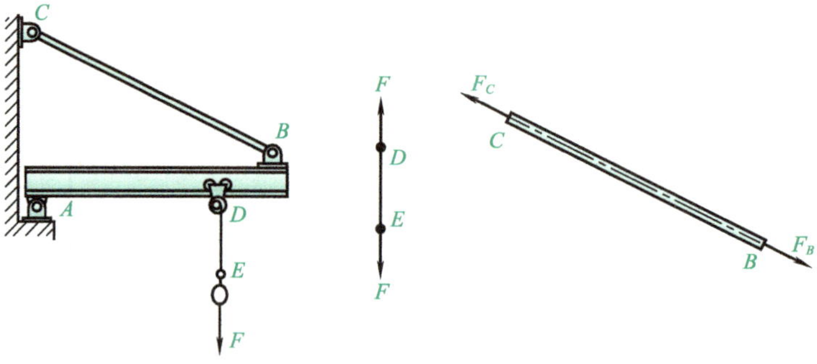

图 5.1

图 5.2(a)为固紧螺栓工作的原理示意图。螺杆受到因紧固螺母而形成的拉力作用，产生轴向的伸长变形。因螺母所受的力是关于轴线对称分布的，如图 5.2(b)所示，所以传递到螺杆上的力可简化为沿螺杆轴线的合力 $\boldsymbol{F}$，如图 5.2(c)所示。与此例类似，螺旋千斤顶的顶杆为受压杆，如图 5.3(a)所示，其受力简图如图 5.3(b)和图 5.3(c)所示。

由以上几个工程实例的受力分析可以看出，虽然轴向拉伸(压缩)杆件端部的连接状况或传力方式各不相同，但其受力的共同特征是，作用在杆件上外力合力的作用线与杆的轴线重合。在这种合外力的作用下，杆件的变形特征是，沿轴线伸长或缩短，如图 5.4(a)、(b)所示。工程中将以轴向拉伸或压缩为主要变形形式的杆件称为拉压杆。

本章将研究拉压杆的内力、应力及变形的计算。同时还将利用杆件轴向变形的计算求解简单拉压超静定问题。

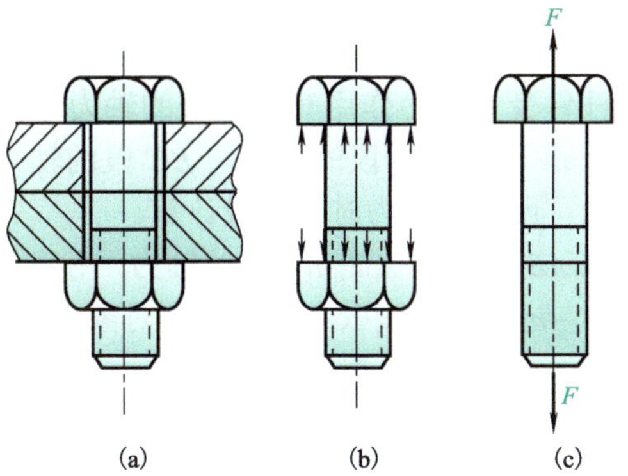

图 5.2

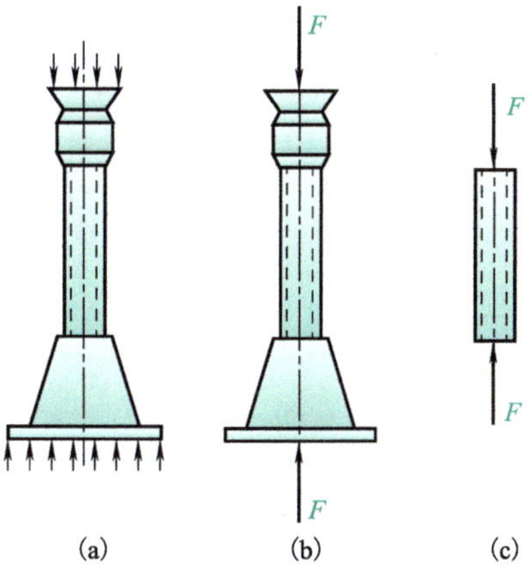

图 5.3

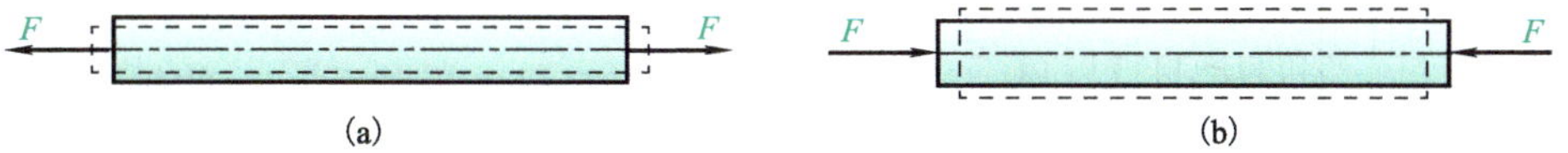

图 5.4

5.2 轴力与轴力图

为导出拉压杆件应力计算公式，应首先分析杆件的内力。

如图 5.5(a)所示受拉杆件，现欲求横截面 $m-m$ 上的内力。

按截面法，将杆件沿截面 $m-m$ 假想切开，取左段为研究对象，设作用在截面 $m-m$ 上各点分布力系的合力为 $\boldsymbol{F}_{\mathrm{N}}$，如图 5.5(b)所示，$\boldsymbol{F}_{\mathrm{N}}$ 就是截面 $m-m$ 的内力。

由平衡方程

$$\sum F_x=0, \qquad F_{\mathrm{N}}-F=0$$

得

$$F_{\mathrm{N}}=F \tag{5.1}$$

显然内力 $\boldsymbol{F}_{\mathrm{N}}$ 与外力 $\boldsymbol{F}$ 构成二力平衡关系，其作用线必与杆轴线重合。将作用线与杆件轴线重合的内力称为轴力。工程上通常根据变形对内力作正负号规定，既可使内力具有唯一性表述，又从数学上对内力的矢量表达简化为代数量表达。轴力的正负号规定为：使杆件产生拉伸变形的轴力为正；使杆件产生压缩变形的轴力为负。也就是说轴力方向与横截面外法向一致(背离截面)为正，反之(指向截面)为负。如图 5.5(b)所示的杆件受拉，内力为正，指向背离截面。

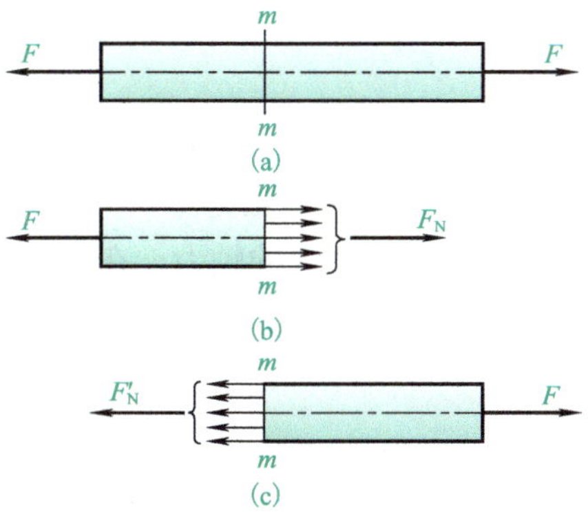

图 5.5

式(5.1)表达了截面 $m-m$ 上的轴力 F_{N} 与该截面一侧的外力之间的关系。

如果取右段为研究对象，如图 5.5(c)所示，按上述过程进行类似计算，也可求得 $m-m$ 截面上的轴力为

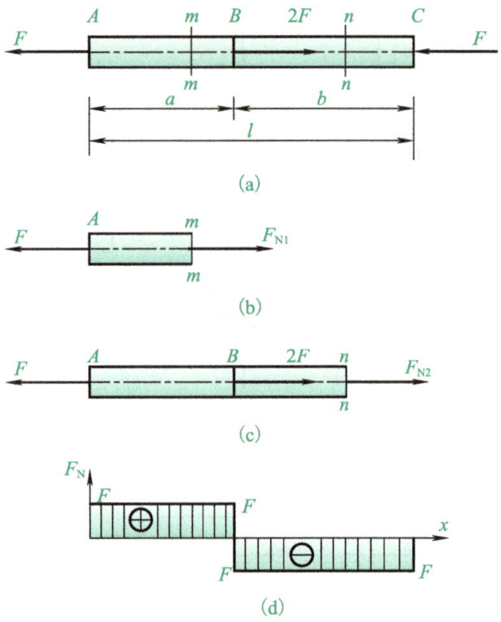

图 5.6

$$F_N' = F$$

即轴力 F_N' 的大小也等于 F，方向与 F 相反，作用线沿杆轴线。

当杆件受多个力作用时，各段的轴力不同，如图 5.6(a)所示，AB 段的轴力与 BC 段的轴力是不相同的，所以求轴力时应分段计算。

欲求 AB 段内横截面 $m-m$ 的轴力，用截面法将杆沿 $m-m$ 截开，设取左段为研究对象，以 F_{N1} 代表该截面上的轴力，受力分析如图 5.6(b)所示。根据平衡条件

$$\sum F_x = 0, \quad F_{N1} - F = 0$$

于是有

$$F_{N1} = F$$

欲求 BC 段内横截面 $n-n$ 的轴力，则在 $n-n$ 处截开，仍取左段为研究对象，以 F_{N2} 代表该截面的轴力，受力分析如图 5.6(c)所示。根据平衡条件

$$\sum F_x = 0, \quad F_{N2} + 2F - F = 0$$

由此得

$$F_{N2} = -F$$

式中，负号表示 F_{N2} 的实际方向与假设方向相反，指向截面，即为压力。

在多个力作用时，各杆段轴力的大小及正负各异，为了描述轴力随横截面位置的变化规律，可选取一个坐标系，其横坐标 x 表示杆件横截面的位置(通常坐标原点与杆端对应，坐标轴与杆轴线重合)，纵坐标 F_N 表示相应横截面的轴力，将各截面的轴力在此坐标系中用图线绘出，此图线称为**轴力图**，如图 5.6(d)所示。

【例 5.1】 试求图 5.7(a)所示直杆各段截面的轴力，并绘制其轴力图。

解 在对杆件进行内力、应力和变形计算之前，通常应首先求出约束反力。

(1)求约束反力。

解除约束 A 代之以反力 F_{RA}，取杆的整体 AD 为研究对象，如图 5.7(b)所示，由平衡条件

$$\sum F_x = 0, \quad F_1 - F_2 - F_3 - F_{RA} = 0$$

求得

$$F_{RA} = F_1 - F_2 - F_3 = 6(\text{kN})$$

(2)计算各段的轴力。

① 计算 AB 段的轴力。在 AB 段内沿 1-1 截面将杆截开，取左段为研究对象，假设该截面上的轴力 F_{N1} 为拉力，如图 5.7(c)所示，由平衡条件

$$\sum F_x = 0, \quad F_{N1} - F_{RA} = 0$$

求得

$$F_{N1} = F_{RA} = 6(\text{kN})$$

结果为正，表明 F_{N1} 的实际方向与假设方向一致，F_{N1} 为拉力。

② 计算 BC 段的轴力。在 BC 段内沿 2-2 截面将杆截开，仍取左段为研究对象，并假设该截面上的轴力 F_{N2} 为拉力，如图 5.7(d)所示，由平衡条件

$$\sum F_x = 0,\qquad F_{N2} - F_{RA} + F_1 = 0$$

求得

$$F_{N2} = F_{RA} - F_1 = 6 - 18 = -12(\mathrm{kN})$$

结果为负，表明 F_{N2} 的实际指向与假设方向相反，F_{N2} 为压力。

③ 计算 CD 段的轴力。在 BC 段内沿 3-3 截面假想将杆截开，取右段为研究对象，并假设该截面上的轴力 F_{N3} 为拉力，如图 5.7(e)所示，由平衡条件

$$\sum F_x = 0,\qquad -F_3 - F_{N3} = 0$$

求得

$$F_{N3} = -F_3 = -4(\mathrm{kN})$$

结果为负，表明 F_{N3} 的实际指向与假设方向相反，F_{N3} 为压力。

(3) 画轴力图。

按前述方法，取适当比例绘出轴力图，如图 5.7(f)所示。由图可见，轴力只在外力作用截面处发生变化，各段的轴力不同，但每段内各截面的轴力不变。杆的最大轴力(绝对值)产生在 BC 段内。其值为

$$|F_N|_{max} = 12(\mathrm{kN})$$

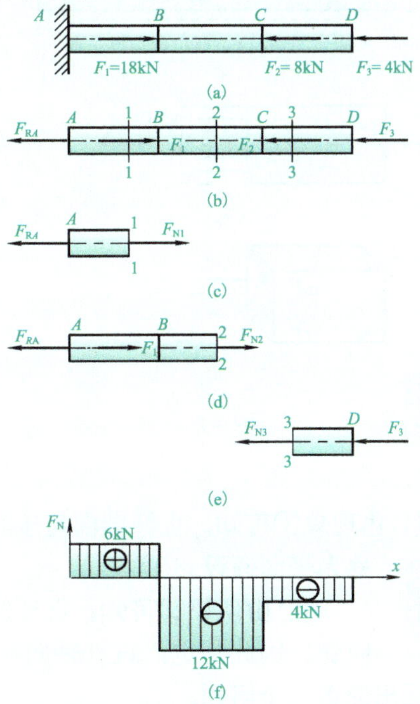

图 5.7

由此例可见：

(1) 用截面法求轴力时，如果截面上的轴力假设为正(拉力)，则根据平衡条件计算出的轴力为正表明杆件轴力指向与假设相同，杆件受拉；为负则表明轴力指向与假设相反，杆件受压。

(2) 用截面法求轴力时，选取外力较少的一段作为研究对象，可减少计算工作量。

5.3　轴向拉压杆的应力

由第 5.2 节的分析知，仅求出横截面上的轴力，还不能解决杆件的强度问题，还需进一步计算出截面上各点的应力。

5.3.1　横截面上的应力

研究拉压杆横截面上的应力，需要解决三个问题：一是截面的各点处产生何种应力(正应力 σ 或切应力 τ)；二是截面上各种应力有何分布规律；三是如何计算各点处的应力数值(计算公式)。

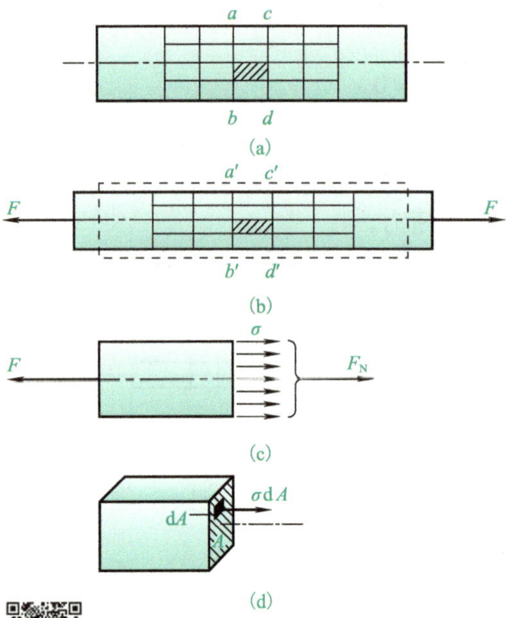

图 5.8

通常可通过观察杆的变形，提出假设并结合变形条件、物理条件和平衡条件来确定应力的分布并导出应力计算公式，具体步骤如下。

1. 观察变形现象

取一等直杆（如橡胶薄板），在其侧表面上画出一组分别平行和垂直于杆件轴线的纵向线和横向线，如图 5.8(a) 所示，形成矩形网格，然后在杆的两端施加轴向拉力 F，使杆产生拉伸变形，如图 5.8(b) 所示。对比变形前后的情况，可以发现如下现象：

① 各纵向线均匀伸长，各横向线保持为直线，并仍垂直于纵向线（轴线）；

② 变形后的矩形网格仍为矩形。如果直杆施加轴向压力时也有类似的现象，不同之处在于各纵向线均匀缩短。

2. 提出假设及判断

根据观察到的变形现象，由表及里进行推论，可以做出如下假设及判断：

(1) 由现象①可知，直杆轴向拉压时，原为平面的横截面，变形后仍保持为平面。此结论称为平面假设。

(2) 由现象②可知，直杆轴向拉压时，横截面上各点处只产生正应变，不产生切应变。因此判定：直杆轴向拉压时，横截面上只产生正应力 σ。这个判断，回答了前面提出的第一个问题。

3. 推导正应力的分布规律及计算公式

推导正应力的分布规律及计算公式可从以下三个方面的关系进行研究。

1) 变形关系

可以想象地将杆划分为若干单位截面的细杆，则根据平面假设可知，在任意两横截面间，每条单位细杆的伸长都相等。这表明：横截面上各点处的正应变都相等。即

$$\varepsilon = 常量$$

2) 物理关系

根据胡克定律，在线弹性范围内，一点处的正应力与该点处的正应变成正比（详见 5.5 节和第 6 章），即

$$\sigma = E\varepsilon$$

其中 E 为比例常数。

由于横截面上各点处的正应变相等，而且材料是均匀的，由此推知，横截面上各点处的正应力 σ 相等，即在横截面上有

$$\sigma = 常量$$

这表明：直杆受轴向拉压时，正应力 σ 沿横截面均匀分布，其分布情况如图 5.8(c) 所示。

3) 静力关系

若在横截面上任取一微面积 dA，其上的微内力为 σdA，如图 5.8(d) 所示。设横截面面积为 A，截面上的轴力为 F_N，则截面上所有微面积 dA 上的微内力 σdA 之和应等于轴力 F_N，即

$$F_N = \int_A \sigma \, dA$$

根据正应力σ均匀分布的结论，上式可写为

$$F_N = \sigma \int_A dA = \sigma \cdot A$$

于是得到

$$\sigma = \frac{F_N}{A} \tag{5.2}$$

式(5.2)就是拉压杆横截面上的正应力的计算公式。式中表明，**正应力σ与轴力 F_N 成正比，与横截面面积 A 成反比**。这个公式已为大量实验所证实，适用于任意形状横截面的等截面拉压杆。轴向拉伸时，横截面上的正应力σ为拉应力；轴向压缩时，横截面上的正应力σ为压应力。由式(5.2)，正应力σ的符号随轴力 F_N 的符号而定，即拉应力为正，压应力为负。

值得指出的是，上述利用三方面的关系来分析横截面应力的方法，是材料力学中具有普遍意义的分析方法。

应该指出，当载荷以非均匀方式作用时，在载荷作用点附近的截面上，其应力是非均匀分布的，即加载方式对截面的应力分布是有影响的。但实验研究表明，其影响范围不超过杆横向尺寸的 1～2 倍。这一论断，称为**圣维南原理**。这一原理对于其他变形形式也是适用的。根据圣维南原理，在拉压杆中，离外力作用点稍远的截面上，应力分布已趋于均匀。

【例 5.2】 直杆 ABC，如图 5.9(a)所示。已知 $F_1 = 20$ kN，$F_2 = 50$ kN，$d_1 = 20$ mm，$d_2 = 30$ mm，试计算 AB 和 BC 两段横截面上的正应力。

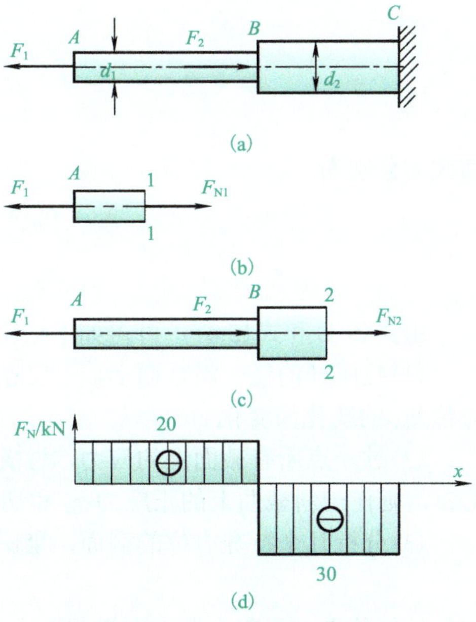

图 5.9

解　(1)计算轴力。沿 1-1 截面截开，取左段为研究对象，如图 5.9(b)所示，由平衡条件可得

$$F_{N1} = F_1 = 20\,(\text{kN})$$

沿 2-2 截面截开，仍取左段为研究对象，如图 5.9(c)所示，由平衡条件可得

$$F_{N2} = F_1 - F_2 = -30\,(\text{kN})$$

(2)绘轴力图。根据轴力 F_{N1} 和 F_{N2} 作轴力图，如图 5.9(d)所示。

(3)计算正应力。由式(5.2)可知，AB 段内任一横截面 1-1 上的正应力为

$$\sigma_1 = \frac{F_{N1}}{A_1} = \frac{4F_{N1}}{\pi d_1^2} = \frac{4\times 20\times 10^3}{\pi\times 20^2\times 10^{-6}} = 63.7\times 10^6\ (\text{N/m}^2) = 63.7\ \text{MPa}\ （拉）$$

同理，BC 段内任一横截面 2-2 上的正应力为

$$\sigma_2 = \frac{F_{N2}}{A_2} = \frac{4F_{N2}}{\pi d_2^2} = \frac{4\times(-30)\times 10^3}{\pi\times 30^2\times 10^{-6}} = -42.4\times 10^6\ (\text{N/m}^2) = -42.4\ \text{MPa}\ (压)$$

5.3.2 斜截面上的应力

实验表明，不同特性的材料在相同的轴向力作用下，发生破坏的截面是不相同的，为了全面了解杆的强度，还需要知道任意斜截面上的应力。

研究图 5.10(a)所示杆，利用截面法，沿任一斜截面 $m-m$ 将杆截开，该截面的方位以其外法线 On 与 x 轴的夹角 α 表示，并规定 α 自 x 轴逆时针转向为正，反之为负。设杆件横截面的面积为 A，则斜截面 $m-m$ 的面积 A_α 为

$$A_\alpha = \frac{A}{\cos\alpha}$$

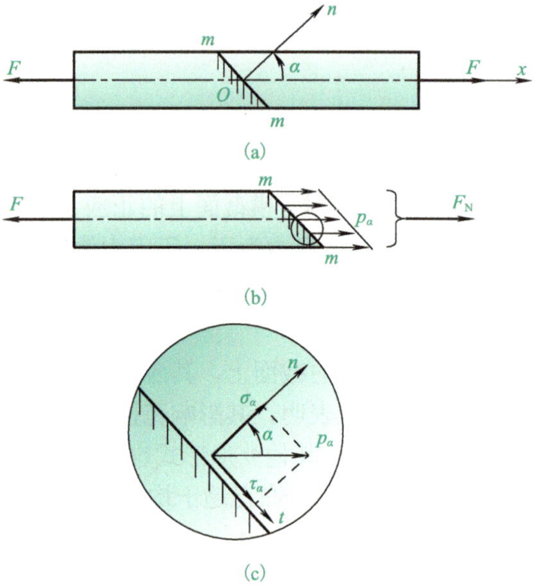

图 5.10

仿横截面上正应力的推导过程，可以推知，斜截面 $m-m$ 上的应力 p_α 也是均匀分布，如图 5.10(b)所示，且其方向必与杆轴线平行。由此可得

$$F_N = \int_{A_\alpha} p_\alpha \, dA = p_\alpha \cdot A_\alpha = p_\alpha \cdot \frac{A}{\cos\alpha}$$

因此，α 截面 $m-m$ 上各点处的应力为

$$p_\alpha = \frac{F_N \cos\alpha}{A} = \sigma\cos\alpha$$

式中，$\sigma = \dfrac{F_N}{A}$ 为杆件横截面上的正应力。

将应力 p_α 分别沿斜截面法向 n 与切向 t 分解，如图 5.10(c)所示，得斜截面上的正应力与切应力分别为

$$\sigma_\alpha = p_\alpha\cos\alpha = \sigma\cos^2\alpha \tag{5.3}$$

$$\tau_\alpha = p_\alpha\sin\alpha = \frac{\sigma}{2}\sin 2\alpha \tag{5.4}$$

由式(5.3)和式(5.4)，可得如下结论：

(1)拉压杆的任一斜截面上，不仅存在正应力，而且存在切应力，其大小和方向都随截面方位角 α 的变化而变化。

(2)过一点所有截面上的应力，与横截面正应力有确定的关系，只要求得横截面上的正应力 σ，则任一斜截面上的正应力 σ_α 和切应力 τ_α 就可完全确定。

(3)分析几个特殊方位的截面，当 $\alpha=0°$ 时，正应力 σ_α 达到极大值，其值为

$$\sigma_{max} = \sigma$$

即拉压杆的最大正应力发生在横截面上。

当 $\alpha=\pm 45°$ 时，切应力 τ_α 有极值，其值为

$$|\tau|_{max} = \frac{\sigma}{2}$$

即拉压杆的最大切应力发生在 ±45° 的截面上。

当 $\alpha=\pm 90°$ 时，有

$$\sigma_{90°} = 0, \quad \tau_{90°} = 0$$

即拉压杆在平行于杆轴的纵向截面上不产生任何应力。

【例 5.3】 图 5.11(a)所示轴向受压矩形等截面直杆，其横截面尺寸为 $40\text{mm}\times10\text{mm}$，载荷 $F=50\,\text{kN}$。试求斜截面 $m-m$ 上的正应力与切应力。

解　压杆横截面的面积为

$$A=40\times10=400(\text{mm}^2)$$

横截面上的轴力为

$$F_\text{N}=-F=-50\,(\text{kN})$$

横截面上的正应力为

$$\sigma=\frac{F_\text{N}}{A}=\frac{-50\times10^3}{400\times10^{-6}}=-1.25\times10^8\,(\text{Pa})=-125\,(\text{MPa})$$

斜截面的方位角为

$$\alpha=50^\circ$$

按式(5.3)和式(5.4)计算得斜截面上的正应力和切应力分别为

$$\sigma_{50^\circ}=\sigma\cos^2\alpha=-125\times\cos^2 50^\circ=-51.6(\text{MPa})$$

$$\tau_{50^\circ}=\frac{\sigma}{2}\sin2\alpha=\frac{-125}{2}\sin100^\circ=-61.6(\text{MPa})$$

其方向如图 5.11(b)所示。

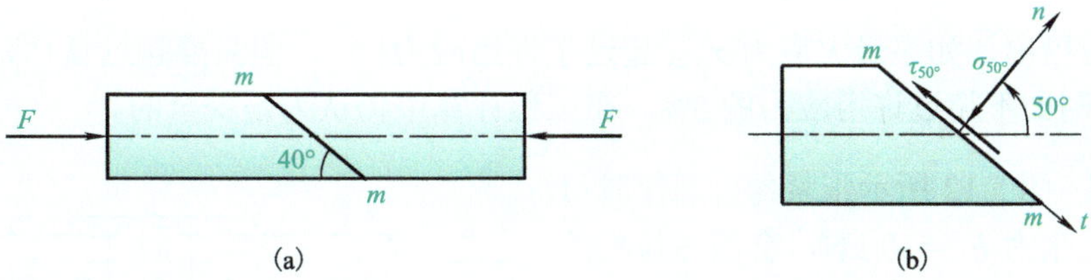

图 5.11

5.4　拉压强度条件及应用

前面已讨论了拉压杆的应力计算，本节将在此基础上进一步讨论拉压杆的强度问题。

每种工程材料所能承受的应力都是有限度的，也就是存在应力安全的极限值，当应力达到或超过这一极限值时，材料便会发生破坏。为了保证构件安全可靠地工作，必须使其最大应力低于这个极限值，并且还应留有一定的安全储备。所谓强度条件，就是指为保证构件安全工作，其工作应力必须满足的极限条件。构件在一定的工作条件下的应力应小于或最多等于某个允许承受的最大应力值，这个允许承受的最大应力值称为材料的许用应力，用 $[\sigma]$ 表示。

根据以上分析，为了保证拉压杆在工作时不致因强度不够而破坏，杆内的最大应力 $\sigma_{\max}$ 不得超过材料的许用应力 $[\sigma]$，即要求

$$\sigma_{\max}=\left(\frac{F_\text{N}}{A}\right)_{\max}\leqslant[\sigma] \tag{5.5}$$

此判据称为拉压杆的强度条件。它是保证拉压杆安全可靠工作的必要条件。

式(5.5)中，不等号左端的应力，是在外力作用下，通过计算得出的杆内最大工作应力；不等号右端的 $[\sigma]$ 是材料的许用应力，它随材料而异，可由试验得到(详见第 6 章)。

利用强度条件，可以解决以下三类强度计算问题。

1. 强度校核

如果已知拉压杆的截面尺寸、许用应力和所受外力，通过

$$\sigma_{max}=\left(\frac{F_N}{A}\right)_{max}\leqslant[\sigma]$$

判断该杆在所受外力作用下能否安全工作。

2. 选择截面尺寸

如果已知拉压杆所受的外力和许用应力，根据强度条件可以确定该杆所需横截面的面积。例如对于等截面拉压杆，其所需横截面面积为

$$A=\frac{F_{N\max}}{[\sigma]} \tag{5.6}$$

3. 确定许可载荷

如果已知拉压杆的截面尺寸和许用应力，根据强度条件可以确定该杆所能承受的最大轴力，其值为

$$[F_N]=A\cdot[\sigma] \tag{5.7}$$

再通过平衡条件，由外载荷与［F_N］的关系可进一步求出杆件所能承受的最大外载荷，即许可载荷［F］。

最后还应指出，如果最大应力σ_{max}超过了许用应力[σ]，但只要超过量(即σ_{max}与[σ]之差)不太大，例如不超过许用应力的5%，在工程计算中仍认为是安全的。

【例 5.4】 图 5.12 所示张紧器，工作时可能产生的最大张力 F =30 kN，套筒与拉杆的材料均为 Q235 钢，许用应力[σ]=160 MPa，试校核其强度。

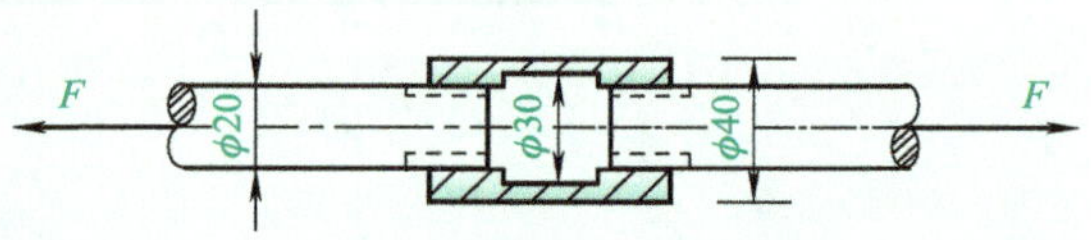

图 5.12

解 套筒与拉杆受轴向拉伸，轴力同为

$$F_N=F=30(\text{kN})$$

为求最大应力，必须在二者中找出最小截面的面积 A_{min}。

对拉杆，按 d_1=20 mm 计算得

$$A_1=\frac{1}{4}\pi d_1^2=\frac{1}{4}\pi\times20^2=314(\text{mm}^2)$$

对套筒，按内径 d_2=30 mm，外径 D_2=40 mm 计算得

$$A_2=\frac{1}{4}\pi(D_2^2-d_2^2)=\frac{1}{4}\pi\times(40^2-30^2)=550(\text{mm}^2)$$

所以

$$A_{min}=A_1=314(\text{mm}^2)$$

故

$$\sigma_{max}=\frac{F_N}{A_{min}}=\frac{30\times10^3}{314\times10^{-6}}=95.5\times10^6(\text{Pa})=95.5(\text{MPa})<[\sigma]$$

满足强度条件。

【例 5.5】 图 5.13 所示某油缸简图，油缸内径 D=200 mm，油压 p=10 MPa，活塞杆的材料为 40Cr 合金钢，许用应力[σ]=330 MPa。试设计活塞杆的最小直径 d。

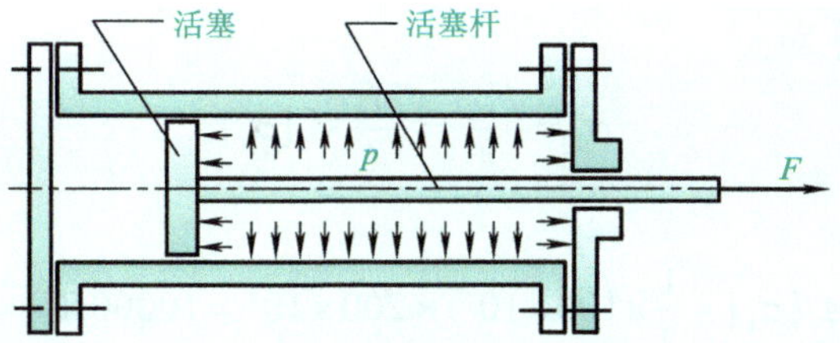

图 5.13

解　(1)外力计算。作用在活塞杆上的拉力 F 可由作用在活塞上的总压力求得(计算时未扣减活塞杆面积，偏于安全)，即

$$F = p \cdot \frac{1}{4}\pi D^2 = 10\times10^6\times\frac{1}{4}\times\pi\times200^2\times10^{-6} = 3.14\times10^5(\text{N})$$

(2)内力计算。由截面法可求得活塞杆各截面的轴力为

$$F_N = F = 3.14\times10^5(\text{N})$$

(3)强度计算。由活塞杆的强度条件式(5.5)得

$$\sigma_{max} = \frac{F_N}{\frac{1}{4}\pi d^2} \leqslant [\sigma]$$

所以

$$d \geqslant \sqrt{\frac{4F_N}{\pi[\sigma]}} = \sqrt{\frac{4\times3.14\times10^5}{\pi\times330\times10^6}} = 3.48\times10^{-2}(\text{m}) = 34.8(\text{mm})$$

【例 5.6】　图 5.14(a)所示桁架，由杆 AC 和 BC 构成，在结点 C 受竖向集中力 F 作用。已知两杆的横截面面积均为 A=100mm^2，许用拉应力$[\sigma_t]$=200MPa，许用压应力$[\sigma_c]$=150MPa。试求该桁架的许可载荷$[F]$。

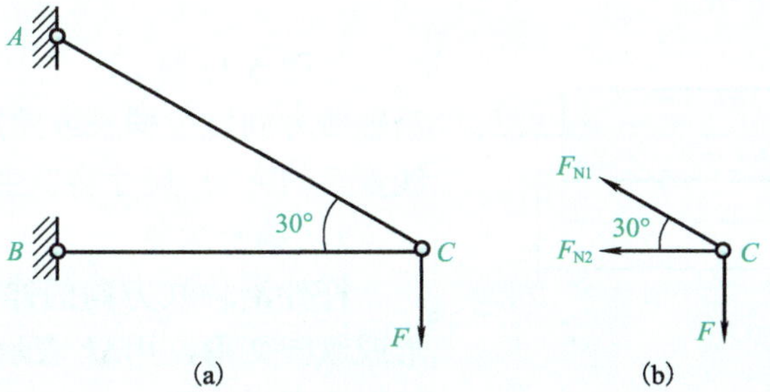

图 5.14

解　(1)轴力分析。

取结点 C 为研究对象，设 AC 和 BC 杆的轴力分别为 F_{N1} 和 F_{N2}，如图 5.14(b)所示。由平衡条件

$$\sum F_x = 0, \quad -F_{N1}\cos30° - F_{N2} = 0$$
$$\sum F_y = 0, \quad F_{N1}\sin30° - F = 0$$

解得

$$F_{N1} = 2F\ (\text{拉}), \qquad F_{N2} = -\sqrt{3}F\ (\text{压})$$

(2)强度计算。

① AC 杆的强度条件为

$$\sigma_1=\frac{F_{N1}}{A}=\frac{2F}{A}\leqslant[\sigma_t]$$

解得

$$F\leqslant\frac{1}{2}A\cdot[\sigma_t]=\frac{1}{2}\times100\times10^{-6}\times200\times10^{6}=10000(\mathrm{N})=10(\mathrm{kN})$$

② BC 杆的强度条件为

$$\sigma_2=\frac{F_{N2}}{A}=\frac{\sqrt{3}F}{A}\leqslant[\sigma_c]$$

解得

$$F\leqslant\frac{1}{\sqrt{3}}A\cdot[\sigma_c]=\frac{1}{\sqrt{3}}\times100\times10^{-6}\times150\times10^{6}=8660(\mathrm{N})=8.66(\mathrm{kN})$$

(3) 确定许可载荷。

比较两杆的计算结果可得，桁架的许可载荷为

$$[F]=8.66(\mathrm{kN})$$

5.5 轴向拉压杆的变形

工程中的拉压杆，除应有足够的强度外，有时对其变形也需要加以限制，即杆件应有足够的刚度。为此，必须研究杆件变形的计算方法。本节将着重研究拉压杆的变形，并结合拉压杆的变形介绍一些有关变形的概念。

5.5.1 轴向拉压杆的变形

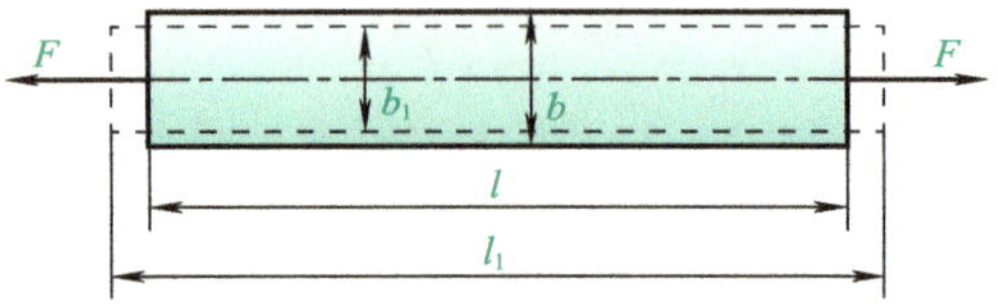

图 5.15

如图 5.15 所示，拉压杆在轴向力作用下，将沿轴线方向发生伸长或缩短，同时杆的横向（与轴线垂直的方向）尺寸将发生缩小或增大。

1. 轴向变形

杆件沿轴线方向的伸长或缩短，称为轴向变形或纵向变形，用Δl 表示，它是杆件长度尺寸的绝对改变量，即

$$\Delta l=l_1-l$$

式中，l_1为变形后的杆长；l为杆的原长，如图 5.15 所示。

显然，杆件沿轴线方向的正应变即为

$$\varepsilon=\frac{\Delta l}{l} \tag{5.8}$$

2. 横向变形

杆件沿轴线垂直方向尺寸的缩小或增大，称为横向变形，它是杆件横向尺寸的绝对改变量。若原横向尺寸为 b，变形后横向尺寸为 b_1，如图 5.15 所示，则横向变形为

$$\Delta b=b_1-b$$

与其相应的应变称为横向应变，用 ε' 表示，由正应变定义可知

$$\varepsilon' = \frac{\Delta b}{b} = \frac{b_1 - b}{b} \tag{5.9}$$

3. 泊松比

试验表明，在一定的应力范围内，横向应变ε'与纵向应变ε之间保持一定的比例关系，而符号恒相反，即

$$\varepsilon' = -\mu\varepsilon \tag{5.10}$$

式中比例系数μ称为泊松比或横向变形系数，μ为无量纲的量，其值随材料而异，由试验测定。

5.5.2 拉压胡克定律

下面讨论轴向拉压变形的规律和计算。

1. 胡克定律

当拉压杆受轴向力作用后，杆中横截面上产生正应力σ，相应地产生轴向正应变ε。试验表明，在一定的应力值范围以内，一点处的正应力σ与该点处的正应变ε成正比例关系，即

$$\sigma \propto \varepsilon$$

引入比例系数E，有

$$\sigma = E\varepsilon \tag{5.11}$$

式(5.11)称为胡克定律，它适用于轴向拉伸和压缩的情况。

式(5.11)中的比例系数E，称为材料的弹性模量，其值随材料而异，需通过试验测定。由式(5.11)可以看出，由于正应变ε是一个无量纲的量，所以，弹性模量E的量纲与正应力σ的量纲相同。E的常用单位为MPa或GPa。

需要指出的是，弹性模量E和泊松比μ都是表征材料弹性性质的固有常数，与杆件所受载荷等外因无关。

2. 拉压杆的变形公式

设杆件横截面面积为A，轴向拉力为F，如图5.15所示，则横截面上的正应力为

$$\sigma = \frac{F}{A} = \frac{F_N}{A}$$

将上式和式(5.8)代入式(5.11)得

$$\frac{F_N}{A} = E \cdot \frac{\Delta l}{l}$$

于是得

$$\Delta l = \frac{F_N l}{EA} \tag{5.12}$$

式(5.12)即为拉压杆变形公式。这个公式是胡克定律的另一种表达形式，它表明**在正应力与正应变存在正比关系的范围以内，杆的伸长量Δl与轴力F_N和杆长l成正比，而与乘积EA成反比。**

对于式(5.12)必须注意以下几点：

(1)轴向变形Δl与杆的原长l有关。因此，轴向变形Δl不能确切地表明杆件的变形程度。只有正应变ε才能衡量和比较杆件的变形程度。

(2)式中EA与杆的轴向变形Δl成反比，反映了杆件抵抗拉压变形的能力，故称EA为杆件的拉压刚度。

(3)轴向变形Δl的正负号与轴力F_N的正负规定一致，即**伸长为正，缩短为负**。

(4)该式只适用于在l杆段内F_N、E和A均为常量的变形计算。

如果轴力 F_N、截面面积 A 或弹性模量 E 分段变化，则应按式(5.12)分段计算每段杆的轴向变形Δl_i，再求其代数和，得全杆总的轴向变形Δl，即

$$\Delta l=\sum_{i=1}^{n}\Delta l_i=\sum_{i=1}^{n}\frac{F_{Ni}l_i}{E_iA_i} \tag{5.13}$$

如果 F_N 或 A 沿轴线连续变化，则全杆总的轴向变形Δl 应通过积分求得。计算公式为

$$\Delta l=\int_l \mathrm{d}(\Delta l)=\int_l \frac{F_N\mathrm{d}x}{EA} \tag{5.14}$$

5.5.3 轴向变形算例

下面通过例题说明拉压杆变形公式的应用。

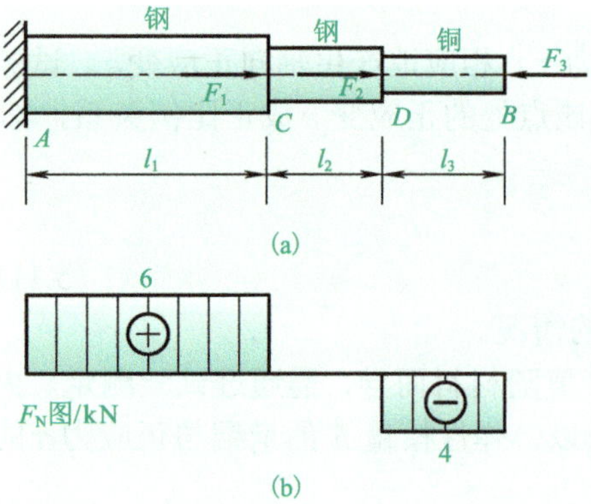

图 5.16

【例 5.7】 由两种材料组成的变截面杆如图 5.16(a)所示。所受轴向载荷分别为 $F_1=6\ \text{kN}$， $F_2=F_3=4\ \text{kN}$；各段的长度分别为 $l_1=1\ \text{m}$， $l_2=l_3=0.5\ \text{m}$；各段横截面面积分别为 $A_1=100\text{mm}^2$，$A_2=50\ \text{mm}^2$，$A_3=35\ \text{mm}^2$。已知两种材料的弹性模量为 $E_{钢}=200\text{GPa}$，$E_{铜}=95\text{GPa}$。试求杆 AB 总的轴向变形和 D 截面的绝对位移。

解 (1)计算杆的轴力并作轴力图。由截面法易得各段的轴力为

$$F_{N1}=6\ \text{kN},\quad F_{N2}=0,\quad F_{N3}=-4\ \text{kN}$$

其轴力图如图 5.16(b)所示。

(2)计算各段的变形分别为

$$\Delta l_1=\frac{F_{N1}l_1}{E_{钢}A_1}=\frac{6\times10^3\times1}{200\times10^9\times100\times10^{-6}}=3\times10^{-4}(\text{m})=0.3(\text{mm})$$

$$\Delta l_2=\frac{F_{N2}l_2}{E_{钢}A_2}=0$$

$$\Delta l_3=\frac{F_{N3}l_3}{E_{铜}A_3}=\frac{-4\times10^3\times0.5}{95\times10^9\times35\times10^{-6}}=-6\times10^{-4}(\text{m})=-0.6(\text{mm})$$

(3)计算杆 AB 的轴向变形为

$$\Delta l=\Delta l_1+\Delta l_2+\Delta l_3=0.3+0-0.6=-0.3(\text{mm})$$

式中，负值表示杆 AB 在外力作用下缩短。

(4)计算 D 截面的位移。

由于 A 端固定，所以 D 截面的绝对位移即为 D 截面相对于 A 截面的位移。两截面的相对位移等于该两截面间杆件的变形，因此 D 截面的绝对位移为

$$\delta_D=\delta_{DA}=\Delta l_1+\Delta l_2=0.3+0=0.3(\text{mm})$$

所得结果为正，表示 D 截面的位移向右。

由本例可见，变形和位移是两个不同的概念。它们既有严格的区别，又有密切的联系，变形与内力是相互依存的，而位移与内力之间没有绝对的依存关系。如 AC 段和 DB 段有内力，两段则均有变形，CD 段无内力，该段则无变形，但该段各横截面相对于固定端 A 均有位移。

【例 5.8】 图 5.17(a)所示为一均质直杆。已知杆长为 l，横截面面积为 A，杆受自重 G 的作用，试求整根杆在自重作用下引起的伸长量Δl。

解 (1)载荷计算。由于是均质杆，则把自重作为均布载荷 q 作用于杆轴线上，如图 5.17(a)所示，有

$$q=\frac{G}{l}$$

(2)轴力计算。由截面法，设在距下端为 x 处横截面上的轴力为 $F_N(x)$，如图 5.17(b)所示。根据平衡条件

$$F_N(x)=q\cdot x=\frac{G}{l}\cdot x$$

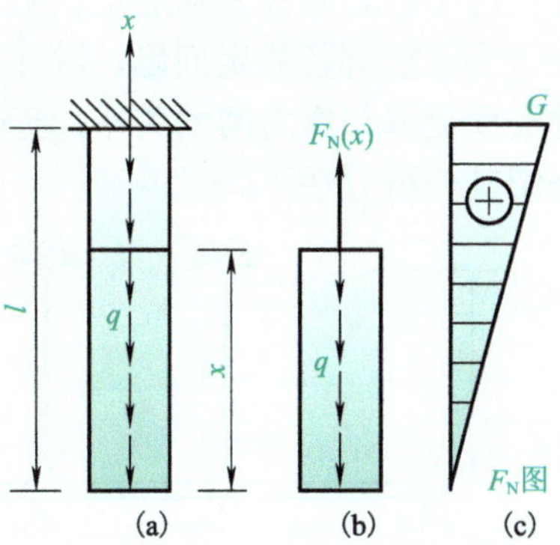

图 5.17

轴力图如图 5.17(c)所示，是 x 的线性函数。

(3)变形计算。由式(5.13)得

$$\Delta l=\int_0^l\frac{F_N(x)\,\mathrm{d}x}{EA}=\frac{G}{EAl}\int_0^l x\,\mathrm{d}x=\frac{Gl}{2EA}$$

在本例中，如果将杆自重作为集中力作用于重心，所得计算结果与上述结果相同，但需要指出的是，这样的计算方法却是错误的，因为载荷的简化导致了杆上半段应变增加一倍，而下半段无内力和变形，只有刚性位移。这与实际情况不符。所以在运用截面法计算内力之前，载荷是不能作任何简化的，只有在截开后使用平衡条件时方可进行简化。

5.6　简单拉压超静定问题

为提高构件或结构的强度和刚度，或者为了满足构造或其他工程技术条件的要求，实际的工程结构往往需要在静定结构上再增加约束。这会使原来按平衡条件可解的静定问题变为超静定(静不定)问题。如图 5.18(a)所示杆系结构，设 AB 为刚杆，各连接点均为铰接，B 点作用一竖向力 F，欲求杆 1 的轴力 F_{N1} 和支反力 F_R。为此，将杆 1 截断，只需写出平面平行力系的两个平衡方程，便可完全确定两个未知力 F_{N1} 和 F_R，如图 5.18(b)所示。这显然是一个静定问题。

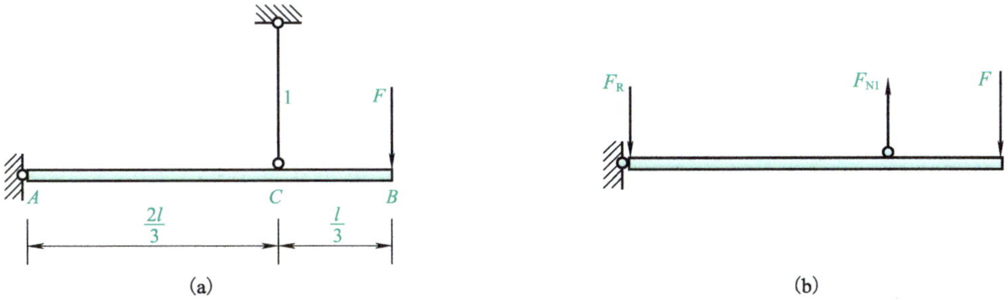

图 5.18

但若在中间增加一根杆 2，如图 5.19(a)所示，则未知力变为三个，但可列的独立平衡方程仍然只有两个，因而成了一个超静定问题。对超静定问题，未知力的个数与可列独立平衡

方程的个数之差称为超静定次数。可见，图 5.19(a)所示结构为一次超静定。

为了求解超静定问题，除了根据静力平衡条件列出平衡方程外，还需要考虑变形条件，并借助变形与内力间的关系，建立足够数量的补充方程。现以图 5.19(a)所示超静定结构为例，介绍其分析方法。

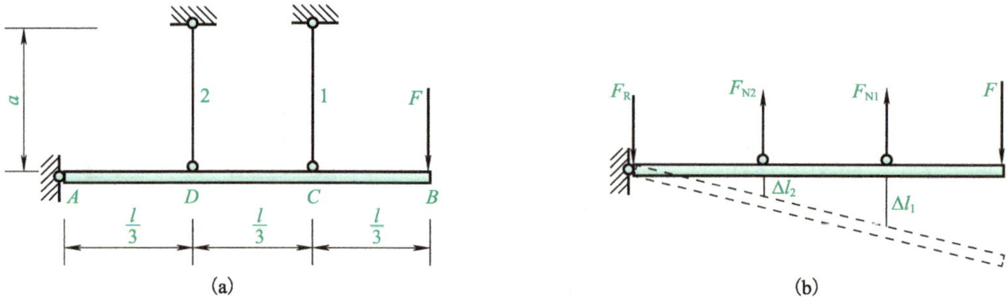

图 5.19

【例 5.9】 设结构如图 5.19(a)所示，杆 1 与杆 2 的抗拉压刚度分别为 E_1A_1 和 E_2A_2、杆长 $l_1=l_2=a$，求竖向载荷 F 作用时各杆的轴力和 A 端的约束反力。

解 选取刚杆 AB 为研究对象，因 1 杆和 2 杆都是二力杆，故在载荷 F 作用下，受力分析如图 5.19(b)所示，其平衡方程为

$$\sum F_y=0,\quad F_{N1}+F_{N2}-F_R-F=0 \tag{a}$$

$$\sum M_A=0,\quad F_{N1}\cdot\frac{2l}{3}+F_{N2}\cdot\frac{l}{3}-F\cdot l=0 \tag{b}$$

显然，两个平衡方程求不出三个未知力。

由于 AB 是刚杆，在 F 作用下，绕 A 发生刚性转动，使 1、2 两杆都发生伸长变形，结构的位移和变形如图 5.19(b)所示。为保证结构的协调性和连续性，杆 1 的变形Δl_1 与杆 2 的变形Δl_2 之间应满足如下几何关系：

$$\Delta l_1=2\cdot\Delta l_2 \tag{c}$$

保证结构协调性和连续性所应满足的变形几何关系，称为变形协调条件或变形协调方程。变形协调条件是求解超静定问题的补充条件，再利用物理关系将变形协调方程用内力表达，便可得到求解超静定问题的补充方程。

由胡克定律可知，两杆的变形与相应的轴力间有以下关系：

$$\Delta l_1=\frac{F_{N1}\cdot l_1}{E_1A_1}=\frac{F_{N1}\cdot a}{E_1A_1},\quad \Delta l_2=\frac{F_{N2}\cdot l_2}{E_2A_2}=\frac{F_{N2}\cdot a}{E_2A_2}$$

将上述关系式代入式(c)，得到用轴力表示的变形协调方程即补充方程

$$\frac{1}{E_1A_1}\cdot F_{N1}=\frac{2}{E_2A_2}\cdot F_{N2} \tag{d}$$

联立平衡方程(a)、(b)以及补充方程(d)求解得

$$F_{N1}=\frac{6E_1A_1}{4E_1A_1+E_2A_2}\cdot F,\quad F_{N2}=\frac{3E_2A_2}{4E_1A_1+E_2A_2}\cdot F,\quad F_R=\frac{2E_1A_1+2E_2A_2}{4E_1A_1+E_2A_2}\cdot F$$

所得结果均为正，表明所设各杆轴力和约束反力的方向与实际相符。

由以上解答可以看出，对超静定结构，拉压杆的轴力和支反力与各杆的拉压刚度有关。一般说来，增大某杆刚度，该杆的轴力亦相应增大；改变任一杆的刚度，都将引起结构中所有杆件轴力的重新分配，这是超静定结构区别于静定结构的一个重要特点。

综上所述，求解超静定问题必须从静力、几何与物理三方面综合考虑，满足静力平衡条件和变形协调条件是问题的核心，而物理关系则是搭建这两个条件的桥梁。固体力学的许多基本理论，也正是从这三方面进行综合分析后建立的。

【例 5.10】 图 5.20(a)所示等截面杆 AB，两端固定，在横截面 C 处承受轴向载荷 F 作用。试求杆的轴力。

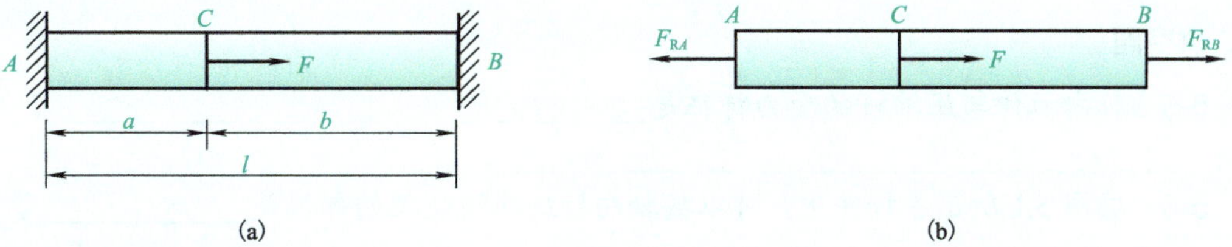

图 5.20

解 (1)静力平衡条件。解除杆端约束，代之以支反力 F_{RA} 和 F_{RB}，受力分析如图 5.20(b)所示。由于是共线力系，仅可列一个独立的平衡方程，即

$$-F_{RA}+F_{RB}+F=0 \tag{a}$$

式中有两个未知力，故为一次超静定。

(2)变形协调条件。根据杆两端的约束条件可知，受力后各段杆虽变形，但杆的总长不变，即杆 AB 的总伸长Δl_{AB}为零，如果将 AC 与 CB 段的轴向变形分别用Δl_{AC}与Δl_{CB}表示，则变形协调条件为

$$\Delta l_{AB}=\Delta l_{AC}+\Delta l_{CB}=0 \tag{b}$$

(3)物理关系。由截面法，AC 与 CB 段的轴力分别为

$$F_{N1}=F_{RA}, \qquad F_{N2}=F_{RB}$$

由胡克定律，AC 与 CB 段的伸长量分别为

$$\Delta l_{AC}=\frac{F_{RA}\cdot a}{EA}, \qquad \Delta l_{CB}=\frac{F_{RB}\cdot b}{EA}$$

(4)求支反力。将轴力和伸长量代入式(b)得补充方程

$$F_{RA}\cdot a+F_{RB}\cdot b=0 \tag{c}$$

联立平衡方程(a)和补充方程(c)解得

$$F_{RA}=\frac{F\cdot b}{l}, \qquad F_{RB}=-\frac{F\cdot a}{l}$$

负号表示所设 F_{RB} 方向与实际方向相反。

最后易得 AC 与 CB 段的轴力分别为

$$F_{N1}=\frac{F\cdot b}{l}\ (拉), \qquad F_{N2}=-\frac{F\cdot a}{l}\ (压)$$

思 考 题

一、判断题(判断下列说法是否正确)

5-1 强度条件是针对杆的危险截面而建立的。

5-2 位移是变形的量度。

5-3 两杆几何尺寸相同，轴向拉力相同，材料不同，则它们的应力和变形均相同。

5-4 空心圆杆受轴向拉伸时，在弹性范围内，其外径与壁厚的变形关系是外径增大和壁厚增大。

二、填空题

5-5 轴向拉伸与压缩杆的受力特征是____________________，变形特征是____________________。

5-6 思图 5.1 所示各杆件中，可以按轴向拉压问题处理的部位是________。

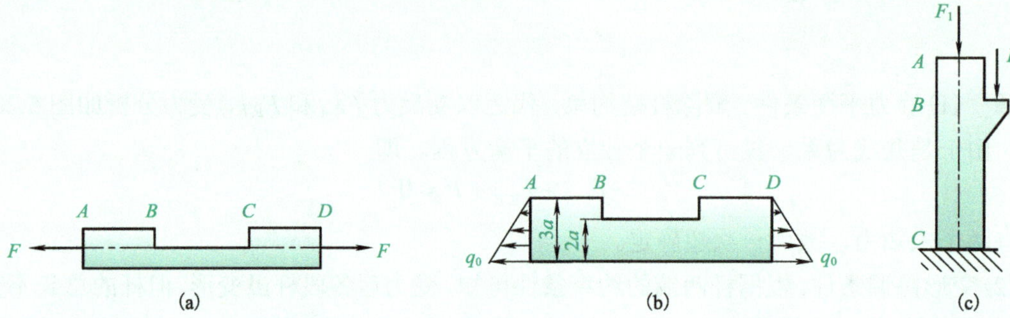

思图 5.1

5-7 轴力正、负符号规定的依据是____________________。

5-8 建立拉压杆横截面上的正应力公式的核心依据是____________；该计算公式的应用条件是____________________。

5-9 分析拉压杆的各截面，最大正应力位于______截面，其值为_______；最大切应力位于______截面，其值为_______。

5-10 拉压杆强度条件中不等号的物理意义是______________，强度计算主要解决的三方面问题是(1)__________；(2)__________；(3)__________。

5-11 轴向拉压的胡克定律有___种表示形式，其应用条件是__________。

5-12 思图 5.2 所示各结构，其中(a)是__次超静定结构，(b)是__次超静定结构，(c)是__次超静定结构。

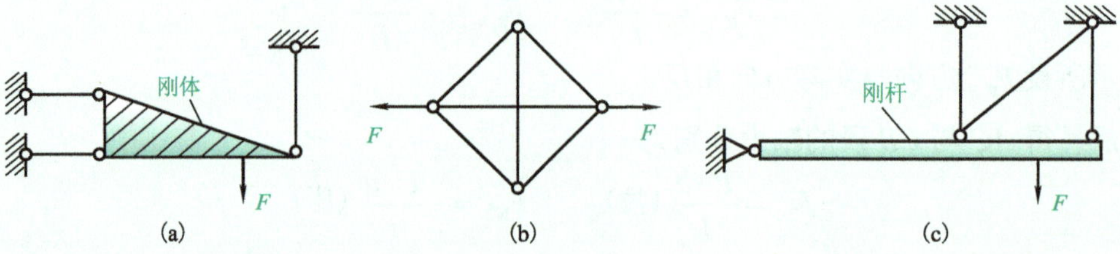

思图 5.2

习　题

5.1　试求题图 5.1 所示各杆截面1–1、2–2、3–3上的轴力并作轴力图。

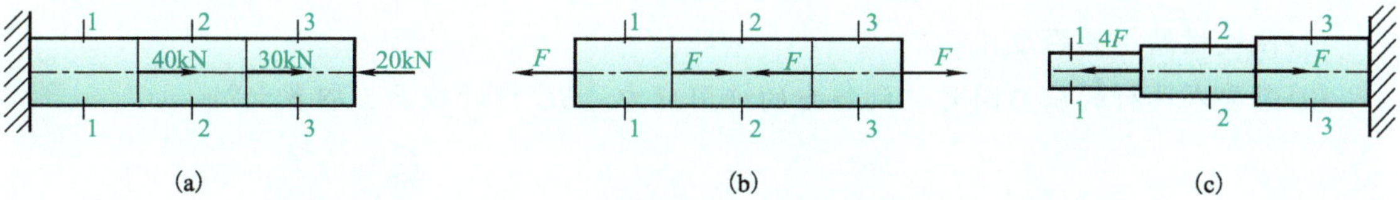

题图 5.1

5.2　试求题图 5.2 所示结构中杆 AB 和 BC 的轴力。

5.3　在习题 5.1(c)中，若横截面1–1、2–2、3–3的直径分别为：$d_1 = 15\text{mm}$，$d_2 = 20\text{mm}$，$d_3 = 24\text{mm}$，$F = 8\text{ kN}$，试求各截面上的应力。

5.4　题图 5.3 所示结构中，AB 和 CB 两杆的材料相同，横截面面积之比 $A_1 : A_2 = 2:3$，B 铰处作用竖直向下的载荷 F，试求使两杆内的应力相等时 α 角的数值。

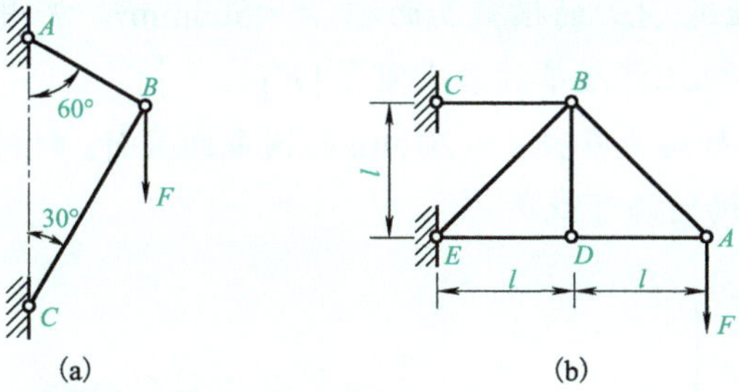

题图 5.2

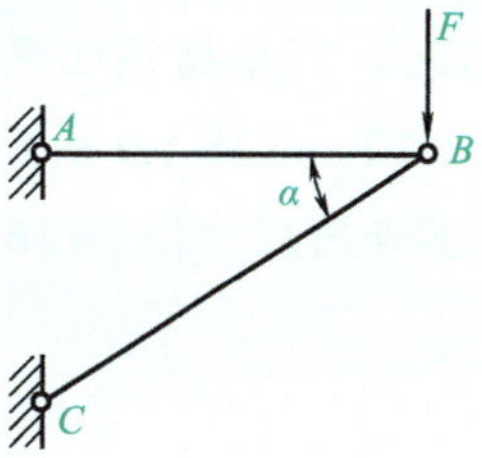

题图 5.3

5.5　作用在题图 5.4 所示零件上的拉力 $F = 38\text{ kN}$，试问零件内最大拉应力发生在哪个截面上？其值等于多少？

5.6　如题图 5.5 所示，横截面面积 $A = 100\text{mm}^2$ 的等直杆，承受轴向拉力 $F = 10\text{kN}$，若以 α 表示斜截面与横截面间的夹角，试求：

(1) 当 $\alpha = 0°$、$45°$、$-60°$、$90°$ 时，各截面上的正应力及切应力，并作图表示其方向。

(2) 拉杆内的最大正应力和最大切应力。

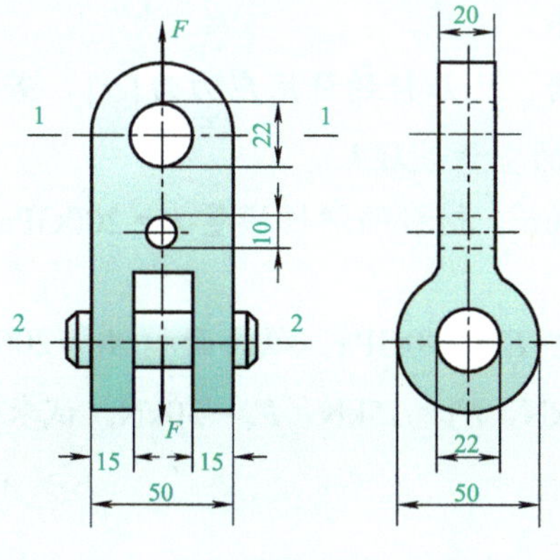

题图 5.4

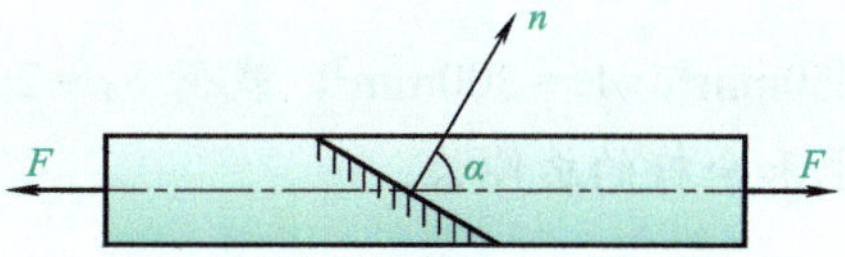

题图 5.5

5.7 某汽缸如题图 5.6 所示，汽缸内工作气压 $p=1\text{MPa}$，汽缸内径 $D=350\text{mm}$，活塞杆直径 $d=60\text{mm}$。已知活塞杆材料的许用应力 $[\sigma]=40\text{MPa}$，试校核活塞杆的强度。

5.8 题图 5.7 所示结构，杆 AB 为 5 号槽钢，许用应力 $[\sigma]=160\text{MPa}$；杆 BC 为 $h/b=2$ 矩形截面木杆，其截面尺寸为 $50\times100\text{mm}$，许用应力 $[\sigma]=8\text{MPa}$。结构承受载荷 $F=128\text{kN}$。

(1) 试校核结构的强度。

(2) 若要求两杆的应力同时达到各自的许用应力，BC 杆的截面应取多大？

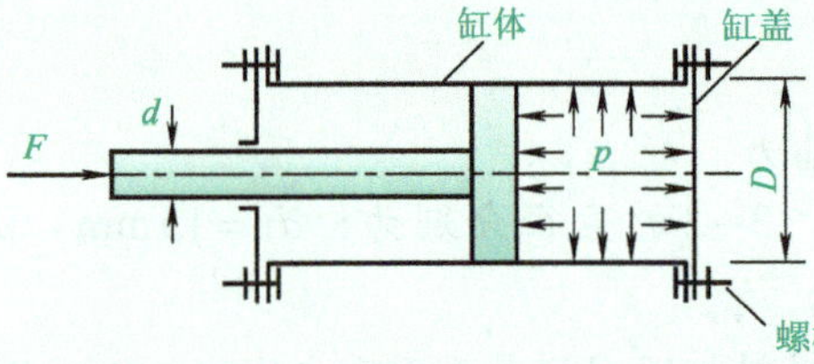

题图 5.6

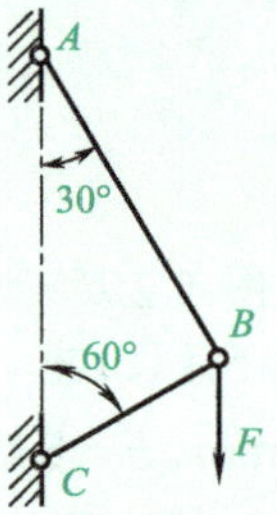

题图 5.7

5.9 起重机如题图 5.8 所示，钢丝绳 AB 的横截面面积 $A=500\text{mm}^2$，许用应力 $[\sigma]=40\text{MPa}$，试根据钢丝绳的强度，求起重机允许起吊的最大重量 $[F]$。

5.10 题图 5.9 所示结构中 AC、BC 杆均为直径 $d=20\text{mm}$ 的圆截面直杆，材料均为 Q235 钢，其许用应力 $[\sigma]=160\text{MPa}$，求此结构的许可载荷。

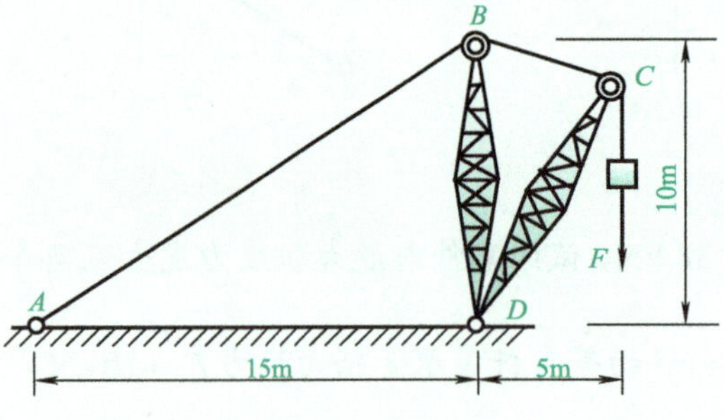

题图 5.8

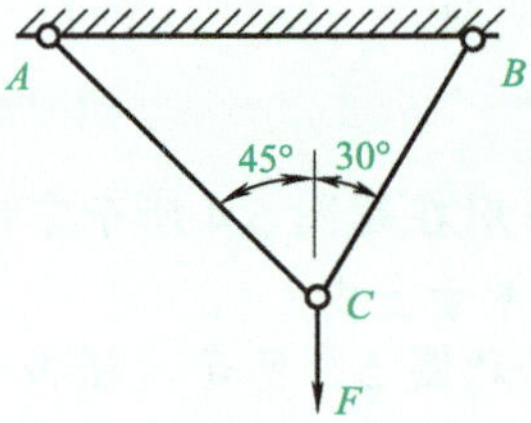

题图 5.9

5.11 在习题 5.7 中，若题图 5.6 所示汽缸盖与缸体采用直径 $d_1=18\text{mm}$ 的螺栓连接，螺栓材料的许用应力 $[\sigma]=50\text{MPa}$，试求所需螺栓的个数。

5.12 题图 5.10 所示对称结构，承受载荷 F 作用，已知杆的许用应力为 $[\sigma]$，若结点 A 和 B 间的距离保持不变。试求：当 θ 为何值时，结构的重量最轻？

5.13 题图 5.11 所示钢杆的横截面面积 $A=200\text{mm}^2$，材料的弹性模量 $E=200\text{GPa}$，求各段的应变、伸长和全杆的总伸长。

5.14 题图 5.12 所示阶梯形截面杆，其弹性模量 $E=200\text{GPa}$，截面面积 $A_1=200\text{mm}^2$，$A_2=250\text{mm}^2$，$A_3=300\text{mm}^2$，载荷 $F_1=25\text{kN}$，$F_2=10\text{kN}$，$F_3=15\text{kN}$，$F_4=30\text{kN}$。试求每段杆的伸长和全杆的总伸长。

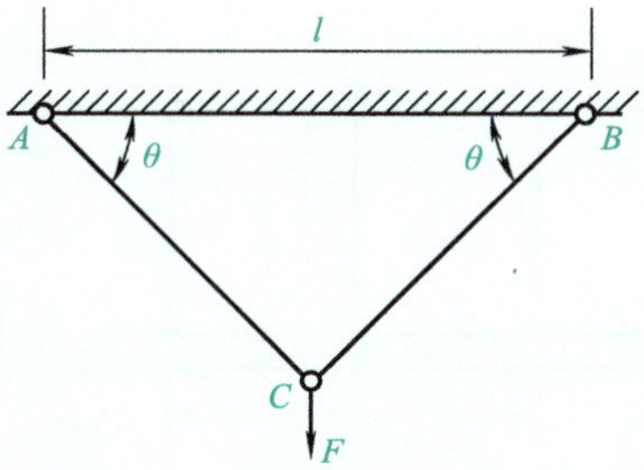

题图 5.10

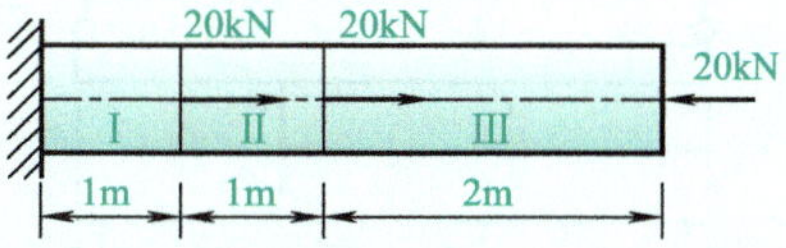

题图 5.11

5.15　题图 5.13 所示长度为 l 的圆锥形杆，两端的直径分别为 d_1 和 d_2，弹性模量为 E，两端受拉力 F 作用，求杆的总伸长。

5.16　题图 5.14 所示长度为 l、厚度为 t 的平板，两端宽度分别为 b_1 和 b_2，弹性模量为 E，两端受拉力 F 作用，求杆的总伸长。

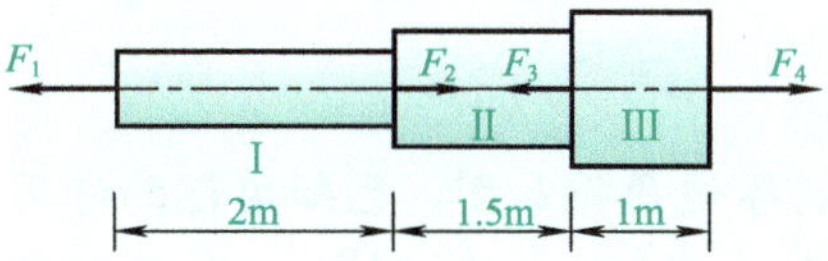

题图 5.12

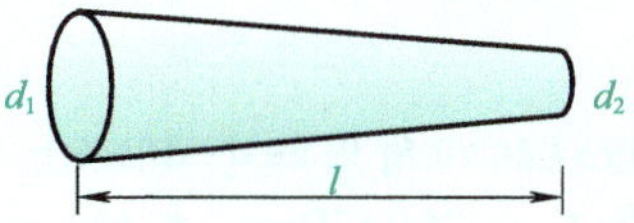

题图 5.13

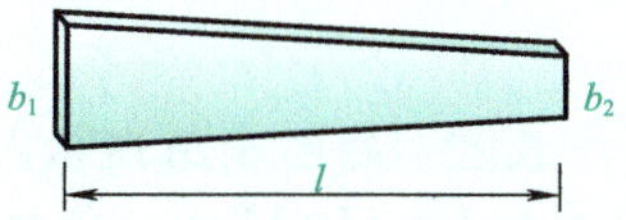

题图 5.14

5.17　如题图 5.15 所示，一板状试件，其表面沿纵向及横向粘贴两片应变片，用以测量试件的应变。已知：$b=30\,\text{mm}$，$h=4\,\text{mm}$。试验时，每增加 3kN，测得试件的纵向应变 $\varepsilon_1=120\times10^{-6}$，横向应变 $\varepsilon_2=-38\times10^{-6}$。求试件材料的弹性模量 E 和泊松比 μ。

5.18　题图 5.16 所示结构，AB 杆为一长为 l，直径为 d 的圆杆，材料的弹性模量为 E，泊松比为 μ。在 B 点处作用一竖直向下的力 F，其值未知，现测得 AB 杆的直径改变量为 δ。试求 F 力的数值以及 AB 杆缩短量。

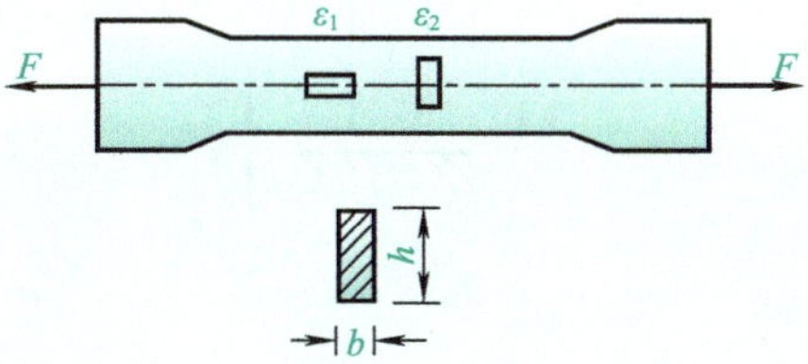

题图 5.15

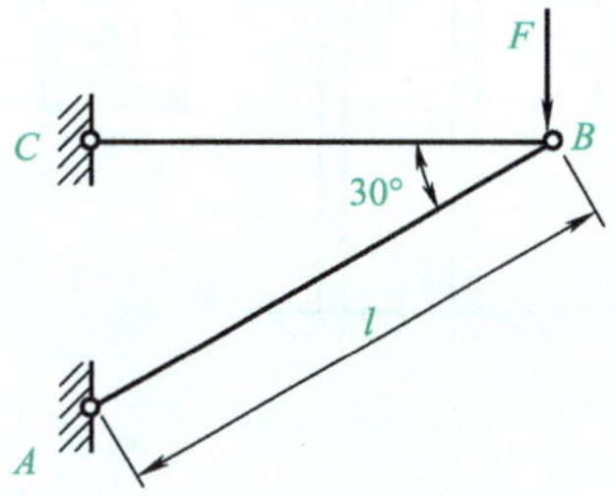

题图 5.16

5.19　题图 5.17 所示，刚性杆 AB 由两根弹性杆 AC 和 BD 悬吊。已知刚性杆的长度为 l，两弹性杆的抗拉压刚度分别为 E_1A_1 和 E_2A_2，试求：当刚性杆 AB 保持水平时，力 F 的作用位置 x。

5.20　题图 5.18 所示结构，AB 梁为刚性杆，杆 1、2、3 为相同长度的弹性杆，结构沿杆 3 方向受力 F 作用。试求三杆的轴力。

5.21　题图 5.19 所示两端固定杆，承受轴向载荷作用。试求杆各段的轴力。

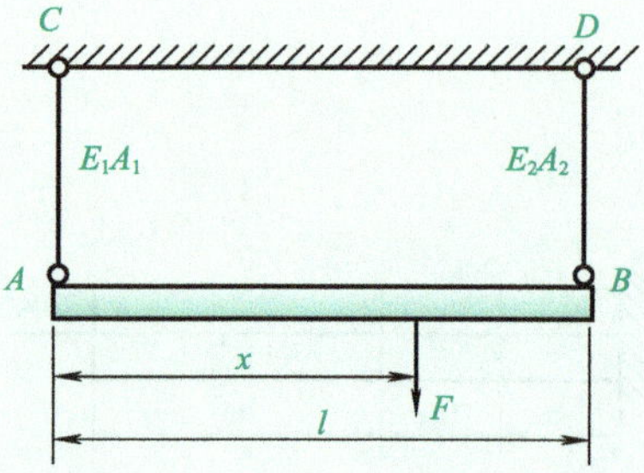

题图 5.17

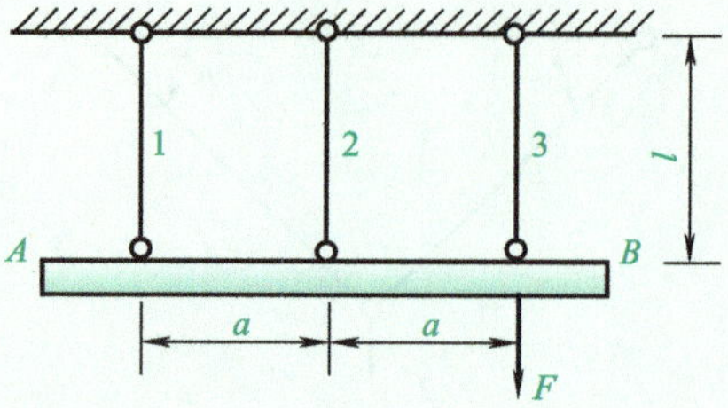

题图 5.18

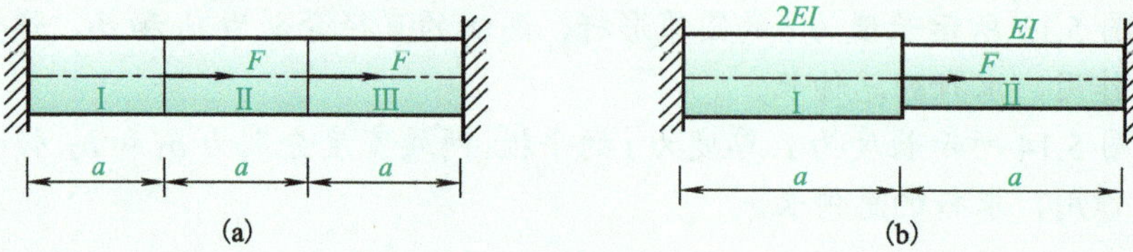

题图 5.19

5.22 题图 5.20 所示木制短柱的四角用四个 40×40×4 的等边角钢加固。已知角钢的许用应力 $[\sigma]_s = 160\ \text{MPa}$，弹性模量 $E_s = 200\ \text{GPa}$；木材的许用应力 $[\sigma]_w = 12\ \text{MPa}$，弹性模量 $E_w = 10\ \text{GPa}$。试求许可载荷 $[F]$。

5.23 题图 5.21 所示杆件在 O 端固定，另端离刚性支承 B 有一间隙 $\delta = 1\text{mm}$。试求当杆件在 C 处受力 $F = 50\text{kN}$ 作用后杆的轴力。设 $E = 100\text{GPa}$，杆截面积 $A = 200\text{mm}^2$。

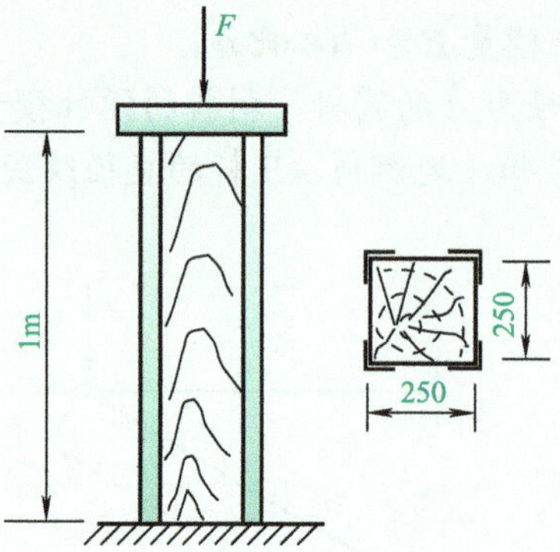

题图 5.20

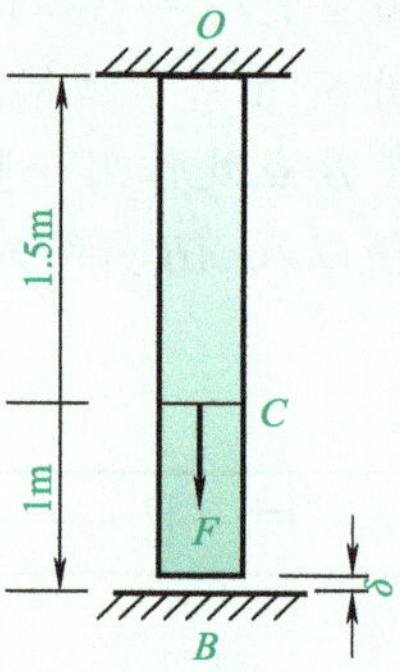

题图 5.21

第6章 材料拉伸和压缩时的力学性能

通过前面的研究，已经认识到，杆件的强度和刚度不仅与其形状、尺寸及所受载荷有关，而且还与其材料的力学性能有关。所谓材料的力学性能，是指材料在产生变形和承受载荷的能力方面所具有的特性。要研究杆件的强度、刚度和稳定性问题，工程实际中对各种构件材料的选择，加工工艺的确定，产品质量和事故原因的分析等都需要了解材料的力学性能。了解研究材料力学性能的基本方法、试验手段，掌握表达材料力学性能的各种指标，是本课程的重要内容之一。

材料力学性能的各项指标都是通过材料试验测定的。本章将通过材料的拉伸与压缩试验，研究材料的力学性能和相关的力学性能指标。

6.1 材料拉伸时的力学性能

常温、静载条件下的拉伸试验是研究材料力学性能最基本、最常用的试验，能够获得材料的多项力学性能指标。为了便于比较，试验用的试件的形状、尺寸、试验方法、试验条件和测试要求，各国都有相应的标准，我国的国家标准中也作了详细规定，并且每隔几年适时修订。国家标准规定的试件形状和尺寸以及试验的基本步骤详见附录Ⅰ.1。本节重点介绍试验的现象及结果分析。

试件在受拉产生变形的过程中，试验机会自动记录下每一时刻拉力 F 的数值及与之对应的伸长变形Δl。如果取纵坐标轴表示拉力 F，横坐标轴表示拉伸变形Δl，则拉力 F 与变形Δl 间的关系曲线如图6.1所示，图6.1所示力-伸长曲线也称为试件的拉伸图。

显然，试件的力-伸长曲线不仅与试件的材料有关，而且与试件横截面尺寸及其长度有关。为了消除试件尺寸的影响，将表示力的纵坐标 F 除以试件横截面的原始面积 A_0，将表示标距伸长量的横坐标Δl 除以标距的原始长度 l_0，得到材料的应力与应变关系曲线，也称为材料的应力-应变图或 σ-ε 曲线，如图6.2所示。由σ-ε 曲线可以得到反映材料力学性能的多项指标。

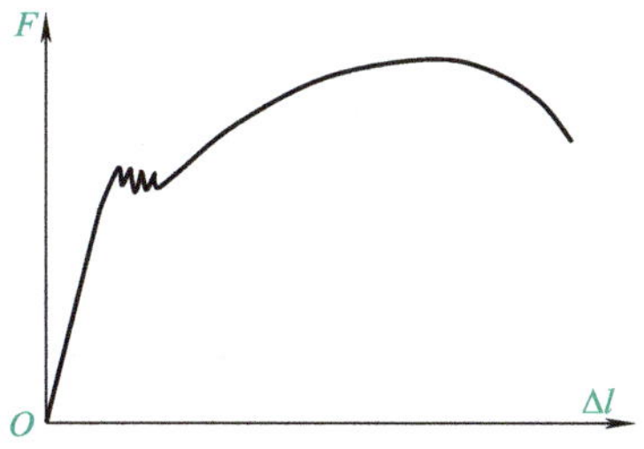

图 6.1

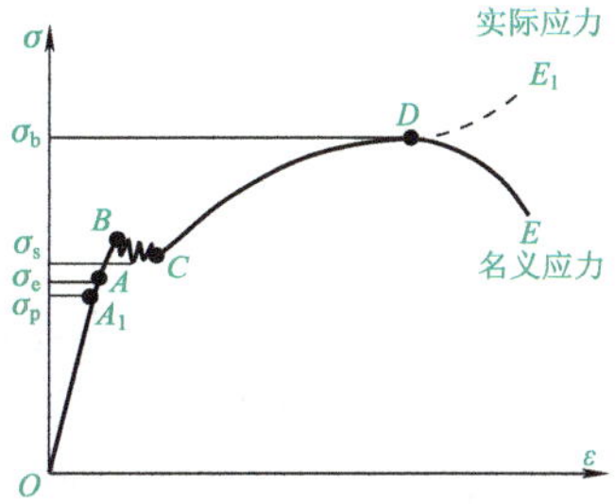

图 6.2

6.1.1 低碳钢拉伸时的力学性能

低碳钢是工程中广泛应用的金属材料，其应力-应变图也具有典型意义，因此，首先研究低碳钢的力学性能。

1. 加载过程的四个阶段

图 6.2 所示为 Q235 低碳钢的应力-应变图。从图中可以看出，其应力-应变关系呈如下四个阶段：

1）弹性阶段

在 OA 段内，如果停止加载，并逐渐卸去载荷，则试件的变形将随之消失。此种现象称为弹性，故 OA 段称为弹性阶段。弹性阶段的最高点 A 所对应的应力值，称为弹性极限，用σ_e表示。它表示材料只产生弹性变形时的应力最高限值。

在弹性阶段的 OA_1 段内，应力—应变图线为一直线，说明在此段内，应力与应变成正比，称为线弹性阶段，其最高点 A_1 所对应的应力值，称为材料的比例极限，用 σ_p 表示。超过比例极限点后，A_1A 段的图线虽不再保持为直线，但变形仍是弹性变形。

材料的比例极限 σ_p 和弹性极限σ_e虽然物理意义不同，但二者的数值非常接近，工程上常不予区别，并多用比例极限 σ_p 当作弹性极限，低碳钢 Q235 的比例极限 $\sigma_p \approx 200\ \text{MPa}$ 。

2）屈服阶段

超过弹性极限之后，随着载荷的增加，应力—应变图线出现近似水平段（有微小波动），即图中的 BC 段。在此段内，应力几乎不变，而应变却急剧增长，材料失去抵抗继续变形的能力。此种现象称为屈服，故称该段为屈服阶段。使材料发生屈服的应力值（一般取段内的最低应力值），称为材料的屈服极限，用σ_s表示，Q235 钢的屈服极限 $\sigma_s \approx 235\ \text{MPa}$ 。

如果试样表面非常光滑，则当材料屈服时，可观查到试件表面出现与轴线约成 45° 的暗细纹，如图 6.3 所示。这是因为在杆件的 45° 斜截面上，作用有最大切应力，当材料承受不了最大的切应力时，晶粒之间出现沿该斜截面的相对滑移，宏观现象就是出现这种细纹，所以也称为滑移线。

3）硬化阶段

经过屈服阶段之后，材料内部达到一种新的平衡，恢复了对变形的抵抗能力。因此要使材料继续变形，必须增大应力，这种现象称为应变硬化。故 CD 段也称为硬化阶段，其最高点 D 所对应的应力值，称为材料的强度极限，用 σ_b 表示。Q235 钢的强度极限 $\sigma_b \approx 380\ \text{MPa}$ 。强度极限是材料所能承受的最大应力。

4）缩颈阶段

当应力增长至最大值σ_b之后，试件的某一局部会出现显著的收缩，如图 6.4 所示，这就是所谓的缩颈现象。

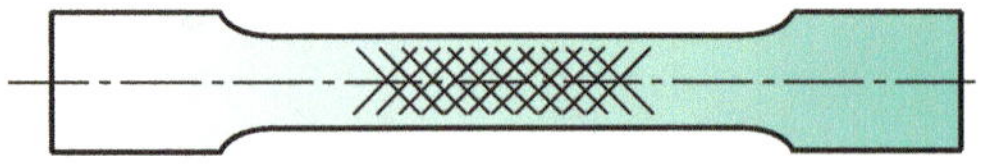

图 6.3

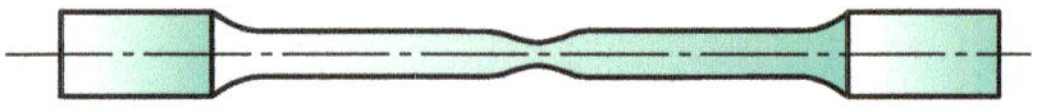

图 6.4

缩颈现象会使缩颈段内的横截面面积显著减小直至最终断裂。在缩颈过程中虽然其实际应力仍然增长，如图 6.2 中虚线段 DE_1 所示，但致使试件继续变形所需的拉力 F 反而逐渐减小，用拉力 F 除以试件横截面的原始面积 A_0 所得的名义应力也逐渐减小，如图 6.2 所示。DE 段称为缩颈断裂阶段。

2. 材料在卸载与再加载时的力学行为

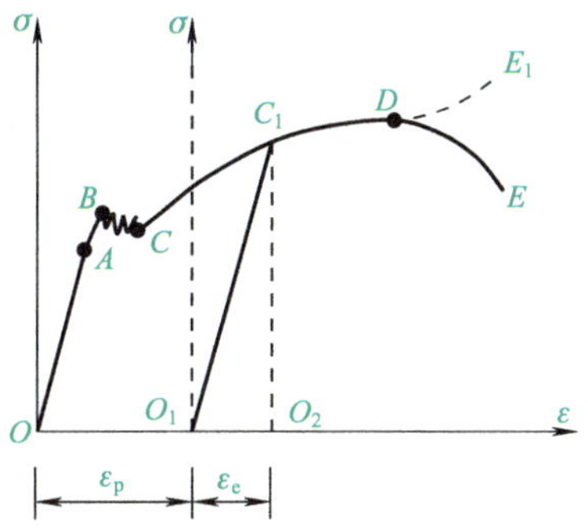

图 6.5

在拉伸过程的不同阶段进行卸载和再加载试验，材料将有不同表现。

(1) 在弹性阶段 OA 内卸载时，应力—应变图线将沿直线 AO 回到 O 点，如图 6.5 所示，直至应力 σ 降为零，应变 ε 也完全消失。所以直线 OA 既是加载曲线，也是卸载曲线。

(2) 超过弹性极限之后，例如在强化阶段某一点 C_1 开始卸载，则卸载曲线为一直线，并且几乎与 OA 平行，如图 6.5 中的 C_1O_1 所示。线段 O_1O_2 代表随卸载而消失的应变即弹性应变 ε_e；而线段 OO_1 则代表应力减小至零时残留的应变 ε_p，称为塑性应变或残余应变。由此可见，当应力超过弹性极限后，材料的应变包括弹性应变与塑性应变，但在卸载过程中，应力与应变之间仍保持线性关系。

(3) 如果卸载至 O_1 点后又重新加载，则应力与应变关系又重新按正比例关系增加，图线基本上沿卸载曲线 O_1C_1 变化，过 C_1 点后才沿曲线 C_1DE 变化，并至 E 点断裂。与第一次加载的应力—应变图线相比，其比例极限有所提高，而断裂时的塑性应变有所降低，这种现象称为冷作硬化。工程中常利用冷作硬化来提高某些构件(例如钢筋与链条等)在弹性范围内的承载能力。

3. 低碳钢的主要力学性能指标

应力-应变图中，可以得到一系列反映材料力学性能的指标。

1) 强度指标

屈服极限 σ_s 和强度极限 σ_b 是衡量材料强度性能的两个重要指标。当应力达到 σ_s 时，标志着材料出现了显著的塑性变形，材料虽未断裂，由于变形过大而影响使用，工程中也通常定义为破坏，所以 σ_s 是标识塑性材料强度的重要指标；当应力达到 σ_b 时，标志着材料将失去最终的承载能力(断裂)，而脆性材料一般没有明显的塑性变形，所以 σ_b 也是标识脆性材料强度的重要指标。

2) 刚度指标

在线弹性阶段，正应力与正应变成正比，其比例常数称为材料的弹性模量，并用 E 表示，即

$$E=\frac{\sigma}{\varepsilon}=\tan\alpha \tag{6.1}$$

式中，α 为直线 OA_1 的倾角。

从上式看出，OA_1 线的斜率值就是材料的弹性模量，它表征着材料抵抗弹性变形的能力，由于刚度是指材料抵抗变形的能力，所以 **E 是标识材料刚度的重要指标，其物理意义是：产生单位弹性应变所对应的应力值**。

3) 塑性指标

试件断裂后的残余变形可以作为量度材料承受塑性变形能力的指标，即塑性指标。材料的塑性指标用伸长率或断面收缩率度量。

设试件断裂时试验段的残余变形为 Δl_0，则残余变形 Δl_0 与试验段原长 l_0 的比值，称为材料的伸长率，并用 δ 表示，即

$$\delta=\frac{\Delta l_0}{l_0}\times 100\% \tag{6.2}$$

Q235 钢的伸长率$\delta \approx 25\% \sim 30\%$。

伸长率大的材料，在轧制或冷压成型时不易断裂，并能承受较大的冲击载荷。在工程中，通常将伸长率较大(例如$\delta \geqslant 5\%$)的材料称为延性材料或塑性材料；伸长率较小的材料称为脆性材料。结构钢与硬铝等为塑性材料；而工具钢、铸铁与陶瓷等则属于脆性材料。

设试件试验段横截面的原始面积为A_0，断裂后断口处的横截面面积为A_1，则断面收缩率定义为

$$\psi = \frac{A_0 - A_1}{A_0} \times 100\% \tag{6.3}$$

Q235 钢的断面收缩率$\psi \approx 60\%$。

6.1.2 其他材料在拉伸时的力学性能

其他材料的拉伸试验，与低碳钢拉伸试验方法相同，但由于材料不同，各自所显示的应力—应变图有明显差别。

1. 铸铁拉伸时的力学性能

铸铁是典型的脆性材料。从铸铁拉伸的试验中的力学现象及应力—应变图如图 6.6 中可以看出以下几个特点：

(1) 从试件开始受力直至断裂，变形始终很小，断裂时的应变仅为 0.4%～0.5%，断口垂直于试件轴线；

(2) 拉伸过程中既无屈服阶段，也无缩颈现象，只能在拉断时测得强度极限σ_b，且其值远低于低碳钢的强度极限；

(3) 应力—应变曲线中没有明显的直线阶段。工程实际中，由于拉应力不大，一般认为材料近似服从胡克定律，并按应力—应变曲线起点到终点割线的斜率确定此类材料的弹性模量E(图 6.6 中的虚线)，故又称为割线模量。

2. 其他金属材料拉伸时的力学性能

对于其他金属材料，图 6.7 所示为锰钢与硬铝等金属材料的应力—应变曲线。从图中可以看出，这些材料与低碳钢相比，其共同点是，都有各自的比例极限σ_p和强度极限σ_b，而且断裂前都有较大的塑性变形，即同属于塑性材料；不同的是，有些材料不存在明显的屈服阶段。

对这类没有明显屈服阶段的塑性材料，工程上规定产生 0.2%的塑性变形时对应的应力值为其屈服极限，称为材料的名义屈服极限，用$\sigma_{p0.2}$表示，如图 6.8 所示。

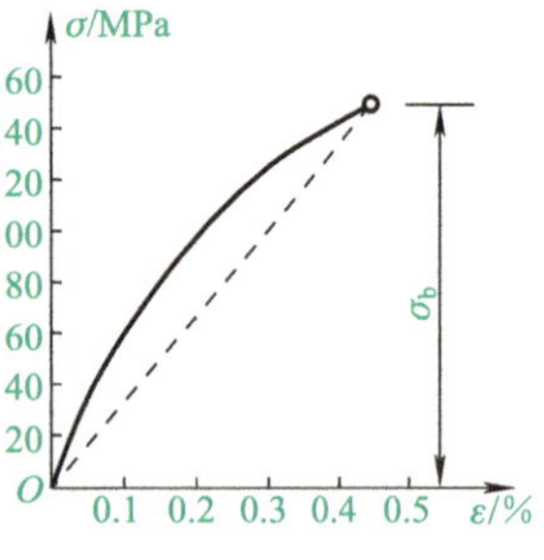

图 6.6

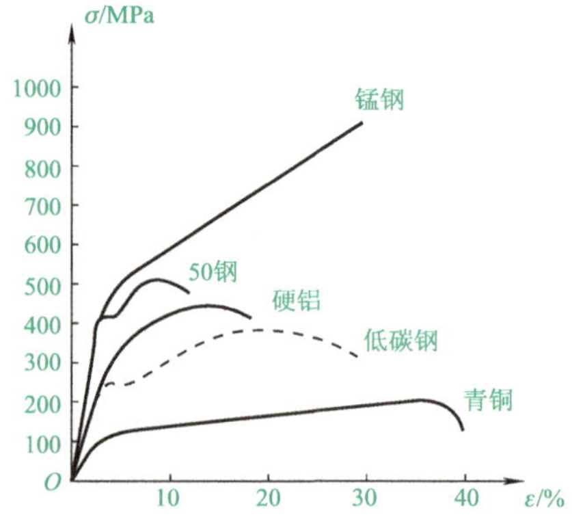

图 6.7

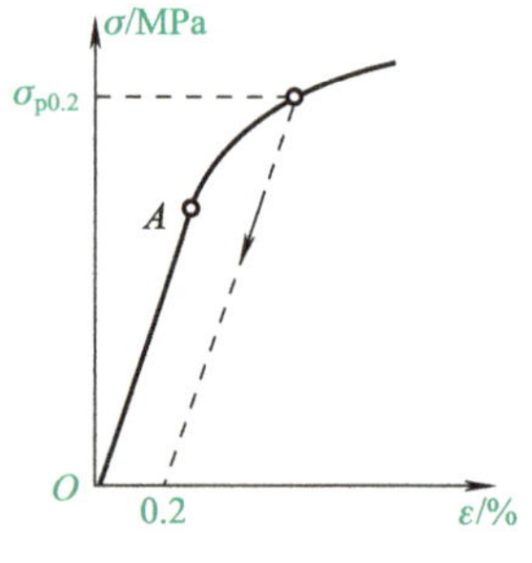

图 6.8

3. 新型材料拉伸时的力学性能

近年来，随着高新技术的蓬勃发展，新型材料得到广泛应用，复合材料和高分子材料便是典型代表。

复合材料是由两种或两种以上互不相溶的材料通过一定方式组合而成的一种新型材料，它具有强度高、刚度大与密度小的优点。图 6.9 即为某碳纤维环氧树脂基体复合材料沿纤维方向和沿垂直于纤维方向的拉伸应力—应变图。从图中可以看出，材料的力学性能随加力方向变化，即为各向异性；断裂时，塑性变形很小。其他复合材料也具有类似特点。

高分子材料是由各类单体分子通过聚合反应而形成的，它具有轻巧、价廉和易于加工成型等优点。图 6.10 所示为几种典型高分子材料的拉伸应力—应变图。有些高分子材料在变形很小时就发生断裂，而有些高分子材料的伸长率可高达 500%～600%。高分子材料的一个显著特点是，随着温度的升高，不仅应力—应变曲线发生很大的变化，而且材料经历脆性、塑性到黏弹性的转变。所谓黏弹性，是指材料的变形不仅与应力的大小有关，而且与应力作用所持续的时间有关。

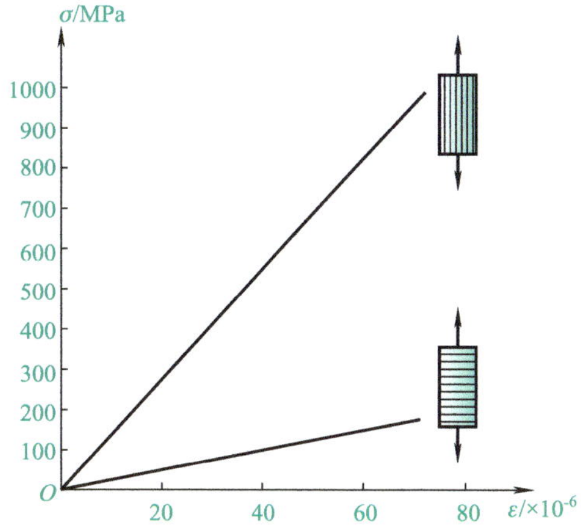

图 6.9

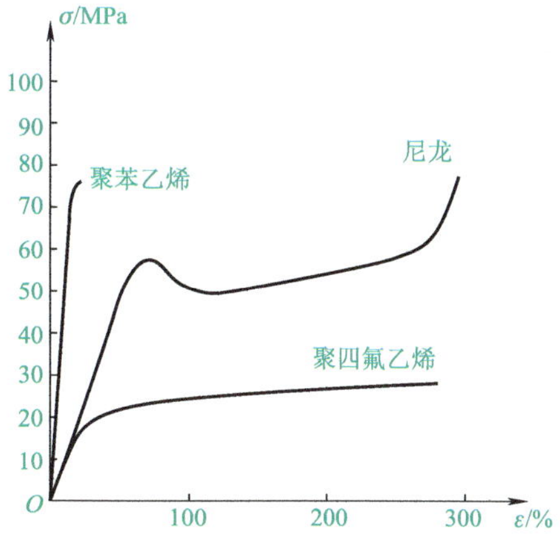

图 6.10

6.2　材料压缩时的力学性能

材料受压时的力学性能由压缩试验测定。压缩试验一般也在万能材料试验机上进行，试件通常采用短试件(详见附录 I.2)。

低碳钢压缩试验时的应力—应变曲线如图 6.11 所示。将此曲线与低碳钢拉伸时的应力—应变曲线(图中虚线)相比较，可以看出，屈服之前压缩曲线与拉伸曲线基本重合，这说明低碳钢压缩时的弹性模量 E、比例极限σ_p、屈服极限σ_s均与拉伸时基本相同。在屈服之后，两条曲线逐渐分离，压缩曲线一直在上升，试件只产生显著的塑性变形而不断裂。由于低碳钢压缩时的力学性能与拉伸时的力学性能基本一致，故工程实际中要测定其常规的力学性能指标，通常只做拉伸试验，而不做压缩试验。

脆性材料压缩时的力学性能与拉伸时有较大差异。图 6.12 为铸铁压缩时的应力－应变曲线。与铸铁拉伸时的应力－应变曲线(图中虚线)比较，其抗压强度极限σ_{bc}远高于抗拉强度极限σ_{bt}(3～4 倍)。

另外，铸铁压缩破坏的形式如图 6.12 所示，断口的方位角约为 45°。这说明铸铁压缩时，试件沿最大切应力面发生错动而被剪断。

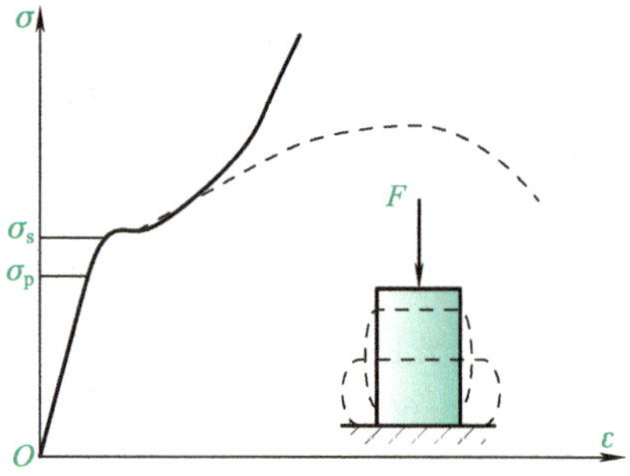

图 6.11

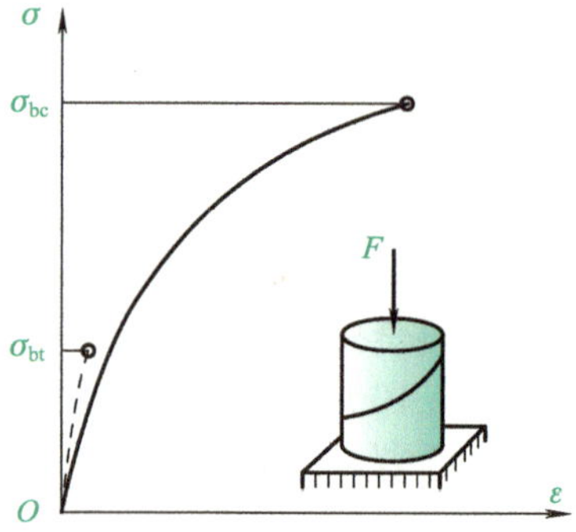

图 6.12

为了便于查阅和比较，现将几种常用金属材料的力学性能列于表 6.1 中，表中所列数据均系常温、静载条件下测得的。

表 6.1 常用材料的力学性能

材料名称	牌号	弹性模量 E/GPa	泊松比 μ	屈服极限 σ_s/MPa	拉伸强度极限 σ_b/MPa	压缩强度极限 σ_{bc}/MPa	延伸率 δ_5/%
普通碳素钢	Q215	190～210	0.24～0.28	215	335～450		26～31
	Q235			235	375～500		21～26
	Q255			255	410～550		19～24
	Q275			275	490～630		15～20
优质碳素钢	25	205		275	450		23
	35			315	530		20
	45			355	600		16
	55			380	645		13
低合金钢	15MnV	200	0.25～0.30	390	530		18
	16Mn			345	510		21
合金钢	20Cr	210		540	835		10
	40Cr			785	980		9
	30CrMnSi			885	1080		10
铸钢	ZG200-400			200	400		25
	ZG270-500			270	500		18
灰铸铁	HT150	60～162	0.23～0.27		150	640～1100	
	HT250				250		
铝合金	LY12	380	0.33	274	412		19

注：δ_5 表示标距 $l=5d$ 标准试件的延伸率。

6.3 应力集中

由第 5 章分析得知，对于轴向拉压的等直杆，除两端受力的局部区域外，横截面上正应力是均匀分布的。但在工程实际中，因加工与使用等方面的需要，有些构件具有油孔、沟槽、轴肩或螺纹等。这些部位的截面尺寸发生显著改变，使其横截面上的正应力不再均匀分布。

如图 6.13(a)所示带小圆孔的板条，若受力前在其表面画出许多细小方格，当施加轴向拉力 F 后，变形后成为图 6.13(b)所示的板条。可以观察到，在截面 $m-m$ 上，靠近孔边的方格变形最大；离开孔边稍远处，方格变形迅速减小，趋于相同。这表明，在 $m-m$ 截面上孔边的应力比其他各点的应力大得多，如图 6.14(a) 所示。这种因截面尺寸显著变化而引起应力局部增大的现象，称为应力集中。由图 6.13(b) 所示的应力分布情况可知，应力增大的现象只发生在孔边附近，离孔稍远，应力便急剧下降而趋于平缓。可见，应力集中表现为局部性质。

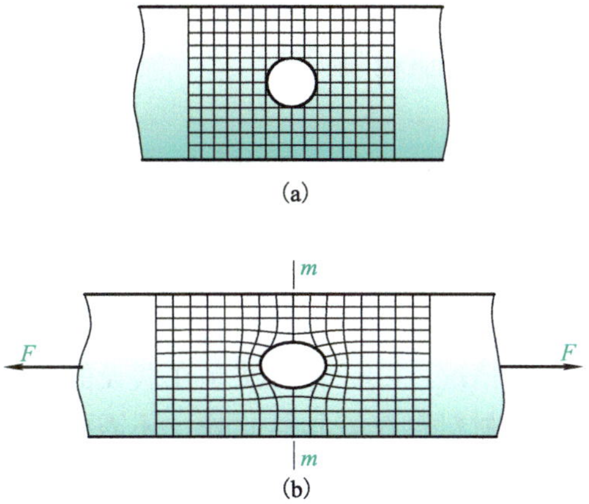

图 6.13

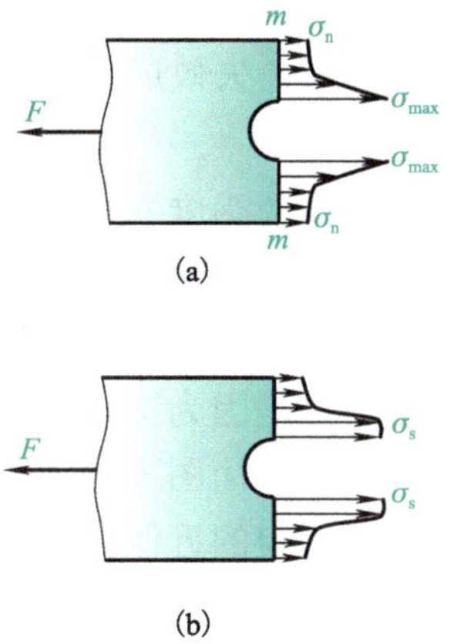

图 6.14

应力集中的程度用应力集中因数 K 表示，其定义为

$$K=\frac{\sigma_{\max}}{\sigma_{\mathrm{n}}} \tag{6.4}$$

式中，σ_{n} 为不考虑应力集中影响的名义应力；$\sigma_{\max}$ 为最大局部应力。

应力集中对构件强度的影响是显而易见的，但是塑性材料与脆性材料对于应力集中的敏感程度却各不相同。因此在工程计算中也有不同的处理。

对于塑性材料，当最大局部应力达到屈服极限时，该局部发生屈服。当载荷继续增加时，截面上的塑性区将逐渐扩大如图 6.14(b) 所示，使应力分布趋于平缓，从而缓和了应力集中的影响。这说明，尽管局部区域出现屈服，但整个构件仍具有承载能力。因此，在静载荷作用下，对于由塑性材料制成的构件，一般可不考虑应力集中的影响。

对于脆性材料，因塑性变形极小，故当载荷不断增大时，最大局部应力将首先到达强度极限，产生裂纹，致使截面被削弱。照此继续发展，很快导致整个截面的破坏。可见，应力集中现象大大降低了脆性材料杆件的承载能力。

需要指出的是，在动载荷(如交变载荷或冲击载荷)作用下，无论是塑性材料还是脆性材料，应力集中对构件的强度影响极大(详见第 15 章)。

6.4　失效与许用应力

研究拉压杆的强度条件时，已初步涉及许用应力的概念。现结合材料的力学性能，在失效、极限应力和安全因数概念的基础上，进一步讨论材料的许用应力。

前述试验表明，当材料的正应力达到强度极限 σ_{b} 时，试件将断裂；当正应力达到屈服极限 σ_{s} 时，试件将产生屈服或产生显著塑性变形。同样道理，构件工作时发生断裂显然是一种实质性的破坏，而如果构件发生屈服或出现显著塑性变形以致不能正常工作，从强度的观点看也是一种破坏。所以，材料的破坏应作广义的理解。当材料发生屈服或断裂致使构件丧失正常工作能力的现象称为强度失效。

材料产生强度失效时对应的应力值称为极限应力，以σ_u表示。

对于脆性材料，失效形式为断裂，因此其极限应力为强度极限，即

$$\sigma_u = \sigma_b \tag{6.5}$$

对于塑性材料，失效形式为屈服，因此其极限应力为屈服极限，即

$$\sigma_u = \sigma_s \text{ 或 } \sigma_u = \sigma_{p0.2} \tag{6.6}$$

为了保证构件的强度安全，其危险点处最大工作应力不允许达到(或接近)材料的极限应力。因此，在设计构件的强度时，不能以工作应力是否到达极限应力来判定杆件的强度是否安全，而应在低于极限应力的范围内，规定一个许用应力$[\sigma]$值，作为衡量构件是否满足强度要求的依据。这是因为工作应力的计算具有诸多近似因素，如①作用在构件上的载荷常常估计不准确；②计算简图不能精确反映构件的实际工作情况；③计算方法是在假设的基础上建立的，因而有一定的近似性；④构件材料与标准试件材料存在差异。此外，还需要考虑构件在结构或设备中的重要性及工作条件，需要足够的强度储备等。

材料的许用应力$[\sigma]$数值，可由极限应力σ_u除以一个大于 1 的数 n 得到，即

$$[\sigma] = \frac{\sigma_u}{n} \tag{6.7}$$

式中，n 称为安全因数，可根据各种材料及其不同工作条件从有关规范或设计手册中查到。

显然，根据许用应力$[\sigma]$建立的强度条件，可以使构件具有必要的强度储备。从式(6.7)可知，安全因数反映了人们为构件规定了多少倍的强度储备。同时，安全因数也起着调节安全与经济之间矛盾的作用。因为对同一材料来说，安全因数取值过大，即许用应力过低，将会造成材料的浪费；反之，安全因数偏小，则可能使构件的安全得不到保证。因此，合理地选定安全因数是很重要的问题，也是一个很复杂的问题，可靠性理论则为安全因数的研究提供了一个平台。

应当指出，构件在交变载荷作用下可能发生疲劳破坏，所以疲劳破坏也是构件失效的一种形式。

思 考 题

一、判断题(判断下列说法是否正确)

6-1 低碳钢的拉伸图和应力-应变曲线都完整地描述了材料的力学性能。

6-2 一托架如思图 6.1 所示，若 AB 杆的材料选用铸铁，BC 杆选用低碳钢，从材料力学性能的观点看是合理的。

6-3 对于塑性材料和脆性材料，在确定许用应力时，应作相同的考虑。

6-4 在确定安全因数时，只能考虑四个方面的因素。

二、填空题

6-5 低碳钢在拉伸过程中表现为________、__________、__________、_________四个阶段，其特征点分别是________________________________。

6-6　衡量材料的塑性性质的主要指标是____________、____________。

6-7　在拉伸试验时，使用标距为 $5d$ 和 $10d$ 的试件，对____________指标有影响。如果用标距为 $100d$ 的试件，将产生__________________的结果。

6-8　三根试件 a、b、c 的尺寸相同，材料不同，其应力-应变曲线如思图 6.2 所示。强度最高的材料是_____，刚度最大的材料是_____，塑性最好的材料是_____。

6-9　塑性材料对应力集中的敏感程度比脆性材料低的主要原因是____________。

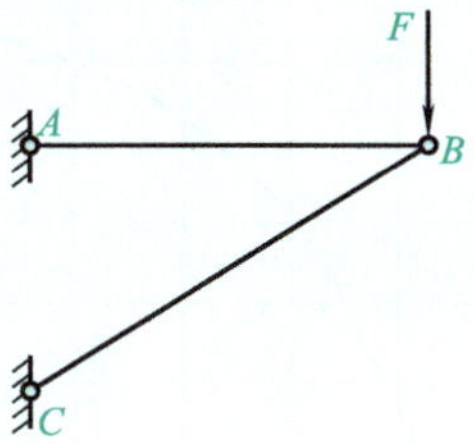

思图 6.1

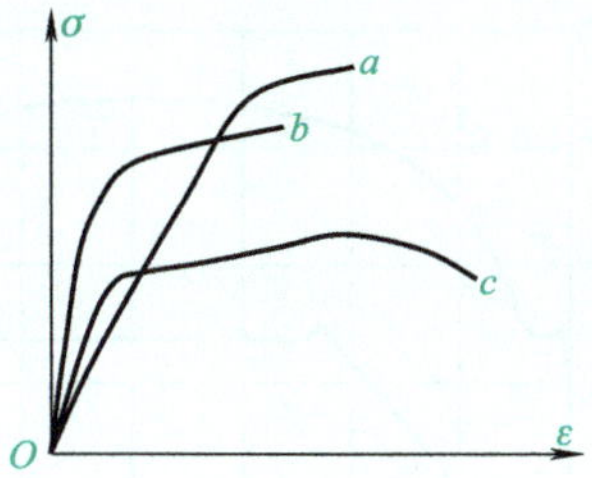

思图 6.2

习　题

6.1　拉伸试验机的结构如题图 6.1 所示。设试验机的 CD 杆与试件 AB 的材料相同，均为低碳钢，其 $\sigma_p = 200\ \text{MPa}$，$\sigma_s = 240\ \text{MPa}$，$\sigma_b = 400\ \text{MPa}$。试验机的最大拉力为 100kN。

(1) 用该试验机作拉断试验时，试件直径的最大值为多少？

(2) 若设计时取试验机的安全因数 $n = 2$，则 CD 杆的横截面面积应为多少？

(3) 若试件直径 $d = 10\ \text{mm}$，现需要测其弹性模量，则所加载荷最大不能超过多少？

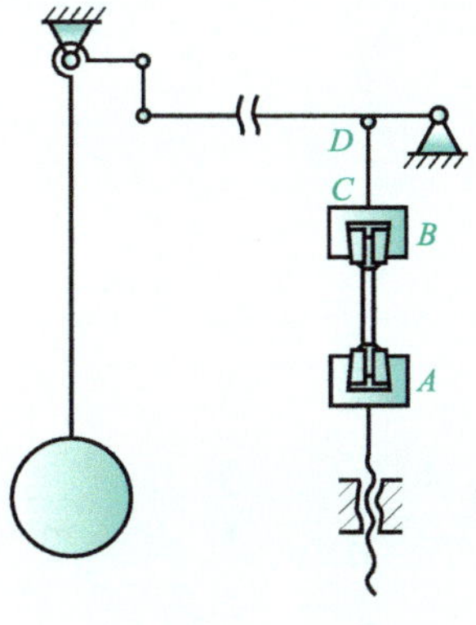

题图 6.1

6.2　一钢试件，弹性模量 $E = 200\ \text{GPa}$，比例极限 $\sigma_p = 200\ \text{MPa}$，直径 $d = 10\ \text{mm}$。当用放大倍数 $K = 500$ 的引伸仪在标距 $l_0 = 100\ \text{mm}$ 内测量伸长变形时，引伸仪的读数为 25mm。试求此时试件沿轴线方向的正应变、横截面上的应力以及所受的拉力。

6.3　材料的应力—应变曲线如题图 6.2 所示(下面一条曲线为低应变区间 OA 的放大详图)。试根据该曲线确定：

(1) 材料的弹性模量 E、比例极限 σ_p、屈服极限 σ_s 和强度极限 σ_b。

(2) 材料的伸长率 δ，并据此判断该材料为塑性材料，还是脆性材料？

6.4 材料的应力—应变曲线如题图 6.3 所示。试根据该曲线确定：

(1) 材料的弹性模量 E、比例极限 σ_p 与屈服极限 $\sigma_{p0.2}$。

(2) 当应力增加到 $\sigma = 350$ MPa 时，材料的正应变 ε，以及相应的弹性应变 ε_e 和塑性应变 ε_p。

6.5 一圆截面杆，材料的应力—应变曲线如题图 6.3 所示。杆直径 $d = 10$ mm，杆长 $l = 200$ mm，若杆件在轴向拉力 $F = 12$ kN 作用后又卸载，试求在拉力作用时和卸载后的轴向变形。若 $F = 23.5$ kN，则杆件在拉力作用时和卸载后的轴向变形又为多少？

题图 6.2

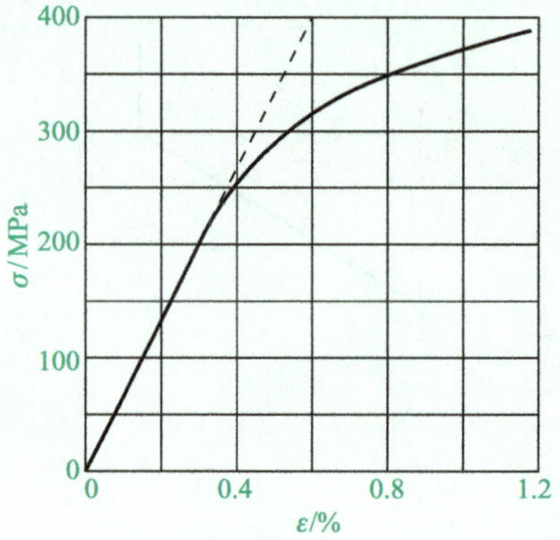

题图 6.3

第 7 章　剪　切

7.1　连接件受力概述

工程结构中，构件或零件的彼此连接需要通过具有起连接作用的部件来实现，这类部件简称连接件。例如，图 7.1(a)所示钢结构中的铆钉连接、图 7.2(a)所示传动机械中轴与轮间的键连接，受力分析分别如图 7.1(b)和图 7.2(b)所示。

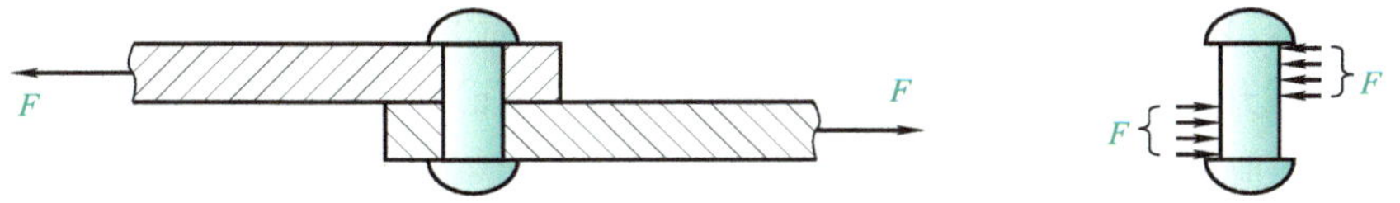

(a)　(b)

图 7.1

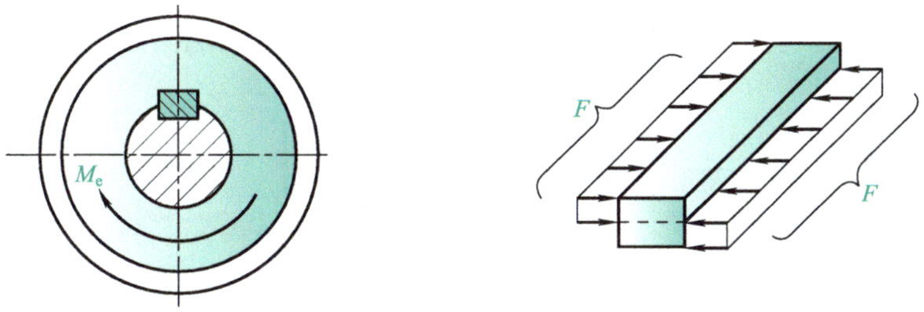

(a)　(b)

图 7.2

由受力图可以看出，由于连接件(或连接处)的尺寸比较小，且形状各异，受力和变形都比较复杂，要精确计算其应力和变形较困难。但从连接失效形式的可能性出发，以大致反映其受力基本特征作为简化依据，计算“名义应力”，并按相同简化做同类构件的破坏试验确定相应的许用应力，便可得到简单实用的强度计算方法，这种方法称为假定计算法。

以图 7.1(a)铆钉连接为例，连接处可能的失效形式有三种：①铆钉因剪切而沿 $m-m$ 截面被剪断，如图 7.3(a)所示；②钢板在铆钉与钢板相互接触面上因挤压而产生过大塑性变形或被压溃，导致连接松动，如图 7.3(b)所示；③钢板在铆孔截面 $n-n$ 处因拉伸强度不足而被拉断，如图 7.3(c)所示。其他连接亦有类似失效的可能性。

对于第三种情况，可按拉伸强度计算。本章主要介绍连接的剪切与挤压的概念及其假定计算。

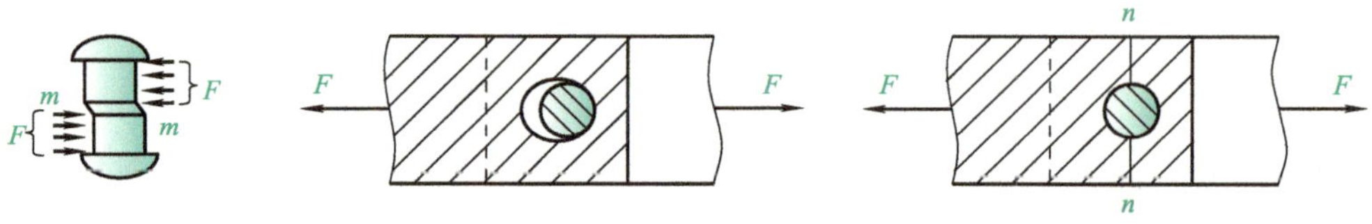

(a) (b) (c)

图 7.3

7.2 连接件的实用计算

7.2.1 剪切的实用计算

连接件剪切变形的受力特征是，在横截面 $m-m$ 附近两侧受一对相互平行，等值、反向、作用线相距很近的力作用；变形特征是，在两力作用线之间的横截面发生相对错动，如图 7.4 所示。若变形过大，连接件将在 ab 面和 cd 面之间的某一截面 $m-m$ 处被剪断，$m-m$ 截面称为剪切面。

为计算受剪构件剪切面上的内力，首先需要判定剪切面的位置，然后应用截面法，求出剪切面上的内力。以图 7.1(a)所示的铆钉连接为例，显然，$m-m$ 截面是剪切面，沿剪切面 $m-m$ 将铆钉截开，取下半部分为研究对象，如图 7.5(a)所示。设 $m-m$ 面上的内力为 F_S。由平衡条件

$$F_S - F = 0$$

易得

$$F_S = F$$

内力 F_S 称为剪力。剪力 F_S 是截面分布切应力 τ 的合力，如图 7.5(b)所示。

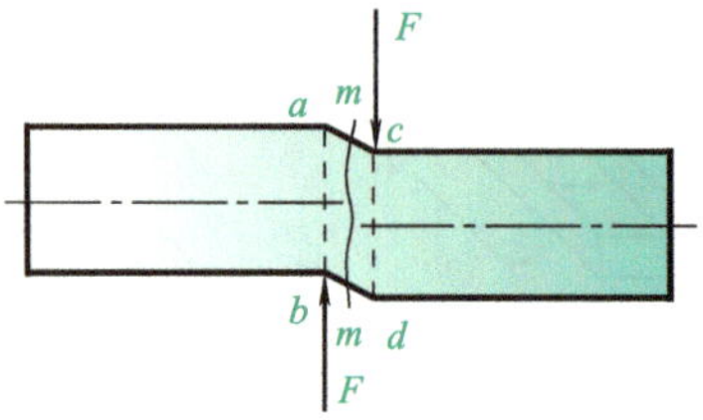

图 7.4

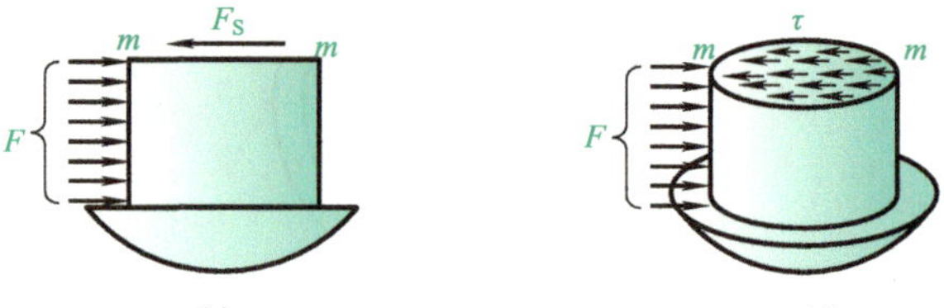

(a) (b)

图 7.5

切应力在截面上的分布规律实际上是比较复杂的，假定计算法中，通常假定剪切面上的切应力均匀分布。于是，剪切面上的名义切应力为

$$\tau = \frac{F_S}{A} \tag{7.1}$$

式中，F_S 为剪切面上的剪力；A 为剪切面的面积。

求得名义切应力后，即可建立剪切强度条件。通过直接试验，并按式(7.1)得到剪切破坏时材料的极限切应力 τ_u，考虑安全因数后得到材料的许用切应力 $[\tau]$。于是，剪切强度条件可表示为

$$\tau = \frac{F_S}{A} \leqslant [\tau] \tag{7.2}$$

式中，许用切应力 $[\tau]$ 可在有关手册中查得。

【例 7.1】 如图 7.6(a)所示，拖车挂钩用销钉连接。已知销钉的材料为 20 号钢，许用切应力$[\tau]=60\times10^6$MPa，拖车的拖力 $F=15$kN。试按剪切强度条件设计销钉的直径 d。

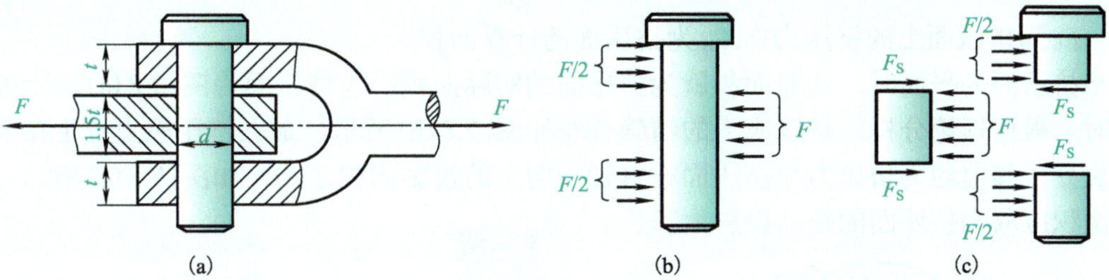

图 7.6

解 根据剪切强度条件式(7.2)，首先计算剪切面上的剪力。由图 7.6(b)所示销钉的受力情况可知，销钉有两个剪切面(称为双剪)。运用截面法将销钉沿剪切面切开，如图 7.6(c)所示，根据平衡条件可得剪切面上的剪力为

$$F_S=\frac{F}{2}$$

销钉剪切面的面积为

$$A=\frac{1}{4}\pi d^2$$

由剪切强度条件得

$$\tau=\frac{F_S}{A}\leqslant[\tau] \quad 即 \quad \frac{\frac{F}{2}}{\frac{1}{4}\pi d^2}\leqslant[\tau]$$

所以

$$d\geqslant\sqrt{\frac{2F}{\pi[\tau]}}=\sqrt{\frac{2\times15\times10^3}{\pi\times60\times10^6}}=0.0126(\text{m})$$

故按直径模数标准选取销钉的直径为 14mm。

7.2.2　挤压的实用计算

连接件在受剪切的同时，一般同时还受到挤压。所谓挤压是指连接件与被连接体互相传递压力时，相接触的表面彼此间的局部承压现象。作用在接触表面上的压力称为挤压力，记为 F_b，由挤压力引起的变形称为挤压变形。当挤压变形过大时，可能使挤压面产生皱褶(压溃)或产生显著塑性变形，从而导致连接松动或损坏而失效。图 7.1(a)所示的铆钉连接的钉孔挤压失效如图 7.7 所示，钉孔受压的一侧被压溃，材料向两边隆起，钉孔已不再是圆形。显然，这样的现象在工程中是不允许的，因此必须进行挤压强度计算。

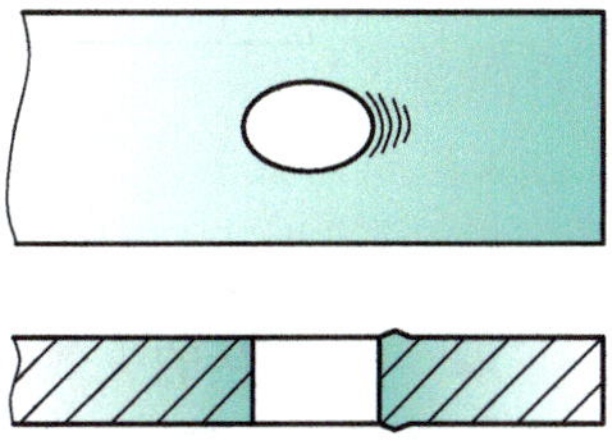

图 7.7

挤压力的作用面称为挤压面，由挤压力引起的应力称为挤压应力，记为σ_{bs}。显然，挤压力可根据连接件所受外力，由平衡条件直接求得，而挤压应力在挤压面上的分布规律则比较复杂，通常采用假定计算，即假定挤压应力在挤压面上是均匀分布的。于

是，挤压面上的名义挤压应力为

$$\sigma_{bs}=\frac{F_b}{A_{bs}} \tag{7.3}$$

式中，F_b为挤压面上的挤压力；A_{bs}为挤压面的计算面积。

当挤压面为平面时，计算面积就为挤压面的实际面积；当挤压面为图 7.8(a)所示的半圆柱面时，根据理论分析，挤压应力的精确分布如图 7.8(b)所示，最大挤压应力发生在半圆弧的中央处，其值约为挤压力与挤压面在直径平面上的投影面积之比，如图 7.8(c)所示，因此计算面积应取为挤压面的径向投影面积。

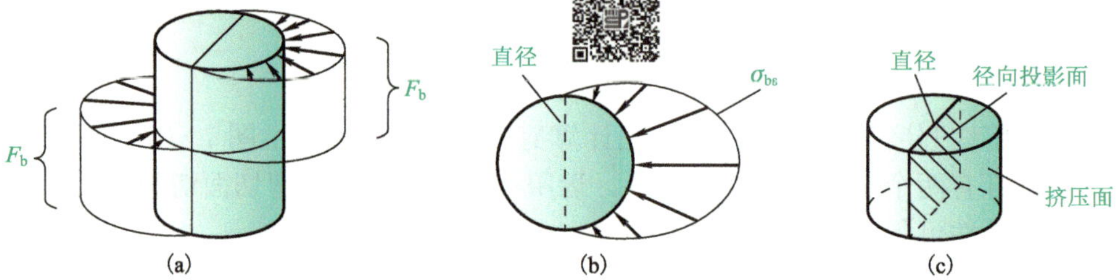

图 7.8

求得名义挤压应力后，挤压强度条件可表示为

$$\sigma_{bs}=\frac{F_b}{A_{bs}}\leqslant[\sigma_{bs}] \tag{7.4}$$

式中，许用挤压应力$[\sigma_{bs}]$可在有关手册中查得。

【例 7.2】 在例 7.1 中，若挤压许用应力为$[\sigma_{bs}]=100\text{MPa}$，$t=8\text{mm}$。试校核挤压强度。

解 由图 7.6(b)可见，销钉的上段和下段的挤压力均为$F/2$，挤压面为圆柱面，计算面积为td；中段的挤压力为F，挤压面为圆柱面，其计算面积为$1.5td$。显然，应取中段进行校核。

由式(7.3)可得

$$\sigma_{bs}=\frac{F_b}{A_{bs}}=\frac{F}{1.5td}=\frac{15\times10^3}{1.5\times8\times10^{-3}\times14\times10^{-3}}=89.3\times10^6(\text{Pa})=89.3(\text{MPa})\leqslant[\sigma_{bs}]$$

故满足挤压强度条件。

【例 7.3】 图 7.9 所示钢板用铆钉连接，承受轴向拉力 F 作用。已知板厚 $t=2\text{mm}$，板宽 $b=15\text{mm}$，铆钉直径 $d=4\text{mm}$，接头边距 $a=10\text{mm}$，材料的许用切应力$[\tau]=100\ \text{MPa}$，许用挤压应力$[\sigma_{bs}]=300\ \text{MPa}$，许用拉应力$[\sigma]=160\ \text{MPa}$。试确定该拉力的许可值。

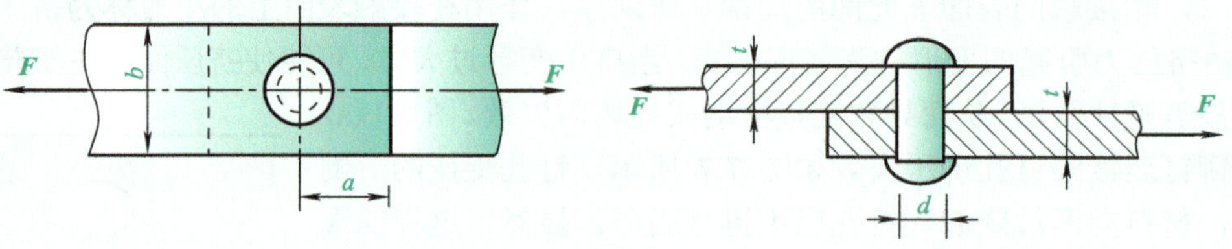

图 7.9

解 (1)连接的失效分析。连接的失效形式有以下四种可能：铆钉沿其横截面被剪断；铆钉与孔壁挤压失效，如图 7.10(a)所示；钢板沿 $m-m$ 截面被拉断，如图 7.10(b)所示；钢板沿 $n-n$ 截面被剪断，如图 7.10(c)所示。

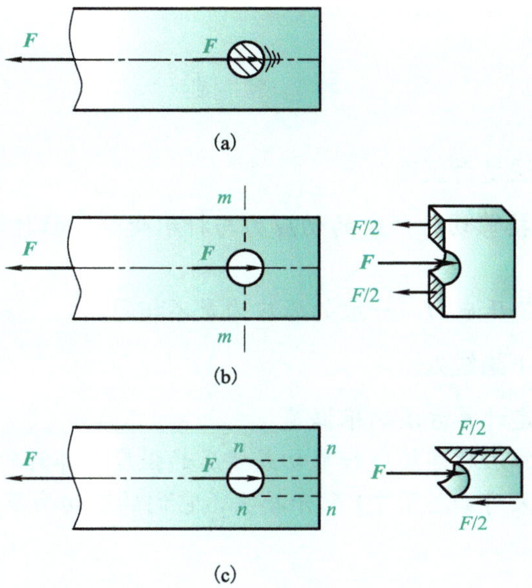

图 7.10

(2)铆钉剪切强度分析。由剪切强度条件

$$\tau_{钉}=\frac{F}{\frac{1}{4}\pi d^2}\leqslant[\tau]$$

要求

$$F\leqslant\frac{1}{4}\pi d^2[\tau]=\frac{1}{4}\pi\times4^2\times10^{-6}\times100\times10^6=1257(\mathrm{N})=1.257(\mathrm{kN})$$

(3)接头挤压强度分析。由挤压强度条件

$$\sigma_{\mathrm{bs}}=\frac{F}{td}\leqslant[\sigma_{\mathrm{bs}}]$$

要求

$$F\leqslant td[\sigma_{\mathrm{bs}}]=2\times10^{-3}\times4\times10^{-3}\times300\times10^6=2400(\mathrm{N})=2.4(\mathrm{kN})$$

(4)钢板拉伸强度分析。由拉伸强度条件

$$\sigma=\frac{F}{t(b-d)}\leqslant[\sigma]$$

要求

$$F\leqslant t(b-d)[\sigma]=2\times10^{-3}\times(15\times10^{-3}-4\times10^{-3})\times160\times10^6=3520(\mathrm{N})=3.25(\mathrm{kN})$$

(5)钢板的剪切强度分析。由剪切强度条件

$$\tau_{板}=\frac{\frac{F}{2}}{ta}\leqslant[\tau]$$

要求

$$F\leqslant2ta[\tau]=2\times2\times10^{-3}\times10\times10^{-3}\times100\times10^6=4000(\mathrm{N})=4(\mathrm{kN})$$

综合以上四方面分析计算结果，比较可得许可拉力为

$$[F]=1.257\mathrm{kN}$$

思 考 题

一、判断题(判断下列说法是否正确)

7-1 连接件承受直接剪切时产生的切应力与杆承受轴向拉伸时在斜截面上产生的切应力是相同的。

7-2 连接件产生的挤压应力与一般的压应力是不相同的。

二、填空题(将答案填入下画线处)

7-3 剪切与挤压假定计算方法的根据是________________________。

7-4 在应用假定计算法对连接进行剪切或挤压的强度计算时的关键是__________。

7-5 矩形截面木杆采用如思图 7.1 所示接头，它们的剪切面是__________，挤压面是__________。

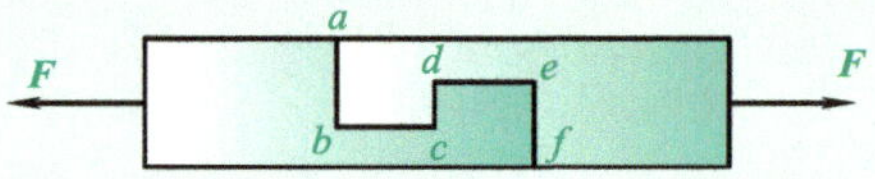

思图 7.1

习 题

7.1 题图 7.1 所示冲床的冲头，在力 F 作用下冲剪钢板。设板厚 $t=6\ \text{mm}$，板材料的剪切强度极限 $\tau_b=360\ \text{MPa}$，当需要冲剪一个直径 $d=20\ \text{mm}$ 的圆孔时，所需的冲力 F 至少应等于多少？

7.2 题图 7.2 所示凸缘连轴节传递的力偶矩 $M_e=200\ \text{N·m}$，凸缘之间用四只螺栓连接，螺栓内径 $d=10\ \text{mm}$，对称地分布在 $D_0=80\ \text{mm}$ 的圆周上。若螺栓的剪切许用应力 $[\tau]=60\ \text{MPa}$，试校核螺栓的剪切强度。

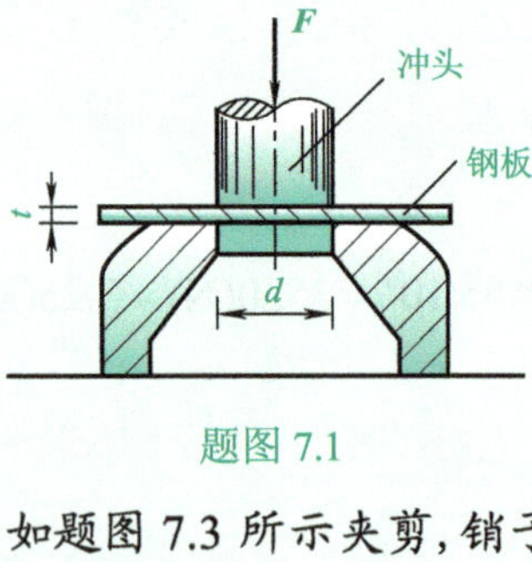

题图 7.1

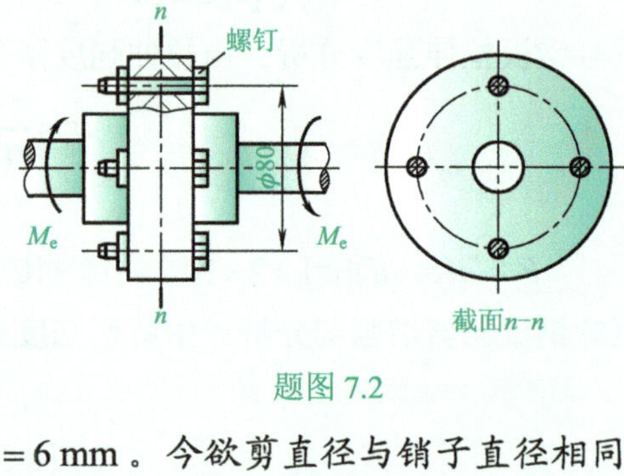

题图 7.2

7.3 如题图 7.3 所示夹剪，销子 C 的直径 $d=6\ \text{mm}$。今欲剪直径与销子直径相同的铜丝，若力 $F=200\ \text{N}$，$a=30\ \text{mm}$，$b=150\ \text{mm}$。求铜丝与销子横截面上的平均切应力。

7.4 齿轮与轴用平键连接，如题图 7.4 所示。已知轴的直径 $d=70\ \text{mm}$，键的尺寸 $b\times h\times l=20\times12\times100(\text{mm})$，传递的力偶矩 $M_e=2\ \text{kN·m}$；键材料的许用应力 $[\tau]=80\ \text{MPa}$，$[\sigma_{bs}]=200\ \text{MPa}$，试校核键的强度。

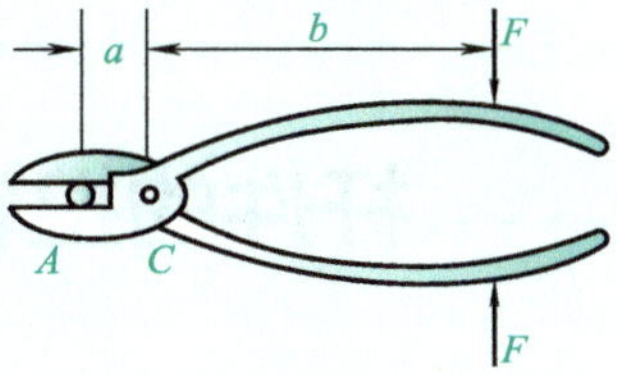

题图 7.3

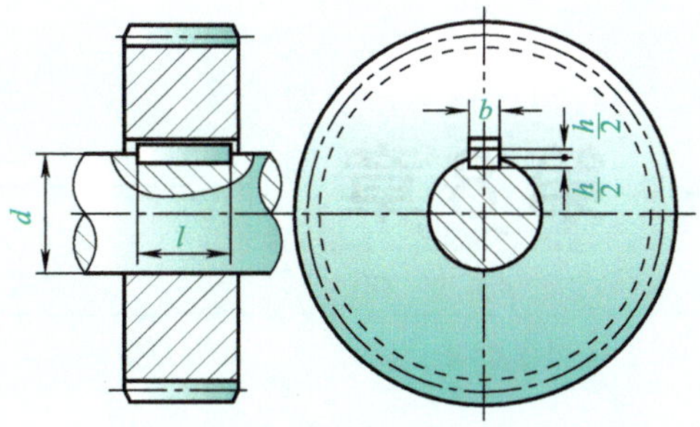

题图 7.4

7.5　已知题图 7.5 所示铆接钢板的厚度 $\delta = 10\ \text{mm}$，铆钉直径 $d = 18\ \text{mm}$，铆钉材料的许用应力 $[\tau] = 120\ \text{MPa}$，$[\sigma_{bs}] = 240\ \text{MPa}$，载荷 $F = 35\ \text{kN}$，试对铆钉作强度校核。

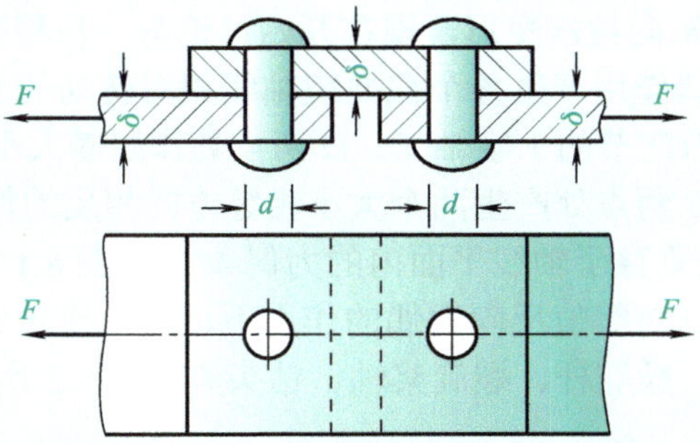

题图 7.5

7.6　题图 7.6 所示圆截面杆件，承受轴向拉力 F 作用。拉杆的直径为 d，端部帽头的直径为 D，高度为 h，试从强度方面考虑，建立这三项尺寸间的合理比值。设材料的许用应力 $[\sigma] = 160\ \text{MPa}$，$[\tau] = 80\ \text{MPa}$，$[\sigma_{bs}] = 240\ \text{MPa}$。

7.7　在习题 7.5 中，若对称加设两只铆钉，如题图 7.7 所示。设钢板的宽度 $b = 80\ \text{mm}$，厚度仍为 10mm，钢板材料的许用应力 $[\sigma] = 180\ \text{MPa}$，铆钉的许用应力和尺寸仍同习题 7.5 所述，试求该铆接钢板的许可载荷。

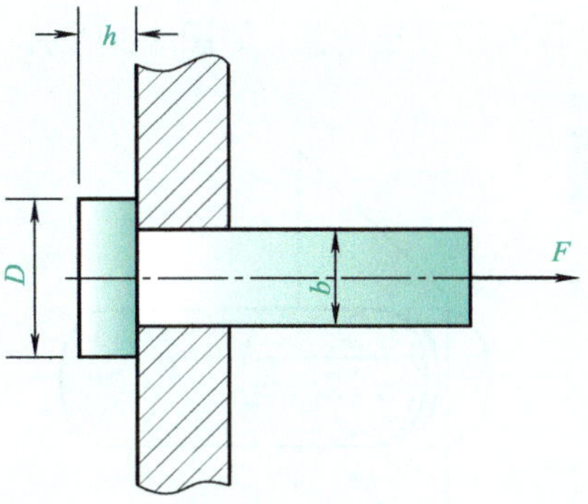

题图 7.6

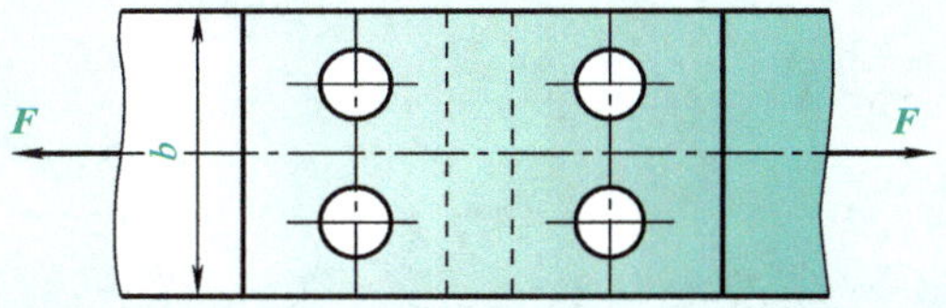

题图 7.7

第 8 章

杆件的扭转

8.1 扭 转 概 述

在第 5 章讨论了杆件轴向拉压变形，现在开始讨论另一种稍微复杂的基本变形，称为扭转。扭转是指直杆受到力偶作用产生各个截面绕轴线相对转动的变形现象。例如万向节传动轴，如图 8.1(a)所示，在万向节的十字轴 C、D 两点处作用着大小相等方向相反的两个力 F_C 和 F_D，使得在万向节的 A、B 两点处产生两个大小相等方向相反的作用力 F_A 和 F_B，如图 8.1(b)所示，这两个力构成一个在垂直于轴线平面内的力偶 M'_e，如图 8.1(c)所示。根据平衡条件知，$M'_e=M_e$。万向节传动轴在这对等值反向力偶的作用下，产生扭转变形。其他产生扭转变形的常用杆件还有汽车传动轴、操舵杆、螺旋桨轴、钻头等，图 8.2 所示为汽轮机轴。

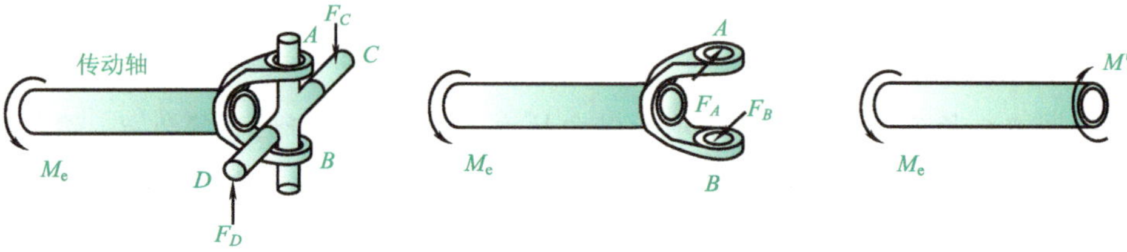

图 8.1

从以上例子可知，杆件扭转变形的受力特征是，外力偶作用在垂直于轴线的平面内；变形特征是，任意两横截面绕轴线相对转动一个角度φ，称为相对扭转角。如图 8.3 所示，φ_{BA}为 AB 截面的相对扭转角。

图 8.2

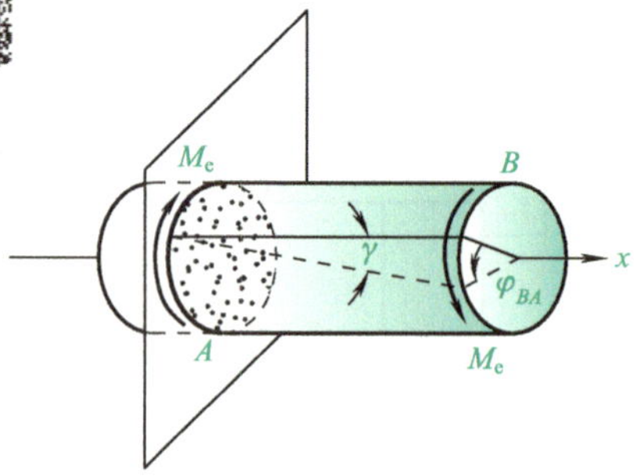

图 8.3

使杆件产生扭转变形的外力偶矩，通常用符号 M_e 表示，单位为 N·m。

工程中，以扭转变形为主要变形形式的杆件习惯上称为轴。为进行工程设计，需要对轴作内力、应力和变形分析，进行强度和刚度计算。

本章着重讨论圆截面轴及空心圆截面轴的扭转问题。首先介绍外力偶矩的计算，进而分析轴的内力及应力的分布规律，导出应力和变形的计算公式，进行轴的强度和刚度计算。最后，简要介绍矩形截面杆的扭转应力和变形。

8.2 轴的外力偶矩、扭矩及扭矩图

8.2.1 外力偶矩的计算

与杆件的拉伸和压缩相同，分析杆件扭转时内力、应力和变形前，必须计算出作用在杆件上的外载——外力偶矩。下面给出几种常见的计算公式。

(1) 齿轮及摩擦轮传动(图 8.4(a))，若已知啮合力或摩擦力，则外力偶矩为

$$M_e = F \cdot R \tag{8.1}$$

(2) 皮带及链条轮传动(图 8.4(b))，若已知各边的张力，则外力偶矩为

$$M_e = (F_{T1} - F_{T2})R \tag{8.2}$$

(3) 工程中，轴在传递动力时，常给出轴的转速和传递的功率，因此根据物体定轴转动的动力学关系可求出作用于轴上的外力偶矩。

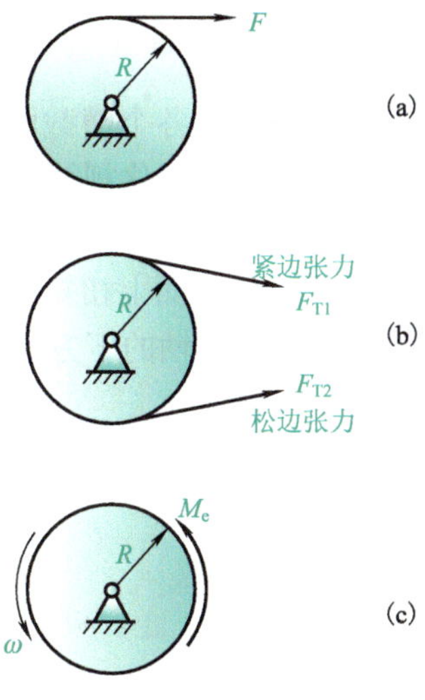

图 8.4

已知传动轮(图 8.4(c))传递的功率 N_k(千瓦，kW)及转速 n(转/分，r/min)，由 $N_k = M_e\omega = 2\pi n M_e/60$，得外力偶矩为

$$M_e = 9549\frac{N_{k(kW)}}{n_{(r/min)}} \quad (N \cdot m) \tag{8.3a}$$

若功率 N 用马力(hP)表示(1hp = 735.5W)，可以换算为

$$M_e = 7024\frac{N_{(hp)}}{n_{(r/min)}} \quad (N \cdot m) \tag{8.3b}$$

8.2.2 轴的扭矩

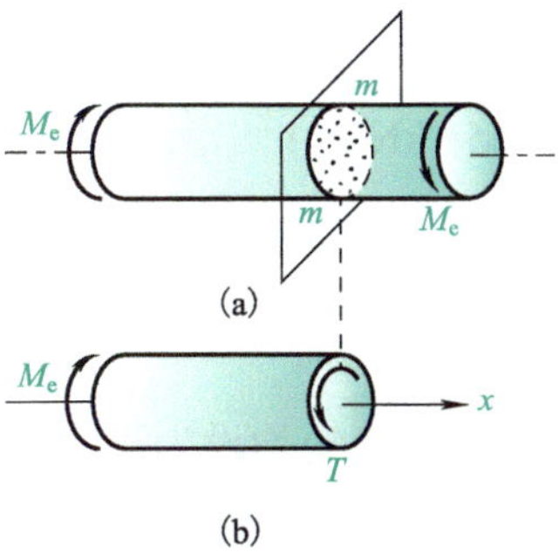

图 8.5

设一根等直圆截面轴，两端受外力偶 M_e 的作用，如图 8.5(a)所示，可用截面法求任意横截面上的内力。

设一假想平面沿任意 $m-m$ 横截面将轴截为两段，任取其中一段进行受力分析。因力偶只能与力偶平衡，所以横截面上的内力应是一个力偶，如图 8.5(b)所示，该力偶的作用效果是使截面发生绕轴线的转动，故称之为**扭矩**，记为 T，单位为 N·m。扭矩的大小由平衡条件确定。

沿轴线方向设 x 坐标，对 x 轴列力矩平衡方程

$$\sum M_x = 0, \quad T - M_e = 0$$

得

$$T = M_e$$

扭矩的正负规定：扭矩矢的指向与横截面的外法线方向一致时为正，反之为负，如图 8.6(a) 所示为正扭矩，而图 8.6(b) 所示为负扭矩。

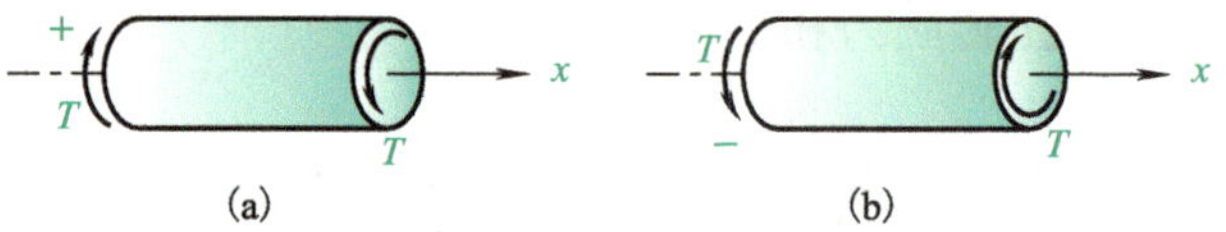

图 8.6

8.2.3 扭矩图

一般地，各个横截面上的扭矩不同。为了确定最大扭矩所在的横截面，通常用图形表示扭矩沿轴线的变化规律，这种图称为扭矩图。要绘制扭矩图，可建立一个以 T-x 为坐标轴的直角坐标系，如图 8.7(b) 所示，x 与轴的轴线平行，其值与各截面的位置相对应，T 轴垂直于 x，其值是横截面上扭矩的代数值。扭矩图也可采用图 8.7(c) 的画法，正扭矩画在 x 轴的上方，负扭矩画在 x 轴的下方。

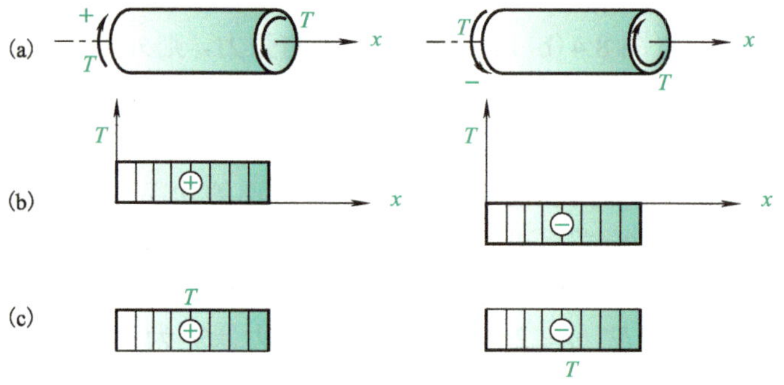

图 8.7

【例 8.1】图 8.8(a) 所示传动轴，A 轮为主动轮，其余为从动轮。已知转速 $n = 300$ r/min，各轮所传递的功率分别为 $N_A = 500$hp、$N_B = N_C = 150$hp 及 $N_D = 200$hp。试求各段的扭矩并作扭矩图。

解 (1) 计算外力偶矩。按式(8.3b)，主动轮 A 传递的外力偶矩为

$$M_{Ae} = 7024\frac{N_A}{n} = \frac{7024\times500}{300} = 11700(\mathrm{N\cdot m}) = 11.7(\mathrm{kN\cdot m})$$

其余从动轮转递的外力偶矩分别为

$$M_{Be} = M_{Ce} = 7024\frac{N_B}{n} = \frac{7024\times150}{300} = 3512(\mathrm{N\cdot m}) = 3.51(\mathrm{kN\cdot m})$$

$$M_{De} = 7024\frac{N_D}{n} = \frac{7024\times200}{300} = 4680(\mathrm{N\cdot m}) = 4.68(\mathrm{kN\cdot m})$$

(2) 计算各段任意截面的扭矩。

从第 I 段任意截面截取左边部分进行研究，如图 8.8(b) 所示，截面上的扭矩均设为正向。列平衡方程

$$\sum M_x = 0, \quad T_1 - M_{Ae} = 0$$

得

$$T_1 = 11.7\text{kN}\cdot\text{m}$$

第Ⅰ段中各截面的扭矩均为 11.7kN·m。

从第Ⅱ段任意截面截取左边部分进行研究，如图 8.8(c)所示，由平衡方程

$$\sum M_x = 0, \quad T_2 - M_{Ae} + M_{Be} = 0$$

得

$$T_2 = 8.19\text{kN}\cdot\text{m}$$

第Ⅱ段中各截面的扭矩均为 8.19kN·m。

从第Ⅲ段任意截面截取右边部分进行研究，如图 8.8(d)所示，列平衡方程

$$\sum M_x = 0, \quad M_{De} - T_3 = 0$$

得

$$T_3 = 4.68\text{kN}\cdot\text{m}$$

第Ⅲ段中各截面的扭矩均为 4.68kN·m。根据以上结果作扭矩图，如图 8.8(e)所示，从图中容易看出，最大扭矩 T_{max}= 11.7 kN·m，发生在第Ⅰ段上。

若将轮 A 的位置与轮 B 互换，如图 8.9(a)所示，用截面法对分离体(图 8.9(b))列平衡方程

$$\sum M_x = 0, \quad T_1 - M_{Be} = 0$$

得第Ⅰ段中各截面的扭矩为

$$T_1 = -3.51(\text{kN}\cdot\text{m})$$

而Ⅱ、Ⅲ段的扭矩不变，扭矩图如图 8.9(c)所示。显然，将主动轮 A 的位置调整到中间可以降低最大扭矩的数值。实际上，将轮 A 与轮 C 互换为最合理，请读者自作扭矩图。

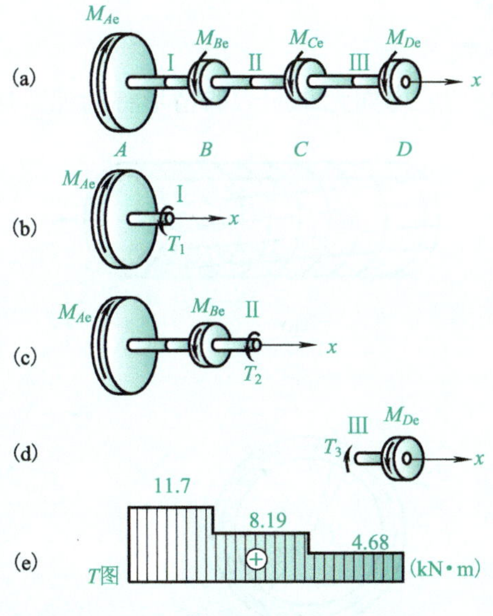

图 8.8

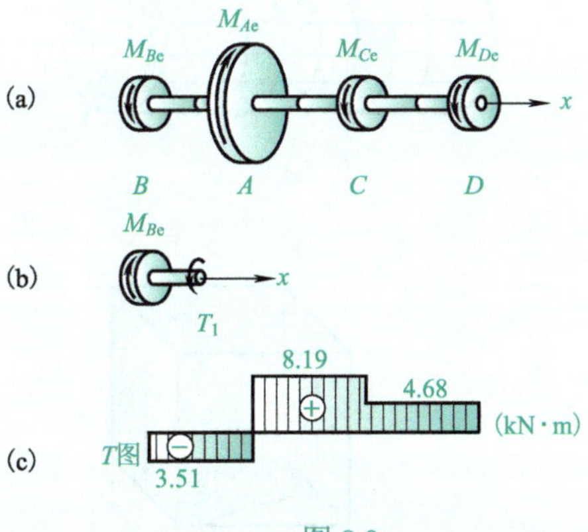

图 8.9

8.3 切应力互等定理 · 剪切虎克定律

8.3.1 薄壁圆管的扭转

薄壁圆管如图 8.10 所示，设圆管的壁厚为 δ，平均半径(中线半径)为 r_0(工程中通常将 $\delta \leqslant r_0/10$ 的圆管称为薄壁圆管)，受外力偶矩作用。为观察薄壁圆管受外力偶矩作用的变形特征并判断横截面上的切应力分布，扭转前，在圆管表面沿轴向和周向刻上两组相互正交的平行线，如图 8.10(a)所示。受扭后可观察到，所有圆周线都不同程度地绕轴线转过一个角度，但圆管沿轴线和周线的长度没有变化，这表示圆管的横截面及包含轴线的纵向截面上都无正应力；所有纵向线都倾斜了一个相同的角度γ，如图 8.10(b)所示。变形前刻出的矩形变形后成为平行四边形。若在图 8.10(a)所示管壁阴影矩形格子处过横截面截取一个正六面微元体，变形后微元体发生了倾斜，表明左右两个横截面产生了相对错动，形成的倾斜角度就是切应变γ，如图 8.11(a)所示。由左右两个横截面产生相对错动可以推断，横截面上必存在切应力。由单元体的平衡条件可以判断，单元体各面上的切应力如图 8.11(a)所示。由于管壁很薄，可以假设切应力沿壁厚均匀分布。横截面上沿壁厚取一个微元面 dA，如图 8.11(b)所示，其上的微剪力为 τdA，根据静力等效关系，横截面上所有微剪力对圆心 O 点之矩的代数和即为横截面上的扭矩，即

$$T = \int_A r_0 \tau \mathrm{d}A = r_0 \tau \int_A \mathrm{d}A = r_0 A \tau$$

得

$$\tau = \frac{T}{2\pi \cdot r_0^2 \delta} \tag{8.4}$$

这就是薄壁圆管受扭时横截面上切应力 τ 的计算公式。

图 8.11(a)所示的单元体上下左右四个面上只有切应力而无正应力的情形称为**纯剪切**。

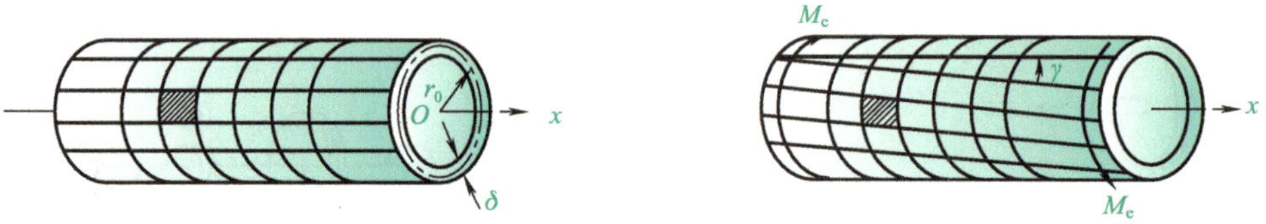

(a) (b)

图 8.10

(a) (b)

图 8.11

8.3.2 切应力互等定理

在构件中取一个受纯剪切的微元立方体如图 8.12 所示。右侧截面上向下的微剪力为$\tau \mathrm{d}x\mathrm{d}z$，为了保证 z 方向的平衡，在左侧截面上必存在一个向上的微剪力$\tau_2\mathrm{d}x\mathrm{d}z$，根据$\sum F_z=0$，有

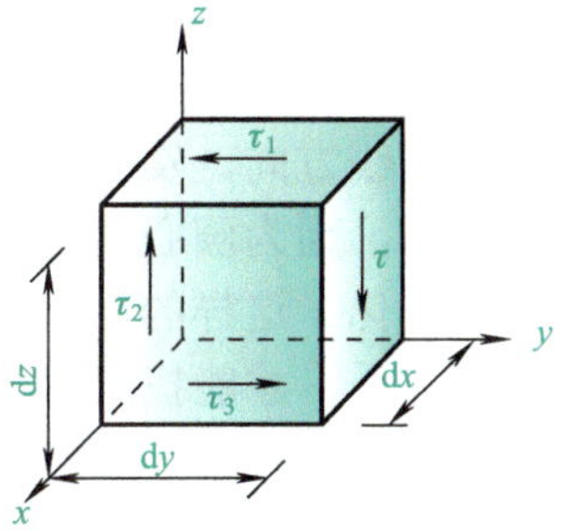

图 8.12

$$\tau_2\cdot\mathrm{d}x\mathrm{d}z-\tau\cdot\mathrm{d}x\mathrm{d}z=0$$

得

$$\tau_2=\tau$$

这说明单元体一对相互平行平面上的剪应力若存在，总是等值反向的。这两个面上的微剪力$\tau\mathrm{d}x\mathrm{d}z$和$\tau_2\mathrm{d}x\mathrm{d}z$构成一对微力偶，为了保持平衡，在上、下两个面上必存在两个等值反向的微剪力$\tau_1\mathrm{d}x\mathrm{d}y=\tau_3\mathrm{d}x\mathrm{d}y$，即$\tau_1=\tau_3$，构成微力偶与左右面上的微力偶平衡。根据$\sum M_x=0$，有

$$\tau_1\cdot\mathrm{d}x\mathrm{d}y\cdot\mathrm{d}z-\tau\cdot\mathrm{d}x\mathrm{d}z\cdot\mathrm{d}y=0$$

得

$$\tau_1=\tau$$

所以

$$\tau_1=\tau_2=\tau_3=\tau$$

这表明，在相互垂直的两个平面上，切应力必然成对出现，而且数值相等，两者都垂直于两个平面的交线，方向共同指向或共同背离这一交线。这就是切应力互等定理。需要指出的是，切应力互等定理不仅在纯剪切时满足，其他应力状态也同样满足。

8.3.3 剪切虎克定律

用低碳钢薄壁圆管做扭转实验，可得切应力 τ 与切应变γ的关系曲线如图 8.13 所示。可以看出，其形状与低碳钢拉伸(压缩)时的正应力-正应变关系曲线相似，都存在一个线弹性阶段(实线部分)，此阶段的切应力 τ 与切应变γ成比例关系，引入比例系数 G，有

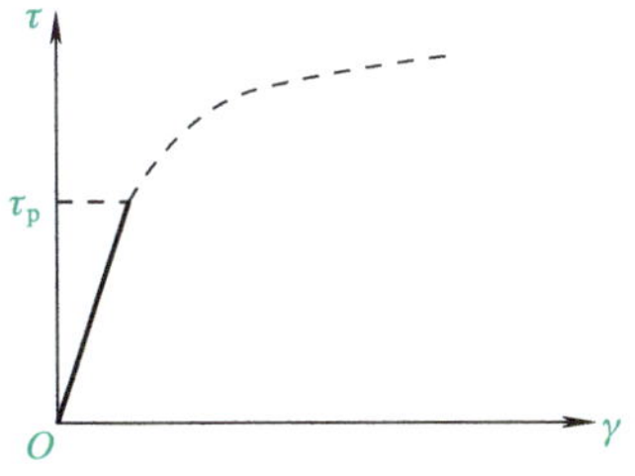

图 8.13

$$\tau=G\gamma \tag{8.5a}$$

此关系即称为剪切虎克定律，式中的比例系数 G 称为切变模量，由实验测定。可以证明，在线弹性阶段，表征材料特性的三个常数 G 、E、μ之间的关系为

$$G=\frac{E}{2(1+\mu)} \tag{8.5b}$$

式中，G 的量纲和单位均与弹性模量 E 的相同。

8.4 圆轴扭转时的应力与变形

8.4.1 实心圆轴横截面上的应力

若在实心圆轴的表面沿轴向和周向刻上两组平行线，扭转后两组平行线的变形特征与薄壁圆管完全相同(参见图 8.10)。由于圆周线保持为平面曲线，由此可以假设，圆轴的横截面

在变形后仍保持为平面，其形状和大小均不改变。此假设称为圆轴扭转的平面假设。由于轴的外表面没有切应力，根据切应力互等定理可以断定，横截面上边缘处的切应力一定沿着边沿的切线方向。实心圆轴与薄壁圆管不同的是，横截面上从边缘到圆心，切应力的分布不可能均匀，因为圆心是极对称点，所以圆心处的切应力必为零。因此问题归结为切应力沿半径如何变化。这样的问题仅用静力等效关系分析不够，必须结合几何、物理和静力等效三个方面的关系，才能找出横截上应力的分布规律，导出计算公式。

1. 变形几何分析

圆轴扭转后，外表面上与轴线平行的纵向线段将发生倾斜，如图 8.14(a) 中虚线所示。从圆轴中截取长为 dx 的微段(图 8.14(b))，再从中截取楔形体进行分析，如图 8.14(c) 所示。由于右侧截面相对于左侧截面转过一个微扭转角 dφ，则 B 点下移到 B'点，轴表面上的纵向线段 AB 倾斜了一个角度γ，即为 A 点的切应变；同时，H 点下移到 H'点，轴内部的纵向线段 EH 也倾斜了一个角度γ_ρ，即为 E 点的切应变。设 E 点距轴线的距离为 ρ，从几何上可得

$$\gamma_\rho \approx \tan\gamma_\rho = \frac{\overline{HH'}}{\overline{EH}} = \frac{\rho \mathrm{d}\varphi}{\mathrm{d}x}$$

可以写为

$$\gamma_\rho = \rho\frac{\mathrm{d}\varphi}{\mathrm{d}x}$$

式中，dφ/ dx 为相距单位距离的两个横截面间的相对扭转角，简称单位长度扭转角，用 θ 表示，即

$$\theta = \frac{\mathrm{d}\varphi}{\mathrm{d}x} \tag{8.6}$$

则

$$\gamma_\rho = \theta\rho \tag{8.7}$$

就一个截面而言 θ 是一个常数，与 ρ 无关。式(8.7)表明切应变沿半径呈线性变化，边缘处的切应变最大，即

$$\gamma_{\max} = \theta \cdot R \tag{8.8}$$

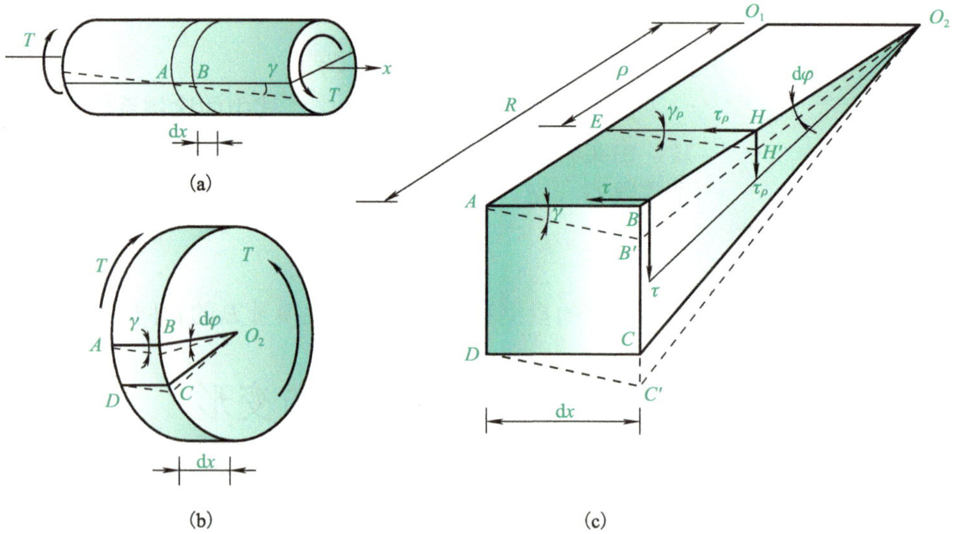

图 8.14

2. 物理关系

根据剪切虎克定律，有$\tau_\rho = G\gamma_\rho$，将式(8.7)代入，得

$$\tau_\rho = G\theta\rho \tag{8.9}$$

这表明横截面上一点的切应力是该点到轴心距离 ρ 的一次函数，即沿半径呈线性变化，方向垂直于半径。显然，边缘处的切应力为最大，即

$$\tau_{\max} = G\theta R$$

而轴心处的切应力为零。横截面上切应力分布情况如图 8.15(a)所示。

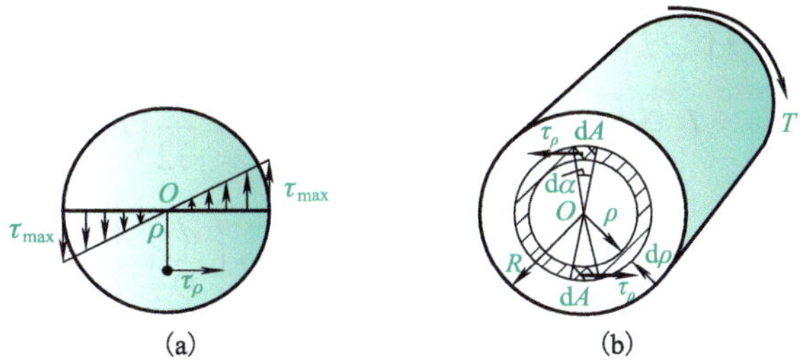

图 8.15

3. 静力等效关系

如图 8.15(b)所示，将横截面划分为无数个微元环，在其中一个微元环上任意取一个微面积 $\mathrm{d}A$，上面作用的微剪力为$\tau_\rho \mathrm{d}A$。根据静力等效关系，横截面上所有微剪力对轴心之矩的代数和就等于扭矩，即

$$T = \int_A \rho\tau_\rho \mathrm{d}A$$

将公式(8.9)代入上式，有

$$T = G\theta\int_A \rho^2 \mathrm{d}A \tag{a}$$

其中，令

$$I_{\mathrm{p}} = \int_A \rho^2 \mathrm{d}A \tag{8.10}$$

为横截面的几何特征参量，称为横截面对其中心点 O 的**极惯性矩**，其单位通常采用 cm^4，m^4 表示。将上式代入式(a)，并改写为

$$\theta = \frac{T}{GI_{\mathrm{p}}} \tag{8.11}$$

再将其代入公式(8.9)，便得到横截面上半径为ρ 的圆环上各点的切应力公式为

$$\tau_\rho = \frac{T}{I_{\mathrm{p}}}\rho \tag{8.12}$$

当ρ 等于横截面的半径 R 时，便得到横截面上边缘处的切应力即最大切应力公式为

$$\tau_{\max} = \frac{T}{I_{\mathrm{p}}}R \tag{8.13}$$

工程中通常采用的简化形式为

$$\tau_{\max} = \frac{T}{\dfrac{I_{\mathrm{p}}}{R}} = \frac{T}{W_{\mathrm{t}}} \tag{8.14}$$

式中，$W_{\mathrm{t}} = I_{\mathrm{p}}/R$ 称为**扭转截面系数**，常用单位为 cm^3 或 m^3。

对于圆截面轴，设直径为D，参考图 8.15(b)，其极惯性矩和扭转截面系数分别为

$$I_p=\int_A \rho^2 \mathrm{d}A=\int_0^{2\pi}\int_0^R \rho^3 \mathrm{d}\rho \mathrm{d}\alpha=\frac{1}{2}\pi R^4=\frac{\pi d^4}{32} \tag{8.15}$$

$$W_t=\frac{I_p}{\frac{D}{2}}=\frac{\pi D^3}{16} \tag{8.16}$$

空心圆轴和实心圆轴的横截面都是极对称的，推导的过程完全相同，切应力和扭转角的公式在形式上也是相同的，而极惯性矩和扭转截面系数以及切应力分布情况却有所不同。设空心圆截面的外径为D、内径为d，并参考图 8.15(b)，极惯性矩和扭转截面系数分别为

$$I_p=\int_A \rho^2 \mathrm{d}A=\int_0^{2\pi}\int_{\frac{d}{2}}^{\frac{D}{2}} \rho^3 \mathrm{d}\rho \mathrm{d}\alpha=\frac{\pi}{32}\left(D^4-d^4\right)=\frac{\pi D^4}{32}(1-\alpha^4) \tag{8.17}$$

$$W_t=\frac{I_p}{\frac{D}{2}}=\frac{\pi}{16}D^3\left[1-\left(\frac{d}{D}\right)^4\right]=\frac{\pi D^3}{16}(1-\alpha^4) \tag{8.18}$$

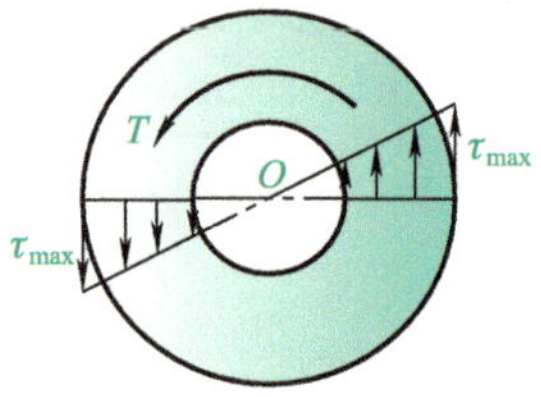

图 8.16

式中，$\alpha=d/D$，为内外径之比。

图 8.16 就是空心圆截面轴横截面上的切应力分布示意图。可以看出，空心圆截面比实心圆截面合理，因为实心圆截面圆心附近的材料没有充分发挥效能，应将其掏空以充实外围主要承力部分。

8.4.2 任意两横截面之间的相对扭转角

由式(8.6)知，单位长度扭转角为

$$\theta=\frac{\mathrm{d}\varphi}{\mathrm{d}x}$$

则相距 dx 距离的两个横截面之间的相对扭转角为

$$\mathrm{d}\varphi=\theta \mathrm{d}x$$

而距离为l的两个横截面之间的相对扭转角为

$$\varphi=\int_l \theta \mathrm{d}x$$

将公式(8.11)代入，有

$$\varphi=\int_0^l \frac{T}{GI_p}\mathrm{d}x \tag{8.19}$$

对于等截面圆轴，若在 l 的范围内扭矩为常数，且由一种材料制成，则式(8.19)可写为

$$\varphi=\frac{T}{GI_p}\int_0^l \mathrm{d}x=\frac{T\cdot l}{GI_p} \tag{8.20}$$

单位长度扭转角可写为

$$\theta=\frac{T}{GI_p} \tag{8.21}$$

式中，φ 的单位用弧度(rad)表示；θ 的单位为 rad/m(弧度/米)；GI_p 称为圆轴的**扭转刚度**，可反映圆轴抵抗扭转变形的能力。

【例 8.2】 如图 8.17 所示，一直径为 d_1 的实心圆轴和另一外径 d_2 为内径 2 倍的空心圆轴受相同的扭矩 T 作用，若使两根轴的最大切应力相等，问空心圆截面的面积应为实心圆截面面积的百分之多少？

解： 根据式(8.14)和式(8.16)可得实心圆轴的最大切应力为

$$\tau_{\max}=\frac{T}{W_{\mathrm{t}}}=\frac{16T}{\pi d_1^3}$$

根据式(8.14)和式(8.18)可得空心圆轴的最大切应力为

$$\tau_{1\max}=\frac{T}{W_{1\mathrm{t}}}=\frac{16T}{\pi d_2^3\left[1-\left(\frac{1}{2}\right)^4\right]}=\frac{16^2 T}{15\pi d_2^3}$$

为使两根轴的最大切应力相等，必须有

$$\frac{16T}{\pi d_1^3}=\frac{16^2 T}{15\pi d_2^3}$$

即

$$d_2=\left(\frac{16}{15}\right)^{\frac{1}{3}} d_1=1.021 d_1$$

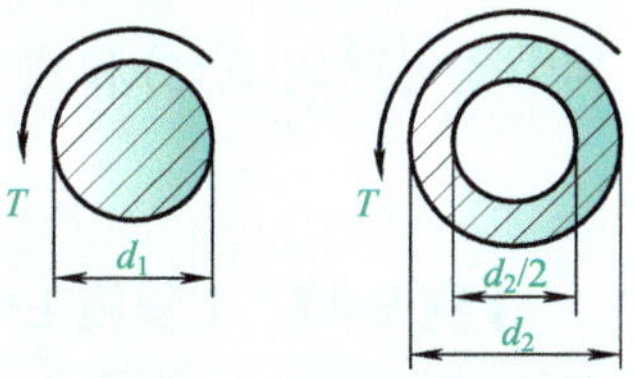

图 8.17

空心圆轴的横截面积为

$$A_2=\frac{\pi d_2^2}{4}\left[1-\left(\frac{1}{2}\right)^2\right]=\frac{3}{16}\pi d_2^2=\frac{3\pi}{16}\times 1.021^2 d_1^2$$

则，空心圆截面与实心圆截面面积之比为

$$\frac{A_2}{A_1}=\frac{\frac{3\pi}{16}\times 1.021^2 d_1^2}{\frac{\pi}{4}d_1^2}=0.7818$$

可见，在同等强度的条件下空心圆截面的面积只有实心圆截面面积的 78.18%，所以空心截面较为合理。

【例 8.3】 由两种不同材料制成的套管组合圆轴受扭矩 T 作用，如图 8.18 所示。外套管的外径为 d_1，切变模量为 G_1；内圆轴的直径为 d_2，切变模量为 G_2。设两层材料的界面紧密结合不会相对错动，求两种材料横截面上的最大切应力。

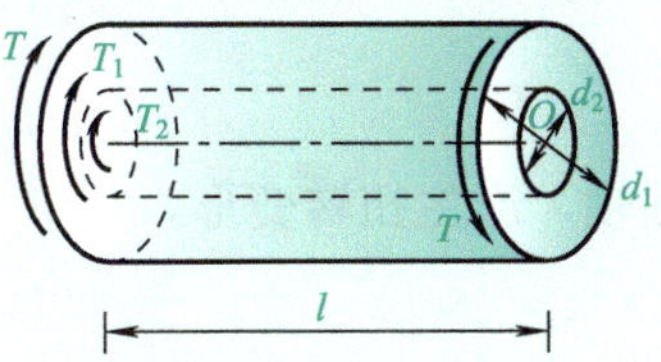

图 8.18

解 由静力等效关系可知，横截面上的总扭矩 T 等于外层截面所承受的扭矩 T_1 与内层截面承受扭矩 T_2 的算术和，即

$$T=T_1+T_2 \tag{a}$$

又由于两层材料的界面不会发生错动，所以两层材料的右侧截面相对于左侧截面的扭转角相等，即

$$\varphi_1=\varphi_2 \tag{b}$$

其中

$$\varphi_1=\frac{T_1\cdot l}{G_1 I_{1\mathrm{p}}},\quad \varphi_2=\frac{T_2\cdot l}{G_2 I_{2\mathrm{p}}} \tag{c}$$

将式(c)代入式(b)，得

$$\frac{T_1 \cdot l}{G_1 I_{1p}} = \frac{T_2 \cdot l}{G_2 I_{2p}} \tag{d}$$

由式(a)和式(d)可求得两层材料各自承担的扭矩分别为

$$T_1 = \frac{G_1 I_{1p}}{G_1 I_{1p} + G_2 I_{2p}} T, \quad T_2 = \frac{G_2 I_{2p}}{G_1 I_{1p} + G_2 I_{2p}} T$$

所以，两层材料横截面上的最大切应力分别为

$$\tau_{1\max} = \frac{T_1 \cdot \frac{d_1}{2}}{I_{1p}} = \frac{G_1 d_1}{2\left(G_1 I_{1p} + G_2 I_{2p}\right)} T, \quad \tau_{2\max} = \frac{T_2 \cdot \frac{d_2}{2}}{I_{2P}} = \frac{G_2 d_2}{2\left(G_1 I_{1p} + G_2 I_{2p}\right)} T$$

其中，根据式(8.15)和式(8.17)，两层截面的极惯性矩分别为

$$I_{1p} = \frac{\pi}{32}\left(d_1^4 - d_2^4\right), \quad I_{2p} = \frac{\pi}{32} d_2^4$$

【例 8.4】 工程施工中广泛使用螺旋钻机打孔，如图 8.19 所示。钻杆为空心钢轴，如果内径 $d_2 = 105\text{mm}$，外径 $d_1 = 150\text{mm}$，切变模量为 $G = 75\text{GPa}$。已测得施加的外力偶矩为 $17\text{kN} \cdot \text{m}$，请试确定：

(1)钻杆外表面的切应力；

(2)钻杆内表面的切应力；

(3)确定钻杆单位长度扭转角；

(4)画出钻杆横截面上沿半径方向切应力的分布图。

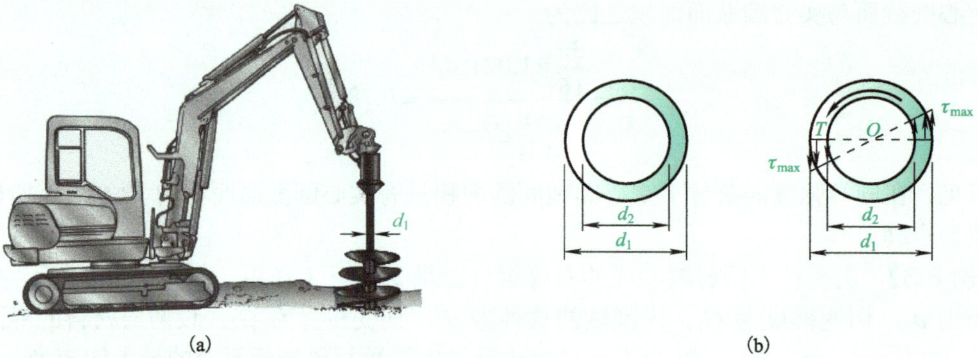

图 8.19

解 钻杆可简化为两端受到外力偶矩为 $17\text{kN} \cdot \text{m}$ 的等直空心圆轴，产生扭转变形。圆轴扭矩为

$$T = 17(\text{kN} \cdot \text{m})$$

内外径比值为

$$\alpha = \frac{105}{150} = 0.7$$

极惯性矩为

$$I_p = \frac{\pi d_1^4 (1-\alpha^4)}{32} = \frac{\pi (150 \times 10^{-3})^4 (1-0.7^4)}{32} = 3.78 \times 10^{-5} (\text{m}^4)$$

扭转截面系数为

$$W_t = \frac{I_p}{d_1/2} = 5.04 \times 10^{-4}\ (\text{m}^3)$$

(1)钻杆外表面的切应力为最大切应力，由式(8.14)，得

$$\tau_{max} = \frac{T}{W_t} = \frac{17 \times 10^3}{5.04 \times 10^{-4}} = 33.73\ (\text{MPa})$$

(2)钻杆内表面的切应力，由式(8.12)，得

$$\tau_{内} = \frac{Td_2/2}{I_p} = \frac{17 \times 10^3 \times (105 \times 10^{-3})/2}{3.78 \times 10^{-5}} = 23.61\ (\text{MPa})$$

也可根据横截面上切应力线性分布的特点来求得

$$\tau_{内} = \frac{\tau_{max} d_2}{d_1} = 23.61\ (\text{MPa})$$

(3)钻杆单位长度扭转角，可由式(8.21)求得

$$\theta = \frac{T}{GI_p} = \frac{17 \times 10^3}{75 \times 10^9 \times 3.78 \times 10^{-5}} = 0.006\ (\text{rad/m})$$

(4)钻杆横截面上沿半径方向切应力的分布如图 8.19(b)所示。

8.5　圆轴扭转的强度条件和刚度条件

8.5.1　强度条件

等截面圆轴受扭时，扭矩最大的横截面为危险截面，危险截面边缘上的任一点皆为整个轴中最危险的点。那么，轴的强度条件就是该危险点的最大工作切应力 τ_{max} 不得超过材料的许用切应力$[\tau]$，即

$$\tau_{max} \leqslant [\tau] \tag{8.22}$$

式(8.22)称为**扭转切应力强度条件**。

根据式(8.14)，上述强度条件写为

$$\frac{T_{max}}{W_t} \leqslant [\tau] \tag{8.23}$$

据此强度条件可用于以下三方面的强度计算：

(1)强度校核，直接应用式(8.23)计算；

(2)截面形状的选择及尺寸的计算，将式(8.23)改写为

$$W_t \geqslant \frac{T_{max}}{[\tau]} \tag{8.24}$$

(3)确定许可载荷，将式(8.23)改写为

$$T_{max} \leqslant W_t[\tau] \tag{8.25}$$

需要指出是，对于塑性材料，许用切应力$[\tau]$通常由拉伸实验来测定，通过测定σ_s来计算τ_s，再除以安全系数便得。一般可采用$[\tau]=(0.5\sim0.6)[\sigma]$。

最后还应指出，对于用塑性材料制成的圆轴，由于切应力的作用，扭转时会沿

横截面断裂。而对于用脆性材料制成的圆轴，当最大切应力达到强度极限 τ_b 时，圆轴并不会沿横截面错断。受纯扭的圆轴其表面上一点处于纯剪切应力状态，由应力状态分析(见第 12 章)可知，对于纯剪切应力状态如图 8.20(b)所示，在其−45°(或+45°)斜截面上的拉应力为最大，由于脆性材料耐压而不耐拉，所以将沿−45°(或+45°)螺旋面被拉断，如图 8.20(a)所示。

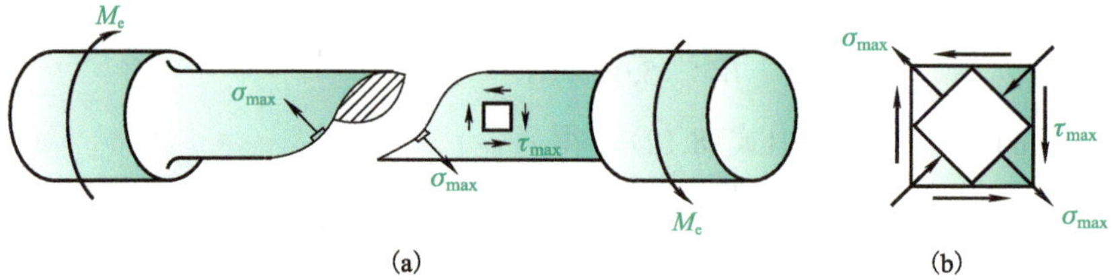

图 8.20

8.5.2 刚度条件

对于较长的轴，即使在线弹性范围内，两端截面的相对扭转角也可能过大而影响正常的使用。机械工程中对传动轴的扭转变形有严格的限制，要求每单位长度的相对扭转角 θ 不得超过所能容许的限度$[\theta]$，即

$$\theta=\frac{T}{GI_p}\leqslant[\theta] \tag{8.26}$$

式中，$[\theta]$称为许用单位长度扭转角，由工程所需的精度要求决定，可查相应的规范。工程中，$[\theta]$的单位通常采用°/m(度/每米)，而 θ 的单位为 rad/m(弧度/米)，经过换算后刚度条件可写为

$$\theta_{max}=\frac{T_{max}}{GI_p}\times\frac{180°}{\pi}\leqslant[\theta] \tag{8.27}$$

式(8.26)和式(8.27)称为扭转刚度条件。

【例 8.5】 如图 8.21(a)所示传动轴，已知其转速 n=200r/min，主动轮传递的功率为 N_2= 80hp，其余从动轮传递的功率分别为 N_1=25hp、N_3=15hp、N_4=30hp 及 N_5=10hp。若材料的许用切应$[\tau]$=20MPa，单位长度许用扭转角$[\theta]$=0.5°/m，切变模量 G=8.2×10⁴MPa，试确定此轴的直径。

解 首先按式(8.3b)计算外力偶矩，即

$$M_{e1}=7.02\frac{N_1}{n}=\frac{7.02\times25}{200}=0.88(\text{kN}\cdot\text{m})$$

$$M_{e2}=7.02\frac{N_2}{n}=\frac{7.02\times80}{200}=2.80(\text{kN}\cdot\text{m})$$

$$M_{e3}=7.02\frac{N_3}{n}=\frac{7.02\times15}{200}=0.53(\text{kN}\cdot\text{m})$$

$$M_{e4}=7.02\frac{N_4}{n}=\frac{7.02\times30}{200}=1.05(\text{kN}\cdot\text{m})$$

$$M_{e5}=7.02\frac{N_5}{n}=\frac{7.02\times10}{200}=0.35(\text{kN}\cdot\text{m})$$

然后，计算各段任意截面的扭矩，对图 8.21(b)列平衡方程

$$\sum M_x=0,\quad T_1-M_{e1}=0$$

得第 I 段任意截面的扭矩为

$$T_1 = 0.88(\text{kN} \cdot \text{m})$$

对图 8.21(c)列平衡方程

$$\sum M_x = 0,\quad T_2 - M_{e1} + M_{e2} = 0$$

得第 II 段任意截面的扭矩为

$$T_2 = -1.92(\text{kN} \cdot \text{m})$$

对图 8.21(d)列平衡方程

$$\sum M_x = 0,\quad T_3 + M_{e4} + M_{e5} = 0$$

得第 III 段任意截面的扭矩为

$$T_3 = -1.40(\text{kN} \cdot \text{m})$$

对图 8.21(e)列平衡方程

$$\sum M_x = 0,\quad T_4 + M_{e5} = 0$$

得第 IV 段任意截面的扭矩为

$$T_4 = -0.35(\text{kN} \cdot \text{m})$$

根据以上结果作扭矩图，如图 8.21(f)所示。

按最大扭矩值 $T_{\max}$=1.92kN·m，根据强度条件式(8.24)以及式(8.16)设计整个轴的直径，即

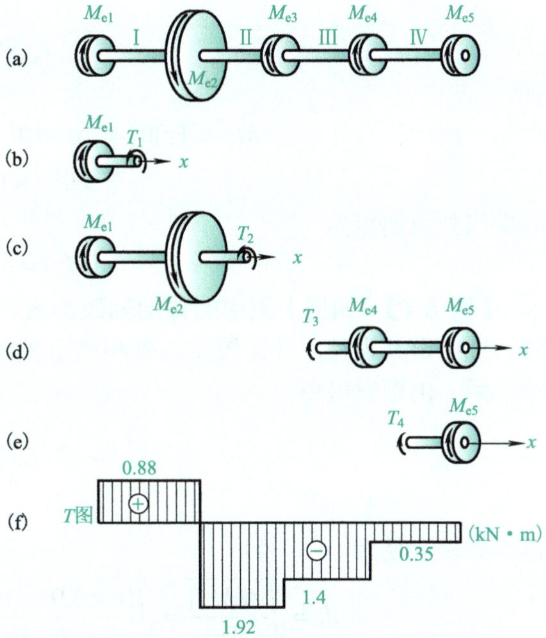

图 8.21

$$\frac{\pi \cdot d^3}{16} \geqslant \frac{T_{\max}}{[\tau]}$$

得

$$d \geqslant \sqrt[3]{\frac{16T_{\max}}{\pi[\tau]}} = \sqrt[3]{\frac{16 \times 1.92 \times 10^3}{\pi \times 20 \times 10^6}} = 0.0789(\text{m})$$

即，整个轴的直径不得小于 7.89cm。

最后校核轴的刚度。根据刚度条件式(8.27)，有

$$\theta_{\max} = \frac{32 \times 1.92 \times 10^3}{8.2 \times 10^4 \times 10^6 \times \pi \times 0.0789^4} \times \frac{180°}{\pi} = 0.35(°/\text{m}) < [\theta]$$

这表明，根据强度条件所选直径为 7.89cm 的圆轴，同时满足了所给定的刚度要求。

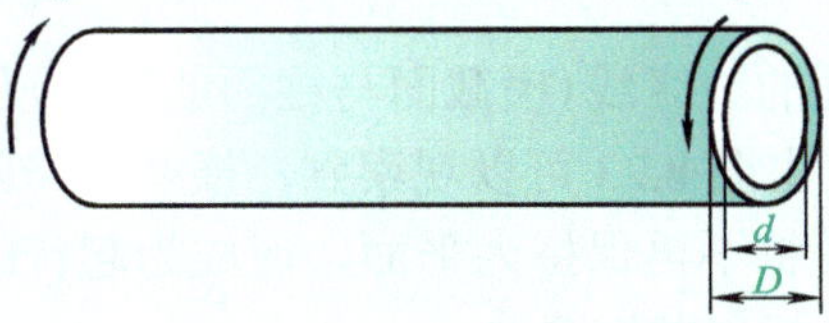

图 8.22

【例 8.6】 如图 8.22 所示空心圆截面传动轴，外径 $D = 95\text{mm}$，内外径之比 $\alpha = 0.8$，受矩为 M_e 的外力偶作用，许用扭转切应力 $[\tau] = 70\text{MPa}$。试确定该圆轴的许用外力偶矩 $[M_e]$。

解 空心圆截面轴，根据式(8.18)计算扭转截面系数为

$$W_t = \frac{\pi D^3}{16}(1-\alpha^4) = \frac{\pi \times 95^3 \times 10^{-9}}{16}(1-0.8^4)$$
$$= 9.939 \times 10^4(\text{mm}^3) = 9.939 \times 10^{-5}(\text{m}^3)$$

显然，横截面上的扭矩 $T_{\max} = M_e$。

根据强度条件式(8.25)得

$$T_{\max} \leqslant [\tau]W_{\mathrm{t}}$$

有

$$\begin{aligned} M_{\mathrm{e}} \leqslant [\tau]W_{\mathrm{t}} &= 70\times10^{6}\times9.939\times10^{-5} \\ &= 6.957\times10^{3}(\mathrm{N\cdot m}) = 6.975(\mathrm{kN\cdot m}) \end{aligned}$$

取许用外力偶矩为

$$[M_{\mathrm{e}}] = 6.97(\mathrm{kN\cdot m})$$

【例 8.7】 如把上例中的传动轴改为直径为 d_1 的实心轴，要求它与原来的空心轴强度相同，试确定其直径，并比较实心轴和空心轴的重量。

解 由题意可令

$$\tau_{\max} = \frac{T_{\max}}{W_{1\mathrm{t}}} = \frac{[M_{\mathrm{e}}]}{\dfrac{\pi d_1^3}{16}} = [\tau]$$

得实心轴直径为

$$d_1 = \sqrt[3]{\frac{16[M_{\mathrm{e}}]}{\pi[\tau]}} = \sqrt[3]{\frac{16\times6.97\times10^{3}}{\pi\times70\times10^{6}}} = 7.97\times10^{-2}(\mathrm{m}) = 79.70(\mathrm{mm})$$

实心轴横截面面积为

$$A_1 = \frac{\pi d_1^2}{4} = \frac{\pi\times79.7^2}{4} = 4996.40(\mathrm{mm}^2)$$

空心轴横截面面积为

$$A = \frac{\pi}{4}(D^2-d^2) = \frac{\pi D^2}{4}(1-\alpha^2) = \frac{\pi\times95^2}{4}(1-0.8^2) = 2551.80(\mathrm{mm}^2)$$

两轴重量之比等于横截面面积之比，即

$$\frac{A}{A_1} = \frac{2551.80}{4996.40} = 0.5107 = 51\%$$

计算结果再一次说明空心圆轴更经济、合理。

8.6 矩形截面杆的自由扭转

圆轴扭转时，外表上的纵向直线变成螺旋线，横截面的边缘线（横截面与柱面的交线）保持为平面圆，横截面保持为平面。而矩形截面杆扭转时，由图 8.23 可以观察到，横截面与四个外表面的交线将扭曲为空间曲线，由此可以断定横截面将不再保持为平面，而成为起伏的空间曲面，这种现象称为翘曲。所有非圆截面杆在扭转时都会发生翘曲。

如果所有横截面的同步翘曲不受到制约，那么在横截面上不会产生正应力而只有切应力，这种情况称为自由扭转。而实际上，翘曲总会受到端部约束的阻碍，导致横截面上产生正应力，这种情况称为约束扭转。由约束扭转所引起的轴向正应力通常都比较小，这里不作讨论。

对于横截面上的切应力分布情况可以作如下判断：

(1) 由于外表面不受力，根据切应力互等定理可知，横截面边缘处的切应力必沿着周边并形成环流，环绕方向与扭矩一致。

(2) 根据切应力互等定理，四个角点处的切应力必为零。

(3) 中心点 O 为上下、左右对称点，所以切应力也必为零。分布情况如图 8.24 所示。

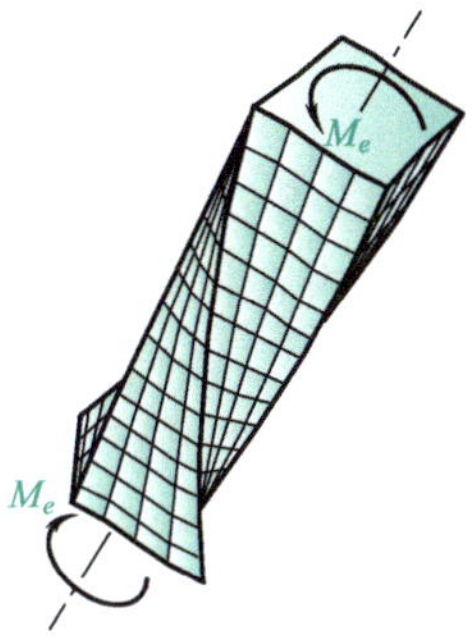

图 8.23

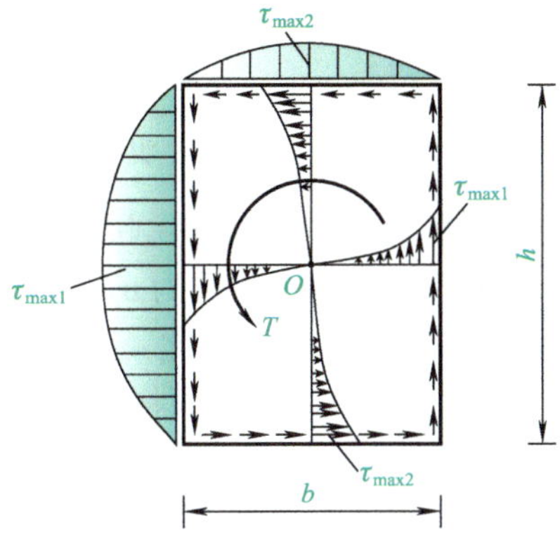

图 8.24

下面给出弹性力学中利用堆沙法或薄膜法得到的模拟解：

(1) 对称轴上各点的切应力垂直于对称轴。

(2) 对角线上各点的切应力不垂直于对角线，其他各点的切应力也不垂直于该点与中心点的连线。

(3) 横截面长边中点处的切应力为最大，短边中点处的切应力相对较小。切应力及单位长度扭转角的公式分别为

$$\tau_{\max 1}=\frac{T}{W_{\mathrm{t}}}=\frac{T}{\alpha\cdot hb^{2}} \tag{8.28}$$

$$\theta=\frac{T}{GI_{\mathrm{t}}}=\frac{T}{G\beta\cdot hb^{3}} \tag{8.29}$$

$$\tau_{\max 1}=\gamma\tau_{\max 2} \tag{8.30}$$

式中，W_{t} 和 I_{t} 仅仅是为了写成与圆截面相当的形式而已，并无相似的几何意义，分别称为相当扭转截面系数和相当极惯性矩。α 、β 和 γ 为通过模拟法测得的系数，与高宽比(h/b)有关，可从表 8.1 中查取。

表 8.1　矩形截面杆在纯扭转时的系数 α 、β 和 γ

h/b	1	1.2	1.5	1.75	2	2.5	3	4	6	8	10	∞
α	0.208	0.219	0.231	0.239	0.246	0.258	0.267	0.282	0.299	0.307	0.312	0.333
β	0.141	0.166	0.196	0.214	0.229	0.249	0.263	0.281	0.299	0.307	0.312	0.333
γ	1	0.93	0.859	0.82	0.795	0.766	0.753	0.745	0.743	0.742	0.742	0.742

高宽比大于十倍以上($h/b>10$)的矩形称为狭长矩形，此时 α 、β 和 γ 近似为

$$\alpha=\beta=\frac{1}{3} \tag{8.31}$$

$$\gamma=0.74 \tag{8.32}$$

相当扭转截面系数和相当极惯性矩分别为

$$I_t = \frac{1}{3}ht^3 \tag{8.33}$$

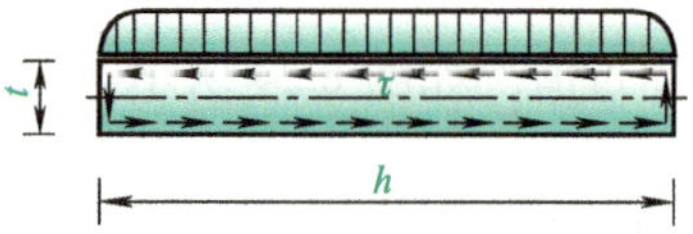

图 8.25

$$W_t = \frac{1}{3}ht^2 \tag{8.34}$$

式中，t 为狭长矩形的短边长度。横截面上的切应力分布情况如图 8.25 所示。除角点附近以外，横截面上长边边缘处的切应力近似均匀分布。

【例 8.8】 由同一种材料制成的圆截面杆和正方形截面杆如图 8.26 所示（设圆杆直径为 d，方杆边长为 a），若两者所承受的扭矩相同。试求在同等强度的条件下，两者横截面之比。

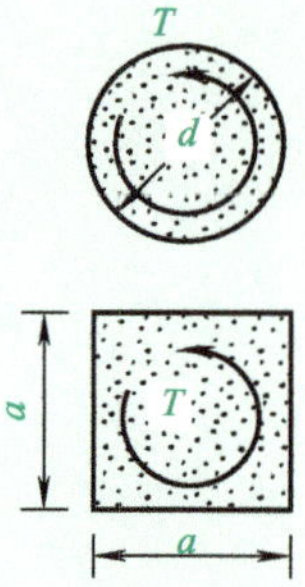

图 8.26

解 由式(8.14)，圆截面杆的最大切应力为

$$\tau_{\max 1} = \frac{T}{W_t} = \frac{16T}{\pi \cdot d^3}$$

由式(8.28)，方截面杆的最大切应力为

$$\tau_{\max 2} = \frac{T}{W_t} = \frac{T}{\alpha \cdot a^3}$$

式中，按高宽比$(a/a=1)$查表 8.1，得$\alpha = 0.208$。

根据等强度的要求，两杆横截面上的最大切应力应该相等，即

$$\tau_{\max 1} = \tau_{\max 2}$$

即

$$\frac{16T}{\pi \cdot d^3} = \frac{T}{0.208a^3}$$

得

$$d = \sqrt[3]{\frac{16 \times 0.208}{\pi}}a = 1.019a$$

则，两杆横截面之比为

$$\frac{A_1}{A_2} = \frac{\frac{\pi \cdot d^2}{4}}{a^2} = \frac{\pi \times 1.019^2}{4} = 0.816$$

以上结果表明，在同等强度条件下，圆杆横截面积小于方杆，所以圆杆较之方杆更经济合理。但正方形截面杆也有其特点，便于用钳具加载。

思 考 题

一、判断题（判断下列说法是否正确）

8-1 思图 8.1 所示微元体，已知右侧截面上存在与 z 方向成 θ 角的切应力 τ，则左侧截面上必存在方向相反的切应力 τ'。

8-2 从一段受纯扭的圆轴中沿直径纵截面切出分离体如思图 8.2 所示，根据切应力互等定理可知，纵截面上必存在沿轴线方向的切应力 τ'，所有微剪力的总和将构成力偶，由于该力偶的作用面与横截面垂直，所以该力偶矩与横截面上的扭矩无法平衡，则分离体将发生转动。

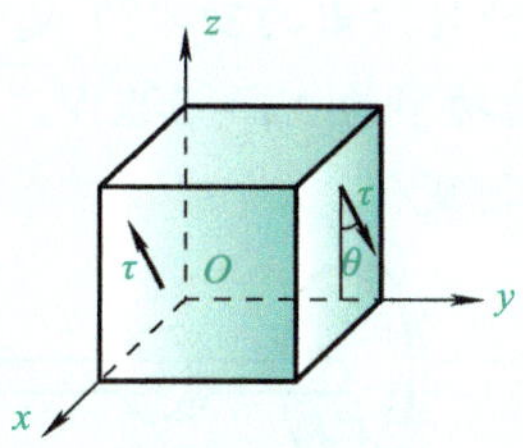

思图 8.1

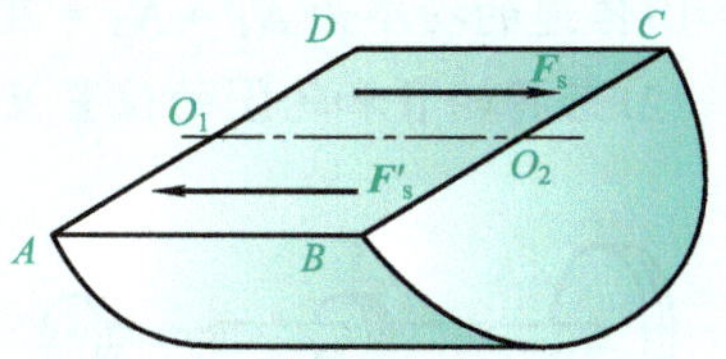

思图 8.2

8-3　仅从强度方面考虑，例 8.1 中传动轴的轮 A 与轮 C 位置互换为最合理的布置。

8-4　单元体上同时存在正应力和切应力时，切应力互等定理不成立。

8-5　空心圆轴的外径为 D 、内径为 d，其极惯性矩和扭转截面系数分别为

$$I_p=\frac{\pi D^4}{32}-\frac{\pi d^4}{32},\quad W_t=\frac{\pi D^3}{16}-\frac{\pi d^3}{16}$$

二、填空题

8-6　思图 8.3 所示，试绘出圆轴横截面和纵截面上的扭转切应力分布图。

8-7　思图 8.4 中 T 为横截面上的扭矩，试画出图示各截面上的切应力分布图。

8-8　保持扭矩不变，圆轴的直径增大一倍，则最大切应力减小________倍。

8-9　在圆轴的表面画上一个小圆圈。扭转后，小圆圈变形为________。

8-10　两根不同材料制成的圆轴直径和长度均相同，所受扭矩也相同，两者的最大切应力________，单位长度扭转________。

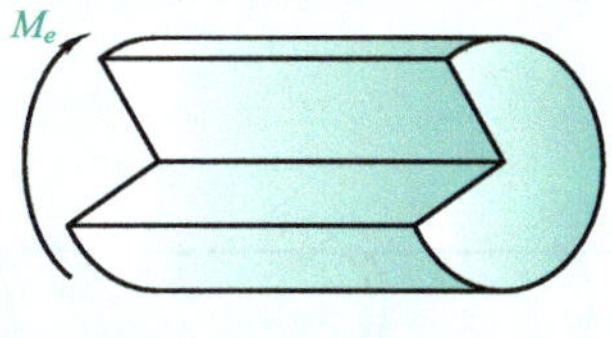

思图 8.3

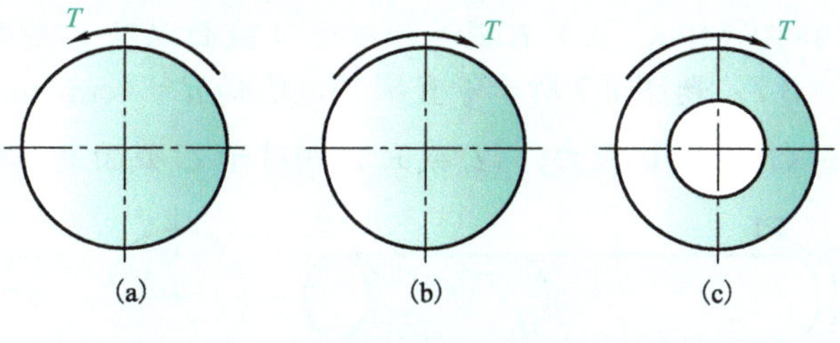

思图 8.4

习　　题

8.1　如题图 8.1 所示，试绘出各轴的扭矩图，并写出最大扭矩值。

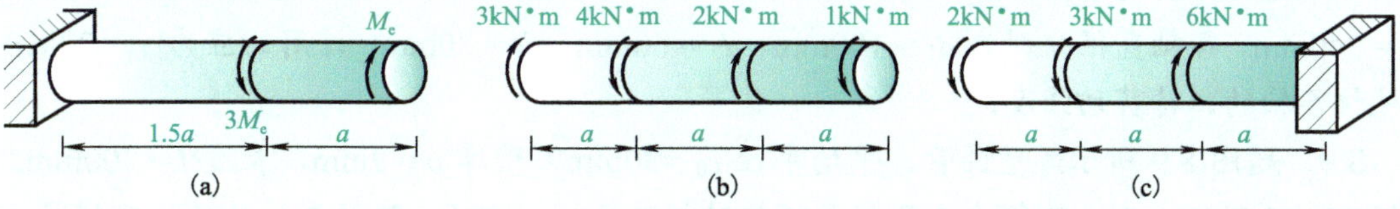

题图 8.1

8.2　题图 8.2 所示一阶梯形传动轴，上面装有三个皮带轮。主动轮 I 输出的功率为 $N_1=50\text{hp}$，从动轮 II 传递的功率为 $N_2=30\text{hp}$，从动轮III传递的功率为 $N_3=20\text{hp}$，轮轴做匀速转动，转速 $n=200\ \text{r/min}$。试作轴的扭矩图。

8.3 题图 8.3 所示传动轴，转速 $n = 350\ \mathrm{r/min}$，主动轮Ⅱ输出的功率为 $N_2 = 70\mathrm{kW}$，从动轮Ⅰ和Ⅲ传递的功率为 $N_1 = N_3 = 20\mathrm{kW}$，从动轮Ⅳ传递的功率为 $N_4 = 30\mathrm{kW}$。(1)试作轴的扭矩图；(2)若将轮Ⅱ和轮Ⅲ的位置互换，试比较扭矩图有何变化。

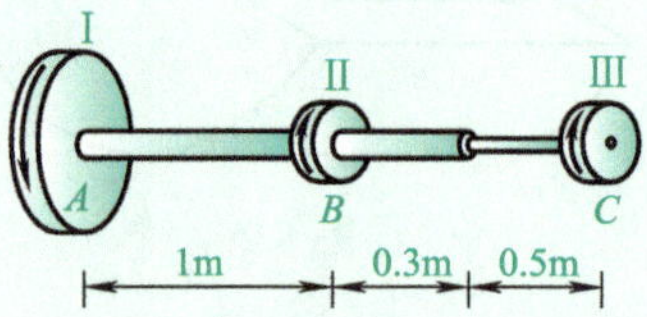

题图 8.2

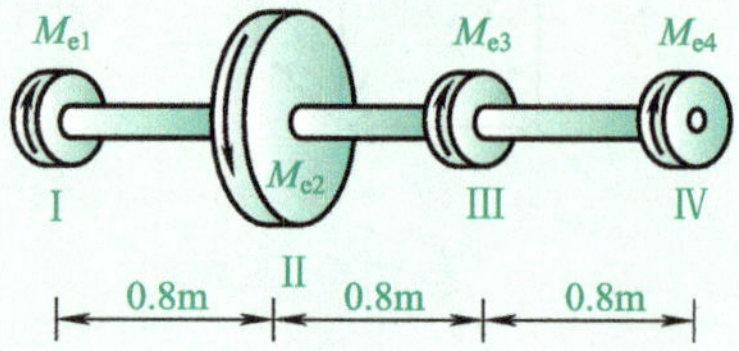

题图 8.3

8.4 题图 8.4 所示等直杆受均布力偶作用，m_e 为分布力偶集度，单位为 kN·m/m，试作扭矩图。

8.5 试作题图 8.5 所示等直杆的扭矩图。图中 m_e 为分布力偶集度，单位为 kN·m/m。

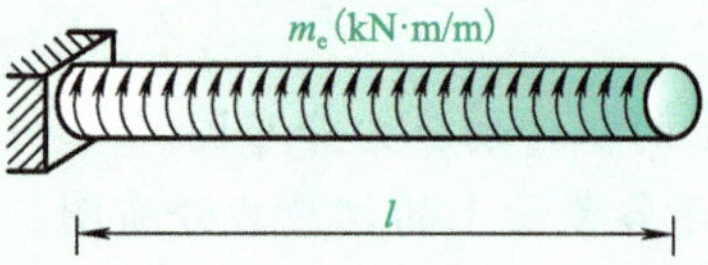

题图 8.4

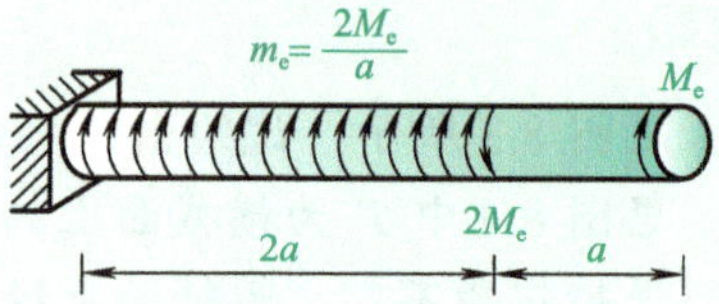

题图 8.5

8.6 题图 8.6 所示一实心圆轴，直径 $d = 10\ \mathrm{cm}$，自由端所受外扭矩 $M_e = 14\ \mathrm{kN·m}$。(1)试计算横截面上 E 点($\rho = 3\ \mathrm{cm}$)的切应力以及横截面上的最大切应力。(2)若材料的切变模量 $G = 0.79\times10^5\ \mathrm{MPa}$，试求 B 截面相对于 A 截面以及 C 截面相对于 A 截面的相对扭转角。

8.7 题图 8.7 所示等直圆轴，已知 $d = 4\mathrm{cm}$，$a = 40\mathrm{cm}$，$G = 0.8\times10^5\ \mathrm{MPa}$，$\varphi_{DB} = 1°$。试求：(1)最大切应力；(2)截面 A 相对于 C 截面的扭转角。

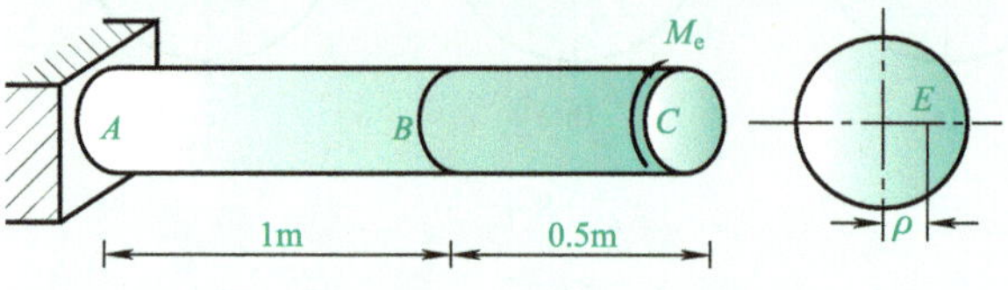

题图 8.6

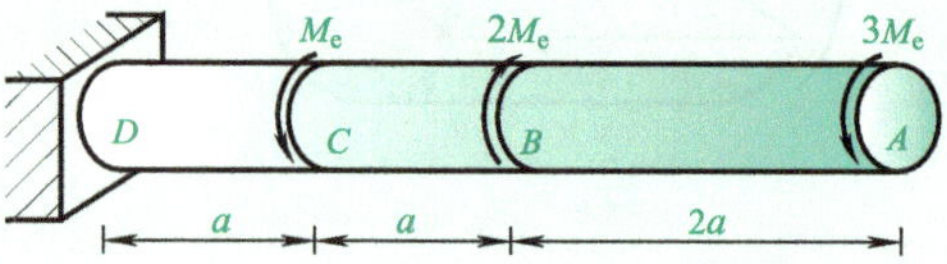

题图 8.7

8.8 题图 8.8 所示传动轴的转速 $n = 120\ \mathrm{r/min}$，从飞轮 A 输入的功率 $N_1 = 60\mathrm{kW}$，此功率的一半通过伞齿轮输出，另一半由 B 轮输出。已知两伞齿轮的节圆直径分别为 $D_1 = 600\mathrm{mm}$、$D_2 = 240\mathrm{mm}$，各轴直径分别为 $d_1 = 100\mathrm{mm}$、$d_2 = 60\mathrm{mm}$、$d_3 = 80\mathrm{mm}$，许用切应力$[\tau] = 20\mathrm{MPa}$。试校核各轴的扭转剪切强度。

8.9 题图 8.9 所示薄壁圆管，平均半径 $r_0 = 30\mathrm{mm}$，壁厚 $\delta = 2\mathrm{mm}$，长度 $l = 300\mathrm{mm}$。当扭矩 $M_x = 1.2\mathrm{kN·m}$ 时，测得左右两截面的相对扭转角 $\varphi = 0.76°$，试计算材料的切变模量 G 以及横截面上的切应力。

8.10 题图 8.10 所示一实心圆轴，直径 $d = 50\ \mathrm{mm}$，自由端所受外扭矩 $M_e = 12\ \mathrm{kN·m}$。扭转后，轴表面上一点 A 沿周向移动到 A'点，测量得 A 与 A' 之间的弧距 $S = 6.3\ \mathrm{mm}$，已知材料的弹性模量 $E = 2.0\times10^5\ \mathrm{MPa}$，试求切变模量 G 和横向变形系数 μ。

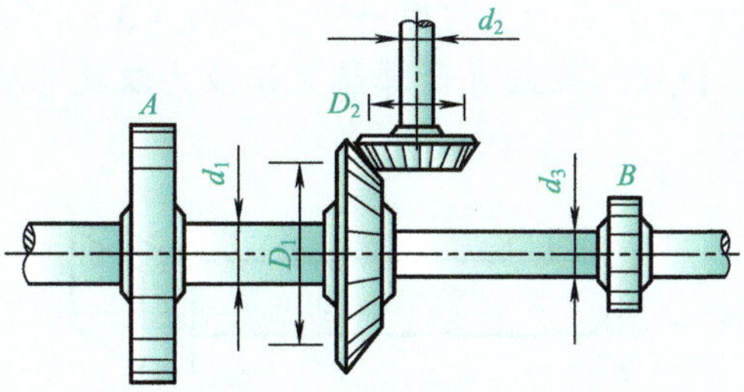

题图 8.8

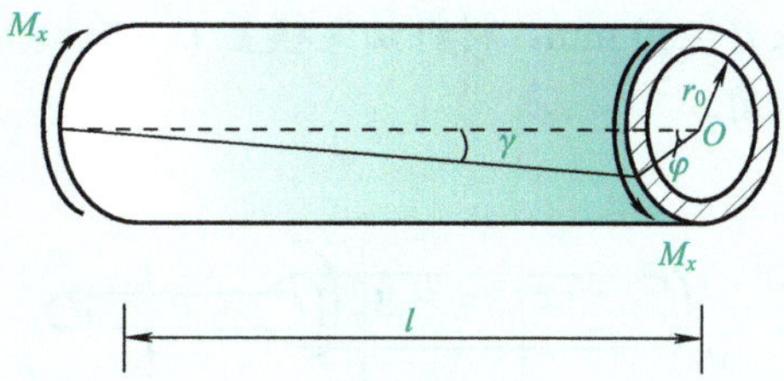

题图 8.9

8.11　题图 8.11 所示阶梯形圆轴，$d_1 = 70\text{mm}$，$d_2 = 50\text{mm}$，轮 II 为主动轮，转速 $n = 100\ \text{r/min}$。已知材料许用切应力$[\tau] = 80$ Mpa，试求主动轮所能输入的最大功率(kW)。

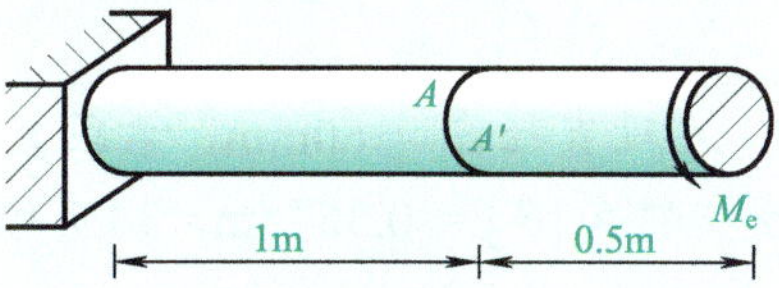

题图 8.10

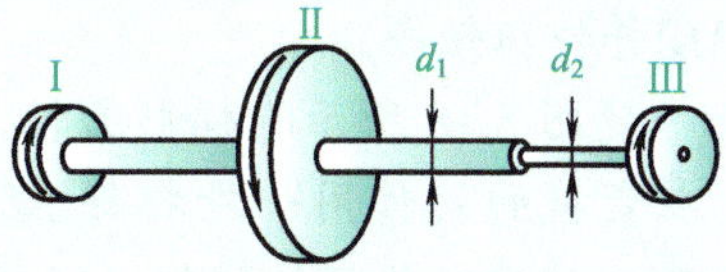

题图 8.11

8.12　题图 8.12 所示直径为 d_1 的实心圆轴与内外径之比 $d_2/D_2 = 0.6$ 的空心圆轴通过牙嵌连接，已知转速 $n = 100\ \text{r/min}$，传递的功率 $N = 8.5\ \text{kW}$，许用切应力$[\tau] = 80\text{MPa}$，试求两个轴的横截面面积。

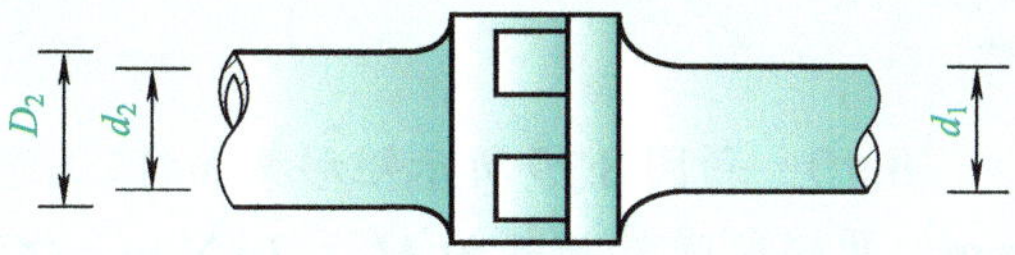

题图 8.12

8.13　如题图 8.13 所示，空心圆轴的内外径之比 $d_2/D_2 = 0.8$，实心圆轴的直径为 d_1，两者所用材料相同，所受扭矩也相同。试求当两根轴的最大切应力同时达到许用切应力时它们的重量比和刚度比。

8.14　如题图 8.14 所示，一左端固定的等直圆杆，其上作用着满分布力偶，分布集度为 m_e，试推导 B 截面相对于固定端的相对扭转角 φ 的公式。

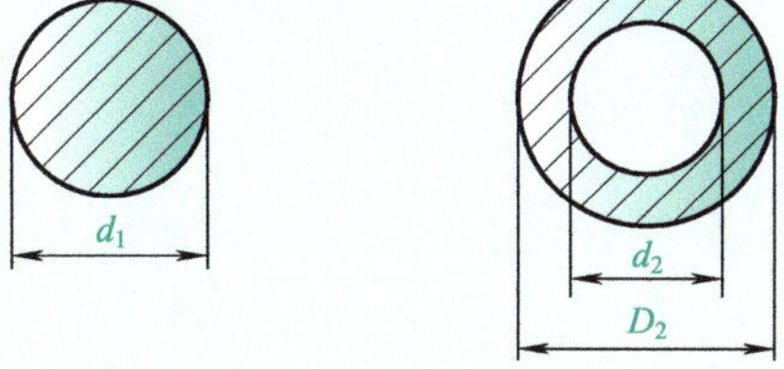

题图 8.13

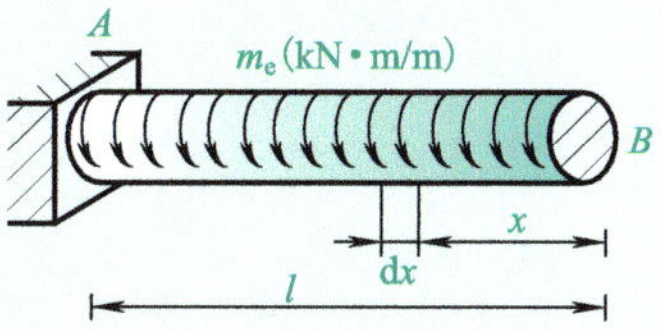

题图 8.14

8.15　阶梯形圆轴，受力如图 8.15 所示，外扭矩 $M_A = 18\text{kN·m}$，$M_B = 32\text{kN·m}$，$M_C = 14\text{kN·m}$。AE 段为空心圆截面，外径 $D = 140$ mm，内径 $d = 100$ mm；BC 段为实心圆截面，直径 $d = 100$ mm。已知$[\tau] = 80$ MPa，$[\theta]=1.2°/\text{m}$，$G = 0.8\times10^5\text{MPa}$。试校核此轴的强度和刚度。

8.16 题图 8.16 所示圆截面轴，两端刚性固结。中部 C 截面上作用一外扭矩 M_e= 3.8 kN·m，直径 d = 60 mm，材料切变模量 $G = 0.8\times10^5$ MPa，试绘扭矩图并计算最大切应力以及 C 截面的转角。

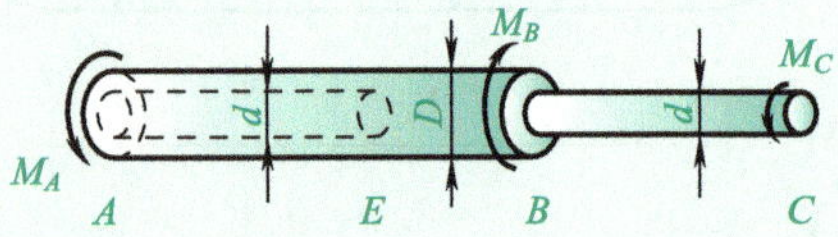

题图 8.15

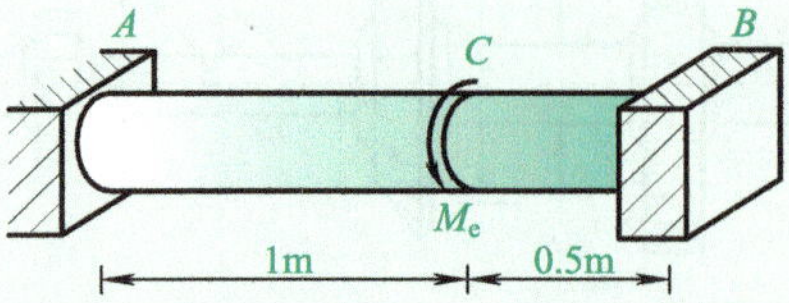

题图 8.16

8.17 题图 8.17 所示圆截面轴，两端刚性固结，其直径 d = 60 mm。材料的许用切应力 $[\tau]$ =50 MPa，许用单位扭转角 $[\theta]$ = 0.35°/m，材料切变模量 $G = 0.8\times10^5$ MPa，试确定许用外力偶矩 $[M_e]$ 并作扭矩图。

8.18 题图 8.18 所示阶梯形圆轴，两端刚性固结。左段直径 d_1 = 60mm，右段直径 d_2 = 40 mm，在变截面处作用一外扭矩 M_e。材料单位长度扭转角 $[\theta]$ = 0.35°/m，切变模量 $G = 0.8\times10^5$ MPa，试确定许可外扭矩 $[M_e]$。

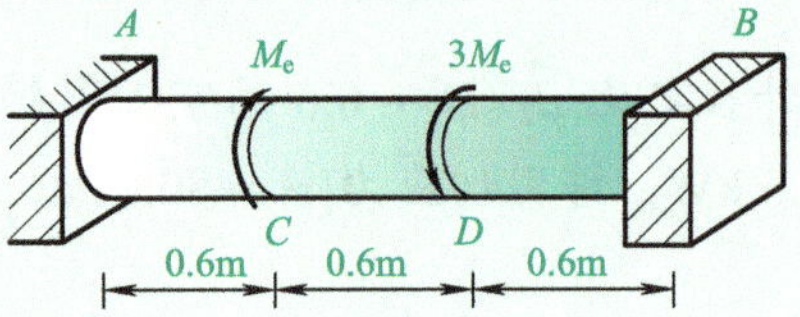

题图 8.17

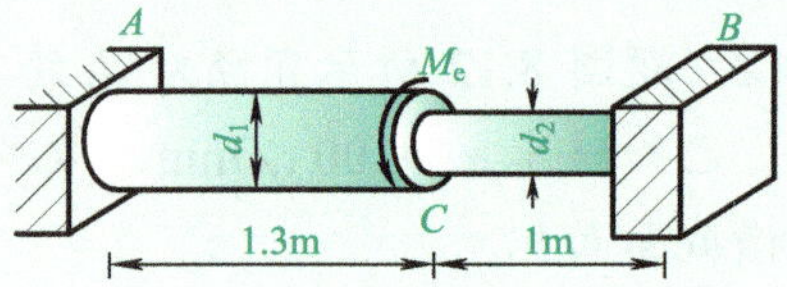

题图 8.18

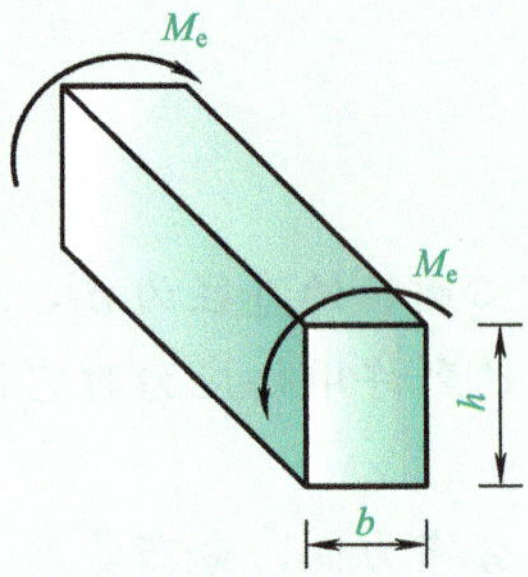

题图 8.19

8.19 题图 8.19 所示矩形截面杆，高宽分别为 h = 90 mm，b = 60 mm，两端所受外扭矩为 M_e = 2 kN·m，材料的切变模量 $G = 0.8\times10^5$ MPa。试求：(1) 杆内最大切应力的数值、位置及方向；

(2) 短边中点处的切应力；

(3) 杆的单位距离扭转角。

8.20 由同一种材料制成的圆截面杆和正方形截面杆如图 8.26 所示(设圆杆直径为 d，方杆边长为 a)，若两者所承受的扭矩相同。试求在横截面相等的条件下，两者最大切应力之比和扭转刚度之比。

第9章

弯曲应力及弯曲强度

9.1 弯曲受力概述

在第 5 章和在第 8 章讨论了杆件轴向拉压和扭转变形，现在开始讨论另一种更为复杂的基本变形，称为弯曲。例如举重运动中的杠杆，体操运动中单杠、双杠、高低杠都产生弯曲变形，如图 9.1 所示。

图 9.1

工厂中常见的桥式起重机(行车)，如图 9.2 所示，可沿轨道前后运动，起吊货物左右运动，以实现货物的吊运工作。行车由梁、电葫芦与轨道组成，可简化为如图 9.3(a)所示图形。行车梁的力学模型可简化为如图 9.3(b)所示的简支梁，其中轨道处的约束简化为固定铰链约束和活动铰链约束，梁的自重简化为沿梁轴线分布的线载荷 q，电葫芦及其起吊重物简化为一个集中载荷 F。

图 9.2

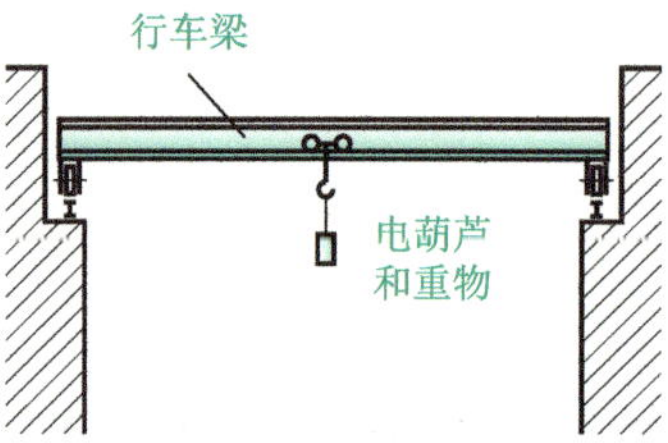

(a)

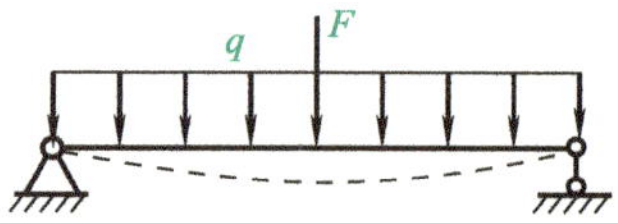

(b) 简支梁

图 9.3

可以发现，行车梁上作用的外载作用线都垂直于梁的轴线。行车梁的轴线弯曲变形后由直线变成了曲线。这类以弯曲变形为主的杆件称为梁。类似的例子还有图 9.4(a) 所示车轴以及图 9.5(a) 所示挑梁等。

梁的受力特征是：作用在梁上的所有外力都垂直于杆件的轴线。变形特征是：梁的轴线由直线变为曲线。

梁在工程设计时必须确定梁横截面的形状和尺寸、许可承载的大小、变形的大小等，故需要对梁横截面上的内力、应力和变形进行分析，建立相应的理论，以便进行强度和刚度计算。

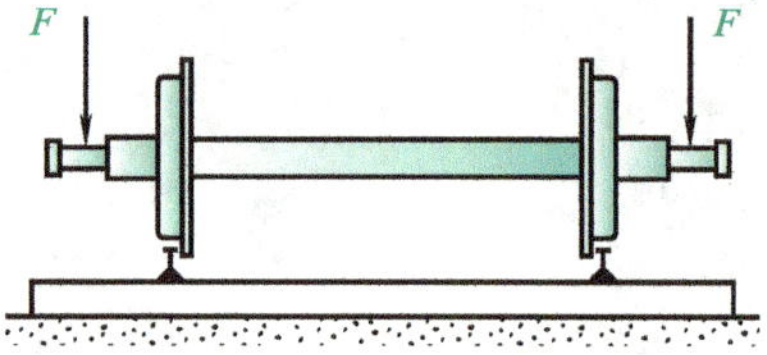

(a)

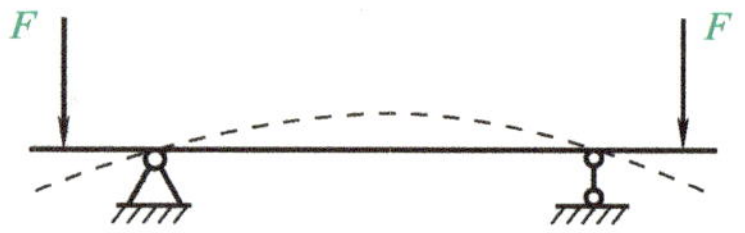

(b) 外伸梁

图 9.4

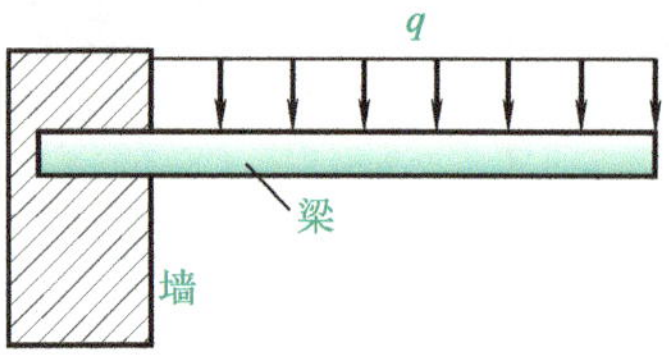

(a)

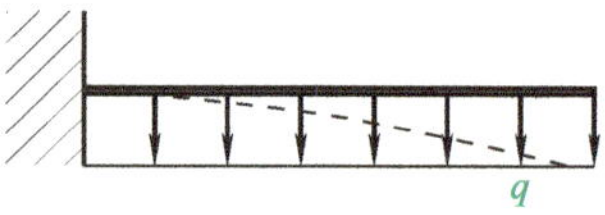

(b) 悬臂梁

图 9.5

梁的简化力学模型通常用轴线表示。根据约束的不同性质，梁的约束一般可简化为固定铰支座、活动铰支座和固定端。如图 9.3(a) 的行车梁简化为图 9.3(b) 所示一端为固定铰支座另一端为可动铰支座的梁，称为简支梁；如图 9.4(a) 所示车轴简化为 9.4(b) 所示的梁，称为外伸梁，外伸梁也可单边外伸；如图 9.5(a) 所示的挑梁简化为图 9.5(b) 所示梁，称为悬臂梁。

这些梁是静定的，故统称为静定梁。梁上的载荷一般简化为集中载荷、分布载荷和集中力偶。

工程中，梁的横截面通常采用对称形状，如矩形、梯形、圆形、工字形、T 形、Π 形等，如图 9.6 所示。这些梁存在一个纵向对称平面，如图 9.7 所示矩形截面悬臂梁中的阴影面。若所有外力均作用在此纵向对称平面内，则梁的轴线变形后仍位于纵向对称面内，这样的弯曲称为对称弯曲。一般地，若所有外力和梁变形后的轴线位于同一平面（不一定在纵向对称面），这样的弯曲则称为平面弯曲。显然对称弯曲是平面弯曲的特例。

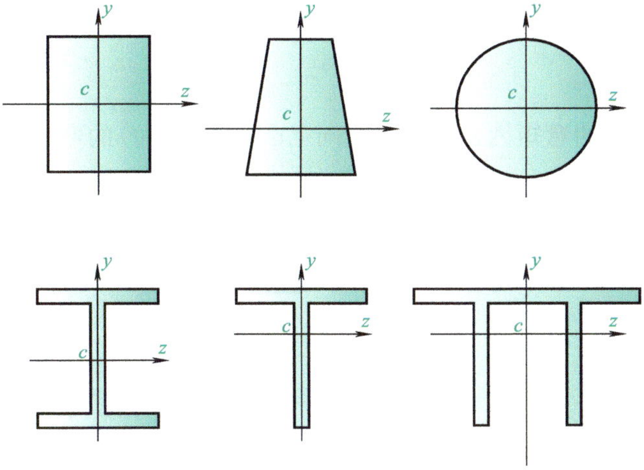

图 9.6

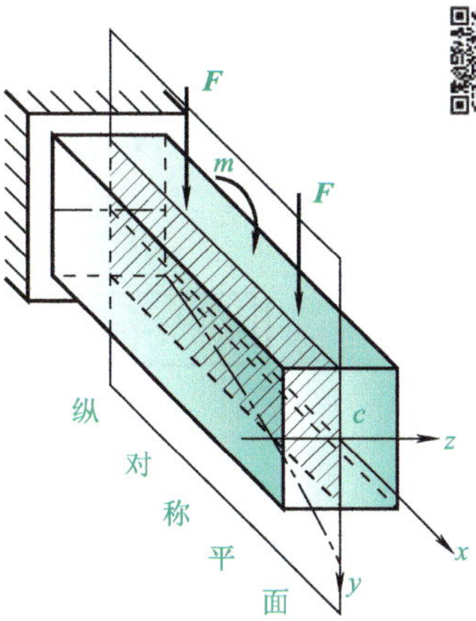

图 9.7

本章只讨论对称弯曲，并介绍对称弯曲的弯曲内力、弯曲正应力和切应力、弯曲强度计算以及弯曲变形和刚度计算。

9.2　剪力、弯矩与剪力图、弯矩图

9.2.1　剪力和弯矩

梁受外力作用，其内部将产生内力，截面上的内力用截面法根据平衡方程确定。如图 9.8(a)所示简支梁，受一个垂直于轴线的横力 F 作用，支座反力 F_A、F_B 由平衡方程求得。沿任意横截面 1-1 假想将梁截为两部分，可任取其一研究。若取左边部分研究，如图 9.8(b)所示。由于梁整体平衡，则其部分也必定平衡。在如图 9.8(b)所示的梁段上外力只有 F_A，为保证 y 方向的平衡，1-1 截面上必存在一个方向与 F_A 相反的力，该力有使梁沿横截面产生剪切错动的趋势，所以称为**剪力**，记为 F_S。F_S 和 F_A 大小相等方向相反，构成一力偶，而力偶只能与力偶平衡，因此在横截面上必定还存在一个力偶 M，此力偶使横截面产生转动而引起梁的弯曲，故称为**弯矩**。F_S 和 M 就是梁的弯曲内力，其大小由平衡方程确定。

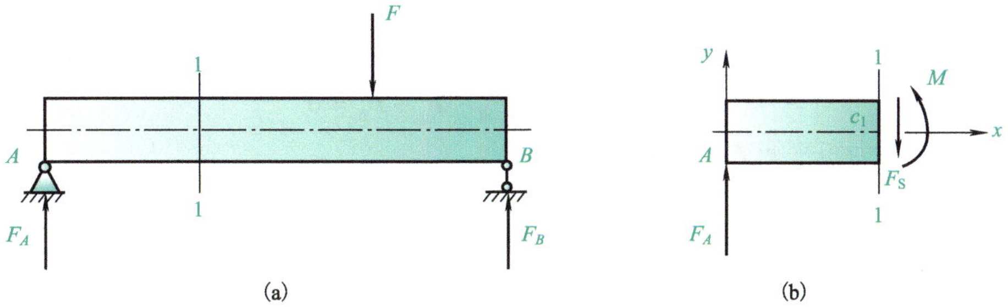

图 9.8

F_S 和 M 的正负按梁的变形情况规定如下。

1) 剪力的正负

对于一段梁，其左侧截面的剪力向上为正、向下为负；右侧截面的剪力向下为正、向上为负。还可以解释为，使梁段顺时针转动的剪力为正、使梁段逆时针转动的剪力为负，如图 9.9 所示。

2) 弯矩的正负

对于一段梁，使梁段向下凸(下部受拉)的弯矩为正；使梁段向上凸(上部受拉)的弯矩为负，如图 9.10 所示。

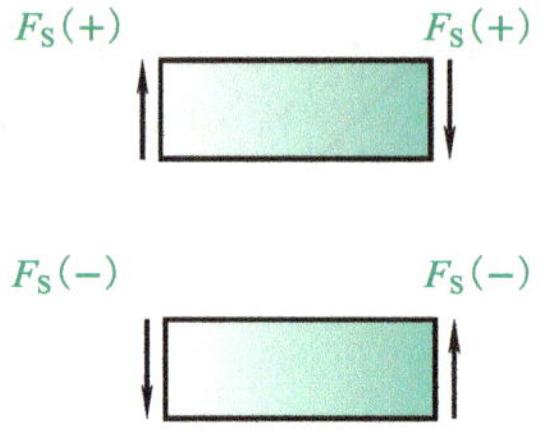

图 9.9

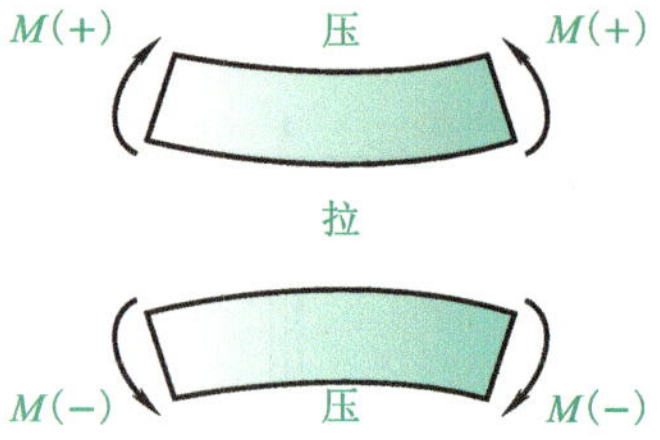

图 9.10

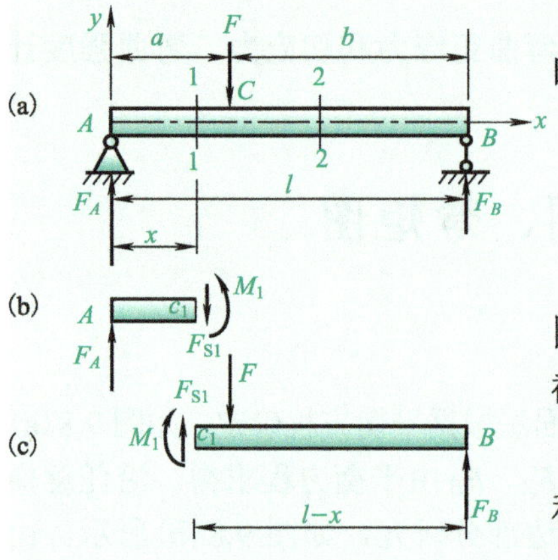

图 9.11

【例 9.1】 图 9.11(a)所示简支梁，受一个垂直于轴线的横力作用，将此梁分为两段，试求两段任意截面上的内力。

解 (1)由梁的平衡条件求得支座反力为

$$F_A=\frac{b}{l}F,\quad F_B=\frac{a}{l}F$$

(2)用截面法求内力。以点 A 为坐标原点，设坐标系如图 9.11(a)所示，在 AC 段中沿距 A 端距离为 x 的 1-1 截面截取左侧部分研究，受力分析见图 9.11(b)。由投影平衡方程

$$\sum F_y=0,\quad F_A-F_{S1}=0$$

和对截面形心 c_1 的力矩平衡方程

$$\sum M_{c1}(F)=0,\quad M_1-F_Ax=0$$

得 AC 段任意横截面的内力为

$$F_{S1}=F_A=\frac{b}{l}F\qquad(0\leqslant x<a)$$

$$M_1=F_Ax=\frac{b}{l}Fx\qquad(0\leqslant x\leqslant a)$$

若沿 1-1 截面截取右侧部分来研究，受力分析见图 9.11(c)。由投影平衡方程

$$\sum F_y=0,\quad F_{S1}-F+F_B=0$$

和对截面形心 c_1 的力矩平衡方程

$$\sum M_{c1}(F)=0,\quad -M_1-F(a-x)+F_B(l-x)=0$$

得 AC 段任意横截面的内力为

$$F_{S1}=-F_B+F=\frac{b}{l}F\qquad(0\leqslant x<a)$$

$$M_1=F_B(l-x)-F(a-x)=\frac{b}{l}Fx\qquad(0\leqslant x\leqslant a)$$

显然，由 1-1 截面两侧梁段所得同一截面的内力值应该相等。

从以上计算结果可以看出如下两个规律：

(1)任意横截面上的剪力在数值上等于该截面一侧(左或右)梁段上所有外力的代数和。使梁段顺时针转动的外力在该截面产生正剪力，反之则产生负剪力。

(2)任意横截面上的弯矩在数值上等于该截面一侧梁段上所有外力对该截面形心之矩的代数和。使梁段下部受拉的力(力偶)产生正弯矩，反之则产生负弯矩。

根据以上规则，可以直接得出 2-2 截面的内力，设 2-2 截面距 A 端的距离为 x，有

$$F_{S2}=-F_B=-\frac{a}{l}F \qquad (a<x\leqslant l)$$

$$M_2=F_B(l-x)=\frac{a}{l}F(l-x) \qquad (a\leqslant x\leqslant l)$$

【例 9.2】 图 9.12(a)所示简支梁，受一集中力偶作用，力偶将梁分为两段，试求各段任意横截面上的内力。

解　(1)求支座反力 F_A、F_B。对图 9.12(a)所示的梁列平衡方程

$$\sum M_B(F)=0,\qquad M-F_A\times l=0$$

得

$$F_A=\frac{M}{l}$$

因为力偶只能与力偶平衡，F_A、F_B 必构成力偶，所以

$$F_B=F_A=\frac{M}{l}$$

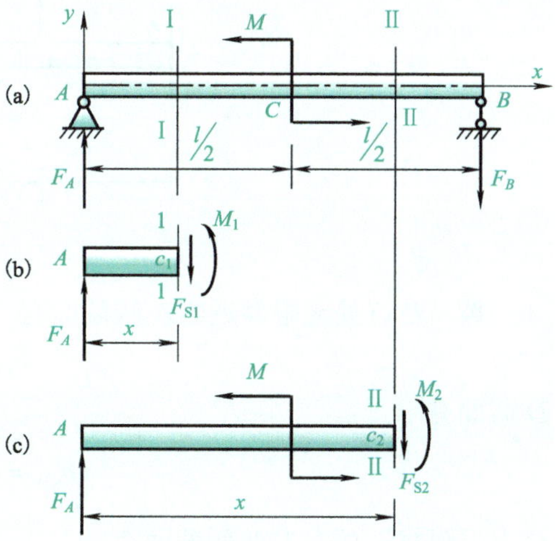

图 9.12

(2)求内力。设坐标系如图 9.12 所示，在 AC 段中沿距 A 端距离为 x 的 I-I 截面截取左侧部分来研究，受力分析见图 9.12(b)。由平衡方程

$$\sum F_y=0,\qquad F_A-F_{S1}=0$$

$$\sum M_{c1}(F)=0,\quad M_1-F_Ax=0$$

得 AC 段任意横截面上的内力为

$$F_{S1}=F_A=\frac{M}{l} \qquad (0\leqslant x\leqslant \frac{l}{2})$$

$$M_1=F_Ax=\frac{M}{l}x \qquad (0\leqslant x<\frac{l}{2})$$

在 CB 段中沿距 A 端距离为 x 的 II-II 截面截取左侧部分来研究，见图 9.12(c)，由平衡方程

$$\sum F_y=0,\qquad F_A-F_{S2}=0$$

$$\sum M_{c2}=0,\quad M_2+M-F_Ax=0$$

得 CB 段任意横截面的内力为

$$F_{S2}=F_A=\frac{M}{l} \qquad (\frac{l}{2}\leqslant x\leqslant l)$$

$$M_2=F_Ax-M=-\frac{M}{l}(l-x) \qquad (\frac{l}{2}<x\leqslant l)$$

如果以Ⅱ-Ⅱ截面右侧梁段上的外力来求该截面的内力，根据上述规律可直接得

$$F_{S2}=F_B=\frac{M}{l} \qquad (\frac{l}{2}\leqslant x\leqslant l)$$

$$M_2=-F_B(l-x)=-\frac{M}{l}(l-x) \qquad (\frac{l}{2}<x\leqslant l)$$

利用以上归纳的两条规律，以后可不必再截取分离体和列平衡方程而直接写出任意截面的剪力和弯矩。

【例 9.3】 图 9.13 所示悬臂梁，直接写出各标注截面的剪力值和弯矩值。

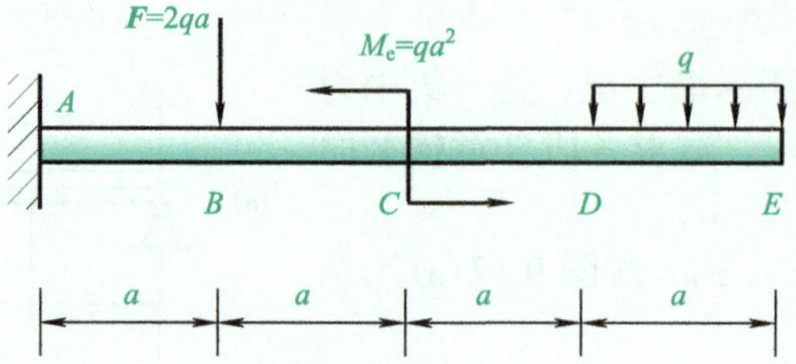

图 9.13

解 E 点处无限靠近的左侧截面有

$$F_{SE}^{-}=0, \quad M_E^{-}=0$$

D 截面有

$$F_{SD}=qa, \quad M_D=-\frac{1}{2}qa^2$$

C 点无限靠近的左右两侧截面有

$$F_{SC}^{+}=F_{SC}^{-}=qa$$

$$M_C^{+}=-\frac{3}{2}qa^2,$$

$$M_C^{-}=qa^2-\frac{3}{2}qa^2=-\frac{1}{2}qa^2$$

B 点无限靠近的左右两侧截面有

$$F_{SB}^{+}=qa, \quad F_{SB}^{-}=3qa^2$$

$$M_B=qa^2-\frac{5}{2}qa^2=-\frac{3}{2}qa^2$$

A 端无限靠近的右侧截面有

$$F_{SA}^{+}=3qa$$

$$M_A^{+}=-2qa^2+qa^2-\frac{7}{2}qa^2=-\frac{9}{2}qa^2$$

从以上结果能够发现这些截面内力值的特点，请读者自行总结归纳。

9.2.2 剪力图和弯矩图

从上面的例题可知，梁横截面上的剪力和弯矩一般随截面位置的变化而变化，是横截面位置坐标 x 的函数，表示为

$$\begin{cases} F_S = F_S(x) \\ M = M(x) \end{cases}$$

分别称为梁的剪力方程和弯矩方程，或统称为梁的内力方程，它们表达了剪力和弯矩沿轴线的变化规律。

以对应梁各横截面位置的 x 轴为横坐标，内力为纵坐标建立坐标系，可画出剪力和弯矩沿梁轴线的变化曲线，分别称为剪力图和弯矩图。由剪力图和弯矩图可以方便地确定梁中的最大剪力和弯矩及其所在截面的位置。这是对梁进行强度、刚度分析的重要依据。

【例 9.4】 图 9.14(a)所示悬臂梁，在自由端受一集中力 $\boldsymbol{F}$ 作用，试作此梁的内力图。

解　为统一起见，均将梁的左端定为 x 轴的原点，坐标指向右。应用简便方法，直接写出距原点为 x 的任意横截面上的剪力和弯矩，便是梁的剪力方程和弯矩方程为

$$\begin{cases} F_S(x) = -F & (0 \leqslant x \leqslant l) \quad \text{(a)} \\ M(x) = -Fx & (0 \leqslant x \leqslant l) \quad \text{(b)} \end{cases}$$

然后根据方程作图。式(a)表明整段梁各横截面上的剪力均为 $-F$，所以剪力图线画在 x 轴的下方，图形为一水平直线，如图 9.14(b)所示；式(b)表明弯矩是截面位置 x 的线性函数，自由端的弯矩值为零，无限靠近固端截面上的弯矩值为 $-Fl$，所以图形是一条斜直线，画在 x 轴的下方，如图 9.14(c)所示。另外可看出，无限靠近固定端的剪力和弯矩值在数值上就等于固定端约束反力的数值。

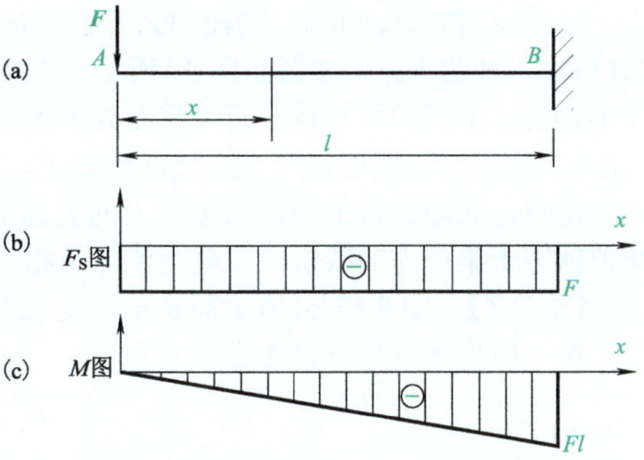

图 9.14

【例 9.5】 图 9.15(a)所示悬臂梁受集度为 q 的均布载荷作用，试作此梁的内力图。

解　运用简便方法，直接写出梁的剪力方程和弯矩方程为

$$\begin{cases} F_S(x) = -qx & (0 \leqslant x \leqslant l) \quad \text{(a)} \\ M(x) = -qx \cdot \dfrac{x}{2} = -\dfrac{1}{2}qx^2 & (0 \leqslant x \leqslant l) \quad \text{(b)} \end{cases}$$

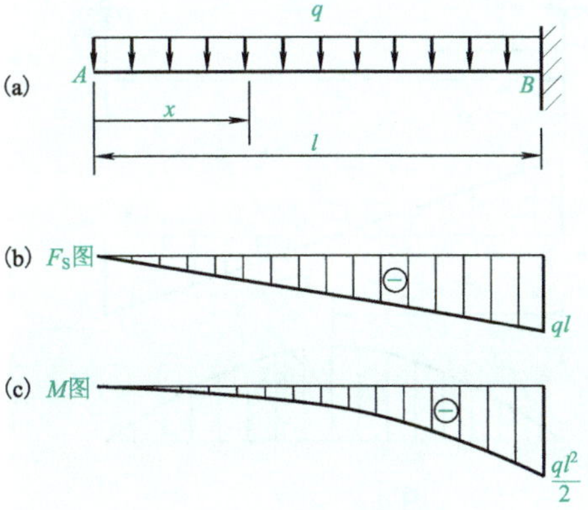

图 9.15

式(a)表明剪力沿截面线性变化，自由端的剪力为零，无限靠近固定端横截面上的剪力为 $-ql$，所以图形为一斜直线，画在 x 轴的下方，如图 9.15(b)所示。

式(b)表明弯矩沿截面按抛物线规律变化，自由端的弯矩为零，无限靠近固定端横截面上的弯矩值为 $-ql^2/2$，图形画在 x 轴的下方，如图 9.15(c)所示。

以 x 轴为基准，正值画在其上方，负值画在下方，并在图上注明正负号。这样也可以略去坐标轴不画，标注特殊截面的内力值时可省去正负号。另外还可看出，自由端无集中力时，该处的剪力为零；自由端无集中力偶时，该处的弯矩值为零。

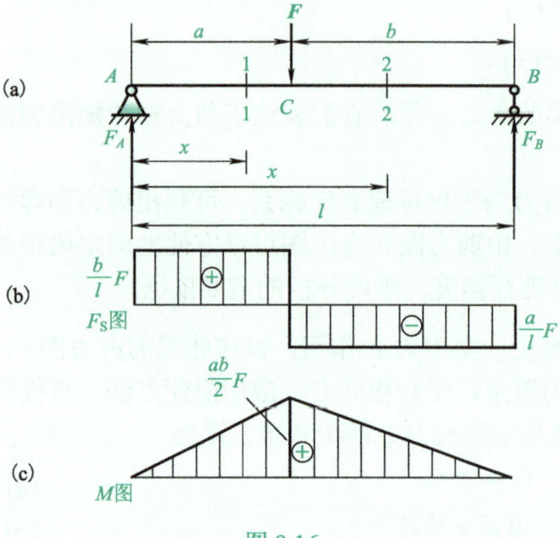

图 9.16

【例 9.6】 图 9.16(a)所示简支梁，受一集中力 F 作用，试作此梁的内力图。

解 首先由梁的平衡条件求得支反力为

$$F_A=\frac{b}{l}F,\qquad F_B=\frac{a}{l}F$$

然后写出梁的内力方程为

AC 段：只看 1-1 截面左边的力，有

$$\begin{cases}F_{S1}(x)=F_A & (0\leqslant x<a) & \text{(a)}\\ M_1(x)=F_Ax & (0\leqslant x\leqslant a) & \text{(b)}\end{cases}$$

CB 段：只看 2-2 截面右边的力，有

$$\begin{cases}F_{S2}(x)=-F_B & (a<x\leqslant l) & \text{(c)}\\ M_2(x)=F_B(l-x) & (a\leqslant x\leqslant l) & \text{(d)}\end{cases}$$

由式(a)和式(c)可知，两段剪力方程都是常数，图形都是水平直线，AC 段在 x 轴的上方，CB 段在 x 轴的下方，如图 9.16(b)所示。由式(b)和式(d)可知，两段弯矩都是 x 的线性函数，图形为斜率不同的斜直线；两端截面处因无集中力偶，弯矩为零，分段截面 C 处的弯矩值为 abF/l，所以用直线连接三个点便得弯矩图，如图 9.16(c)所示。从内力图可以看出，在集中力作用点，无限靠近的两侧横截面上的剪力值不相等，即剪力图不连续而发生突变，突变跳跃值就等于集中力的数值，而弯矩值却是相等的。

【例 9.7】 图 9.17(a)所示简支梁，受集度为 q 的均布载荷作用，试作此梁的内力图。

解 由平衡条件求得支座反力为

$$F_A=F_B=\frac{ql}{2}$$

写出距左端为 x 的任意横截面上的剪力和弯矩，便得梁的剪力方程和弯矩方程为

$$\begin{cases}F_S(x)=F_A-qx=\frac{1}{2}ql-qx & (0\leqslant x\leqslant l) & \text{(a)}\\ M(x)=F_Ax-qx\cdot\frac{x}{2}=\frac{1}{2}qlx-\frac{1}{2}qx^2 & (0\leqslant x\leqslant l) & \text{(b)}\end{cases}$$

式(a)表明各截面的剪力随 x 线性变化，图形呈斜直线，无限靠近两端截面上剪力的绝对值相等而符号相反，用直线连接两点便得剪力图，如图 9.17(b)所示。

式(b)表明，弯矩图为抛物线，令弯矩方程关于 x 的一阶导数等于零，即

$$\frac{\mathrm{d}M(x)}{\mathrm{d}x}=F_A-qx=\frac{1}{2}ql-qx=0$$

得极值点坐标为

$$\bar{x}=\frac{l}{2}$$

在极值点，弯矩的二阶导数为

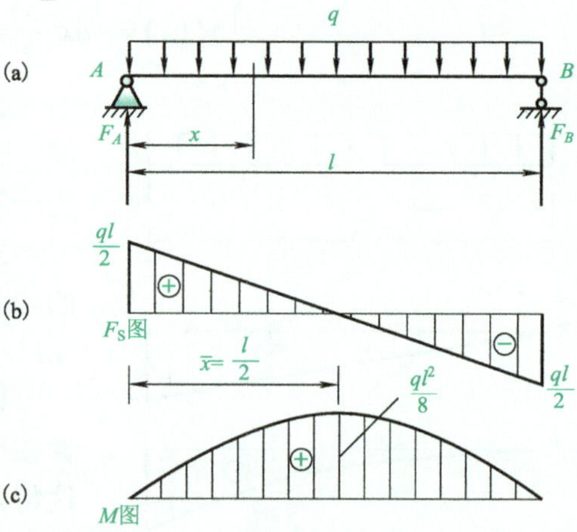

图 9.17

$$\left.\frac{d^2M(x)}{dx^2}\right|_{x=\frac{l}{2}}=-q<0$$

表明有极大值为

$$M_{max}=M(\bar{x})=\frac{1}{8}ql^2$$

在两端点，弯矩值为零。用曲线连接两端点和极值点便得弯矩图，如图 9.17(c)所示。从此例可以发现，弯矩方程关于 x 的一阶导数等于剪力方程；在弯矩的极值点处，剪力值为零，这个结论是否具有普遍意义将在 9.3 节中讨论。

【例 9.8】 图 9.18(a)所示简支梁，受一集中力偶 M 作用，试作此梁的内力图。

解　由平衡方程求得支座反力为

$$F_A=\frac{M}{l},\qquad F_B=-F_A=-\frac{M}{l}$$

分别写出两段梁的内力方程为

AC 段：

$$\begin{cases}F_{S1}(x)=F_A=\dfrac{M}{l} & (0\leqslant x\leqslant a) \quad \text{(a)}\\ M_1(x)=F_Ax=\dfrac{M}{l}x & (0\leqslant x< a) \quad \text{(b)}\end{cases}$$

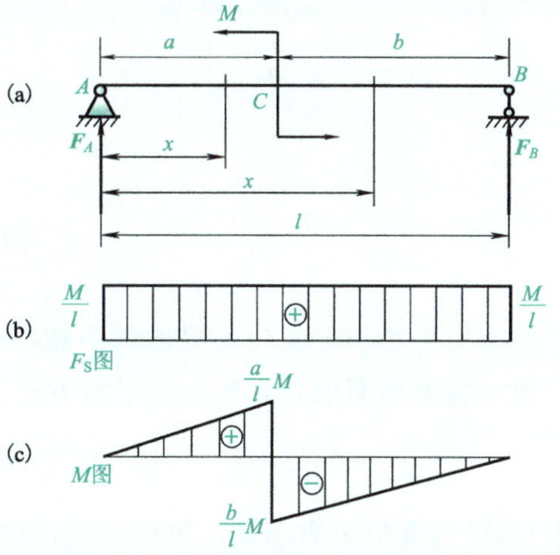

图 9.18

CB 段：

$$\begin{cases}F_{S2}(x)=F_A=-F_B=\dfrac{M}{l} & (a\leqslant x\leqslant l) \quad \text{(c)}\\ M_2(x)=F_Ax-M=F_B(l-x)=-\dfrac{M}{l}(l-x) & (a< x\leqslant l) \quad \text{(d)}\end{cases}$$

由式(a)和式(c)可看出，两段的剪力方程为同一常数，所以两段图形为同一条水平直线。由式(b)和式(d)可知，两段的弯矩呈线性变化，图形为斜率相同的两条斜直线；两端点处弯矩为零；在集中力偶作用点无限靠近的两侧截面弯矩值不相同，即弯矩图不连续而发生突变，突变跳跃值就等于集中力偶矩的数值，而剪力图则是光滑连续的。

9.3　剪力、弯矩与分布载荷集度之间的微分关系

9.3.1　剪力、弯矩与分布载荷集度之间的关系

设某段梁上作用着连续分布的载荷 $q(x)$，如图 9.19(a)所示，规定向上为正、向下为负。从梁中任取一微段进行受力分析，如图 9.19(b)所示，在微段长度 dx 范围内可忽略载荷的变化而视为均布载荷；右侧截面的内力相对于左侧截面多一项增量。

对分离体列平衡方程，由

$$\sum F_y=0,\qquad F_S(x)-\left[F_S(x)+dF_S(x)\right]+q(x)dx=0$$

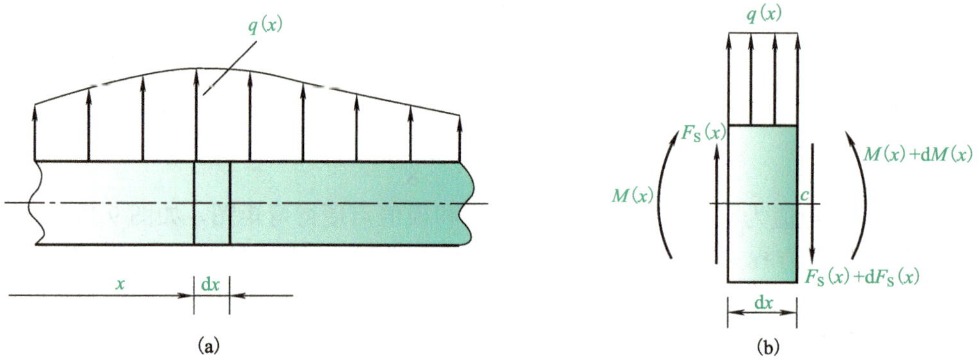

图 9.19

得

$$\frac{dF_S(x)}{dx}=q(x) \tag{9.1}$$

即，剪力方程关于 x 的一阶导数等于载荷分布函数。

再对右侧截面形心 c 列力矩平衡方程为

$$\sum m_c(F)=0, \quad [M(x)+dM(x)]-M(x)-F_S(x)dx+\frac{1}{2}q(x)(dx)^2=0$$

其中 $(dx)^2$ 为高阶无穷小量，可以略去，便得

$$\frac{dM(x)}{dx}=F_S(x) \tag{9.2}$$

即，弯矩方程关于 x 的一阶导数等于剪力方程。

将(9.2)式代入(9.1)式又可得

$$\frac{d^2M(x)}{dx^2}=q(x) \tag{9.3}$$

即，弯矩方程关于 x 的两阶导数等于分布载荷函数。

以上推导表明，上述微分关系是普遍成立的。若载荷分段连续，那么微分关系则分段成立。

9.3.2 微分关系的运用

从高等数学可知，一阶导数的几何意义是曲线的切线斜率，所以剪力图上某点处的切线斜率等于该点处的分布载荷集度的数值；弯矩图上某点处的切线斜率等于该点处的剪力的数值。此外，二阶导数的正、负可用来判断曲线的凸凹方向。

根据上述微分关系，若已知某段梁上的载荷分布情况，便可知其内力方程的形式以及内力图的基本形状。现将弯矩、剪力与载荷间的关系以及剪力图和弯矩图的一些基本特征归纳整理为表 9.1，以备作图时查用。

表 9.1 载荷、内力方程及内力图的关系

载荷	内力方程	图形
某段上无载荷 $q(x)=0$	剪力 $F_S(x)=$ 常数	水平线
	弯矩为 x 的一次函数 $M(x)\sim x$	斜直线 或
均布载荷段 $q(x)=$ 常数	$F_S(x)\sim x$	斜直线 或
	弯矩为 x 的二次函数 $M(x)\sim x^2$	抛物线
线性分布载荷段 $q(x)\sim x$	剪力为 x 的二次函数 $F_S(x)\sim x^2$	抛物线
	弯矩为 x 的三次函数 $M(x)\sim x^3$	三次抛物线
载荷向下 $q(x)<0$	$\frac{dF_S(x)}{dx}<0$	剪力图斜率为负
	$\frac{d^2M(x)}{dx^2}<0$	弯矩图向上凸 或
	在 $F_S(x)=0$ 处	弯矩图有极大值
载荷向上 $q(x)>0$	$\frac{dF_S(x)}{dx}>0$	剪力图斜率为正
	$\frac{d^2M(x)}{dx^2}>0$	弯矩图向下凹 或
	在 $F_S(x)=0$ 处	弯矩图有极小值

注：表中不可能罗列所有的规律和特点，建议读者在做题过程中不断地归纳和总结。

在了解了内力图的基本形状和特征之后，作图的关键在于确定特殊截面的内力值。一般，梁总是由一些特殊截面分为若干段。所谓特殊截面是指，梁的左右端截面、集中力作用点对应的截面、集中力偶作用点对应的截面以及分布载荷的起点和终点对应的截面等。从前面的例题中已经分析了这些特殊截面内力值的特点，归纳如下四点：

1) 自由端

在靠近自由端的截面上，剪力值等于自由端处的集中力数值，无集中力则剪力为零；自由端的弯矩值等于自由端处的集中力偶矩的数值，无集中力偶则弯矩为零。

2) 集中力作用点

在集中力作用点对应的截面两侧，剪力图有突变，突变跳跃值等于集中力的数值；弯矩值不变，弯矩图呈现角点。

3) 集中力偶作用点

在集中力偶作用点对应的截面两侧，弯矩图有突变，突变跳跃值等于集中力偶矩的数值；剪力图光滑连续。

4)分布载荷的端点

在分布载荷的端点，剪力图和弯矩图一般会发生转折，呈现角点。

在确定了特殊截面的内力值之后，根据微分关系及表 9.1 所示的载荷-图形关系，可直接绘出梁的内力图。除特殊情况外，一般无须再写出内力方程。

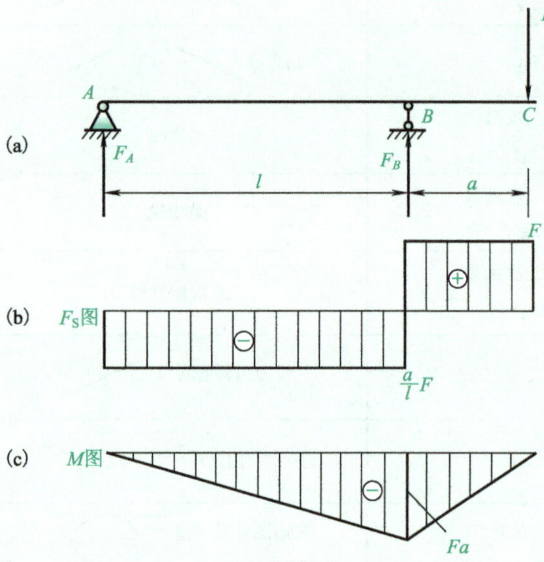

图 9.20

【例 9.9】 图 9.20(a)所示右端外伸梁，在外伸端作用一集中力 F，试利用微分关系直接画出梁的内力图。

解 一般情况下都必须首先求支座反力。列平衡方程为

$$\sum m_B(F)=0,\quad F\times a+F_A\times l=0$$

$$\sum m_A(F)=0,\quad F_A\times l-F\times(l+a)=0$$

解得

$$F_A=-\frac{a}{l}F\quad（实际方向向下）,$$

$$F_B=F+\frac{a}{l}F$$

AB 段内无载荷，剪力图为水平线，即各截面的剪力均等于 A 端右侧截面的剪力 F_A；BC 段内也无载荷，剪力图也为水平线，各截面的剪力值均等于 C 端左侧截面的剪力 F，据此可作出梁的剪力图，如图 9.20(b)所示；B 截面左右两侧剪力的差等于 F_B。

由于两段梁的剪力图均为水平线，所以两段梁的弯矩图均为斜直线。两端点处无集中力偶，弯矩为零，B 截面的弯矩为 $-Fa$，用两条斜直线连接三个点便得弯矩图，如图 9.20(c)所示，在 B 截面处有拐点。另外可看出，剪力图为正则弯矩图的斜率为正，剪力图为负则弯矩图的斜率为负。

【例 9.10】 图 9.21(a)所示简支梁，两个相等的集中力 F 对称作用，试利用微分关系作梁的内力图。

解 由对称性和平衡条件，可知支座反力为

$$F_A=F_B=F$$

AC 段内无载荷，剪力图为水平线，各截面的剪力均等于 A 端右侧截面的剪力 F_A；

CD 段内无载荷，剪力图应为水平线，因 C 截面右侧的剪力为零，所以各截面的剪力均为零；DB 段的剪力图应与 AC 段的剪力图反对称；据此可作梁的剪力图如图 9.21(b)所示。

A 截面无集中力偶，弯矩为零；AC 段的弯矩图为正斜率斜直线，C 点的弯矩为 Fa；CD 段剪力为零，则弯矩图为水平线，各截面的弯矩均为 Fa；DB 段的弯矩图应与 AC 段的弯矩图对称；据此可作梁的弯矩图如图 9.21(c)所示。

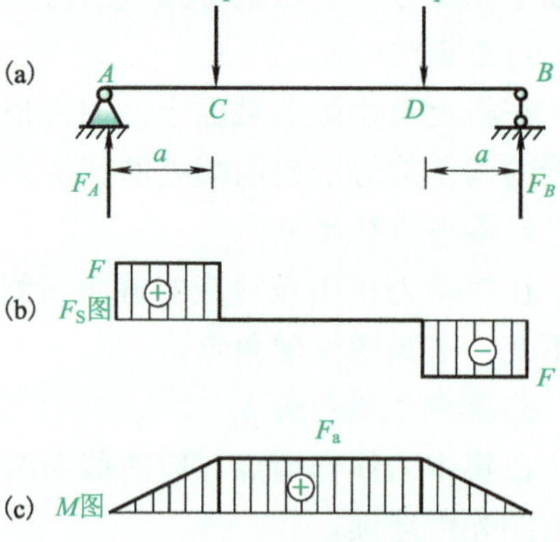

图 9.21

【例 9.11】 图 9.22(a)所示左端外伸梁，外伸部分受集度为 q 的均布载荷作用，试利用微分关系作梁的内力图。

解　由平衡条件求得支座反力为

$$F_B=\frac{5}{4}qa,\quad F_C=-\frac{1}{4}qa\quad（实际方向向下）$$

AB 段受向下的均布载荷，所以剪力图的斜率为负，斜直线从左到右向下斜。A 端无集中力，剪力为零；B 截面左侧的剪力为$-qa$；用直线连接两点便得 AB 段的剪力图。

BC 段内无载荷，剪力图为水平线，各截面的剪力均等于 C 端左侧截面的剪力值 $qa/4$。整个梁的剪力图如图 9.22(b)所示。

AB 段的弯矩图为向上凸的抛物线。A 端无集中力偶，弯矩为零；B 截面的弯矩为$-qa^2/2$；又 A 截面的剪力为零，所以弯矩图在该点有极大值；用曲线连接两点便得 AB 段的弯矩图。

BC 段的弯矩图为正斜率斜直线，C 端无集中力偶，弯矩为零。整个梁的弯矩图如图 9.22(c)所示。

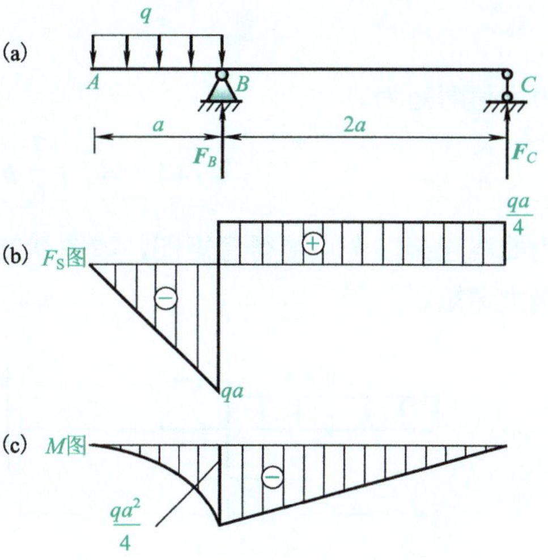

图 9.22

【例 9.12】 图 9.23(a)所示左端外伸梁，外伸端 A 作用一集中力偶 $M=qa^2$，BC 段所受均布载荷的分布集度为 q，试利用微分关系作梁的内力图。

解　由平衡方程求支座反力，即

$$\sum M_C(F)=0,\quad q\times 3a\times\frac{3}{2}a+M-F_B\times 3a=0$$

$$\sum F_y=0,\quad F_B+F_C-q\times 3a=0$$

解得

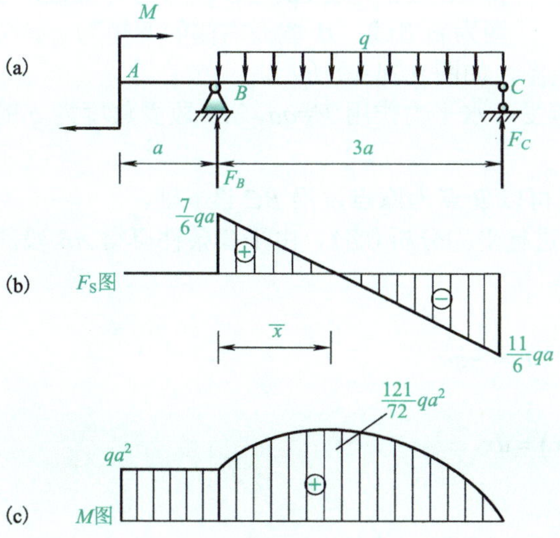

图 9.23

$$F_B=\frac{7}{6}qa,\quad F_C=\frac{11}{6}qa$$

作内力图：

AB 段内无载荷，且 A 端无集中力，所以剪力为零；BC 段受向下的均布载荷，剪力图为从左到右向下斜的斜直线，B 截面右侧的剪力为 $7qa/6$，C 端截面左侧的剪力为 $-11qa/6$，用直线连接两点便得剪力图，如图 9.23(b)所示。

AB 段的剪力为零，弯矩图为水平线，A 端有集中力偶，弯矩就等于力偶矩，所以各截面的弯矩均为 qa^2；BC 段的弯矩图为抛物线，B 截面的弯矩为 qa^2，C 端无集中力偶则弯矩为零；由剪力图利用三角形的相似性，有

$$\frac{\bar{x}}{3a-x}=\frac{\frac{7}{4}qa}{\frac{11}{6}qa}$$

得极值点距 B 的距离为

$$\bar{x}=\frac{7}{6}a$$

极大值弯矩为

$$M(\bar{x})=qa^2+\frac{7}{6}qa\times\frac{7}{6}a-\frac{1}{2}q\times\left(\frac{7}{6}a\right)^2=\frac{121}{72}qa^2$$

用曲线连接三个点便得弯矩图，如图 9.23(c)所示。注意，极大值弯矩不一定就是整个梁中的最大弯矩。

【例 9.13】 图 9.24(a)所示悬臂梁，AB 段受均布载荷，B 点作用一个集中力偶 $M=qa^2$，试作此梁的内力图。

解 从左边开始作图可无需求固定端的约反力。

AB 段受向下的均布载荷，剪力图为斜直线，A 端剪力为零，B 点的剪力为 $-qa$；BC 段内无载荷，剪力图为水平线。固定端左侧截面上剪力的数值就等于固定端反力的数值，如图 9.24(b)所示。

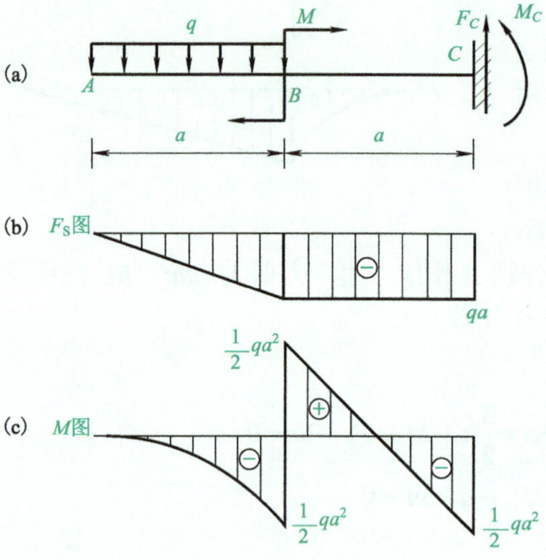

图 9.24

AB 段的弯矩图为向上凸的抛物线，A 端无集中力偶，弯矩为零；B 截面左侧的弯矩为 $-qa^2/2$；因 A 截面的剪力为零，所以弯矩图在该点有极大值；用曲线连接两点便得 AB 段的弯矩图。BC 段剪力为常数，弯矩图为斜直线，B 截面右侧的弯矩为 $qa^2/2$，固端弯矩为 $-qa^2/2$，用直线连接两点便得弯矩图，如图 9.24(c)所示。

【例 9.14】 图 9.25(a)所示平面刚架，A 端受一水平力作用 $F=qa$，AB 段受集度为 q 的均布载荷作用。试作此平面刚架的内力图。

解 首先以 A 点为原点，沿 AB 设 x 轴；再以 B 点为原点，沿 BC 设 y 轴。

在 AB 段中，在任意 x 截面截取左边部分进行受力分析(略)，由平衡条件可得 AB 段的内力方程。

轴力方程

$$F_N(x)=-F=-qa$$

剪力方程

$$F_S(x)=qx$$

弯矩方程

$$M(x)=\frac{1}{2}qx^2 \qquad (0\leqslant x\leqslant a)$$

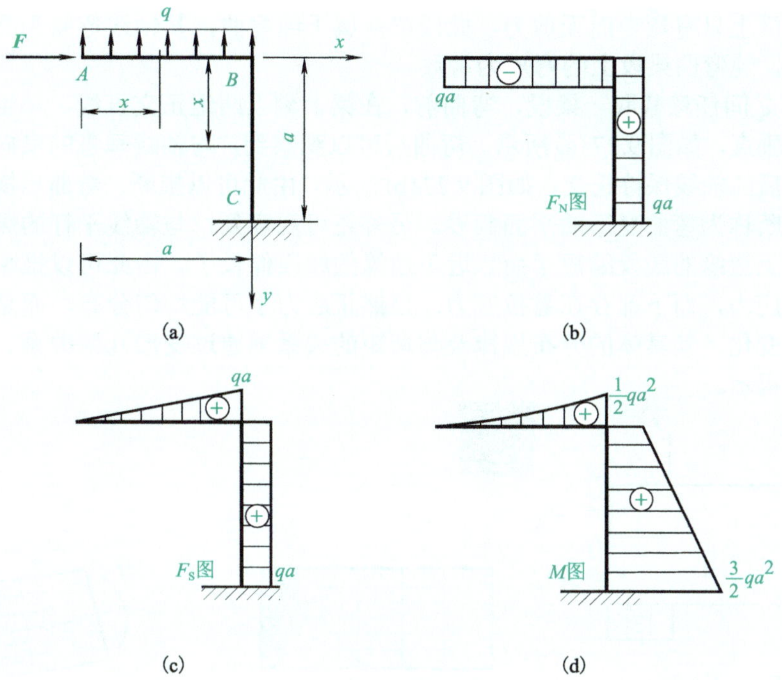

图 9.25

在 BC 段中，在任意 y 截面截取上边部分进行受力分析(略)，由平衡条件可得 BC 段的内力方程为

轴力方程：

$$F_N(y) = qa$$

剪力方程：

$$F_S(y) = F = qa$$

弯矩方程：

$$M(y) = Fy + \frac{1}{2}qa^2 = qay + \frac{1}{2}qa^2 \quad (0 \leqslant y \leqslant a)$$

根据内力方程画出内力图，也可以利用微分关系画剪力图和弯矩图，关键是求出特殊截面的内力值。

需要注意的是：平面刚架的内力往往有轴力 F_N，剪力 F_S 和弯矩 M。画轴力图和剪力图时，正值画在刚架的外侧；负值画在内侧。画弯矩图时，正值画在刚架的受压一侧；负值画在刚架的受拉一侧。都要注明正、负号。也可以假想站在刚架的内侧，分别面对每段杆，将其视为杆、轴和梁，分别遵循前面画内力图的规则来画图即可。

9.4　弯曲正应力

首先讨论对称弯曲中最简单的纯弯曲问题，推导纯弯曲时的弯曲正应力公式，再推广到横力弯曲问题中。

9.4.1　纯弯曲时梁横截面上的正应力

纯弯曲是指梁段的各横截面上只存在弯矩而没有剪力的情形。如图 9.26 所示简支梁，CD

段的各个横截面上只有弯矩而无剪力，此段梁就属于纯弯曲，其轴线弯曲为圆弧。由剪力和弯矩的关系知，纯弯曲梁段上的弯矩为常数。

在 C、D 之间任意截取一梁段，弯曲前，在梁上刻上两组正交直线，一组与轴线平行，另一组与轴线垂直，如图 9.27(a) 所示。弯曲后可以观察到，与轴线垂直的横向线仍然保持为直线且与弯曲后的轴线保持正交，如图 9.27(b) 所示。由此可以推断，弯曲后横截面依然保持为平面。此推断称为**弯曲变形的平面假设**。另外还可观察到，与轴线平行的纵向直线弯曲为圆弧，且靠近上边缘的线段缩短了而靠近下边缘的线段伸长了。由此可以推断，梁横截面的上部存在着压应力，而下部存在着拉应力。显然正应力不可能均匀分布，而是从上到下发生了由负到正的变化。其具体的分布规律及与弯矩的关系须通过变形几何关系、物理关系和静力等效关系来揭示。

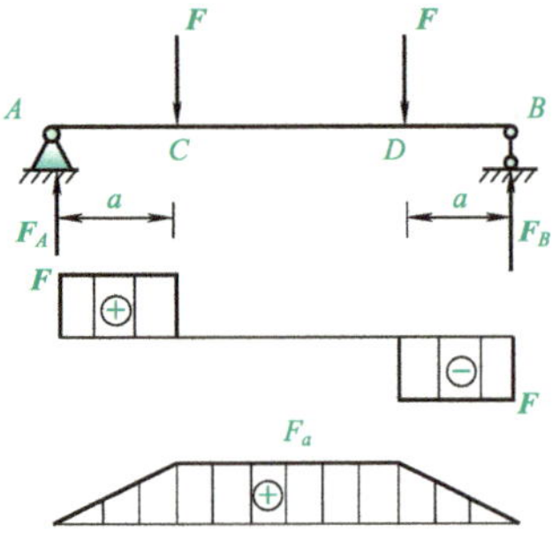

图 9.26

图 9.27

1. 变形几何关系

既然横截面保持为垂直于轴线的平面，且轴线弯曲为圆弧，若取一微段进行分析，如图 9.28(a) 所示。则相距 $\mathrm{d}x$ 的两个横截面之间将形成一个夹角 $\mathrm{d}\theta$，如图 9.28(b) 所示，下半部层线 $a-a$ 伸长并弯曲为圆弧 $\widehat{aa}$，而上半部层线 $b-b$ 缩短并弯曲为圆弧 $\widehat{bb}$。从上到下各层线由缩短变为伸长，则其间必有一层既不伸长也不缩短，这一层称为**中性层**，由 O_1-O_2 层线表示。设中性层的曲率半径为 ρ，$a-a$ 层距中性层的距离为 y，则 $a-a$ 层线的轴向线应变为

$$\varepsilon=\frac{aa-O_1O_2}{O_1O_2}=\frac{(\rho+y)\mathrm{d}\theta-\rho\mathrm{d}\theta}{\rho\mathrm{d}\theta}=\frac{y}{\rho} \tag{a}$$

式中，曲率半径 ρ 与截面上的弯矩、截面的几何性质以及材料的力学性质有关，而与 y 无关。所以可以得到如下结论：**横截面上各点的轴向线应变是该点距中性层的距离 y 的线性函数。**距中性层越远线应变的绝对值越大，越靠近中性层就越小，中性层上的轴向线应变为零。

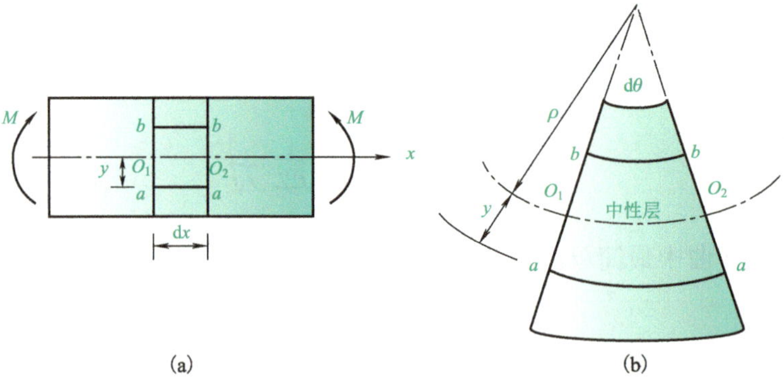

图 9.28

2. 物理关系

图 9.26 所示的梁，在远离 C、D 两点的中间梁段上可以不考虑层与层之间的挤压，横截面上各点视为单向受拉或单向受压。根据虎克定律

$$\sigma = E\varepsilon \tag{b}$$

将式(a)中的 ε 代入式(b)，得横截面上各点正应力的分布规律

$$\sigma = \frac{E}{\rho} y \tag{c}$$

可见，横截面上各点的正应力也是该点距中性层距离 y 的线性函数，距中性层最远点处的正应力绝对值最大，中性层上的正应力为零，如图 9.29 所示。

图 9.29

3. 静力等效关系

以上推导中还有两点没有确定，其一是中性层的具体层面位置，其二是中性层的曲率半径与弯矩、截面的几何性质以及材料性质之间的关系。这些问题可由静力等效关系解决。

横截面与中性层的交线为中性轴，表示为 z 轴。在横截面上距中性轴的距离为 y 的点处取一个微面积 $\mathrm{d}A$，微面积上的法向内力为 $\sigma \mathrm{d}A$，如图 9.30 所示。

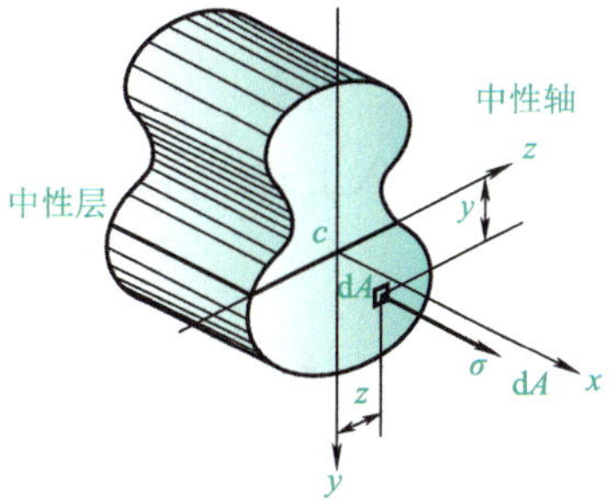

图 9.30

首先，由于整个横截面上只有弯矩而没有轴力，所以横截面上法向内力的总和为零，即

$$\int_A \sigma \mathrm{d}A = F_{\mathrm{N}} = 0$$

将式(c)代入上式，得到

$$\frac{E}{\rho}\int_A y \mathrm{d}A = 0$$

令式中 $\int_A y \mathrm{d}A = S_z$，称为横截面对中性轴的静矩或面积矩，则上式可写为

$$\frac{E}{\rho} S_z = 0$$

对于弯曲的梁来说，E/ρ 不可能为零，只可能有

$$S_z = 0$$

因横截面形心 c 的纵坐标为

$$y_c = \frac{\int_A y \mathrm{d}A}{A} = \frac{S_z}{A} = 0$$

这表明中性轴(中性层)必过形心 c。

其次，所有点的法向内力对 y 轴之矩的代数和应等于横截面上以 y 轴为转轴的侧弯矩 M_y，即

$$M_y = \int_A z\sigma \mathrm{d}A$$

将式(c)代入上式，得到

$$M_y = \frac{E}{\rho}\int_A zy \mathrm{d}A$$

令式中 $\int_A zy \mathrm{d}A = I_{yz}$，称为横截面对坐标轴 y、z 的惯性积，则有

$$M_y = \frac{E}{\rho} I_{yz}$$

由于 y 轴是对称轴，则横截面对 y、z 轴的惯性积 I_{yz} 将为零，即

$$M_y = \frac{E}{\rho} I_{yz} = 0$$

即横截面上无侧弯矩。这充分说明对称截面梁，只要所有的载荷作用在纵向对称面内，则将不会产生侧弯曲，从而保证了梁的对称弯曲。需要指出的是，若横截面左右不对称，那么即使没有外部的侧弯曲力偶，横截面上也会自然生成侧弯矩并导致侧向弯曲。

最后，所有点的法向内力对中性轴 z 之矩的代数和就应等于横截面上的弯矩，即

$$M_z = \int_A y\sigma \mathrm{d}A = M$$

将式(c)代入上式，得到

$$\frac{E}{\rho}\int_A y^2 \mathrm{d}A = M$$

令式中 $\int_A y^2 \mathrm{d}A = I_z$，称之为横截面对 z 轴的惯性矩，有关其定义、性质和计算方法将在下节讨论。由此，便得到曲率半径 ρ 与弯矩、截面的几何性质以及材料性质的关系为

$$\frac{1}{\rho} = \frac{M}{EI_z} \tag{9.4}$$

式中，EI_z 称为弯曲刚度。显然，若保持弯矩不变，则 EI_z 愈大，曲率半径越大即弯曲程度越小。将式(9.4)代入 $\sigma = Ey/\rho$，便得到横截面上任意点的纯弯曲正应力公式

$$\sigma = \frac{My}{I_z} \tag{9.5}$$

由式(9.5)可以看出，弯曲正应力与弯矩和点到中性轴的距离成正比，与横截面对中性轴的惯性矩成反比。当弯矩 M 为正时，中性层以下 y 坐标为正，应力为正，即下部受拉；中性层以上 y 坐标为负，应力为负，即上部受压。当弯矩 M 为负时，中性层以下 y 坐标为正，应力则为负，即下部受压；中性层以上 y 坐标为负，应力则为正，即上部受拉。

实际计算中不一定要进行代数计算，只需计算应力的绝对值，是拉应力还是压应力可以通过弯矩的转向以及变形的情况来判断。以弯曲的轴线为参考，凸边的应力为拉应力，凹边的应力为压应力。

9.4.2 纯弯曲理论在一般横力弯曲中的应用

如果在梁的纵向对称截面上作用着垂直于轴线的集中力、分布力以及面内力偶，梁弯曲后横截面上的内力一般同时存在弯矩和剪力，这样的弯曲称为横力弯曲。

横力弯曲时，由于剪力的存在，梁的横截面将不再保持为平面而发生翘曲，平面假设不再成立。但对于足够长的等截面直梁(通常梁跨度大于 5 倍梁高)，横力弯曲时横截面上的正

应力仍可按纯弯曲的正应力公式(9.5)进行计算，只是在这种情况下，弯矩不再为常数，一般是截面位置 x 的函数。

【例 9.15】 截面为 No.24b 工字钢梁受力如图 9.31(a)所示，试求梁上的最大拉应力和最大压应力。

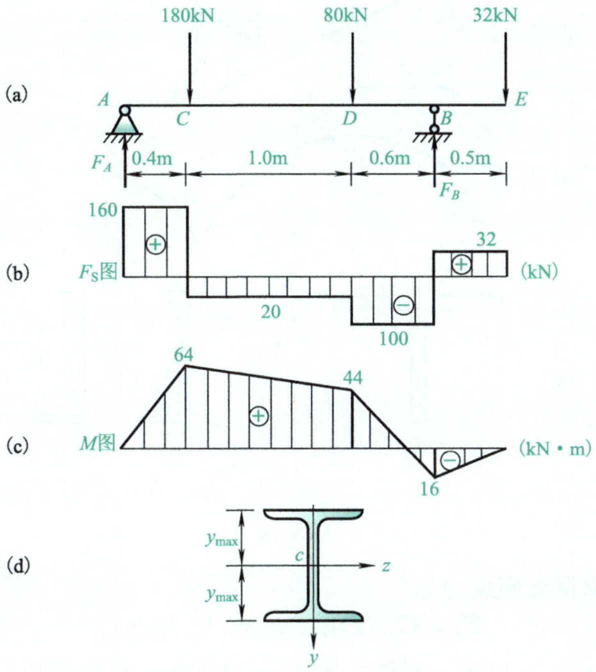

图 9.31

解　先由平衡方程求出支座反力为

$$F_A = 160(\text{kN}),\quad F_B = 132(\text{kN})$$

作弯矩图，如图 9.31(c)所示。可见，C 截面的弯矩值最大为

$$M_{\max} = 64(\text{kN}\cdot\text{m})$$

查型钢表，得 No.24 b 工字钢的惯性矩和截面尺寸分别为

$$I_z = 4570(\text{cm}^4),\quad y_{\max} = 12(\text{cm})$$

最大拉应力发生在 C 截面的下边缘，根据式(9.5)，有

$$\sigma_{\text{t}\max} = \frac{M_{\max} y_{\max}}{I_z} = \frac{64\times10^3\times12\times10^{-2}}{4570\times10^{-8}} = 168(\text{MPa})$$

最大压应力发生在 C 截面的上边缘，有

$$\sigma_{\text{c}\max} = \frac{M_{\max} y_{\max}}{I_z} = \frac{64\times10^3\times12\times10^{-2}}{4570\times10^{-8}} = 168(\text{MPa})$$

由本例可以看出，对于上下对称截面的梁，其最大拉应力和最大压应力发生在同一个截面上，而且数值也相同。

【例 9.16】 T 形截面梁受力如图 9.32(a)所示，已知截面对中性轴的惯性矩 $I_z = 2610\text{cm}^4$，试求梁上的最大拉应力和最大压应力，并指明产生于何处。

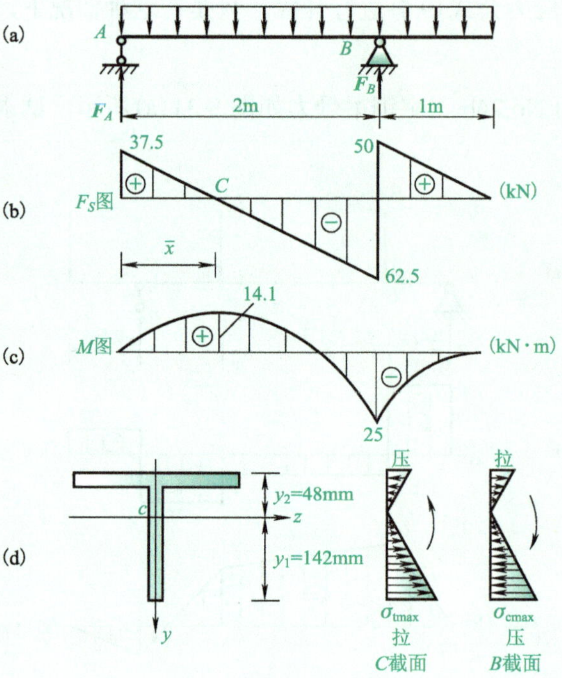

图 9.32

解 由平衡条件求得支座反力为

$$F_A = 37.5(\text{kN}), \quad F_B = 112.5(\text{kN})$$

作弯矩图，如图 9.32(c)所示，极值点坐标 $\bar{x} = 0.75\text{m}$，极值弯矩为

$$M(\bar{x}) = M_C = 14.1(\text{kN} \cdot \text{m})$$

最大拉应力发生在 C 截面的下边缘，根据公式(9.5)，有

$$\sigma_{\text{tmax}} = \frac{M_C y_1}{I_z} = \frac{14.1\times10^3\times142\times10^{-3}}{2610\times10^{-8}} = 76.6(\text{MPa})$$

最大压应力发生在 B 截面的下边缘，有

$$\sigma_{\text{cmax}} = \frac{M_{\max} y_1}{I_z} = \frac{25\times10^3\times142\times10^{-3}}{2610\times10^{-8}} = 136(\text{MPa})$$

由本例可以看出，对于上下不对称截面的梁，其最大拉应力和最大压应力并不一定发生在同一个截面上，而且数值也不相同。一般要同时考虑最大正弯矩和最大负弯矩所在两个截面，分别计算对应的最大拉应力和最大压应力，然后再比较结果以确定梁上最大拉压力和最大压应力的数值和发生位置。

9.5 惯　性　矩

9.5.1 惯性矩的一般定义

设一面积为 A 的截面图形如图 9.33 所示，微面积 $\mathrm{d}A$ 与其距坐标轴距离的平方之乘积 $y^2\mathrm{d}A$ 和 $z^2\mathrm{d}A$ 分别称为微面积 $\mathrm{d}A$ 对 z、y 轴的微惯性矩，整个截面上所有微惯性矩的总和 I_z、I_y 分别定义为截面对轴 z、y 的惯性矩，分别记为

$$\left.\begin{aligned} I_z &= \int_A y^2\mathrm{d}A \\ I_y &= \int_A z^2\mathrm{d}A \end{aligned}\right\} \tag{9.6}$$

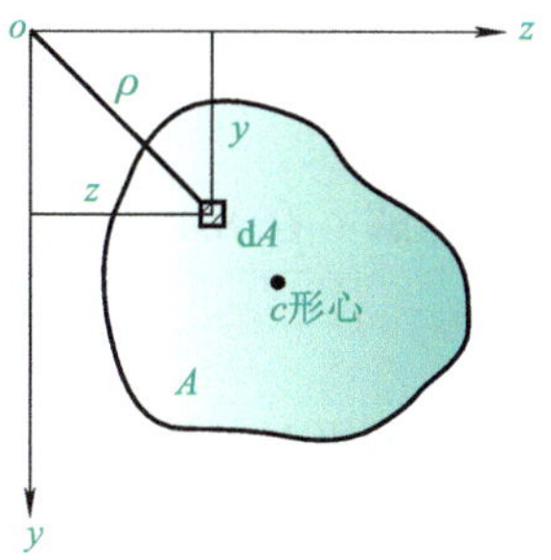

图 9.33

以 ρ 表示微元面积 $\mathrm{d}A$ 距坐标原点 O 的距离，则积分为

$$I_\mathrm{p} = \int_A \rho^2\mathrm{d}A \tag{9.7}$$

定义为截面对坐标原点 O 的极惯性矩。由几何关系 $\rho^2 = y^2 + z^2$，可得

$$I_\mathrm{p} = \int_A \rho^2\mathrm{d}A = \int_A (y^2 + z^2)\mathrm{d}A = I_z + I_y \tag{9.8}$$

即，截面对正交轴的惯性矩之和等于对正交轴交点的极惯性矩。显然，(极)惯性矩恒为正值，其量纲为长度的四次方，单位通常采用 cm^4。

【例 9.17】 求图 9.34 所示矩形截面对形心轴 z、y 的惯性矩。

解　先求对 z 轴的惯性矩 I_z。为了避免求二重积分，取图示平行于 z 轴的水平微条为微面积 $\mathrm{d}A$，即

$$\mathrm{d}A = b\mathrm{d}y$$

则

$$I_z = \int_A y^2\mathrm{d}A = \int_{-\frac{h}{2}}^{+\frac{h}{2}} y^2 b\mathrm{d}y = \frac{1}{3}by^3\Big|_{-\frac{h}{2}}^{+\frac{h}{2}} = \frac{bh^3}{12}$$

同理，可得对 y 轴的惯性矩为

$$I_y = \frac{hb^3}{12}$$

【例 9.18】 求图 9.35(a)所示圆形截面对形心轴 z 的惯性矩。

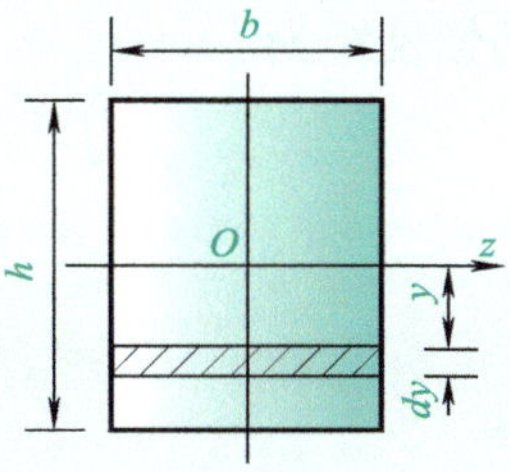

图 9.34

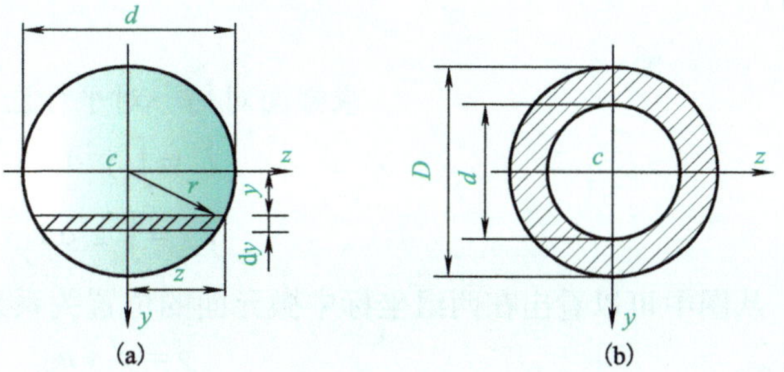

图 9.35

解 取与 z 轴平行的水平微条，微面积为

$$dA = 2z\,dy = 2\sqrt{r^2 - y^2}\,dy$$

则

$$I_z = \int_A y^2 dA = 2\int_{-r}^{+r} y^2\sqrt{r^2 - y^2}\,dy = \frac{\pi \cdot r^4}{4} = \frac{\pi \cdot d^4}{64}$$

同理，得

$$I_y = \frac{\pi \cdot d^4}{64}$$

另解 在 8.4.1 节中已知圆形截面对圆心的极惯性矩为

$$I_p = \frac{\pi \cdot d^4}{32}$$

根据圆的极对称性知

$$I_z = I_y$$

由式(9.8)可得

$$I_z = I_y = \frac{1}{2}I_p = \frac{\pi \cdot d^4}{64}$$

对图 9.35(b)所示的空心圆管，其对孔心的极惯性矩为

$$I_p = \frac{\pi}{32}\left(D^4 - d^4\right) = \frac{\pi D^4}{32}(1-\alpha^4)$$

同理，得对形心轴的惯性矩为

$$I_z = I_y = \frac{1}{2}I_p = \frac{\pi}{64}\left(D^4 - d^4\right) = \frac{\pi D^4}{64}(1-\alpha^4)$$

式中，$\alpha = d/D$。

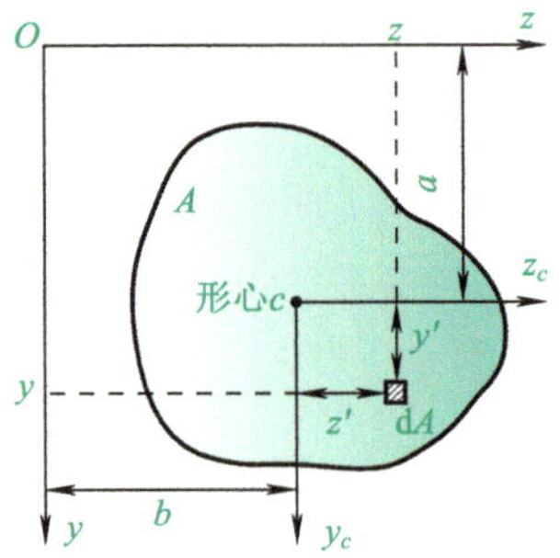

图 9.36

9.5.2 惯性矩的平行轴公式

截面对任意两组正交坐标轴的惯性矩之间存在一定关系，若已知截面对某一正交轴的惯性矩，则对任意正交轴的惯性矩可不必通过积分算出。这里仅介绍两组平行正交坐标轴惯性矩之间的关系。

如图 9.36 所示，设已知截面对形心轴 z_C、y_C 的惯性矩为

$$\left.\begin{aligned} I_{z_C} &= \int_A y'^2 dA \\ I_{y_C} &= \int_A z'^2 dA \end{aligned}\right\} \quad \text{(a)}$$

求截面对另一对平行正交轴 z、y 的惯性矩为

$$\left.\begin{aligned} I_z &= \int_A y^2 dA \\ I_y &= \int_A z^2 dA \end{aligned}\right\} \quad \text{(b)}$$

从图中可以看出在两组坐标中微元面的位置关系为

$$\left.\begin{aligned} y &= y' + a \\ z &= z' + b \end{aligned}\right\} \quad \text{(c)}$$

将式(c)的第一式代入式(b)的第一式，有

$$I_z=\int_A y^2\mathrm{d}A=\int_A (y'+a)^2\mathrm{d}A=\int_A y'^2\mathrm{d}A+2a\int_A y'\mathrm{d}A+a^2\int_A \mathrm{d}A$$

注意到截面对形心轴的静矩等于零，即 $\int_A y'\mathrm{d}A=0$，根据又式(a)，则上式可写为

$$I_z=I_{z_c}+a^2A \tag{9.9a}$$

同理可得

$$I_y=I_{y_c}+b^2A \tag{9.9b}$$

此二式就是惯性矩的平行轴公式。使用时应注意，公式右边的第一项必须是截面对形心轴的惯性矩。

9.5.3 组合截面惯性矩的计算

若一个截面可以分割为若干个简单图形(如矩形、圆形等)，则根据惯性矩的定义，可以先求出每个简单图形对同一坐标轴的惯性矩，再将它们相加便得整个截面对该坐标轴的惯性矩。计算公式为

$$I_y=\sum_{i=1}^{n}I_{yi}\qquad I_z=\sum_{i=1}^{n}I_{zi} \tag{9.10}$$

这种计算方法称为分割法。如果有些简单图形是整个截面的空缺部分，如图 9.37 的 A'，这部分的惯性矩可以用负值代入上式计算。

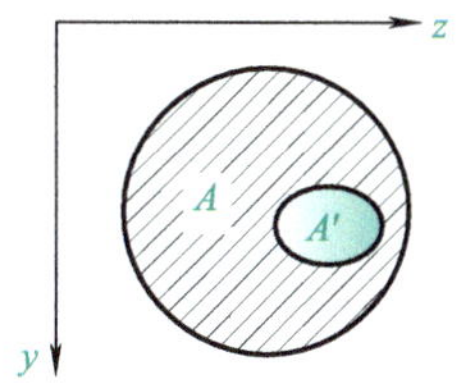

图 9.37

【例 9.19】 求图 9.38 所示工字形截面对形心轴 z、y 的惯性矩(单位：mm)。

解 将图形划分为Ⅰ、Ⅱ、Ⅲ三个部分，整个图形对 z 轴的惯性矩为

$$I_z=I_z^{\mathrm{I}}+I_z^{\mathrm{II}}+I_z^{\mathrm{III}}$$

其中，第Ⅰ部分面积对 z 轴惯性矩为

$$\begin{aligned}I_z^{\mathrm{I}}&=I_{z_1}^{\mathrm{I}}+a_1^2A_1\\&=\frac{100\times10^3}{12}+45^2\times100\times10=2.03\times10^6(\mathrm{mm}^4)\end{aligned}$$

第Ⅱ部分的形心 c_2 与形心 c 重合，所以

$$I_z^{\mathrm{II}}=\frac{10\times80^3}{12}=0.43\times10^6(\mathrm{mm}^4)$$

第Ⅲ部分对 z 轴惯性矩为

$$\begin{aligned}I_z^{\mathrm{III}}&=I_{z_3}^{\mathrm{III}}+a_3^2A_3\\&=\frac{100\times10^3}{12}+45^2\times100\times10=2.03\times10^6(\mathrm{mm}^4)\end{aligned}$$

所以

$$I_z=(2.03+0.43+2.03)\times10^6=4.49\times10^6(\mathrm{mm}^4)$$

而

$$\begin{aligned}I_y&=I_y^{\mathrm{I}}+I_y^{\mathrm{II}}+I_y^{\mathrm{III}}=\frac{10\times100^3}{12}+\frac{80\times10^3}{12}+\frac{10\times100^3}{12}\\&=(0.83+0.0067+0.83)\times10^6=1.67\times10^6(\mathrm{mm}^4)\end{aligned}$$

如果按图 9.39 所示，将工字形视为一个正方形挖去两个空穴矩形Ⅰ和Ⅱ的组合，则工字

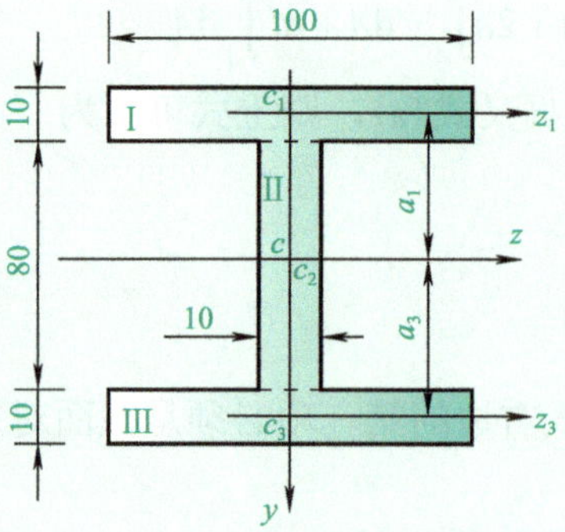

图 9.38

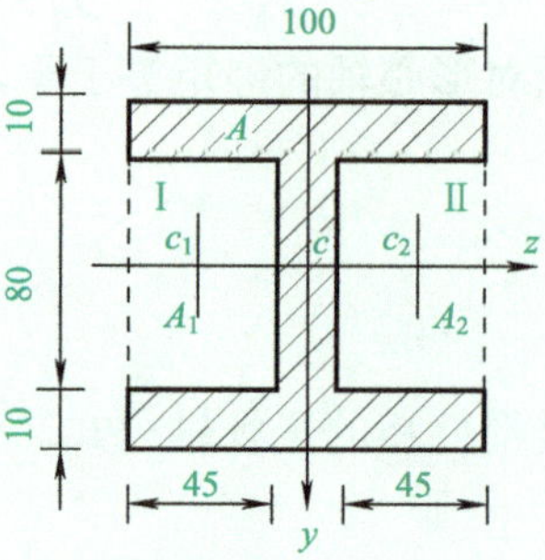

图 9.39

形对形心轴的惯性矩等于正方形对形心轴的惯性矩减去挖掉的矩形 I 和 II 对形心轴的惯性矩，即

$$I_y = \frac{100\times100^3}{12} - 2\left(\frac{80\times45^2}{12} + 27.5^2\times80\times45\right)$$

$$=1.67\times10^6(\text{mm}^4)$$

9.6 梁的弯曲切应力

在横力弯曲中，横截面上同时存在弯矩和剪力两个内力分量。一般情况下正应力是决定梁强度的主要因素，切应力的影响比较小，可以忽略，但对于短梁或薄壁梁切应力不可忽略。因其计算公式推导稍复杂，在此只介绍几个常用截面的最大切应力公式。

9.6.1 矩形截面梁的切应力

设一矩形截面梁的高为 h，宽为 b，在横截面的 y 方向有剪力 F_S，如图 9.40 所示。对矩形截面梁的切应力分布作如下两个假设：

(1) 横截面任意一点切应力方向与剪力一致；

(2) 横截面上距中性轴等距处各点的切应力相等。

由这两个假设出发，可以得到切应力沿横截面高度方向按二次抛物线变化的规律，如图 9.41 所示。距中性轴 y 处的切应力为

$$\tau = \frac{F_S}{2I_z}\left(\frac{h^2}{4} - y^2\right) \tag{9.11}$$

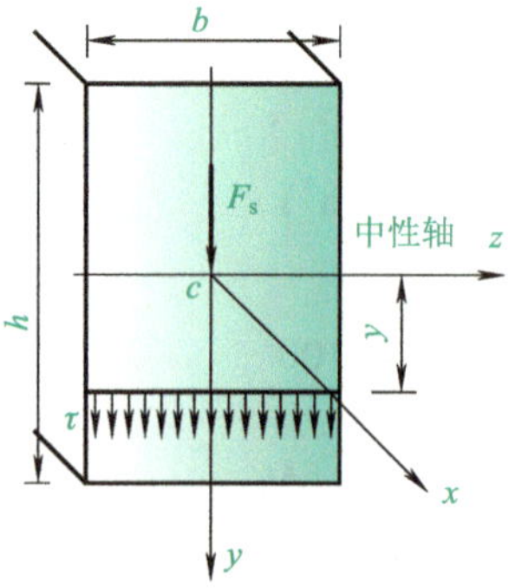

图 9.40

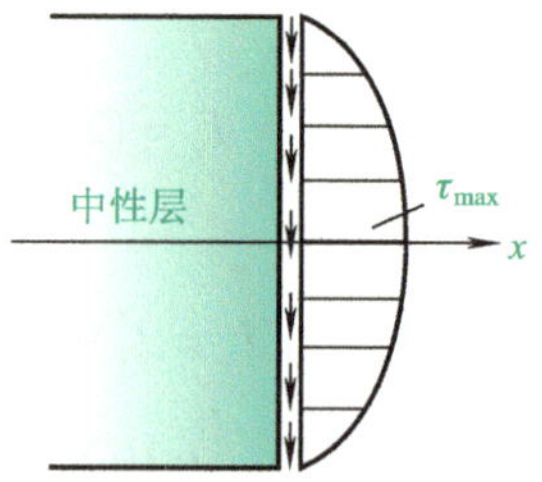

图 9.41

由此式可知，横截面上、下边缘处的切应力为零，而在中性轴上，切应力为最大，其值为

$$\tau_{max}=\frac{3}{2}\cdot\frac{F_S}{A} \tag{9.12}$$

式中，A 为矩形截面面积。

9.6.2　工字形截面梁腹板上的切应力

如图 9.42 所示，工字形截面上、下短宽的矩形通常称为翼缘，中间窄高的矩形通常称为腹板。腹板上的切应力沿腹板高度也按抛物线规律分布，在腹板与翼缘的连接处切应力最小，但并不为零。当腹板厚度 d 远小于翼缘宽度 b 时，最大与最小切应力的差值相差很小，所以腹板上的切应力可近似视为均匀分布，其值近似等于剪力在腹板面积上的平均值，即

$$\tau=\frac{F_S}{(h-2t)d}=\frac{F_S}{A_0} \tag{9.13}$$

式中，A_0 为腹板面积。

通常，翼缘上的切应力远小于腹板上的切应力，可以不必考虑。

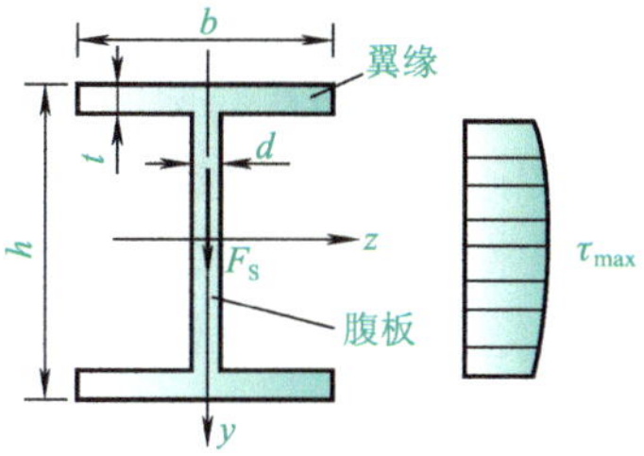

图 9.42

9.6.3　圆形及圆环形截面梁的最大切应力

由计算可知，圆形或圆环形截面的最大切应力仍发生在中性轴上，如图 9.43 及图 9.44 所示。圆形截面的最大切应力为

$$\tau_{max}=\frac{4}{3}\cdot\frac{F_S}{A} \tag{9.14}$$

式中，A 为圆形截面面积。

圆环形截面的最大切应力为

$$\tau_{max}=2\frac{F_S}{A} \tag{9.15}$$

式中，A 为圆环形截面面积。

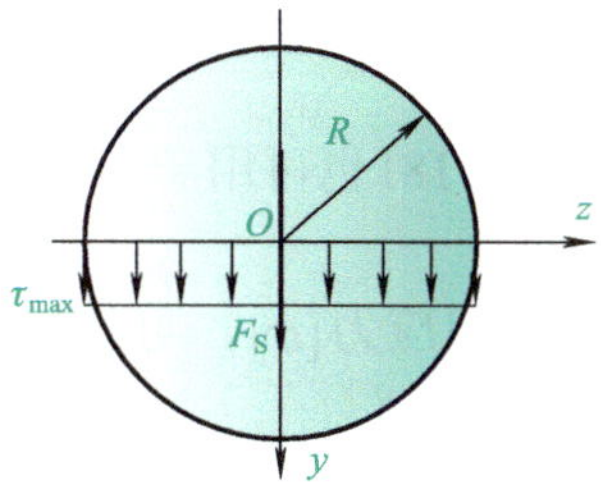

图 9.43

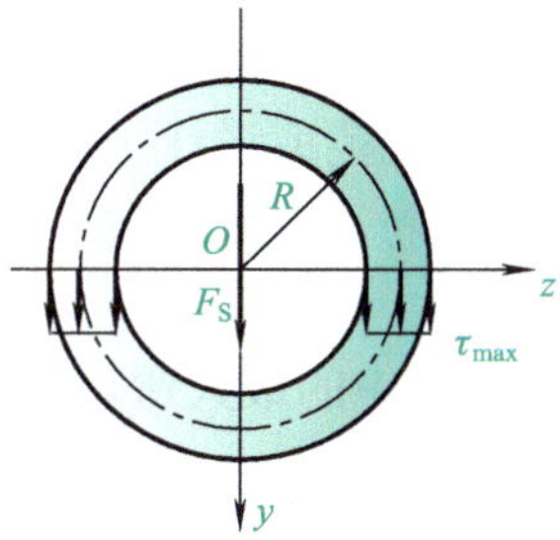

图 9.44

9.7　梁的弯曲强度计算

9.7.1　梁的弯曲正应力强度条件和强度计算

从前面的分析已知，对称弯曲梁的最大弯曲正应力发生在横截面的上(或下)边缘处，而

上、下边缘处的切应力又等于零。所以可以类似轴向拉压问题建立梁的弯曲正应力强度条件

$$\sigma_{\max}=\frac{M_{\max}y_{\max}}{I_z}\leqslant[\sigma] \tag{9.16}$$

令

$$W_z=\frac{I_z}{y_{\max}} \tag{9.17}$$

则式(9.16)可以写为

$$\sigma_{\max}=\frac{M_{\max}}{W_z}\leqslant[\sigma] \tag{9.18}$$

式中，W_z称为弯曲截面系数，单位通常采用 cm^3、m^3。对于上、下对称的截面，因上、下边缘距中性层的距离相等，所以最大拉应力与最大压应力数值相等。

常用的相对中性轴上、下对称的截面有以下几种。

矩形截面：设高度为 h，宽度为 b，弯曲截面系数为

$$W_z=\frac{I_z}{y_{\max}}=\frac{\frac{bh^3}{12}}{\frac{h}{2}}=\frac{bh^2}{6}$$

圆形截面：设直径为 d，弯曲截面系数为

$$W_z=\frac{I_z}{y_{\max}}=\frac{\frac{\pi d^4}{64}}{\frac{d}{2}}=\frac{\pi d^3}{32}$$

圆管形截面：设外径为 D，内径为 d，弯曲截面系数为

$$W_z=\frac{I_z}{y_{\max}}=\frac{\frac{\pi\left(D^4-d^4\right)}{64}}{\frac{D}{2}}=\frac{\pi D^3}{32}\left[1-\left(\frac{d}{D}\right)^4\right]=\frac{\pi D^3}{32}(1-\alpha^4)$$

至于各种型钢截面的惯性矩和弯曲截面系数可从型钢表中查到。材料的抗弯许用应力$[\sigma]$可从有关的工程规范或设计手册中查到。

类似于轴向拉、压和扭转变形，弯曲正应力强度条件式(9.18)也可用于三个方面的强度计算。

(1)若已知梁中的最大弯矩 $M_{\max}$、弯曲截面系数 W_z 和许用应力$[\sigma]$，可直接用式(9.18)校核梁是否满足强度条件。

(2)若已知最大弯矩 $M_{\max}$ 和许用应力$[\sigma]$，可将式(9.18)写为

$$W_z\geqslant\frac{M_{\max}}{[\sigma]} \tag{9.19}$$

用于确定、选择或设计截面的尺寸。

(3)若已知弯曲截面系数 W_z 和许用应力$[\sigma]$，可将式(9.18)写为

$$M_{\max}\leqslant[\sigma]W_z \tag{9.20}$$

用于确定梁所能承受的最大弯矩，进而确定梁的许可载荷。

实际计算时，应注意以下两点：

(1) 上述式(9.17)～式(9.20)只适用于截面与中性轴对称的梁。

(2) 对于截面与中性轴不对称的梁，应按式(9.16)进行强度计算。若梁的材料为脆性材料，由于抗拉与抗压强度不相同，则应按式(9.16)分别进行拉、压强度计算。

【例 9.20】 用铸铁制成的 T 形截面梁，受力如图 9.45(a)所示，已知铸铁的抗拉、抗压许用应力分别为$[\sigma_t]=30$ MPa、$[\sigma_c]=60$ MPa；截面对中性轴的惯性矩 $I_z=763\ \text{cm}^4$、$y_1=8.8$cm、$y_2=5.2$cm，试校核此梁的强度。

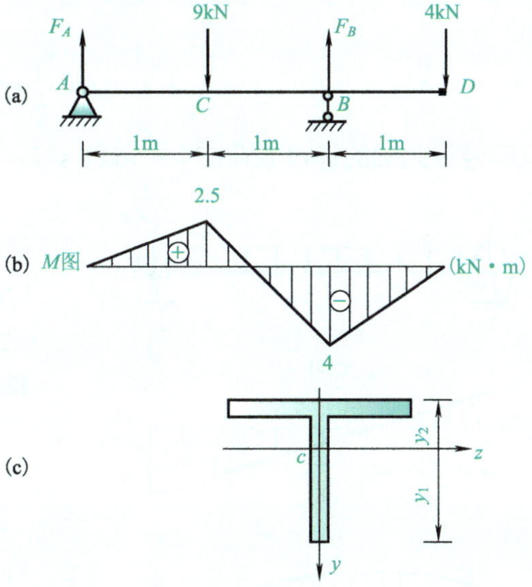

图 9.45

解　(1) 作弯矩图。

先求支座反力，由平衡条件可得

$$F_A=2.5(\text{kN}),\quad F_B=10.5(\text{kN})$$

作弯矩图如图 9.45(b)所示，在 C 截面和 B 截面，分别有最大的正弯矩和最大的负弯矩为

$$M_C=2.5(\text{kN}\cdot\text{m}),\quad M_B=-4(\text{kN}\cdot\text{m})$$

(2) 强度校核。

由于截面关于 z 轴不对称，所以 B、C 两个截面均可能是危险截面。

B 截面上最大拉应力发生在上边缘，其大小为

$$\sigma_{B\,\text{tmax}}=\frac{M_B\cdot y_2}{I_z}=\frac{4\times10^3\times5.2\times10^{-2}}{763\times10^{-8}}=27.2(\text{MPa})$$

B 截面最大压应力发生在下边缘，其值为

$$\sigma_{B\text{cmax}}=\frac{M_B\cdot y_1}{I_z}=\frac{4\times10^3\times8.8\times10^{-2}}{763\times10^{-8}}=46.2(\text{MPa})$$

C 截面上最大拉应力发生在下边缘，其大小为

$$\sigma_{C\,\text{tmax}}=\frac{M_C\cdot y_1}{I_z}=\frac{2.5\times10^3\times8.8\times10^{-2}}{763\times10^{-8}}=28.8(\text{MPa})$$

对比最大正应力可知，整个梁的最大拉应力发生在 C 截面的下边缘，即

$$\sigma_{C\,\text{tmax}}=28.8(\text{MPa})\leqslant[\sigma_t]$$

而最大压应力发生在 B 截面的下边缘，即

$$\sigma_{B\text{cmax}}=46.2(\text{MPa})\leqslant[\sigma_c]$$

表明此梁拉、压强度条件均满足，具有足够的抗弯强度。

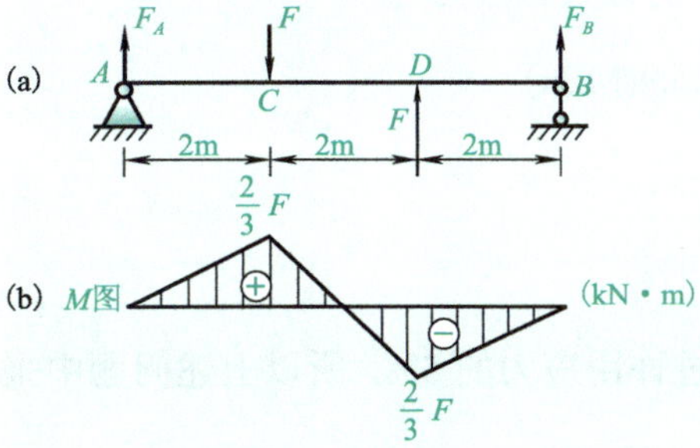

图 9.46

【例 9.21】 截面为 No.20a 的工字钢梁受力如图 9.46(a)所示，已知钢材的许用应力$[\sigma]=160$ MPa，试求此梁的许可载荷$[F]$。

解　首先求支座反力。由平衡条件得

$$F_A=\frac{F}{3},\quad F_B=-\frac{F}{3}$$

作弯矩图如图 9.46(b)所示，最大弯矩为

$$M_{max}=\frac{2}{3}F$$

查表可知 No.20a 工字钢截面的抗弯截面模量为

$$W_z=237(\mathrm{cm}^3)$$

根据强度条件式(9.20)得此梁所能承受的最大弯矩为

$$M_{max}\leqslant[\sigma]W_z=160\times10^6\times237\times10^{-6}=37.92(\mathrm{kN\cdot m})$$

即

$$F=\frac{3}{2}M_{max}\leqslant56.88(\mathrm{kN})$$

取等号得此梁的许可载荷$[F]=56.88$ kN。

【例 9.22】 图 9.47 所示的简支梁由两根槽钢焊接成工字形截面。梁上的均布载荷分布集度 q=5 kN/m；此外，左端还作用一个力偶 m=7.5 kN·m；若已知钢材的许用应力$[\sigma]$=120 MPa，试选择此梁的槽钢型号。

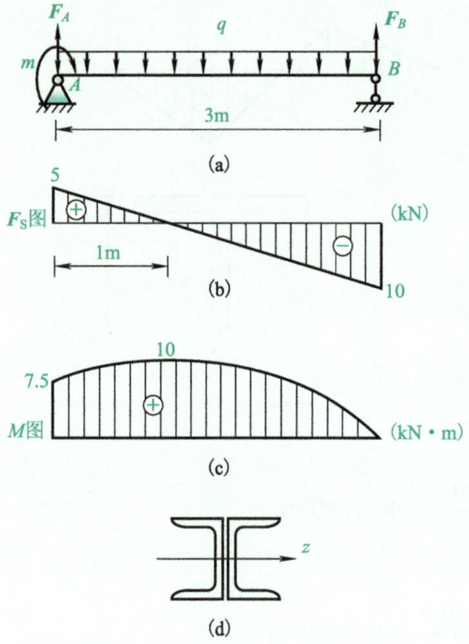

图 9.47

解 首先由平衡条件求得支座反力为

$$F_A=5(\mathrm{kN}),\quad F_B=10(\mathrm{kN})$$

作弯矩图如图 9.47(c)所示，极值弯矩即为最大弯矩为

$$M_{max}=10(\mathrm{kN\cdot m})$$

根据强度条件式(9.18)可求得梁所必需的最小弯曲截面系数为

$$W_z\geqslant\frac{M_{max}}{[\sigma]}=\frac{10\times10^3}{120\times10^6}=83.3\times10^{-6}(\mathrm{m}^3)=83.3(\mathrm{cm}^3)$$

单个槽钢所必需的最小弯曲截面系数则为

$$W_{1z}=\frac{1}{2}W_z\geqslant41.6(\mathrm{cm}^3)$$

查槽钢型钢表，符合要求的最小型号为 No.12.6 号槽钢，其弯曲截面系数为 $W_{1z}=62.137\mathrm{cm}^3$，超过最小值达 49%，从而造成材料的浪费。若采用 No.10 的槽钢，其抗弯截面模量 W_{1z} =39.7cm^3，则梁的抗弯截面模量为 $W_z=2W_{1z}=79.4\mathrm{cm}^3$。如此，梁中的最大正应力为

$$\sigma_{max}=\frac{M_{max}}{W_z}=\frac{10\times10^3}{79.4\times10^{-6}}=125.9(\mathrm{MPa})$$

超过容许值的百分比为

$$\frac{125.9-120}{120}\times100\%=4.9\%$$

对于钢结构，工程规范中允许工作应力最多只能超过许用应力的 5%，所以上述问题中采用 No.10 的槽钢是可以接受的。

9.7.2 梁的切应力强度计算

一般，对等截面梁，最大切应力发生在最大剪力 $F_{S\max}$ 所在截面的中性层上，而中性层处的弯曲正应力为零，中性层上各点的应力与圆轴扭转时的应力情况类似，见图 9.41。所以，可以类似建立梁的弯曲切应力强度条件，即

$$\tau_{\max} \leqslant [\tau] \tag{9.21}$$

式中，$[\tau]$为材料的剪切许用应力。

在进行梁的强度计算时，应同时满足弯曲正应力强度条件式(9.16)和切应力强度条件式(9.21)。

从受集中力作用的简支梁的内力图可以看出一个特点：在外力不变的情况下，梁越长，则最大弯矩值也就越大，而最大剪力的数值却不变；对于受均布载荷的梁来说，梁越长，则最大弯矩值按长度的平方增加，而最大剪力的数值按长度的一次方增加。所以，对于足够长的梁，其强度主要由弯曲正应力控制，而不必进行切应力强度计算。但在几种特殊情况下，必须校核梁的切应力强度。

(1) 相对于截面高度而言长度较短的梁。梁越短，可承受的力越大，剪力也越大。

(2) 载荷靠近支座的梁。载荷越靠近支座，弯矩就越小，剪力的作用就凸现出来了。

(3) 一般型钢腹板的厚度都能满足切应力强度条件，通常可以不进行切应力强度计算。对焊接的组合截面钢梁，如工字型，当截面的腹板厚度与梁高之比小于型钢截面的相应比值时，横截面上可能产生较大的切应力。

(4) 根据切应力互等定理，在梁的纵截面上存在层间切应力。对于木梁，木材的顺纹方向抗切能力较差，在横力作用下会产生纵向剪切破坏而导致分层。

【例 9.23】 图 9.48 所示工字形截面梁由三块等厚钢板焊接而成，钢板的厚度 $t = 8\text{mm}$，许用应力$[\sigma] = 140\text{MPa}$，$[\tau] = 70\text{MPa}$。试按弯曲正应力强度条件确定腹板的高度和翼板的宽度，并校核剪切强度。

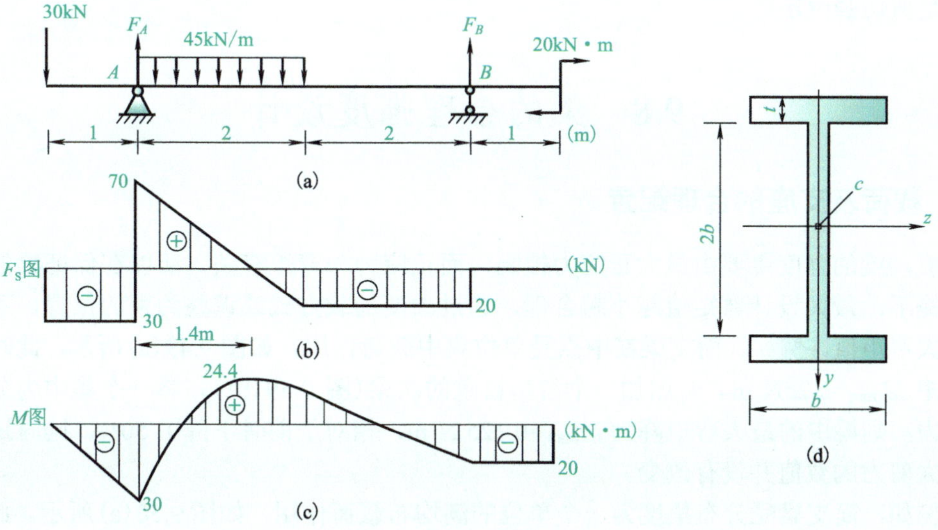

图 9.48

解 (1)首先求支座反力。由平衡方程$\sum M_A(F)=0$和$\sum M_B(F)=0$，可得

$$F_A=100(\text{kN}),\quad F_B=20(\text{kN})$$

(2)作剪力图、弯矩图如图9.48(b)、(c)所示。可以看出，A截面为危险截面，最大剪力和弯矩的数值分别为

$$F_{S\max}=70(\text{kN}),\quad M_{\max}=30(\text{kN}\cdot\text{m})$$

(3)计算截面的惯性矩和抗弯截面常数分别为

$$\begin{aligned}I_z&=2\left[\frac{b\times 8^3}{12}+8\times b\times(4+b)^2\right]+\frac{8\times(2b)^3}{12}\\&=21b^3+128b^2+341b\end{aligned}$$

$$W_z=\frac{21b^3+128b^2+341b}{8+b} \tag{a}$$

(4)根据弯曲正应力强度条件，梁的抗弯截面常数必须满足

$$W_z\geqslant\frac{M_{\max}}{[\sigma]}=\frac{24.4\times10^3}{140\times10^6}=2.14\times10^{-4}\,\text{m}^3=2.14\times10^5(\text{mm}^3)$$

令式(a)等于$2.14\times10^5\text{mm}^3$，可取翼板的宽度为102 mm，腹板的高度为204 mm。据此，截面对中性轴的惯性矩为

$$I_z=2.37\times10^7\,\text{mm}^4$$

(5)剪切强度校核。

$$\begin{aligned}\tau_{\max}&=\frac{F_{S\max}}{A_0}=\frac{F_{S\max}}{2bt}\\&=\frac{70\times10^3}{2\times204\times10^{-3}\times8\times10^{-3}}\\&=42.89(\text{MPa})\\&<[\tau]\end{aligned}$$

此梁满足剪切强度条件。

9.8 梁的合理强度设计

9.8.1 载荷及支座的合理配置

一般，梁的强度主要由最大正应力控制，而正应力与弯矩有关，所以在保证梁的承载能力的前提下，最大设计弯矩值越小越合理。通过改变加载方式或调整约束的位置，可以降低梁的最大弯矩值。例如，简支梁在中点受单位集中载荷作用，如图9.49(a)所示，此时梁中的最大弯矩$M_{\max}$=0.25N·m。若增加一个忽略自重的次梁(图9.49(b))，将一个集中力分散为两个集中力，则梁中的最大弯矩降为$M_{\max}$=0.125 N·m，相对于前者下降了50%。同时还可以看到，最大剪力的数值并没有改变。

又例如，简支梁受分布集度为一个单位的满均布载荷作用，如图9.50(a)所示。此时，梁中的最大弯矩为$M_{\max}$=0.125N·m。若将两支座向内移动十分之一跨长，如图9.50(b)所示，则梁中的最大弯矩降为$M_{\max}$=0.075N·m，相对于前者下降了40%。同时，最大剪力下降了20%。

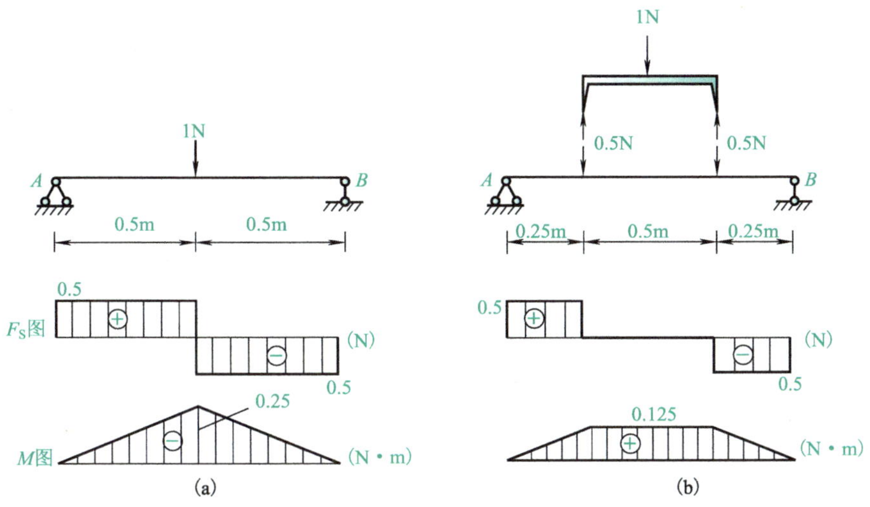

图 9.49

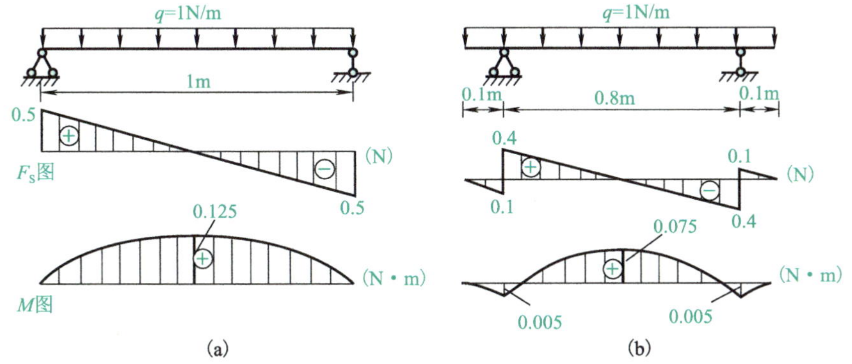

图 9.50

另外，利用以上方法还可以设计最佳配置方案，使得正应力和切应力同时达到容许值，即所谓弯、剪等强度。

9.8.2　梁的合理截面设计

通过下面实例来说明梁的合理截面设计问题。

【例 9.24】　一两端外伸梁如图 9.51(a)所示，若已知钢材的许用应力$[\sigma]=160$ MPa，试分别设计以下几种形状的截面尺寸和型号：①矩形($h/b=2$)、②圆形、③工字钢、④圆管形($D/d=2$)、⑤薄壁圆管($D/d=1.1$)，并比较其经济性。

解　先求得支座反力为

$$F_A=2.5(\text{kN}),\quad F_B=22.5(\text{kN})$$

作剪力图和弯矩图如图 9.51(b)、(c)所示，最大弯矩值为

$$M_{\max}=6.25(\text{kN}\cdot\text{m})$$

根据强度条件式(9.18)，求得梁所必需的最小弯曲截面系数，为

$$W_z\geqslant\frac{M_{\max}}{[\sigma]}=\frac{6.25\times10^3}{160\times10^6}=39\times10^{-6}(\text{m}^3)=39(\text{cm}^3)$$

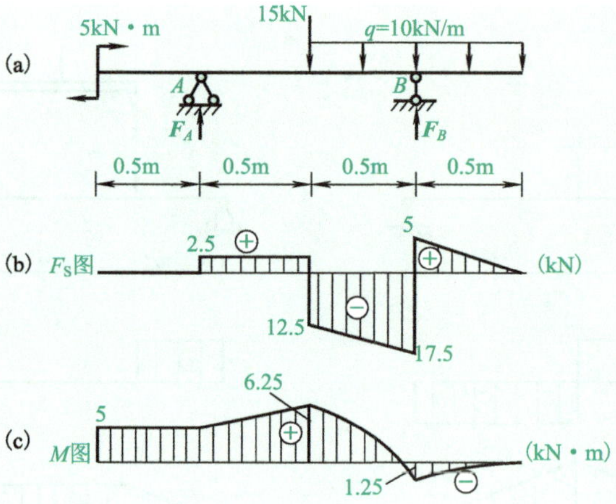

图 9.51

根据题目的要求，分别对不同截面进行设计。

① 矩形$(h/b=2)$。由

$$W_z=\frac{I_z}{y_{\max}}=\frac{\dfrac{bh^3}{12}}{\dfrac{h}{2}}=\frac{h^3}{12}=39(\text{cm}^3)$$

解得梁高 $h=7.76$ cm，梁宽 $b=3.88$ cm，横截面面积 $A_1=30.12\ \text{cm}^2$。

② 圆形。由

$$W_z=\frac{I_z}{y_{\max}}=\frac{\dfrac{\pi d^4}{64}}{\dfrac{d}{2}}=\frac{\pi d^3}{32}=39(\text{cm}^3)$$

解得截面直径 $d=7.35$ cm，横截面面积 $A_2=42.4\ \text{cm}^2$。

③ 工字钢。查型钢表，选择 No.10 号工字钢，$W_z=49\text{cm}^3$，横截面面积 $A_3=14.3\ \text{cm}^2$。

④ 圆管形$(D/d=2)$。由

$$W_z=\frac{I_z}{y_{\max}}=\frac{\dfrac{\pi\left(D^4-d^4\right)}{64}}{\dfrac{D}{2}}=\frac{\pi D^3}{32}\left[1-\left(\frac{1}{2}\right)^4\right]=39(\text{cm}^3)$$

解得外径 $D=7.51$ cm，内径 $d=3.76$ cm，横截面面积 $A_4=33.2\ \text{cm}^2$。

⑤ 薄壁圆管$(D/d=1.1)$。类似于④可得 $D=10.78$ cm、$d=9.80$ cm，横截面面积 $A_5=15.8\text{cm}^2$。

仅考虑构件的强度，则在满足同样强度条件的前提下，横截面面积越小，材料用量越省，也就越经济、合理。从此例计算结果容易看出：工字型截面最好，其次是薄壁圆管、矩形和厚壁圆管，圆截面最差。原因在于其截面积更多的分布于中性层附近，而按弯曲应力分布规律知，在中性轴附近应力较小，材料未能充分发挥作用。

从强度条件式(9.18)可知，给定载荷后，梁的抗弯能力取决于其弯曲截面系数 W_z，W_z 越大，工作应力就越小，安全性就越高。一般，W_z 与截面高度的平方成正比，所以可以通过增加高度减小宽度来提高 W_z。所谓截面的合理性是指：在保持截面面积不变的条件下提高 W_z；或者在保证 W_z 不变的前提下，尽可能减小截面的面积。例如上例中的矩形截面，可以增加高

度减小宽度来提高 W_z；圆管形截面，可以增大直径减小厚度。但是，不可能无限制地减小宽度和厚度，太薄将会导致失稳。

提高 W_z 的方法很多，总的原则是：尽可能使截面的面积分布远离中性层。以矩形截面为例，由于上、下边缘处承受的正应力最大，总弯矩的 87.5%是由近上、下边缘 50%的面积承担的，而在靠近中性层 50%的区域里承担的弯矩只占 12.5%，这部分材料没有得到充分利用。所以，在总面积不变的条件下，可以减少靠近中性层的面积予充实上下两边缘的面积，如将矩形变形为工字形等。

由不同材料制成的梁，其截面的合理性也不能一概而论。对于塑性材料，应使用上下对称截面以达到拉压等强度。而对于脆性材料，为了达到拉压等强度(拉压应力同时达到容许值)，就应该采用上、下不对称截面。

在实际工程中，所谓合理性并不是一个单纯的力学问题，而是一个综合了安全性、经济性、使用性和工艺性的系统工程。只强调某一方面的合理性都是不科学的。

9.8.3　合理设计梁的外形

一般，梁各个截面上的内力(剪力和弯矩)不相同，若根据最大弯矩设计截面的尺寸，那么除危险截面外。其他横截面上的工作应力都小于材料的许用应力，这显然是不合理的。为了充分利用材料、节约材料的用量、减轻构件的自重，在功能和工艺允许的条件下，应当尽量采用变截面等强度设计。以矩形截面悬臂梁(图 9.52(a))为例，若设定宽度 b 不变，高为变量 $h(x)$，根据正应力强度条件

$$\sigma_{\max}=\frac{M(x)}{W(x)}=\frac{F\cdot x}{\dfrac{bh^2(x)}{6}}\leqslant[\sigma]$$

取等号，得

$$h(x)=\sqrt{\frac{6F\cdot x}{b[\sigma]}}$$

理论上讲，梁的外形设计成抛物线形最合理，如图 9.52(b)所示，但考虑到加工的难度及可能性，可以设计成楔形(图 9.52(c))或阶梯形(图 9.52(d))；也可以设计成阶梯组合截面(图 9.52(e))，但须用螺栓将各层紧密连接以抵抗层间剪切。按等强度条件设计的梁称为等强度梁。

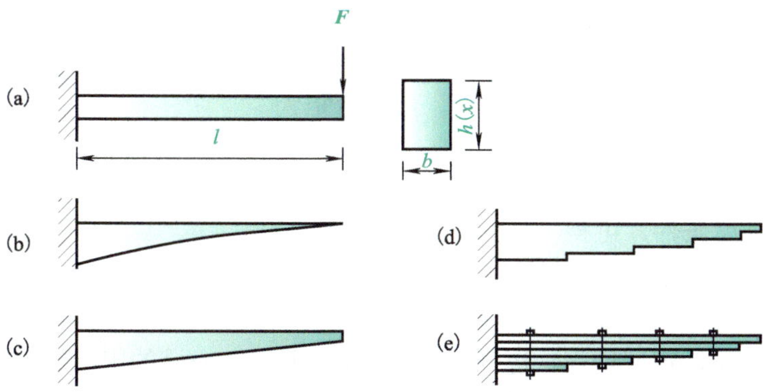

图 9.52

9.9 工程设计举例

【例 9.25】 某车间安装的桥式起重机，如图 9.2 所示。在设计中，大梁选用了工字钢。大梁上的小车和电葫芦共重 $F_1 = 6.70\text{kN}$，起吊重量 $F_2 = 50\text{kN}$，大梁跨度 $l = 9.5\text{m}$，工字钢材料的许用应力$[\sigma]=140\text{MPa}$。为保证起重机既安全工作又经济合理，设计人员如何选择工字钢的型号？若考虑大梁自重 $q = 67.6\text{kg/m}$ 时，选择的结果又如何？

解 该类问题是强度计算中截面设计的问题。选择工字钢的型号，需要查附录 A 中的型钢规格表。此处可用弯曲截面系数 W_z 作为查找的参数。

1. 不考虑自重

(1) 确定危险截面。起重机大梁可简化为图 9.53(a) 所示的简支梁，电葫芦处于在跨中时大梁最危险，且跨中是危险截面。

$$F = F_1 + F_2 = 56.70(\text{kN})$$

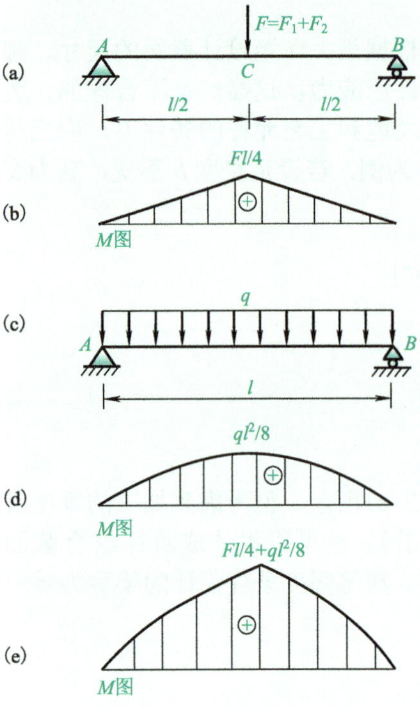

图 9.53

(2) 画大梁的弯矩图，如图 9.53(b) 所示，跨中截面最大弯矩为

$$M_{F\max} = \frac{Fl}{4} = 134.66(\text{kN})$$

(3) 由正应力强度条件式(9.18)，可得到弯曲截面系数

$$W_z \geqslant \frac{M_{\max}}{[\sigma]} = \frac{134.66\times10^3}{140\times10^6}$$
$$= 962\times10^{-6}(\text{m}^3) = 962(\text{cm}^3)$$

(4) 由 $W_z = 962\text{cm}^3$，查型钢规格表，选择工字钢型号为：36c 工字钢。

2. 考虑自重

把自重作为均布载荷作用在大梁上，如图 9.53(c) 所示。可画出对应的弯矩图如图 9.53(d) 所示，自重产生的最大弯矩为

$$M_{q\max} = \frac{ql^2}{8}$$

大梁危险截面仍在跨中，采用叠加法，如图 9.53(e) 所示。最大弯矩为

$$M_{\max} = M_{F\max} + M_{q\max} = \frac{Fl}{4} + \frac{ql^2}{8} = 142.13(\text{kN})$$

再由正应力强度条件，可得

$$W_z \geqslant \frac{M_{\max}}{[\sigma]} = \frac{142.13\times10^3}{140\times10^6} = 1015\times10^{-3}(\text{m}^3) = 1015(\text{cm}^3)$$

由 $W_z = 1015\text{cm}^3$，查型钢表，选择 W_z 大于或等于 1015cm^3 的工字钢型。如 40a 工字钢，$W_z = 1090\text{cm}^3$，满足设计要求。

【例 9.26】 有一栋房子需要修建一个观景小阳台，如图 9.54(a) 所示。该木制小阳台设计了三根相同的悬臂梁来支撑地板，每根梁长 $L_1 = 2.0\text{m}$，宽为 b，高为 h，且 $h = 4b/3$。阳台地

板尺寸为 $L_1 \times L_2$，$L_2 = 2.5\text{m}$。作用在整个阳台地板上的载荷估计不超过 5.5kPa（包括阳台自重，但不包括悬臂梁的重量，已知其重量为 1.2kN/m）。悬臂梁许可的弯曲应力为 15MPa。假设中间的悬臂梁承担 50%的载荷，其他两根各承担 25%的载荷。若你是设计工程师，请确定 b 和 h 的尺寸。

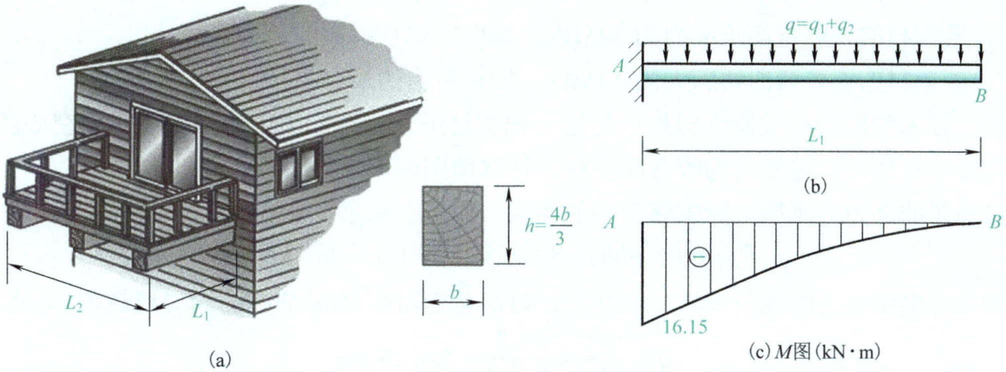

图 9.54

解　三根悬臂梁自重相同，且中间的一根承担 50%的载荷，故选其作为研究对象。计算简图如图 9.54(b)所示。

作用在整个阳台地板上设计载荷的合力为

$$F = 5.5\times10^3 \times L_1 \times L_2 = 5.5\times10^3 \times 2.0 \times 2.5 = 27.5(\text{kN})$$

可简化为沿长度 L_1 分布的均匀线载荷 q_1 为

$$q_1 = \frac{F\times50\%}{L_1} = \frac{F}{4} = 6.875(\text{kN/m})$$

自重为

$$q_2 = 1.2(\text{kN/m})$$

故中间的悬臂梁上的线载荷为

$$q = q_1 + q_2 = 8.075(\text{kN/m})$$

对该简单的悬臂梁，弯矩图如图 9.54(c)所示。易知危险截面在固定端 A，最大弯矩为

$$M_{\max} = qL_1^2/2 = 2q = 16.15(\text{kN}\cdot\text{m})$$

由正应力强度条件式(9.18)可得弯曲截面系数

$$W_z = \frac{bh^2}{6} = \frac{8b^3}{27}$$

由公式

$$W_z \geqslant \frac{M_{\max}}{[\sigma]}$$

可计算悬臂梁横截面尺寸为

$$b \geqslant \sqrt[3]{\frac{27M_{\max}}{8[\sigma]}} = \sqrt[3]{\frac{27\times16.15\times10^3}{8\times15\times10^6}} = 0.154(\text{m}) = 15.4(\text{cm})$$

$$h = \frac{4b}{3} \geqslant 20.53(\text{cm})$$

在工程中往往取整数尺寸，易于加工。故可取 $b = 16\text{cm}$，$h = 22\text{cm}$。

【例 9.27】 高速公路边一个汽车服务站的标志牌，由两根空心圆截面的铝柱支撑，如图 9.55(a)所示。铝柱设计可抵抗标志牌上风压 $p=3.6\text{kPa}$ 的风载荷作用。铝柱和标志牌尺寸为 $h_1=3.0\text{m}$，$h_2=1.5\text{m}$，$b=3.0\text{m}$。为防止铝柱管壁的失稳，空心圆截面的内壁厚度 t 设计为外直径 d 的十分之一。

(1)若铝材的许可弯曲正应力为 52MPa，请确定铝柱所需的最小直径。

(2)若铝材的许可弯曲切应力为 14MPa，铝柱所需的最小直径又为多少？。

解 标志牌结构和载荷都对称，可选一根铝柱进行计算。由于铝柱是小锥度空心圆杆，在确定最小直径时，可简化为等截面直杆，计算简图如图 9.55(b)所示。

风载荷的合力为风压与标志牌面积的乘积，作用在标志牌形心。

$$F=pA=pbh_2=3.6\times10^3\times3\times1.5=16.2(\text{kN})$$

分配到每一根铝柱上的载荷为其二分之一，可简化为沿高度 h_2 分布的均匀线载荷 q，即

$$q=\frac{F}{2h_2}=\frac{16.2}{2\times1.5}=5.4(\text{kN/m})$$

铝柱内直径为

$$d'=d-2t=4d/5$$

铝柱可看成一个横力弯曲的悬臂梁，其剪力、弯矩图如图 9.55(c)、(d)所示。危险截面为 A，在 A 截面上有

剪力：

$$F_S=qh_2=5.4\times10^3\times1.5=8.1(\text{kN})$$

弯矩：

$$M_{\max}=qh_2(h_1+h_2/2)=5.4\times10^3\times1.5\times(3+1.5/2)=30.38(\text{kN}\cdot\text{m})$$

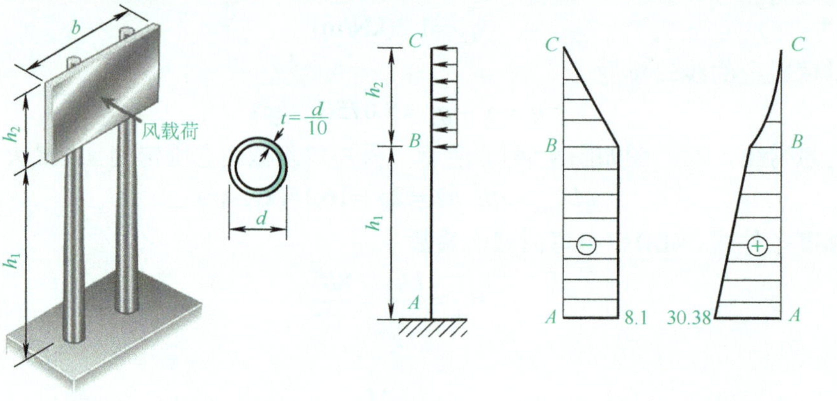

图 9.55

(1)若铝材的许可弯曲正应力为 52MPa，由正应力强度条件式(9.18)，可得到弯曲截面系数

$$W_z\geqslant\frac{M_{\max}}{[\sigma]}$$

其中

$$W_z = \frac{\pi d^3\left[1-\left(\frac{d'}{d}\right)^4\right]}{32}$$

故，铝柱所需的最小直径为

$$d \geqslant \sqrt[3]{\frac{32M_{\max}}{[\sigma]\pi\left[1-\left(\frac{d'}{d}\right)^4\right]}} = \sqrt[3]{\frac{32\times 30.38\times 10^3}{52\times 10^6\times \pi\times(1-0.8^4)}} = 0.216(\text{m}) = 21.60(\text{cm})$$

(2)若铝材的许可弯曲切应力为 14MPa，由切应力强度条件式(9.21)进行计算。

铝柱横截面可视为圆环，最大切应力位于中性轴上，即

$$\tau_{\max} = 2\tau_{平均} = 2\times\frac{F_s}{\pi(d^2-d_1'^2)/4} = 2\times\frac{4\times F_s}{\pi d^2(1-0.8^2)} \leqslant [\tau]$$

铝柱所需的最小直径为

$$d \geqslant \sqrt{\frac{2\times 4\times F_s}{\pi(1-0.8^2)[\tau]}} = \sqrt{\frac{2\times 4\times 8.1\times 10^3}{\pi\times(1-0.8^2)\times 14\times 10^6}} = 0.064(\text{m}) = 6.40(\text{cm})$$

故，铝柱的最小直径选二者中较大者，即

$$d \geqslant 21.60(\text{cm})$$

由以上几个工程实例可知，在解决工程问题时，首先需要抽象出力学模型，作受力分析，得出计算简图，然后再根据材料力学方法进行强度、刚度或稳定性计算。同学们可以主动了解、观察和发现身边以及工程中的力学现象或力学问题，结合课程中学到的知识进行探索、分析和创造。这样既能提高学习兴趣，又能培养发现问题、寻找解决问题的方法和途径、独立创新的能力。

思 考 题

一、判断题(判断下列说法是否正确)

9-1 任意横截面上的剪力在数值上等于其右侧梁段上所有载荷的代数和，向上的载荷在该截面产生正剪力，向下的载荷在该截面产生负剪力。

9-2 在思图 9.1 所示悬臂梁的 B 截面处，剪力图发生突变，弯矩图连续而不光滑。

9-3 在思图 9.2 所示左端外伸梁中，当力偶 m 的位置改变时，支座反力发生变化，所以剪力图和弯矩图也将发生变化。

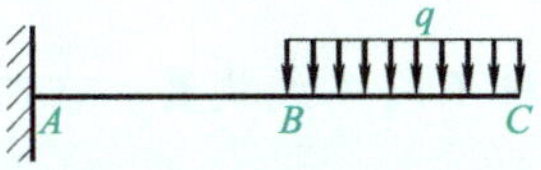

思图 9.1

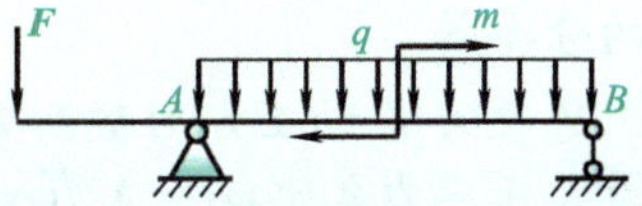

思图 9.2

9-4 如思图 9.3 所示对称外伸梁所受载荷相对于中央截面为反对称，则梁中央 C 截面上的弯矩必等于零，而剪力必定不等于零。

9-5 如思图 9.4 所示，已知截面对 z_1 轴的惯性矩为 I_1，z_2 轴与 z_1 轴的距离为 a，截面对 z_2 轴的惯性矩为 $I_2 = I_1 + a^2 A$。

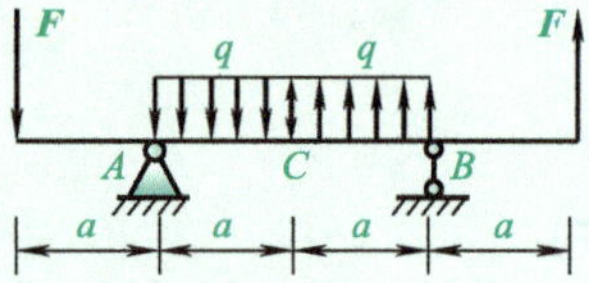

思图 9.3

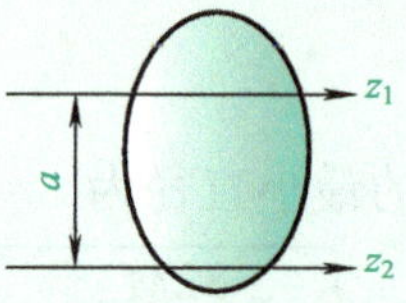

思图 9.4

9-6 思图 9.5 所示 T 形截面铸铁梁，有(a)、(b)两种截面放置方式，两种放置方式的承载能力相同。

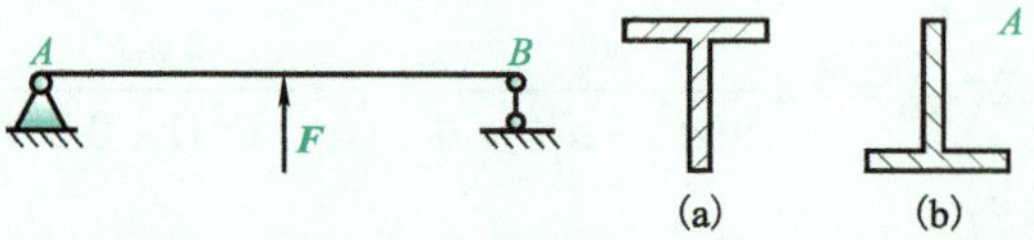

思图 9.5

9-7 对称截面梁，无论何种约束形式，其弯曲正应力均与材料的性质无关。

二、填空题(将答案填入下画线处)

9-8 简支梁的受力情况相对于梁的中央截面为反对称，如思图 9.6 所示，则剪力图形状特征为____________，弯矩图形状特征为____________。

9-9 思图 9.7 所示梁，剪力为零的截面距右端的距离 $x=$____________。

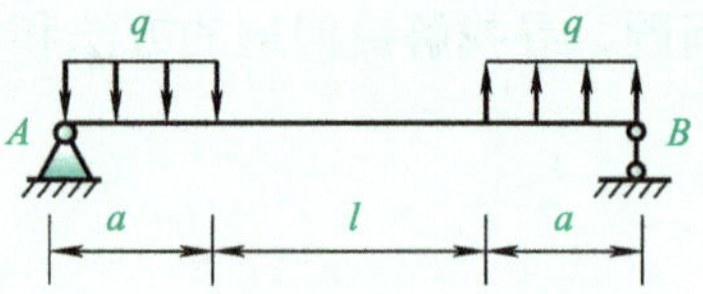

思图 9.6

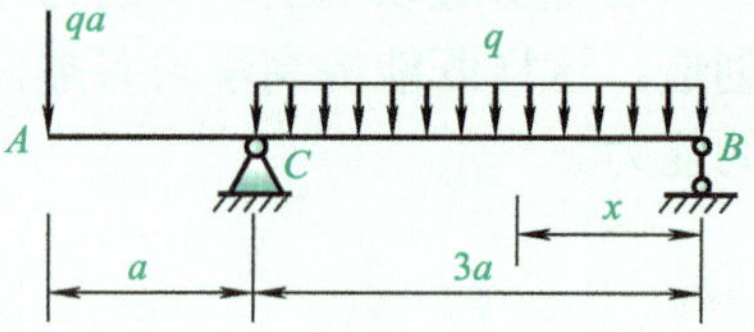

思图 9.7

9-10 任意横截面对形心轴的静矩等于____________。

9-11 在一组相互平行的轴中，图形对____________________轴的惯性矩最小。

9-12 直径为 d 的钢丝绕在直径为 D 的圆筒上，若钢丝仍处于弹性范围内，此时钢丝的最大弯曲正应力 $\sigma_{\max} =$______________；为了减小弯曲正应力，应减小__________的直径或增大__________的直径。

9-13 思图 9.8 所示各种截面形状的梁，在铅垂对称平面内弯曲，试分别绘出弯曲正应力沿高度的分布图。

9-14 边长为 a 的正方形截面梁，按思图 9.9 所示两种不同方式放置，在相同弯矩作用下，两者最大正应力之比 $(\sigma_{\max})_a/(\sigma_{\max})_b =$______________。

9-15 圆截面梁，保持弯矩不变，若直径增加一倍，则其最大正应力是原来的____倍。

9-16 由四根 80×10 的等边角钢按思图 9.10 所示三种方式组成不同截面的梁，仅从抗弯的角度讲，在相同弯矩的作用下，弯曲正应力强度最高的是______，最低的是______。

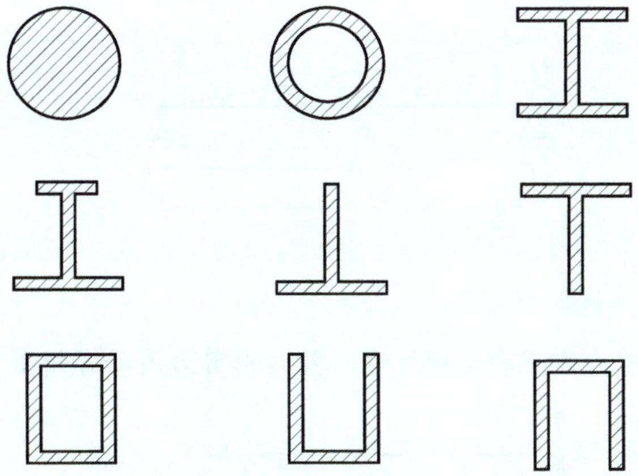

思图 9.8

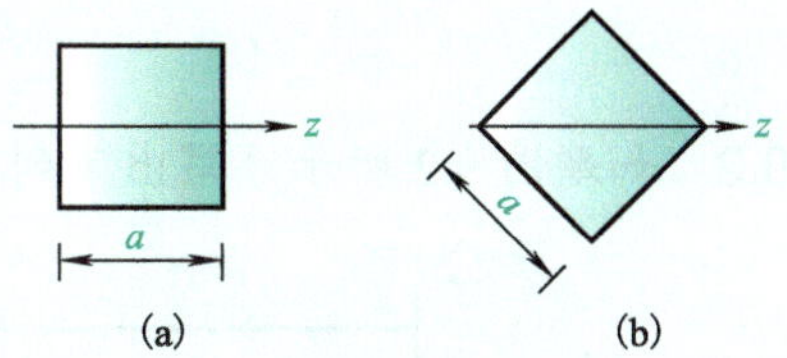

思图 9.9

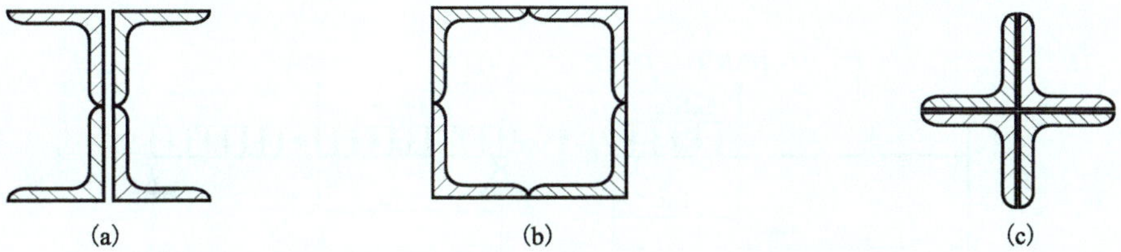

思图 9.10

习　题

9.1　求题图 9.1(a)～(f)所示各梁中指定截面上的剪力和弯矩。

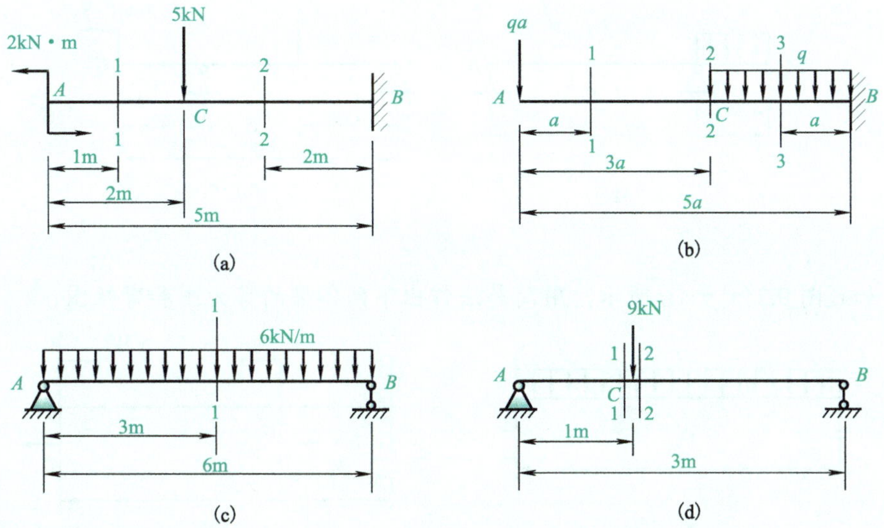

题图 9.1

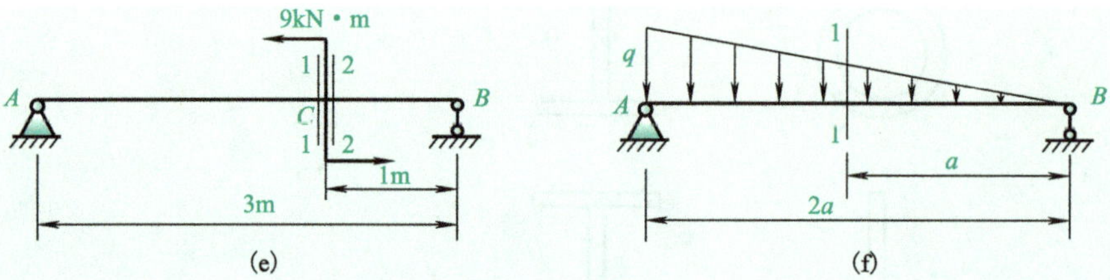

题图 9.1(续)

9.2 如题图 9.2 所示，写出下列各梁的剪力方程和弯矩方程，并作出剪力图和弯矩图。

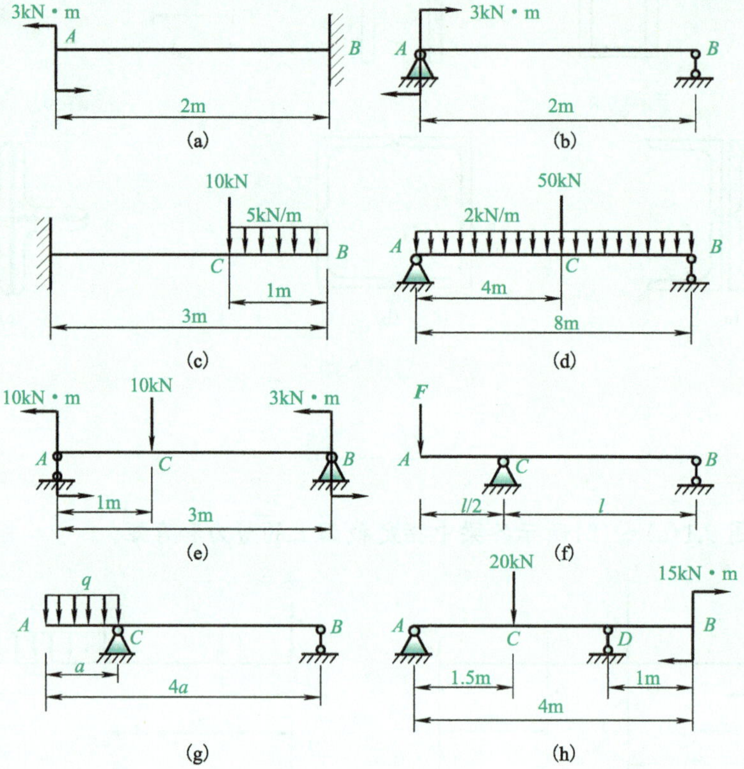

题图 9.2

9.3 如题图 9.3(a)～(l)所示，用简易法作出下列各梁的剪力图和弯矩图。

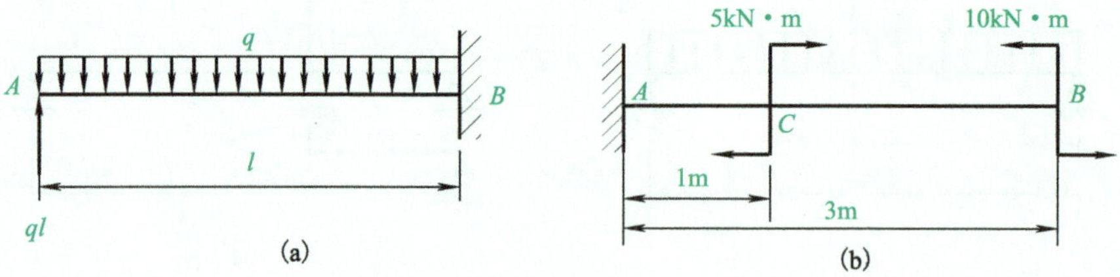

题图 9.3

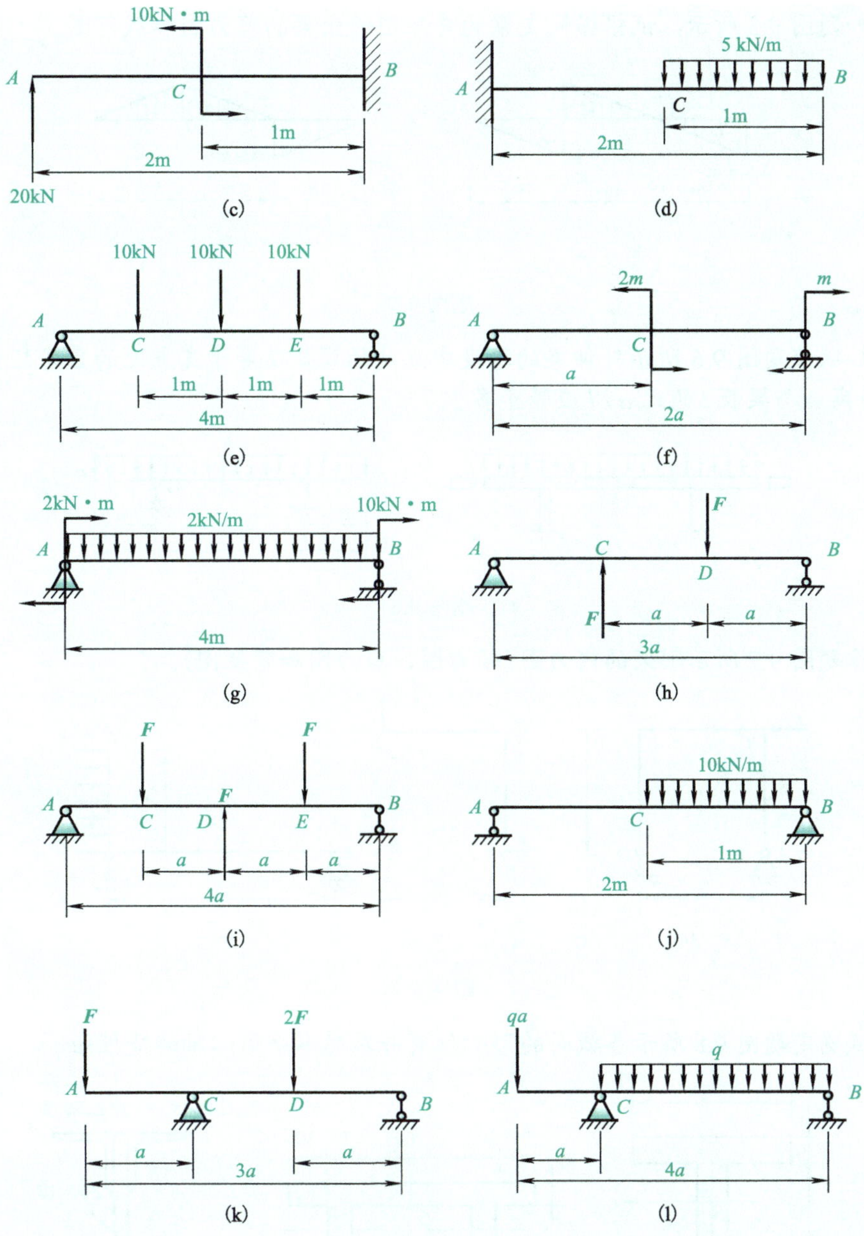

题图 9.3(续)

9.4　如题图 9.4 所示，试作下列具有中间铰的梁的剪力图和弯矩图。

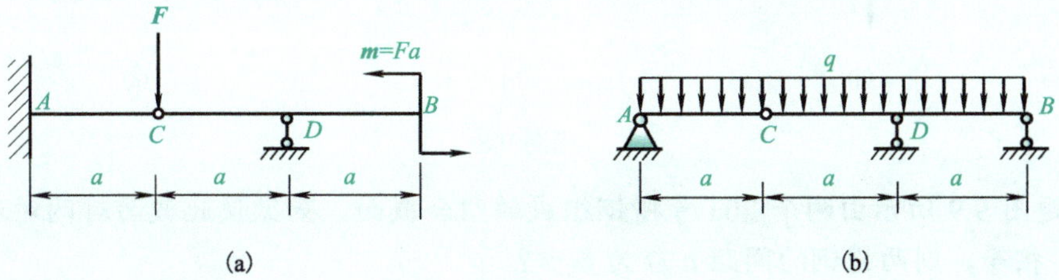

题图 9.4

9.5 如题图 9.5 所示，试根据简支梁的弯矩图作出梁的剪力图和载荷图。

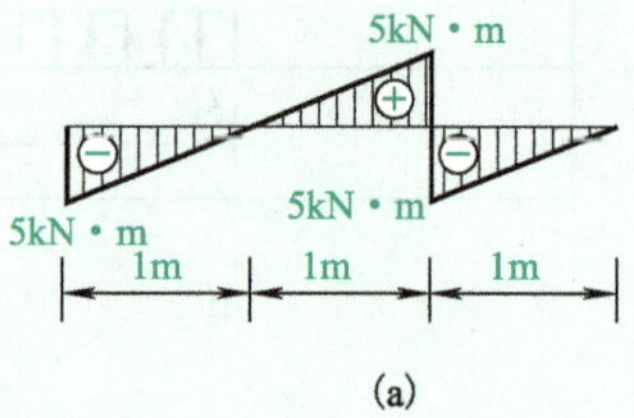

题图 9.5

9.6 如欲使题图 9.6 所示外伸梁的跨度中点处的弯矩值等于支点处的负弯矩值，则支座到端点的距离 a 与梁长 l 的比 a/l 应等于多少？

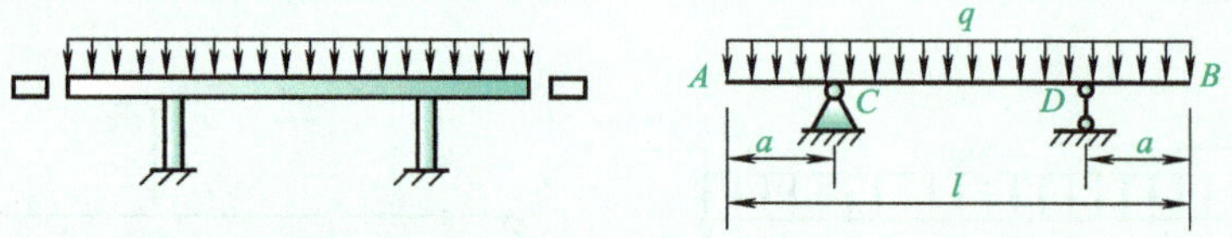

题图 9.6

9.7 作题图 9.7 所示刚架的内力图(轴力图、剪力图和弯矩图)。

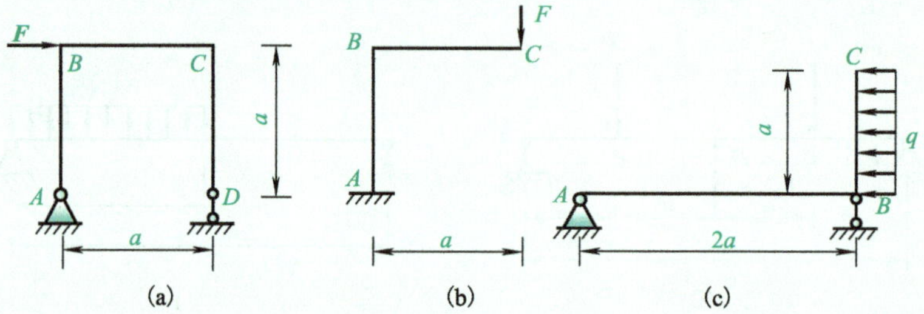

题图 9.7

9.8 试确定题图 9.8 所示各截面的形心位置并求对水平形心轴的惯性矩。

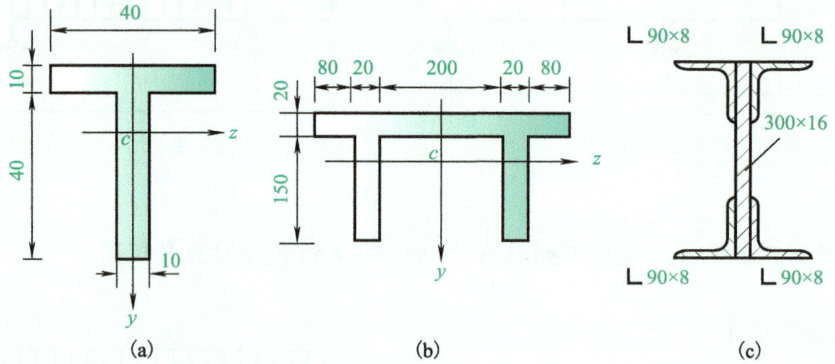

题图 9.8

9.9 题图 9.9 所示由两个 20a 号槽钢组成的组合截面，如欲使此截面对两对称轴的惯性矩 I_x 和 I_y 相等，则两槽钢的间距 a 应为多少？

9.10 如题图 9.10 所示，若要从直径为 d 的原木中切割出一根矩形截面梁，并使其抗弯截面常数 W_z 为最大，试计算矩形应有的高宽比(h/b)。

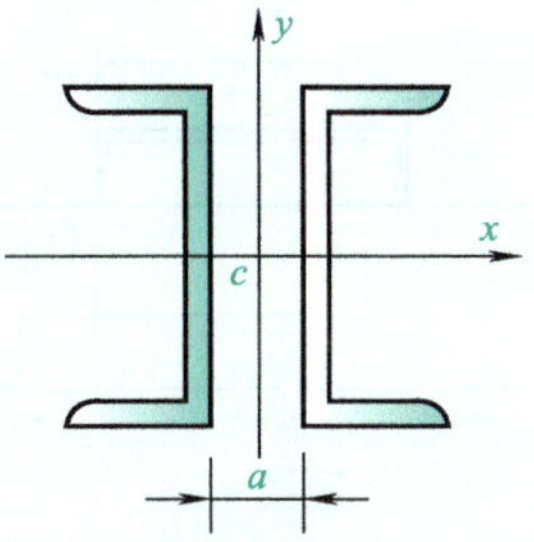

题图 9.9

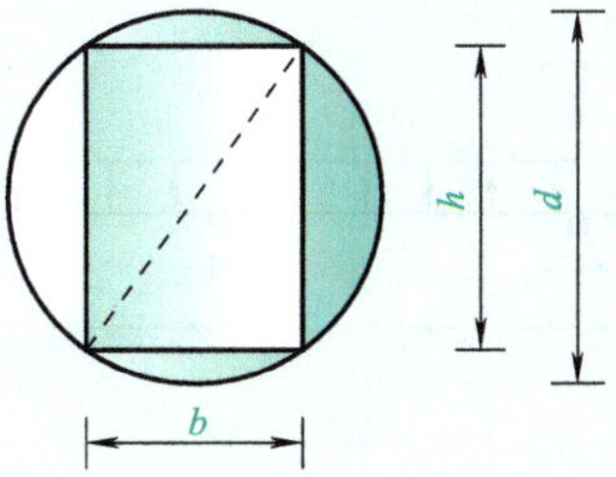

题图 9.10

9.11　题图 9.11 所示矩形截面悬臂梁，试求梁中的最大正应力。

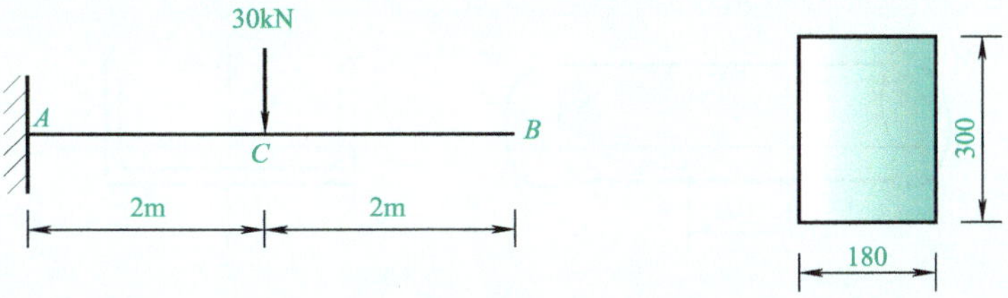

题图 9.11

9.12　试求题图 9.12 所示工字形截面悬臂梁 A、B、C 三截面上的最大正应力。

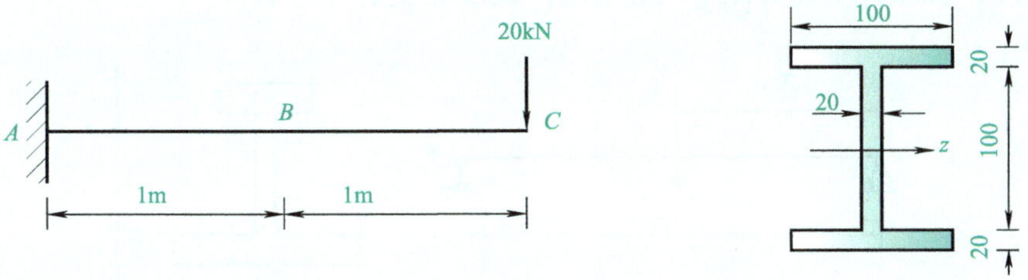

题图 9.12

9.13　题图 9.13 所示右端外伸梁，截面为矩形，所受载荷如图所示，试求梁中的最大拉应力，并指明其所在的截面和位置。

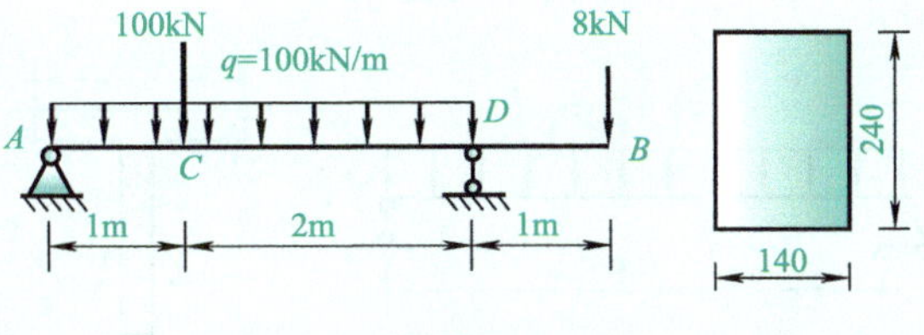

题图 9.13

9.14　题图 9.14 所示两端外伸梁由 No.25a 号工字钢制成，其跨长 $l=6\text{m}$，承受满均布载荷 q 的作用。若要使 C、D、E 三截面上的最大正应力均为 140 MPa，试求外伸部分的长度 a 及载荷集度 q 的数值。

9.15　当载荷 F 直接作用在梁跨中点时，梁内的最大正应力超过容许值 30%。为了消除这种过载现象，可配置如题图 9.15 所示的次梁 CD，试求次梁的最小跨度 a。

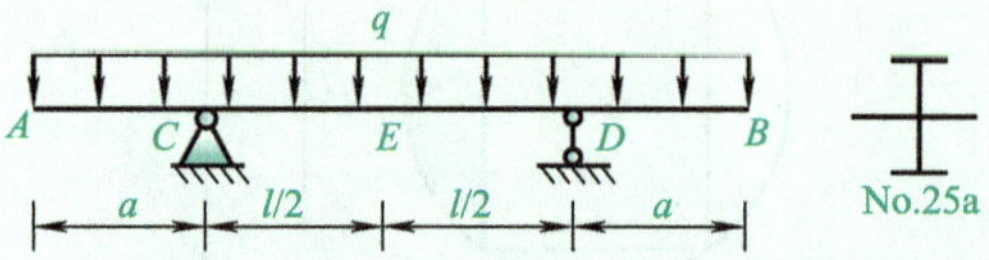

题图 9.14

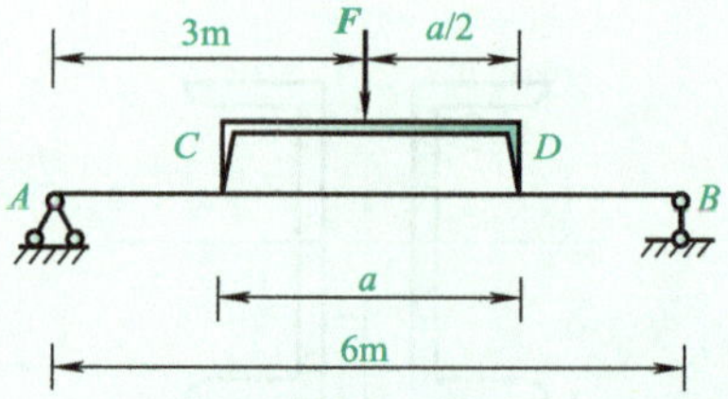

题图 9.15

9.16 如题图 9.16 所示，用 No.20 号槽钢作纯弯曲实验，槽钢水平横置并绕 z 轴弯曲。若测得底部纵向线上相距 100 mm 的两点 A、B 之间距的改变量为Δl=4.7 × 10^{-4} mm，钢材的 E = 2.0 × 10^{5}MPa，试求梁所受的弯矩。

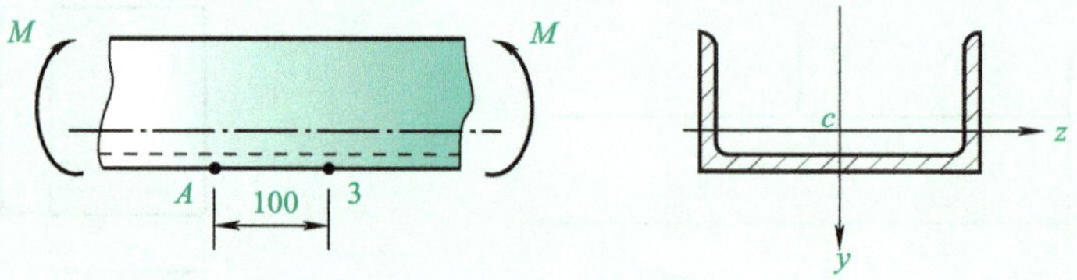

题图 9.16

9.17 上下不对称工字形截面铸铁梁受力如题图 9.17 所示，已知铸铁的抗拉许用应力$[\sigma]_t$ = 30 MPa，抗压许用应力$[\sigma]_c$ =80 MPa，试求此梁的许可载荷。

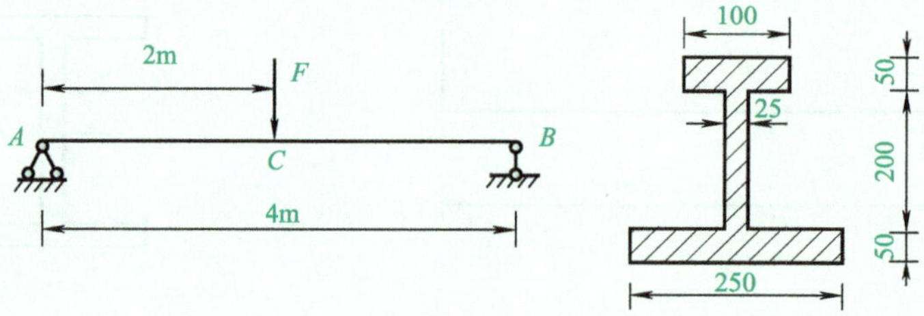

题图 9.17

9.18 T 形截面简支梁受力如题图 9.18 所示，若抗拉许用应力$[\sigma]_t$ = 80MPa，抗压许用应力$[\sigma]_c$ =160 MPa，试求此梁的许用分布载荷集度 q。

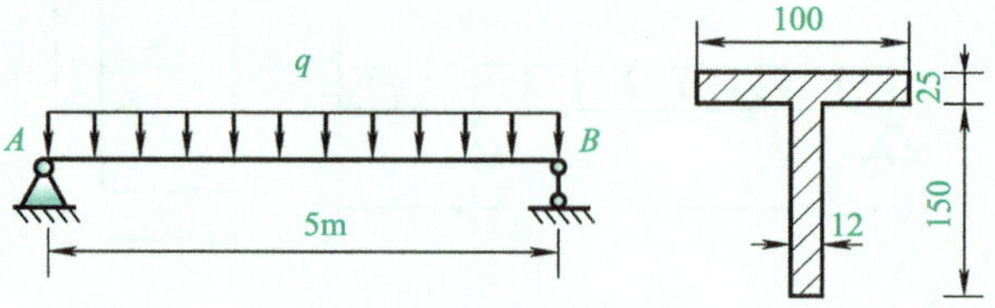

题图 9.18

9.19 槽形截面铸铁梁所受载荷如题图 9.19 所示，已知铸铁的抗拉强度极限$(\sigma_b)_t$ = 150MPa，抗压强度极限$(\sigma_b)_c$ = 630 MPa，试求此梁的实际工作安全系数。

9.20 题图 9.20 所示二梁(a)和(b)的材料相同、载荷位置相同，但截面形状不同，两者的许用载荷之比等于多少？

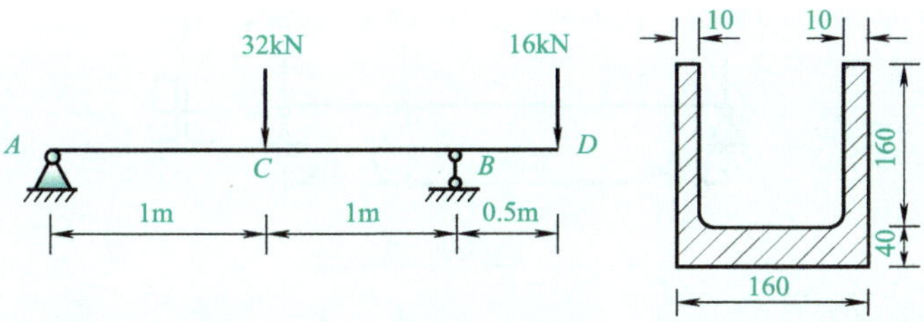

题图 9.19

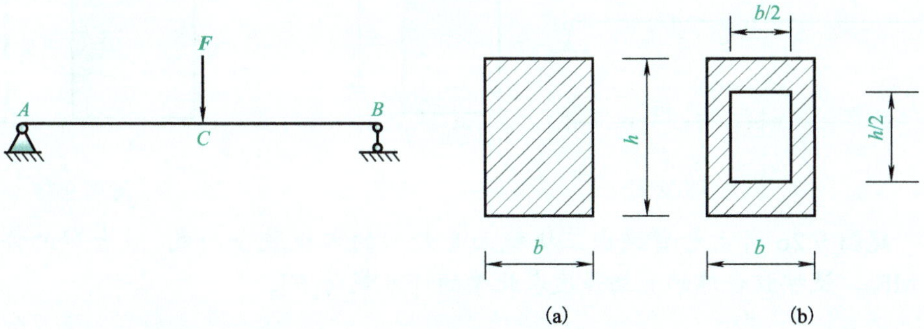

题图 9.20

9.21　如题图 9.21 所示，T 截面铸铁梁，为使截面上的最大拉应力和最大压应力同时达到材料的抗拉许用应力$[\sigma]_t$和抗压许用应力$[\sigma]_c$，应如何设计 y_1 和 y_2 的比值？

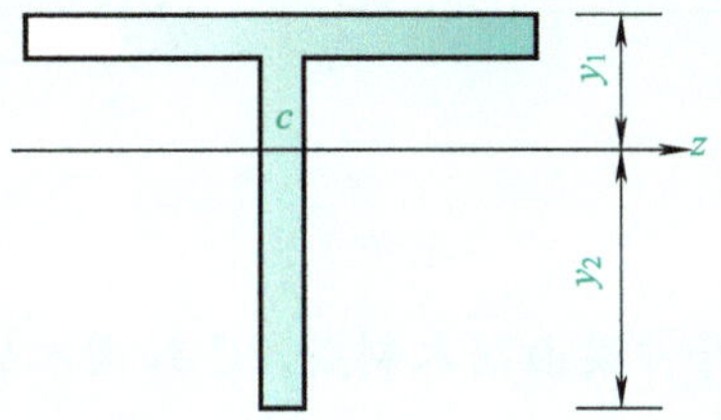

题图 9.21

9.22　如题图 9.22 所示两座钢梁的几何尺寸和材料均相同，而约束不同，按正应力强度条件，图(b)的承载能力是图(a)的多少倍？

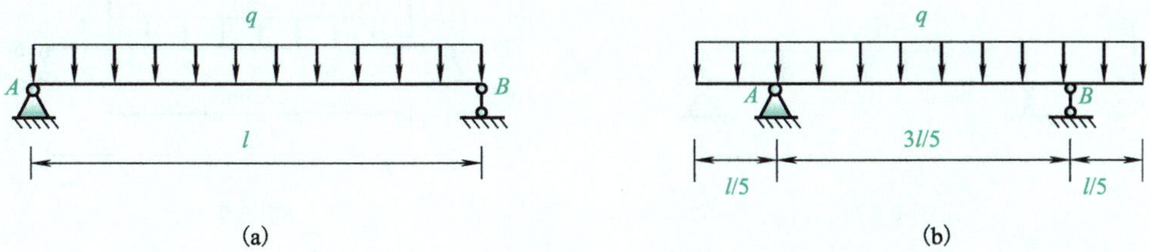

题图 9.22

9.23　简支梁 AB 承受如题图 9.23 所示的集中载荷，若钢梁是由两个槽钢组合而成的工字形截面梁，钢材的许用正应力$[\sigma]$ =170 MPa。不计自重，试选择槽钢的型号。

9.24　试求题图 9.14 所示外伸梁中的最大切应力。

9.25　题图 9.24 所示简支梁，试求其 D 截面上 a、b、c 三点处的切应力。

9.26　题图 9.25 所示两横截面所受剪力相同，两者的最大切应力之比等于多少？

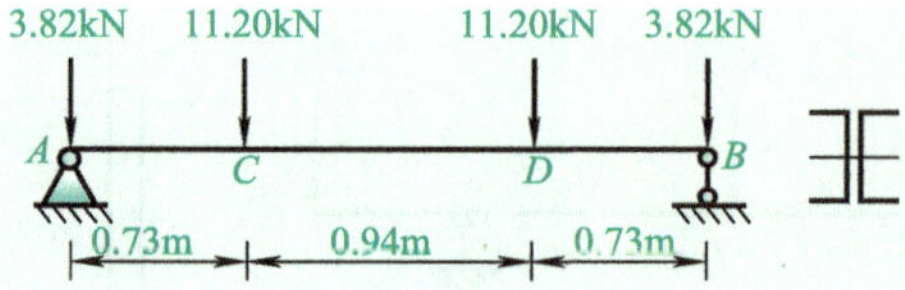

题图 9.23

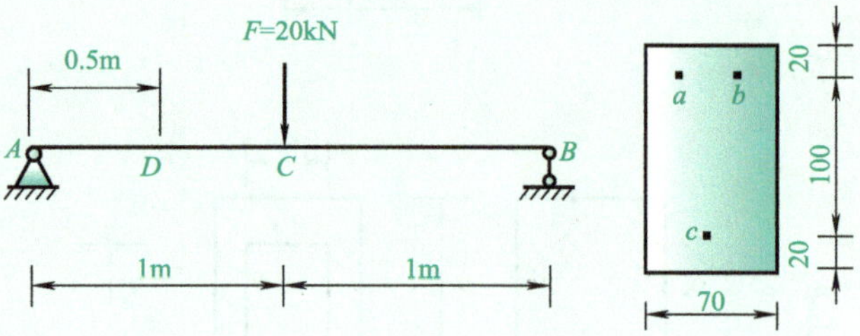

题图 9.24

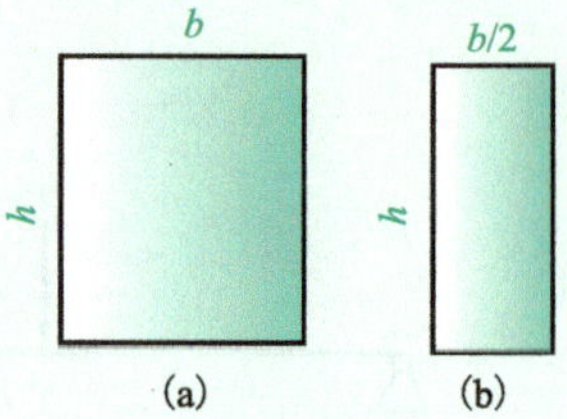

题图 9.25

9.27 题图 9.26 所示悬臂梁由三块截面为矩形的木板胶合而成，胶合缝的许用切应力$[\tau]=0.35$ MPa，试按胶合缝的剪切强度求此梁的许可载荷$[F]$。

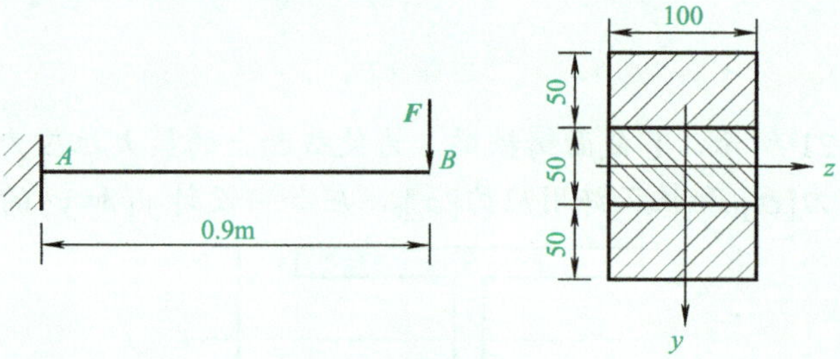

题图 9.26

9.28 题图 9.27 所示左端外伸梁由圆木制成，已知圆木的直径 $d=145$ mm，所受载荷如图所示，试求梁中的最大切应力。

9.29 简支梁 AB 承受如题图 9.28 所示的载荷，钢材的许用正应力$[\sigma]=170$ MPa，许用切应力$[\tau]=100$ MPa。不计自重，试选择工字钢的型号并作切应力强度校核。

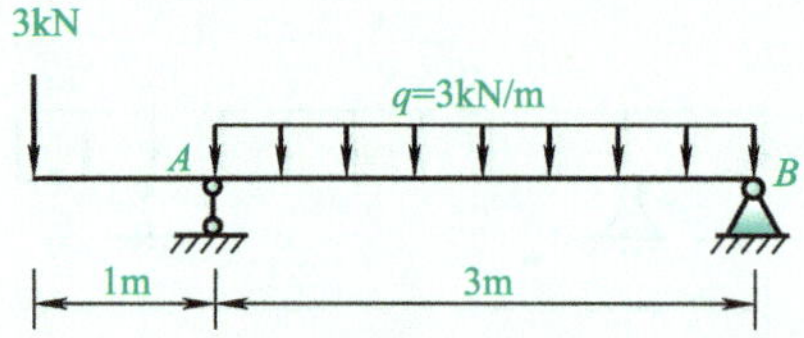

题图 9.27

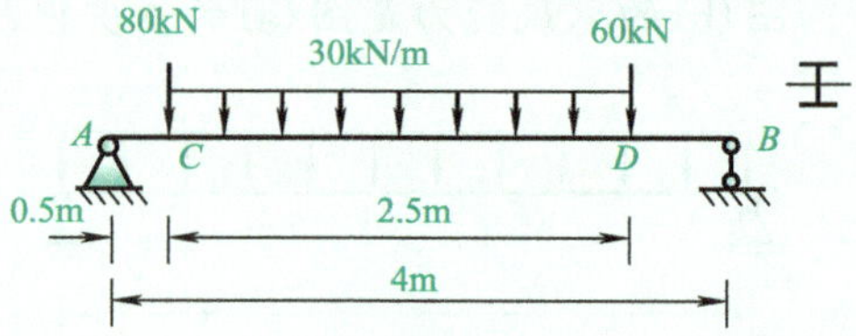

题图 9.28

9.30 在端外伸梁承受载荷如题图 9.29 所示，钢材的许用正应力$[\sigma]=170$ MPa、许用切应力$[\tau]=100$ MPa。不计自重，试选择工字钢的型号并作切应力强度校核。

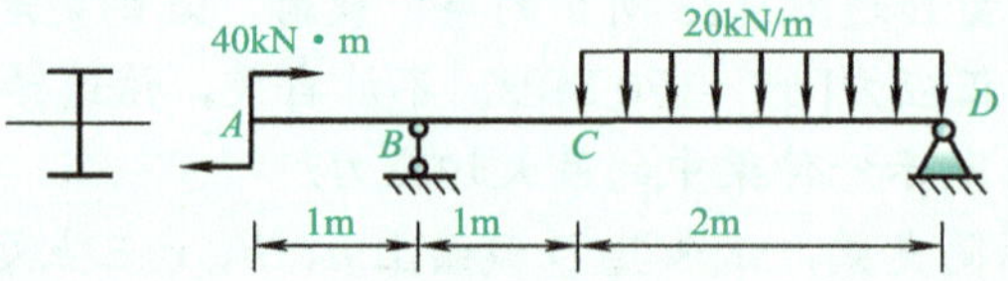

题图 9.29

第10章 弯曲变形

10.1 弯曲变形概述

工程上，对于受弯构件不仅要求其有足够的强度，而且根据实际工作的需要，还要对其变形给予必要的限制，即要求构件具有足够的刚度。例如，图 10.1 所示机床的齿轮轴，变形过大时，会影响齿轮间的正常啮合以及轴与轴承的配合，加速齿轮和轴承的磨损，产生噪音，影响其加工精度。如图 10.2(a)所示车床，如果被加工的工件变形过大，则会使工件尺寸达不到设计要求，造成废品，如图 10.2(b)所示。再如，吊车梁的变形过大，便会引起小车“爬坡”、车体振动。对于精密机器和仪器，为了保证其正常工作，就更需要对其构件变形加以限制。

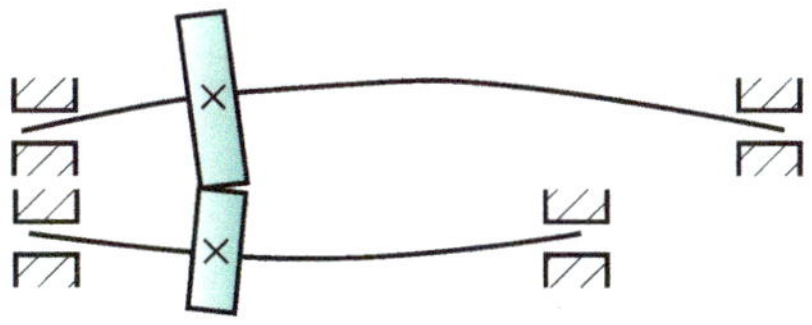

图 10.1

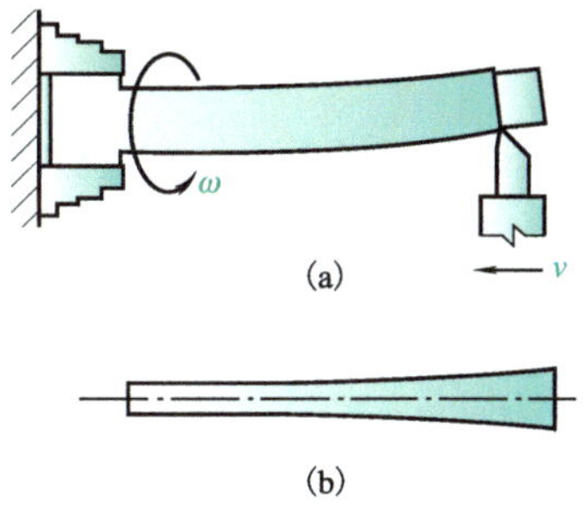

(a)

(b)

图 10.2

与上述情况相反，在有些情况下，又需要使构件产生较大的变形来满足某些特定的需要。例如，车辆上用的叠板弹簧，正是利用其变形较大的特点，以减小车身的颠簸，达到减振的目的。

为了限制或利用梁的弯曲变形，就需要掌握弯曲变形的分析计算方法。此外弯曲变形的分析计算也是解决超静定梁和压杆稳定等问题的基础。

由第 9 章可知，如果作用在梁上的外力均位于梁的纵向对称面内，且垂直于梁轴线，则梁变形后的轴线变成一条连续光滑的平面曲线，并位于该对称面内。这条曲线称为梁的**挠曲线**，如图 10.3 所示。

细长梁的变形主要与弯矩有关，剪力对其变形的影响很小，一般可忽略不计。因此，当梁发生弯曲变形时，仍可假定各横截面保持为平面，且与梁轴正交，并绕中性轴转动。因此，梁的变形可用横截面形心的线位移及截面的角位移描述。

悬臂梁挠曲线视频　　简支梁挠曲线视频　　外伸梁挠曲线视频

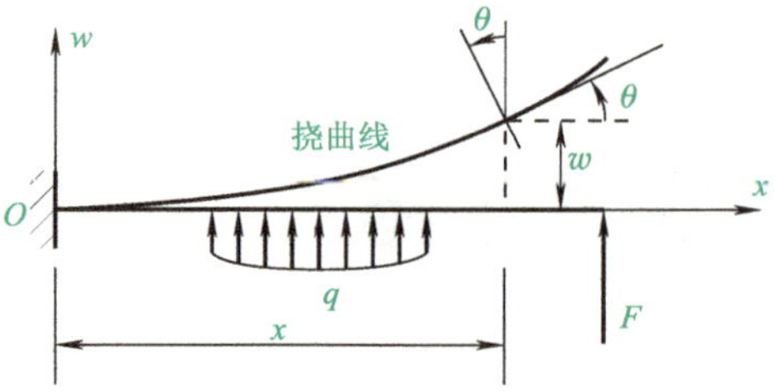

图 10.3

当梁弯曲时，横截面的形心在垂直于梁轴方向的线位移，称为**挠度**，并用 w 表示，向上为正，单位为 mm 或 m；由于梁轴线的长度保持不变，因此，截面形心也存在轴向线位移，但在小变形的条件下，截面形心的轴向线位移远小于其横向线位移，可以忽略不计。

不同截面的挠度一般不同，所以，如果沿变形前的梁轴建立坐标轴 x，则有

$$w=w(x) \tag{a}$$

式(a)代表了挠度关于截面位置的变化规律，称为梁的**挠曲线方程**。

横截面绕中性轴的角位移称为**转角**，并用 θ 表示，按图 10.3 所示坐标系，逆时针转向为正，单位为弧度。由平截面假设，梁弯曲时横截面仍保持平面并与轴线正交。因此，任一横截面的转角 θ 也等于挠曲线在该截面处的切线与 x 轴的夹角，如图 10.3 所示。

在工程实际中，θ 一般都很微小，故可认为

$$\theta \approx \tan\theta=\frac{\mathrm{d}w}{\mathrm{d}x}$$

即

$$\theta(x)=w'(x) \tag{10.1}$$

由以上讨论可以看出，**挠曲线方程在任一截面 x 处的函数值，等于该截面的挠度；挠曲线上任一点的切线斜率（即挠曲线方程在该点处的一阶导数）等于该点处横截面的转角**。可见，如能求得梁的挠曲线方程 $w=w(x)$，就很容易求得梁的挠度和转角，因此计算梁的变形，关键在于确定挠曲线方程。

10.2 梁变形的基本方程

10.2.1 梁的挠曲线微分方程

在推导纯弯曲梁的正应力计算公式时，曾导出梁轴线上任意点处曲率与弯矩的关系式

$$\frac{1}{\rho}=\frac{M}{EI}$$

当梁的跨度远大于横截面高度时，剪力对梁变形的影响甚微，故上式也可用于一般横力弯曲。在这种情况下，由于弯矩 M 与曲率半径 ρ 均为 x 的函数，上式变为

$$\frac{1}{\rho(x)}=\frac{M(x)}{EI} \tag{a}$$

由高等数学可知，平面曲线 $w=w(x)$ 上任一点的曲率为

$$\frac{1}{\rho(x)}=\pm\frac{\dfrac{\mathrm{d}^2 w}{\mathrm{d}x^2}}{\left[1+\left(\dfrac{\mathrm{d}w}{\mathrm{d}x}\right)^2\right]^{3/2}}$$

将其代入式(a)得

$$\frac{\dfrac{\mathrm{d}^2 w}{\mathrm{d}x^2}}{\left[1+\left(\dfrac{\mathrm{d}w}{\mathrm{d}x}\right)^2\right]^{3/2}}=\pm\frac{M(x)}{EI} \tag{10.2}$$

式(10.2)称为挠曲线微分方程，它是一个二阶非线性常微分方程。求解这样的方程在数学上是相当困难的，但在小变形条件下，由于梁的转角很小，$(\mathrm{d}w/\mathrm{d}x)^2$ 之值远小于 1，所以，式(10.2)可简化为

$$\frac{\mathrm{d}^2 w}{\mathrm{d}x^2}=\pm\frac{M(x)}{EI} \tag{10.3}$$

上式称为挠曲线近似微分方程，它已简化为一个二阶线性常微分方程。实践表明，由此方程求得的挠度与转角，对于工程应用已足够精确。

至于方程(10.3)中的符号，应由坐标系的选取和弯矩的符号来确定。由于坐标系在图 10.3 中已经选定，弯矩的符号已在第 9 章作了规定，因此，方程(10.3)中的符号即可唯一确定。

如果选用 w 轴正向向上的坐标系，当梁段承受正弯矩时，挠曲线下凹，$\mathrm{d}^2w/\mathrm{d}x^2$ 为正，如图 10.4(a)所示；反之，当梁段承受负弯矩时，挠曲线上凸，$\mathrm{d}^2w/\mathrm{d}x^2$ 为负，如图 10.4(b)所示。可见，弯矩 M 与 $\mathrm{d}^2w/\mathrm{d}x^2$ 恒为同号，方程(10.3)的右端应取正号，故挠曲线近似微分方程为

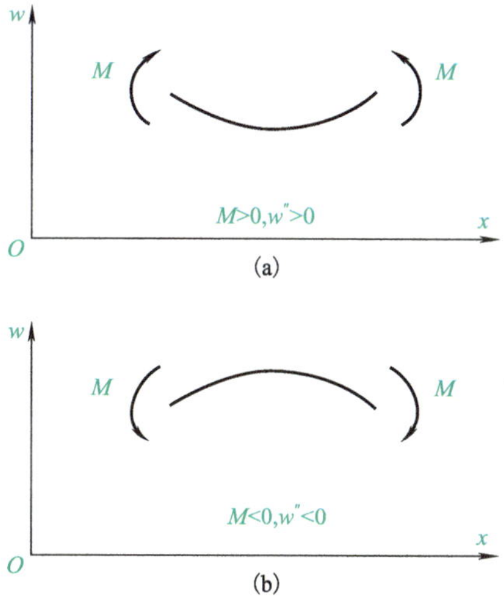

图 10.4

$$\frac{\mathrm{d}^2 w}{\mathrm{d}x^2}=\frac{M(x)}{EI}$$

即

$$EIw''=M(x) \tag{10.4}$$

应当指出，由于 x 轴的方向既不影响弯矩的正负号，也不影响 $\mathrm{d}^2w/\mathrm{d}x^2$ 的正负号，所以，式(10.4)同样适用于 x 轴正向向左的坐标系。

10.2.2　积分法计算梁的变形

对于等截面直梁，EI 不变，可将挠曲线近似微分方程相继积分两次，得到转角方程和挠度方程

$$EIw'(x)=EI\theta(x)=\int M(x)\,\mathrm{d}x+C \tag{10.5}$$

$$EIw(x)=\iint M(x)\,\mathrm{d}x\,\mathrm{d}x+Cx+D \tag{10.6}$$

式中，C 与 D 为积分常数，需要由梁的位移边界条件和连续条件确定。

所谓位移边界条件是指梁上的某些截面的位移已知的条件，一般由梁的支承条件提供。例如，在固定端处，横截面的挠度与转角均为零。即

$$w=0,\qquad \theta=0$$

在铰支座处，横截面的挠度为零，即

$$w=0$$

所谓位移连续条件是指挠曲线方程为分段函数时，在分段交界处挠曲线应满足连续光滑的条件。当梁上作用集中力、集中力偶或间断分布载荷时，弯矩方程需分梁段列出，相应梁段的挠曲线方程和转角方程虽各不相同，但相邻梁段交界处的挠度和转角必须对应相等。即

$$w_1 = w_2, \quad \theta_1 = \theta_2$$

积分常数确定后，将其代入式(10.5)和式(10.6)，即可得到梁的挠曲线方程

$$w = w(x)$$

和转角方程

$$\theta = \theta(x) = \frac{\mathrm{d}w(x)}{\mathrm{d}x} = w'(x)$$

由此可求出任一横截面的挠度与转角。

由以上分析可以看出，梁的位移不仅与梁的弯曲刚度及弯矩有关，而且与梁位移的边界条件及连续条件有关。

这种通过对梁的挠曲线近似微分方程直接积分得到梁的挠曲线方程和转角方程，进而求出梁任一横截面的挠度与转角的方法称为积分法。

【例 10.1】 悬臂梁 AB，在自由端 B 作用一集中力 F，如图 10.5 所示。设弯曲刚度 EI 为常量，试求该梁的转角方程和挠曲线方程，并确定最大转角 $|\theta|_{\max}$ 和最大挠度 $|w|_{\max}$。

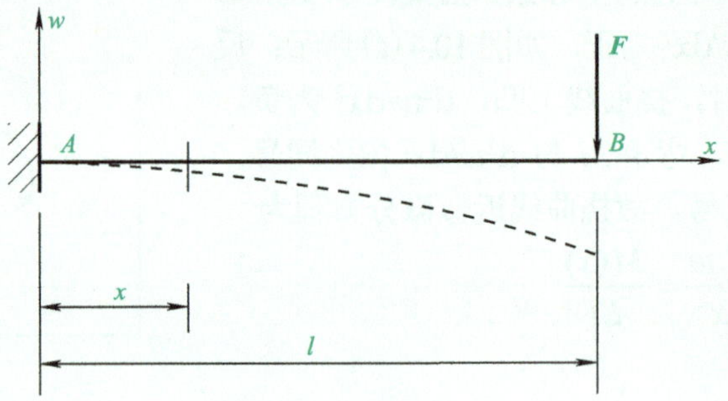

图 10.5

解 以梁左端 A 为原点，取一直角坐标系，令 x 轴正向向右，w 轴正向向上。

(1) 列弯矩方程。在距原点 x 处取截面，列出弯矩方程为

$$M(x) = -F(l-x) = -Fl + Fx \tag{a}$$

(2) 列挠曲线近似微分方程并积分。将弯矩方程(a)代入式(10.4)得

$$EIw'' = -Fl + Fx \tag{b}$$

通过两次积分，得

$$EIw' = -Flx + \frac{F}{2}x^2 + C \tag{c}$$

$$EIw = -\frac{Fl}{2}x^2 + \frac{F}{6}x^3 + Cx + D \tag{d}$$

(3) 确定积分常数。悬臂梁在固定端处的转角和挠度均为零，即

$$\theta_A = w'(0) = 0, \quad w_A = w(0) = 0$$

将这两个边界条件代入式(c)和(d)，得

$$C = 0, \quad D = 0$$

(4)确定转角方程和挠度方程。将求得的积分常数 C 和 D 代入式(c)和(d)，得梁的转角方程和挠度方程为

$$\theta = w' = \frac{1}{EI}\left(-Flx + \frac{F}{2}x^2\right) = -\frac{Fx}{2EI}(2l - x) \tag{e}$$

$$w = \frac{1}{EI}\left(-\frac{Fl}{2}x^2 + \frac{F}{6}x^3\right) = -\frac{Fx^2}{6EI}(3l - x) \tag{f}$$

(5)求最大转角和最大挠度。由图 10.5 可以看出，自由端 B 处的转角和挠度最大。以 $x=l$ 代入式(e)和式(f)，可得

$$\theta_B = -\frac{Fl^2}{2EI}\ (\circlearrowright), \quad 即\ |\theta|_{\max} = \frac{Fl^2}{2EI}$$

$$w_B = -\frac{Fl^3}{3EI}\ (\downarrow), \quad 即\ |w|_{\max} = \frac{Fl^3}{3EI}$$

所得结果中，转角为负值，说明横截面绕其中性轴作顺时针方向转动；挠度为负值，说明 B 点的位移向下。

【例 10.2】 简支梁如图 10.6 所示，在全梁上受集度为 q 的均布载荷作用。设 EI 为常量，试求此梁的转角方程和挠度方程，并确定最大转角 $|\theta|_{\max}$ 和最大挠度 $|w|_{\max}$。

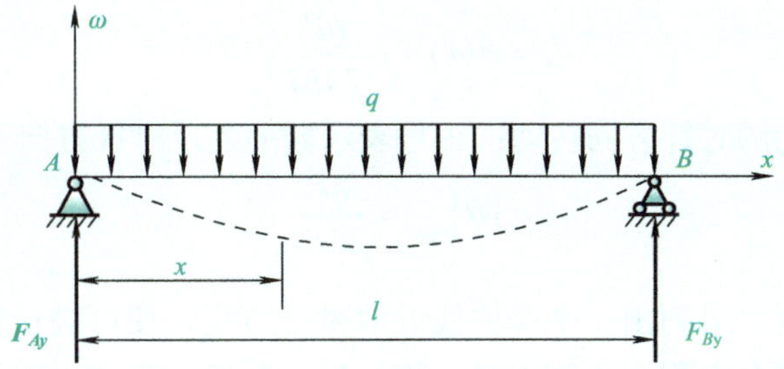

图 10.6

解 以梁左端 A 为原点，取一直角坐标系，令 x 轴正向向右，w 轴正向向上。

(1)列弯矩方程，即

$$M(x) = \frac{ql}{2}x - \frac{q}{2}x^2 \tag{a}$$

(2)列挠曲线近似微分方程并积分，即

$$EIw'' = \frac{ql}{2}x - \frac{q}{2}x^2 \tag{b}$$

通过两次积分得

$$EIw' = \frac{ql}{4}x^2 - \frac{q}{6}x^3 + C \tag{c}$$

$$EIw = \frac{ql}{12}x^3 - \frac{q}{24}x^4 + Cx + D \tag{d}$$

(3)确定积分常数。简支梁的边界条件是在两支座处的挠度等于零。即

$$w_A = w(0) = 0, \quad w_B = w(l) = 0$$

将这两个边界条件代入式(d)，得

$$C = -\frac{ql^3}{24}, \qquad D = 0$$

(4)确定转角方程和挠度方程。将积分常数 C、D 代入式(c)和(d)得

$$\theta = w' = \frac{1}{EI}\left[\frac{ql}{4}x^2 - \frac{q}{6}x^3 - \frac{ql^3}{24}\right] = -\frac{q}{24EI}\left[l^3 - 6lx^2 + 4x^3\right] \tag{e}$$

$$w = \frac{1}{EI}\left[\frac{ql}{12}x^3 - \frac{q}{24}x^4 - \frac{ql^3}{24}x\right] = -\frac{qx}{24EI}\left[l^3 - 2lx^2 + x^3\right] \tag{f}$$

(5)求最大转角和最大挠度。梁上载荷和边界条件均对称于梁跨中点 C，故梁的挠曲线也必对称。由此可知，最大挠度必在梁的中点处，以 $x = l/2$ 代入式(f)，得

$$w_C = -\frac{q \cdot \frac{l}{2}}{24EI}\left[l^3 - \frac{l^3}{2} + \frac{l^3}{8}\right] = -\frac{5ql^4}{384EI} \ (\downarrow)$$

式中，负号表示梁中点的挠度向下。故

$$|w|_{\max} = \frac{5ql^4}{384EI}$$

由图 10.6 可见，在两支座处横截面的转角相等，且为最大。由式(e)得

$$\theta_A = \theta(0) = -\frac{ql^3}{24EI} \ (\circlearrowright)$$

$$\theta_B = \theta(l) = +\frac{ql^3}{24EI} \ (\circlearrowleft)$$

式中，负号表示截面为顺时针方向转动；正号表示截面为反时针方向转动。故

$$|\theta|_{\max} = \frac{ql^3}{24EI}$$

以上两例，仅需对全梁列出一个挠曲线近似微分方程，便可进行积分并确定积分常数。但当梁的挠曲线近似微分方程分段列出时，积分后，每段均将会出现两个积分常数。为确定这些积分常数，除利用边界条件外，还需利用分段处的连续条件。例如图 10.7 所示的简支梁，集中力 F 将全梁分为 AC 和 CB 两段，这时两段梁的挠曲线近似微分方程及其积分分别为

AC 段($0 \leqslant x \leqslant a$)：

$$EIw_1'' = \frac{Fb}{l}x$$

$$EIw_1' = \frac{Fb}{2l}x^2 + C_1$$

$$EIw_1 = \frac{Fb}{6l}x^3 + C_1x + D_1$$

CB 段($a \leqslant x \leqslant l$)：

$$EIw_2'' = \frac{Fb}{l}x - F(x-a)$$

$$EIw_2' = \frac{Fb}{2l}x^2 - \frac{F(x-a)^2}{2} + C_2$$

$$EIw_2 = \frac{Fb}{6l}x^3 - \frac{F(x-a)^3}{6} + C_2x + D_2$$

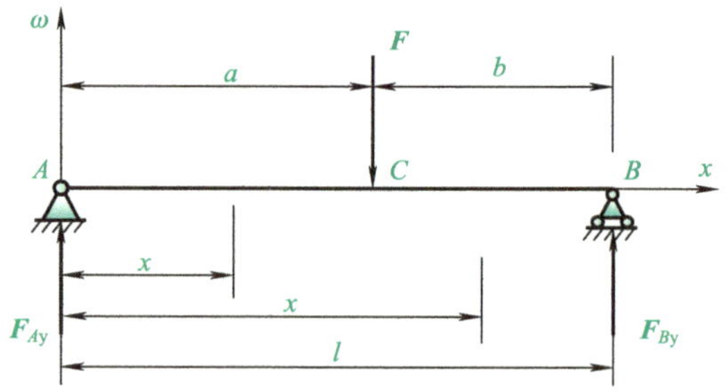

图 10.7

积分后一共出现四个积分常数，需要四个已知的变形条件才能确定。

简支梁的边界条件有两个，即

$$w_A = w_1(0) = 0\,,\qquad w_B = w_2(l) = 0$$

分段处的连续条件有两个，即

$$w_1(a) = w_2(a)\,,\qquad w_1'(a) = w_2'(a)$$

用这两个边界条件和两个连续条件可以确定四个积分常数。积分常数确定后，就可以得到两梁段的转角方程和挠曲线方程。以下演算与前面两例类似，读者可自行演算，其结果为

$$w_1 = \frac{Fbx}{6lEI}\left(x^2 - l^2 + b^2\right) \qquad (0 \leqslant x \leqslant a)$$

$$w_2 = \frac{Fa(l-x)}{6lEI}\left(x^2 + a^2 - 2lx\right) \qquad (a \leqslant x \leqslant l)$$

10.3 计算梁变形的叠加法

积分法是计算梁变形的基本方法，但在工程实际中，梁上一般都同时作用若干个载荷，此时若用积分法计算，其计算工作量大且计算过程烦琐。基于小变形条件下力的独立作用原理和位移是变形的累加结果的概念，用叠加法计算梁的变形就相对简便。

为了应用叠加法和实用的方便，将各种简单载荷作用下梁的挠度和转角公式及挠曲线的方程式列于表 10.1，以备查用。

表 10.1 梁的挠曲线方程、挠度与转角

序号	梁的简图	挠曲轴方程	挠度和转角
1	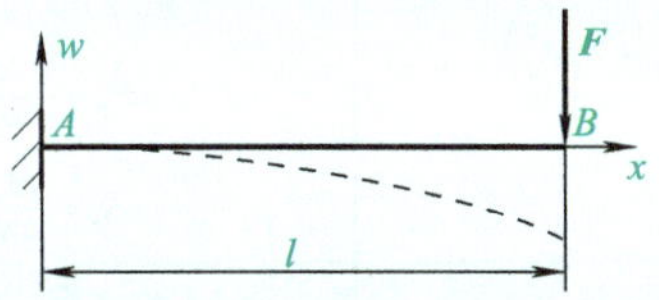	$w = \frac{Fx^2}{6EI}(x-3l)$	$w_B = -\frac{Fl^3}{3EI}$ $\theta_B = -\frac{Fl^2}{2EI}$
2	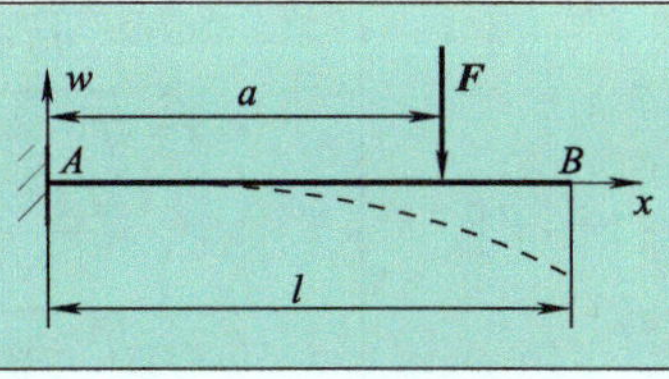	$w = \frac{Fx^2}{6EI}(x-3a)$ $(0 \leqslant x \leqslant a)$ $w = \frac{Fa^2}{6EI}(a-3x)$ $(a \leqslant x \leqslant l)$	$w_B = -\frac{Fa^2}{6EI}(3l-a)$ $\theta_B = -\frac{Fa^2}{2EI}$
3	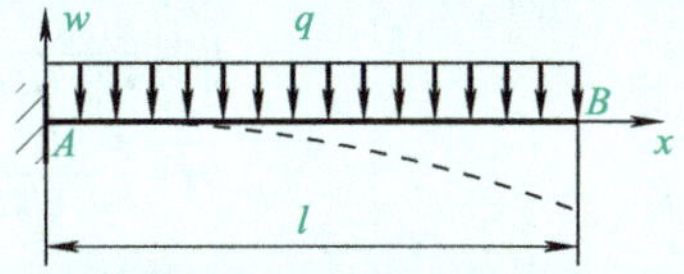	$w = \frac{qx^2}{24EI}(4lx - 6l^2 - x^2)$	$w_B = -\frac{ql^4}{8EI}$ $\theta_B = -\frac{ql^3}{6EI}$
4	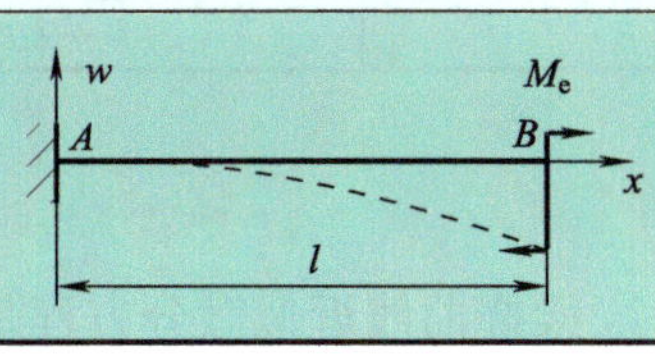	$w = -\frac{M_e x^2}{2EI}$	$w_B = -\frac{M_e l^2}{2EI}$ $\theta_B = -\frac{M_e l}{EI}$

续表

序号	梁的简图	挠曲轴方程	挠度和转角
5	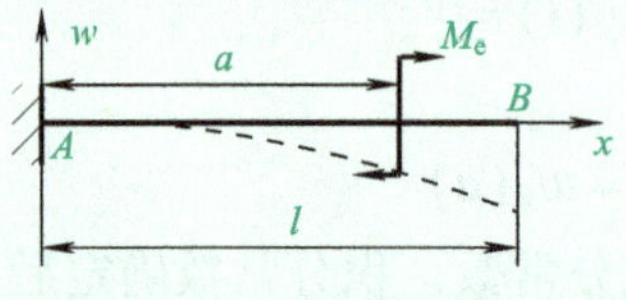	$w=-\dfrac{M_e x^2}{2EI}$ $(0\leqslant x\leqslant a)$ $w=-\dfrac{M_e a}{EI}\left(\dfrac{a}{2}-x\right)$ $(a\leqslant x\leqslant l)$	$w_B=-\dfrac{M_e a}{EI}\left(l-\dfrac{a}{2}\right)$ $\theta_B=-\dfrac{M_e a}{EI}$
6	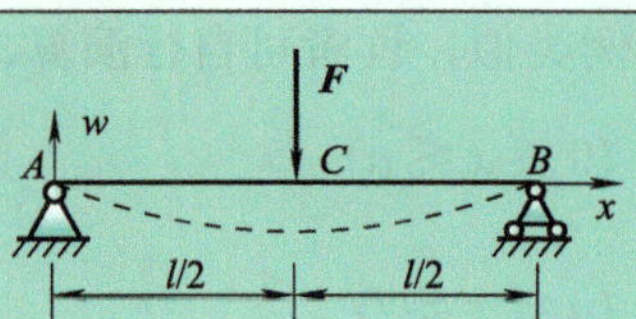	$w=-\dfrac{Fx}{12EI}\left(x^2-\dfrac{3l^2}{4}\right)$ $(0\leqslant x\leqslant l/2)$	$w_C=-\dfrac{Fl^3}{48EI}$ $\theta_A=-\theta_B=-\dfrac{Fl^2}{16EI}$
7	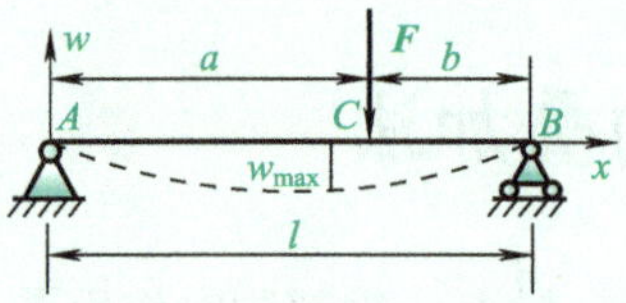	$w=\dfrac{Fbx}{6lEI}\left(x^2-l^2+b^2\right)$ $(0\leqslant x\leqslant a)$ $w=\dfrac{Fa(l-x)}{6lEI}\left(x^2+a^2-2lx\right)$ $(a\leqslant x\leqslant l)$	$\lvert w\rvert_{max}=\dfrac{Fb(l^2-a^2)^{3/2}}{9\sqrt{3}lEI}$ （在 $x=\sqrt{\dfrac{l^2-b^2}{3}}$ 处） $\theta_A=-\dfrac{Fb(l^2-b^2)}{6lEI}$ $\theta_B=\dfrac{Fa(l^2-a^2)}{6lEI}$
8	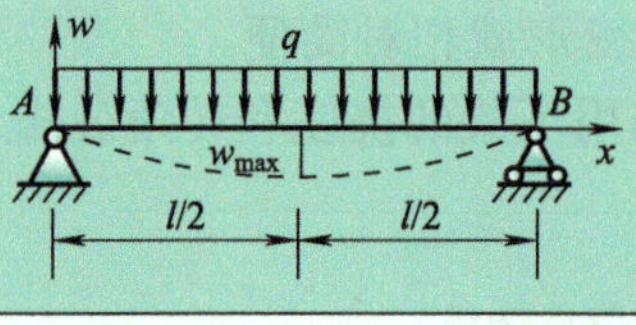	$w=\dfrac{qx}{24EI}\left(2lx^2-x^3-l^3\right)$	$\lvert w\rvert_{max}=\dfrac{5ql^4}{384EI}$ （在 $x=l/2$ 处） $\theta_A=-\theta_B=-\dfrac{ql^3}{24EI}$
9	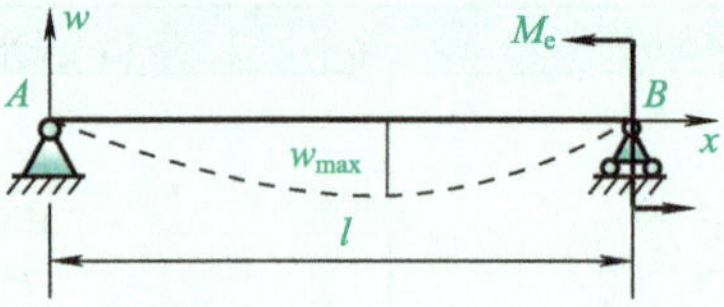	$w=-\dfrac{M_e x}{6lEI}\left(l^2-x^2\right)$	$\lvert w\rvert_{max}=\dfrac{M_e l^2}{9\sqrt{3}EI}$ （在 $x=l/\sqrt{3}$ 处） $\theta_A=-\dfrac{M_e l}{6EI}$ $\theta_B=\dfrac{M_e l}{3EI}$
10	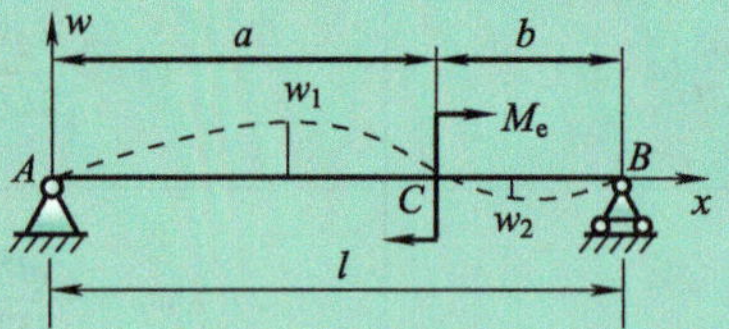	$w=\dfrac{M_e x}{6lEI}\left(l^2-3b^2-x^2\right)$ $(0\leqslant x\leqslant a)$ $w=\dfrac{M_e(l-x)}{6lEI}(3a^2-2lx+x^2)$ $(a\leqslant x\leqslant l)$	$w_1=\dfrac{M_e(l^2-3b^2)^{3/2}}{9\sqrt{3}lEI}$ （在 $x=\sqrt{l^2-3b^2}/\sqrt{3}$ 处） $w_2=-\dfrac{M_e(l^2-3a^2)^{3/2}}{9\sqrt{3}lEI}$ （在 $x=\sqrt{l^2-3a^2}/\sqrt{3}$ 处） $\theta_A=\dfrac{M_e(l^2-3b^2)}{6lEI}$ $\theta_B=\dfrac{M_e(l^2-3a^2)}{6lEI}$ $\theta_C=\dfrac{M_e(l^2-3a^2-3b^2)}{6lEI}$

10.3.1 载荷叠加法

在小变形的条件下，且当梁内应力不超过比例极限时，梁挠曲线近似微分方程是线性的，而梁内任一横截面的弯矩又与载荷成线性齐次关系。因此，当梁上同时作用几个载荷时，挠曲线近似微分方程的解，必等于各载荷单独作用时挠曲线近似微分方程的解的线性组合，由此求得的挠度与转角也一定与载荷成线性齐次关系。

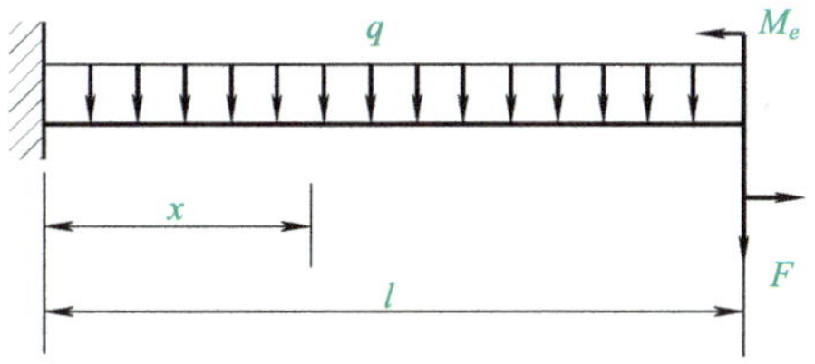

图 10.8

根据以上分析，几个载荷共同作用于梁上所产生的变形就等于每一载荷单独作用所产生的变形的叠加，这就是计算梁弯曲变形的**叠加原理**。该方法也叫**载荷叠加法**。

如图 10.8 所示梁，若设载荷 q，F 与 M_e 单独作用时截面 A 的挠度分别为 w_q，w_F 与 w_{M_e}，则当它们共同作用时该截面的挠度为

$$w = w_q + w_F + w_{M_e}$$

【例 10.3】 简支梁承受载荷如图 10.9(a)所示，试用叠加法求梁跨中点的挠度 w_C 和支座处截面转角 θ_A 和 θ_B。

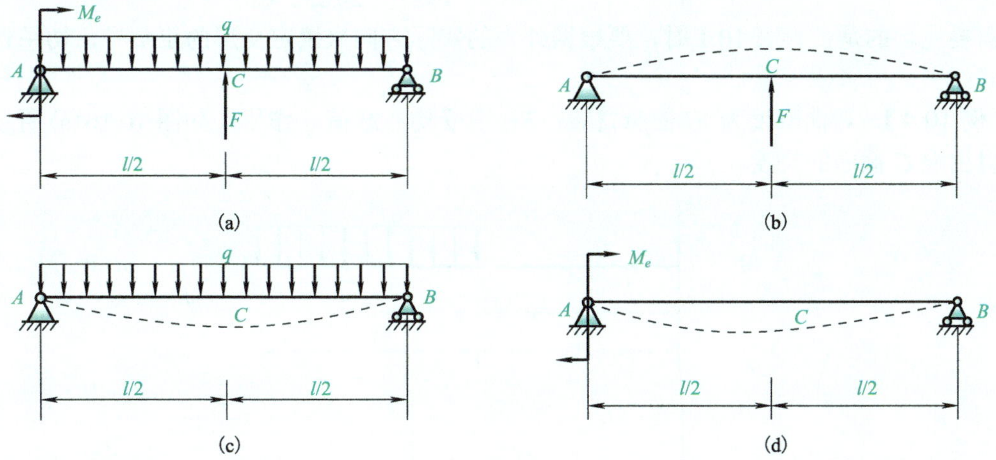

图 10.9

解 (1)求 C 点的挠度 w_C。根据叠加原理，C 点的挠度应等于集中力 F、均布载荷 q 和集中力偶 M_e 分别单独作用于简支梁时在 C 点引起的挠度的代数和。

当梁中点受集中力 F 作用时，如图 10.9(b)所示，查表 10.1 得 C 点的挠度为

$$w_{C,F} = \frac{Fl^3}{48EI} \ (\uparrow)$$

当梁上受均布载荷 q 作用时，如图 10.9(c)所示，查表 10.1 得 C 点的挠度为

$$w_{C,q} = \frac{5ql^4}{384EI} \ (\downarrow)$$

当梁左端 A 点处受集中力偶 M_e 的作用时，如图 10.9(d)所示，查表 10.1 得 C 点的挠度为

$$w_{C,M_e} = \frac{M_e l^2}{16EI} \ (\downarrow)$$

故 C 点的总挠度为

$$w_C = w_{C,F} + w_{C,q} + w_{C,M_e} = \frac{Fl^3}{48EI} - \frac{5ql^4}{384EI} - \frac{M_e l^2}{16EI}$$

(2)求 A、B 截面的转角 θ_A、θ_B。查表 10.1 得，在集中力 F 作用下，在简支梁 A、B 截面引起的转角为

$$\theta_{A,F}=\frac{Fl^2}{16EI}\ (\circlearrowleft),\qquad \theta_{B,F}=-\frac{Fl^2}{16EI}\ (\circlearrowright)$$

查表 10.1 得，在均布载荷 q 作用下，在简支梁 A、B 截面引起的转角为

$$\theta_{A,q}=-\frac{ql^3}{24EI}\ (\circlearrowright),\qquad \theta_{B,q}=\frac{ql^3}{24EI}\ (\circlearrowleft)$$

查表 10.1 得，在集中力偶 M_e 作用下，在简支梁 A、B 截面引起的转角为

$$\theta_{A,M_e}=-\frac{M_el}{3EI}\ (\circlearrowright),\qquad \theta_{B,M_e}=\frac{M_el}{6EI}\ (\circlearrowleft)$$

故 A、B 截面的总转角分别为

$$\theta_A=\theta_{A,F}+\theta_{A,q}+\theta_{A,M_e}=\frac{Fl^2}{16EI}-\frac{ql^3}{24EI}-\frac{M_el}{3EI}$$

$$\theta_B=\theta_{B,F}+\theta_{B,q}+\theta_{B,M_e}=-\frac{Fl^2}{16EI}+\frac{ql^3}{24EI}+\frac{M_el}{6EI}$$

需要注意的是，查表 10.1 时，要根据外力的实际方向来确定变形的正负号，切忌盲目照抄公式。

【例 10.4】 弯曲刚度为 EI 的悬臂梁，BC 段受均布载荷 q 作用，如图 10.10(a)所示。试计算自由端 C 截面的挠度。

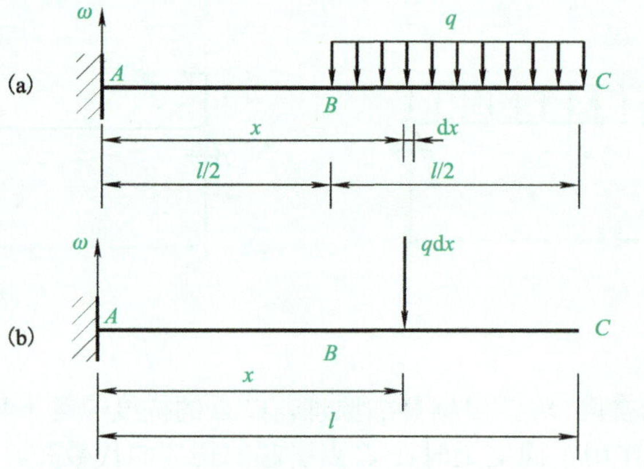

图 10.10

解 分布载荷可视为由无穷多个微小集中载荷组成，所以可以利用载荷叠加法计算。

如图 10.10(b)所示，在距固定端 x 处的微载荷为 $q\mathrm{d}x$，查表 10.1 可得梁在 $q\mathrm{d}x$ 作用下，自由端 C 的挠度为

$$\mathrm{d}w_C=-\frac{q\mathrm{d}x\cdot x^2}{6EI}(3l-x)=-\frac{q}{6EI}x^2(3l-x)\mathrm{d}x$$

由此得梁在均布载荷作用下，自由端的挠度为

$$w_C=\int\mathrm{d}w_C=\int_{l/2}^{l}-\frac{q}{6EI}x^2(3l-x)\mathrm{d}x=-\frac{41ql^4}{384EI}\ (\downarrow)$$

另外，此题尚可采用载荷叠加法的其他技巧求解，请读者自行练习。

10.3.2 逐段分析求和法

为了直接利用表 10.1 计算梁的变形，对于表中没有列出的某些类型的梁，除了像例 10.3 对载荷进行处理外，根据位移是杆件各部分变形累加的结果的概念，也可以对梁段进行处理，即把梁视为若干梁段构成，分别按表 10.1 中公式计算在相同载荷作用下各梁段的变形在同一截面上引起的位移，然后逐段叠加。即所谓逐段分析求和法，也称为区段叠加法。下面举例予以阐明。

【例 10.5】 试用逐段分析求和法计算例 10.4。

解 视梁 AC 由悬臂梁 AB 与固定在截面 B 上的悬臂梁 BC 构成，因此，截面 C 的挠度则由在载荷 q 作用下，因梁段 AB 变形引起截面 C 的挠度 $w_{C,AB}$ 和因梁段 BC 变形引起截面 C 的挠度 $w_{C,BC}$ 的叠加，如图 10.11(a)所示。

对于 $w_{C,AB}$ 的计算，由于此时只考虑梁段 AB 的变形，可视梁段 BC 为刚杆，将载荷 q 平移到截面 B，得作用在该截面的集中力 $\frac{1}{2}ql$ 和附加力偶矩 $\frac{1}{8}ql^2$，如图 10.11(b)所示。$w_{C,AB}$ 由两部分构成，一是截面 C 随平移后的载荷在截面 B 产生的竖直位移，二是截面 C 绕截面 B 作刚体转动位移，即

$$w_{C,AB}=w_B+\theta_B\cdot\frac{l}{2}$$

于是由载荷叠加法查表 10.1 可得

$$w_B=-\frac{\left(\frac{1}{2}ql\right)\left(\frac{l}{2}\right)^3}{3EI}-\frac{\left(\frac{1}{8}ql^2\right)\left(\frac{l}{2}\right)^2}{2EI}=-\frac{7ql^4}{192EI}\ (\downarrow)$$

$$\theta_B=-\frac{\left(\frac{1}{2}ql\right)\left(\frac{l}{2}\right)^2}{2EI}-\frac{\left(\frac{1}{8}ql^2\right)\left(\frac{l}{2}\right)}{EI}=-\frac{ql^3}{8EI}\ (\circlearrowright)$$

所以

$$w_{C,AB}=w_B+\theta_B\cdot\frac{l}{2}=-\frac{7ql^4}{192EI}-\frac{ql^3}{8EI}\left(\frac{l}{2}\right)=-\frac{19ql^4}{192EI}\ (\downarrow)$$

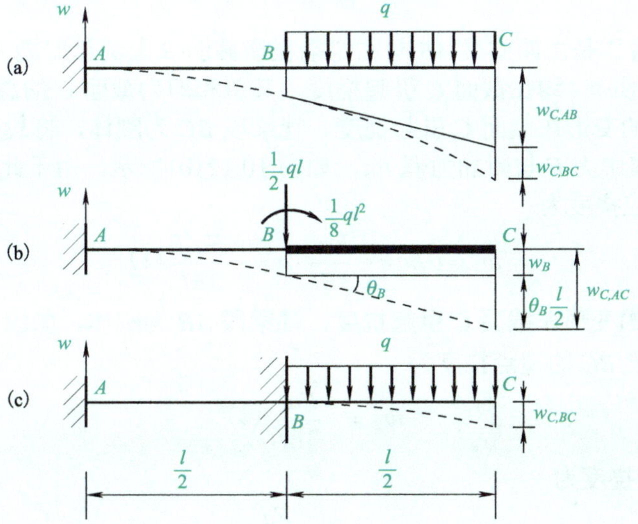

图 10.11

对于 $w_{C,BC}$ 的计算，由于此时只考虑梁段 BC 的变形，可将梁段 AB 视为刚体，变成 C 截面为固定端的悬臂梁 BC，如图 10.11(c)所示，于是直接查表 10.1 可得

$$w_{C,BC}=-\frac{q\left(\frac{l}{2}\right)^4}{8EI}=-\frac{ql^4}{128EI}\ (\downarrow)$$

故截面 C 的总挠度为

$$w_C=w_{C,AB}+w_{C,BC}=-\frac{19ql^4}{192EI}-\frac{ql^4}{128EI}=-\frac{41ql^4}{384EI}\ (\downarrow)$$

上述分析方法的要点是，在计算各梁段的变形在待求处引起的位移时，除研究的梁段发生变形外，其余各梁段均视为刚体。因此，又称该方法为**逐段刚化法**，特别适用于外伸梁和变截面梁的变形计算。

【例 10.6】 外伸梁承受载荷如图 10.12(a)所示，试计算外伸端 C 截面的挠度。

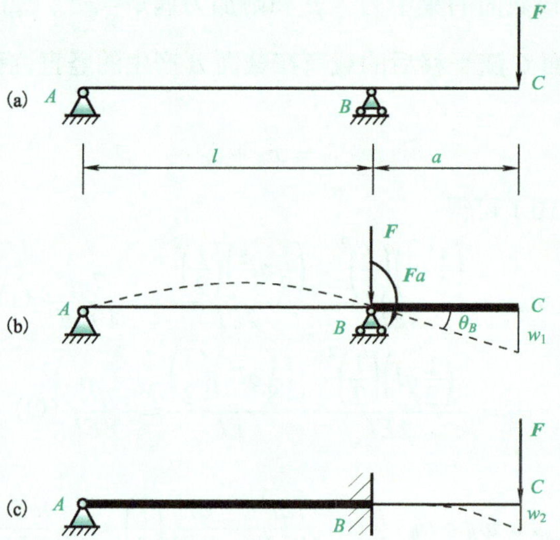

图 10.12

解 可将该梁看作是由简支梁 AB 与固定端在横截面 B 上的悬臂梁 BC 所组成，当简支梁 AB 与悬臂梁 BC 变形时，均在截面 C 引起挠度，其总和即为截面 C 的总挠度。

(1) 简支梁 AB 的变形在截面 C 引起挠度。视梁段 BC 为刚体，将载荷 F 平移到截面 B，得作用在该截面的集中力 F 与附加力偶 Fa，如图 10.12(b)所示，由于此时 BC 可视为刚性转动，故截面 C 的相应挠度为

$$w_1=\theta_B a=-\frac{Fal}{3EI}\cdot a=-\frac{Fa^2l}{3EI}\ (\downarrow)$$

(2) 悬臂梁 BC 的变形在截面 C 引起挠度。视梁段 AB 为刚体，如图 10.12(c)所示，在载荷 F 作用下，悬臂梁 BC 的端点挠度为

$$w_2=-\frac{Fa^3}{3EI}\ (\downarrow)$$

(3) 截面 C 的总挠度为

$$w_C=w_1+w_2=-\frac{Fa^2}{3EI}(a+l)\ (\downarrow)$$

需要指出的是载荷叠加法与逐段分析求和法都是综合应用已有的计算结果，在实际求解时，一般是将两种方法联合应用，所以又将二者统称为叠加法。

10.4 简单超静定梁

前两章中所讨论的梁都是属于静定问题的梁，简称静定梁。在工程实际中，广泛使用的是属于超静定问题的梁，简称超静定梁。

所谓简单超静定梁，是指梁的外部支承约束多于维持梁的平衡和限制梁刚体位移所必需的约束，约束反力不能由平衡方程全部求出。通常是在静定梁上附加约束，称为多余约束，与其相应的约束反力称为多余约束反力，多余约束反力的数目即为超静定次数。如图 10.13(a)、(b)所示梁便分别是一次和两次超静定梁。

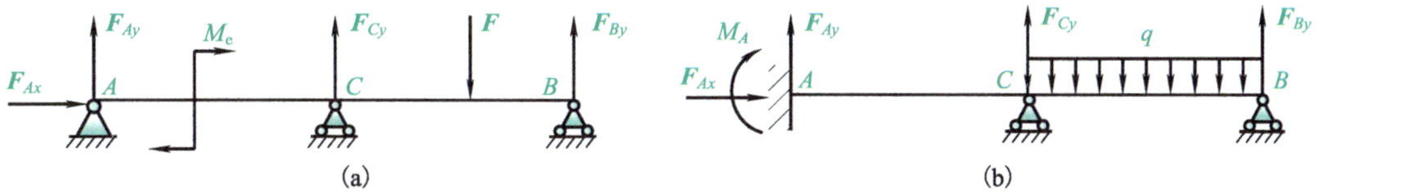

图 10.13

求解超静定梁有多种方法，变形比较法是最基本的一种。为了求解超静定梁，除应建立平衡方程外，还应利用变形协调条件及力与位移间的物理关系建立变形补充方程。现以图 10.14(a)所示梁为例，说明变形比较法的基本原理。

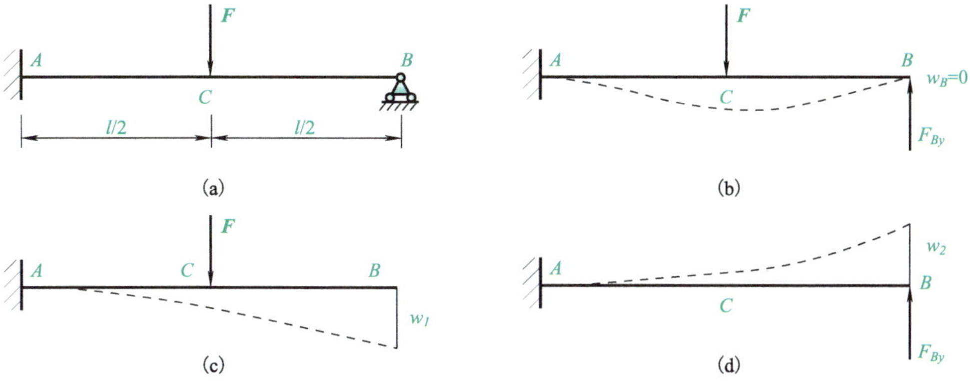

图 10.14

该梁具有一个多余约束，因此有一个多余约束反力，为一次超静定问题。如果选择支座 B 为多余约束，则相应的多余支反力为 F_{By}。

为了求解，假想地将支座 B 解除，以约束反力 F_{By} 替代其作用，于是得到受载荷 F 与未知约束反力 F_{By} 作用的静定悬臂梁，如图 10.14(b)所示。多余约束解除后所得的静定梁，其受力与超静定梁完全相同(即静力等效)，称该静定梁为超静定梁的相当系统。

相当系统在载荷 F 与多余约束反力 F_{By} 共同作用下产生变形，按等效替代原则，相当系统的变形应与超静定梁完全相同(即变形等效)，多余约束处的位移必须符合超静定梁在该处的约束条件，即满足变形协调条件。在本例中，超静定梁在支座 B 处的位移约束条件为

$$w_B = 0$$

所以，相当系统在 F 与 F_{By} 共同作用下，B 处的挠度也应等于零，如图 10.14(b) 所示。即，变形协调条件为

$$w_B = w_1 + w_2 = 0$$

由积分法或叠加法(图 10.14(c)、(d))，易得

$$w_1 = -\frac{5Fl^3}{48EI}\ (\downarrow)$$

$$w_2 = \frac{F_{By}l^3}{3EI}\ (\uparrow)$$

将 w_1 和 w_2 代入变形协调条件，得变形补充方程

$$-\frac{5Fl^3}{48EI} + \frac{F_{By}l^3}{3EI} = 0$$

求解变形补充方程得

$$F_{By} = \frac{5}{16}F\ (\uparrow)$$

所得结果为正，表明所设约束反力 F_{By} 方向与其实际方向一致。

多余约束反力确定后，作用在相当系统上的所有外力均为已知，由此即可通过相当系统计算超静定梁的反力、内力、应力和位移等。例如，由平衡条件易得固定端处的约束反力与反力偶分别为

$$F_{Ay} = \frac{11}{16}F\ (\uparrow),\qquad M_A = \frac{3}{16}Fl\ (\circlearrowleft)$$

应该指出，只要不是维持梁的平衡和限制梁刚体位移所必需的约束，均可选作为多余约束。如对于图 10.13(a) 所示超静定梁，也可选固定端 A 的转动限制作为多余约束。如果将该约束解除，用反力偶 M_A 代之，则超静定梁的相当系统如图 10.15 所示，相应的变形协调条件为

$$\theta_A = 0$$

由此求得的约束反力与反力偶与上述解答完全相同。

以上分析表明，用变形比较法解超静定梁的思路是把超静定梁转换为静定梁进行分析，其关键是确定多余约束反力。现将分析方法和步骤概述如下：

(1) 根据约束反力与有效平衡方程的数目，判断梁的超静定次数。

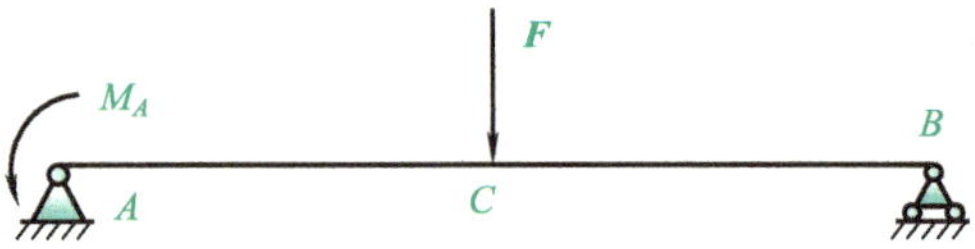

图 10.15

(2) 选择与超静定次数相同数目的多余约束(维持梁平衡和限制梁刚体位移所必需的约束不在可选之列)；

(3) 解除多余约束，并且以相应多余约束反力代替其作用，得到超静定梁的相当系统；

(4) 计算相当系统在多余约束处的位移，并根据相应的变形协调条件建立变形补充方程，并由此解出多余约束反力；

(5) 通过相当系统实现对超静定梁反力、强度和刚度等的计算。

【例 10.7】 图 10.16 所示，由两根槽钢焊接而成的三铰支梁，受均布载荷 $q=20\text{kN/m}$ 作用，已知梁长 $l=4\text{m}$，抗弯截面模量 $W=79.4\text{cm}^3$，材料的许用应力 $[\sigma]=160\text{MPa}$。试校核该梁的强度。

解 此梁有一个多余约束，故为一次超静定问题。

选取可动铰支座 C 为多余约束，解除该支座并以未知约束反力 F_C 代之，得到相当系统，即简支梁 AB，如图 10.16(b) 所示。

比较图 10.16(a)、(b) 所示超静定梁和相当系统，相当系统(简支梁 AB)在 C 处挠度必为零，得变形协调条件为

$$w_C = 0$$

对简支梁 AB，由载荷叠加法查表 10.1 得

$$w_C = w_{C,q} + w_{C,F_C} = -\frac{5ql^4}{384EI} + \frac{F_C l^3}{48EI}$$

将其代入变形协调条件得变形补充方程为

$$-\frac{5ql^4}{384EI} + \frac{F_C l^3}{48EI} = 0$$

解方程得

$$F_C = \frac{5}{8}ql = 50\ (\text{kN})$$

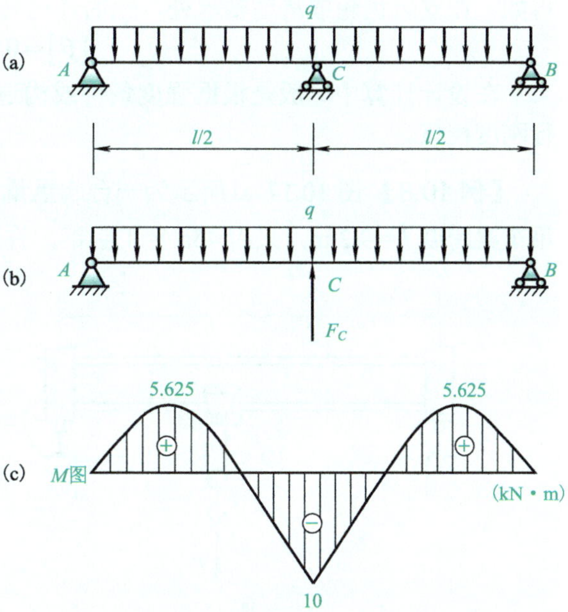

图 10.16

对简支梁 AB 作出在载荷 q 和 F_C 共同作用下的弯矩图，即为超静定梁的弯矩图，如图 10.16(c) 所示。由图可知，支座 C 处的截面为危险截面，其弯矩值为

$$|M|_{\max} = 10\ (\text{kN}\cdot\text{m})$$

危险截面上的最大正应力为

$$\sigma_{\max} = \frac{|M|_{\max}}{W} = \frac{10\times10^3}{79.4\times10^{-6}} = 126(\text{MPa}) < [\sigma] = 160\ (\text{MPa})$$

故满足强度条件。

10.5 梁的刚度条件与合理刚度设计

10.5.1 梁的刚度条件

工程上，对于弯曲构件，除了要满足强度条件外，还要满足刚度要求，对其弯曲变形加以限制。所以需要进行刚度计算，其刚度条件为

$$|w|_{\max} \leqslant [w] \tag{10.7}$$

$$|\theta|_{\max} \leqslant [\theta] \tag{10.8}$$

式中，$[w]$为许用挠度，$[\theta]$为许用转角。其值由具体工作条件来确定，对于不同的构件有不同的规定，可从相应的设计规范或手册中查得。例如，对跨度为 l 的桥式起重机梁，其许用挠度为

$$[w] = \frac{l}{500} \sim \frac{l}{750}$$

又如，对于一般用途的轴，其许用挠度为

$$[w] = \frac{3l}{10000} \sim \frac{5l}{10000}$$

再如，在安装齿轮或滑动轴承处，轴的许用转角为

$$[\theta]=0.001(\text{rad})$$

在设计计算中一般是根据强度条件或构造上的需要，先确定构件的截面尺寸，然后再进行刚度校核。

【例 10.8】 图 10.17(a)所示为一台起重量为 50kN 的单梁桥式吊车。已知电葫芦重 5kN，吊车梁跨度 $l=9.2$ m，采用 45a 号工字钢，许用挠度 $[w]=\dfrac{l}{500}$，试校核该吊车梁的刚度。

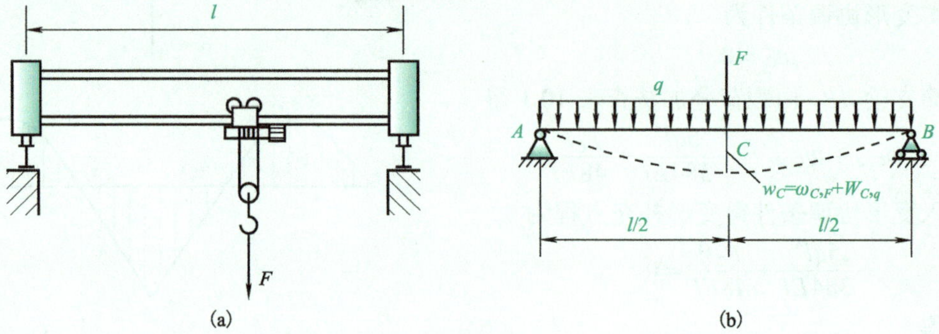

图 10.17

解 将吊车梁简化为如图 10.17(b)所示的简支梁。电葫芦的轮压近似地视为一集中力 F，并作用于梁的中点(此时由 F 引起的挠度最大)；梁的自重为一均布载荷，集度为 q。

(1)计算有关数据，即

$$F=50+5=55(\text{kN})$$

查型钢表得

$$q=80.42(\text{kg}\cdot\text{f/m})=8.04(\text{kN/m})$$

$$I=32200(\text{cm}^4)=3.22\times10^{-4}(\text{m})$$

材料的弹性模量为

$$E=200(\text{GPa})$$

(2)计算最大挠度。因 F 和 q 产生的最大挠度均位于梁的中点 C，查表 10.1 得

$$w_{C,F}=\frac{Fl^3}{48EI}=\frac{55\times10^3\times9.2^3}{48\times200\times10^9\times3.22\times10^{-4}}$$

$$=1.38\times10^{-2}(\text{m})=1.38(\text{cm})(\downarrow)$$

$$w_{C,q}=\frac{5ql^4}{384EI}=\frac{5\times8.04\times10^3\times9.2^4}{384\times200\times10^9\times3.22\times10^{-4}}$$

$$=1.16\times10^{-3}(\text{m})=0.116(\text{cm})(\downarrow)$$

由叠加法，得梁的最大挠度为

$$w_{\max}=1.38+0.116=1.5(\text{cm})$$

(3)校核刚度。

吊车梁的许可挠度为

$$[w]=\frac{l}{500}=\frac{9.2}{500}=1.84\times10^{-2}(\text{m})=1.84(\text{cm})$$

比较梁的最大挠度，知

$$w_{\max} = 1.5(\text{cm}) < 1.84(\text{cm}) = [w]$$

故该吊车梁满足刚度要求。

10.5.2 梁的合理刚度设计

综合前述对梁变形的讨论结果，对其挠度和转角可统一地表示为如下形式：

$$\text{位移} = \frac{\text{载荷}}{\text{系数}} \cdot \frac{l^n}{EI} \tag{10.9}$$

从式(10.9)可以看出，影响挠度和转角的主要因素有梁的长度 l、弯曲刚度 EI 和梁上作用载荷的类别及其分布状况。因此，要提高梁的刚度，减小梁的变形，应从上述三个方面采取措施。

1. 缩短梁的长度·增加支承约束

式(10.9)中的上角标 n 的值与载荷的类型有关，如位移为挠度，载荷类型为集中力偶、集中力和均布载荷时，n 分别为 2、3 和 4，可见，梁的跨度对于梁的变形影响较大。因此，如果条件允许，尽量减小梁的跨度可使梁的变形减小。

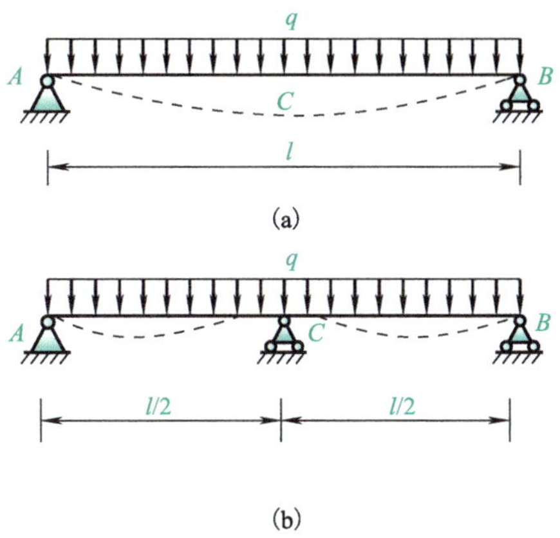

图 10.18

当梁的挠度过大时，可通过增加支撑或约束来减小挠度。例如在图 10.18(a)所示简支梁的跨中增设一个铰支座 C(图 10.18(b))，其最大挠度仅为增设前的 2.5%。当然，增加支承或约束，减小了梁的变形，但也使梁变为超静定结构。

2. 增大梁的弯曲刚度·选用合理截面

梁的抗弯刚度 EI 与梁的变形成反比。因此，提高梁的弯曲刚度同样也可以减小梁的变形。由于各种钢材(包括各种普通碳素钢、优质合金钢)的弹性模量 E 的数值相差不大，所以通过选择优质钢材来提高梁的弯曲刚度效果并不明显，设法增大截面的惯性矩 I 才是提高梁的弯曲刚度的有效途径，即选用合理截面，以较小的截面面积取得较大的惯性矩。例如，自行车架由圆管焊接而成，不仅增加了车架的强度，也提高了车架的弯曲刚度。

对一些原来刚度不足的构件，也可以通过增大惯性矩的措施减小其变形。如在工字梁上、下翼缘处加焊钢板等。

3. 调整加载方式·改善结构设计

通过调整加载方式，降低梁的弯矩值，也可减小梁的变形。例如，图 10.19(a)所示跨中受集中力作用的简支梁，将集中力改变为作用在全梁上的均布载荷，如图 10.19(b)所示，其最大挠度仅为调整前的 62.5%。

改善结构设计，合理安排支撑或约束，可大幅度降低弯矩值，从而使梁的变形得到显著减小。图 10.20(a)所示跨度为 l 的简支梁，承受均布载荷 q 作用，如果将梁两端的铰支座各向内移动 $l/4$，如图 10.20(b)所示，则其最大挠度仅为前者的 8.75%。

从上述讨论可见，对梁进行合理刚度设计与第 9 章所述对梁进行合理强度设计有异曲同工之处，但需要指出的是，梁的合理刚度设计与梁的合理强度设计，是属于两种不同性质的问题，因此其解决问题的出发点及其方法也不尽相同。

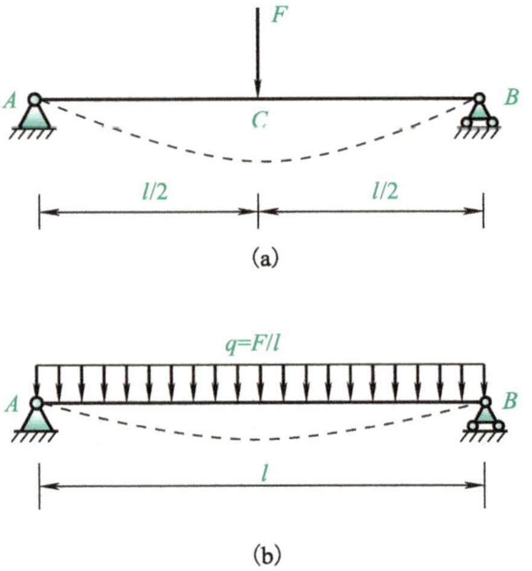

图 10.19

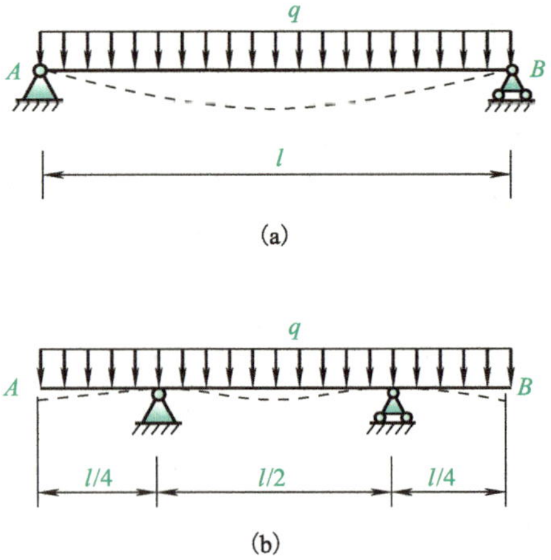

图 10.20

思考题

一、判断题(判断下列说法是否正确)

10-1 根据梁的变形与弯矩的关系，判断下列说法是否正确。

(1) 正弯矩产生正转角，负弯矩产生负转角。

(2) 弯矩最大的截面转角最大，弯矩为零的截面上转角为零。

(3) 弯矩突变的地方转角也有突变。

(4) 弯矩为零处，挠曲线曲率必为零。

(5) 梁的最大挠度必产生于最大弯矩处。

(6) 选用优质钢材是提高梁弯曲刚度的有效途径。

二、填空题(将答案填入下画线处)

10-2 梁的转角和挠度之间的关系是______。

10-3 梁的挠曲线近似微分方程的应用条件是______。

10-4 画出挠曲线的大致形状的根据是______。判断挠曲线的凹凸性与拐点位置的根据是______。

10-5 用积分法求梁的变形时，梁的边界条件及连续条件起______作用。

10-6 梁在纯弯时的挠曲线是圆弧曲线，但用积分法求得的挠曲线却是抛物线，其原因是______。

10-7 两悬臂梁，其横截面和材料均相同，在梁的自由端作用有大小相等的集中力；但一梁的长度为另一梁的二倍，则长梁自由端的挠度是短梁的______倍，转角又是短梁的______倍。

10-8 应用叠加原理的条件是______。

10-9 应用叠加法计算梁的变形时，______情况下可采用直接叠加，______情况下可采用逐段求和。

习 题

10.1 写出题图 10.1 所示梁的位移边界条件和连续条件。

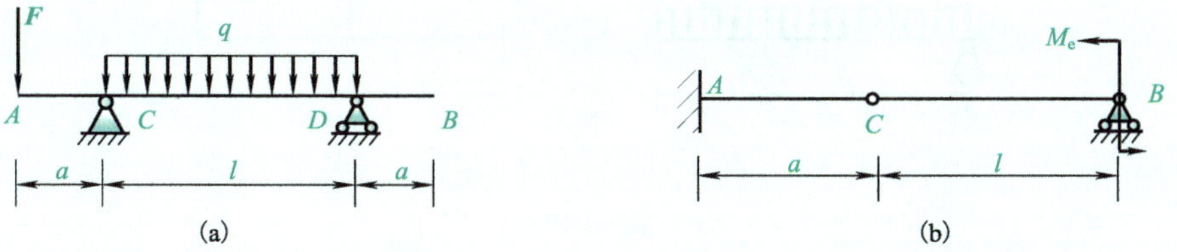

题图 10.1

10.2 用积分法求题图 10.2 所示各梁的挠曲线方程,并求指定截面的转角和挠度(EI为常数)。

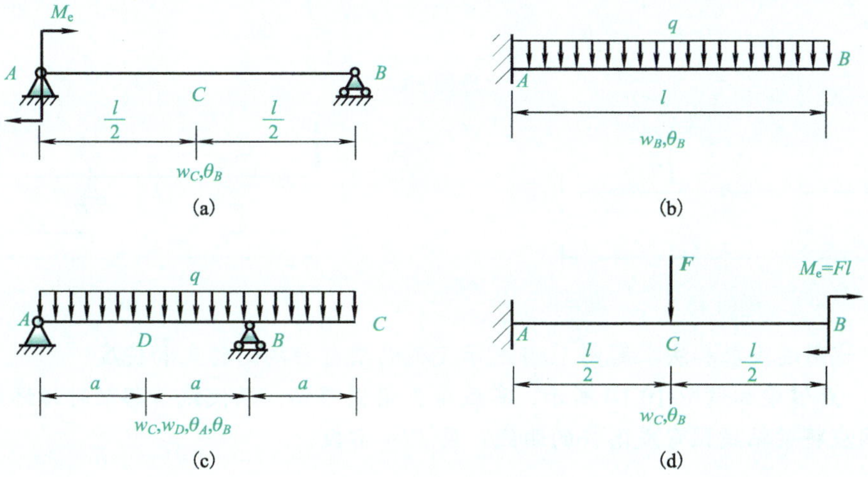

题图 10.2

10.3 题图 10.3 所示简支梁承受三角形分布载荷作用,$EI=$ 常数。试用积分法求该梁 A、B 处的转角和梁的最大挠度。

10.4 题图 10.4 所示梁的 B 截面置于弹簧上,弹簧刚度 K,试求 A 点处的挠度。EI 为已知常数。

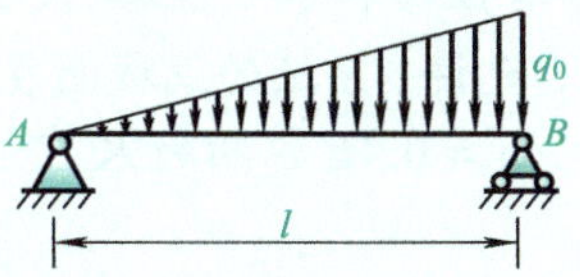

题图 10.3

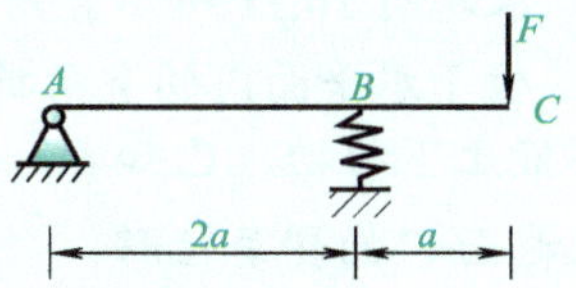

题图 10.4

10.5 用叠加法求题图 10.5 所示各梁指定截面的转角和挠度(EI 为常数)。

10.6 求题图 10.6 所示各梁中间铰 C 点的位移和 B 截面的转角(EI 为常数)。

10.7 题图 10.7 所示梁,EI 为常数。试求载荷 F 作用处的挠度和转角。

10.8 题图 10.8 所示外伸梁,两端承受载荷 F 作用,EI 为常数。试问:

(1) 当 x/l 为何值时,梁跨中 C 的挠度与自由端的挠度数值相等。

(2) 当 x/l 为何值时,梁跨中 C 的挠度最大。

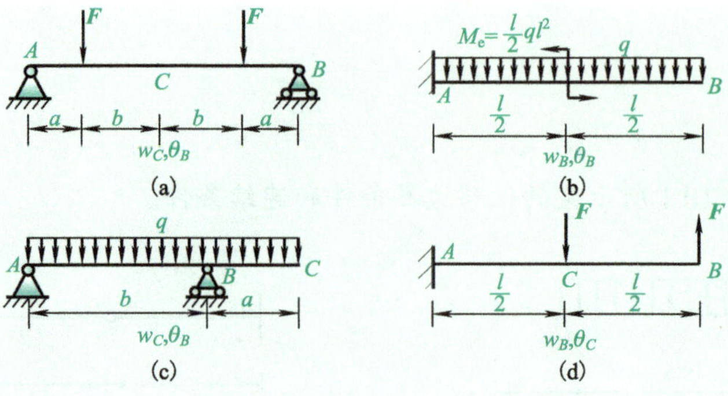

题图 10.5

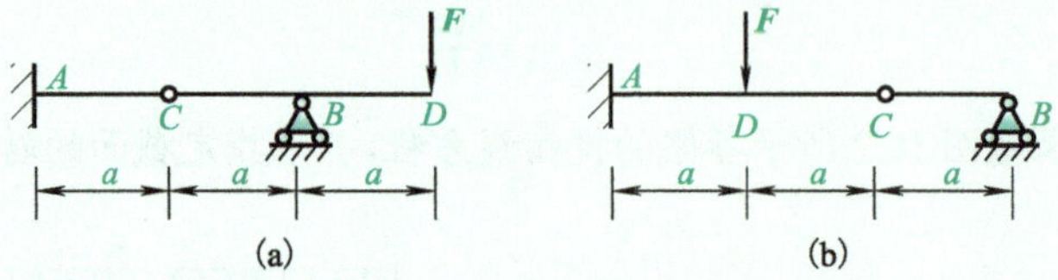

题图 10.6

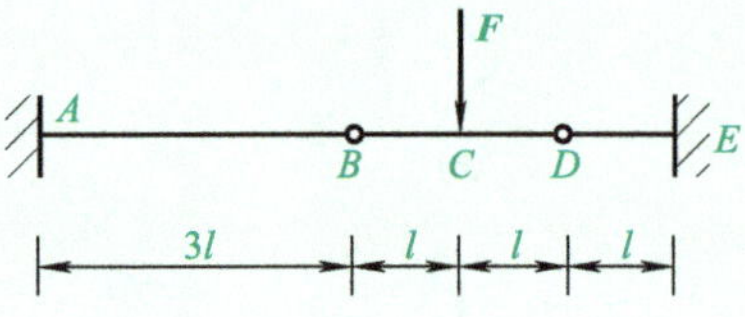

题图 10.7

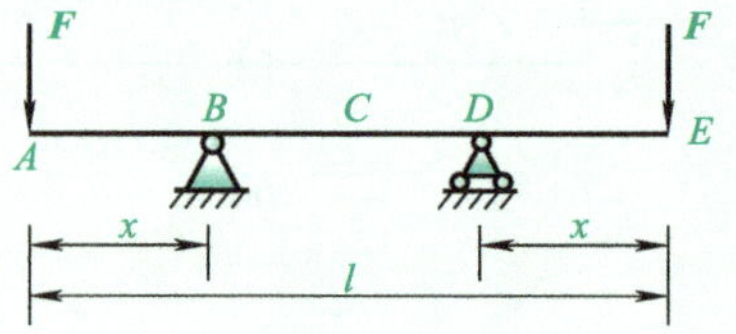

题图 10.8

10.9 试用逐段求和法求题图 10.9 所示变截面梁自由端的转角和挠度。

10.10 悬臂梁如题图 10.10 所示，有载荷 F 沿梁移动。欲使载荷移动时始终保持相同的高度，试问应将梁轴线预弯成怎样的曲线？设 EI = 常数。

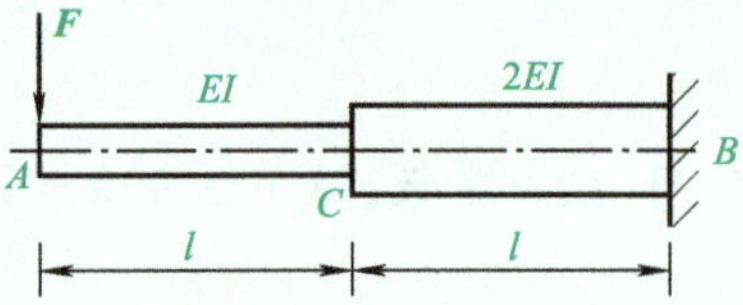

题图 10.9

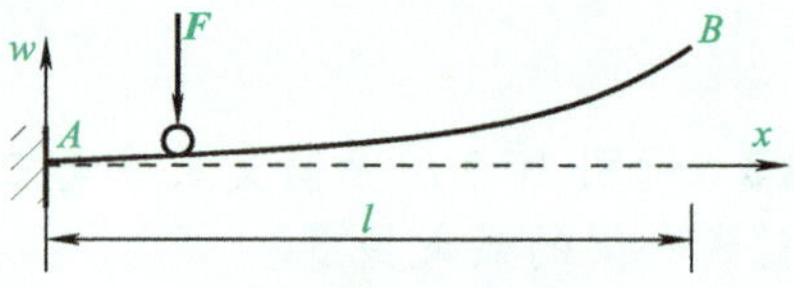

题图 10.10

10.11 求题图 10.11 所示直角折杆自由端 C 截面的铅垂位移和水平位移。设 EI 为常数。

10.12 位于水平面内的直角折杆 ABC，B 处为一轴承，允许 AB 轴的端截面在轴承内自由转动，但不能上下移动。已知 $F=60$ kN，$E=210$ MPa，$G=0.4E$，折杆尺寸如题图 10.12 所示。试求截面 C 的铅垂位移。

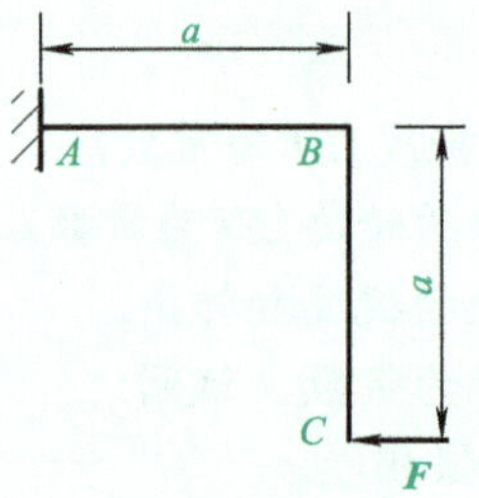

题图 10.11

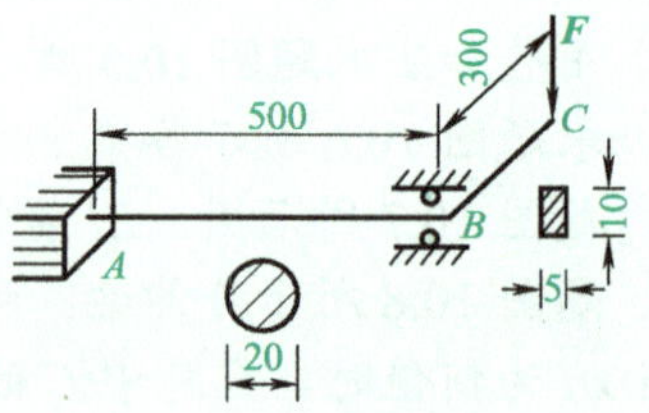

题图 10.12

10.13 题图 10.13 所示圆截面轴，两端用轴承支承，承受载荷 $F=10\ \text{kN}$ 作用。若轴承处的许用转角 $[\theta]=0.05\ \text{rad}$，材料的弹性模量 $E=200\ \text{GPa}$，试根据刚度要求确定轴的直径。

10.14 由两根槽钢组成的简支梁如题图 10.14 所示，已知其许用应力 $[\sigma]=100\ \text{MPa}$，许用挠度 $[w]=l/1000$，弹性模量 $E=206\ \text{GPa}$。试选定槽钢的型号，并对自重影响进行校核。

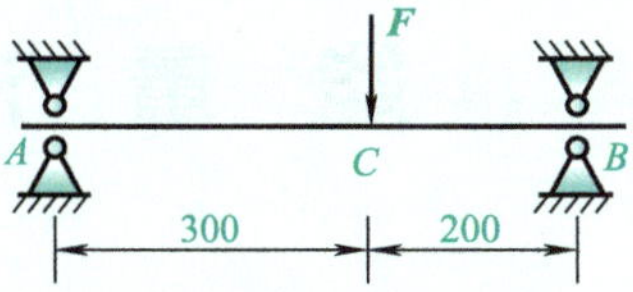

题图 10.13

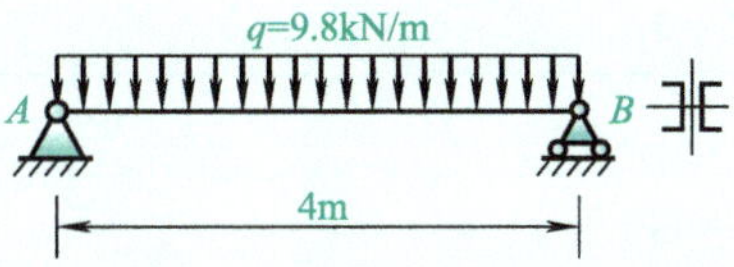

题图 10.14

10.15 试判断题图 10.15 所示各梁为几次超静定；各可以选取出怎样的相应静定梁；与其对应的多余约束反力和变形条件是什么？

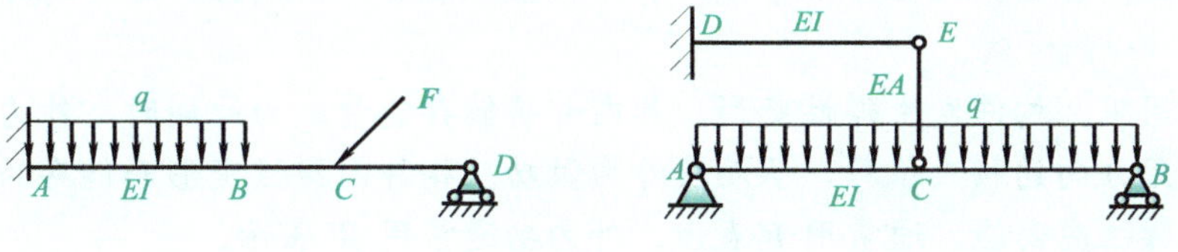

(a) (b)

题图 10.15

10.16 试求题图 10.16 所示超静定梁 B 支座的约束反力。

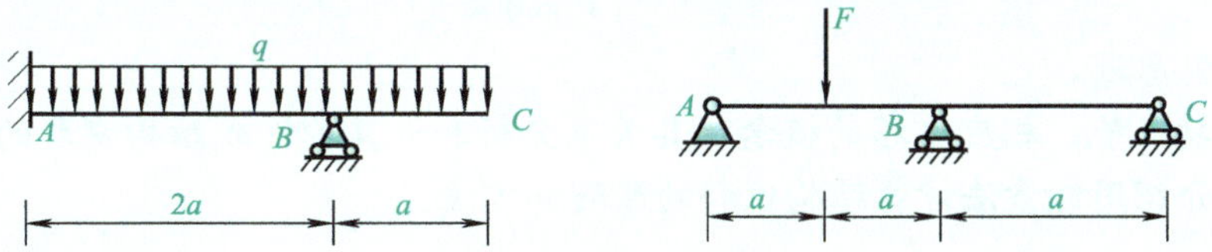

(a) (b)

题图 10.16

10.17 题图 10.17 所示结构，已知横梁的弯曲刚度为 EI，竖杆的拉伸刚度为 EA，试求竖杆的轴力。

10.18 题图 10.18 所示结构，悬臂梁 AB 的自由端无间隙地搁放在另一悬臂梁 CD 的自由端上，试求在分布载荷 q 作用下自由端的挠度。设 EI 和 l 均为已知。

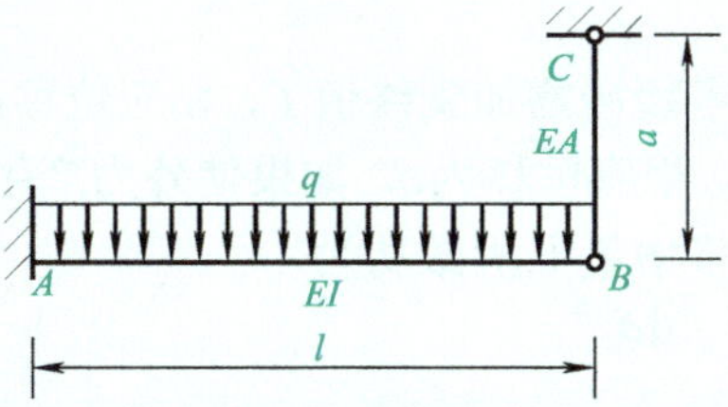

题图 10.17

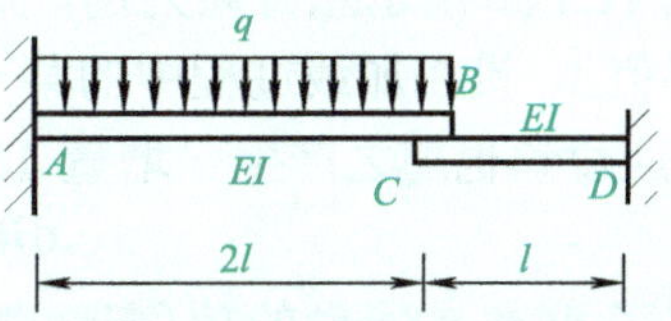

题图 10.18

第11章 能量法

前面分别讨论了杆件在拉压、扭转和弯曲时的变形计算。但是在工程上，经常会遇到一些比较复杂的结构，例如桁架、刚架、曲杆等，如果需要计算这些结构中某指定截面的位移时，用前面讲述的方法，往往很不方便，有时甚至不能奏效。因此，本章将介绍一种计算位移的普遍方法——能量法。

在外力作用下，构件发生弹性变形，其内部将储存能量。与此同时，外力作用点必然会产生沿外力作用方向的相应位移，从而使外力做功。构件因弹性变形而储存的能量称为弹性变形能，也称弹性应变能，通常用 V 表示。外力功通常用 W 表示。

根据能量守恒定律，当外力由零开始缓慢增加(即静载荷)时，构件始终处于平衡状态，如果其动能的变化及其他形式的能量的损耗很小，忽略不计。在此情况下，储存在构件内的弹性变形能在数值上等于外力所做的功，即

$$V = W \tag{11.1}$$

此关系称为功能原理。

利用上述功、能、相应位移的概念及其关系分析和计算构件或结构变形的方法称为能量法。本章主要介绍用能量法计算结构位移的原理和方法。

11.1 杆件弹性变形能

11.1.1 线弹性体上的外力做功

在外力作用下，如果弹性体的变形很小，且其材料服从胡克定律，则弹性体的内力、应力和位移均与外力成正比。满足上述条件的弹性体称为线弹性体。现在讨论线弹性体外力功的计算。

以图 11.1(a)所示悬臂梁为例。梁上所受外力 f 由零缓慢增加到终值 F，相应位移 δ 也由零渐增至终值 Δ。设在加载过程中的某一时刻，外力为 f，相应位移为 δ，如果使外力产生一增量 $\mathrm{d}f$，则相应位移也随之产生一增量 $\mathrm{d}\delta$，外力在相应位移增量上所做功为

$$\mathrm{d}W = (f + \mathrm{d}f)\mathrm{d}\delta \approx f\,\mathrm{d}\delta$$

该式忽略了 $\mathrm{d}f$ 在 $\mathrm{d}\delta$ 上做的功(高阶微量)。

外力 f 从零到 F 的整个过程所做的总功则为

$$W = \int \mathrm{d}W = \int_0^F f\,\mathrm{d}\delta$$

由于外力与其相应位移呈线性关系如图 11.1(b)所示，则上式之值应等于图中斜直线下的

三角形面积，即

$$W=\frac{1}{2}F\Delta \tag{11.2}$$

式(11.2)表明，外力功等于载荷的终值 F 与相应位移的终值Δ乘积之半。

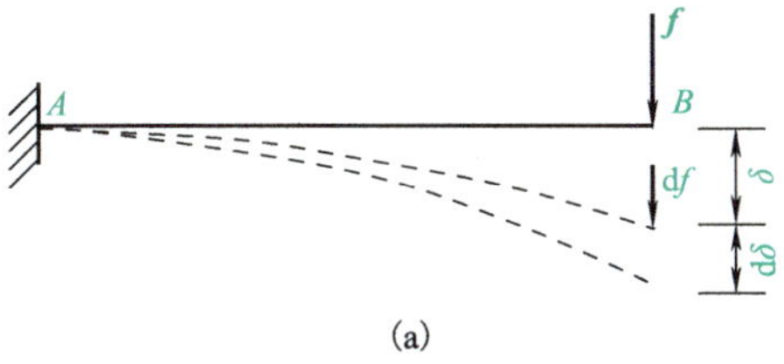

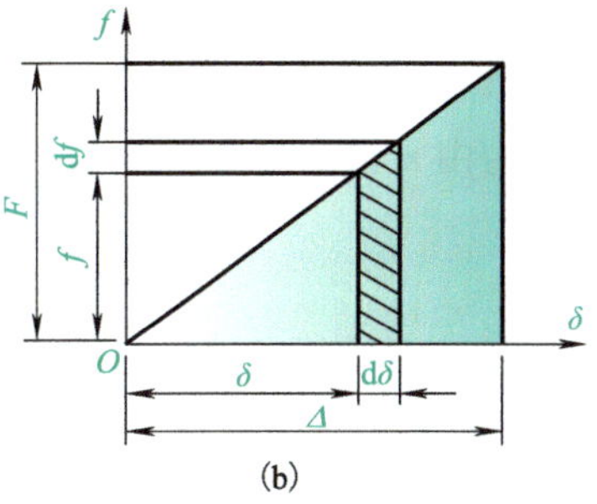

图 11.1

需要指出，式(11.2)中的外力 F 可以为广义力，即可为集中力或集中力偶，Δ则为广义位移，表示与广义力相应的线位移或角位移。

如果在线性弹性体上，作用有多个广义力，如图 11.2 所示，在这些广义力共同作用下，每个广义力 F_i 作用点处都产生与 Fi 相应的广义位移Δ_i。可以证明，作用于该弹性体上所有外力 $F_1,F_2,\cdots,F_i,\cdots,F_n$ 在其相应位移Δ_1, Δ_2, $\cdots,\Delta_i,\cdots,\Delta_n$上所做的总功应为

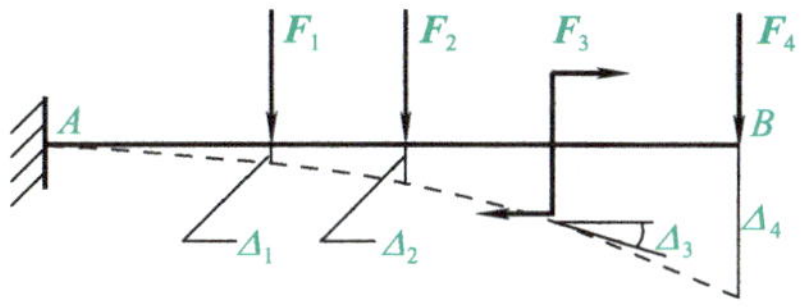

图 11.2

$$W=\sum_{i=1}^{n}\frac{1}{2}F_i\Delta_i \tag{11.3}$$

即，在线性弹性体上，所有广义力所做的总功恒等于各广义力在其相应位移上所做的功之代数和。

上述关系和结论称为克拉比隆定理。该定理说明了外力功的一个重要性质：外力功只与外力的终值有关，而与各外力加载次序无关。

11.1.2 杆件拉压、扭转和弯曲时的变形能

根据功能原理 $W=V$，杆件拉压、扭转和弯曲时的弹性变形能可以通过外力功求得。

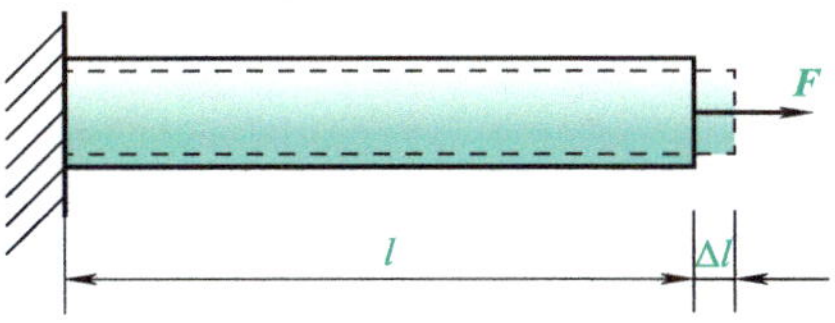

图 11.3

1. 轴向拉压

当杆件受轴向拉压时，如图 11.3 所示。在线弹性范围内，轴向变形Δl与外力 F 成正比，此时外力做功为

$$W=\frac{1}{2}F\Delta l$$

由功能原理，拉(压)杆的弹性变形能为

$$V=W=\frac{1}{2}F\Delta l$$

由于

$$F=F_N,\qquad \Delta l=\frac{F_N l}{EA}$$

故

$$V=\frac{F_{\rm N}^2 l}{2EA} \tag{11.4a}$$

若轴力 $F_{\rm N}$ 或拉压刚度 EA 沿杆轴线变化，则可首先计算 dx 微段内的弹性变形能，然后对全杆积分即得整个杆件的变形能，即

$$V=\int_l \frac{F_{\rm N}^2(x){\rm d}x}{2EA} \tag{11.4b}$$

若结构为由 n 根两端受轴向拉压直杆组成的桁架，则整个结构内的弹性变形能应为

$$V=\sum_{i=1}^{n}\frac{F_{{\rm N}i}^2 l_i}{2E_i A_i} \tag{11.4c}$$

2. 圆轴扭转

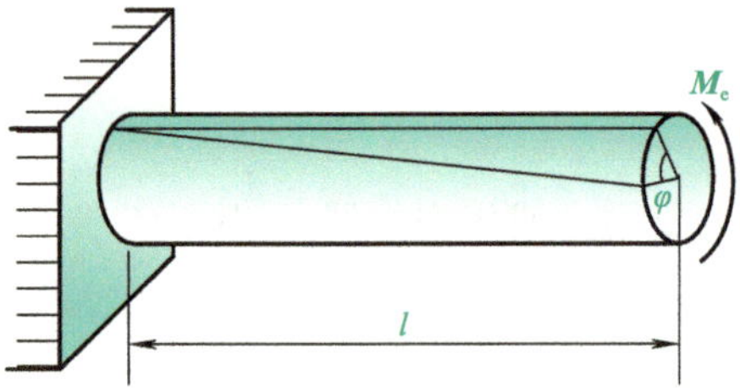

图 11.4

在线弹性范围内，图 11.4 所示受扭圆轴的端面扭转角 φ 与外力偶 $M_{\rm e}$ 成正比，此时外力偶做的功为

$$W=\frac{1}{2}M_{\rm e}\varphi$$

则

$$V=W=\frac{1}{2}M_{\rm e}\varphi$$

此轴的扭矩和扭转角分别为

$$T=M_{\rm e}, \qquad \varphi=\frac{Tl}{GI_{\rm p}}$$

将其代入上式，则有

$$V=\frac{T^2 l}{2GI_{\rm p}} \tag{11.5a}$$

同理，若扭矩 T 或扭转刚度 $GI_{\rm p}$ 沿轴线变化，则轴的弹性变形能可写为

$$V=\int_l \frac{T^2(x){\rm d}x}{2GI_{\rm p}} \tag{11.5b}$$

3. 梁的弯曲

一般情况下，梁在弯曲时，横截面上有弯矩，也有剪力，且均为 x 的函数。因此，研究梁的变形能，从梁上取一如图 11.5(a)所示微段进行计算。

在弯矩 $M(x)$ 作用下，微段 dx 的两端截面产生相对转动，如图 11.5(b)所示，相对转角为

$${\rm d}\theta=\frac{M(x){\rm d}x}{EI}$$

就微段而言，$M(x)$ 可视为外力，dθ 即为相应位移，因此，$M(x)$ 做的功为

$${\rm d}W=\frac{1}{2}M(x){\rm d}\theta$$

这里，忽略了弯矩增量 d$M(x)$ 在相应位移上所做的功(高阶微量)。

在剪力 $F_{\rm S}(x)$ 作用下，微段 dx 的两端截面产生相对错动，如图 11.5(c)所示，使剪力在位移 dv 上做功。对于细长梁，剪力所做的功与弯矩做的功相比极小，可忽略不计。因此，微段梁上的弹性变形能可近似地表示为

$${\rm d}V={\rm d}W=\frac{1}{2}M(x){\rm d}\theta=\frac{M^2(x){\rm d}x}{2EI}$$

对于整个梁来说，弹性变形能应为上式对全梁积分，即

$$V=\int_l \frac{M^2(x)\mathrm{d}x}{2EI} \tag{11.6a}$$

纯弯曲梁是上述梁的特例。这时 $M(x)$ 为常量，故其变形能为

$$V=\frac{M^2 l}{2EI} \tag{11.6b}$$

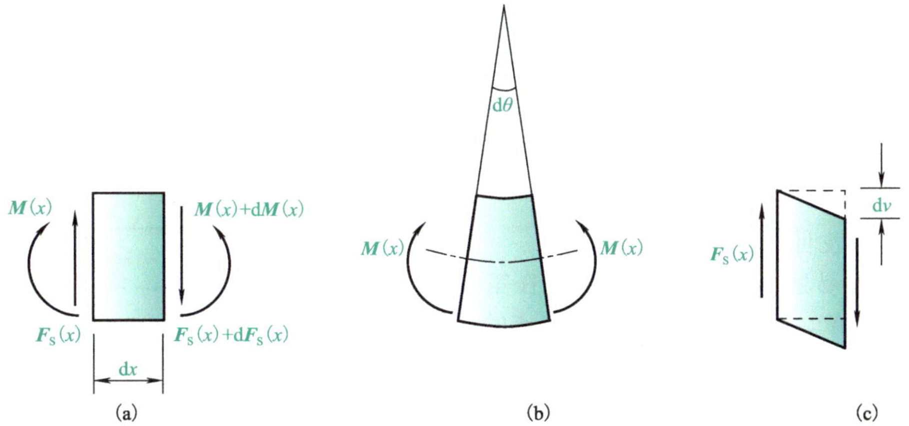

图 11.5

11.1.3 杆件变形能一般公式

对于组合变形圆截面杆件,所取微段如图 11.6 所示。在微段端截面上同时存在轴力 $F_N(x)$、扭矩(x)、弯矩 $M(x)$和剪力 $F_S(x)$。它们分别只在各自引起的位移上做功，而且各内力之间互不影响。因此，如果略去剪力所做的功，则微段的弹性变形能为

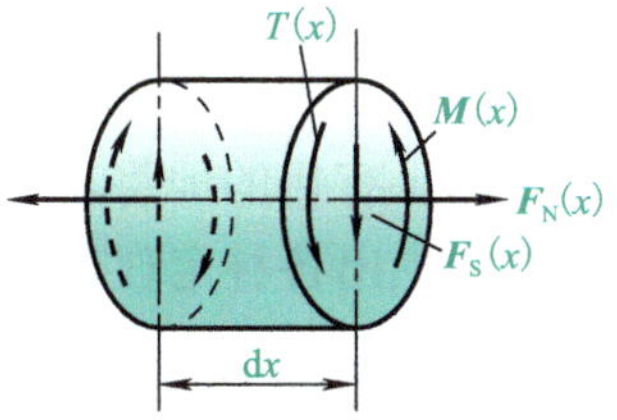

图 11.6

$$\mathrm{d}V=\mathrm{d}W=\frac{1}{2}F_N(x)\mathrm{d}(\Delta l)+\frac{1}{2}T(x)\mathrm{d}\varphi+\frac{1}{2}M(x)\mathrm{d}\theta$$

$$=\frac{F_N^2(x)\mathrm{d}x}{2EA}+\frac{T^2(x)\mathrm{d}x}{2GI_p}+\frac{M^2(x)\mathrm{d}x}{2EI}$$

整个杆件的弹性变形能则为上式对杆长 l 积分，即

$$V=\int_l \frac{F_N^2(x)\mathrm{d}x}{2EA}+\int_l \frac{T^2(x)\mathrm{d}x}{2GI_p}+\int_l \frac{M^2(x)\mathrm{d}x}{2EI} \tag{11.7}$$

对于弯曲和轴向拉压组合变形的杆件，则杆件不受圆截面限制，且式(11.7)简化为

$$V=\int_l \frac{F_N^2(x)\mathrm{d}x}{2EA}+\int_l \frac{M^2(x)\mathrm{d}x}{2EI} \tag{11.8}$$

【例 11.1】 图 11.7 所示悬臂梁在自由端 C 处受集中力 F 作用，已知 AB 段横截面对中性轴的惯性矩 $I_2=2I$，BC 段横截面对中性轴的惯性矩 $I_1=I$，且 $l_1=l_2=l$。试计算 C 点的挠度 w_C。

解 用功能原理计算 C 点的挠度 w_C。

(1)计算弹性变形能。为使弯矩方程简单起见，将坐标原点取在 C 点，所列弯矩方程为

$$M(x)=-Fx$$

由式(11.6a)，且因 AB 段和 BC 段横截面的惯性矩不等，故需分段积分求梁的弹性变形能，即

$$V=\int_l \frac{M^2(x)\mathrm{d}x}{2EI}=\int_0^l \frac{(-Fx)^2\,\mathrm{d}x}{2EI}+\int_l^{2l}\frac{(-Fx)^2\,\mathrm{d}x}{2E(2I)}=\frac{F^2l^3}{6EI}+\frac{7F^2l^3}{12EI}=\frac{3F^2l^3}{4EI}$$

(2)计算外力功为

$$W=\frac{1}{2}Fw_C$$

(3)计算 w_C。由功能原理 $W=V$，即

$$\frac{1}{2}Fw_C=\frac{3F^2l^3}{4EI}$$

故得 C 点挠度为

$$w_C=\frac{3Fl^3}{2EI}\ (\downarrow)$$

结果为正值，表明 w_C 与 F 方向一致。

从例 11.1 易见，用功能原理求解比在第 10 章中用叠加法求解简单。但是，如果需要求 B 点的挠度 w_B，由于 B 点处没有载荷，w_B 反映不到外力功的表达式中，因而无法直接利用功能原理求解。

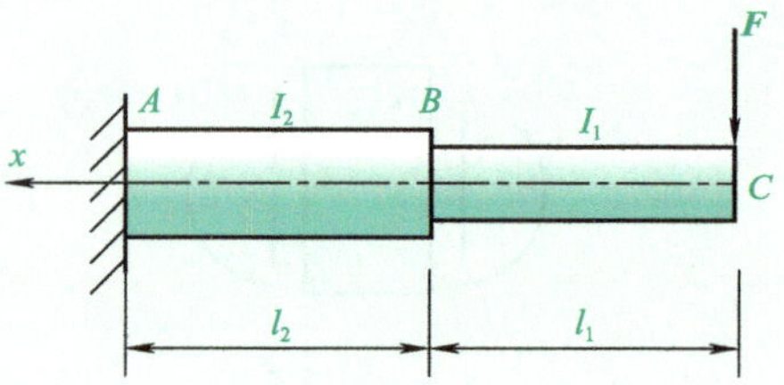

图 11.7

11.2 莫 尔 定 理

从 11.1 节讨论可知，直接利用功能原理计算构件的位移是有局限性的，只有当构件上作用唯一的载荷，而且所求位移恰为该载荷作用点处的相应位移时，直接运用功能原理才是有效的。

如果有目的地将功能原理的表达式作适当的处理，则可适用于一般情况下的位移计算，由此派生出各种定理或方法，莫尔定理便是其中之一。

11.2.1 莫尔定理

现在以简支梁为例，导出莫尔定理。设简支梁上作用有一组载荷，即力 F_1、F_2、……、F_n，在各力作用点处引起的相应位移为Δ_1、Δ_2、……、Δ_n，如图 11.8(a)所示。现求梁上任一横截面 C 点处的铅垂位移Δ。为了在外力功表达式中显含未知位移Δ，在 C 点处加一方向与所求位移Δ同向，数值为 1 的力 $\bar{F}$，即 $\bar{F}=1$，称之为单位力。

1. 弹性变形能分析

(1)当梁上仅作用实际载荷 F_1、F_2、……、F_n时，如图 11.8(a)所示，设梁的弯矩方程为 $M(x)$，则梁的弹性变形能为

$$V_F=\int_l \frac{M^2(x)\mathrm{d}x}{2EI} \tag{a}$$

(2)当梁上仅有单位力 $\bar{F}$ 作用于 C 点时，如图 11.8(b)所示，设梁的弯矩方程为 $\bar{M}(x)$，则梁的弹性变形能为

$$V_{\bar{F}}=\int_l \frac{\bar{M}^2(x)\mathrm{d}x}{2EI} \tag{b}$$

(3) 当实际载荷 F_1、F_2、……、F_n 和单位力 $\bar{F}$ 同时作用在梁上时，如图 11.8(c) 所示，根据叠加原理，梁的弯矩方程应为 $M(x)+\bar{M}(x)$，则梁的弹性变形能为

$$V=\int_l \frac{\left[M(x)+\bar{M}(x)\right]^2 \mathrm{d}x}{2EI}$$
$$=\int_l \frac{M^2(x)\mathrm{d}x}{2EI}+\int_l \frac{\bar{M}^2(x)\mathrm{d}x}{2EI}+\int_l \frac{M(x)\bar{M}(x)}{EI}\mathrm{d}x$$

即

$$V=V_F+V_{\bar{F}}+\int_l \frac{M(x)\bar{M}(x)}{EI}\mathrm{d}x \tag{c}$$

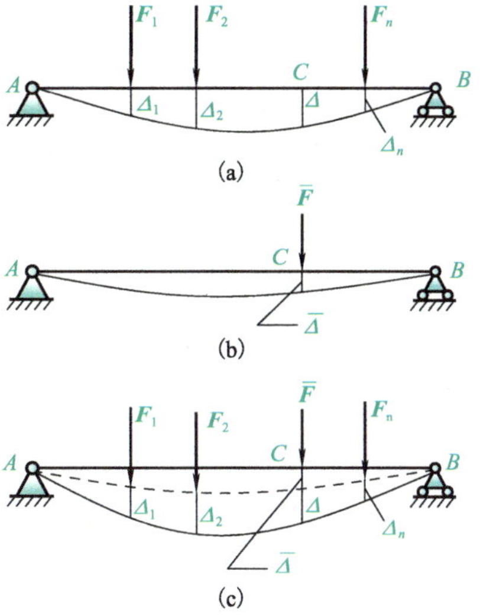

图 11.8

2. 外力功分析

如前所述，外力功的大小只与载荷的终值有关，与加载次序无关。因此，假设先将单位力 $\bar{F}$ 作用在梁 C 点，则梁的挠曲线如图 11.8(c) 的虚线所示，C 点的位移为 $\bar{\Delta}$；然后再将实际载荷 F_1、F_2、……、F_n 作用到梁上，则梁的挠曲线变化到如图 11.8(c) 的实线位置。

在整个加载过程中，实际载荷 F_1、F_2、……、F_n 所做的功为

$$W_F=\frac{1}{2}\sum_{i=1}^{n}F_i\Delta_i \tag{d}$$

而单位力 $\bar{F}$ 所做的功则由两部分组成：只作用有单位力时，单位力做的功为 $\frac{1}{2}\bar{F}\bar{\Delta}$；当实际载荷 F_1、F_2、……、F_n 作用到梁上之后，单位力 $\bar{F}$ 已作用在梁上，它作为常力在实际载荷 F_1、F_2、……、F_n 产生的与之相应的位移 Δ 上再次做功，其值为 $\bar{F}\Delta$，所以单位力所做功的总和为

$$W_{\bar{F}}=\frac{1}{2}\bar{F}\bar{\Delta}+\bar{F}\Delta \tag{e}$$

于是得到所有外力做功为

$$W=W_F+W_{\bar{F}}=\frac{1}{2}\sum_{i=1}^{n}F_i\Delta_i+\frac{1}{2}\bar{F}\bar{\Delta}+\bar{F}\Delta \tag{f}$$

3. 导出莫尔定理

根据功能原理，$W=V$，即

$$\frac{1}{2}\sum_{i=1}^{n}F_i\Delta_i+\frac{1}{2}\bar{F}\bar{\Delta}+\bar{F}\Delta=V_F+V_{\bar{F}}+\int_l \frac{M(x)\bar{M}(x)}{EI}\mathrm{d}x$$

再由实际载荷和单位力分别单独作用在梁上的功能原理得

$$\frac{1}{2}\sum_{i=1}^{n}F_i\Delta_i=V_F\,,\qquad \frac{1}{2}\bar{F}\bar{\Delta}=V_{\bar{F}}$$

故得

$$\bar{F}\Delta=\int_l \frac{M(x)\bar{M}(x)}{EI}\mathrm{d}x \tag{g}$$

式中，$\bar{F}=1$，于是 C 点的铅直位移为

$$\Delta=\int_l \frac{M(x)\bar{M}(x)}{EI}\mathrm{d}x \tag{11.9}$$

式(11.9)即为莫尔定理的表达式，又称为莫尔积分。由于该方法采用假想加单位力的方式，故又称为单位载荷法。

需要指出的是，式(11.9)不仅能求梁任意横截面的铅垂位移，也可用来计算任意横截面的转角。此时，只要在所求截面施加一矩值为 1 的力偶(单位力偶)，式中的 $\bar{M}(x)$ 则为由单位力偶所引起的弯矩，$\varDelta$ 则为该截面的转角。所以，式(11.9)中的$\varDelta$ 应理解为广义位移，而 $\bar{M}(x)$ 则是由广义位移所对应的广义单位力引起的弯矩，$M(x)$ 为实际载荷引起的弯矩。

11.2.2 莫尔积分求杆件变形

莫尔积分式(11.9)虽然是由求简支梁任意横截面的铅垂位移导出的，但该式具有典型意义，对于一般变形形式的弹性体系，类似式(11.9)的推导，可得到计算构件各种变形以及组合变形时的位移的莫尔积分公式。

莫尔积分的一般表达式为

$$\varDelta=\int_l\frac{\bar{F}_N(x)F_N(x)}{EA}\mathrm{d}x+\int_l\frac{\bar{M}(x)M(x)}{EI}\mathrm{d}x+\int_l\frac{\bar{T}(x)T(x)}{GI_t}\mathrm{d}x \tag{11.10}$$

对于平面弯曲梁和平面刚架，可不考虑轴力，式(11.10)简化为

$$\varDelta=\int_l\frac{\bar{M}(x)M(x)}{EI}\mathrm{d}x \tag{11.11}$$

对于平面桁架，式(11.10)则可简化为

$$\varDelta=\sum_{i=1}^{n}\frac{\bar{F}_{Ni}F_{Ni}l_i}{E_iA_i} \tag{11.12}$$

对于扭转轴，式(11.10)则可简化为

$$\varDelta=\int_l\frac{\bar{T}(x)T(x)}{GI_t}\mathrm{d}x \tag{11.13}$$

式中，$\varDelta$为广义位移；$M(x)$、$F_N(x)$（或 F_{Ni}）、$T(x)$ 为实际载荷引起的弯矩、轴力、扭矩；$\bar{M}(x)$、$\bar{F}_N(x)$（或 $\bar{F}_{Ni}$）、$\bar{T}(x)$ 为单位广义力引起的弯矩、轴力、扭矩。

欲求构件或体系上某一点处的位移(线位移或角位移)，仅需在该点处沿所求位移方向(或转向)虚加一单位广义力(线位移对应单位集中力，角位移对应单位集中力偶)；分别列出实际载荷和广义单位力各自产生的内力方程；代入相应的莫尔积分公式计算即得所求位移。若所得结果为正，表示所求位移与单位广义力的方向(或转向)一致，反之，则表明所求位移与单位广义力的方向(或转向)相反。

【例 11.2】 简支梁如图 11.9(a)所示。试求横截面 A 的转角 θ_A。

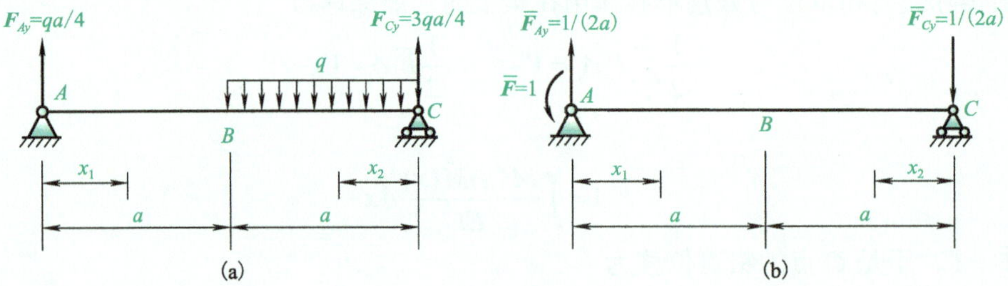

图 11.9

解 计算截面 A 转角 θ_A，需在截面 A 处施加一单位集中力偶 $\bar{F}=1$，如图 11.9(b)所示。

(1)求支座反力。在载荷作用下，梁的支座反力由平衡方程求得

$$F_{Ay}=\frac{1}{4}qa\ (\uparrow),\qquad F_{Cy}=\frac{3}{4}qa\ (\uparrow)$$

在单位力作用下，梁的支座反力为

$$\bar{F}_{Ay}=\frac{1}{2a}\ (\uparrow),\qquad \bar{F}_{Cy}=\frac{1}{2a}\ (\downarrow)$$

(2)分段列弯矩方程。根据梁上载荷情况，将梁分为 AB 和 BC 两段，分段建立坐标，如图 11.9(a)所示，在相同坐标下分别列出由载荷和单位广义力引起的弯矩方程。

AB 段$(0\leqslant x_1\leqslant a)$：

$$M(x_1)=\frac{1}{4}qax,\qquad \bar{M}(x_1)=\frac{1}{2a}x_1-1$$

BC 段$(0\leqslant x_2\leqslant a)$：

$$M(x_2)=\frac{3}{4}qax_2-\frac{1}{2}qx_2^2,\qquad \bar{M}(x_2)=-\frac{1}{2a}x_2$$

(3)计算截面 A 的转角 θ_A。将以上弯矩方程代入莫尔积分相应表达式(11. 11)，即

$$\begin{aligned}\theta_A&=\int_l\frac{\bar{M}(x)M(x)}{EI}\mathrm{d}x\\&=\frac{1}{EI}\int_0^a\left(\frac{1}{2a}x_1-1\right)\left(\frac{1}{4}qax_1\right)\mathrm{d}x_1+\frac{1}{EI}\int_0^a\left(-\frac{1}{2a}x_2\right)\left(\frac{3}{4}qax_2-\frac{1}{2}qx_2^2\right)\mathrm{d}x_2\\&=-\frac{7qa^3}{48EI}\quad(\circlearrowright)\end{aligned}$$

结果为负，说明 θ_A 与所加单位集中力偶 $\bar{F}$ 相反，即截面 A 沿顺时针方向转动。

【例 11.3】 图 11.10(a)所示刚架，AB 段受均布载荷 q 作用，试求横截面 A 的铅垂位移和横截面 B 的转角。设弯曲刚度 EI 为常数。

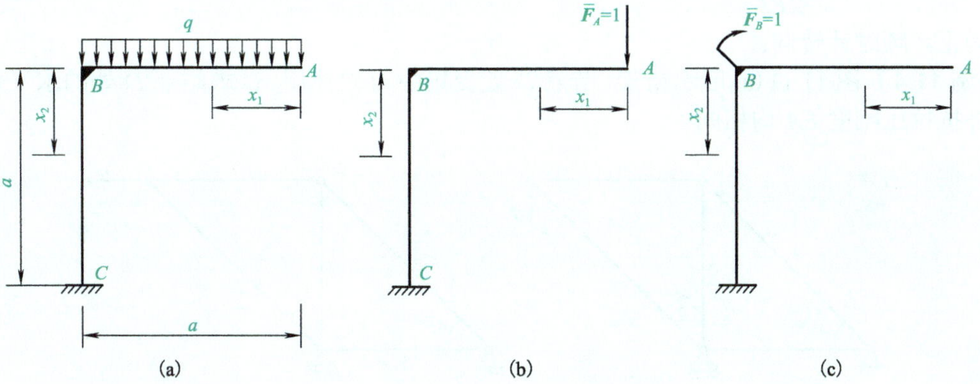

图 11.10

解 根据刚架形状和载荷情况，将刚架分为 AB 和 BC 两段，分段建立坐标如图 11.10(a)所示。

(1)刚架在载荷作用下的弯矩方程。

AB 段$(0\leqslant x_1\leqslant a)$：

$$M(x_1)=-\frac{1}{2}qx_1^2$$

BC 段（$0\leqslant x_2\leqslant a$）：

$$M(x_2)=-\frac{1}{2}qa^2$$

(2) 计算横截面 A 的铅垂位移。

在 A 点处虚加一铅垂方向的单位集中力 $\bar{F}_A=1$，如图 11.10(b) 所示。

① 刚架在单位集中力 $\bar{F}_A$ 作用下的弯矩方程为

$$\bar{M}(x_1)=-x_1\ (0\leqslant x_1\leqslant a)$$

$$\bar{M}(x_2)=-a\ (0\leqslant x_2\leqslant a)$$

② 用莫尔积分求横截面 A 的铅垂位移 Δ_{VA} 为

$$\Delta_{VA}=\int_l\frac{\bar{M}(x)M(x)}{EI}dx=\frac{1}{EI}\int_0^a(-x_1)\left(-\frac{1}{2}qx_1^2\right)dx_1+\frac{1}{EI}\int_0^a(-a)\left(-\frac{1}{2}qa^2\right)dx_2$$

$$=+\frac{5qa^4}{8EI}\quad(\downarrow)$$

结果为正，方向向下。

(3) 计算横截面 B 的转角。

在 B 点处虚加一单位集中力偶 $\bar{F}_B=1$，如图 11.10(c) 所示。

① 刚架在单位集中力偶 $\bar{F}_B$ 作用下的弯矩方程为

$$\bar{M}(x_1)=0\quad(0\leqslant x_1\leqslant a)$$

$$\bar{M}(x_2)=-1\quad(0\leqslant x_2\leqslant a)$$

② 用莫尔积分求横截面 B 的转角 θ_B 为

$$\theta_B=\int_l\frac{\bar{M}(x)M(x)}{EI}dx=\frac{1}{EI}\int_0^a(0)\left(-\frac{1}{2}qx_1^2\right)dx_1+\frac{1}{EI}\int_0^a(-1)\left(-\frac{1}{2}qa^2\right)dx$$

$$=+\frac{qa^3}{2EI}\quad(\circlearrowright)$$

结果为正，顺时针转向。

【例 11.4】 图 11.11(a) 所示桁架，节点 D 处受集中力 F 作用，试求结点 D 处的水平位移。设各杆抗拉压刚度 EA 均相同。

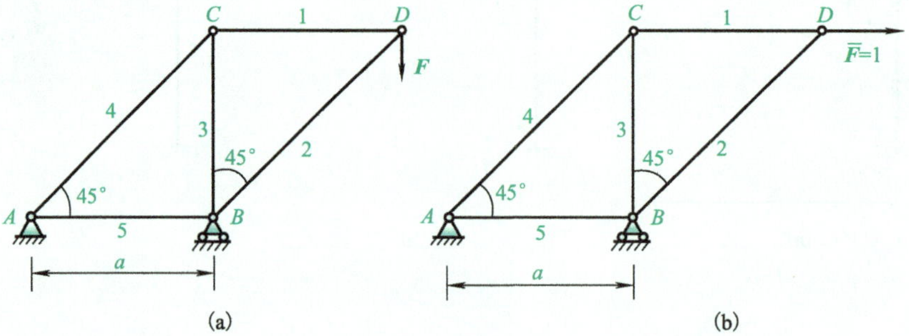

图 11.11

解 用莫尔积分计算结点 D 的水平位移，需在 D 点虚加一水平单位集中力 $\bar{F}=1$，然后分别求出由 F 引起的各杆轴力 F_{Ni} 和由单位力 $\bar{F}$ 引起的各杆轴力 $\bar{F}_{Ni}$，最后由式(11.12)求出 D 处的水平位移 Δ_{HD}。

(1)计算由单位力 $\overline{F}$ 引起的各杆轴力 $\overline{F}_{Ni}$。由桁架计算的结点法或截面法可以求得

$$\overline{F}_{N1}=1,\quad \overline{F}_{N2}=0,\quad \overline{F}_{N3}=-1,\quad \overline{F}_{N4}=\sqrt{2},\quad \overline{F}_{N5}=0$$

(2)计算由集中力 F 引起的各杆轴力 F_{Ni} 为

$$F_{N1}=F,\quad F_{N2}=-\sqrt{2}F,\quad F_{N3}=-F,\quad F_{N4}=\sqrt{2}F,\quad F_{N5}=-F$$

(3)计算Δ_{HD}。为便于计算，将以上结果填入表 11.1 中。

表 11.1 计算结果

杆号	$\overline{F}_{Ni}$	F_{Ni}	l_i	$F_{Ni}\overline{F}_{Ni}l_i$
1	1	F	a	Fa
2	0	$-\sqrt{2}F$	$\sqrt{2}a$	0
3	−1	$-F$	a	Fa
4	$\sqrt{2}$	$\sqrt{2}F$	$\sqrt{2}a$	$2\sqrt{2}Fa$
5	0	$-F$	a	0

$$\sum_{i=1}^{5}\overline{F}_{Ni}F_{Ni}l_i=2(1+\sqrt{2})Fa$$

所以

$$\Delta_{HD}=\sum_{i=1}^{5}\frac{\overline{F}_{Ni}F_{Ni}l_i}{EA}=+\frac{2(1+\sqrt{2})Fa}{EA}\quad(\rightarrow)$$

结果表明，Δ_{HD}与单位力同向。

思 考 题

一、判断题(判断下列说法是否正确)

11-1 外力功与外力的终值和加载次序有关。

11-2 计算弹性变形能可以应用叠加原理。

11-3 弹性变形能恒为正值。

二、填空题(将答案填入下划线处)

11-4 广义力与相应广义位移之间的关系是____________________。

11-5 在计算线弹性构件的外力功相应的公式中，其系数“1/2”的物理意义是______________________________。

11-6 莫尔定理的应用条件是____________________。

习 题

11.1 题图 11.1 所示两根圆截面直杆，一为等截面杆，一为变截面杆，材料相同，试求两杆的弹性变形能。

11.2 桁架各杆的材料相同，截面面积均为 A，结构形式如题图 11.2 所示。试求在载荷 F 作用下，桁架的弹性变形能。

11.3 题图 11.3 所示受均布扭力矩 m_e 作用的圆截面轴。设轴长为 l，直径为 d，材料的切变模量为 G，试求轴的弹性变形能。

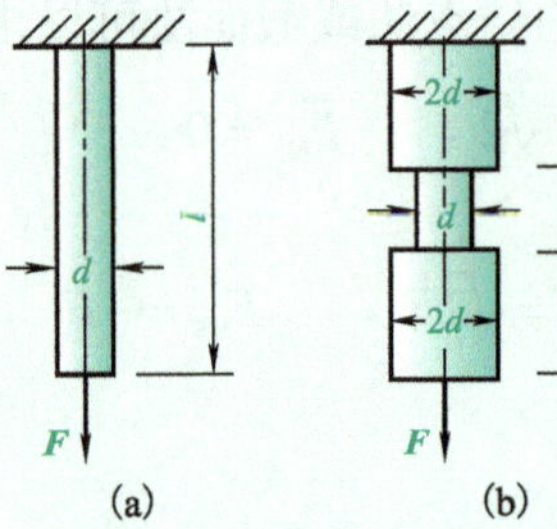

题图 11.1

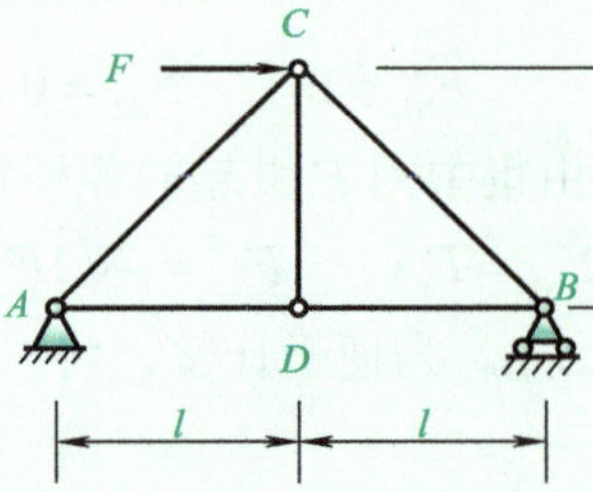

题图 11.2

11.4 题图 11.4 所示圆锥形轴，自由端承受扭力矩 M_e 作用。设轴长为 l，左右两端的直径分别为 $2d$ 和 d，材料的切变模量为 G，试计算轴的弹性变形能。

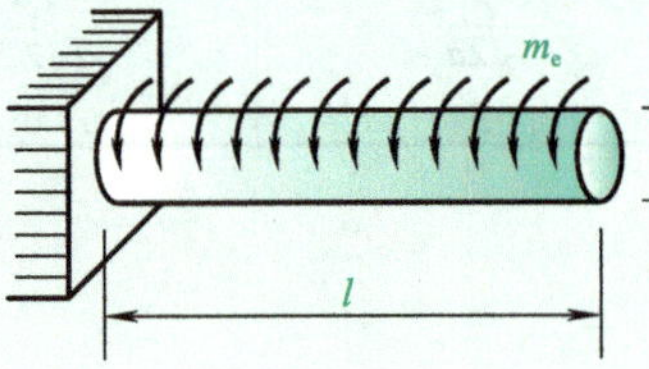

题图 11.3

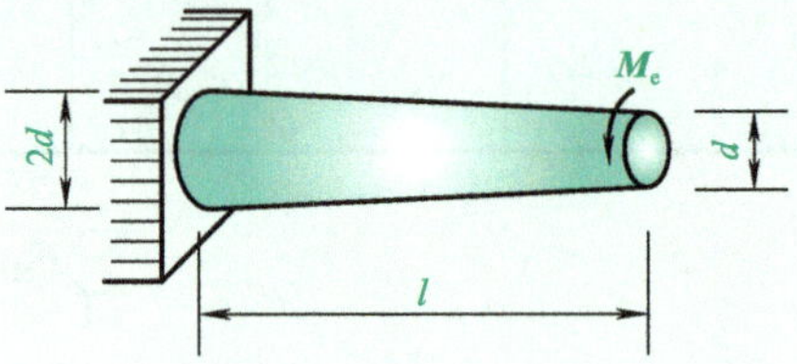

题图 11.4

11.5 试计算题图 11.5 所示各梁的弹性变形能。

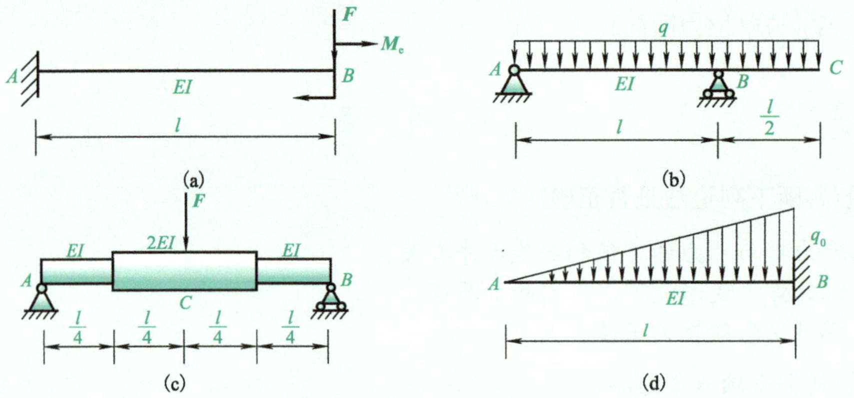

题图 11.5

11.6 试计算题图 11.6 所示结构的弹性变形能(不考虑剪力的影响)。

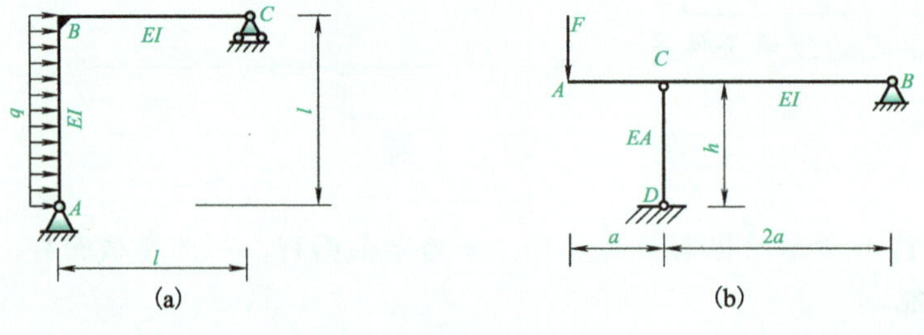

题图 11.6

11.7 直接应用功能原理计算:

(1)题图 11.2 中 C 结点的水平位移;

(2)题图 11.4 中右端截面的扭转角;

(3)题图 11.5(c)中 C 截面处的挠度;

(4)题图 11.6(b)中 A 点处的铅垂位移。

11.8 用莫尔定理计算题图 11.7 所示各梁指定截面的挠度和转角。

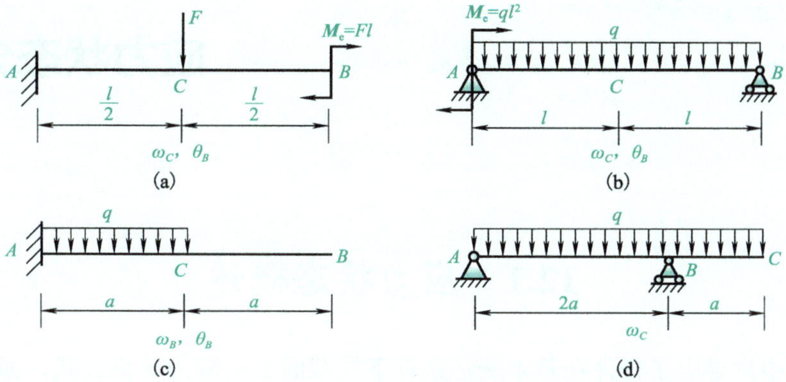

题图 11.7

11.9 题图 11.8 所示桁架，各杆的拉压刚度均为 EA，试求 C 点的铅垂位移和 B 点的水平位移。

11.10 题图 11.9 所示桁架,各杆的拉压刚度均为 EA,试计算 C 端处的铅垂位移和水平位移。

11.11 题图 11.10 所示刚架，各杆的弯曲刚度均为 EI，试用莫尔定理计算 A 端处的水平位移和铅垂位移。

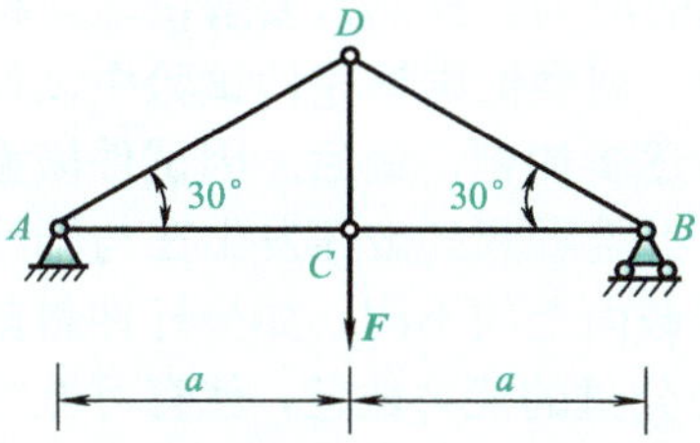

题图 11.8

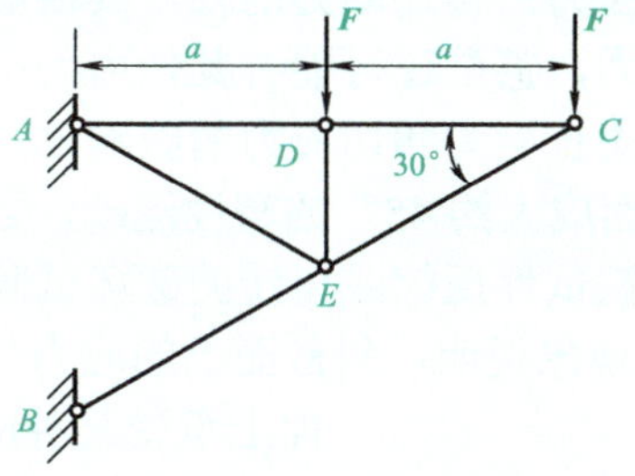

题图 11.9

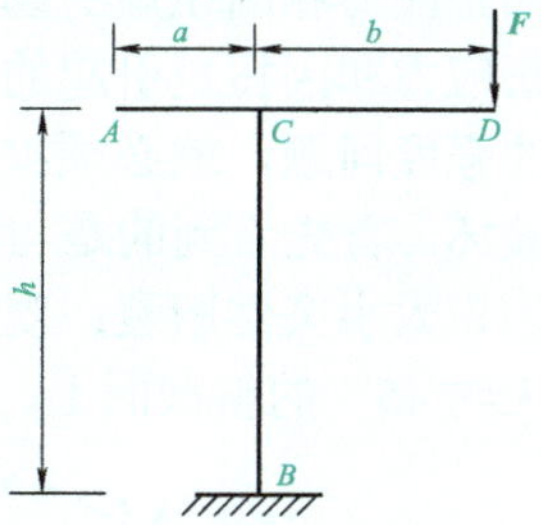

题图 11.10

11.12 试用莫尔定理计算题图 11.11 所示刚架 A 截面的转角。设 EI 为常数。

11.13 题图 11.12 所示结构，由梁 AB 和杆 CD 组合构成，在 B 处承受载荷 F 作用。设梁 AB 的弯曲刚度为 EI，杆 CD 的拉压刚度为 EA。不计梁 AB 的轴力影响，试求 B 截面的挠度和转角。

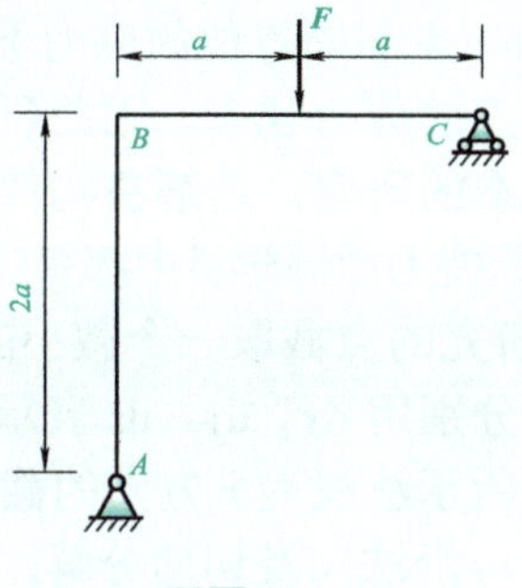

题图 11.11

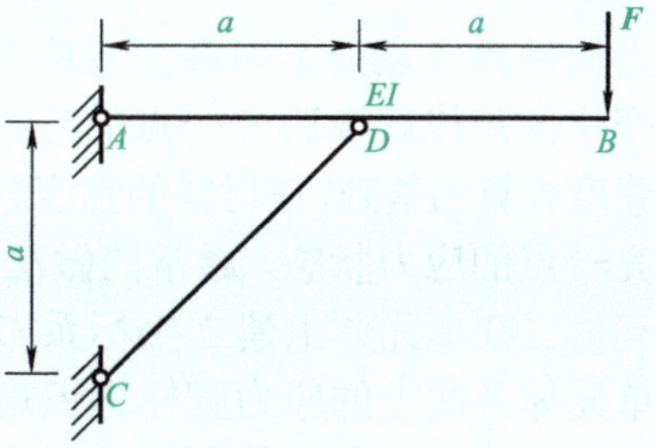

题图 11.12

第 12 章

应力状态分析

12.1 应力状态概述

前面章节中，导出了杆件在基本变形条件下横截面上的应力计算公式，如轴向拉压杆横截面上的正应力为$\sigma = F_N/A$，受扭圆轴横截面上的切应力为$\tau = T\rho/I_P$，纯弯曲梁横截面上的正应力为$\sigma = My/I_z$等。杆件在基本变形条件下横截面上应力的特点是，只有正应力或切应力。因此可以通过基本力学实验测得极限应力，再除以安全因数得许用应力，据此建立相应的强度条件。然而，这些条件却不足以求解工程实际中存在着的大量更复杂的强度问题。例如，工字形截面梁受横力弯曲时，其翼缘与腹板交界点处，就同时存在较大的正应力和切应力；飞机螺旋桨的轴在工作时，因同时承受拉伸和扭转变形，其横截面上同时存在因轴力引起的正应力和因扭矩引起的切应力；传递动力的轴，其横截面上也常常同时存在因弯矩引起的正应力和因扭矩引起的切应力，甚至还可能有其他内力引起的应力。显然，要解决这些构件的强度问题，就必须综合考虑正应力和切应力的影响。又如，观察低碳钢拉伸试验中试件的破坏，首先看到的是与横截面成大约 45° 的塑性流动，之后逐步加剧，最后才因试件横截面面积太小突然断裂；观察铸铁试件压缩或扭转的破坏试验，不难看到其破坏发生在与轴线成大约 45° 的斜截面上。这些现象说明：斜截面上的应力与横截面上的不同，如果杆件斜截面上承受某种应力分量的能力较差，就有可能首先沿斜截面破坏。因此研究应力在不同截面上的分布及变化规律非常必要。实际上，在分析轴向拉压杆时，我们已注意到应力随截面方位变化而变化(图 12.1)的情形，并导出了求轴向拉压杆斜截面上应力的计算公式。一般而言,受力构件内不同截面上的应力分布不同；同一截面上不同点的应力不同，同一点不同方位的应力不同。

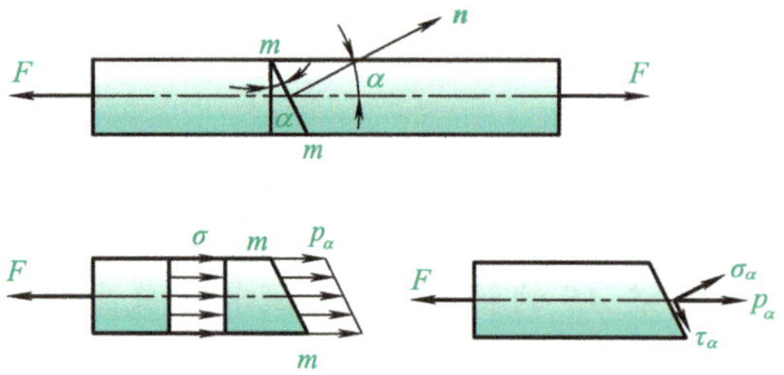

图 12.1

受力构件内一点处不同截面方位上应力的集合称为一点的应力状态。因此研究应力随截面方位变化的规律就要研究一点的应力状态。一点应力状态的研究，是解决构件在复杂受力情况下强度计算的基础,在材料的强度分析、实验应力分析、断裂力学等学科中都有广泛的应用。

研究一点的应力状态，通常的做法是围绕受力物体上研究的点截取一个微小的正六面体，称为单元体。在单元体上建立坐标系 $Oxyz$，单元体的边长分别用 dx、dy、dz 表示，如图 12.2 所示。单元体各面上的应力脚标标识规律，可分析图 12.3 所示法线为 x 方向的截面上 A 点的应力得知。法线为 x 方向截面上的 A 点，全应力为 p_x，将 p_x 沿法向及切向分解，得正应力分量σ_x和切应力分量τ_x，再将τ_x沿 y 和 z 方向分解得τ_{xy}和τ_{xz}两个分量，即得到 A 点在该截面上的三应力分量σ_x、τ_{xy} 和τ_{xz}。此处切应力的第一个脚标表示作用面的法线方向，第二个脚标表示应力本身的指向，因正应力的指向与该截面的法线方向一致，所以用一个脚标表示就足够了。围绕 A 点截取单元体，则单元体各面上应力的脚标都按此规律标注。因单元体三个方向的边长均取无穷小量，故可认为单元体所代表的仅是一个点，其各个侧面上的应力均匀分布，每一对相互平行平面上的同类应力大小相等、方向相反。所以单元体的三对面上一般共有九个应力分量。

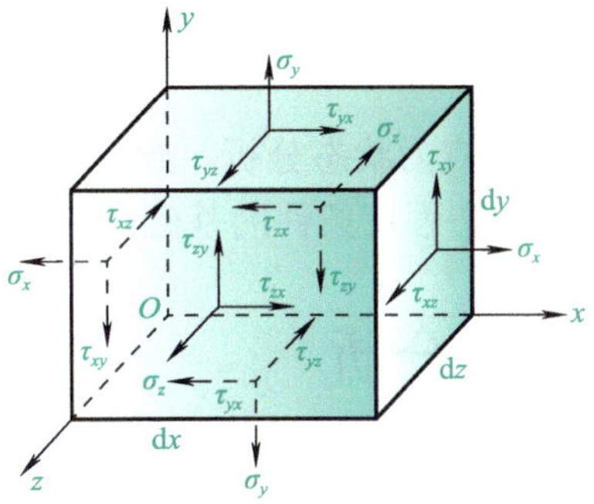

图 12.2

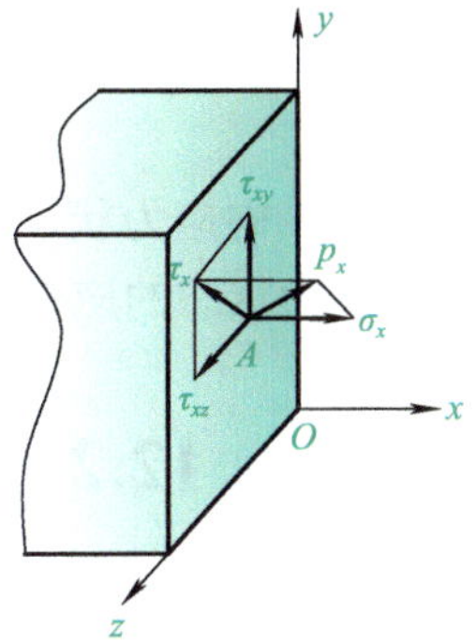

图 12.3

以单元体任一边为轴列力矩平衡方程可得

$$\tau_{xy}=\tau_{yx}\,,\qquad \tau_{yz}=\tau_{zy}\,,\qquad \tau_{zx}=\tau_{xz}$$

此即前述的切应力互等定理。由此可见，单元体上独立的应力分量有六个：σ_x、σ_y、σ_z、τ_{xy}、τ_{yz} 和τ_{zx}。如果这六个应力分量已知，就可求得过该点任意斜截面上的正应力和切应力，因而这六个应力分量可以完全确定一点的应力状态。要得到这六个应力分量，单元体通常应该通过应力已知的截面截取。如图 12.4(a)所示受轴向拉伸的杆，要取包含 A 点的单元体，注意到轴向拉杆横截面上的应力为$\sigma=\dfrac{F_N}{A}$，纵截面上无应力，故可围绕 A 点用一对横截面和两对相互垂直的纵截面截取单元体如图 12.4(b)所示。由于它前后的一对平行平面上无应力，为表达简便，可用一平面矩形表示，如图 12.4(c)所示。应力的大小和方向都会随截面方位角的变化而变化，所以如果截取单元体的截面方位变化，其上的应力分量必然随之变化。所以对一点的应力状态，可以用不同截面方位的单元体表示。在以不同方位截面截取的所有单元体中，总存在一个特殊方位的单元体，其三对相互垂直的面上都只有正应力而无切应力，这样的单元体称为主单元体，如图 12.5 所示。主单元体的各个侧面称为主平面，主平面上的正应力称为主应力，主平面的法线方向称为主方向，三个主应力通常分别用σ_1、σ_2、σ_3 表示，下脚标按主应力代数值的大小排列，即$\sigma_1\geqslant\sigma_2\geqslant\sigma_3$。

如果某点主单元体上的三个主应力均不为零，则称这点的应力状态为三向或空间应力状态；如果有两个主应力不为零，则称为二向或平面应力状态；如果只有一个主应力不为零，则称为单向或简单应力状态。前两种应力状态也统称为复杂应力状态。如轴向拉(压)杆、纯弯曲梁内除中性层外的任意一点、横力弯曲梁的上、下边缘各点，都属于单向应力状态；而横力弯曲梁除上、下边缘点以外的其他点、受扭圆轴除轴线外的各点都属于二向应力状态；以点接触传递作用力的某些齿轮，接触点处属于三向应力状态；图 12.6(a)所示的导轨，在导轨与滚轮的接触处，导轨表层的单元体 A 在垂直方向直接受压，同时引起横向膨胀，但其横向的膨胀因受到周围材料的约束，造成四侧受压，所以单元体 A 处于三向受压状态，如图 12.6(b) 所示。

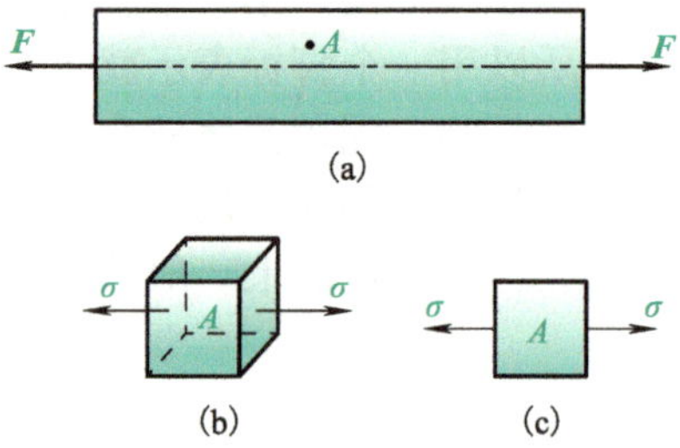

图 12.4

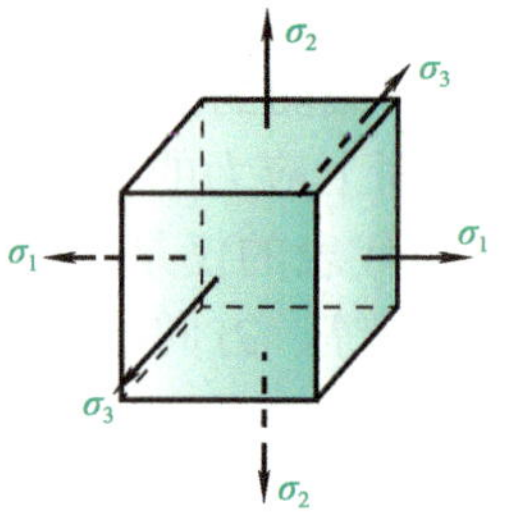

图 12.5

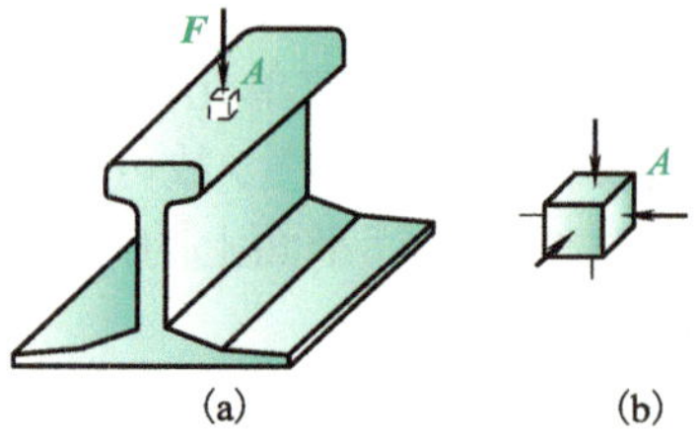

图 12.6

本章主要介绍二向应力状态的应力分析，简略介绍三向应力状态分析。此外还介绍广义胡克定律和复杂应力状态的应变能，这些是研究复杂应力状态强度条件的基础。

12.2 平面应力状态应力分析

若图 12.2 所示的单元体有一对相互平行面上的应力为零，如设 $\sigma_z=\tau_{zx}=\tau_{zy}=0$，则这时其他面上的切应力只剩一个，用一个脚标表明其所在面的法线方向既可。也就是说，让正应力和切应力的脚标都与所在平面外法线的方向一致，得图 12.7(a) 所示平面应力状态的一般形式，可进一步简化为图 12.7(b) 所示的平面单元。规定：正应力 σ 的指向与截面外法线同向时为正，反之为负。切应力 τ 的正负规定为：将截面的外法线顺时针转 90°，τ 的指向与其方向一致时为正，反之为负。按此规定，图 12.7 中的应力满足 $\sigma_x>0$，$\sigma_y>0$，$\tau_x=-\tau_y$。

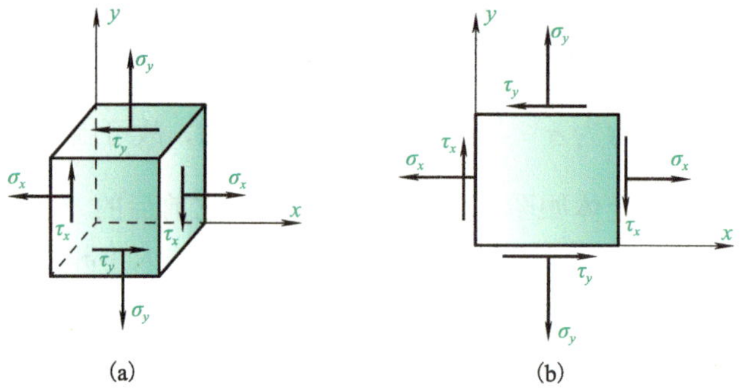

图 12.7

设 σ_x、σ_y、τ_x、τ_y 已知，求与 t 轴平行的任一斜截面 ef 上的应力。如图12.8(a) 所示，斜截面的方位用其外法线 n 与 x 轴的夹角 α 表示，α 的正负规定为：从 x 轴到外法线 n 沿逆时针方向转动形成的 α 角为正，反之为负。斜截面上的应力用 σ_α 和 τ_α 表示。

用截面法将单元体沿截面 ef 切开，取三角形单元体 ebf 为研究对象。设截面 ef 的面积为 $\mathrm{d}A$，则 eb 和 bf 的面积分别为 $\mathrm{d}A\cos\alpha$ 和 $\mathrm{d}A\sin\alpha$，单元体 ebf 的受力如图 12.8(b) 所示，分别列沿斜截面法向 n 轴和切向 t 轴的平衡方程为

$$\sum F_n=0,\sigma_\alpha \mathrm{d}A+(\tau_x \mathrm{d}A\cos\alpha)\sin\alpha-(\sigma_x \mathrm{d}A\cos\alpha)\cos\alpha+(\tau_y \mathrm{d}A\sin\alpha)\cos\alpha-(\sigma_y \mathrm{d}A\sin\alpha)\sin\alpha=0$$

$$\sum F_t=0,\tau_\alpha \mathrm{d}A-(\tau_x \mathrm{d}A\cos\alpha)\cos\alpha-(\sigma_x \mathrm{d}A\cos\alpha)\sin\alpha+(\tau_y \mathrm{d}A\sin\alpha)\sin\alpha+(\sigma_y \mathrm{d}A\sin\alpha)\cos\alpha=0$$

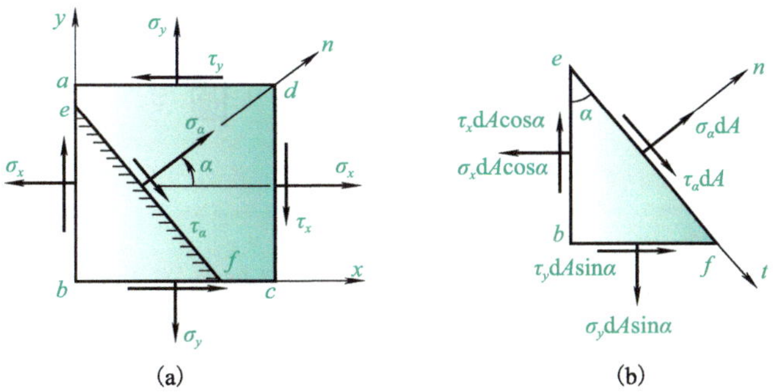

图 12.8

解得

$$\sigma_\alpha = \sigma_x \cos^2\alpha + \sigma_y \sin^2\alpha - (\tau_x + \tau_y)\sin\alpha\cos\alpha \tag{a}$$

$$\tau_\alpha = (\sigma_x - \sigma_y)\sin\alpha\cos\alpha + \tau_x\cos^2\alpha - \tau_y\sin^2\alpha \tag{b}$$

根据切应力互等定理，$\tau_x = \tau_y$；由三角函数关系

$$\cos^2\alpha = \frac{1+\cos 2\alpha}{2}$$

$$\sin^2\alpha = \frac{1-\cos 2\alpha}{2}$$

$$\sin 2\alpha = 2\sin\alpha\cos\alpha$$

将这些关系代入式(a)和式(b)得

$$\sigma_\alpha = \frac{\sigma_x+\sigma_y}{2} + \frac{\sigma_x-\sigma_y}{2}\cos 2\alpha - \tau_x \sin 2\alpha \tag{12.1}$$

$$\tau_\alpha = \frac{\sigma_x-\sigma_y}{2}\sin 2\alpha + \tau_x \cos 2\alpha \tag{12.2}$$

此即平面应力状态下求斜截面上应力的一般公式。由公式可见，只要知道σ_x、σ_y、τ_x，任意斜截面上的应力都可以求出，并且正应力和切应力都是截面方位角α的函数，随截面的方位不同而改变。注意：此公式仅根据静力平衡条件导出，所以它们的应用与材料的力学性能无关。

【例 12.1】 已知图 12.9 所示平面应力状态的单元体，试求指定斜截面上的应力。

解　由图 12.9 可知，法线为 x 和 y 截面上的应力分别为 $\sigma_x = 200\text{MPa}$，$\sigma_y = -200\text{MPa}$，$\tau_x = -300\text{MPa}$，待求应力的截面方位角是 $\alpha = 60°$。

将这些数据分别代入式(12.1)和式(12.2)，得

$$\sigma_{60°} = \frac{200+(-200)}{2} + \frac{200-(-200)}{2}\cos 120° - (-300)\sin 120° = 159.8\ (\text{MPa})$$

$$\tau_{60°} = \frac{200-(-200)}{2}\sin 120° + (-300)\cos 120° = 323.2\ (\text{MPa})$$

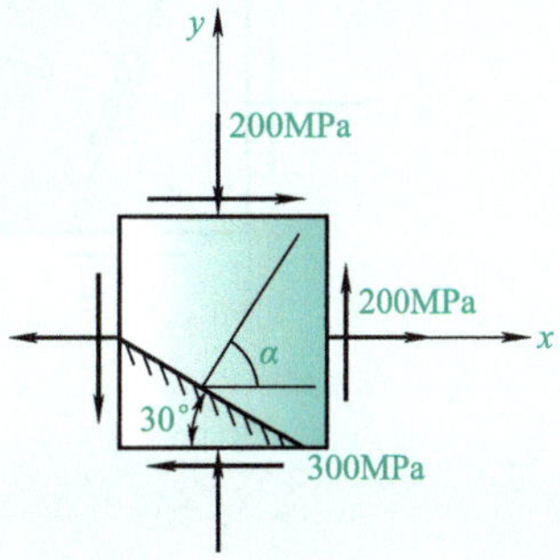

图 12.9

12.3 应 力 圆

12.3.1 应力圆

由式(12.1)和式(12.2)可以看出，应力σ_α和τ_α均是斜截面方位角α的函数，而且σ_α与τ_α之间存在确定的函数关系。将式(12.1)与式(12.2)分别改写成如下形式：

$$\sigma_\alpha-\frac{\sigma_x+\sigma_y}{2}=\frac{\sigma_x-\sigma_y}{2}\cos 2\alpha-\tau_x\sin 2\alpha$$

$$\tau_\alpha-0=\frac{\sigma_x-\sigma_y}{2}\sin 2\alpha+\tau_x\cos 2\alpha$$

两边各自平方后相加得

$$\left(\sigma_\alpha-\frac{\sigma_x+\sigma_y}{2}\right)^2+(\tau_\alpha-0)^2=\left(\frac{\sigma_x-\sigma_y}{2}\right)^2+\tau_x^2$$

这方程表达了σ_α与τ_α之间的关系。从上式可以看出，若以σ为横坐标轴，τ为纵坐标轴建立坐标系，则上式表达的是在σ-τ坐标系中的一个以σ_α和τ_α为变量的圆方程。如图 12.10 所示，圆心坐标为($(\sigma_x+\sigma_y)/2$，0)，圆心坐标的τ值为零，说明圆心一定落在σ轴上。圆的半径为

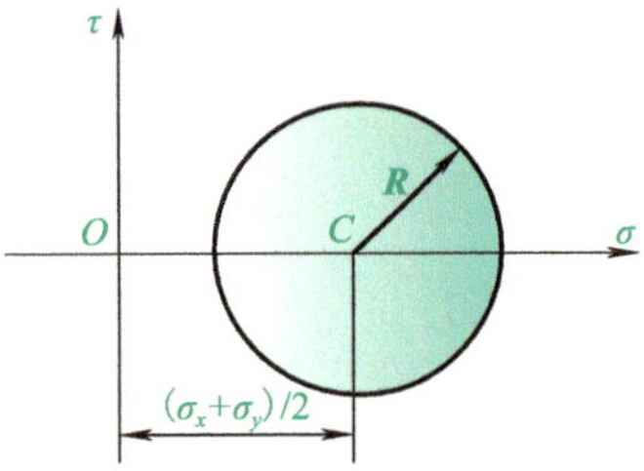

图 12.10

$$R=\sqrt{\left(\frac{\sigma_x-\sigma_y}{2}\right)^2+\tau_x^2}$$

圆上任一点的纵、横坐标σ_α和τ_α，分别代表单元体相应截面上的正应力与切应力，此圆称为应力圆或莫尔(O.Mohr)圆。

12.3.2 应力圆的绘制和应用

以图 12.11 所示单元体为例(设$\sigma_x>\sigma_y$)介绍应力圆的绘制方法。

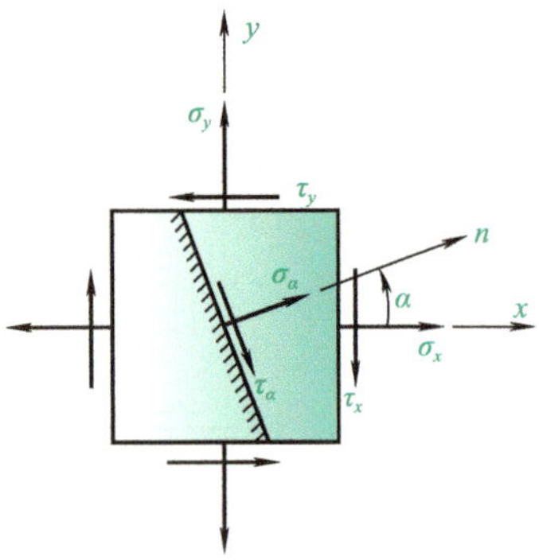

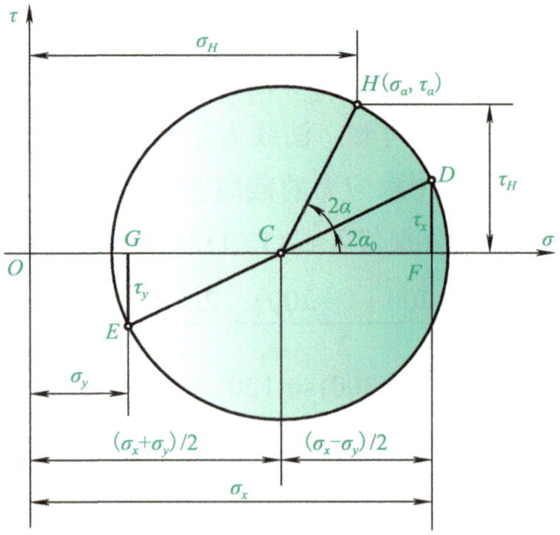

图 12.11

以σ-τ为坐标轴建立坐标系，在σ-τ平面，定出对应法向为x截面上应力的$D(\sigma_x，\tau_x)$点，和对应法向为y截面上应力的$E(\sigma_y，\tau_y)$点。按切应力在单元体上的正负规定，τ_x和τ_y总是一正一负且数值相等，故有$\overline{DF}=\overline{EG}$，直线$DE$与$\sigma$轴交点$C$的横坐标为$(\sigma_x+\sigma_y)/2$，即是应力圆的圆心。以$C$为圆心，$CD$或$CE$为半径作圆，便得到对应图示单元体应力状态的应力圆。

应力圆确定后，要求α截面上的应力，将半径线CD沿方位角α的转向旋转2α至CH处，则半径线与圆周线交点H的纵、横坐标，就分别代表α截面的切应力τ_α与正应力σ_α。证明如下。

设$\angle DCF$表示为$2\alpha_0$，则

$$\begin{aligned}\sigma_H &= \overline{OC}+\overline{CH}\cos(2\alpha_0+2\alpha)=\overline{OC}+\overline{CD}\cos(2\alpha_0+2\alpha)\\ &=\overline{OC}+\overline{CD}\cos 2\alpha_0\cos 2\alpha-\overline{CD}\sin 2\alpha_0\sin 2\alpha\\ &=\frac{\sigma_x+\sigma_y}{2}+\frac{\sigma_x-\sigma_y}{2}\cos 2\alpha-\tau_x\sin\alpha=\sigma_\alpha\end{aligned}$$

同理可证，$\tau_H=\tau_\alpha$。

上述证明也进一步说明应力圆与单元体应力之间存在对应关系为：点面对应，夹角两倍，转向相同。即应力圆上某个点的坐标对应单元体某截面上的正应力和切应力；应力圆上任意两点所引半径线的夹角对应单元体上两个截面外法线之间夹角的两倍；从应力圆某一半径线到另一半径线的转向与单元体两对应截面法线的转向相同。按此对应关系，应力圆上任一直径两端点的坐标对应着单元体上相互垂直的两个平面上的应力。如应力圆上的D点和E点就与单元体上法线为x和y这两个相互垂直面上的应力相对应。利用应力圆与单元体的对应关系，再结合前面求应力的关系式，就可以根据单元体上已知截面上的应力方便地求出其他任意截面上的应力。

【例 12.2】 图 12.12 所示的单元体，已知其上法线为x和y面的应力，试用应力圆法求指定斜截面上的应力。

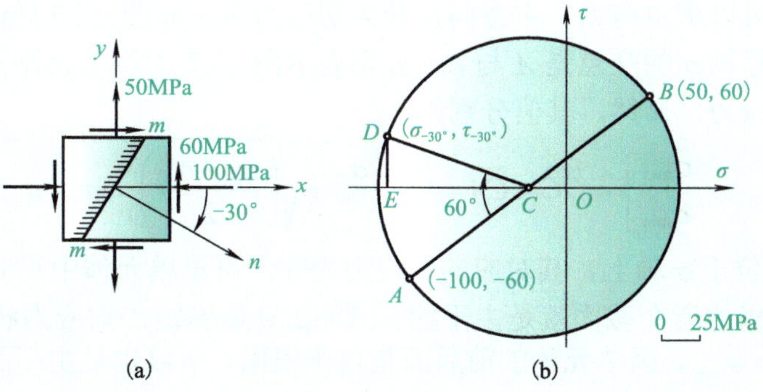

图 12.12

解　(1)建立$\sigma-\tau$坐标系，选定应力值与坐标值的比例尺。

(2)绘应力圆。

根据应力值(-100，-60)确定A点，根据应力值(50，60)确定B点，连接AB，交σ轴于C点，以C为圆心，以CA或CB为半径画圆，得与单元体对应的应力圆。

显然C点的坐标为$((-100+50)/2,0)$，即$(-25,0)$，而CA或CB的值为$\sqrt{(50+25)^2+60^2}=96.05$。

(3) 求 $m-m$ 截面上的应力。

注意到单元体上是从 x 面顺时针方向转 30° 到 $m-m$ 面，所以在应力圆上应从半径线 CA 处沿顺时针方向旋转 60° 至 CD 处，所得 D 点的坐标即为截面 $m-m$ 上对应的应力。

按选定的比例尺，量得 $\overline{OE}=-115\text{MPa}$（负值说明是压应力），$\overline{ED}=35\text{MPa}$，即 $m-m$ 截面上的正应力与切应力分别为

$$\sigma_m=-115\ (\text{MPa})$$
$$\tau_m=35\ (\text{MPa})$$

如果利用应力圆进行计算，先求出 $\angle ACE=\arctan\dfrac{60}{75}=38.66^\circ$，可得

$$\angle ECD=60^\circ-\arctan\frac{60}{75}=21.34^\circ$$
$$\overline{CE}=96.05\cos 21.34^\circ=89.46\ (\text{MPa})$$

故得

$$\sigma_m=-89.46-25=-114.46\ (\text{MPa})$$
$$\tau_m=96.05\sin 21.34^\circ=34.95\ (\text{MPa})$$

此结果比直接量取的更精确。

利用应力圆分析点的应力状态，具有直观方便的特点，但单纯用作图的方法求解应力状态问题，需要精确作图，而且总会有误差。若理解了应力圆与单元体各面上应力的关系，利用应力圆的直观性进行分析，并结合公式进行计算，可以方便准确地求出结果，而且不必死记应力状态分析的相关计算公式。

12.4 平面应力状态的极值应力与主应力

应力圆几乎包含了应力状态的全部信息，所以由应力圆不仅可以方便地确定单元体任意截面上的应力，还可以求主应力、主方向，最大切应力等。如图 12.13(a) 所示平面应力状态的应力圆，圆与坐标轴 σ 的交点是 A 与 B，分别表示图 12.7 所示单元体平行于 z 轴的各截面中最大与最小的正应力，显然，其值分别为

$$\left.\begin{array}{l}\sigma_{\max}\\ \sigma_{\min}\end{array}\right\}=\overline{OC}\pm\overline{CA}=\frac{\sigma_x+\sigma_y}{2}\pm\sqrt{\left(\frac{\sigma_x-\sigma_y}{2}\right)^2+\tau_x^2} \tag{12.3}$$

因 A 点和 B 点位于 σ 轴上，其对应的切应力为零，可见单元体中正应力极值所在截面的切应力为零，因此极值所在截面就是主平面。式(12.3)是确定二向应力状态下主应力大小的解析式。显然 $\sigma_{\max}>\sigma_{\min}$，因单元体的前后面是自由表面，所以也是主平面，其上的主应力为零。将三个主应力按代数值的大小顺序排列，对图 12.13(b) 所示的应力状态，就有 $\sigma_1=\sigma_{\max}$，$\sigma_2=\sigma_{\min}$，$\sigma_3=0$。

将式(12.3)等号两边相加得

$$\sigma_{\max}+\sigma_{\min}=\sigma_x+\sigma_y \tag{12.4}$$

式(12.4)说明，单元体两个相互垂直平面上的正应力之和恒为常数。利用此关系可以校核主应力的计算结果是否正确。

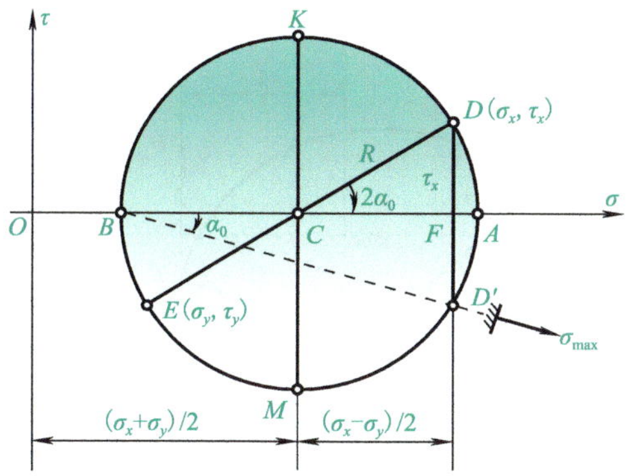

(a)

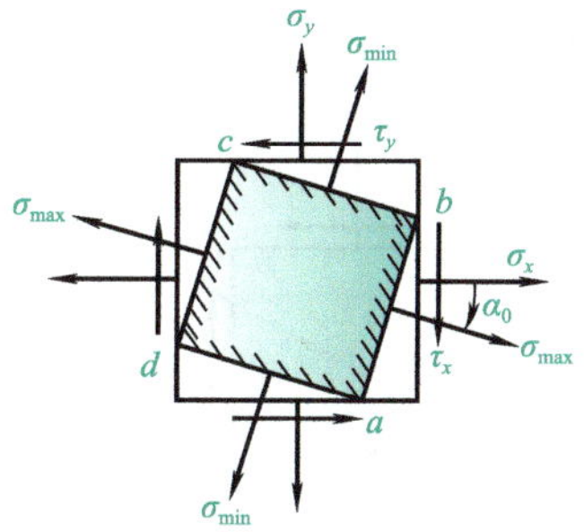

(b)

图 12.13

由图 12.13(a)可以看出，最大正应力所在截面的方位角 α_0 可由下式确定为

$$\tan 2\alpha_0=-\frac{\overline{DF}}{\overline{CF}}=-\frac{\tau_x}{\dfrac{\sigma_x-\sigma_y}{2}}=-\frac{2\tau_x}{\sigma_x-\sigma_y} \tag{12.5}$$

利用圆心角是圆周角两倍的关系，主方向也可由直线 BD' 所示的方位确定，即

$$\tan \alpha_0=-\frac{\overline{FD'}}{\overline{BF}}=-\frac{\tau_x}{\sigma_x-\sigma_{\min}}=-\frac{\tau_x}{\sigma_{\max}-\sigma_y} \tag{12.6}$$

式中，负号表示由 x 截面至最大正应力作用面为顺时针方向。

因 A、B 两点在应力圆的同一直径线上，由夹角两倍的对应关系知，最大与最小正应力所在截面相互垂直。所以求出 α_0，加 90° 就是最小正应力所在的截面方位。由应力圆也不难直接求得 $\sigma_{\min}$ 所在截面的方位。图 12.13(b)所示截面 ab，bc，cd 与 da 均为主平面，它们与前后两平面共同组成此应力状态的主单元体。

由图 12.13(a)还可以看出，应力圆上存在 K 和 M 两个切应力的极值点。这表明，在单元体平行于 z 轴的各截面中，最大与最小的切应力分别为

$$\left.\begin{matrix}\tau_{\max}\\ \tau_{\min}\end{matrix}\right\}=\pm\sqrt{\left(\frac{\sigma_x-\sigma_y}{2}\right)^2+\tau_x^2} \tag{12.7}$$

它们正好是应力圆的半径。其所在截面也相互垂直，并与正应力的极值截面成 45° 夹角。

【例 12.3】 对图 12.14(a)所示单元体 $\sigma_x=40\text{MPa}$，$\tau_x=-50\text{MPa}$，$\sigma_y=-60\text{MPa}$，试利用应力圆并结合解析法求：(1)法线为 n 面上的应力；(2)主应力的大小及方向；(3)最大切应力之值。

解　(1)建立 $\sigma-\tau$ 坐标系，选定比例尺。

(2)绘应力圆。根据应力值(40，−50)确定 D 点，根据应力值(−60，50)确定 D'点，连接 DD'，交 σ 轴于 C 点，以 C 为圆心，以 CD 为半径画应力圆。

(3)计算 C 点坐标，即

$$(-60+40)/2=-10\ (\text{MPa})$$

(4)计算应力圆的半径，即

$$\overline{CD}=\sqrt{(\overline{OE}-\overline{OC})^2+\overline{ED'}^2}=\sqrt{50^2+50^2}=70.71\ (\text{MPa})$$

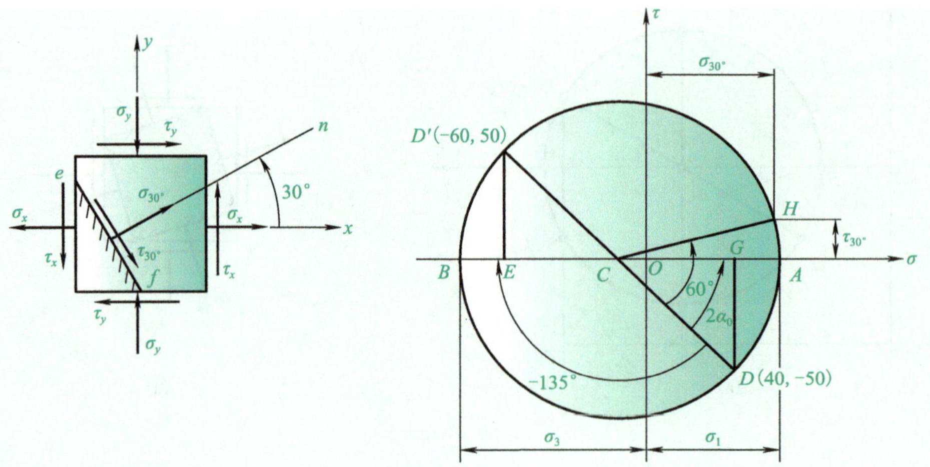

图 12.14

(5) 计算 α_0，即

$$2\alpha_0 = \arctan\frac{50}{50} = 45°, \qquad \alpha_0 = 22.5°$$

此即主方向。

(6) 求 $\sigma_{30°}$ 和 $\tau_{30°}$。由 CD 沿顺时针方向转 60°，定出半径线 CH，H 点对应的应力就是法线为 n 面上的应力。$\sigma_{30°}$ 和 $\tau_{30°}$ 可按比例直接量得。但注意到已求出 $2\alpha_0 = 45°$，得 $\angle HCA = 15°$，所以也可计算得

$$\sigma_{30°} = \overline{CD}\cos 15° - \overline{OC} = 70.71\cos 15° - 10 = 58.3\ (\text{MPa})$$

$$\tau_{30°} = \overline{CD}\sin 15° = 70.71\sin 15° = 18.3\ (\text{MPa})$$

(7) 求主应力。由应力圆可得

$$\sigma_1 = \overline{CA} - \overline{CO} = 70.71 - 10 = 60.71\ (\text{MPa})$$

$$\sigma_2 = 0$$

$$\sigma_3 = -\overline{CB} - \overline{CO} = -70.71 - 10 = -80.71\ (\text{MPa})$$

(8) 求最大切应力。最大切应力的值就等于应力圆的半径，故

$$\tau_{\max} = 70.71\ (\text{MPa})$$

【例 12.4】 图 12.15(a) 所示矩形截面简支梁，受均布载荷作用，试绘出 $m-m$ 横截面上 a、b、c、d 和 e 各点处应力状态的单元体及对应的应力圆，并分析主应力情况。

解 求出截面 $m-m$ 上的弯矩 M 和剪力 F_S 的值后，由公式 $\sigma = \dfrac{My}{I_z}$ 和 $\tau = \dfrac{F_S S_z^*}{I_z b}$ 可求出各点的正应力和切应力。计算表明：截面上边缘的 a 点处于单向压应力状态；下边缘的 e 点处于单向拉应力状态；中性轴上的 c 点，除前后两个面无应力外，其余四个面只有切应力而无正应力，这样的应力状态称为纯剪切应力状态，这是一种特殊的二向应力状态；介于 ac 间的 b 点和 ce 间的 d 点，横截面方向同时存在正应力和切应力。各点的应力状态如图 12.15(b) 所示，各点的主单元体如图 12.15(c) 所示。

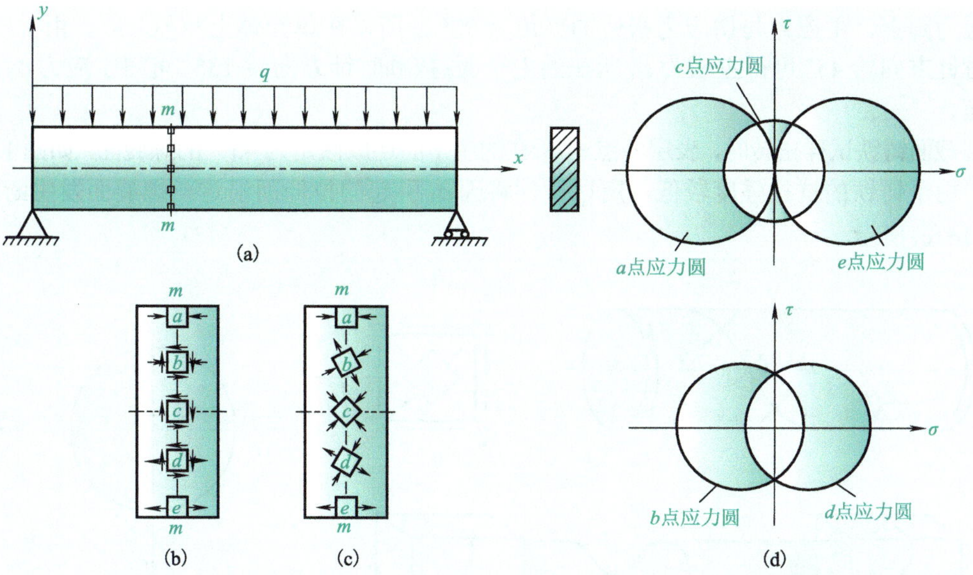

图 12.15

根据由横截面剖切而得的单元体和计算的应力值，绘出各点的应力圆如图 12.15(d)所示。单向应力状态实际是二向应力状态的一种特例，所以也可用应力圆表示，其特点是总有一个主应力位于坐标原点，另一个主应力若是拉应力，则应力圆在 τ 轴的右侧，反之则在左侧。纯剪切应力状态应力圆的特点是两个主应力的绝对值与最大和最小切应力的绝对值相等，所以圆心位于坐标原点。其余点应力状态对应的应力圆对称于 σ 轴，同时各纵截面上只有切应力，所以对应的应力点总是落在 τ 轴上。分析应力圆，可得除单向应力状态外求任一点处主应力及其方位角的计算公式为

$$\sigma_1 = \frac{1}{2}(\sigma + \sqrt{\sigma^2 + 4\tau^2}) > 0$$

$$\sigma_2 = 0$$

$$\sigma_3 = \frac{1}{2}(\sigma - \sqrt{\sigma^2 + 4\tau^2}) < 0$$

$$\tan 2\alpha_0 = -\frac{2\tau}{\sigma}$$

公式表明，梁内任一点处的两个主应力中，其一必为拉应力，而另一个必为压应力。

【例 12.5】 试分析圆轴扭转时的应力状态，并讨论铸铁试样受扭时的破坏现象。

解　圆轴受扭时，横截面边缘处的切应力最大，其值为

$$\tau = \frac{T}{W_t}$$

在圆轴的表层按图 12.16(a)所示取出单元体 $ABCD$，单元体各面上的应力如图 12.16(b)所示。

因

$$\sigma_x = \sigma_y = 0, \quad \tau_x = -\tau_y = \tau$$

这就是例 12.4 中讨论的纯剪切应力状态。由图 12.16(d)所示应力圆可得

$$\sigma_1 = \tau, \quad \sigma_2 = 0, \quad \sigma_3 = -\tau$$

应力圆上，主应力与切应力极值的夹角为 90°，所以在单元体上相差 45°。由 x 轴量起，按顺时针方向转 45° 可得主应力 σ_1 所在的主平面；按顺时针方向转 135° 可得主应力 σ_3 所在的主平面。

圆截面铸铁试样扭转时，表层各点 σ_1 所在的主平面连成倾角为 45° 的螺旋面，如图 12.16(a) 所示。由于铸铁的抗拉强度较低，所以试件将因 σ_1 引起的拉伸而沿这一螺旋面发生断裂，如图 12.16(c) 所示。

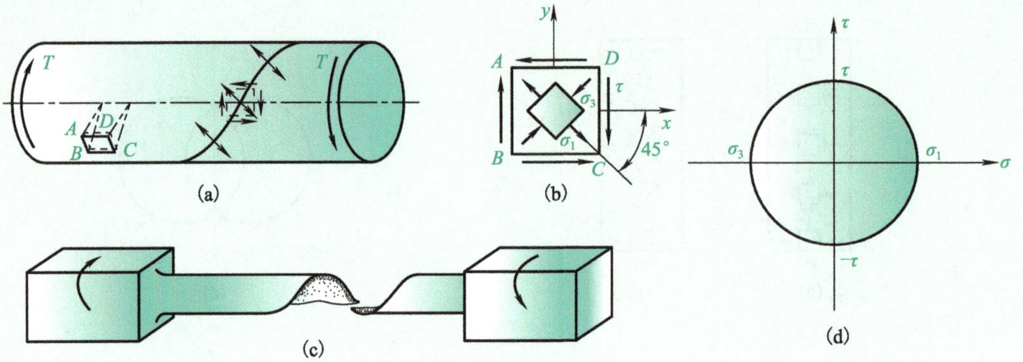

图 12.16

12.5 三向应力状态的最大主应力

12.5.1 三向应力状态的应力圆

三向应力状态的分析比二向应力状态复杂。但一般情况，要对危险点处于三向应力状态的构件进行强度计算，只需要知道危险点处的最大正应力和最大切应力。对此，用应力圆进行分析也可以，而且比较直观和方便。本节仅对主单元体进行讨论。设主单元体如图 12.17(a) 所示，已知主应力 σ_1、σ_2 和 σ_3，先分析与 σ_3 平行的任意斜截面上的应力。用一假想平面将单元体沿与 σ_3 平行的任意斜截面截开，研究左边部分，如图 12.17(d) 所示，因截割前的单元

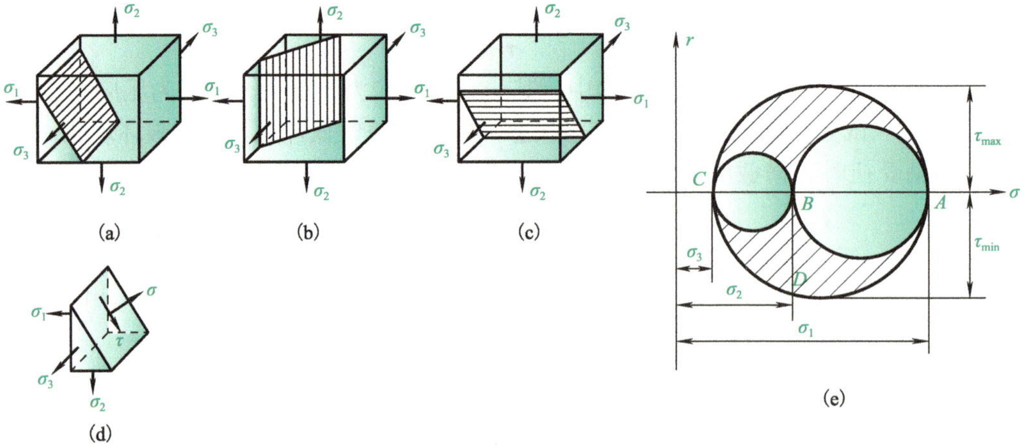

图 12.17

体平衡，截下这三角体上的力也应该满足平衡条件。这部分前后两个面上由σ_3产生的合力满足等值反向共线，总是能自行平衡，所以对斜截面上的应力没有影响，斜截面上的应力σ和τ仅与主应力σ_1和σ_2有关，可以用分析二向应力状态的方法进行分析。在$\sigma-\tau$平面内，与这类斜截面对应的点，必位于由$\overline{BA}$为直径所确定的应力圆上，如图 12.17(e)所示。同理，与主应力σ_2或σ_1平行的各截面，如图 12.17(b)或图 12.17(c)所示阴影面上的应力，由以$\overline{CA}$为直径和以$\overline{BC}$为直径所画的应力圆确定。每一个三向应力状态，都可以画出三个相应的应力圆，这样的应力圆就称为三向应力圆。可以证明，单元体上与三个主应力均不平行的任意斜截面上的应力由图 12.17(e)所示应力圆阴影区域内各点的坐标确定。

12.5.2　最大主应力和最大切应力

由三向应力圆可见，阴影区域内各点的横坐标都小于σ_1大于σ_3，各点的纵坐标都小于τ_{max}大于τ_{min}。所以，对于三向应力状态，最大和最小正应力以及最大切应力分别为

$$\sigma_{max}=\sigma_1,\quad \sigma_{min}=\sigma_3,\quad \tau_{max}=\frac{\sigma_1-\sigma_3}{2} \tag{12.8}$$

且最大切应力位于与σ_1和σ_3均成45°的截面上。此结论同样适用于单向和二向应力状态。

【例 12.6】 图 12.18(a)所示应力状态，应力$\sigma_x=80\text{MPa}$，$\tau_x=35\text{MPa}$，$\sigma_y=20\text{MPa}$，$\sigma_z=-40\text{MPa}$，试画三向应力圆，并求主应力、最大正应力与最大切应力。

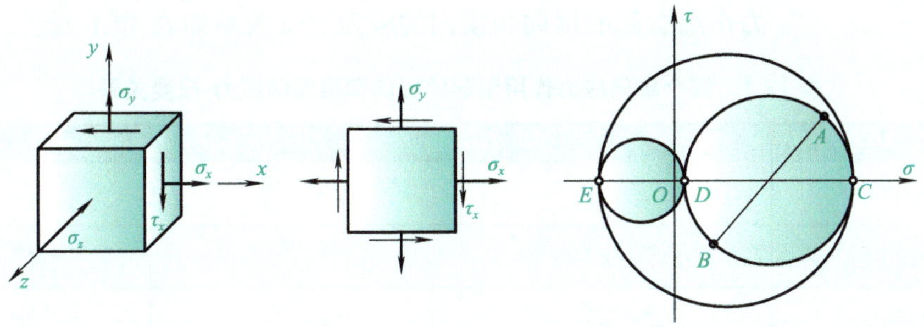

(a)　(b)　(c)

图 12.18

解　(1) 画三向应力圆。对图示应力状态，已知σ_z为主应力，其他两个主应力可由图 12.18(b)所示的σ_x、σ_y和τ_x确定。

在$\sigma-\tau$平面内如图 12.18(c)所示，由坐标(80，35)和(20，-35)可分别定出A和B点，连接$\overline{AB}$，取$\overline{AB}$连线与σ轴的交点为圆心，AB为直径画圆，圆与σ轴交于C和D点，其横坐标分别为

$$\sigma_C=96.1\ (\text{MPa}),\qquad \sigma_D=3.9\ (\text{MPa})$$

根据σ_z的值(-40，0)定出E点，再分别以$\overline{ED}$、及$\overline{EC}$为直径画圆，即得三向应力圆。

(2) 求主应力、最大正应力和最大切应力。由上述分析知，主应力为

$$\sigma_1=\sigma_C=96.1\ (\text{MPa})$$
$$\sigma_2=\sigma_D=3.90\ (\text{MPa})$$
$$\sigma_3=\sigma_E=-40.0\ (\text{MPa})$$

所以最大正应力与最大切应力分别为

$$\sigma_{max} = \sigma_1 = 96.1\,(\text{MPa})$$

$$\tau_{max} = \frac{\sigma_1 - \sigma_3}{2} = \frac{96.1 + 40.0}{2} = 68.1\,(\text{MPa})$$

12.6 广义胡克定律

前面曾讲过，杆件在单向拉伸或压缩情况下，线弹性范围内正应力与正应变的关系式为

$$\sigma = E\varepsilon \quad 或 \quad \varepsilon = \frac{\sigma}{E}$$

这是拉压胡克定律。在扭转情况下，线弹性范围内切应力与切应变的关系为

$$\tau = G\gamma \quad 或 \quad \gamma = \frac{\tau}{G}$$

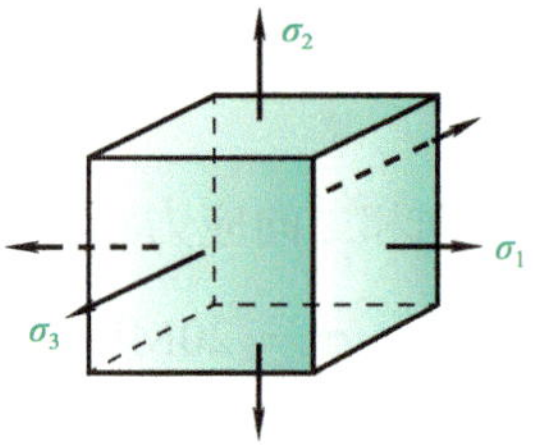

图 12.19

这是剪切胡克定律。此外，轴向正应变ε会引起横向正应变ε'，它们之间的关系为

$$\varepsilon' = -\mu\varepsilon = -\mu\frac{\sigma}{E}$$

对用主单元体表示的三向应力状态，如图 12.19 所示，有σ_1、σ_2、σ_3三个主应力，可以把它们看作是三组单向应力的组合。每个单向应力作用引起的纵向和横向的应力应变关系如表 12.1 所示。

表 12.1　每个单向应力作用引起的纵向和横向的应力-应变关系

	σ_1 方向正应变	σ_2 方向正应变	σ_3 方向正应变
σ_1 单独作用	$\varepsilon_1' = \frac{\sigma_1}{E}$	$\varepsilon_2' = -\mu\frac{\sigma_1}{E}$	$\varepsilon_3' = -\mu\frac{\sigma_1}{E}$
σ_2 单独作用	$\varepsilon_1'' = -\mu\frac{\sigma_2}{E}$	$\varepsilon_2'' = \frac{\sigma_2}{E}$	$\varepsilon_3'' = -\mu\frac{\sigma_2}{E}$
σ_3 单独作用	$\varepsilon_1''' = -\mu\frac{\sigma_3}{E}$	$\varepsilon_2''' = -\mu\frac{\sigma_3}{E}$	$\varepsilon_3''' = \frac{\sigma_3}{E}$

将三个单向应力引起的正应变在每个方向进行叠加，如σ_1方向的正应变为

$$\varepsilon_1 = \varepsilon_1' + \varepsilon_1'' + \varepsilon_1''' = \frac{\sigma_1}{E} - \mu\frac{\sigma_2}{E} - \mu\frac{\sigma_3}{E} = \frac{1}{E}\left[\sigma_1 - \mu\left(\sigma_2 + \sigma_3\right)\right]$$

同样方法求出σ_2和σ_3方向的正应变。最终得

$$\left.\begin{aligned} \varepsilon_1 &= \frac{1}{E}\left[\sigma_1 - \mu(\sigma_2 + \sigma_3)\right] \\ \varepsilon_2 &= \frac{1}{E}\left[\sigma_2 - \mu(\sigma_3 + \sigma_1)\right] \\ \varepsilon_3 &= \frac{1}{E}\left[\sigma_3 - \mu(\sigma_1 + \sigma_2)\right] \end{aligned}\right\} \tag{12.9}$$

这就是广义胡克定律，它给出了各向同性材料在线弹性范围内应力与应变之间的一般关系。式中的ε_1、ε_2、ε_3分别对应σ_1、σ_2、σ_3，称为主应变。应用式(12.9)时，σ_1、σ_2、σ_3应以代数值代入，求出的ε_1、ε_2、ε_3，正值表示伸长，负值表示缩短。单向和二向应力状态作为三向应力状态的特例，式(12.9)仍然适用。

若单元体的各面上既有正应力，又有切应力时，研究表明，对各向同性材料，在弹性范

围内，正应力只与正应变有关，而切应力只与切应变有关。因此广义胡克定律为

$$
\left.\begin{aligned}
\varepsilon_x &= \frac{1}{E}\left[\sigma_x - \mu\left(\sigma_y + \sigma_z\right)\right] \\
\varepsilon_y &= \frac{1}{E}\left[\sigma_y - \mu\left(\sigma_z + \sigma_x\right)\right] \\
\varepsilon_z &= \frac{1}{E}\left[\sigma_z - \mu\left(\sigma_x + \sigma_y\right)\right] \\
\gamma_{xy} &= \frac{\tau_{xy}}{G} \\
\gamma_{yz} &= \frac{\tau_{yz}}{G} \\
\gamma_{zx} &= \frac{\tau_{zx}}{G}
\end{aligned}\right\} \tag{12.10}
$$

【例 12.7】 如图 12.20(a)所示的槽形刚体，开有宽度和深度同为 10 mm 的槽，槽内紧密无隙地放置一边长 $a = 10$ mm 的立方铝块。铝块的顶面承受合力为 $F=8$ kN 的均布压力作用。铝的弹性模量 $E = 70$GPa，泊松比$\mu = 0.33$，试求铝块的三个主应力和相应的主应变。

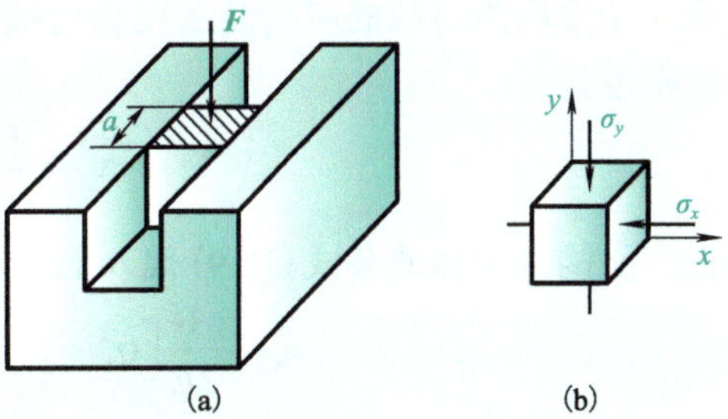

图 12.20

解　(1)应力分析。铝块在压力 F 的作用下，除顶面直接受压外，还因其侧向(x 方向)的变形受阻而引起侧向压应力σ_x，如图 12.20(b)所示，所以铝块处于二向应力状态，且有

$$\varepsilon_x = 0 \tag{a}$$

铝块顶面的压应力为

$$\sigma_y = \frac{F}{a^2} = -\frac{8\times10^3}{10^2} = -80(\text{MPa}) \tag{b}$$

根据广义虎克定律，有

$$\varepsilon_x = \frac{\sigma_x}{E} - \mu\frac{\sigma_y}{E}$$

将式(b)代入上式，再将上式代入式(a)，解得

$$\sigma_x = \mu\sigma_y = 0.33\times(-80) = -24.6\ (\text{MPa})$$

因图示坐标平面上的切应力都等于零，所以其上的正应力就是主应力，按代数值排序得

$$\sigma_1 = 0,\qquad \sigma_2 = -26.4\ (\text{MPa}),\qquad \sigma_3 = -80\ (\text{MPa})$$

(2)应变分析。根据广义胡克定律得

$$\varepsilon_1 = \frac{1}{E}\left[\sigma_1 - \mu\left(\sigma_2 + \sigma_3\right)\right] = \frac{0.33}{70\times10^9}(26.4\times10^6 + 80\times10^6) = 5.02\times10^{-4}$$

$$\varepsilon_2 = \frac{1}{E}\left(\sigma_2 - \mu\sigma_3\right) = \frac{1}{70\times10^9}(-26.4\times10^6 + 0.33\times80\times10^6) = 0$$

$$\varepsilon_3 = \frac{1}{E}\left(\sigma_3 - \mu\sigma_2\right) = \frac{1}{70\times10^9}(-80\times10^6 + 0.33\times26.4\times10^6) = -1.02\times10^{-3}$$

12.7 三向应力状态下的应变能

弹性体在外力作用下发生变形，同时在体内贮存了能量，这种因变形而形成的能量称为应变能，用 V_ε 表示。前面章节中讨论轴向拉压杆时，利用应变能与外力功在数值上相等的关系和材料服从胡克定律的条件，得到了单向应力状态下弹性应变能密度(单位体积内的应变能)的计算公式为

$$v_\varepsilon = \frac{1}{2}\sigma\varepsilon \tag{a}$$

在二向或三向应力状态下，弹性应变能与外力做的功在数值上仍相等，而且只取决于外力和变形的最终值，与加力的先后次序无关。所以，对图 12.21(a)所示的三向应力状态，当材料服从胡克定律并且各力按比例增加时，单元体各个方向的应力均与应变成正比，因而与每一个主应力对应的应变能密度仍可按式(a)计算，然后进行叠加，得三向应力状态下的应变能密度为

$$v_\varepsilon = \frac{1}{2}\sigma_1\varepsilon_1 + \frac{1}{2}\sigma_2\varepsilon_2 + \frac{1}{2}\sigma_3\varepsilon_3 \tag{b}$$

把广义胡克定律的公式(12.9)代入上式，整理后得

$$v_\varepsilon = \frac{1}{2E}\left[\sigma_1^2 + \sigma_2^2 + \sigma_3^2 - 2\mu\left(\sigma_1\sigma_2 + \sigma_2\sigma_3 + \sigma_3\sigma_1\right)\right] \tag{12.11}$$

一般单元体的变形可分为两种：①体积改变，即由原来的立方体变为较大或较小的立方体。②形状改变，即由原来的正立方体变为体积相同的平行六面体。因此，图 12.21(a)所示的单元体受力可以分解为图 12.21(b)和(c)两种情况，图 12.21(b)所示的单元体各面上有大小相等的应力为

$$\sigma_{\mathrm{m}} = \frac{1}{3}(\sigma_1 + \sigma_2 + \sigma_3) \tag{12.12}$$

式中，σ_{m} 是三个主应力的平均应力。相应三个方向上的应变相同，都等于平均应变，即

$$\varepsilon_{\mathrm{m}} = \frac{\sigma_m}{E}(1-2\mu) \tag{12.13}$$

这种单元体只发生体积改变，不会发生形状改变。单元体因体积改变引起的应变能密度称为体积改变能密度，用 v_V 表示为

$$v_V = \frac{1}{2}\sigma_m\varepsilon_m + \frac{1}{2}\sigma_m\varepsilon_m + \frac{1}{2}\sigma_m\varepsilon_m = \frac{3}{2}\sigma_m\varepsilon_m \tag{c}$$

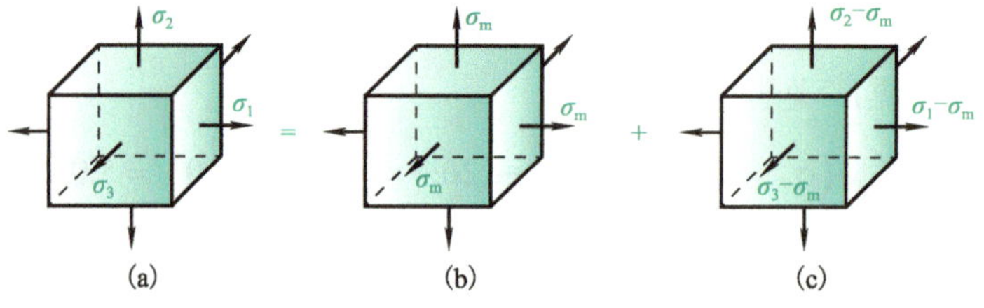

图 12.21

把式(12.12)和式(12.13)代入上式后，得

$$v_V = \frac{1-2\mu}{6E}(\sigma_1+\sigma_2+\sigma_3)^2 \tag{12.14}$$

图 12.21(c)所示单元体上作用的三个主应力之和等于零，说明单元体只会发生形状改变，不会发生体积改变，单元体因形状改变引起的应变能密度称为**畸变能密度**，用 v_d 表示。因此，单元体总的应变能密度 v_ε 就由体积改变能密度 v_V 和畸变能密度 v_d 两部分组成，即

$$v_\varepsilon = v_V + v_d$$

式中畸变能密度为

$$v_d = v_\varepsilon - v_V$$

将(12.11)式和(c)式代入整理后得

$$v_d = \frac{1+\mu}{6E}\left[(\sigma_1-\sigma_2)^2+(\sigma_2-\sigma_3)^2+(\sigma_3-\sigma_1)^2\right] \tag{12.15}$$

思 考 题

一、判断题(判断下列说法是否正确)

12-1 单元体最大正应力面上的切应力恒等于零。

12-2 单元体最大切应力面上的正应力恒等于零。

12-3 单元体切应力为零的截面上，正应力必有最大值或最小值。

12-4 根据切应力互等定理，若某一单元体两个面上切应力数值相等，符号相反，则此两平面必定相互垂直。

12-5 单元体最大和最小切应力所在截面上的正应力，总是大小相等，正负号相反。

12-6 受力构件内任一点处，至少存在一对相互垂直的截面，其上的切应力等于零。

12-7 受力构件内任一点处，都存在一对相互垂直的截面，其上的正应力等于零。

12-8 受力构件内任一点处，若只有一对相互平行截面上的正应力和切应力同时等于零，则该点必是单向应力状态。

12-9 若构件某横截面上的轴力 $F_N=0$，则该横截面上的正应力 σ 必处处为零。

12-10 梁受横力弯曲时，在同时有剪力和弯矩存在的横截面上，各点沿横截面法线方向的正应力都不是主应力。

12-11 等圆截面轴受扭转时，轴内任一点沿任意方向都只有切应力，而无正应力。

12-12 若某点在任何截面方向上的正应力都相等，则该点在任何方向上的切应力都等于零。

12-13 主方向是主应力所在截面的法线方向。

12-14 由一点的应力，可以求出该点的应变。

12-15 有应力作用的方向上可以没有变形。

12-16 无应力作用的方向必无变形。

12-17 若受力构件中某点沿某方向上的线应变为零，则该方向上的正应力必为零。

12-18 若受力构件中某点处某相互垂直方向的切应变为零，则该方向上的切应力必为零。

12-19 若各向同性材料一点处的三个主应力之和为零，则该点的体积改变能密度等于零。

12-20 各向同性材料在三向均匀拉伸或压缩时，其畸变能密度恒等于零。

二、填空题(将答案填入画线处)

12-21 一点的应力状态是指________________________，一点的应力状态可以用________________________表示，研究一点应力状态的目的是________________________。

12-22 主应力是指________________；主平面是指________________；主单元体是指________________________。

12-23 对任意应力单元体，当________________时是单向应力状态；当________________时是二向应力状态；当________________时是三向应力状态；当________________时是纯剪切应力状态。

12-24 在二向应力状态，求任意斜截面上正应力的公式是________________；切应力的公式是________________________。

12-25 应力单元体与应力圆的对应关系是：__________；__________；__________。

12-26 应力单元体上最大或最小切应力所在平面的法向与主平面的法向相差______度。

12-27 圆心在原点的应力圆对应________________应力状态。

12-28 纯剪切应力状态，单元体中有正应力存在的任意两相互垂直截面上，其正应力的值必满足________________。

12-29 对思图 12.1 所示受力构件，试画出表示 A 点应力状态的单元体。

12-30 处于纯剪应力状态的单元体，其体积改变能密度等于__________；若单元体的体积改变能密度等于零，则单元体任意相互垂直截面上的正应力之和等于__________。

三、分析讨论题

平衡的概念和方法是分析应力状态的基本方法，试利用平衡概念和边界上单元体平衡的条件，分析思图 12.2 所示受轴向拉伸的矩形截面锥形杆，其横截面上是否存在切应力。

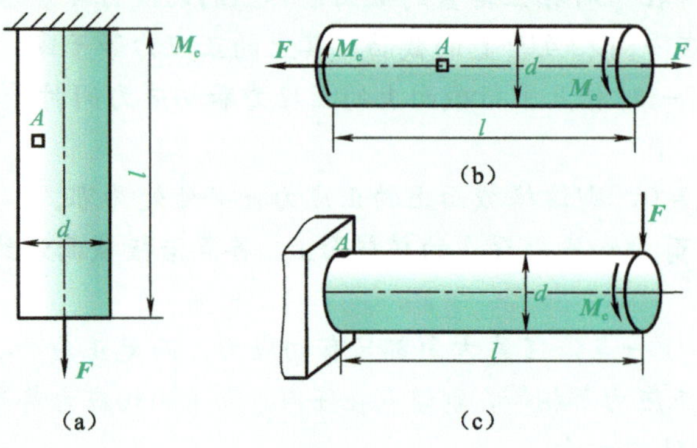

思图 12.1

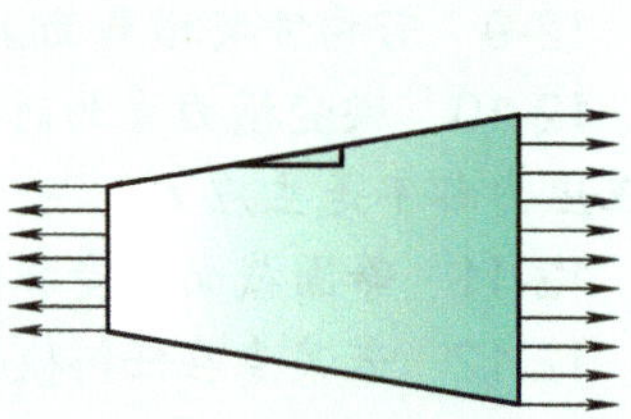

思图 12.2

习　题

12.1 已知题图 12.1(a)杆的直径 $d=20\text{mm}$，$F=15\text{kN}$，$M_e=30\text{N·m}$，题图 12.1(b)杆的直径 $d=20\text{mm}$，$F=0.2\text{kN}$，$M_e=40\text{N·m}$，$l=200\text{mm}$，试算出各杆 A 点单元体上的应力。

12.2 题图 12.2 所示为一个处于平面应力状态下的单元体及其应力圆，试在应力圆上用点表示单元体上 1-0，2-0，3-0，4-0 各截面的位置和应力。

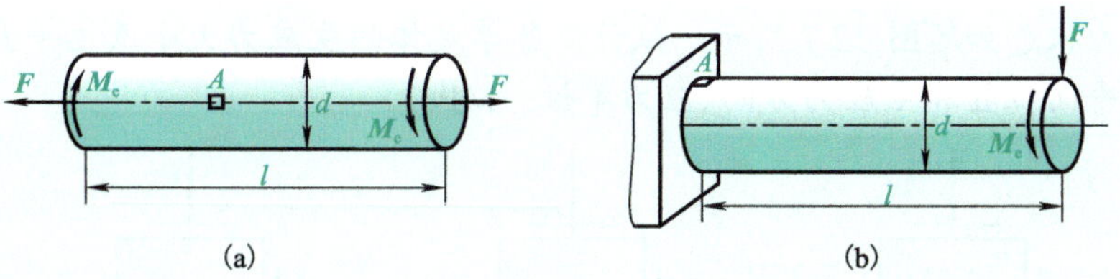

题图 12.1

12.3　题图 12.3 所示为一个处于平面应力状态下的单元体及其应力圆，试在单元体上表示出对应于应力圆上 1，2，3，4，5，6 各点的截面位置和应力的指向。

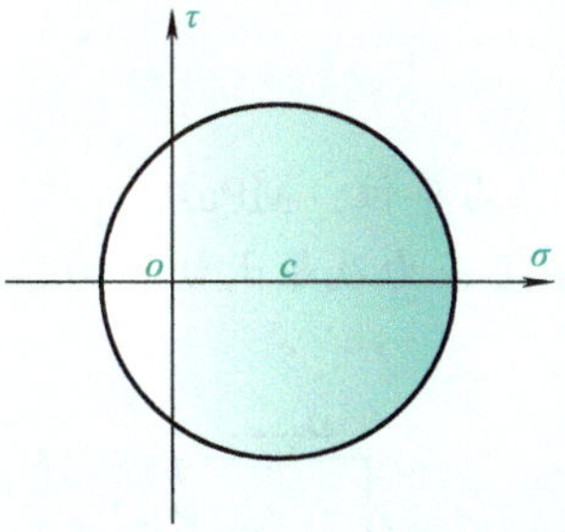

题图 12.2

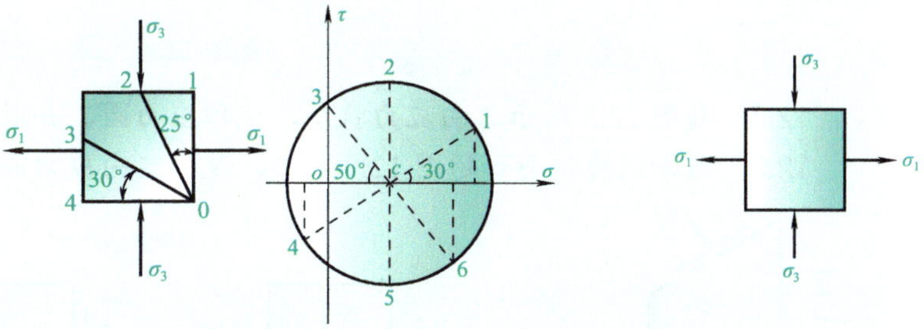

题图 12.3

12.4　试求题图 12.4 所示各单元体指定斜截面上的应力 σ_α、τ_α 及单元体中的最大切应力 $\tau_{\max}$（应力单位：MPa）。

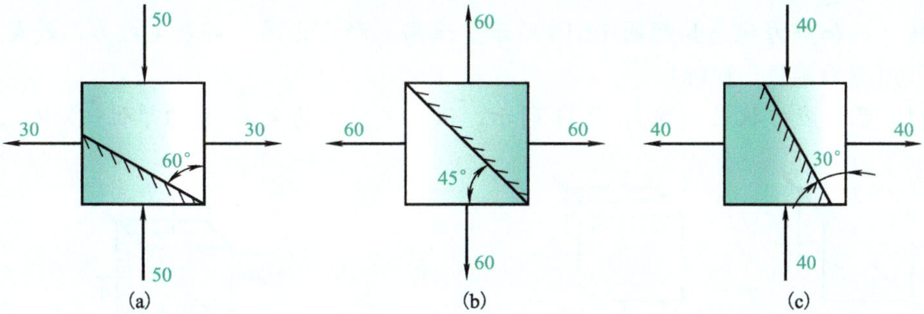

题图 12.4

12.5　应力状态如题图 12.5 所示，试计算各单元体指定斜截面上的正应力 σ_α 及切应力 τ_α（应力单位：MPa）。

12.6　题图 12.6 所示矩形截面梁某截面上的弯矩和剪力分别为 $M = 10\ \mathrm{kN{\cdot}m}$，$F_S = 120\ \mathrm{kN}$。试绘出截面上 1、2、3、4 各点的应力状态单元体，并求其主应力。

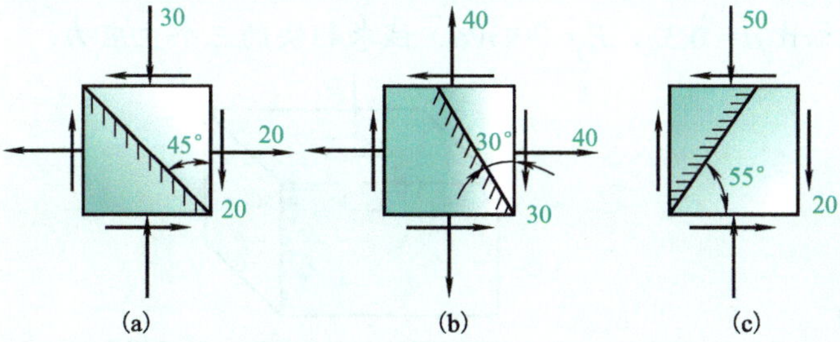

题图 12.5

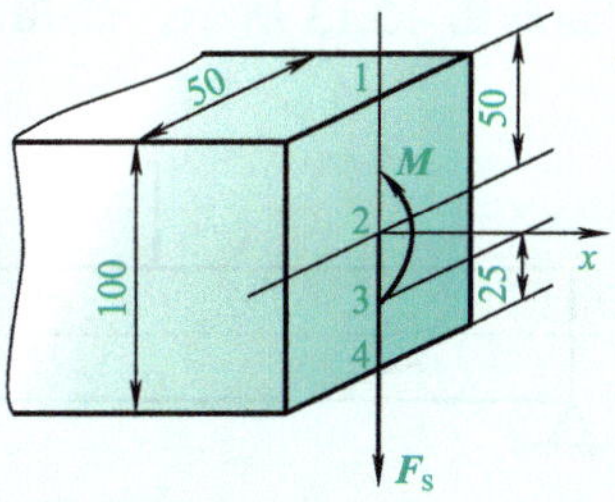

题图 12.6

12.7 应力状态如题图 12.7 所示，试计算各单元体的主应力大小及主平面方位，并在单元体上绘出主平面位置和主应力方向(应力单位：MPa)。

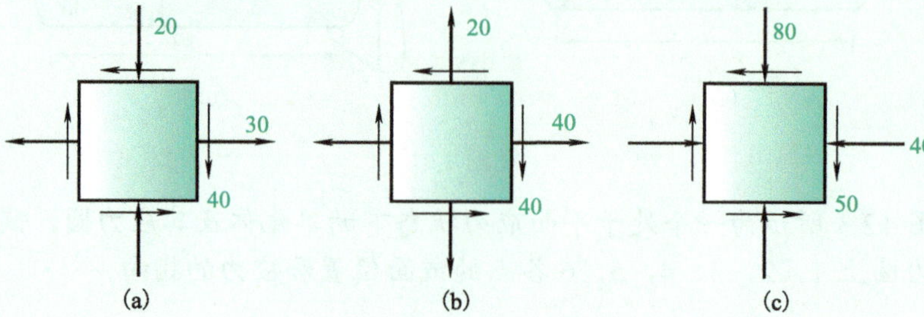

题图 12.7

12.8 题图 12.8 所示二向应力状态，试作应力圆，并求主应力(应力单位：MPa)。

12.9 已知应力状态如题图 12.9 所示，试画二向应力圆，并求出主应力及最大切应力。

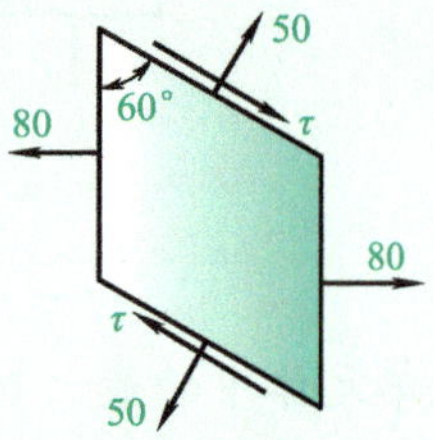

题图 12.8

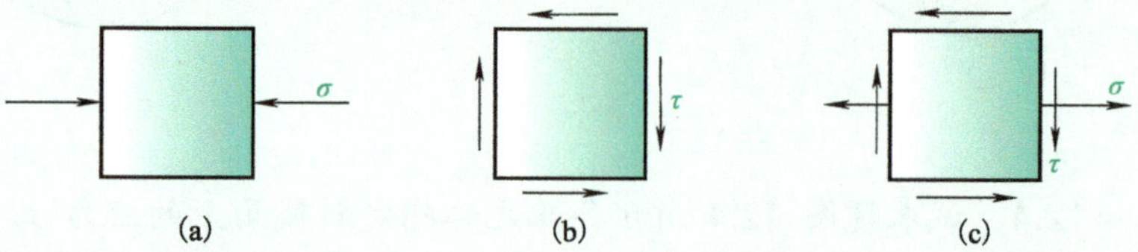

题图 12.9

12.10 已知应力状态如题图 12.10 所示，试画三向应力圆，并求主应力、最大正应力与最大切应力(应力单位：MPa)。

12.11 已知应力状态如题图 12.11 所示，试求主应力的大小(应力单位：MPa)。

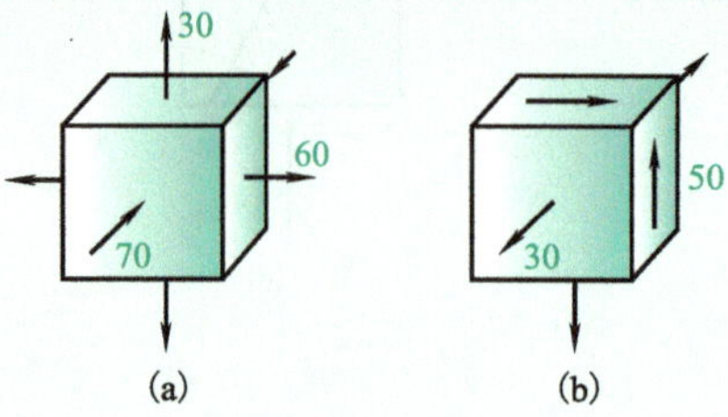

题图 12.10

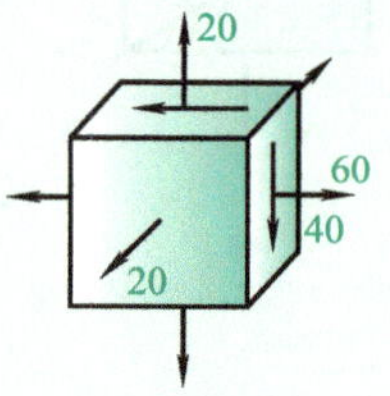

题图 12.11

12.12 列车通过钢桥时，用应变仪测得钢桥横梁 A 点的应变为 $\varepsilon_x = 0.0004$，$\varepsilon_y = -0.00012$，如题图 12.12 所示。试求 A 点在 x 和 y 方向的正应力。设 $E = 200\text{GPa}$，$\mu = 0.3$。

12.13 边长为 10 mm 的立方铝块紧密无隙地放置于刚性模内，铝块上受 $F = 6\text{kN}$ 的压力作用，如题图 12.13 所示，设铝块的泊松比 $\mu = 0.33$，$E = 70\text{GPa}$。试求铝块的三个主应力。

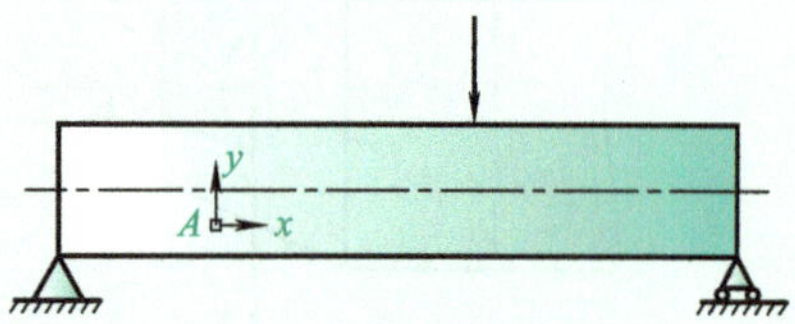

题图 12.12

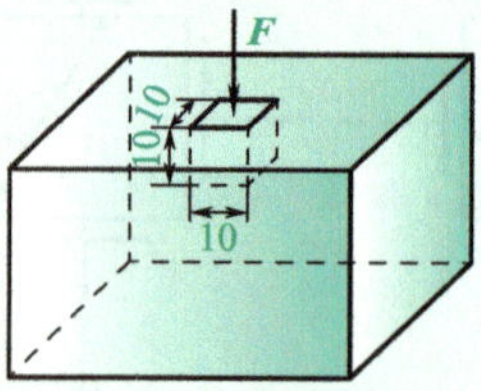

题图 12.13

第 13 章 强度理论与组合变形

13.1 强度理论概述

所谓构件的强度计算，就是要根据构件强度失效的条件或规律，建立保证其安全工作的极限条件，并以此为依据，判断构件在已知载荷作用下是否会发生失效，或设计合适的截面尺寸，或选择合适的材料，或确定其能承受的极限载荷。

工程力学中研究的杆件，其内力分量沿杆长一般不会处处相同，所以强度分析的首要任务就是判断最先发生强度失效的危险截面。而危险截面上的应力分布也不都是均匀的，所以还要找出最可能先发生强度失效的危险点。也就是要确定危险截面上的危险点。而强度失效不仅与材料及应力大小有关，还与应力状态有关。因此确定了危险点后，还需要根据危险点的应力状态和材料特性判断其失效的形式，从而选择合适的强度计算准则。如果构件的危险点是处于单向应力状态或纯剪切应力状态，容易通过试验确定其破坏的极限应力，再将试验测得的极限应力除以安全因数得到有一定安全裕度能保证构件安全工作的最大允许应力，即许用应力，并建立用最大工作应力与许用应力相比较的强度条件。实践证明这样建立的强度条件对于危险点为单向应力状态和纯剪切应力状态的情况是合适的。但实际工程中的构件，其危险点的应力状态是多种多样的，如果仍用建立单向或纯剪切应力状态强度条件的方法来建立复杂应力状态的强度条件显然不行。这不仅是因为要实现二向或三向应力状态的试验本身比较复杂，而且三个主应力σ_1、σ_2和σ_3之间的数值组合可有无数种，通过实验来得到极限应力是不现实的。我们需要知道：在一般应力状态下，构件会发生什么形式的失效？何时失效？如何建立强度条件？显然仅通过实验已不能回答这些问题。而必须研究材料或构件在复杂应力状态下的破坏或失效的规律，才能建立相应的强度条件。

大量强度破坏现象和试验表明，材料在常温、静荷作用下的强度失效形式主要有两种，即断裂和屈服。例如，铸铁试件在拉伸和扭转时的破坏，就属于断裂；而低碳钢试件的拉伸和压缩破坏，则属于屈服。长期以来，人们分析和研究了大量的破坏现象，发现材料的失效是有规律的，根据这些失效规律提出的关于引起材料失效主要因素的种种假说或学说，就称为强度理论。强度理论的主要用途是根据材料失效的规律和原因，利用简单应力状态的实验结果来建立复杂应力状态的强度条件。

强度理论是推测材料失效原因的假说，其正确性必须经受试验与实践的检验。事实上，每种强度理论都有其局限性，往往适用于某种材料的强度理论，却并不适用于另一种材料，在某种受力和环境条件下适用的理论，对另一种受力和环境条件又不适用。如 17 世纪主要使用的是砖、石和铸铁等脆性材料，观察到的破坏现象也多属脆性断裂，因此当时提出的强度理论便主要适用于材料的脆性断裂。19 世纪以来，工程中大量使用低碳钢、铜及合金等塑性材料，这使人们对塑性变形的机理有了较多认识，才又提出以屈服或显著塑性变形为失效准则的强度理论。随着性能不同的各种新材料不断出现和使用，必然要有新的相应的强度理论提出，所以这仍是一个不断发展的领域。

作为对强度理论的初步了解和应用，本章介绍工程中常用的四个强度理论：最大拉应力理论、最大拉应变理论、最大切应力理论与畸变能理论。它们都是只适用于常温、静荷条件和均匀、连续、各向同性材料的强度理论，但对强度失效的解释各有不同。

在介绍上述强度理论的基础上，本章还将介绍杆件的拉(压)弯、弯扭组合变形的强度计算。

13.2 关于断裂的强度理论

13.2.1 最大拉应力理论(第一强度理论)

这一理论最早是由伽利略在 1638 年提出，后由英国的兰金(W.J.M.Rankine)加以明确。最大拉应力理论认为：无论什么样的应力状态，最大拉应力是引起材料断裂的主要因素。也就是说，只要发生脆性断裂，其共同的原因是由于危险点处的最大拉应力 σ_1 达到材料单向拉伸断裂时的最大拉应力极限值 σ_b 。

根据这一理论，材料脆性断裂的条件为

$$\sigma_1 = \sigma_b$$

将强度极限 σ_b 除以安全因数 n, 得许用应力$[\sigma]$，所以按第一强度理论建立的强度条件是

$$\sigma_1 \leqslant \frac{\sigma_b}{n} = [\sigma] \tag{13.1}$$

铸铁、玻璃、石膏等脆性材料在单向、二向拉伸的应力状态下，实验结果与这一理论吻合较好。而当存在压应力时，只要最大压应力的绝对值不超过最大拉应力的值或超过不多时，这一理论与试验结果也大致接近。在三向拉伸应力状态，不论是脆性材料还是塑性材料，试验结果与这一理论的值都相当接近，可见，最大拉应力理论不仅适用脆性材料，而且还适用于塑性材料的三向拉伸应力状态。但是这一理论没有考虑其他两个主应力的影响。对没有拉应力的情况，如单向或两向压缩时，不能运用。

【例 13.1】 某铸铁构件危险点处的应力状态如图 13.1 所示，若许用拉应力$[\sigma]$=35MPa，试校核其强度。

解 由图 13.1 可知

$$\sigma_x = 25\,(\text{MPa}), \quad \tau_x = -20\,(\text{MPa}), \quad \sigma_y = -10\,(\text{MPa})$$

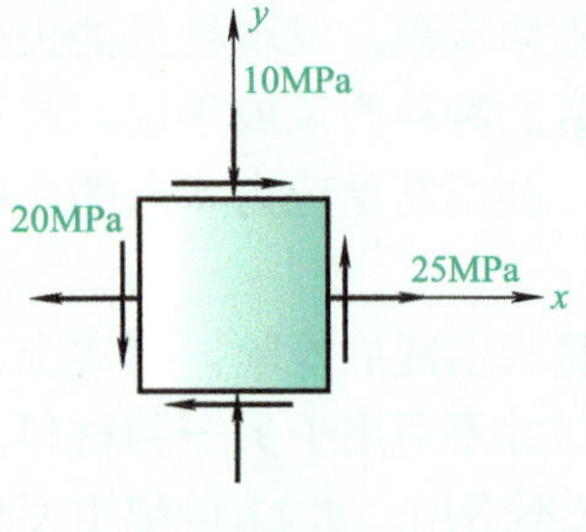

图 13.1

代入式(12.3)得

$$\left.\begin{matrix}\sigma_{max}\\ \sigma_{min}\end{matrix}\right\} = \frac{25-10}{2} \pm \sqrt{\left(\frac{25+10}{2}\right)^2 + 20^2} = \begin{cases}34.08\,(\text{MPa})\\ -19.08\,(\text{MPa})\end{cases}$$

此计算结果表明，主应力 σ_3 虽然是压应力，但其绝对值小于主应力 σ_1，所以，可以采用最大拉应力理论，即利用式(13.1)校核强度，显然有

$$\sigma_1 = \sigma_{max} < [\sigma]$$

说明构件的强度足够。

13.2.2　最大拉应变理论(第二强度理论)

最大拉应变理论认为：无论什么样的应力状态，最大伸长正应变是引起材料脆性断裂的主要因素。也就是说，不论何种应力状态，只要发生脆性断裂，其共同的原因都是危险点处的最大伸长正应变 ε_1 达到材料单向拉伸断裂时的最大拉应变值 ε_{1u}。

根据这一理论，脆性断裂的条件为

$$\varepsilon_1 = \varepsilon_{1u} \tag{a}$$

对灰口铸铁等脆性材料，从开始受力直到断裂，其应力应变关系近似符合胡克定律，而材料在复杂应力状态下的最大拉应变为

$$\varepsilon_1 = \frac{1}{E}\left[\sigma_1 - \mu\left(\sigma_2 + \sigma_3\right)\right] \tag{b}$$

单向拉伸断裂时的最大拉应变为

$$\varepsilon_{1u} = \frac{\sigma_b}{E} \tag{c}$$

将式(b)和(c)代入式(a)，得到用主应力表示的脆性断裂破坏条件

$$\sigma_1 - \mu\left(\sigma_2 + \sigma_3\right) = \sigma_b$$

同样，将强度极限 σ_b 除以安全因数 n, 得许用应力$[\sigma]$，所以按第二强度理论建立的强度条件是

$$\sigma_1 - \mu\left(\sigma_2 + \sigma_3\right) \leqslant \frac{\sigma_b}{n} = [\sigma] \tag{13.2}$$

这一理论将主应力的某一综合值与材料单向拉伸时的许用应力进行比较，形式上比第一强度理论完善。但对脆性金属、砖、石等脆性材料所做的拉断试验却并不支持这一理论。而脆性材料在双拉一压的应力状态或是一拉二压且压应力的绝对值超过拉应力值时，试验结果与这一理论大致符合。石料、混凝土等脆性材料的试块受轴向压缩时，如在试验机与试块的接触面上添加润滑剂以减小摩擦力，则其断裂时会沿垂直于压力的方向开裂，也可用此理论进行解释。

一般说，最大拉应力理论适用于以拉应力为主的脆性材料，而最大拉应变理论适用于压应力为主的情况。

13.3　关于屈服的强度理论

13.3.1　最大切应力理论(第三强度理论)

最大切应力理论认为：无论什么样应力状态，最大切应力是引起材料屈服的主要因素。也就是说，不论何种应力状态，只要发生屈服，其共同的原因都是危险点处的最大切应力 $\tau_{\max}$ 达到材料单向拉伸屈服时的最大切应力极限值 τ_s。

根据这一理论，材料的屈服条件为

$$\tau_{\max} = \tau_s \tag{a}$$

因材料在复杂应力状态下的最大切应力为

$$\tau_{\max} = \frac{\sigma_1 - \sigma_3}{2} \tag{b}$$

单向拉伸屈服时的最大切应力为

$$\tau_s = \frac{\sigma_s}{2} \tag{c}$$

将式(b)和式(c)代入式(a)，得用主应力表示的屈服破坏条件为

$$\sigma_1 - \sigma_3 = \sigma_s$$

将屈服极限σ_s除以安全因数n,得许用应力$[\sigma]$，所以按第三强度理论建立的强度条件是

$$\sigma_1 - \sigma_3 \leqslant \frac{\sigma_s}{n} = [\sigma] \tag{13.3}$$

对塑性材料，这一理论与试验结果吻合较好，因此在工程中得到了广泛的应用。此理论的缺点是未考虑主应力σ_2的作用，而试验表明，σ_2对材料的屈服确有一定的影响。

13.3.2 畸变能密度理论(第四强度理论)

畸变能密度理论认为：无论什么样的应力状态，畸变能密度是引起材料屈服的主要因素。也就是说，不论何种应力状态，只要发生屈服，其共同的原因都是危险点处的畸变能密度v_d达到材料单向拉伸屈服时畸变能密度的极限值$(v_d)_s$。

根据这一理论，材料的屈服条件为

$$v_d = (v_d)_s \tag{a}$$

在复杂应力状态，有

$$v_d = \frac{1+\mu}{6E}\left[(\sigma_1-\sigma_2)^2+(\sigma_2-\sigma_3)^2+(\sigma_3-\sigma_1)^2\right] \tag{b}$$

而在单向拉伸应力状态，$\sigma_2 = \sigma_3 = 0$，有

$$(v_d)_s = \frac{1+\mu}{3E}\sigma_s^2 \tag{c}$$

将式(b)和(c)代入式(a)，得用主应力表示的屈服破坏条件为

$$\sqrt{\frac{1}{2}\left[(\sigma_1-\sigma_2)^2+(\sigma_2-\sigma_3)^2+(\sigma_3-\sigma_1)^2\right]} = \sigma_s$$

将屈服极限σ_s除以安全因数n，得许用应力$[\sigma]$，所以按第四强度理论建立的强度条件为

$$\sqrt{\frac{1}{2}\left[(\sigma_1-\sigma_2)^2+(\sigma_2-\sigma_3)^2+(\sigma_3-\sigma_1)^2\right]} \leqslant [\sigma] \tag{13.4}$$

这一理论是从能量角度建立材料的屈服破坏准则，而且综合考虑了三个主应力的影响。试验证明，对碳素钢、合金钢等塑性材料，这一理论比第三强度理论对试验结果的吻合更好。其他大量试验结果还表明这一理论能很好地描述铜、镍、铝等大量工程韧性材料的屈服状态。只是数学表达式相对第三强度理论复杂。

第三和第四强度理论在机械制造业中都得到了广泛的应用。

这里要特别强调的是，不同的强度理论适用于不同的情况，具体应用时，首先应根据材料的力学性能及所处的应力状态确定其可能的失效类型，再选用相应的准则。一般，铸铁、石料、混凝土、玻璃等脆性材料，在常温常压条件下，常发生脆断破坏，宜采用第一或第二强度理论；而钢、铜、铝等塑性材料，则常发生塑性失效，宜采用第三或第四强度理论。脆性材料在三向压缩的应力状态下会出现塑性屈服，应采用第三或第四强度理论；塑性材料在三向拉伸应力状态下会出现脆性断裂，这时应采用第一强度理论。

以上分析结果表明，根据强度理论建立构件的强度条件时，形式上是将主应力的某种组合与材料单向拉伸时许用应力进行比较，主应力的这种组合值称为相当应力。如果将各种强

度理论的强度条件写成以下统一的形式，即

$$\sigma_{ri} \leqslant [\sigma] \qquad (i=1,2,3,4) \tag{13.5}$$

则式中的σ_{ri}就是相当应力。对应第一至第四强度理论，σ_{ri}的具体表达式为

$$\sigma_{r1} = \sigma_1 \tag{13.6a}$$

$$\sigma_{r2} = \sigma_1 - \mu(\sigma_2 + \sigma_3) \tag{13.6b}$$

$$\sigma_{r3} = \sigma_1 - \sigma_3 \tag{13.6c}$$

$$\sigma_{r4} = \sqrt{\frac{1}{2}\left[(\sigma_1-\sigma_2)^2 + (\sigma_2-\sigma_3)^2 + (\sigma_3-\sigma_1)^2\right]} \tag{13.6d}$$

【例 13.2】用低碳钢制成的蒸汽锅炉壁厚δ=10mm，内径D=1000 mm，蒸汽压力p=3MPa，如图 13.2(a)、(b)所示，许用应力$[\sigma]$=160MPa。试校核锅炉强度。

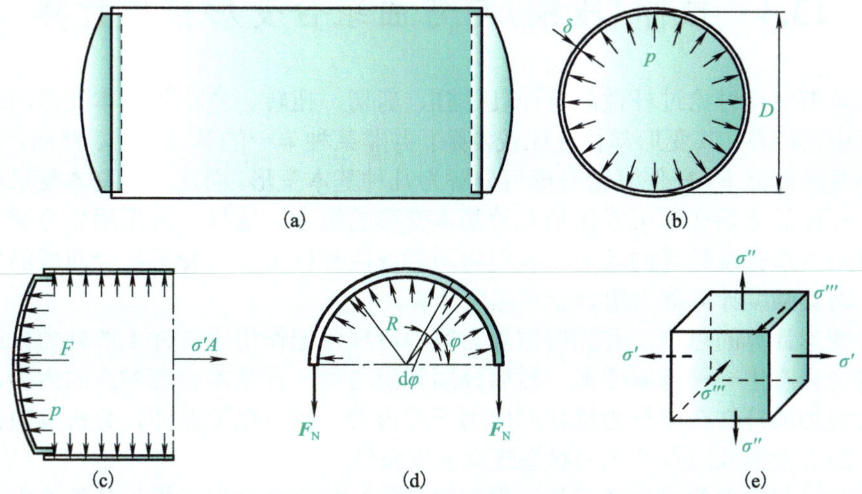

图 13.2

解　(1)计算蒸汽锅炉圆筒部分横截面上的应力σ'。由圆筒及其受力的对称性可知，圆筒底部蒸汽压力的合力F的作用线与圆筒的轴线重合，如图 13.2(c)所示。因此可认为圆筒横截面上各点处的正应力σ'相等，所以σ'可按轴向拉伸的公式求得

$$\sigma' = \frac{F}{A} \approx \frac{p\times\dfrac{\pi D^2}{4}}{\pi D\delta} = \frac{pD}{4\delta} = \frac{3\times1}{4\times10\times10^{-3}} = 75\ (\text{MPa})$$

(2)计算蒸汽锅炉圆筒部分纵截面上的应力σ''。为求出圆筒部分纵截面上的正应力σ''，假想从圆筒上截取单位长的一段，再沿其纵向截分为两个相等的部分，取上半部分研究，如图 13.2(d)所示。由于圆筒上、下部分的对称性，所以纵截面上没有切应力。对这种$\delta << D$的薄壁圆筒，可以认为纵截面上各点处的正应力σ''相等。由圆筒上半部分的平衡方程可求得

$$\sigma'' = \frac{pD}{2\delta} = \frac{3\times1}{2\times10\times10^{-3}} = 150\ (\text{MPa})$$

(3)求径向应力σ'''。蒸汽锅炉的内表面上作用有压强为p的压力，因此内表面上任一点处沿半径方向的正应力为

$$\sigma''' = -p$$

锅炉圆筒壁上任一点的应力状态如图 13.2(e)所示。显然σ'、σ''、σ'''都是主应力。且σ''

的值比 p 大得多，故可以忽略 σ''' 而将单元体视为平面应力状态。

低碳钢是塑性材料，由第四强度理论，有

$$\sqrt{\frac{1}{2}\left[(\sigma_1-\sigma_2)^2+(\sigma_2-\sigma_3)^2+(\sigma_3-\sigma_1)^2\right]}$$

$$=\sqrt{\frac{1}{2}\left[(150-75)^2+(75-0)^2+(0-150)^2\right]}=130(\text{MPa})<[\sigma]$$

由第三强度理论，有

$$\sigma_1-\sigma_3=150-0=150(\text{ MPa })<[\sigma]$$

可见，此锅炉对第三和第四强度理论的强度条件都能满足。

13.4 拉伸(压缩)与弯曲组合变形强度计算

前面的章节中，讨论过杆件的拉伸(压缩)、剪切、扭转、弯曲等基本变形的强度计算。而工程实际中的构件，其变形却往往比较复杂，并非某种单一的基本变形。然而，研究表明，在线弹性小变形前提下，杆件复杂变形可分解为几种基本变形，而这几种基本变形各自独立，互不影响。杆件的复杂变形可看作是几种基本变形的组合。这样，可采用先分解后组合的方法，建立复杂变形强度计算的理论。我们将两种或两种以上基本变形组合而成的变形，称为组合变形，将其强度计算称为组合变形强度计算。

按组合变形计算的思路，首先根据静力等效原理，把作用于杆件上的外力分解成几组，让每一组外力只产生一种基本变形，然后分别算出与每一种基本变形对应的内力，再利用叠加法将内力叠加成杆件在原外力组共同作用下的内力，找出危险截面，分析危险截面上危险点的应力，最后根据危险点的应力状态建立强度条件。

拉伸(压缩)与弯曲的组合变形是工程中常见的一种组合变形。根据杆件的受力情况，通常又可分为轴向力和横向力同时作用引起的拉(压)与弯曲组合变形，以及因偏心拉伸或压缩引起的拉(压)与弯曲组合变形。如图 13.3 所示的横梁 AC，在横向力 F、F_{Ay}、F_{Cy} 的作用下发生弯曲变形，同时在轴向力 $F_{Ax}=F_{Cx}$ 的作用下发生轴向压缩变形，所以 AC 梁承受轴向力和横向力同时作用引起的压弯组合变形。图 13.4 所示的钻床受钻孔力 F 的作用，因该力没有通过

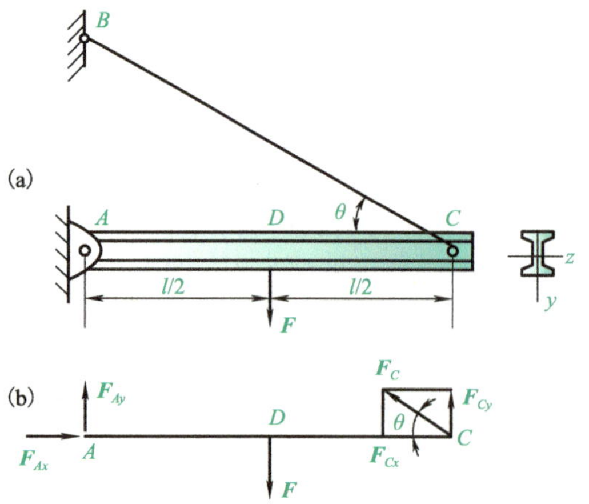

图 13.3

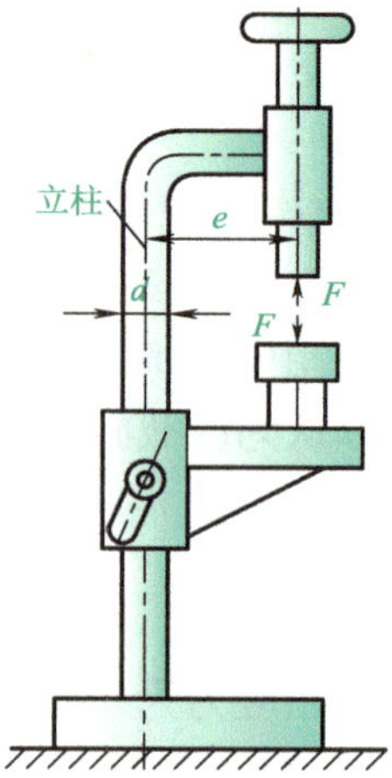

图 13.4

立柱的横截面形心，所以立柱承受偏心载荷作用，将此载荷向立柱的横截面形心简化后，得两个内力分量，一个是引起轴向变形的轴力，另一个引起弯曲变形的弯矩，所以钻床立柱承受着偏心拉伸引起的拉弯组合变形。下面通过例题具体说明拉(压)弯组合变形的强度计算。

【例 13.3】 图 13.5(a)中起重机的最大吊重 $F=12\text{kN}$，$[\sigma]=100\text{MPa}$。试为横梁 AB 选择合适的工字钢。

解　(1)分析和计算梁上的外载荷。图 13.5(b)所示为横梁 AB 的受力简图，由平衡方程

$$\sum M_A=0,\quad F_{Cy}\times 2-F\times 3=0$$

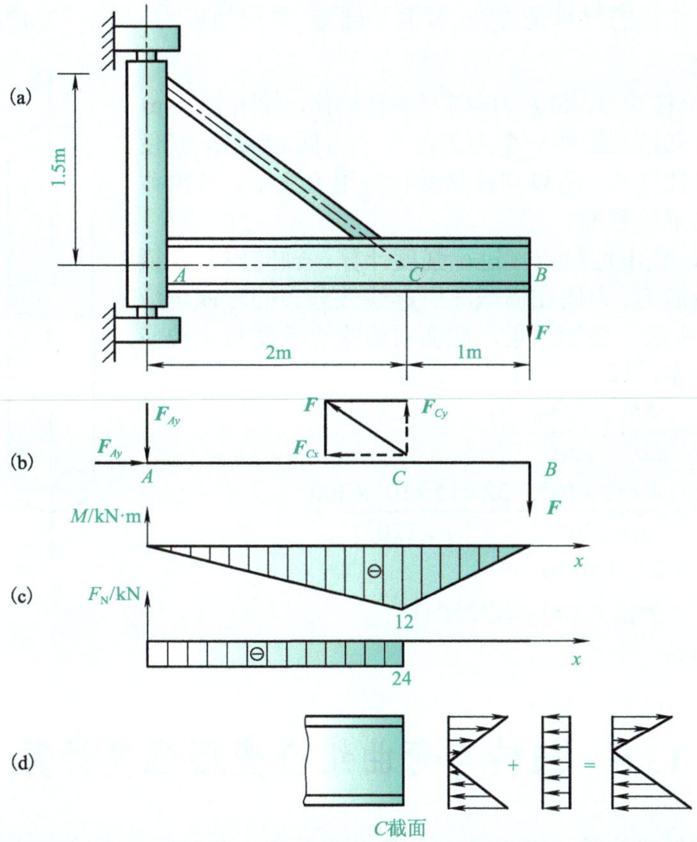

图 13.5

得 $F_{Cy}=18(\text{kN})$，于是

$$F_{Cx}=\frac{2}{1.5}F_{Cy}=24\ (\text{kN})$$

显然 F_{Ay}、F_{Cy} 和 F 使梁产生弯曲变形，F_{Ax} 和 F_{Cx} 使梁产生轴向压缩，所以梁受压弯组合变形。

(2)作 AB 梁的内力图，判断危险截面。画弯矩图和轴力图如图 13.5(c)所示。由图 13.5(c)可见，在 C 截面，弯矩和轴力都达到最大值，故 C 截面是危险截面。

(3)根据应力分布情况确定危险截面上的危险点，进行强度计算。由图 13.5(d)所示 C 截面上的应力分布可知，C 截面左侧有因弯矩引起的按线性规律分布的弯曲正应力和因轴力引起的均匀分布的压应力，两者叠加后下边缘点的压应力变成最大，所以下边缘点是危险点。因题目要求的是选择截面尺寸，试算时可以先不考虑轴力的影响，只按弯曲强度条件确定工字梁的抗弯截面系数。则有

$$W_z \geqslant \frac{M_{\max}}{[\sigma]} = \frac{12\times10^3}{100\times10^6} = 120\times10^{-6}(\mathrm{m}^3) = 120(\mathrm{cm}^3)$$

查型钢表，选取 $W_z = 141\ \mathrm{cm}^3$ 的 No.16 工字钢，其截面面积为 $A = 26.1\mathrm{cm}^2$。初选定工字钢型号后，再按弯曲与压缩的组合变形进行校核。在 C 截面下边缘各点有

$$\sigma_{\max} = \left|\frac{F_{\mathrm{N}}}{A} + \frac{M_{\max}}{W_z}\right| = \frac{24\times10^3}{26.1\times10^{-4}} + \frac{12\times10^3}{141\times10^{-6}} = 94.3(\mathrm{MPa}) < [\sigma]$$

说明所选工字钢是合适的。

【例 13.4】 图 13.4 所示的钻床，已知钻孔力 F=15kN，F 力的作用线到立柱轴线的距离（偏心距）$e = 300$ mm，立柱的材料是铸铁，截面是圆形，许用拉应力 $[\sigma] = 32$MPa，直径 $d = 120$mm，试校核立柱的强度。

解 （1）分析立柱受力。将 F 力向立柱轴线简化，如图 13.6(a) 所示，得到作用于立柱轴线的一个力 F 和一个力偶 $M=Fe$。F 使立柱受拉，M 使立柱受弯，所以立柱承受拉弯组合变形，各横截面受力相同，都是危险截面。

（2）应力叠加，找出危险点，进行强度计算。轴向拉力在横截面上引起均匀拉应力，力偶在横截面引起线性分布的弯曲正应力，如图 13.6(b) 所示。叠加结果，截面右边缘点承受最大拉应力，是单向应力状态，即

$$\begin{aligned}\sigma_{\max} &= \frac{4F}{\pi d^2} + \frac{32Fe}{\pi d^3} \\ &= \frac{4\times15\times10^3}{\pi\times120^2} + \frac{32\times15\times10^3\times300}{\pi\times120^3} \\ &= 27.9(\mathrm{MPa})\end{aligned}$$

因为 $$\sigma_{\max} < [\sigma] = 32(\mathrm{MPa})$$

所以立柱的强度够。

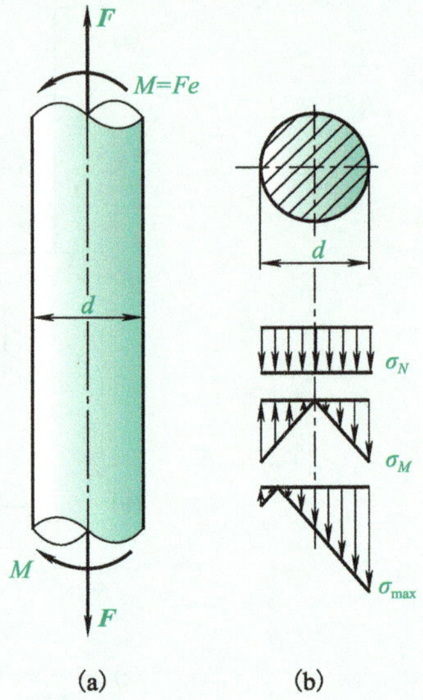

图 13.6

13.5 扭转与弯曲组合变形强度计算

机械设备中的轴类零件，在受扭时大多伴随弯曲，在弯曲内力较小时可以只按扭转进行分析，但在弯曲内力和应力较大时就应按弯扭组合变形进行分析。本节通过圆轴弯扭组合变形的实例分析进一步介绍强度理论的应用。

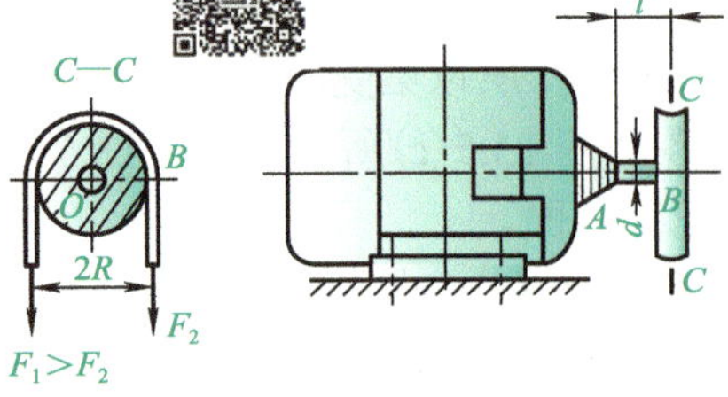

图 13.7

图 13.7 为一电动机的示意图，电动机轴的外伸端装有一皮带轮，皮带两边的拉力分别为 F_1 和 F_2（$F_1 > F_2$），轮和自重不计，分析轴的应力情况。

（1）以轴的外伸端为研究对象，将皮带的拉力向其作用面的轴心简化，得一集中力

$$F = F_1 + F_2$$

和一力偶

$$M_{\mathrm{e}} = (F_1 - F_2)R$$

轴的受力简化模型如图 13.8(a)所示，是弯扭组合变形。

(2)根据受力简图画出弯矩和扭矩图如图 13.8(b)、(c)所示。比较可见，固支端 A 是危险截面。

(3)画出 A 截面上的应力分布如图 13.9(a)所示，在距中性轴 z 轴最远的 1、2 两点，分别有因弯矩产生的最大拉应力和最大压应力，其值为

$$\sigma=\frac{Fl}{W_z} \tag{a}$$

圆轴的周边有因扭矩产生的最大切应力，其值为

$$\tau=\frac{T}{W_t}=\frac{M_e}{W_t} \tag{b}$$

所以 1、2 两点的正应力 σ 和切应力 τ 都是最大值，是危险截面 A 上的危险点。自点 1、2 截取的单元体如图 13.9(b)、(c)所示，都是二向应力状态，应按强度理论建立强度条件。

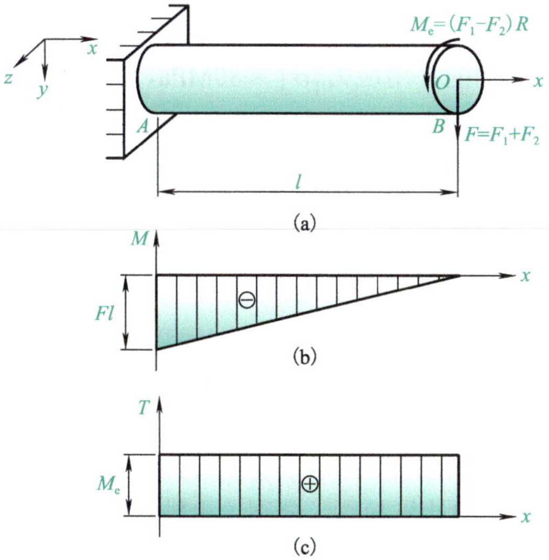

图 13.8

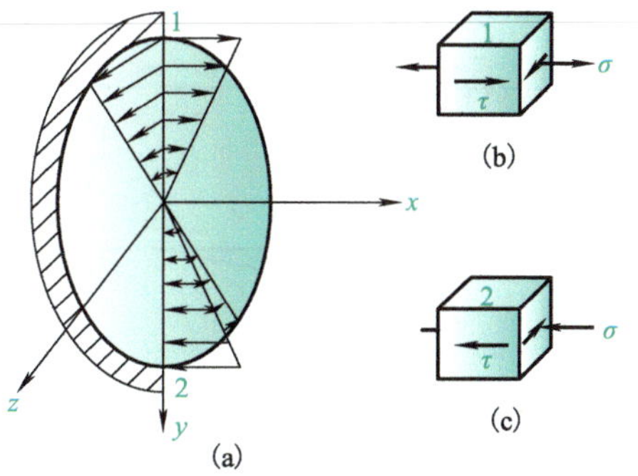

图 13.9

点 1 的主应力都为

$$\left.\begin{matrix}\sigma_1\\ \sigma_3\end{matrix}\right\}=\frac{1}{2}\left(\sigma\pm\sqrt{\sigma^2+4\tau^2}\right) \tag{c}$$

$$\sigma_2=0$$

因轴类零件多是用塑性材料制成，所以应按第三或第四强度理论进行强度计算。按第三强度理论，其强度条件为

$$\sigma_{r3}=\sigma_1-\sigma_3\leqslant[\sigma]$$

将式(c)代入得

$$\sqrt{\sigma^2+4\tau^2}\leqslant[\sigma] \tag{13.7}$$

注意到圆截面的抗扭截面系数 W_t 是抗弯截面系数 W_z 的 2 倍，将式(a)和式(b)代入式(13.7)，得弯扭组合变形时按第三强度理论建立的圆轴的强度条件为

$$\frac{1}{W_z}\sqrt{M^2+T^2}\leqslant[\sigma] \tag{13.8}$$

若按第四强度理论，其强度条件是

$$\sigma_{r4}=\sqrt{\frac{1}{2}\left[\left(\sigma_1-\sigma_2\right)^2+\left(\sigma_2-\sigma_3\right)^2+\left(\sigma_3-\sigma_1\right)^2\right]}\leqslant[\sigma]$$

将式(c)代入，化简得

$$\sqrt{\sigma^2+3\tau^2}\leqslant[\sigma] \tag{13.9}$$

将式(a)和式(b)代入式(13.9)，得弯扭组合变形时按第四强度理论建立的圆轴的强度条件为

$$\frac{1}{W_z}\sqrt{M^2+0.75T^2}\leqslant[\sigma] \tag{13.10}$$

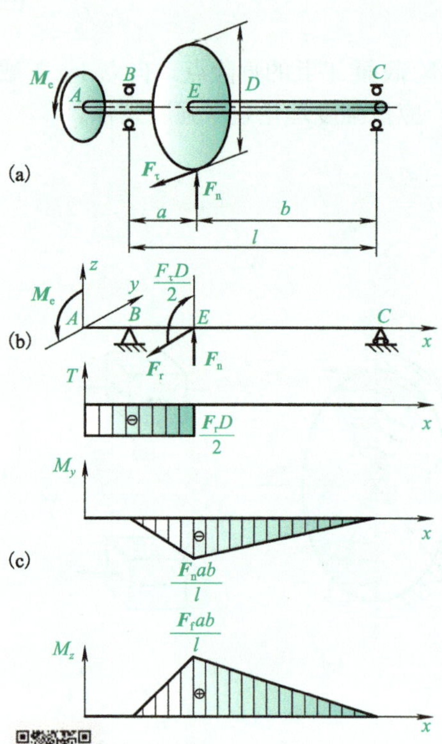

图 13.10

【例 13.5】 图 13.10(a)为一传动轴的示意图，轴的左端通过联轴器与电动机相连，电动机传递给轴的外力偶矩为 M_e=540N·m。将作用于齿轮 E 上的力分解为切于节圆的力 F_τ和沿半径的力 F_n。F_n的作用线与传动轴的轴线正交，$F_n=7033$N，$D=400$mm，$l=1000$mm，$a=300$ mm，轴的许用应力$[\sigma]=80$MPa，试按第三强度理论设计轴的直径。

解 (1)将各力向轴简化，图 13.10(b)为简化的受力模型，由平衡方程

$$\sum M_x=0,\quad \frac{F_\tau D}{2}-M_e=0$$

解得 F_τ =2700N。

由图 13.10(b)可见，外力偶矩 M_e和 $F_\tau D/2$ 引起传动轴的扭转，同时 F_n 引起轴在 xz 平面内的弯曲，F_τ 引起轴在 xy 平面内的弯曲，所以轴受弯扭组合变形。

(2)根据轴的计算简图，分别绘出轴的扭矩图，铅垂平面 xz 内的 M_y 弯矩图，水平面 xy 内的 M_z 弯矩图，如图 13.10(c)所示。轴在 BE 段内各截面上的扭矩都相等，而 M_y 和 M_z 都在截面 E 上达到最大值，所以截面 E 是危险截面。对圆截面轴，因其具有极对称性，所以包含轴线的任意纵向面都是纵向对称面，可以把 $M_{y,\max}$ 和 $M_{z,\max}$ 按矢量合成，合成弯矩的作用平面仍然是纵向对称面，仍可按对称弯曲计算。

$$M=\sqrt{M_{y,\max}^2+M_{z,\max}^2}=\frac{ab}{l}\sqrt{F_\tau^2+F_n^2} \tag{a}$$

(3)按第三强度理论建立圆轴的强度条件为

$$\frac{1}{W_z}\sqrt{M^2+T^2}\leqslant[\sigma]$$

因 $W_z=\frac{\pi d^3}{32}$，所以

$$d\geqslant\left(\frac{32\sqrt{M^2+T^2}}{\pi[\sigma]}\right)^{-3} \tag{b}$$

将式(a)、$T=M_e$和有关数据代入式(b)，解得

$$d \geqslant \left(\frac{32\sqrt{\dfrac{0.3^2 \times 0.7^2}{1^2}\left(7033^2 + 2700^2\right) + 540^2}}{\pi \times 80 \times 10^6} \right)^{-3} = 0.0597(\mathrm{m})$$

轴的直径可取为 $d = 60\mathrm{mm}$ 。

13.6　工程应用举例

在现代城市的道路中 L 形交通标志杆被广泛采用，见图 13.11(a)所示。由于其结构简单，悬臂长，可以满足宽阔道路的标志牌、信号灯和监控探头等的悬挂，实际工程中的 L 形交通标志杆主要由等壁厚变截面的立柱和悬臂杆组成，如图 13.11(b)所示。立柱与悬臂杆之间由法兰盘通过 8 个螺栓连接，如图 13.11(c)所示。立柱和悬臂杆的横截面均为边长为 a，壁厚为 t 的正八边形薄壁封闭截面，如图 13.11(d)所示。立柱与混凝土基础由多个螺栓固定。

(a)

(b)

(c)

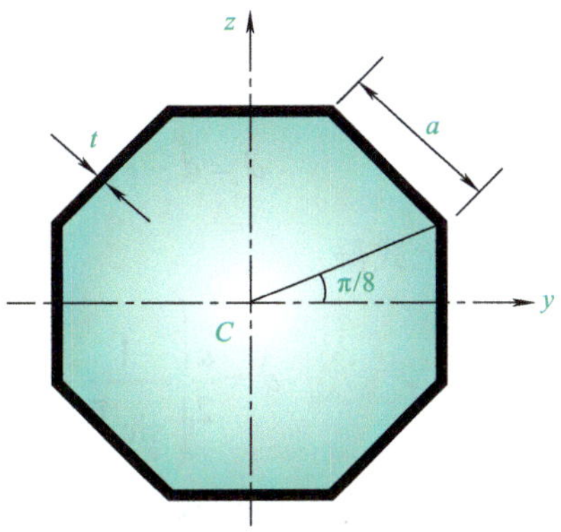

(d)

图 13.11

本节将研究 L 形交通标志杆在自重、标志牌自重和标志牌上风载作用下，立柱和悬臂杆危险截面上的应力计算公式以及法兰盘连接螺栓的应力计算公式。为 L 形交通标志杆的设计和使用提供理论依据。

13.6.1　力学模型的建立

工程问题往往比较复杂，为了能应用工程力学的理论进行计算，要对问题进行必要的抽象，建立力学模型。其原则是突出问题的主要方面并尽可能接近实际情况。因此作如下简化：

(1) L 形交通标志杆的立柱和悬臂杆仍为等壁厚变截面杆。

(2) 将立柱和悬臂杆的正八边形薄壁封闭截面简化为等壁厚的空心圆截面，如图 13.12(a)、(b) 所示。

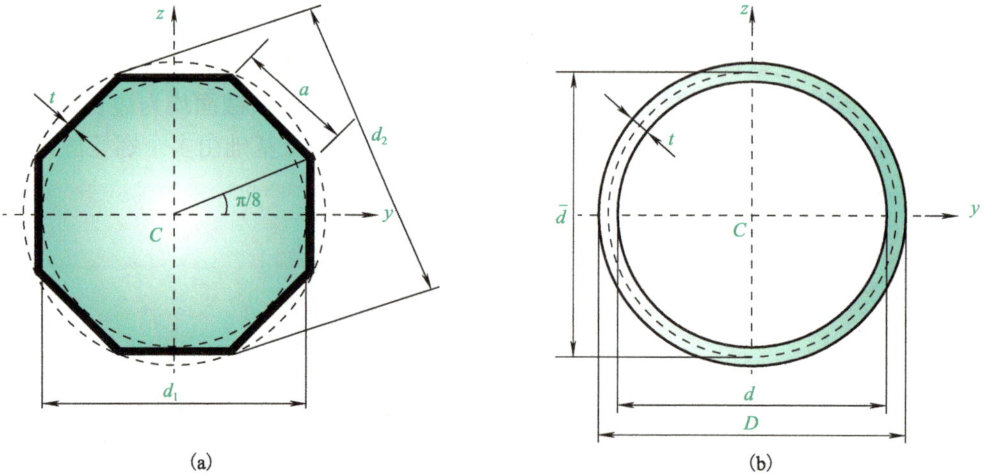

图 13.12

空心圆的平均直径 $\bar{d}$ 为正八边形的内切圆直径 d_1 和外接圆直径 d_2 的平均值，则空心圆的内径 d 和外径 D 与正八边形的边长 a 之间的关系计算如下。

由图 13.12(a) 可得

$$d_1 = \frac{a}{\tan\frac{\pi}{8}} - 2t, \quad d_2 = \frac{a}{\sin\frac{\pi}{8}} \tag{a}$$

则

$$d = \bar{d} - t = \frac{d_1 + d_2}{2} - t, \quad D = \bar{d} + t = \frac{d_1 + d_2}{2} + t$$

将式 (a) 代入上式得

$$d = \frac{a}{2}\left(\frac{1}{\sin\frac{\pi}{8}} + \frac{1}{\tan\frac{\pi}{8}}\right) - 2t, \quad D = \frac{a}{2}\left(\frac{1}{\sin\frac{\pi}{8}} + \frac{1}{\tan\frac{\pi}{8}}\right) \tag{13.11}$$

(3) 立柱与地面连接部分简化为固定约束，法兰盘上的 8 个螺栓水平 4 排放置。

根据以上简化，建立的力学模型如图 13.13 所示。所要解决的力学问题是在自重及风载作用下求悬臂杆 H 截面和立柱 A 截面的应力以及螺栓剪切面上的切应力。

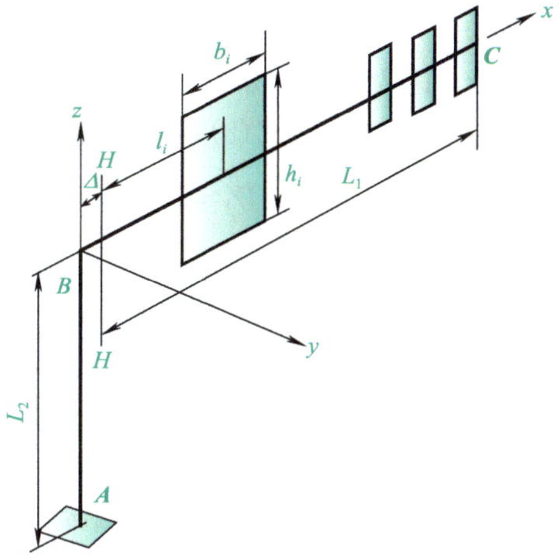

图 13.13

图 13.13 中，L_1 为悬臂杆 HC 的长度；b_i 为标志牌的宽度；h_i 为标志牌的高度；l_i 为标志牌形心到 H 截面的距离；L_2 为立柱 AB 的长度；$\varDelta$ 为法兰盘长度。

13.6.2 外力计算

1. 悬臂杆、立柱的横截面面积和体积

悬臂杆是锥形，其横截面面积随位置的不同而变化，由图 13.14 可得距 H 截面为 x 处横截面的外径 D 为

$$D = D_H - sx$$

其中

$$s = \frac{D_H - D_C}{L_1}$$

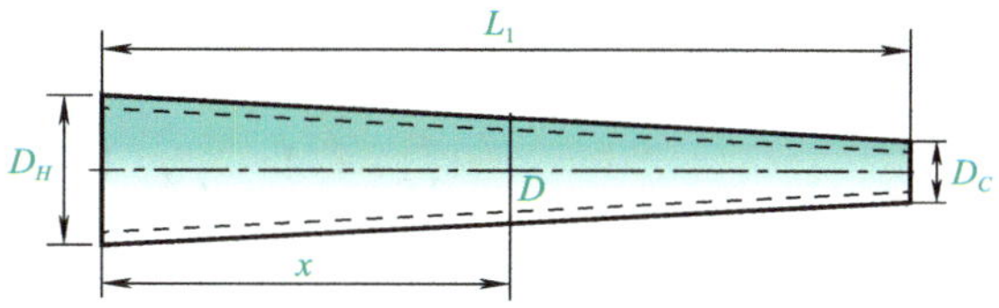

图 13.14

x 处的横截面积为

$$A(x) = \frac{\pi D^2}{4} - \frac{\pi(D-2t_1)^2}{4} = \pi t_1(D_H - t_1 - sx)$$

式中，t_1 为悬臂杆 HC 段壁厚；D_H 为 H 截面外径；D_C 为 C 截面外径。

悬臂杆的体积为

$$V_1 = \int_0^{L_1} A(x)\,\mathrm{d}x = \int_0^{L_1} \pi t_1(D_H - t_1 - sx)\,\mathrm{d}x = \frac{1}{2}\pi t_1 L_1(D_H + D_C - 2t_1) \tag{b}$$

同理，立柱的体积为

$$V_2 = \frac{1}{2}\pi t_2 L_2(D_A + D_B - 2t_2) \tag{c}$$

式中，t_2 为立柱 AB 段壁厚；D_A 为 A 截面外径；D_B 为 B 截面外径。

2. 悬臂杆自重分布集度和自重、立柱的自重

悬臂杆自重分布集度为

$$q(x) = \gamma A(x) = \gamma \pi t_1(D_H - t_1 - sx) \tag{d}$$

式中，γ (kN/m^3) 为材料的重度。

由式(d)可得悬臂杆 C 截面和 H 截面自重的分布集度分别为

$$q_C=\gamma\pi t_1(D_C-t_1),\quad q_H=\gamma\pi t_1(D_H-t_1) \tag{13.12}$$

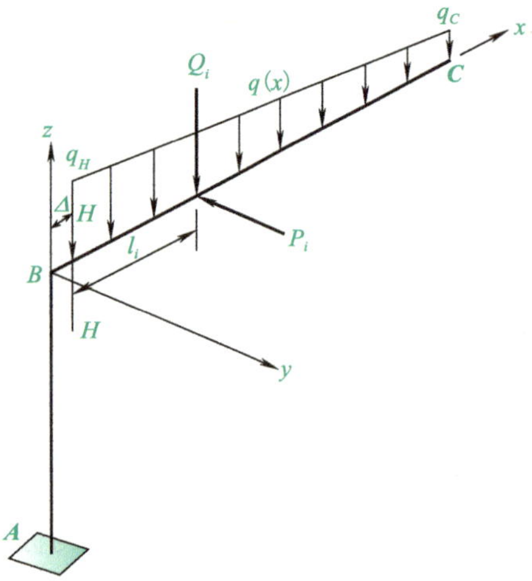

图 13.15

由式(b)可得悬臂杆自重为

$$W_1=\gamma V_1=\frac{1}{2}\gamma\pi t_1L_1(D_H+D_C-2t_1) \tag{13.13}$$

由式(c)可得立柱的自重为

$$W_2=\gamma V_2=\frac{1}{2}\gamma\pi t_2L_2(D_A+D_B-2t_2) \tag{13.14}$$

3. 标志牌上的风载

$$P_i=pA_i=pb_ih_i\qquad (i=1,\ 2,\ 3,\ \cdots,\ n) \tag{13.15}$$

式中，p 为标志牌风压，kN/m²；n 为标志牌数量。

悬臂杆所受的主动力如图 13.15 所示，其中 Q_i 为标志牌自重。可见悬臂杆将发生水平和竖直双向横力弯曲变形，立柱将发生轴向压缩、双向弯曲(yz 面内为横力弯曲)和扭转的组合变形，法兰盘上的螺栓发生剪切变形。

13.6.3 内力计算

1. 悬臂杆 H 截面上的弯矩

xz 面内的弯矩为

$$\begin{aligned}M_{Hy}&=\frac{1}{2}q_CL_1^2+\frac{1}{2}(q_H-q_C)L_1\times\frac{1}{3}L_1+\sum_{i=1}^{n}Q_il_i\\&=\frac{1}{6}(q_H+2q_C)L_1^2+\sum_{i=1}^{n}Q_il_i\end{aligned}$$

xy 内的弯矩为

$$M_{Hz}=\sum_{i=1}^{n}P_il_i$$

则合弯矩为

$$\begin{aligned}M_H&=\sqrt{M_{Hy}^2+M_{Hz}^2}\\&=\sqrt{\left[\frac{1}{6}(q_H+2q_C)L_1^2+\sum_{i=1}^{n}Q_il_i\right]^2+\left(\sum_{i=1}^{n}P_il_i\right)^2}\end{aligned} \tag{13.16}$$

2. 悬臂杆 H 截面上的剪力

xz 面内和 xy 面内的剪力分别为

$$F_{SHz}=W_1+\sum_{i=1}^{n}Q_i,\quad F_{SHy}=\sum_{i=1}^{n}P_i$$

合剪力为

$$F_{SH}=\sqrt{F_{SHz}^2+F_{SHy}^2}=\sqrt{\left(W_1+\sum_{i=1}^{n}Q_1\right)^2+\left(\sum_{i=1}^{n}P_i\right)^2} \tag{13.17}$$

3. 立柱 A 截面上的轴力

$$F_{\mathrm{N}A}=W_1+\sum_{i=1}^{n}Q_i+W_2 \tag{13.18}$$

4. 立柱 A 截面上的弯矩

xz 面内的弯矩为

$$M_{Ay}=\frac{1}{6}(q_H+2q_C)L_1(L_1+\Delta)+\sum_{i=1}^{n}Q_i(l_i+\Delta)$$

yz 面内的弯矩为

$$M_{Ax}=\sum_{i=1}^{n}P_iL_2$$

则合弯矩为

$$\begin{aligned}M_A&=\sqrt{M_{Ay}^2+M_{Ax}^2}\\&=\sqrt{\left[\frac{1}{6}(q_H+2q_C)L_1(L_1+\Delta)+\sum_{i=1}^{n}Q_i(l_i+\Delta)\right]^2+\left(\sum_{i=1}^{n}P_iL_2\right)^2}\end{aligned} \tag{13.19}$$

5. 立柱 A 截面上的剪力

$$F_{\mathrm{S}A}=\sum_{i=1}^{n}P_i \tag{13.20}$$

6. 立柱 A 截面上的扭矩

$$T_A=\sum_{i=1}^{n}P_i(l_i+\Delta) \tag{13.21}$$

7. 法兰盘上每个螺栓剪切面上的剪力

xz 面内和 xy 面内的剪力分别为

$$F_{\mathrm{S}z}=\frac{1}{8}\left(W_1+\sum_{i=1}^{n}Q_i\right),\qquad F_{\mathrm{S}y}=\frac{1}{8}\sum_{i=1}^{n}P_i$$

合剪力为

$$F_{\mathrm{S}}=\sqrt{F_{\mathrm{S}z}^2+F_{\mathrm{S}y}^2}=\frac{1}{8}\sqrt{\left(W_1+\sum_{i=1}^{n}Q_i\right)^2+\left(\sum_{i=1}^{n}P_i\right)^2} \tag{13.22}$$

13.6.4 应力计算

1. 悬臂杆 H 截面上的最大正应力

$$\sigma_{H\max}=\frac{M_H}{W_H}=\frac{32M_H}{\pi D_H^3(1-\alpha_H^4)} \tag{13.23}$$

式中，$\alpha_H=\dfrac{D_H-2t_1}{D_H}$。

2. 悬臂杆 H 截面上的最大切应力

$$\tau_{H\max}=2\frac{F_{\mathrm{S}H}}{A_H}=\frac{8F_{\mathrm{S}H}}{\pi D_H^2(1-\alpha_H^2)} \tag{13.24}$$

3. 立柱 A 截面上的最大正应力

$$\sigma_{A\max}=\frac{F_{NA}}{A_A}+\frac{M_A}{W_A}=\frac{4F_{NA}}{\pi D_A^2(1-\alpha_A^2)}+\frac{32M_A}{\pi D_A^3(1-\alpha_A^4)} \tag{13.25}$$

式中，$\alpha_A=\dfrac{D_A-2t_2}{D_A}$。

4. 立柱 A 截面上的最大切应力

立柱 A 截面上的最大弯曲切应力为

$$\tau_{bA\max}=2\frac{F_{SA}}{A_A}$$

立柱 A 截面上的最大扭转切应力为

$$\tau_{tA\max}=\frac{T_A}{W_{tA}}$$

则最大切应力为

$$\tau_{A\max}=2\frac{F_{SA}}{A_A}+\frac{T_A}{W_{tA}}=\frac{8F_{SA}}{\pi D_A^2(1-\alpha_A^2)}+\frac{16T_A}{\pi D_A^3(1-\alpha_A^4)} \tag{13.26}$$

若忽略弯曲切应力的影响，可对立柱 A 截面用第三或第四强度理论的相当应力进行强度计算，即

$$\sigma_{r3}=\sqrt{\sigma_{A\max}^2+4\tau_{tA\max}^2} \quad 或 \quad \sigma_{r4}=\sqrt{\sigma_{A\max}^2+3\tau_{tA\max}^2} \tag{13.27}$$

5. 法兰盘上每个螺栓剪切面上的切应力

$$\tau=\frac{F_S}{A_0}=\frac{4F_S}{\pi d_0^2} \tag{13.28}$$

式中，d_0 为螺栓内径。

以上理论计算中，考虑了 L 形交通标志杆变截面的几何特性、约束条件及各种载荷，应用工程力学理论导出了工程中所关注的关键部位应力计算的一般公式。这些公式可计算悬挂各种标志牌的情形，灵活实用，为工程应用提供了理论依据。

具体举例如下。

【例 13.6】 图 13.16 所示为 L 形交通标志杆，立柱 AB 和悬臂杆 HC 均为等壁厚正八边形变截面杆。悬臂杆上挂有 1 块 3m×2.4m、重为 1.393kN 的标志牌和 4 块 1m×1.5m、重均为 0.2255kN 的标志牌，其上所受风压 $p=0.63\text{kN/m}^2$，各标志牌形心到 H-H 截面的距离 $l_1=2.4\text{m}$，$l_2=4.9\text{m}$，$l_3=6.4\text{m}$，$l_4=7.9\text{m}$，$l_5=9.4\text{m}$，悬臂杆长 $L_1=10\text{m}$，壁厚 $t_1=8\text{mm}$，粗端 H 截面的边长 $a_H=0.12\text{m}$，细端 C 截面的边长 $a_C=0.1\text{m}$。立柱长 $L_2=7.5\text{m}$，壁厚 $t_2=14\text{mm}$，粗端 A 截面的边长 $a_A=0.16\text{m}$，细端 B 截面的边长 $a_B=0.12\text{m}$，立柱底部简化为固定端。立柱与悬臂杆之间由长 $\Delta=0.301\text{m}$ 的法兰盘通过 8 个螺栓连接，8 个螺栓水平 4 排放置，螺栓内径为 $d_0=21\text{mm}$。设材料的重度为 $\gamma=78.5\text{kN/m}^3$，试求悬臂杆 H 截面和立柱 A 截面的应力以及螺栓横截面上的切应力。

解 (1) 外力计算。

由式(13.11)可得立柱和悬臂杆简化为等壁厚空心圆截面后两端的外径分别为

$$D_A=\frac{a_A}{2}\left(\frac{1}{\sin\frac{\pi}{8}}+\frac{1}{\tan\frac{\pi}{8}}\right)=\frac{0.16}{2}\left(\frac{1}{\sin\frac{\pi}{8}}+\frac{1}{\tan\frac{\pi}{8}}\right)=0.4022(\text{m})$$

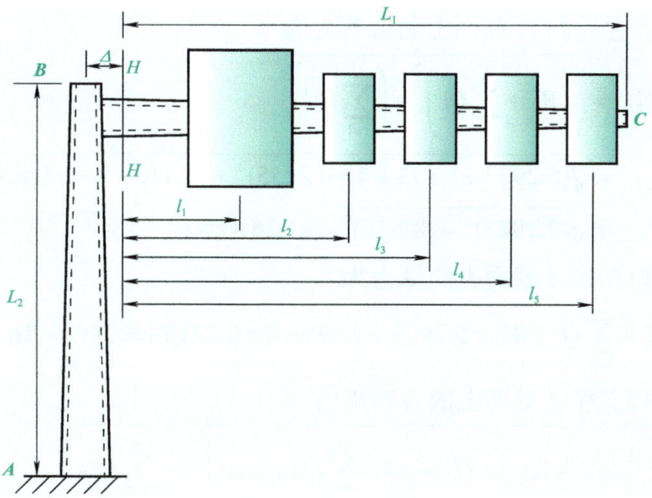

图 13.16

同理可得 $D_B = D_H = 0.3016\text{m}$，$D_C = 0.2514\text{m}$。

由式(13.12)可得悬臂杆 C 截面和 H 截面自重的分布集度分别为

$$q_C = \gamma\pi t_1(D_C - t_1) = 78.5\pi\times0.008\times(0.2514-0.008) = 0.4802\ (\text{kN/m})$$

$$q_H = \gamma\pi t_1(D_H - t_1) = 78.5\pi\times0.008\times(0.3016-0.008) = 0.5793\ (\text{kN/m})$$

由式(13.13)可得悬臂杆的自重为

$$\begin{aligned}W_1 &= \frac{1}{2}\gamma\pi t_1 L_1(D_H + D_C - 2t_1)\\&= \frac{1}{2}\times78.5\pi\times0.008\times10\times(0.3016+0.2514-2\times0.008)\\&= 5.2973\ (\text{kN})\end{aligned}$$

由式(13.14)可得立柱的自重为

$$\begin{aligned}W_2 &= \frac{1}{2}\gamma\pi t_2 L_2(D_A + D_B - 2t_2)\\&= \frac{1}{2}\times78.5\pi\times0.014\times7.5\times(0.4022+0.3016-2\times0.014) = 8.7498\ (\text{kN})\end{aligned}$$

由式(13.15)可得大、小标志牌上的风载分别为

$$P_1 = pb_1h_1 = 0.63\times3\times2.4 = 4.536(\text{kN})$$

$$P_2 = P_3 = P_4 = P_5 = pb_2h_2 = 0.63\times1\times1.5 = 0.945\ (\text{kN})$$

(2) 内力计算。

由式(13.16)可得悬臂杆 H 截面上的合弯矩为

$$\begin{aligned}M_H &= \sqrt{\left[\frac{1}{6}(q_H + 2q_C)L_1^2 + \sum_{i=1}^{n}Q_i l_i\right]^2 + \left(\sum_{i=1}^{n}P_i l_i\right)^2}\\&= \sqrt{\begin{aligned}&\left[\frac{1}{6}(0.5793+2\times0.4802)\times10^2 + 1.393\times2.4 + 0.2255(4.9+6.4+7.9+9.4)\right]^2\\&+\left[4.536\times2.4+0.945(4.9+6.4+7.9+9.4)\right]^2\end{aligned}}\\&= \sqrt{(35.454)^2 + (37.9134)^2} = 51.908(\text{kN}\cdot\text{m})\end{aligned}$$

由式(13.17)可得悬臂杆 H 截面上的合剪力为

$$F_{SH}=\sqrt{\left(W_1+\sum_{i=1}^{n}Q_1\right)^2+\left(\sum_{i=1}^{n}P_i\right)^2}$$
$$=\sqrt{(5.2973+1.393+4\times0.2255)^2+(4.536+4\times0.945)^2}$$
$$=\sqrt{(7.5923)^2+(8.316)^2}=11.261(\text{kN})$$

由式(13.18)可得立柱 A 截面上的轴力为

$$F_{NA}=W_1+\sum_{i=1}^{n}Q_i+W_2=5.2973+1.393+4\times0.2255+8.7498=16.342(\text{kN})$$

由式(13.19)可得立柱 A 截面上的合弯矩为

$$M_A=\sqrt{\left[\frac{1}{6}(q_H+2q_C)L_1(L_1+\Delta)+\sum_{i=1}^{n}Q_i(l_i+\Delta)\right]^2+\left(\sum_{i=1}^{n}P_iL_2\right)^2}$$
$$=\sqrt{\begin{array}{l}\left[\frac{1}{6}(0.5793+2\times0.4802)\times10\times(10+0.301)+1.393\times(2.4+0.301)\right.\\ \left.+0.2255\times(4.9+6.4+7.9+9.4+4\times0.301)\right]^2\\ +\left[7.5\times(4.536+4\times0.945)\right]^2\end{array}}$$
$$=\sqrt{(36.917)^2+(62.37)^2}=72.477(\text{kN}\cdot\text{m})$$

由式(13.20)可得立柱 A 截面上的剪力为

$$F_{SA}=\sum_{i=1}^{n}P_i=4.536+4\times0.945=8.316(\text{kN})$$

由式(13.21)可得立柱 A 截面上的扭矩为

$$T_A=\sum_{i=1}^{n}P_i(l_i+\Delta)$$
$$=4.536\times(2.4+0.301)+0.945\times(4.9+6.4+7.9+9.4+4\times0.301)$$
$$=40.417(\text{kN}\cdot\text{m})$$

由式(13.22)可得法兰盘上每个螺栓剪切面上的合剪力为

$$F_S=\frac{1}{8}\sqrt{\left(W_1+\sum_{i=1}^{n}Q_i\right)^2+\left(\sum_{i=1}^{n}P_i\right)^2}$$
$$=\frac{1}{8}\sqrt{(5.2973+1.393+4\times0.2255)^2+(4.536+4\times0.945)^2}$$
$$=\frac{1}{8}\sqrt{7.5923^2+8.316^2}=1.4076(\text{kN})$$

(3)应力计算。

由式(13.23)可得悬臂杆 H 截面上的最大正应力为

$$\sigma_{H\max}=\frac{32M_H}{\pi D_H^3(1-\alpha_H^4)}=\frac{32\times51.908}{\pi\times0.3016^3\times(1-0.94695^4)}=98.38(\text{MPa})$$

式中，$\alpha_H=\dfrac{D_H-2t_1}{D_H}=\dfrac{0.3016-2\times0.008}{0.3016}=0.94695$。

由式(13.24)可得悬臂杆 H 截面上的最大切应力为

$$\tau_{H\max}=\frac{8F_{SH}}{\pi D_H^2(1-\alpha_H^2)}=\frac{8\times 11.261}{\pi\times 0.3016^2\times(1-0.94695^2)}=3.052(\text{MPa})$$

由式(13.25)可得立柱 A 截面上的最大正应力为

$$\begin{aligned}\sigma_{A\max}&=\frac{4F_{NA}}{\pi D_A^2(1-\alpha_A^2)}+\frac{32M_A}{\pi D_A^3(1-\alpha_A^4)}\\&=\frac{4\times 16.342}{\pi\times 0.4022^2\times(1-0.9304^2)}+\frac{32\times 72.477}{\pi\times 0.4022^3\times(1-0.9304^4)}\\&=0.9571+45.258=46.22(\text{MPa})\end{aligned}$$

式中，$\alpha_A=\dfrac{D_A-2t_2}{D_A}=\dfrac{0.4022-2\times 0.014}{0.4022}=0.9304$。

由式(13.26)可得立柱 A 截面上的最大切应力为

$$\begin{aligned}\tau_{A\max}&=\frac{8F_{SA}}{\pi D_A^2(1-\alpha_A^2)}+\frac{16T_A}{\pi D_A^3(1-\alpha_A^4)}\\&=\frac{8\times 8.316}{\pi\times 0.4022^2\times(1-0.9304^2)}+\frac{16\times 40.417}{\pi\times 0.4022^3(1-0.9304^4)}\\&=0.9744+12.622=13.596(\text{MPa})\end{aligned}$$

由式(13.27)可得立柱 A 截面危险点第三或第四强度理论的相当应力分别为

$$\sigma_{r3}=\sqrt{\sigma_{A\max}^2+4\tau_{tA\max}^2}=\sqrt{46.22^2+4\times 12.622^2}=52.67(\text{MPa})$$

$$\sigma_{r4}=\sqrt{\sigma_{A\max}^2+3\tau_{tA\max}^2}=\sqrt{46.22^2+3\times 12.622^2}=51.13(\text{MPa})$$

由式(13.28)可得法兰盘上每个螺栓剪切面上的切应力为

$$\tau=\frac{4F_S}{\pi d_0^2}=\frac{4\times 1.4076}{\pi\times 0.021^2}=4.064(\text{MPa})$$

思　考　题

一、判断题(判断下列说法是否正确)

13-1　强度理论是确定材料失效的一些条件。

13-2　不同的强度理论适用于不同的材料和不同的应力状态。

13-3　第一强度理论认为，不论是拉应力还是压应力，最大的主应力是引起脆性断裂的主要原因。

13-4　第二强度理论认为，最大拉应变是引起各种材料破坏的主要原因。

13-5　第三强度理论认为，最大切应力是引起屈服的主要原因。

13-6　第四强度理论认为，最大畸变能是引起屈服的主要原因。

13-7　只要是脆性材料都可以用第一或第二强度理论进行强度计算。

13-8　只要是塑性材料都可以用第三或第四强度理论进行强度计算。

13-9　任何一种强度理论都不适用于纯剪切应力状态。

13-10　两种或两种以上基本变形的叠加称为组合变形。

13-11　矩形截面杆承受拉弯组合变形时，因其危险点的应力状态是单向应力，所以不必根据强度理论建立相应的强度条件。

13-12 圆形等截面杆承受拉弯组合变形时，其上任一点的应力状态都是单向拉伸应力状态。

13-13 矩形等截面杆承受压弯组合变形时，其上任一点的应力状态都是单向应力状态。

13-14 圆形等截面杆承受弯扭组合变形时，除轴线上的点外，其余任一点的应力状态都是复杂应力状态。

13-15 圆形等截面杆承受弯扭组合变形时，只能用第三强度理论建立其强度条件。

13-16 圆形等截面杆承受弯扭组合变形时，除轴线上的点外，杆内任一点的主应力必有 $\sigma_1 > 0$，$\sigma_3 < 0$。

二、填空题（将答案填入下画线处）

13-17 当材料处于______________应力状态时，应该用强度理论进行强度计算。

13-18 金属材料失效主要有_____种形式，它们是__________，所以相应地就有_____类强度理论。

13-19 塑性材料如果处于三向拉伸的应力状态，应该用第_____强度理论进行强度计算。

13-20 铸铁制的水管在冬天常有冻裂现象，这是因为________________________。

13-21 将沸水倒入厚玻璃杯中，如果发生破坏，则必是先从外侧开裂，这是因为______________________________。

13-22 矩形截面杆的两种受力情况如思图 13.1 所示，则图(a)所示杆的危险点在_____；图(b)所示杆的危险点在________________；_____图所示杆的最大拉应力比_____图所示杆的最大拉应力大。

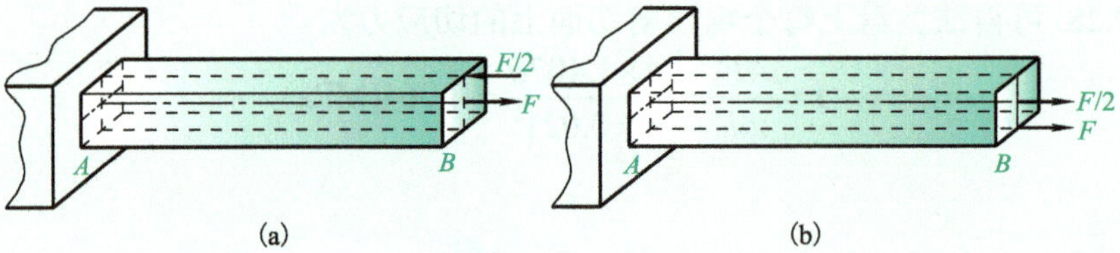

思图 13.1

13-23 思图 13.2 所示折杆中各杆件的变形形式分别为：图(a)中的 *AB* 段是__________，*CB* 段是________________，*DB* 段是____________；图(b)中的 *AB* 段是_____________，*BC* 段是_________________，*CD* 段是_________________。

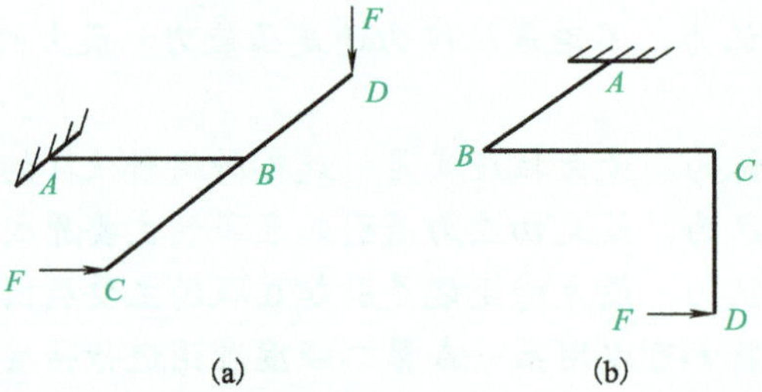

思图 13.2

13-24 圆形截面杆承受弯扭组合变形，用横截面上的应力表示第三强度理论的强度条件是_________________；第四强度理论的强度条件是____________________。

13-25　圆形截面杆承受弯扭组合变形，用内力表示第三强度理论的强度条件是________；第四强度理论的强度条件是____________________。

13-26　塑性材料制的圆截面折杆及其受力如思图 13.3 所示，杆的横截面面积为 A，抗弯截面系数为 W_z，则图(a)的危险点在____________，对应的强度条件为______________；图(b)的危险点在________________，对应的强度条件为__________________；试分别画出两图危险点的应力状态。

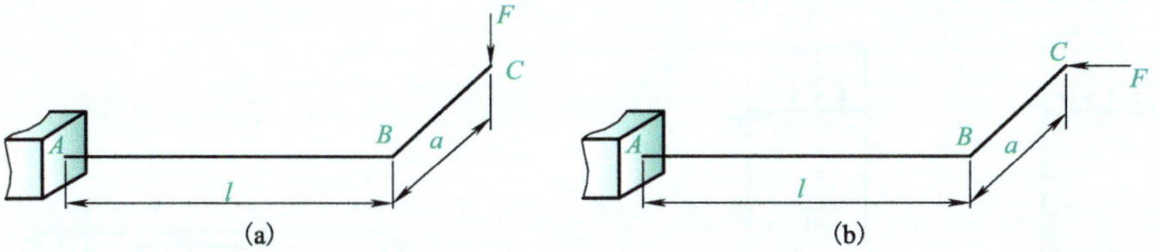

思图 13.3

三、分析讨论题

13-27　如果材料分别为铸铁和低碳钢，对思图 13.4 所示的应力状态，试分析它们将发生何种类型的强度失效？何种应力状态最先失效？

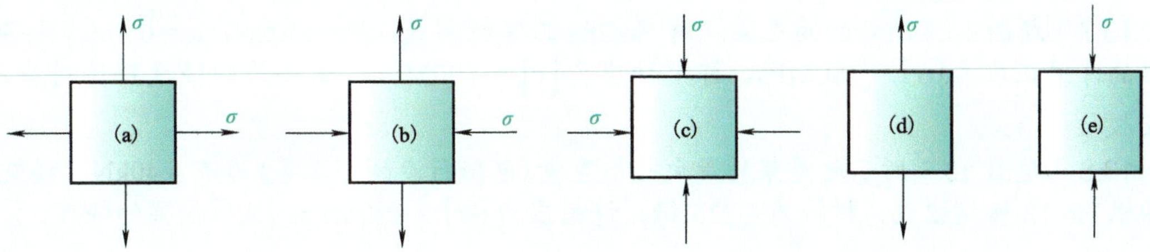

思图 13.4

习　　题

13.1　已知某铸铁构件危险点处的主应力 $\sigma_1 = 24\text{MPa}$，$\sigma_2 = 0$，$\sigma_3 = -36\text{MPa}$，铸铁的许用拉应力 $[\sigma]_t = 35\text{MPa}$，许用压应力 $[\sigma]_c = 120\text{MPa}$，材料的泊松系数 $\mu = 0.3$，试按第一强度理论和第二强度理论校核其强度。

13.2　火车行驶时，钢轨上与车轮按触点处的应力状态是三向压缩，主应力分别为 $\sigma_1 = -650\text{MPa}$，$\sigma_2 = -700\text{MPa}$，$\sigma_3 = -900\text{MPa}$，若钢轨的许用应力 $[\sigma] = 250\text{MPa}$，试用第三强度理论和第四强度理论校核其强度。

13.3　对题图 13.1 所示的各应力状态，试求出四个常用强度理论的相当应力。设 $\mu = 0.25$。(应力单位：MPa)

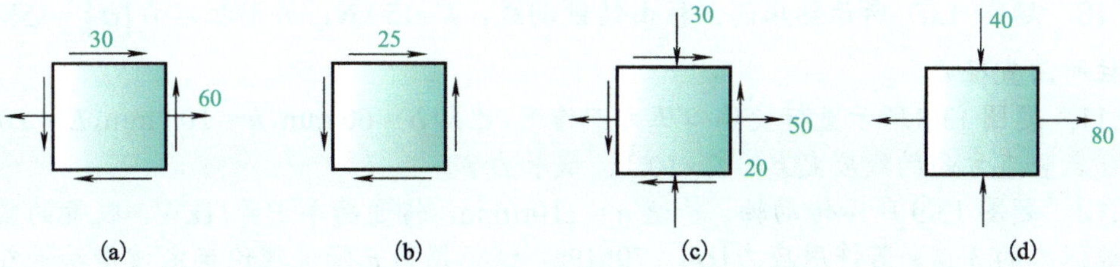

题图 13.1

13.4 试比较题图 13.2 所示正方形棱柱体在下列两种情况下的相当应力 σ_{r3}，弹性模量 E 和横向变形系数 μ 均为已知。

(1) 棱柱体轴向受压；(2) 棱柱体在刚性方模中轴向受压。

13.5 铸铁薄壁圆管如题图 13.3 所示。管的外径为 200mm，壁厚 $\delta=15\text{mm}$，管内压力 $p=4\text{MPa}$，管外轴向压力 $F=200\text{kN}$。铸铁的抗拉许用应力为 $[\sigma]_t=30\text{MPa}$，横向变形系数 $\mu=0.25$。试用第一和第二强度理论校核薄管的强度。

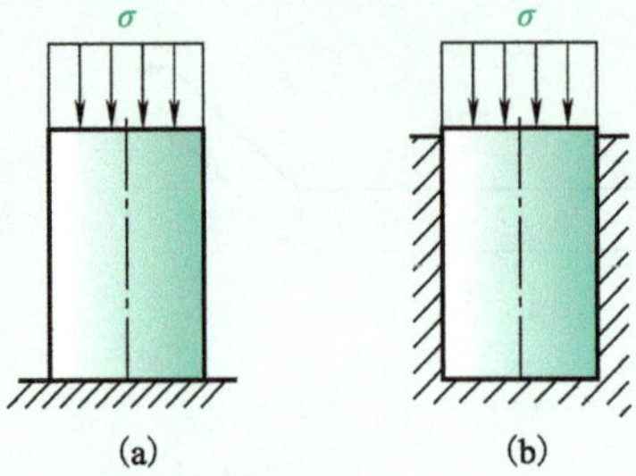

题图 13.2

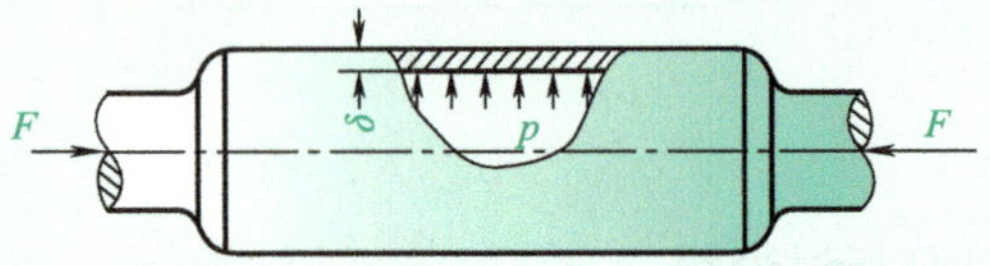

题图 13.3

13.6 钢制圆柱形薄壁容器，直径为 800mm，壁厚为 4mm，$[\sigma]=120\text{MPa}$。试用强度理论确定可能承受的管内压力 p。

13.7 题图 13.4 所示的简支梁，用 No.28a 工字钢制成，$F=100\text{kN}$，$a=0.8\text{m}$，$l=3\text{m}$，材料的许用正应力 $[\sigma]=160\text{MPa}$，许用切应力 $[\tau]=100\text{MPa}$。试按第四强度理论对梁进行全面校核。

13.8 题图 13.5 所示起重架的最大起吊重量（包括行走的小车等）为 $F=40\text{kN}$，横梁 AC 由两根 No.18 槽钢组成，材料为 Q235 钢，许用应力 $[\sigma]=120\text{MPa}$。试校核梁的强度。

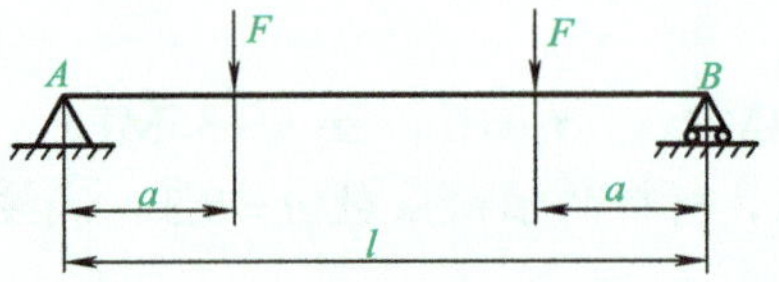

题图 13.4

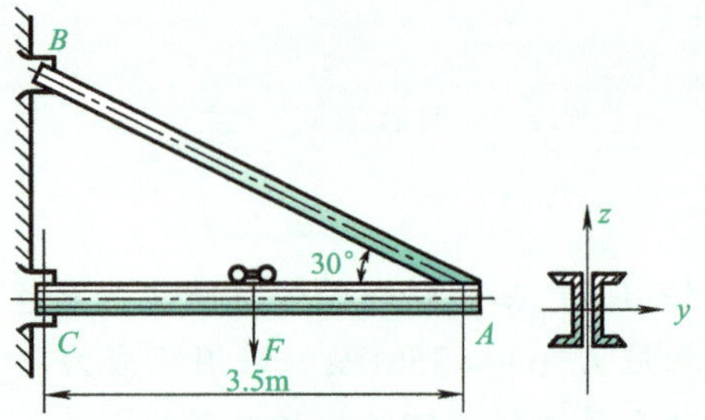

题图 13.5

13.9 题图 13.6 所示立柱的横截面为正方形，边长为 a，顶部截面受一轴向压力 F 的作用，若在柱右侧的中部开一槽，槽深 $a/4$ 如图所示，求：

(1) 开槽前后杆内最大压应力的值及其所在位置。

(2) 若在杆的左侧对称地再开一个槽，应力将如何变化？

13.10 题图 13.7 所示钻床的立柱由铸铁制成，$F=15\text{ kN}$，许用拉应力 $[\sigma]_t=35\text{MPa}$。试确定立柱所需直径 d。

13.11 题图 13.8 所示直杆受偏心压力 F 作用，已知 $b=60\text{ mm}$，$h=100\text{ mm}$，$E=200\text{GPa}$，若测得 a 点竖直方向的线应变 $\varepsilon=-2\times10^{-5}$。试求力 F。

13.12 题图 13.9 所示传动轴，转速 $n=110\text{r/min}$，传递功率 $P=11\text{kW}$，胶带的紧边张力为其松边张力的 3 倍。若许用应力 $[\sigma]=70\text{MPa}$，试根据第三强度理论确定该传动轴外伸段的许可长度 l。

13.13　题图 13.10 所示轮轴，已知 $F=100\text{N}$，$D=0.5\text{m}$，$D_1=0.7\text{m}$，$[\sigma]=100\text{MPa}$。试按第三强度理论设计轴的直径 d。

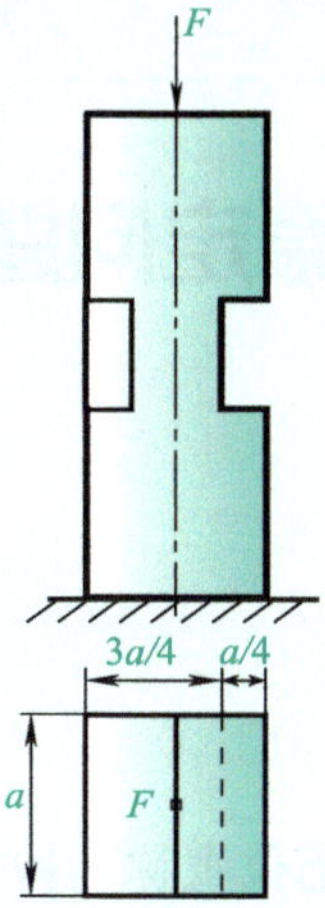

题图 13.6

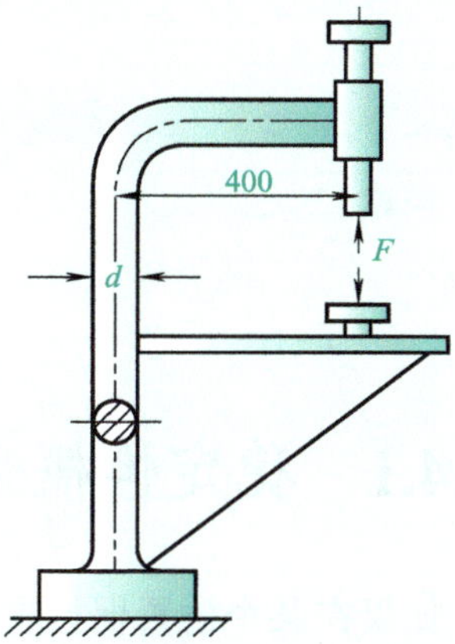

题图 13.7

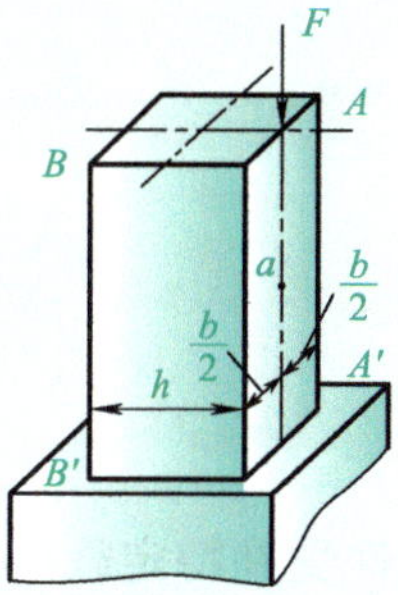

题图 13.8

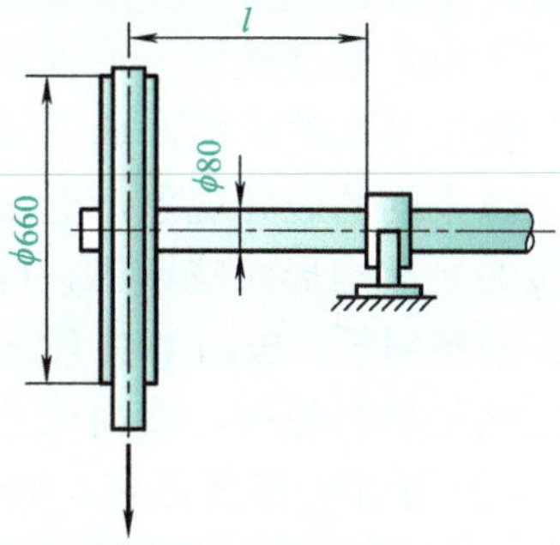

题图 13.9

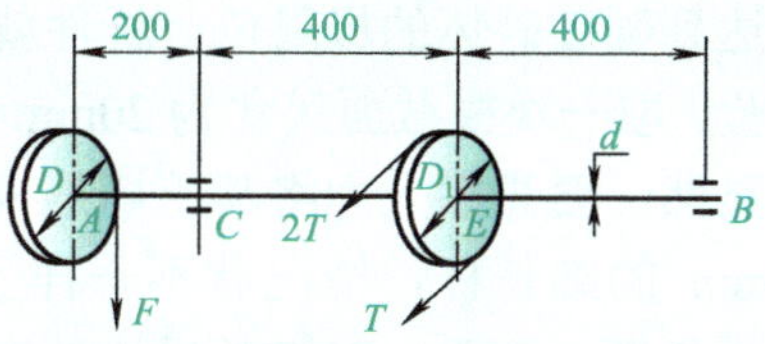

题图 13.10

13.14　题图 13.11 所示弯拐圆截面部分的直径 $d=50\text{mm}$，在自由端受 F 力作用。试求 A 截面危险点的主应力、最大切应力以及该点第四强度理论的相当应力 σ_{r4}。

13.15　题图 13.12 所示手摇铰车轴的直径 $d=30\text{mm}$，材料为 Q235 钢，$[\sigma]=80\text{MPa}$，试按第三强度理论求铰车的最大起吊重量 F。

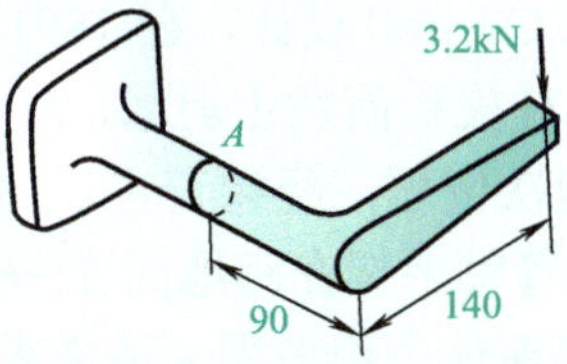

题图 13.11

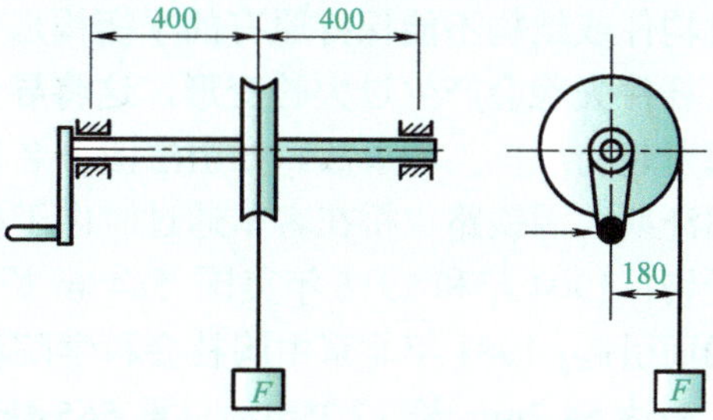

题图 13.12

第 14 章

压杆稳定问题

14.1 稳定性概述

构件受到特定载荷的作用时，如果在某个位置保持平衡，则该平衡位置称为构件的平衡构形。当载荷超过某极限值而致使构件在平衡位置处发生破坏，这种破坏是强度破坏。如直杆的拉伸实验，当试件的应力达到屈服极限或强度极限时，就会出现塑性变形或断裂，这种破坏就是强度破坏。低碳钢短柱被压扁，铸铁短柱被压碎等也是强度破坏。工程实际中，认为这类直杆承受载荷时应维持直线状态的平衡构形，在此构形发生的破坏，通常是由于强度不够引起的。但细长杆件受到轴向压力时，却会表现出全然不同的破坏现象，通常是作用力还远未达到强度破坏的极限值，杆件就因为不能维持直线的平衡构形而破坏了。可以做个简单的试验，取一块横截面尺寸为 20mm×3mm、高为 20mm 的塑料板，按图 14.1 所示方向施加压力，显然，要想靠人力将其压坏是很困难的，但如果压的是材料相同，截面尺寸相同，长为 500mm 的细长杆，情况就不一样了，用不着施加太大的力就可将其压弯，再增大力，杆就会被折断。可见，对细长受压的直杆(简称细长压杆)，必须研究维持其直线平衡构形的承载能力。

工程结构中有很多细长受压的杆件，如图 14.2 所示内燃机配气机构中的挺杆，当它推动摇臂打开气门时，就承受着压力；千斤顶的螺杆、建筑物中的立柱等都是较细长的受压杆。对于细长压杆，当作用于其上的轴向压力达到或超过某一极限时，杆件会突然产生侧向弯曲而失去原有的直线平衡，这种现象称为压杆丧失稳定性，简称失稳。对一般构件，当载荷增大时构件或结构不能保持原有的平衡构形而突然变化到另一种平衡构形的现象称为失稳或屈曲。杆件失稳会产生过大的变形，这将导致整个结构不能正常工作，历史上曾发生过多起因失稳引起的严重工程事故。如由法国著名设计师埃菲尔(E.G.Eifel)设计，在 1891 年建造的瑞士明汗斯太因铁路大桥在客车通过时由于桥梁桁架中的压杆失稳而发生坍塌，74 人遇难，200 人受伤；1904 年和 1916 年美国 584 m 长的奎比克大桥两次倒塌，经调查也是由斜撑(压杆)失稳而引起；1983 年北京中国社会科学院科研楼工地的钢管脚手架在距地面 5～6m 处突然外弓，高达 54.2m，长 17.25m，总重 565.4kN 的大型脚手架整体失稳坍塌，造成重大的人员伤亡和经济损失。工程中的无数实例告诉我们，致使压杆失稳的极限值往往比强度破坏的极限值小，而且因稳定性丧失导致的失效具有突发性，整体性，常会造成灾难性后果。所以，要保证细长压杆安全工作，重点应考虑其稳定性问题，对一般压杆，设计时也应该进行稳定性计算。

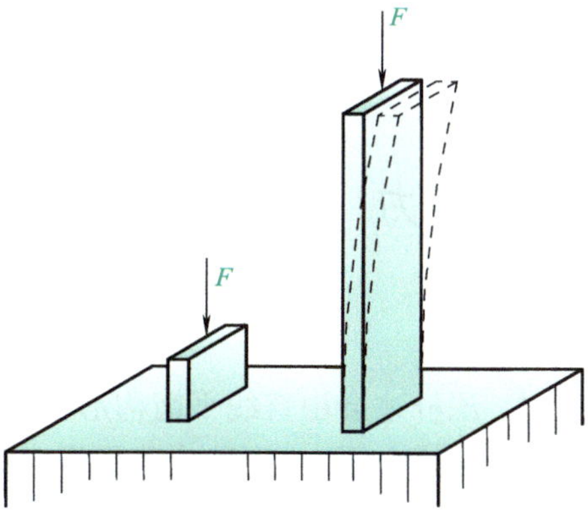

图 14.1

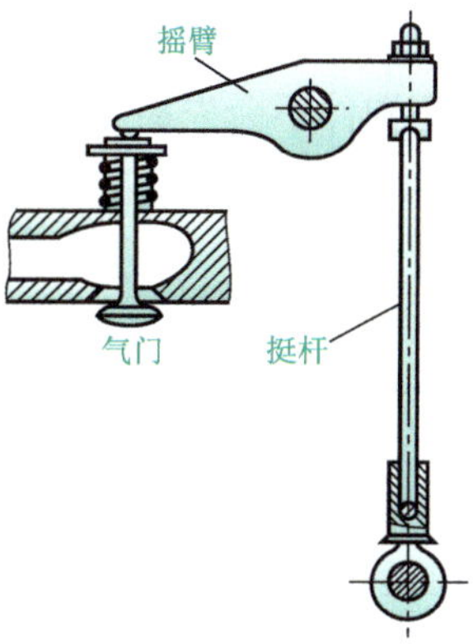

图 14.2

现以图 14.3 所示两端铰支的细长压杆说明弹性杆件的平衡稳定性问题。设杆上所受的压力与杆件的轴线重合，当压力较小时，杆件保持直线形状的平衡构形[图 14.3(a)]，当压力逐渐增加，但小于某一极限值时，杆仍保持着直线形状的平衡，这时若施加一微小的侧向干扰力使其暂时偏离直线平衡构形[图 14.3(b)]，当干扰力撤除后，杆仍能恢复到直线平衡构形[图 14.3(c)]，称这时压杆的直线平衡构形是**稳定的**。若压力继续增加到某一极限值时，再用微小的侧向干扰力使它偏离直线平衡构形，则当干扰力解除后，压杆不能再恢复其原有的直线形状，但能保持曲线形状的平衡[图 14.3(d)]，则称此时压杆的直线平衡构形是**不稳定的**。使压杆由稳定的直线平衡构形过渡到不稳定平衡构形的极限压力值，称为**临界压力**或**临界力**，记为 F_{cr}。压杆由直线平衡构形变为曲线平衡构形的过程就称为**失稳**或**屈曲**。压杆失稳后，稍加微小的压力都将导致弯曲变形显著加大，说明此时压杆已丧失承载能力。

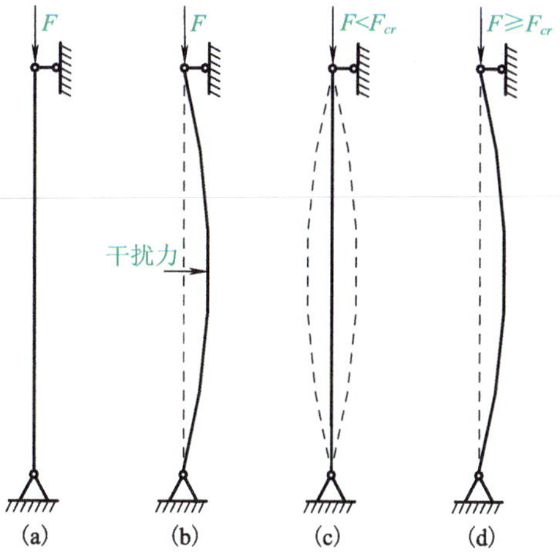

图 14.3

除压杆外，其他弹性构件或结构也存在失稳问题，其中轻型薄壁结构的失稳现象最为明显。如薄壁圆筒受均匀外压作用，当外压力达到某一临界值时，圆筒的横截面会由圆形突然变为图 14.4(a)虚线所示的椭圆形。板条或工字梁在最大抗弯刚度平面弯曲时，会因载荷达到临界值而发生侧向弯曲失稳，并伴随着扭转变形出现，如图 14.4(b)所示。薄壁圆管在扭矩作用下，也会因屈曲而发生局部皱折。

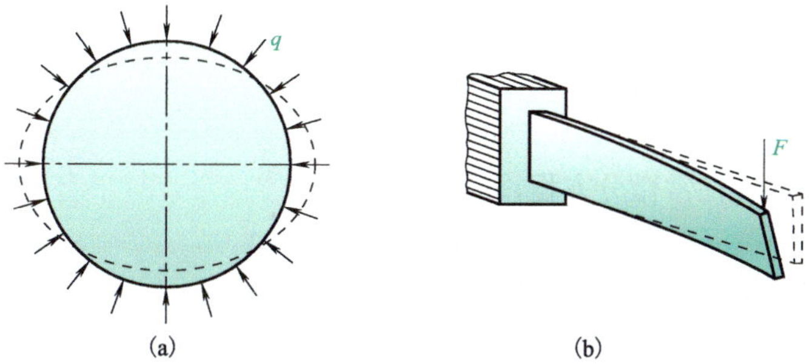

图 14.4

解决稳定问题的关键是确定临界载荷，只要控制构件的工作载荷小于保持稳定的临界载荷，则可保证构件不会失稳。本章只讨论压杆的稳定性问题。

14.2 细长杆的临界压力

14.2.1 两端铰支细长杆的临界压力

由以上分析可知，只有当轴向压力达到临界值 F_{cr} 时，压杆才会由直线平衡构形转变为曲线平衡构形，所以临界压力 F_{cr} 是使压杆保持微弯平衡构形的最小压力。要确定临界压力 F_{cr}，可从研究杆件在压力 F 作用下处于微弯的平衡构形入手。设一长为 l，两端铰支的细长杆如图 14.5 所示，杆件的材料均匀，初始轴线为直线，承受轴向压力 F 的作用。

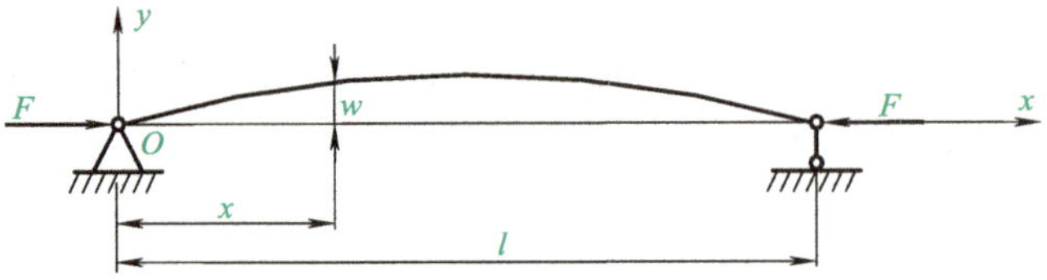

图 14.5

如图 14.5 选取坐标系，设杆在微弯平衡构形时距杆端为 x 的任意横截面的挠度为 w，则该截面上弯矩 M 的绝对值为$|Fw|$。若压力 F 只取绝对值，则 w 为正时挠曲轴凸向上，弯矩 M 为负；而 w 为负时挠曲轴凸向下，M 为正。即 M 与 w 的符号总是相反，故有

$$M(x)=-Fw \tag{a}$$

当杆内应力不超过材料的比例极限时，压杆的挠曲轴近似微分方程为

$$\frac{\mathrm{d}^2w}{\mathrm{d}x^2}=\frac{M(x)}{EI} \tag{b}$$

将式(a)代入式(b)得

$$\frac{\mathrm{d}^2w}{\mathrm{d}x^2}=-\frac{Fw}{EI} \tag{c}$$

若压杆两端的约束是球铰，则允许压杆在任意纵向平面内发生弯曲变形，在轴向压力作用下，微弯一定发生在抗弯能力最弱的纵向平面内，所以(c)式中的 I 应是横截面最小的轴惯性矩。令

$$k^2=\frac{F}{EI} \tag{d}$$

代入式(c)并写为

$$\frac{\mathrm{d}^2w}{\mathrm{d}x^2}+k^2w=0 \tag{e}$$

式(e)是一个二阶齐次线性常微分方程，其通解为

$$w=A\sin kx+B\cos kx \tag{f}$$

式中，A、B 是积分常数，由压杆的位移边界条件确定。

两端铰支压杆的位移边界条件为

$$x=0,\quad x=l,\quad w=0$$

代入式(f)可得

$$B=0, \quad A\sin kl=0$$

若要 $A\sin kl=0$，必有 $A=0$ 或 $\sin kl=0$。因 B 已等于零，如果 A 再等于零，则有 $w\equiv 0$，这意味着杆件轴线上任意点的挠度都为零，压杆保持为直线。而这与压杆失稳，轴线微弯的假设情形矛盾，所以只能是

$$\sin kl=0$$

要满足这一条件，应有

$$kl=n\pi \quad (n=1,2,\cdots) \tag{g}$$

由此求得

$$k=\frac{n\pi}{l}$$

将其代入式(d)得

$$F=\frac{n^2\pi^2 EI}{l^2}$$

式中，n 是 $n=1,2,\cdots$ 等整数中的任一个整数。上式表明，使压杆保持曲线平衡的压力，理论上是多值的。但其中只有使压杆保持微弯的最小压力，才是临界压力 F_{cr}。若取 $n=0$，必有 $F=0$，这表示杆上无压力，自然不是所求。只有取 $n=1$，才是压力的最小值。所以临界压力为

$$F_{cr}=\frac{\pi^2 EI}{l^2} \tag{14.1}$$

这就是计算两端铰支细长杆临界压力的公式，常称为两端铰支细长压杆临界载荷的欧拉公式。当 $n=1$ 时，$k=\dfrac{\pi}{l}$，再注意到 $B=0$，于是式(f)简化为

$$w=A\sin\frac{\pi x}{l} \tag{14.2}$$

式(14.2)是两端铰支细长压杆的挠曲线方程。可见，压杆过渡到曲线平衡后，轴线变成半个正弦波曲线。A 是压杆中点($x=l/2$ 处)的挠度。

【例 14.1】 某型柴油机的挺杆是钢制空心圆管，外径和内径分别为 12mm 和 10mm，杆长 383mm，钢材的弹性模量 E=210GPa，简化为两端铰支的细长压杆，试计算挺杆的临界载荷。

解　挺杆横截面的惯性矩为

$$I=\frac{\pi}{64}\left(D^4-d^4\right)=\frac{\pi}{64}(12^4-10^4)\times 10^{-12}=527\times 10^{-12}(\mathrm{m}^4)$$

根据式(14.1)计算挺杆的临界压力为

$$F_{cr}=\frac{\pi^2 EI}{l^2}=\frac{\pi^2\times 210\times 10^9\times 527\times 10^{-12}}{(383\times 10^{-3})^2}=7446(\mathrm{N})$$

14.2.2　两端非铰支细长杆的临界压力

压杆两端的约束除了可以简化为铰支端外，还有其他情况。例如，图 14.6 所示的千斤顶螺杆，其下端可以简化为固定端，上端因能与顶起的重物共同作侧向位移，所以可以简化为自由端，这样就简化为下端固定上端自由的压杆。又如发动机的连杆，其两端的约束是图 14.7

所示的柱状铰，在垂直于轴销的平面内（x-z 平面），轴销对杆的约束相当于铰支，所以连杆在这个平面内应简化为两端铰支的压杆；而在轴销平面内（x-y 平面），轴销对杆的约束接近于固定端，所以连杆在这个平面内应简化为两端固定的压杆。

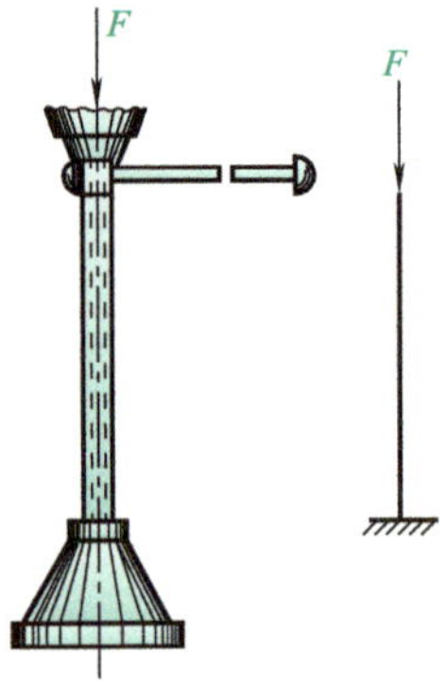

图 14.6

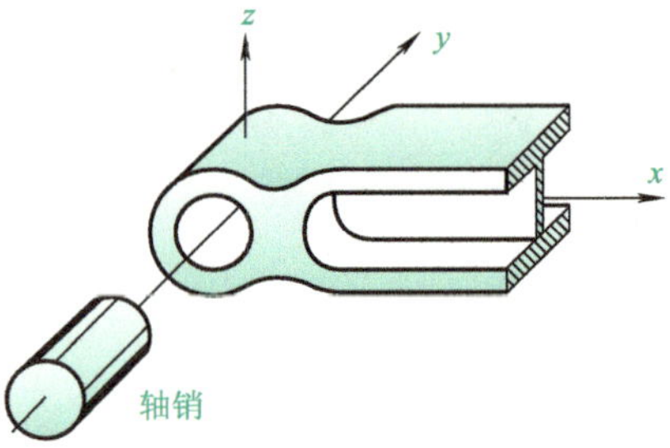

图 14.7

对各种不同杆端约束的理想细长压杆，其临界压力的计算公式可按上节相同的方法导出，也可以用比较简单的类比法求出。如设一端固定一端自由的压杆在临界压力作用下的微弯平衡构形如图 14.8 所示，若把挠曲轴对称地向下延伸一倍，如图中双点画线所示，将图 14.8 与图 14.5 比较可见，此压杆的挠曲线，相当于刚度相同，长为 $2l$ 但两端是铰支的细长压杆挠曲线的一半，两者的临界压力也相同，所以，一端固定一端自由，长为 l 的压杆的临界压力为

$$F_{cr}=\frac{\pi^2 EI}{(2l)^2} \tag{14.3}$$

两端固定、长为 l 的细长压杆失稳时，其挠曲轴的形状如图 14.9 所示。在距两端各为 $l/4$ 的 C、D 两截面处，挠曲轴出现拐点，弯矩等于零，两相邻弯矩 CD 间杆的受力和变形与两端铰支细长压杆的相同，原压杆的临界压力也等于它能承受的临界压力，如此比较可得两端固定细长压杆临界压力的公式

$$F_{cr}=\frac{\pi^2 EI}{\left(\frac{l}{2}\right)^2} \tag{14.4}$$

式中，F_{cr} 虽然表达的是中间部分 CD 的临界压力，但因 CD 是压杆的一部分，杆件的部分失稳就意味着整体失稳，所以此处的 F_{cr} 就是整体杆件的临界压力。

对一端固定，另一端铰支的细长压杆，失稳后微弯平衡构形的挠曲轴如图 14.10 所示。分析表明，在 C 截面处存在拐点，类似比较可近似地把长度约为 $0.7l$ 的 BC 部分看作是两端铰支的压杆，得临界压力的计算公式为

$$F_{cr}=\frac{\pi^2 EI}{(0.7l)^2} \tag{14.5}$$

可以看出，前面分析的几种临界压力的计算公式相似，只是分母 l 前的系数不同，为方便记，写成统一的形式，即

$$F_{cr}=\frac{\pi^2 EI}{(\mu l)^2} \tag{14.6}$$

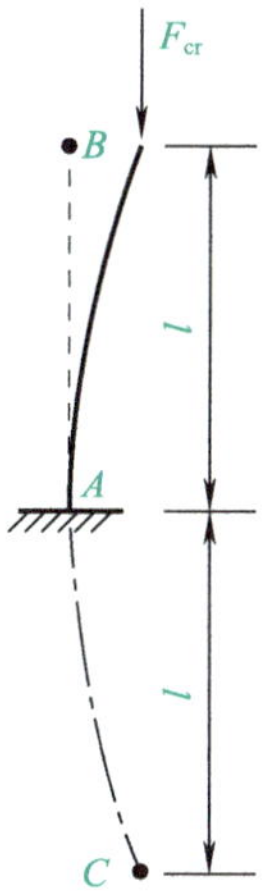

图 14.8

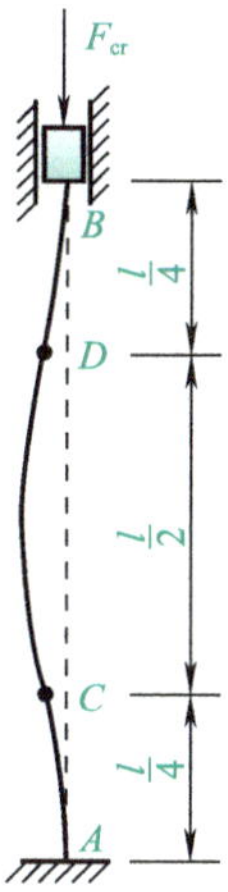

图 14.9

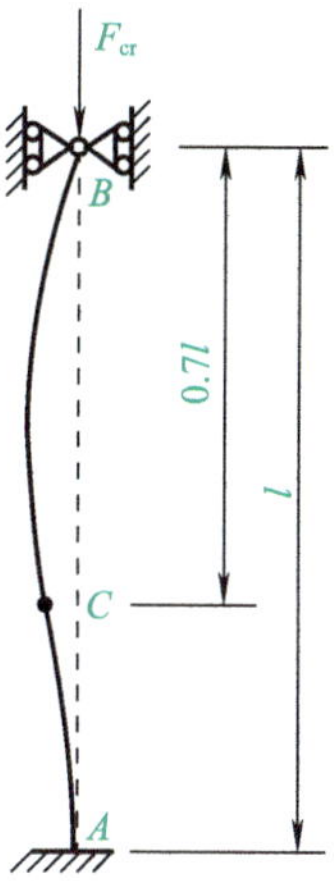

图 14.10

式(14.6)称为欧拉公式的普遍形式。式中的μl 是折算成两端铰支杆的长度，称为相当长度或有效长度，μ 称为长度因数，反映杆端约束对临界压力的影响。前面讨论过的四种情况，长度因数分别为

两端铰支：　　$\mu=1$

一端固定一端自由：　　$\mu=2$

两端固定：　　$\mu=0.5$

一端固定一端铰支：　　$\mu=0.7$

14.3　欧拉公式的适用范围及中、小柔度杆的临界应力

14.3.1　临界应力与柔度

压杆处于临界状态时横截面上的平均应力，称为压杆的临界应力，用σ_{cr}表示。14.2 节已得出计算临界压力的欧拉公式，将 F_{cr} 除以压杆的横截面面积 A，便得细长压杆临界应力的计算公式

$$\sigma_{cr}=\frac{F_{cr}}{A}=\frac{\pi^2 EI}{A(\mu l)^2} \tag{a}$$

式中的比值 I/A 仅与截面的形状及尺寸有关，用 i^2 表示，即

$$i=\sqrt{\frac{I}{A}} \tag{14.7}$$

i 称为截面的惯性半径，是截面的一种几何量，具有长度的量纲。将式(14.7)代入式(a)得

$$\sigma_{cr}=\frac{\pi^2 E}{\left(\frac{\mu l}{i}\right)^2} \tag{b}$$

令

$$\lambda=\frac{\mu l}{i} \tag{14.8}$$

得

$$\sigma_{cr} = \frac{\pi^2 E}{\lambda^2} \tag{14.9}$$

式(14.9)称为欧拉临界应力公式，λ称为压杆的柔度或长细比，是一个无量纲量，它综合反映了压杆的长度(l)、杆端约束条件(μ)和截面几何性质(i)对临界应力的影响。式(14.9)表明，细长压杆的临界应力与柔度的平方成反比，柔度愈大，临界应力愈小。

14.3.2 欧拉公式的适用范围

式(14.9)是欧拉公式(14.6)的另一种表达形式，两者并无实质上的差别。欧拉公式是由挠曲线近似微分方程导出的，材料服从胡克定律是此微分方程的基础，因此欧拉公式只适用于临界应力σ_{cr}不超过材料比例极限σ_p的情况，也就是说，欧拉公式的适用范围为

$$\sigma_{cr} = \frac{\pi^2 E}{(\lambda)^2} \leqslant \sigma_p \quad 或 \quad \lambda \geqslant \sqrt{\frac{\pi^2 E}{\sigma_p}} \tag{c}$$

由式(c)可见，只有当压杆的柔度λ大于或等于极限值$\sqrt{\dfrac{\pi^2 E}{\sigma_p}}$时，欧拉公式才能使用。用$\lambda_p$表示这一极限值，即

$$\lambda_p = \sqrt{\frac{\pi^2 E}{\sigma_p}} \tag{14.10}$$

则仅当$\lambda \geqslant \lambda_p$时，欧拉公式才成立，这就是欧拉公式的适用范围。

式(14.10)表明，λ_p与材料的力学性能有关，材料不同，λ_p的数值也不同。例如，Q235钢，其弹性模量E=200GPa，比例极限σ_p=200MPa，代入式(14.10)得

$$\lambda_p = \sqrt{\frac{\pi^2 \times 200 \times 10^9}{200 \times 10^6}} \approx 100$$

所以，用Q235制成的压杆，只有当$\lambda \geqslant 100$时，才能使用欧拉公式计算其临界压力或临界应力。而对$E = 70$GPa，$\sigma_p = 175$MPa的铝合金，有

$$\lambda_p = \sqrt{\frac{\pi^2 \times 70 \times 10^9}{175 \times 10^6}} \approx 62.8$$

所以，用这类铝合金制成的压杆，只有当$\lambda \geqslant 62.8$时，才能用欧拉公式。

满足条件$\lambda \geqslant \lambda_p$的压杆称为大柔度压杆。前面提到的细长杆，实际都是大柔度压杆。

14.3.3 临界应力的经验公式

工程实际中，也有不少压杆的柔度小于λ_p，其临界应力σ_{cr}超过材料的比例极限σ_p。因这种压杆的失稳发生在应力超过比例极限后，所以属于非线弹性稳定问题。对这类压杆的临界应力，工程计算中一般采用经验公式。而经验公式的依据是大量的实验与分析。常见的经验公式有直线公式和抛物线公式。

对由合金钢、铝合金、铸铁和松木等材料制作的非细长压杆，采用如下直线型经验公式计算临界应力为

$$\sigma_{cr} = a - b\lambda \tag{14.11}$$

式中，a 和 b 都是与材料性能有关的常数，单位为 MPa。表 14.1 给出了几种常用材料的 a 和 b。

对柔度很小的短杆，如压缩试验用的金属短柱或水泥块，受压时并不会出现大柔度杆那样的弯曲变形，不存在失稳问题，其破坏主要是因为压应力达到或超过强度破坏极限而造成，因此 σ_{cr} 应小于材料压缩强度极限 σ_{cu}。例如，塑性材料的压缩极限应力为屈服应力 σ_s，故应有

$$\sigma_{cr}=a-b\lambda<\sigma_s \quad 或 \quad \lambda>\frac{a-\sigma_s}{b}$$

取其极限，得

$$\lambda_0=\frac{a-\sigma_s}{b} \tag{14.12}$$

λ_0 是使用直线型经验公式时所需最小的柔度值，若 $\lambda\leqslant\lambda_0$，压杆不存在稳定性问题，则应按压缩强度进行计算，即

$$\sigma_{cr}=\frac{F_N}{A}\leqslant\sigma_s$$

对脆性材料，只要将式中的 σ_s 改为 σ_b 便可。

表 14.1　直线经验公式中几种常用材料的 a、b、λ_P 和 λ_0

材料（σ_b、σ_s 的单位为 MPa）	a/MPa	b/MPa	λ_P	λ_0
Q235　$\sigma_b\geqslant 372$　$\sigma_s=235$	304	1.12	100	61.4
优质碳钢　$\sigma_b\geqslant 471$　$\sigma_s=306$	461	2.57	100	60
硅钢　$\sigma_b\geqslant 353$　$\sigma_s=353$	577	3.74	100	60
铬钼钢	980	5.29	55	0
铸铁	332	1.45	80	
硬铝	372	2.14	50	0
松木	39	0.20	59	

综上所述，压杆可以根据其柔度的大小分为三类，分别按不同的公式计算。$\lambda\geqslant\lambda_p$ 的压杆属于细长杆或大柔度杆，按欧拉公式计算其临界应力；$\lambda_0<\lambda<\lambda_p$ 的压杆称为中柔度杆，按式(14.11)等经验公式计算其临界应力；$\lambda\leqslant\lambda_0$ 的压杆属于短粗杆，也称为小柔度杆，应按强度问题处理。上述临界应力随柔度变化的关系曲线用图 14.11 表示，称为临界应力总图。

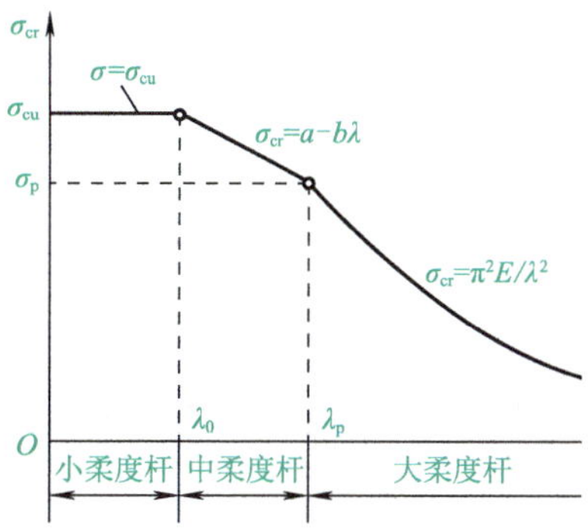

图 14.11

对结构钢、低合金结构钢等材料制作的非细长压杆，可用抛物线型经验公式计算临界应力，该公式的一般表达式为

$$\sigma_{cr}=a_1-b_1\lambda^2 \tag{14.13}$$

式中，a_1 和 b_1 也是与材料性能有关的常数，单位为 MPa。如对于 Q235 钢，$a_1=235$MPa，$b_1=0.0068$MPa；对于 16Mn 钢，$a_1=343$MPa，$b_1=0.00161$MPa。我国在钢结构设计规

范中，对中小柔度杆的临界应力，规定也按(14.13)进行计算。仿照上面的分析，也可由欧拉公式和抛物线型经验公式绘出临界应力总图。

【例 14.2】图 14.12 所示连杆，用 Q235 钢制成，承受轴向压力，试确定连杆的临界载荷。并分析截面的合理性。

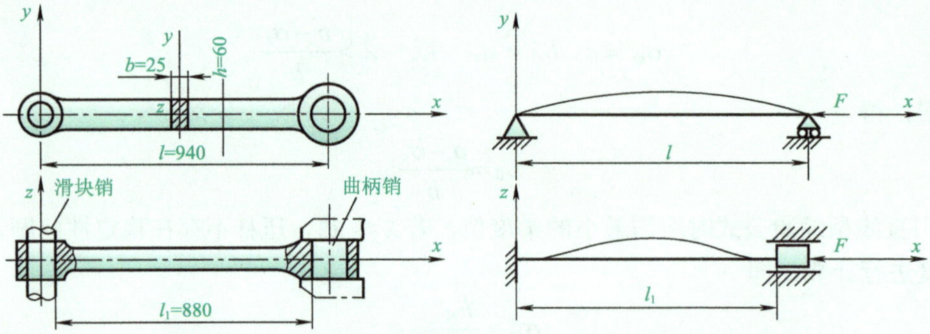

图 14.12

解 (1)失稳形式判断。在轴向压力的作用下，连杆在 xy 和 xz 平面内都有可能失稳。如果连杆在 xy 平面内失稳(即横截面绕 z 轴转动)，两端视为铰支，长度因数 $\mu=1$，惯性半径为

$$i_z=\sqrt{\frac{I_z}{A}}=\sqrt{\frac{bh^3/12}{bh}}=\frac{h}{2\sqrt{3}}=\frac{60}{2\sqrt{3}}=17.32(\text{mm})$$

柔度为

$$\lambda_z=\frac{\mu l}{i_z}=\frac{1\times 940}{17.32}=54.3$$

如果连杆在 xz 平面内失稳(即横截面绕 y 轴转动)，视为两端固定，长度因数 $\mu=0.5$，惯性半径为

$$i_y=\sqrt{\frac{I_y}{A}}=\sqrt{\frac{hb^3/12}{bh}}=\frac{b}{2\sqrt{3}}=\frac{25}{2\sqrt{3}}=7.22(\text{mm})$$

柔度为

$$\lambda_y=\frac{\mu l_1}{i_y}=\frac{0.5\times 880}{7.22}=61>\lambda_z$$

因 $\lambda_y>\lambda_z$，所以连杆将先在 x-z 平面内失稳。

(2)计算临界压力。根据以上计算和分析，应用 λ_y 求临界压力。查表 14.1 知，对 Q235 钢，$\lambda_0<\lambda_y<\lambda_{\text{P}}$，可见此连杆属中柔度杆，临界应力为

$$\sigma_{\text{cr}}=a-b\lambda=304-1.12\times 61=235.7(\text{MPa})$$

所以临界压力为

$$F_{\text{cr}}=\sigma_{\text{cr}}A=235.7\times 25\times 60=353.5(\text{kN})$$

(3)截面合理性分析。此连杆横截面较合理的尺寸是满足在 xy 和 xz 平面内失稳时的临界力相等。而这就要求 $\lambda_y=\lambda_z$，即 $\dfrac{l}{\sqrt{I_z/A}}=\dfrac{0.5l_1}{\sqrt{I_y/A}}$，因 l_1 与 l 相差不大，所以近似有 $I_z\approx 4I_y$。

14.4 压杆的稳定实用计算及合理设计

压杆稳定计算，包括稳定性校核、截面尺寸设计和确定许用载荷三方面。具体有两种方法：安全因数法和折减系数法。通常稳定性校核和确定许用载荷用安全因数法，截面设计用折减系数法。

14.4.1 安全因数法

由前面的分析可知，保证压杆不失稳的关键是限制轴向压力的值。对于大柔度压杆，临界压力 F_{cr} 可用欧拉公式直接算出。对中柔度压杆，可由经验公式先求出临界压应力 σ_{cr}，再乘压杆的横截面面积求得临界压力 F_{cr}。而小柔度压杆，则进行强度计算。用临界压力 F_{cr} 除以稳定安全因数 n_{st} 得稳定许可压力 $[F]$。所以压杆的稳定性条件为

$$F \leqslant \frac{F_{cr}}{n_{st}} = [F] \tag{14.14}$$

此条件也可写为

$$n = \frac{F_{cr}}{F} \geqslant n_{st} \tag{14.15}$$

式中的 n 是临界压力 F_{cr} 与工作压力 F 的比值，称为工作安全因数。

稳定安全因数 n_{st} 一般高于强度安全因数。因为除类似确定强度安全因数的一般原则外，还要考虑一些难以避免的因素，如杆件的初弯曲、压力偏心、材料不均匀和支座的缺陷等，这些都严重影响压杆的稳定性，使临界压力降低。但同是这些因素，对强度的影响就不像对稳定性那么严重。

稳定安全因数的值可从有关设计规范的手册中查得。表 14.2 给出了几种常见钢制压杆的 n_{st}。

表 14.2 几种常见钢制压杆的稳定安全因数

实际压杆	金属结构中的衬杆	矿山、冶金设备中的压杆	机床丝杠	精密丝杠	水平长丝杠	磨床油缸活塞杆	低速发动机挺杆	高速发动机挺杆	拖拉机转向纵、横推杆
n_{st}	1.8～3.0	4～8	2.5～4	>4	>4	2～5	4～6	2～5	>5

应当注意，压杆的稳定性取决于整体杆件的弯曲刚度，而杆截面的局部削弱(如存在铆钉孔或油孔等)对整体变形影响很小，所以稳定性计算时仍可用未削弱横截面的面积和惯性矩。而对于受削弱的横截面，则应进行强度校核。

用安全因数法进行压杆稳定计算的一般步骤是：计算压杆的柔度，判断属于哪一类压杆，然后选择对应的公式计算临界应力 σ_{cr}，再计算临界力 F_{cr}，最后用稳定性条件进行稳定性校核或确定许用载荷。

【例 14.3】 空气压缩机的活塞杆由 45 钢制成，两端可简化为铰支座。材料的 $\sigma_s = 350\text{MPa}$，$\sigma_p = 280\text{MPa}$，$E = 210\text{GPa}$。杆长 $l = 703\text{mm}$，直径 $d = 45\text{mm}$。最大工作压力 $F_{max} = 41.6\text{ kN}$。稳定安全因数 n_{st} 在 8～10。试校核其稳定性。

解 (1)计算 λ，判断属于哪类压杆。由式(14.9)，求得

$$\lambda_p = \sqrt{\frac{\pi^2 E}{\sigma_p}} = \sqrt{\frac{\pi^2 \times 210 \times 10^9}{280 \times 10^6}} = 86$$

因活塞杆两端为铰支座，故$\mu = 1$。活塞杆横截面为圆形，则

$$i = \sqrt{\frac{I}{A}} = \sqrt{\frac{\pi d^4/64}{\pi d^2/4}} = \frac{d}{4}$$

故柔度为

$$\lambda = \frac{\mu l}{i} = \frac{1 \times 703 \times 4}{45} = 62.5$$

因$\lambda < \lambda_P$，所以不能用欧拉公式计算临界压力。由表 14.1 查得优质碳钢的$a = 461\text{MPa}$，$b = 2.57\text{MPa}$。由式(14.12)得

$$\lambda_0 = \frac{a - \sigma_S}{b} = \frac{461 - 350}{2.57} = 43.2$$

可知

$$\lambda_0 < \lambda < \lambda_P$$

活塞杆是中柔度压杆。

(2)计算临界压力。计算活塞杆的临界应力的直线经验公式为

$$\sigma_{cr} = a - b\lambda = 461 - 2.57 \times 62.5 = 300.4(\text{MPa})$$

所以临界压力为

$$F_{cr} = \sigma_{cr} A = 300.4 \times \frac{\pi \times 45^2}{4} = 477726(\text{N}) = 478(\text{kN})$$

(3)稳定校核。活塞杆的工作安全因数为

$$n = \frac{F_{cr}}{F_{max}} = \frac{478}{41.6} = 11.5$$

显然$n > n_{st}$，活塞杆满足稳定性要求。

14.4.2 折减系数法

在起重机械、桥梁和房屋结构的设计和工程中，常采用折减系数法对压杆进行稳定性计算。其特点是以强度的许用应力作为基本的许用应力，同时考虑影响压杆稳定性的各种因素，用一个折减的系数与之相乘得到稳定许用应力，故这种方法称为折减系数法。对应的稳定性条件为

$$\sigma \leqslant \varphi[\sigma] \tag{14.16}$$

式中，σ是压杆的工作压应力；$[\sigma]$为许用压应力；φ是一个小于 1 的系数，称为稳定系数或折减系数，其值与压杆的柔度和所用的材料有关。各种轧制与焊接钢构件的稳定系数，可查阅《钢结构设计规范》(GB 50017—2014)，木制受压构件的稳定系数，可查阅《木结构设计规范》(GB 50005—2003)。

14.4.3 压杆的合理设计

由以上分析可知，影响压杆稳定性的主要因素有：横截面的形状和尺寸、压杆的长度、约束条件和材料的性能。所以，要合理设计压杆，提高其稳定性，就应该重点考虑这几方面

的优化。

1. 合理选择压杆的截面形状

细长杆和中柔度杆的临界应力都与柔度 λ 有关，柔度愈小，临界应力的值就愈高。而压杆的柔度为

$$\lambda = \frac{\mu l}{i} = \mu l\sqrt{\frac{A}{I}}$$

可见，对长度和约束条件确定的压杆，在横截面面积不变的条件下，应尽量选择惯性矩较大的截面形状，以减小压杆的柔度，提高稳定性。例如，空心的环形截面就比实心圆截面合理，因为对同样的截面面积，环形截面的 I 和 i 都比实心圆截面的大得多。同理，经适当设计的工字形组合截面、由角钢或槽钢等组成的桥梁、桁架中的压杆或建筑物中的柱，都是把型钢分开放置如图 14.13 所示，以满足上述要求。

工程实际中，为使上述组合截面的压杆或组合柱能成为一整体杆件工作，在各组成杆件之间，需采用缀板、缀条等相连接，如图 14.14 所示。至于缀板、缀条等的设计，在《钢结构设计规范》中有专门规定。

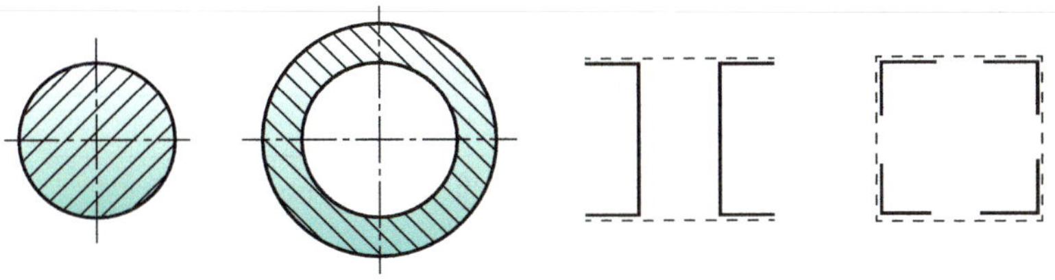

图 14.13

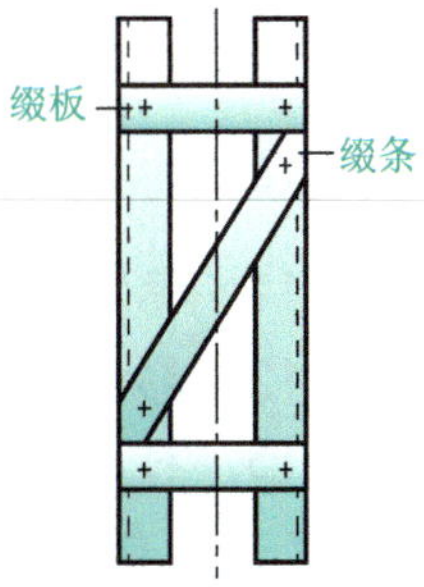

图 14.14

2. 合理选择压杆的约束并尽量减小杆长

因压杆的临界压力与相当长度 μl 的平方成反比，所以，在结构许可的条件下，增强压杆的约束和尽量减小压杆长度，对于提高压杆的稳定性影响极大。如图 14.15 为一空气压缩机的结构示意图，如果把活塞与活塞杆在 A 处的固支改为压力通过 B 处传递，则受压长度可由 l 减为 l_1，从而大大提高活塞杆的抗失稳能力。

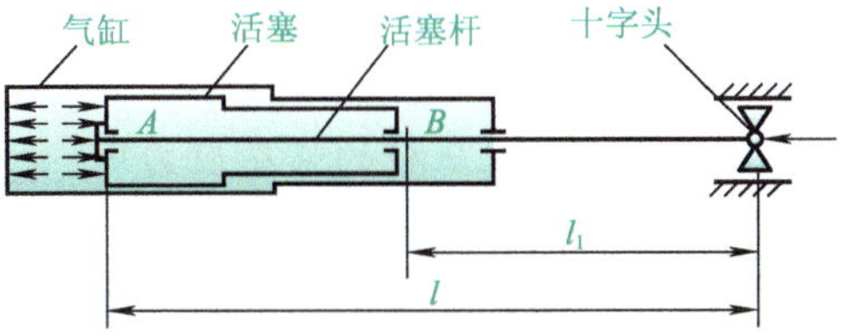

图 14.15

3. 合理选择材料

细长压杆的临界应力，与材料的弹性模量 E 有关。显然，选择弹性模量较高的材料，可以提高细长杆的稳定性。然而，对钢材而言，由于各种钢材的弹性模量大致相同，因此，如果仅从稳定性考虑，选用高强度钢作细长杆是不必要的。而中柔度杆的临界应力与材料的比例极限、压缩极限应力等有关，故强度高的材料，临界应力相应也高。所以，对中柔度杆，选用高强度的材料显然有利于提高稳定性。

思考题

一、判断题(判断下列说法是否正确)

14-1 引起压杆失稳的主要原因是外界的干扰力。

14-2 临界压力是压杆丧失承载能力时的最小轴向压力。

14-3 用同一材料制成的压杆，其柔度愈大，就愈容易失稳。

14-4 压杆的临界应力值总是与其材料的弹性模量成正比。

14-5 两根压杆，只要其材料和柔度都相同，则它们的临界力和临界应力也都相同。

14-6 只有压杆横截面上的工作应力不超过材料比例极限的前提下，才能用欧拉公式计算其临界压力。

14-7 只要压杆的工作应力等于或大于材料的比例极限，压杆就会丧失稳定。

14-8 压杆失稳时，各横截面绕其上哪一根轴转动是随机的。

14-9 大柔度杆、中柔度杆和小柔度杆的分类依据是杆的柔度值。

14-10 压杆的合理截面与梁的合理截面要求相同。

二、填空题(将答案填入下画线处)

14-11 稳定平衡是指________________，不稳定平衡是指________________________。

14-12 影响细长压杆临界力大小的主要因素有______，______，______，______。

14-13 对于不同的杆端约束，长度系数μ有不同的值。两端铰支杆的μ等于________，一端固定一端自由杆的μ等于________，两端固定杆的μ等于________，一端固定一端铰支杆的μ等于________。

14-14 压杆的柔度λ综合反映了压杆的__________，__________和__________对压杆临界应力的影响。

14-15 如果以柔度λ的大小对压杆进行分类，则________________的杆称为大柔度杆或细长杆，__________的杆称为中柔度杆，______________的杆称为小柔度杆或短粗杆。

14-16 细长压杆的临界应力用____________________公式计算，中柔度杆的临界应力用__________公式计算，短粗杆的临界应力用______________公式计算。

14-17 两端为球铰支承的压杆，其横截面形状分别如思图 14.1 所示，试画出压杆失稳时横截面绕其转动的轴。

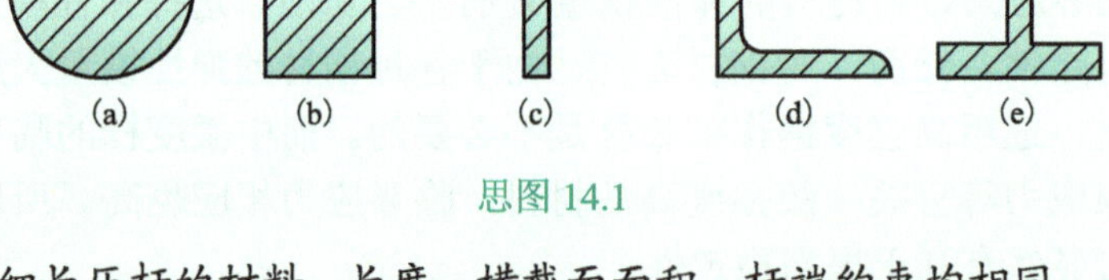

思图 14.1

14-18 两根细长压杆的材料、长度、横截面面积、杆端约束均相同，一杆的横截面形状为正方形，另一杆的为圆形，则先丧失稳定的是______横截面的杆。

14-19　两根矩形截面压杆的材料、长度和横截面尺寸均相同，且两杆均为一端固定、一端自由，如思图 14.2 所示，但杆(b)上钻有一直径为 d 的小孔，则比较两杆的强度为＿＿＿＿＿＿＿＿，比较两杆的稳定性为＿＿＿＿＿＿＿＿＿＿＿＿＿。

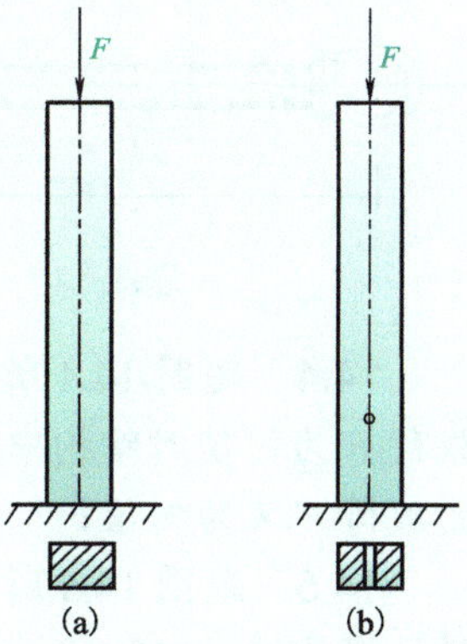

思图 14.2

三、分析讨论题

14-20　强度分析与稳定性分析在建立平衡关系和失效准则方面有何不同？

14-21　强度、刚度失效与稳定性失效有何差别？

14-22　思图 14.3 所示结构中的 AB 杆，在哪几种情况下受压？哪种情况下最容易发生屈曲失效？

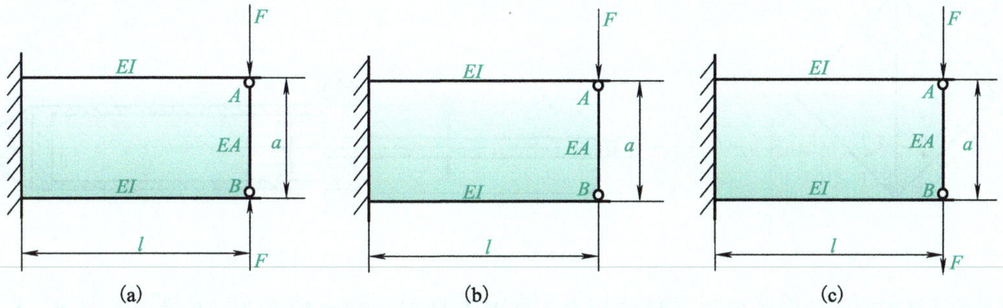

思图 14.3

习　　题

14.1　题图 14.1 所示两端球形铰支细长压杆，弹性模量 $E=200\text{GPa}$。试用欧拉公式计算其临界压力。

(1) 圆形截面，$d=30\text{ mm}$，$l=1.2\text{ m}$;

(2) 矩形截面，$h=2b=50\text{ mm}$，$l=1.2\text{ m}$;

(3) No.16 字钢，$l=2.0\text{ m}$。

14.2　题图 14.2 所示圆截面压杆的材料都是 Q235 钢，$E=200\text{GPa}$，直径均为 $d=160\text{mm}$，求各杆的临界压力。

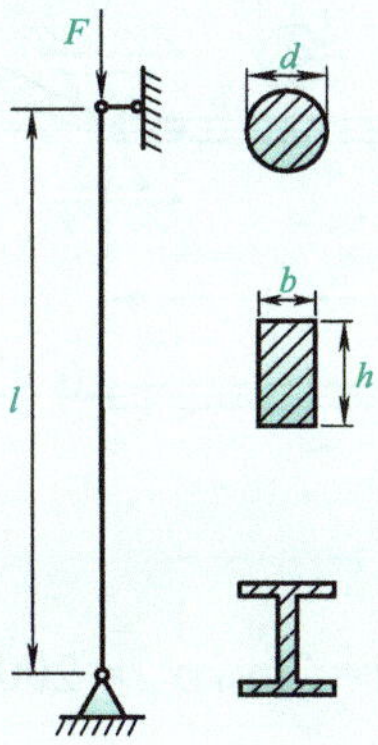

题图 14.1

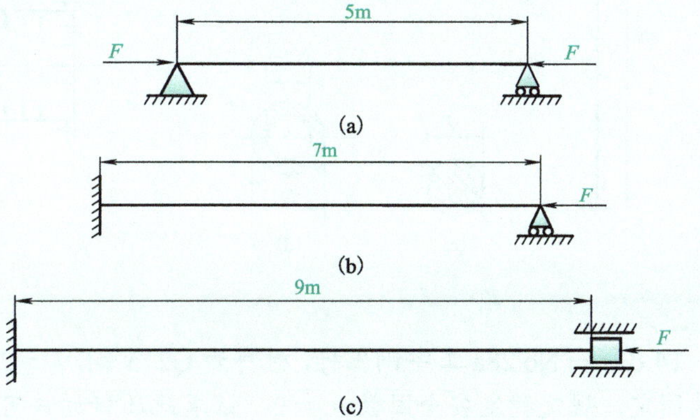

题图 14.2

题图 14.3

14.3 飞机起落架中斜撑杆如题图 14.3 所示。杆为空心圆管，外径 $D = 52$ mm，内径 $d = 44$ mm，$l = 950$mm。材料为 30CrMnsiNiZA，$\sigma_b = 1600$MPa，$\sigma_p = 1200$MPa，$E = 210$GPa。试求这一斜撑杆的 F_{cr} 和σ_{cr}。

14.4 题图 14.4 所示正方形桁架，各杆截面的抗弯刚度均为 EI，且均为细长杆。试问当载荷 F 为何值时结构中的个别杆件将失稳？如果将 F 的方向改为向内的压力，则使杆件失稳的载荷 F 又为何值？

14.5 题图 14.5 所示活塞杆，用硅钢制成，其直径 $d = 40$mm，外伸部分的最大长度 $l = 1$m，弹性模量 $E = 210$ GPa，$\lambda_p = 100$。试确定活塞杆的临界压力。

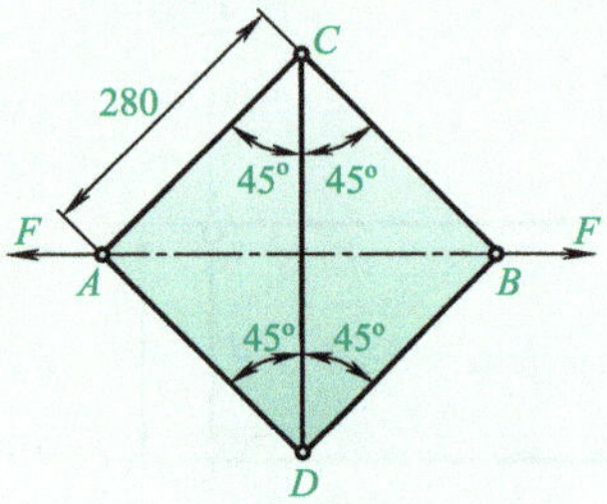

题图 14.4

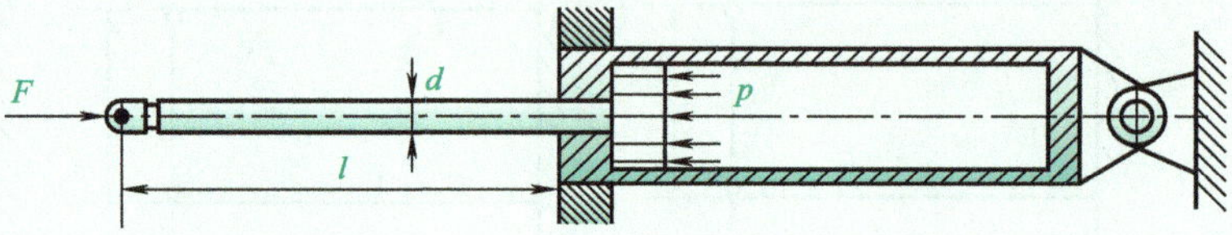

题图 14.5

14.6 题图 14.6 所示压杆，材料相同，横截面的形状有四种形式，但其面积均为 $A = 3.2 \times 10^3 \text{mm}^2$，弹性模量 $E = 70$GPa，$\lambda_p = 50$，$\lambda_0 = 0$，中柔度杆的临界应力公式为

$$\sigma_{cr} = (382 \text{ MPa} - 2.18 \text{ MPa})\lambda$$

试计算它们的临界压力，并比较其稳定性。

14.7 题图 14.7 所示蒸汽机活塞杆 AB 承受轴向压力 $F = 120$kN，杆长 $l = 1.8$m，杆的横截面为圆形，直径 $d = 75$ mm。材料为 Q275 钢，$E = 210$ GPa，$\sigma_p = 240$ MPa。规定稳定安全因数 $n_{st} = 8$，试校核活塞杆的稳定性(活塞杆简化为两端铰支)。

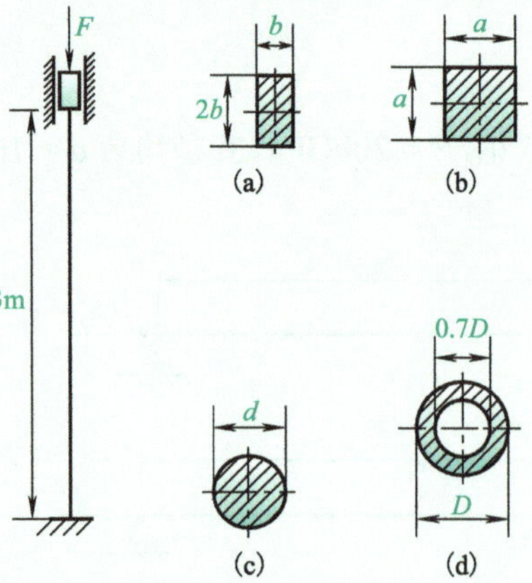

题图 14.6

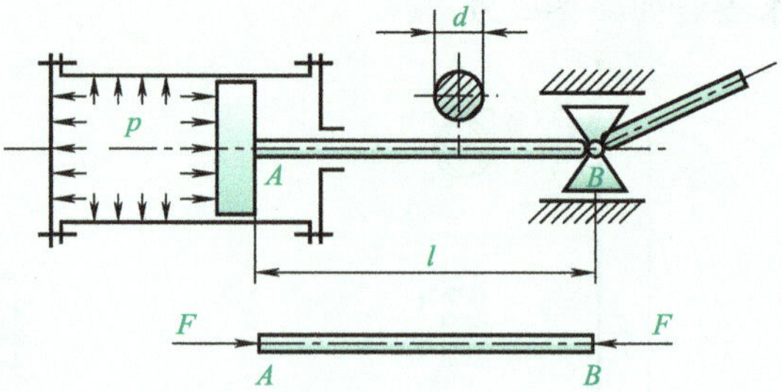

题图 14.7

14.8 一 No.28a 工字钢压杆，材料为 Q275 钢，$E = 206$GPa，长度 $l = 7$m，$\sigma_p = 200$MPa，两端固定，规定稳定安全因数 $n_{st} = 2$。试求此压杆的许可轴向载荷$[F]$。

14.9 横截面如题图 14.8 所示的立柱，由四根 80mm×80mm×6mm 的角钢组成，柱长 $l=6$m。立柱两端为铰支，承受 $F=450$ kN 的轴向压力作用。角钢的材料是 Q235 钢，许用压应力$[\sigma]=170$ MPa，试确定横截面的边宽 a。

14.10 题图 14.9 所示结构，由横梁 AC 与立柱 BD 组成，横梁和立柱的材料均是低碳钢，弹性模量 $E=200$GPa，比例极限$\sigma_p=200$MPa。试问当载荷集度 $q=20$N/mm 时，截面 B 的挠度为何值？

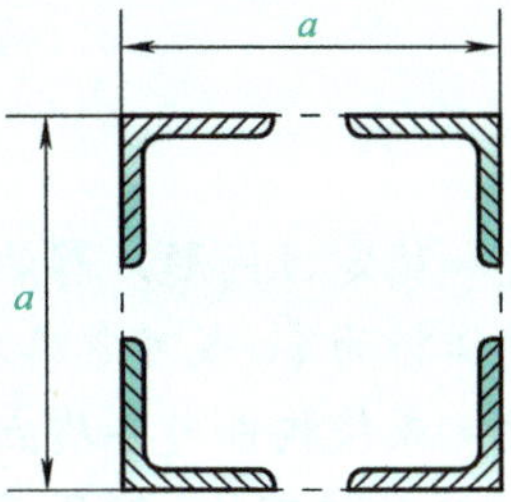

题图 14.8

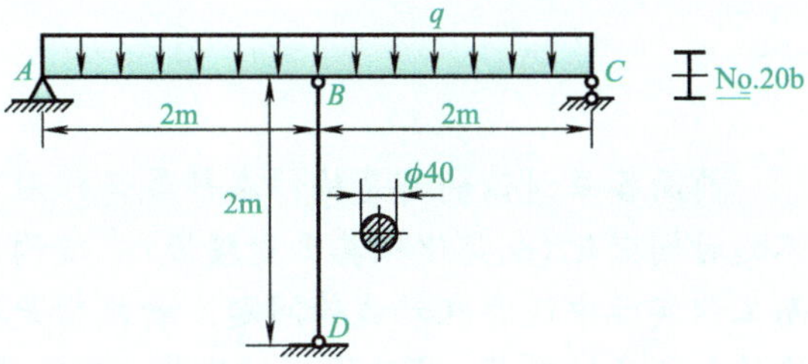

题图 14.9

第 15 章 动 载 荷

前面各章讨论的都是构件在静载荷作用下的强度、刚度和稳定性问题。静载荷是指载荷不随时间变化(或变化极其平稳缓慢)且使构件各部件加速度保持为零(或可忽略不计)的载荷。而工程实际中还存在动载荷问题。动载荷是指随时间急剧变化或使构件内各质点产生不可忽略的加速度的载荷。高速运动的连杆，高速旋转的飞轮，加速提升的重物，锻压汽锤的锤杆，受紧急制动的转轴以及大量长期在周期性变化应力下工作的机械零件等，都承受着不同形式的动载荷。在动载荷作用下，构件内产生的应力称为动应力，应变称为动应变，位移称为动位移。

构件加速度不变的动载荷问题是最简单的情况，属于惯性力问题。当运动的物体以一定速度撞击静止的构件时，其运动因受到构件的阻碍而在极短的时间内速度变为零，这在物体与构件之间会产生很大的相互作用力，这种力称为冲击载荷。随时间作周期性变化的载荷称为交变载荷。惯性力、冲击载荷和交变载荷都是动载荷，本章讨论由这几种动载荷作用下构件的强度与刚度计算。

15.1 惯性力问题

对于等加速度直线运动构件和等速旋转构件，其线加速度或角加速度不变或变化很小，可采用“动静法”求解。即由已知的加速度确定惯性力的大小，假想地施加在构件上，把动力学问题在形式上作为静力学问题来处理，这就是动静法，也称为达朗贝尔原理。

15.1.1 惯性力的概念与动静法

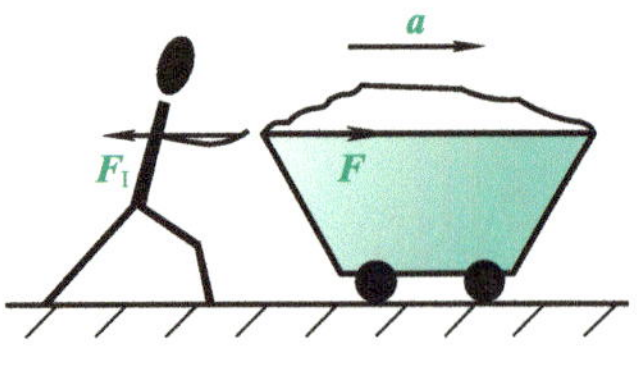

图 15.1

举一个例子，如图 15.1 所示。一个人推动小车沿直线向前运动，某瞬时小车的加速度为 $\boldsymbol{a}$, 人手施加给小车的力为 $\boldsymbol{F}$，小车质量为 m。不计摩擦，则由牛顿第二定律有

$$\boldsymbol{F}=m\boldsymbol{a}$$

由作用与反作用公理，车必给人手以反作用力 $\boldsymbol{F}_I$，该反作用为

$$\boldsymbol{F}_I=-\boldsymbol{F}=-m\boldsymbol{a}$$

式中，$\boldsymbol{F}_I$ 是人改变车的运动状态时，由于车的惯性而引起的对人手的抵抗力，称为小车的惯性力。

又如图 15.2 所示，与直杆相连的小球绕 O 点在平面内作匀速圆周运动。由牛顿第二定律，小球受杆的拉力为

$$\boldsymbol{F} = m\boldsymbol{a}$$

球对杆的反作用力为

$$\boldsymbol{F}_{\mathrm{I}} = -\boldsymbol{F} = -m\boldsymbol{a}$$

$\boldsymbol{F}_{\mathrm{I}}$ 是杆改变球的运动状态时由于球的惯性而引起的对杆的抵抗力，作用于对球加力的杆上。此力称为小球的惯性力。

由以上例题可知，惯性力是当物体受力作用其运动状态发生改变时，由于物体惯性而引起的对外界抵抗的反作用力。惯性力大小等于物体的质量乘以加速度，方向与加速度相反，并且作用在施力物体上，并表示为

$$\boldsymbol{F}_{\mathrm{I}} = -m\boldsymbol{a}$$

需要注意的是：

(1) 惯性力不作用于物体本身，而是作用在对它施加力的物体上。

(2) 此处只涉及等加速度直线运动和等速旋转问题惯性力的计算，其他问题的惯性力计算较复杂，请有兴趣的同学自学。

如果一受约束物体质量为 m，受力 $\boldsymbol{F}$ 作用，加速度为 $\boldsymbol{a}$，约束反力为 $\boldsymbol{F}_{\mathrm{N}}$，如图 15.3 所示。则由牛顿第二定律，有

$$\boldsymbol{F} + \boldsymbol{F}_{\mathrm{N}} = m\boldsymbol{a}$$

将此式改写为

$$\boldsymbol{F} + \boldsymbol{F}_{\mathrm{N}} - m\boldsymbol{a} = 0$$

令 $\boldsymbol{F}_{\mathrm{I}} = -m\boldsymbol{a}$，可得

$$\boldsymbol{F} + \boldsymbol{F}_{\mathrm{N}} + \boldsymbol{F}_{\mathrm{I}} = 0 \tag{15.1}$$

显然，此式具有平衡方程的形式，表明只要将物体的惯性力假想地加到该物体上，那么质点的主动力 $\boldsymbol{F}$、约束力 $\boldsymbol{F}_{\mathrm{N}}$ 和惯性力 $\boldsymbol{F}_{\mathrm{I}}$ 可以构成形式上的平衡力系。借用形式上的平衡关系用静力学方法来求解动力学问题。此求解方法称之为“动静法”。

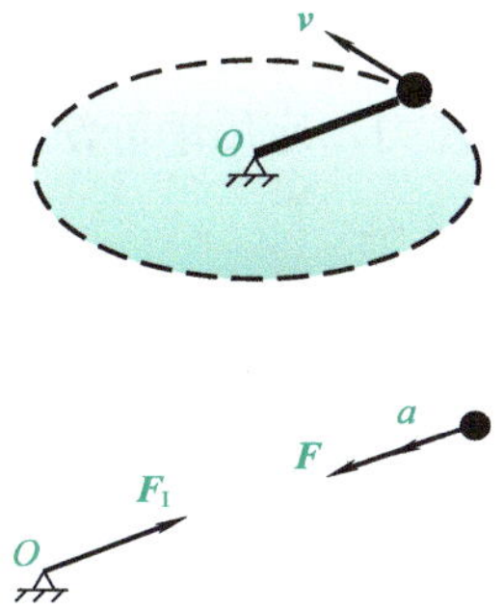

图 15.2

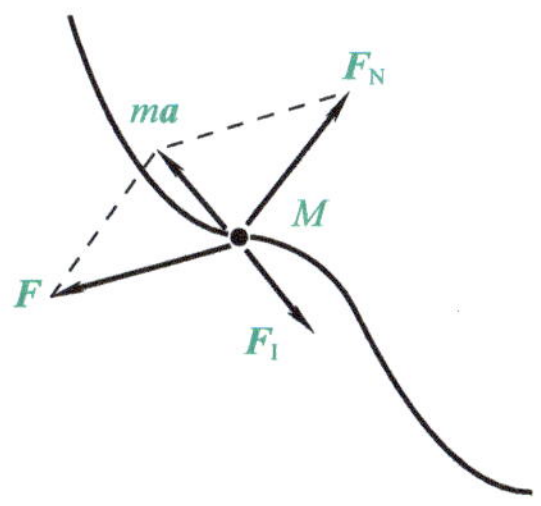

图 15.3

15.1.2 等加速度直线运动构件的应力计算

以等加速度做直线运动的构件，已知其上各点的加速度都是 $\boldsymbol{a}$。在构件上施加惯性力后，采用动静法求解构件内力，然后按照静载荷问题进行应力、强度与刚度计算。

【例 15.1】 起重机如图 15.4(a) 所示，重物的重量为 W，在开始吊起重物的瞬间，重物具有向上的加速度 a，设钢丝绳的横截面积为 A，自重不计。求吊起重物的瞬间钢丝绳内的拉力和应力。

解 (1)取重物为研究对象，作受力分析并在重物上施加惯性力 $\boldsymbol{F}_\mathrm{I}$，方向如图 15.4(b)所示，惯性力大小为

$$F_\mathrm{I}=ma=\frac{W}{g}a$$

(2)取 y 轴竖直向上，列平衡方程，可得钢丝绳横截面上的动拉力为

$$F_\mathrm{Nd}=F_\mathrm{I}+W=\frac{W}{g}a+W=\left(1+\frac{a}{g}\right)W \tag{a}$$

(3)钢丝绳横截面上的动应力为

$$\sigma_\mathrm{d}=\frac{F_\mathrm{Nd}}{A}=\left(1+\frac{a}{g}\right)\frac{W}{A} \tag{b}$$

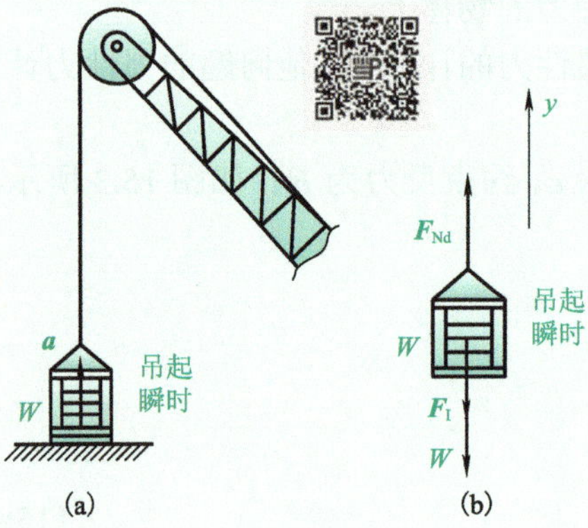

图 15.4

令 $K_\mathrm{d}=1+\dfrac{a}{g}$，称为**动荷因数**。则式(a)、(b)可写为

$$F_\mathrm{Nd}=K_\mathrm{d}F_\mathrm{Nst}$$
$$\sigma_\mathrm{d}=K_\mathrm{d}\sigma_\mathrm{st}$$

因 $F_\mathrm{Nst}=W$ 为钢丝绳内的静拉力，故钢丝绳内的静应力为

$$\sigma_\mathrm{st}=\frac{W}{A}$$

由此可见，动荷因数反映了构件动载荷与静载荷分别产生的内力、应力及位移间的关系，动载荷问题的求解简化为静载荷求解结果与动荷因数的乘积。

15.1.3 等速旋转构件的应力计算

等速旋转构件由于动应力而引起的失效问题在工程中也是很常见的。处理这类问题时，首先分析构件的转动，确定其角速度，然后在构件上施加惯性力，应用动静法确定构件的内力，最后按照静载荷问题进行应力分析、强度与刚度计算。

【例 15.2】 设圆环的平均直径 D、厚度 t，且 $t\ll D$，横截面面积为 A，单位体积重量为 γ，圆环绕过圆心且垂直于圆环平面的轴以等角速度 ω 旋转，如图 15.5(a)所示，试确定圆环的动应力，并建立强度条件。

解 (1)惯性力分析，如图 15.5(b)所示，环内任意一点都有向心加速度 $\boldsymbol{a}_\mathrm{n}$，其惯性力为

$$q_\mathrm{d}=\frac{A\gamma}{g}a_\mathrm{n}=\frac{A\gamma D}{2g}\omega^2$$

(2)内力分析，取圆环的一半为研究对象，如图 15.5(b)所示，对称截面上的内力为 F_Nd，沿 y 方向立平衡方程可得

$$2F_\mathrm{Nd}-\int_0^\pi q_\mathrm{d}\sin\varphi\frac{D}{2}\mathrm{d}\varphi=0$$
$$2F_\mathrm{Nd}-q_\mathrm{d}D=0$$
$$F_\mathrm{Nd}=\frac{q_\mathrm{d}D}{2}=\frac{A\gamma D^2}{4g}\omega^2$$

(3) 圆环横截面上的动应力为

$$\sigma_{\mathrm{d}}=\frac{F_{\mathrm{Nd}}}{A}=\frac{\gamma D^2}{4g}\omega^2$$

则强度条件可以写为

$$\sigma_{\mathrm{d}}=\frac{\gamma D^2\omega^2}{4g}\leqslant[\sigma]$$

从上式可以看出，环内应力仅与γ和ω有关，而与A无关。所以，要保证圆环的强度，应限制圆环的角速度。而增加截面面积A，并不能改善圆环的强度。

一般而言，动载荷问题的强度条件表达式为

$$\sigma_{\mathrm{dmax}}=K_{\mathrm{d}}\sigma_{\mathrm{stmax}}\leqslant[\sigma]$$

可进行强度问题三方面的计算。

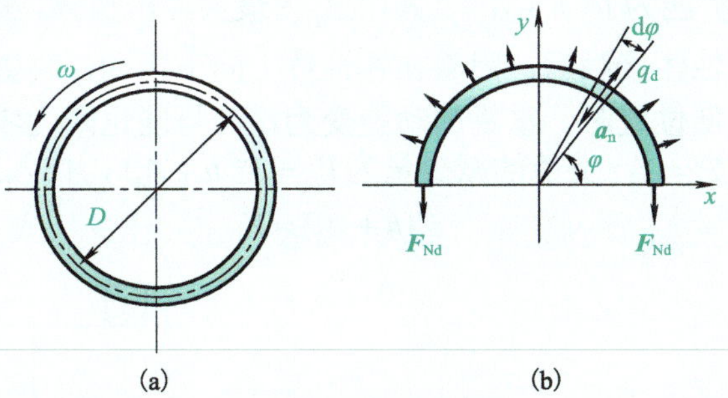

图 15.5

15.2 杆件受冲击时的应力计算

工程中，汽锤锻造、落锤打桩、冲压加工金属部件、打夯、高速飞轮突然制动等，都是冲击问题的实例。有些工作需要利用冲击，如打桩、冲压加工构件、锻造等，有时则要尽量避免或减小冲击，如汽车的振动、起吊重物时紧急制动等，这些都需要研究冲击问题。

冲击前有速度的物体，如重锤、飞轮等称为冲击物。被冲击的构件称为被冲击物，由于冲击持续的时间很短，冲击物与被冲击物接触区域内的应力分布复杂，所以要精确分析被冲击物体内的应力和变形比较困难。工程实际中常在一些简化的基础上，采用较保守的能量方法求解。

15.2.1 冲击时的应力计算及冲击动荷因数

实验表明，只要应力不超过比例极限，动载荷作用下的应力和应变关系仍然服从胡克定律，弹性模量也与静载下的数值相同。如图 15.6(a)所示的受拉、受弯和受扭杆件，各杆的伸长、挠度和扭转角分别为

$$\Delta l=\frac{Fl}{EA}=\frac{F}{EA/l}$$

$$f=\frac{Fl^3}{3EI}=\frac{F}{3EI/l^3}$$

$$\varphi=\frac{M_{\mathrm{e}}l}{GI_{\mathrm{P}}}=\frac{M_{\mathrm{e}}}{GI_{\mathrm{P}}/l}$$

若将它们视为弹性因数分别为$\dfrac{EA}{l}$、$\dfrac{3EI}{l^3}$和$\dfrac{GI_P}{l}$的弹簧，则都可以简化为图 15.6(b)所示的弹簧受力系统。

设弹簧受力系统受到冲击，分析冲击应力时假设：①冲击物的变形忽略不计，且一旦与被冲击物(弹簧)接触，两者就附着在一起共同运动，冲击物无回弹；②冲击过程中只有冲击物的机械能与被冲击物的变形能之间的转换，其他能量的损耗不计；③被冲击物的质量忽略不计。以 T 和 V' 分别表示冲击物动能和势能的减少，V_d 表示被冲击物因受冲击而增加的变形能，根据机械能守恒定律，冲击物的动能和势能的减少量应等于被冲击物变形能的增量

$$T+V'=V_d \tag{15.2}$$

先按此关系分析物体自由下落的冲击问题，如图 15.7 所示。设重量为 F 的重物从距被冲击物为 h 的高度处自由落下，取被冲击物受冲击后接触点位移的最低位置为势能零点，则重物下落前的动能为零，势能为 $F(h+\Delta_d)$，其中 Δ_d 为最大冲击位移。重物在下落过程中，动能增加，势能减小。与弹性体接触后，附着在弹性体上向下运动，当弹性体的变形达到最大，受冲击点到达位移的最低位置时，重物的动能变为零，势能也降为零，冲击结束。冲击前与冲击后动能没有变化，$T=0$，势能的减少量为 $V'=F(h+\Delta_d)$，代入式(15.2)得

$$F(h+\Delta_d)=V_d \tag{a}$$

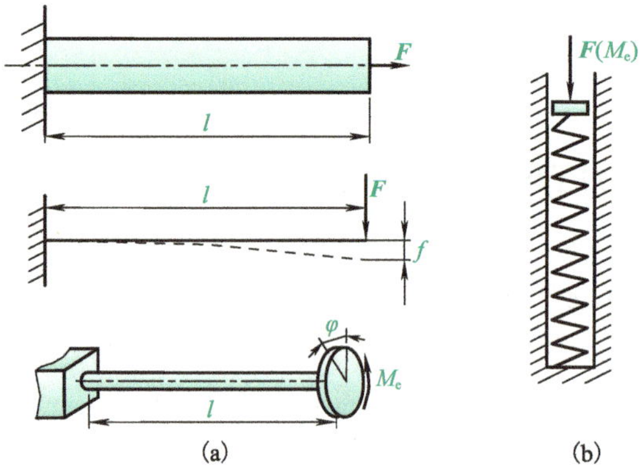

图 15.6

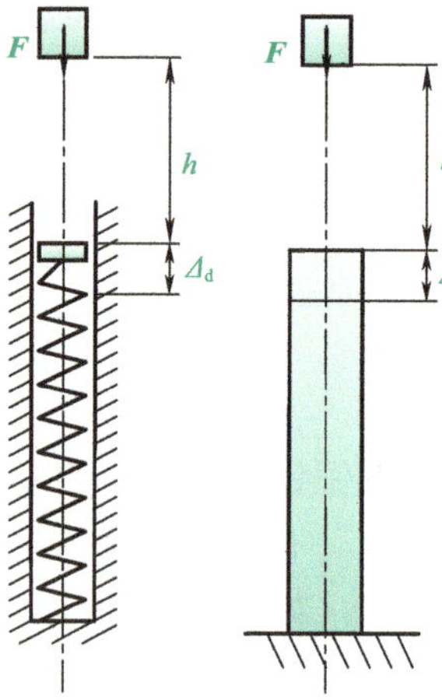

图 15.7

另一方面，因被冲击物的变形大小与其承受的动载荷成正比，并且同时由零增加到最终值。若以 F_d、Δ_d 分别表示动载荷和动位移的最终值，则冲击过程中动载荷在受冲击点位移上作的功为$\dfrac{1}{2}F_d\Delta_d$，根据功能原理，它应等于被冲击物的变形能 V_d，即

$$V_d=\frac{1}{2}F_d\Delta_d \tag{b}$$

式(b)代入式(a)得

$$F(h+\Delta_d)=\frac{F_d\Delta_d}{2} \tag{c}$$

若将重物的重量 F 以静载荷的方式加于图 15.7 所示的弹性体上，并分别以 Δ_{st} 和 σ_{st} 表示与静载荷对应的位移和应力。注意到在线弹性范围内，载荷、位移和应力成正比，即有

$$\frac{F_{\mathrm{d}}}{F}=\frac{\Delta_{\mathrm{d}}}{\Delta_{\mathrm{st}}}=\frac{\sigma_{\mathrm{d}}}{\sigma_{\mathrm{st}}} \tag{d}$$

式中，σ_{d} 为受冲击物的动应力。由式(d)得

$$F_{\mathrm{d}}=\frac{\Delta_{\mathrm{d}}}{\Delta_{\mathrm{st}}}F, \qquad \sigma_{\mathrm{d}}=\frac{\Delta_{\mathrm{d}}}{\Delta_{\mathrm{st}}}\sigma_{\mathrm{st}} \tag{e}$$

将式(e)中的 F_{d} 表达式代入式(c)并整理后得

$$\Delta_{\mathrm{d}}^2-2\Delta_{\mathrm{st}}\Delta_{\mathrm{d}}-2h\Delta_{\mathrm{st}}=0$$

解此式得

$$\Delta_{\mathrm{d}}=\Delta_{\mathrm{st}}\left(1\pm\sqrt{1+\frac{2h}{\Delta_{\mathrm{st}}}}\right)$$

显然应有 $\Delta_{\mathrm{d}}>\Delta_{\mathrm{st}}$，所以上式中根号前应取正号，即有

$$\Delta_{\mathrm{d}}=\left(1+\sqrt{1+\frac{2h}{\Delta_{\mathrm{st}}}}\right)\Delta_{\mathrm{st}}=K_{\mathrm{d}}\Delta_{\mathrm{st}} \tag{15.3}$$

其中

$$K_{\mathrm{d}}=\frac{\Delta_{\mathrm{d}}}{\Delta_{\mathrm{st}}}=1+\sqrt{1+\frac{2h}{\Delta_{\mathrm{st}}}} \tag{15.4}$$

称为自由落体的冲击动荷因数。将式(15.3)代入式(d)得

$$F_{\mathrm{d}}=K_{\mathrm{d}}F\,, \qquad \sigma_{\mathrm{d}}=K_{\mathrm{d}}\sigma_{\mathrm{st}} \tag{15.5}$$

由式(15.3)和(15.5)可见，只要求出冲击动荷因数 K_{d}，再以 K_{d} 分别乘静载荷、静位移和静应力，就可求得冲击时的动载荷 F_{d}、动位移 Δ_{d} 和动应力 σ_{d}。因此确定冲击动荷因数就成了求解冲击问题的关键。这里的 F_{d}、Δ_{d} 和 σ_{d} 指冲击物速度等于零，被冲击物达到最大变形瞬时对应的载荷、位移和应力。

对不同的冲击形式，冲击动荷因数 K_{d} 的计算式是不同的。式(15.4)表达的只是自由落体冲击这一特殊情况的冲击动荷因数计算式。

(1)若载荷突然加在构件上，相当于冲击物自由下落但 h=0 的情况。由式(15.4)知，对应这种情况，$K_{\mathrm{d}}=2$。这时，构件内产生的冲击动载荷、动应力和动位移皆为静载荷作用下的两倍。

(2)若冲击物沿水平方向冲击弹簧受力系统，如图 15.8 所示，则在整个过程中冲击物的势能不变，即 $V'=0$。如果冲击物在冲击前瞬间的速度为 v，冲击后最终变为零，则其动能的变化量为 $T=\frac{1}{2}\frac{F}{g}v^2$，将 V'、T 及式(b)代入式(15.2)并考虑式(e)得

$$\frac{1}{2}\frac{F}{g}v^2=\frac{1}{2}\frac{\Delta_{\mathrm{d}}^2}{\Delta_{\mathrm{st}}}F$$

解得

$$\Delta_{\mathrm{d}}=\sqrt{\frac{v^2}{g\Delta_{\mathrm{st}}}}\Delta_{\mathrm{st}}=K_{\mathrm{d}}\Delta_{\mathrm{st}}$$

这里，水平冲击动荷因数为

$$K_{\mathrm{d}}=\sqrt{\frac{v^2}{g\Delta_{\mathrm{st}}}} \tag{15.6}$$

求动载荷、动位移和动应力的表达式同式(15.5)。

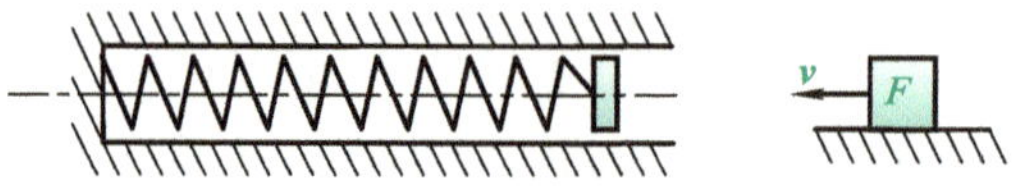

图 15.8

(3)带初速度 v 的竖向冲击问题，可仿照自由落体冲击的推导，由能量守恒原理，得到动荷因数为

$$K_{\mathrm{d}}=1+\sqrt{1+\frac{v^2/g+2h}{\Delta_{\mathrm{st}}}} \tag{15.7}$$

【例 15.3】 图 15.9 表示两不同支承方式的钢梁，受相同的重物冲击，已知弹簧的弹性因数 $k=100\mathrm{N/mm}$，$l=3\mathrm{m}$，$h=50\mathrm{mm}$，$F=1\mathrm{kN}$，钢梁的轴惯性矩 $I=3.40\times10^7\mathrm{mm}^4$，$W_z=3.09\times10^5\mathrm{mm}^3$，$E=200\mathrm{GPa}$。试比较两者的冲击应力。

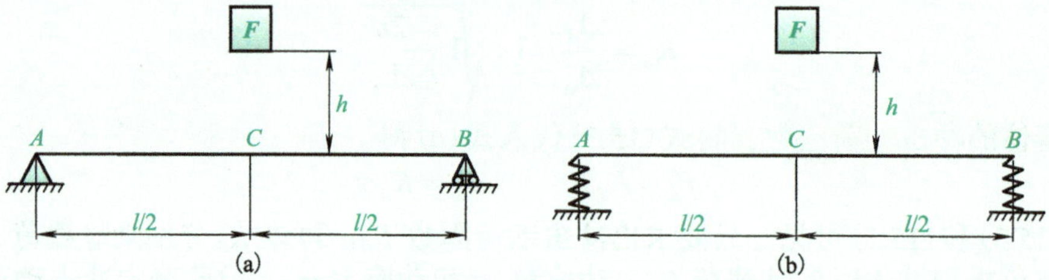

图 15.9

解 (1)对图 15.9(a)所示钢梁，冲击点 C 处的静位移为

$$\Delta_{\mathrm{st}}=\frac{Fl^3}{48EI}=\frac{1000\times\left(3\times10^3\right)^3}{48\times200\times10^3\times3.4\times10^7}=8.27\times10^{-2}(\mathrm{mm})$$

动荷因数：
$$K_{\mathrm{d}}=1+\sqrt{1+\frac{2\times50}{8.27\times10^{-2}}}=35.8$$

梁中最大静应力：
$$\sigma_{\mathrm{st}}=\frac{Fl}{4W_z}=\frac{1000\times3\times10^3}{4\times3.09\times10^5}=2.43(\mathrm{MPa})$$

所以，最大冲击应力为

$$\sigma_{\mathrm{d}}=35.8\times2.43=87(\mathrm{MPa})$$

(2)对图 15.9(b)所示钢梁，冲击点 C 处的静位移为

$$\Delta_{\mathrm{st}}=\frac{Fl^3}{48EI}+\frac{F}{2k}=8.27\times10^{-2}+\frac{500}{100}=5.08(\mathrm{mm})$$

动荷因数：
$$K_{\mathrm{d}}=1+\sqrt{1+\frac{2\times50}{5.08}}=5.55$$

所以，最大冲击应力为

$$\sigma_{\mathrm{d}}=5.55\times2.43=13.5(\mathrm{MPa})$$

可见，由于图 15.9(b)所示钢梁采用了弹簧支座，减少了系统的刚度，增加了静位移，致使动荷因数减小，从而大大降低了动应力。

15.2.2 提高构件抗冲击能力的措施

从上节的分析可以看出，冲击动应力的值不仅与冲击物的重量有关，而且与被冲击物的静位移有关。被冲击体物与冲击物接触处的静位移大，说明其刚度小，较为柔软，能较多的吸收冲击物的能量，从而缓和冲击的作用。因此在设计承受冲击的构件或结构时，如条件允许，应尽量增加静位移，以降低刚度。如汽车大梁与轮轴之间安装叠板弹簧，火车车厢与轮轴之间安装螺旋弹簧，某些机器或零件上安装橡皮垫圈或坐垫，都是利用缓冲装置来增大静位移以降低冲击应力的实例。也有的是通过改变受冲击杆件的尺寸或形状来增大静位移，以减小冲击载荷的影响。如汽缸与汽缸盖的连接螺栓，承受着活塞冲击，如果把短螺栓换为长螺栓，通过增加长度来增加其静位移，也可以有效地提高构件或结构抵抗冲击的能力。

15.3 交变应力与循环特性

工程实际中，有些运动构件在工作时其内部的应力常常会随时间作周期性变化。例如齿轮在啮合过程中，轮齿根部的应力会随着啮合开始由零值增到最大，然后又随着啮合的脱离减为零值，齿轮每转一周，每个轮齿根部的应力就这样循环一次。又如图 15.10(a)所示的车轴，受来自车厢的载荷 F 的作用，F 的大小和方向基本不变化，引起的弯矩也基本不变，但当轴以角速度 ω 转动时，横截面上任意点 A 到中性轴的距离 $y=r\sin\omega t$ 是随时间 t 变化的，如图 15.10(b)所示，因而 A 点的弯曲正应力也随时间 t 作周期性变化，如图 15.10(c)所示。这种大小和方向随时间作周期性变化的应力称为交变应力，也称周期应力或循环应力。

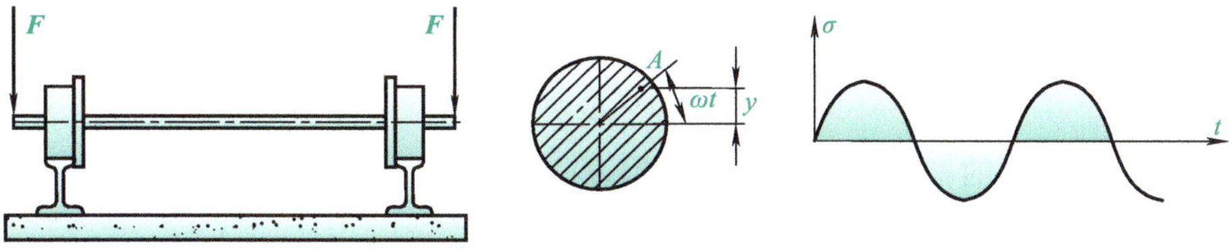

图 15.10

实践表明，金属材料因交变应力引起的失效与因静应力引起的失效全然不同。交变应力引起的失效特征是：

(1) 工作应力远低于材料的静载强度极限或甚至低于屈服极限；

(2) 破坏前无明显的塑性变形；

(3) 经过多次交变循环后，构件会产生肉眼可见的裂纹或突然脆断；

(4) 破坏断口表面呈现部分光滑，部分晶粒状粗糙的两个截然不同的区域。

因交变应力引起的失效破坏称为疲劳破坏。疲劳破坏与一般静载荷作用下的破坏有本质的差别，即便是塑性很好的材料，如碳钢，疲劳破坏前也没有明显的塑性变形，而是发生突然的脆性断裂。

金属疲劳一般解释为，在足够大的交变应力作用下，金属材料中处于最不利位置处的晶体，沿最大切应力作用面发生循环滑移，形成滑移带，经多次应力的交变后滑移带开裂形成微观裂纹；构件外形有突变、表面有刻痕或有内部缺陷等的部位，也有可能因应力集中引起微观裂纹。分散的微观裂纹经集结沟通合并，形成宏观裂纹，这是裂纹的萌生过程。已形成的宏观裂纹在交变应力作用下逐渐扩展，扩展是缓慢的，而且并不连续，按应力水平的高低时而持续时而停滞，这是裂纹的扩展过程。随着裂纹的扩展，构件截面逐步削弱，削弱到某一极限状态便发生突然断裂。所以形成了构件疲劳破坏断口的光滑区和粗糙区，如图 15.11 所示。光滑区对不同的金属材料形成原因不一样。对有些金属材料，由于裂纹在扩展过程中应力交替变化，裂纹尖端经过一次次反复张开、锐化、钝化的循环，每次应力循环会使裂纹尖端向前扩展一个非常小的量，最终形成一系列非常狭窄的疲劳条带，在宏观上显得很光滑。而对另一些金属材料，由于裂纹尖端出现严重的位错塞积，或出现夹杂物断裂，或出现夹杂物与基体界面间开裂，产生微裂纹，并贯通，从而使裂纹向前扩展，最终在断口上形成光滑的区域。而呈颗粒状的断口粗糙区是在疲劳过程的最后阶段，裂纹扩展加速，裂纹越来越长达到材料容许的极限而发生突然脆断形成的。

对于矿山、冶金、动力、运输机械以及航空航天等工业部门，疲劳是零件或构件的主要失效形式。统计结果表明，在各种机械的断裂事故中，大约有 80%以上是由于疲劳失效引起的。疲劳失效过程往往不易被察觉，所以常常表现为突发性事故，从而造成灾难性后果。因此，对于承受交变应力的构件，疲劳分析在设计中占有重要的地位。

图 15.12 所示为最常见、最基本的等幅交变应力σ与时间 t 的关系图。我们利用此图介绍与交变应力有关的几个概念。应力由 a 到 b 经由最大值到最小值，再回到最大值的一个变化过程，称为一个**应力循环**。用 σ_{max} 和 σ_{min} 分别表示应力循环中的最大和最小应力，它们的比值

$$r=\frac{\sigma_{min}}{\sigma_{max}} \tag{15.8}$$

称为**循环特征**或**应力比**，其值对材料的疲劳强度有直接影响。

σ_{max} 与 σ_{min} 的代数平均值称为**平均应力**，用 σ_m 表示，即

$$\sigma_m=\frac{1}{2}(\sigma_{max}+\sigma_{min}) \tag{15.9}$$

σ_{max} 与 σ_{min} 代数差的一半称为**应力幅**，用 σ_a 表示，即

$$\sigma_a=\frac{1}{2}(\sigma_{max}-\sigma_{min}) \tag{15.10}$$

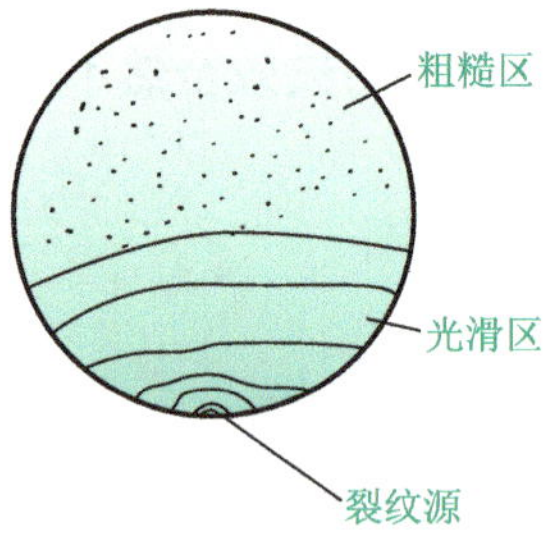

图 15.11

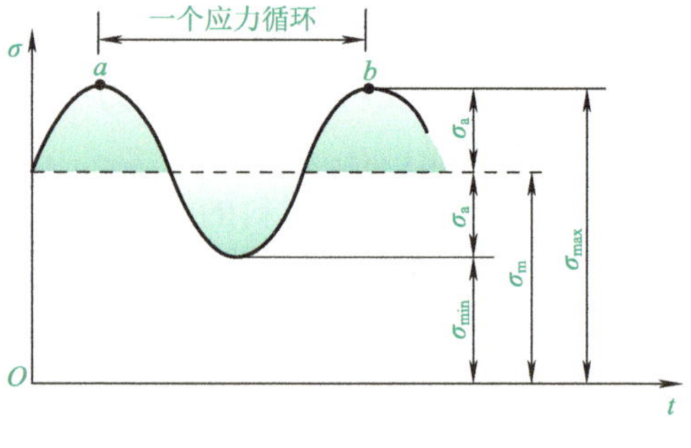

图 15.12

如果σ_{max}与σ_{min}大小相等只是符号相反，即$\sigma_{max}=-\sigma_{min}$，如图 15.8(c)所示，则称为**对称循环**。对称循环对应的循环特征、平均应力和应力幅度分别为

$$r=-1,\quad \sigma_m=0,\quad \sigma_a=\sigma_{max}$$

交变应力中，若$\sigma_{min}=0$，$\sigma_{max}>0$（或$\sigma_{max}=0$，$\sigma_{min}<0$），则有 $r=0$(或$r=-\infty$)，这

种情况称为脉动循环。

除对称循环外，其他各种应力循环统称为不对称循环。所以脉动循环也是一种不对称循环。由图 15.10、式(15.9)和式(15.10)可得

$$\sigma_{max} = \sigma_m + \sigma_a, \quad \sigma_{min} = \sigma_m - \sigma_a \tag{15.11}$$

这说明任何不对称循环都可以看作是在平均应力 σ_m 上叠加一个幅度为 σ_a 的对称循环。

静应力可以看作交变应力的一种特例，这时因应力保持不变，故有

$$r = 1, \quad \sigma_a = 0, \quad \sigma_m = \sigma_{max} = \sigma_{min}$$

以上这些概念，当交变应力是切应力时仍然适用。

15.4 材料的持久极限

15.4.1 疲劳实验与 *S*—*N* 曲线

金属构件因交变应力发生疲劳破坏时，其破坏应力往往低于屈服极限，因此静载荷下测定的屈服极限或强度极限不能用作疲劳强度极限的指标，疲劳强度极限的指标需要重新测定。由于对称循环下疲劳强度指标的测定在技术处理上比较简单，所以最常采用。通常的做法是将金属材料加工成直径 7～10mm 表面磨光的试样，称为光滑小试样。每组试样 10 根左右。将试样装在疲劳试验机上，如图 15.13 所示，使其承受纯弯曲。

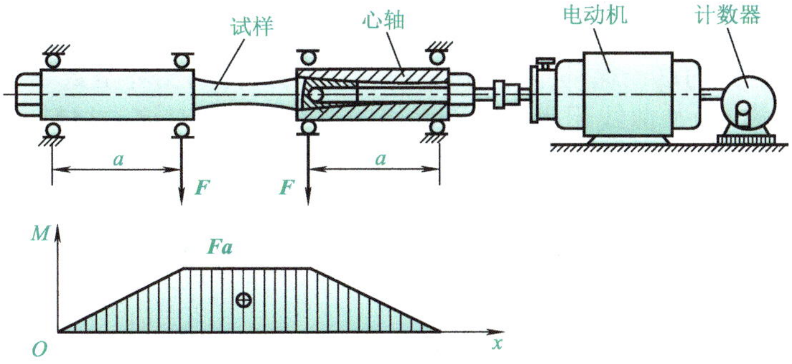

图 15.13

在试样最小直径处的横截面上，最大弯曲正应力为

$$\sigma = \frac{M}{W_z} = \frac{Fa}{W_z}$$

保持载荷 F 的大小和方向不变，由电动机带动试样旋转。每旋转一圈，截面上的任意点便经历一次对称应力循环。试样转过的圈数由计数器测定。

试验时，对所加的载荷进行控制，使其逐渐减小。一般，让第一根试样承受的最大应力 $\sigma_{max,1}$ 约为静强度极限的 0.5～0.7 倍，在此应力水平，试样经历 N_1 次循环后断裂，N_1 称为对应应力 $\sigma_{max,1}$ 的疲劳寿命。然后让第二根试样承受的最大应力 $\sigma_{max,2}$ 比第一根的略小，对应的疲劳寿命用 N_2 表示，正常情况下 $N_2 > N_1$。依次减小试样承受的最大应力值，对应的疲劳寿命值会迅速增加。以试样承受的最大应力 σ_{max} 为纵坐标，以疲劳寿命 N 为横坐标建立坐标系，如图 15.14 所示。试验结果在此坐标系中描成的曲线称为应力—疲劳寿命曲线或 *S*—*N* 曲线，*S* 表示应力。

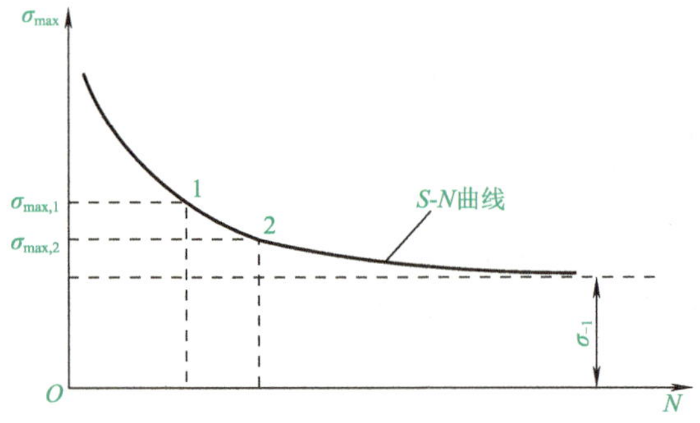

图 15.14

15.4.2 持久极限

由图 15.14 可以看出，应力水平越低，对应的疲劳寿命值越大，当应力降到某一极限值时，$S-N$ 曲线趋近于水平。表明只要应力不超过这一极限值，材料的疲劳寿命便可无限延长，即试样可以经历无限次应力循环而不发生疲劳。这一极限值称为材料的**持久极限**或**疲劳极限**，用σ_r表示，下角标 r 表示应力的循环特性。如对称循环时，材料的持久极限记为σ_{-1}，下角标“-1”表示对称循环的循环特性$r=-1$。材料在拉压或扭转等其他交变应力下的持久极限也可以通过试验测定。

事实上，要做无限次应力循环的试验是不可能的，但常温下的试验表明，如果试样经历某一较大应力循环数而未发生疲劳破坏(如 1×10^7)，则再增加循环次数也不会发生疲劳破坏。这样，就可以将对应这一较大应力循环数而试样仍未发生疲劳破坏的最大应力规定为材料的持久极限，将试验所得的这一循环数称为**循环基数**。钢试件的循环基数等于 10^7。大多数有色金属及其合金材料的 $S-N$ 曲线无明显趋于水平的直线部分。对这类材料，通常根据构件的使用要求，规定一个循环基数，例如 $N_0=10^8$，而将与之对应的最大应力称为**“条件持久极限”**。

15.5 影响构件持久极限的主要因素

材料的持久极限是根据光滑小试件测得的。实际的构件还会受其外形、尺寸以及表面加工质量、工作环境等因素的影响，因此不能直接用材料的持久极限来衡量构件的持久极限，一些影响较大的因素必须考虑。因此必须将光滑小试件的持久极限σ_r加以修正，获得构件的持久极限σ_r^0，才能用于构件的设计。下面介绍影响构件持久极限的三种主要因素。

15.5.1 构件外形的影响

根据加工工艺和实际使用的需要，大部分机械零件的截面都有变化。在如键槽、孔、缺口、轴肩(不同直径的过渡)等这些构件截面的突然变化处，会出现应力集中。有应力集中的部位，特别容易萌生裂纹和促进裂纹的扩展，这会显著降低持久极限。因此构件的持久极限首要考虑的因素就是应力集中的影响。应力集中对构件的影响用**有效应力集中因数**表示，即

$$K_\sigma=\frac{\sigma_{-1}}{\sigma_{-1,K}},\qquad K_\tau=\frac{\tau_{-1}}{\tau_{-1,K}} \tag{15.12}$$

式中，σ_{-1}、τ_{-1}分别表示弯曲和扭转时光滑小试样对称循环的持久极限；$\sigma_{-1,K}$、$\tau_{-1,K}$分别为弯曲和扭转时同尺寸但有应力集中试样对称循环的持久极限。因$\sigma_{-1,K}$、$\tau_{-1,K}$的值分别小于σ_{-1}

和 τ_{-1}，所以有效应力集中因数的值大于 1。工程上为使用方便，把各种情况下的有效应力集中因数整理成曲线或表格。图 15.15、图 15.16 和图 15.17 分别给出的是对称循环条件下钢制阶梯轴的扭转、弯曲和拉—压的有效应力集中因数。曲线仅给出了在 D/d=2，d=30～50 mm 条件下的有效应力集中因数，如果 $D/d<2$，则有效应力集中因数可按下式计算：

$$\left.\begin{aligned} K_\sigma &= 1+\xi(K_{\sigma_0}-1) \\ K_\tau &= 1+\xi(K_{\tau_0}-1) \end{aligned}\right\} \tag{15.13}$$

式中，K_{σ_0} 和 K_{τ_0} 是 $D/d=2$ 时的有效应力集中因数，可以从图 15.15～图 15.17 中查出，修正因数 ξ 可在图 15.18 中查得。

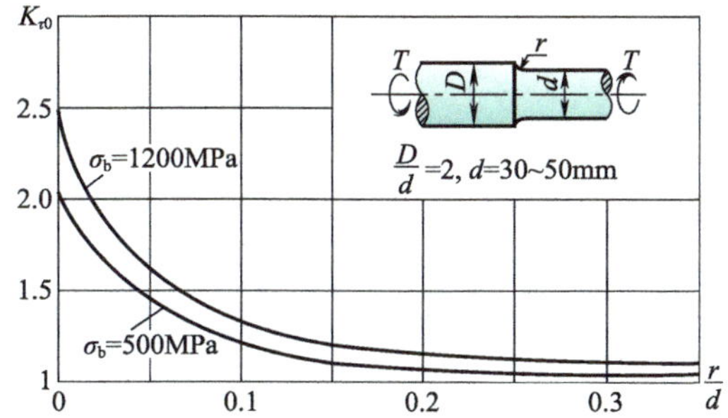

图 15.15 扭转的有效应力集中因数

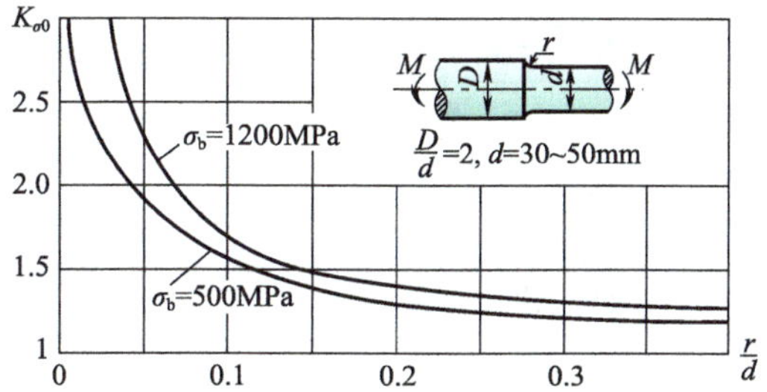

图 15.16 弯曲的有效应力集中因数

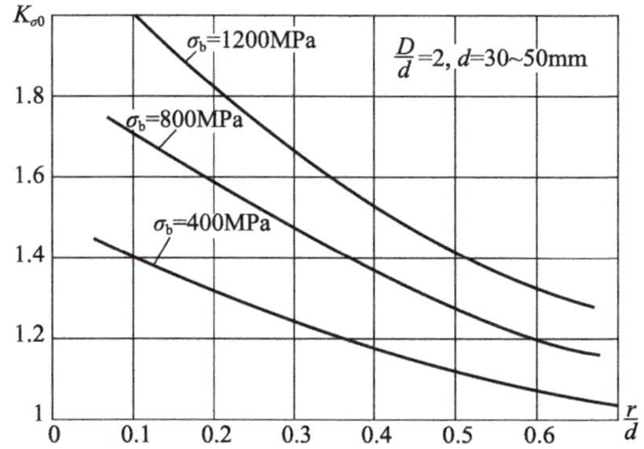

图 15.17 拉伸、压缩的有效应力集中因数

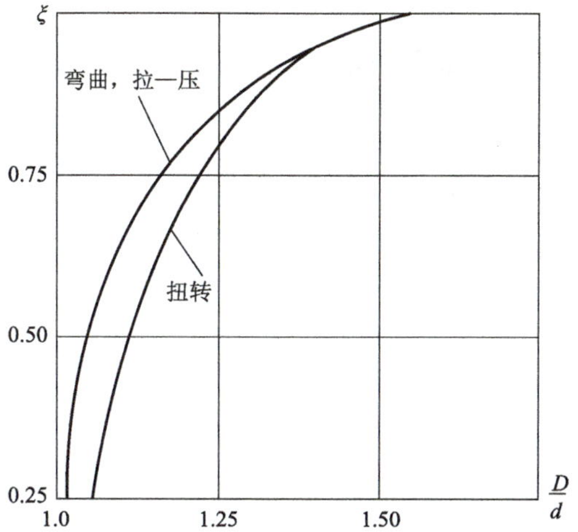

图 15.18 修正因数 ξ

从图 15.15～图 15.17 可见，r/d 越小，有效应力集中因数越大，所以在可能的情况下，零件应采用足够大的过渡圆角 r 以减弱应力集中的影响。另外，材料的强度极限 σ_b 越高，有效应力集中因数也越大。因此，越是优质的钢材，越要注意减弱应力集中的影响，如将构件的外部轮廓做得尽量平滑，避免出现带有尖角或方形的孔槽，阶梯轴的轴肩尽量采用较大的过渡圆角半径，将必要的孔配置在低应力区等，否则由于应力集中引起构件的持久极限降低，将不能发挥优质钢材的高强度特性。

15.5.2 构件截面尺寸的影响

材料的持久极限一般是用 d=7～10mm 的光滑小试样测定的。而实际的构件，尺寸越大，材料中包含的缺陷也相应较多，这也会导致构件的持久极限降低。实验也证明，随着试样尺寸的增大，持久极限降低。构件尺寸对持久极限的影响用尺寸因数表示，即

$$\varepsilon_\sigma = \frac{\sigma_{-1,\varepsilon}}{\sigma_{-1}}, \qquad \varepsilon_\tau = \frac{\tau_{-1,\varepsilon}}{\tau_{-1}} \tag{15.14}$$

式中，σ_{-1}、τ_{-1} 分别为弯曲和扭转时光滑小试样对称循环的持久极限；$\sigma_{-1,\varepsilon}$、$\tau_{-1,\varepsilon}$ 分别为弯曲和扭转时光滑大试样对称循环的持久极限。因 $\sigma_{-1,\varepsilon}$、$\tau_{-1,\varepsilon}$ 的值分别小于 σ_{-1} 和 τ_{-1}，所以尺寸因数的值一般小于 1。表 15.1 列出了一些常用钢材弯曲和扭转的尺寸因数。轴向拉—压时，若构件直径小于 40 mm，则尺寸对持久极限无明显影响，可取 $\varepsilon_\sigma = 1$。

表 15.1　尺寸因数 ε

直径 d/mm		>20～30	>30～40	>40～50	>50～60	>60～70
ε_σ	碳钢	0.91	0.88	0.84	0.81	0.78
	合金钢	0.83	0.77	0.73	0.70	0.68
各种钢 ε_τ		0.89	0.81	0.78	0.76	0.74
直径 d/mm		>70～80	>80～100	>100～120	>120～150	>150～500
ε_σ	碳钢	0.75	0.73	0.70	0.68	0.60
	合金钢	0.66	0.64	0.62	0.60	0.54
各种钢 ε_τ		0.73	0.72	0.70	0.68	0.60

15.5.3　表面加工质量的影响

构件表面的加工质量对持久极限也有明显影响。这是因为一般构件的最大应力发生在表层，而表面加工时形成的刀痕、擦伤等会引起应力集中，所以疲劳裂纹也容易在表层萌生，致使持久极限降低。所以对疲劳强度要求高的构件，对表面质量的要求也高。表面加工质量的影响用表面质量因数 β 表示，即

$$\beta_\sigma = \frac{\sigma_{-1,\beta}}{\sigma_{-1}}, \qquad \beta_\tau = \frac{\tau_{-1,\beta}}{\tau_{-1}} \tag{15.15}$$

式中，σ_{-1}、τ_{-1} 是光滑小试样对称循环的持久极限；$\sigma_{-1,\beta}$、$\tau_{-1,\beta}$ 表示表面为其他加工条件下的持久极限。表 15.2 列出了一些不同加工表面的 β 值。由这些值可以看出，随着构件表面质量的下降，高强度钢材的 β 值明显降低。所以越是优质的钢材越需要高质量的表面加工质量，这样才能真正发挥其高强度的性能。因此，一方面，在使用中应尽量避免造成构件表面的机械损伤。另一方面，可采用一些强化表层的工艺处理措施如表面淬火、渗碳、氮化等提高构件表层的强度。

表 15.2　表面质量因数 β

加工方法	表面质量 Ra/μm	σ_b / MPa		
		400	800	1200
磨削	0.1～0.2	1	1	1
车削	1.6～4.3	0.95	0.90	0.80
粗车	3.2～12.5	0.85	0.80	0.65
未加工表面	—	0.75	0.65	0.45

综合以上三种因素的影响，可将弯曲对称循环下构件的持久极限写为

$$\sigma_{-1}^{0}=\frac{\varepsilon_{\sigma}\beta}{K_{\sigma}}\sigma_{-1} \tag{15.16}$$

类似地，扭转对称循环下构件的持久极限可写为

$$\tau_{-1}^{0}=\frac{\varepsilon_{\tau}\beta}{K_{\tau}}\tau_{-1} \tag{15.17}$$

除上述三种因素外，构件的工作环境，如温度、介质等也会影响持久极限。仿照前面的做法，也可用修正因数来反映这些因素的影响。

思 考 题

一、判断题(判断下列说法是否正确)

15-1 只要冲击时的应力不超过比例极限，其应力和应变关系仍满足胡克定律。

15-2 凡是运动的构件都存在动载荷问题。

15-3 能量法是分析冲击问题的一种精确方法。

15-4 无论是否满足强度条件，只要能增加杆件的静位移，就能提高其抵抗冲击的能力。

15-5 材料的持久极限仅与材料特性、变形形式和循环特性有关。

15-6 构件的持久极限仅与构件的形状、尺寸和表面加工质量有关。

15-7 只要受力构件内的最大工作应力小于构件的持久极限就不会发生疲劳破坏。

15-8 应力集中对脆性材料的影响比对塑性材料的影响大得多。

15-9 材料的持久极限可能大于、也可能小于构件的持久极限。

二、填空题

15-10 思图 15.1 所示各梁的材料和尺寸相同，但支撑不同，各梁受相同的冲击载荷，则梁内最大冲击应力由大到小的排列顺序是______、______、______。

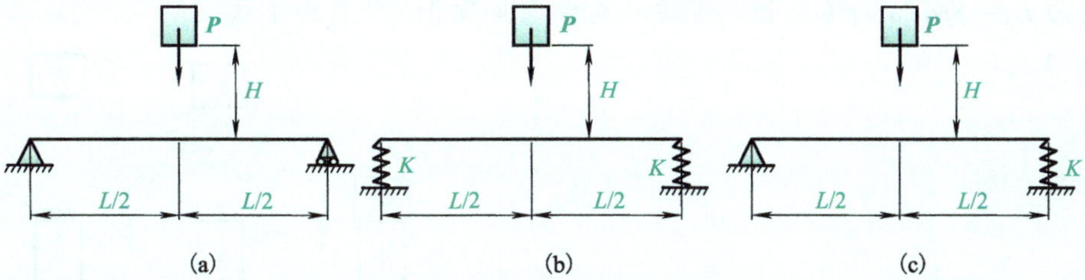

思图 15.1

15-11 思图 15.2 所示矩形截面悬臂梁，长为 l，弹性模量为 E，截面宽为 b，高为 $h=2b$，受重量为 F 的自由落体的冲击，则此梁的冲击动荷因数 $K_d=$________(给出表达式)，若 $H\gg\Delta_{st}$，当 F 值增大一倍时，梁内的最大动应力增大______倍；当 H 增大一倍时，梁内的最大动应力增大______倍；当 l 增大一倍时，梁内的最大动应力增大______倍；当 b 增大一倍时，梁内的最大动应力增大______倍。

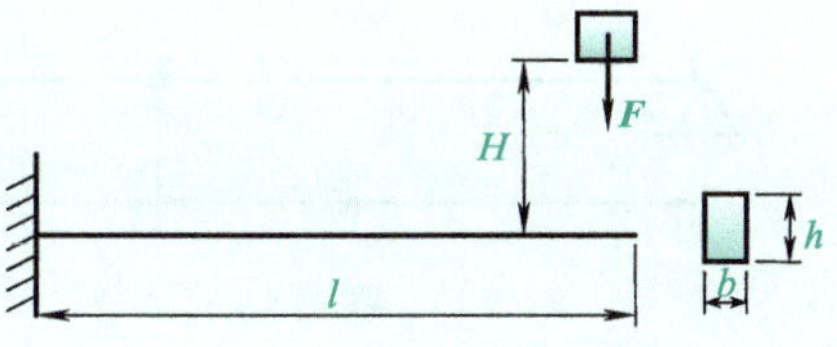

思图 15.2

15-12 疲劳破坏的主要特征是:

(1)______________________________;

(2)______________________________;

(3)______________________________。

15-13 疲劳破坏的三个阶段是:

(1)______________________________;

(2)______________________________;

(3)______________________________。

15-14 构件在交变应力作用下，一点的应力从最小值变化到最大值，又回到最小值，这一过程称为____________________。

15-15 在对称循环的交变应力作用下，构件的持久极限为________________。

15-16 循环特征是________与________的比值，对称循环的循环特征为________；脉动循环的循环特征为____________，静荷的循环特征为__________。

15-17 影响构件持久极限的主要因素是__________、__________、__________。

15-18 若已知交变应力的σ_m和σ_a，则对应的$\sigma_{max}=$________，循环特征$r=$________；若已知r和σ_a，则对应的$\sigma_{max}=$____________，$\sigma_{min}=$____________。

习　题

15.1 如题图 15.1 所示，重量为F的重物由高度H处自由下落至简支梁AB的C点，对梁形成冲击。设梁的抗弯刚度EI和抗弯截面系数W_z已知，求梁内的最大正应力。

15.2 题图 15.2 所示长为$l=6\text{m}$，直径$d=300\text{mm}$的圆木桩，下端固定，上端受$\boldsymbol{F}=2\text{kN}$的重锤作用。已知木材的弹性模量$E=10\text{GPa}$，求下列情况下桩内的最大正应力。(1) 重锤以静力方式作用；(2) 重锤从离桩顶 1m 处自由下落；(3) 桩顶放有一直径为 150mm，厚为 40mm，弹性模量为$E_1=8\text{MPa}$的橡皮垫，重锤从离橡皮垫顶 1m 处自由下落。

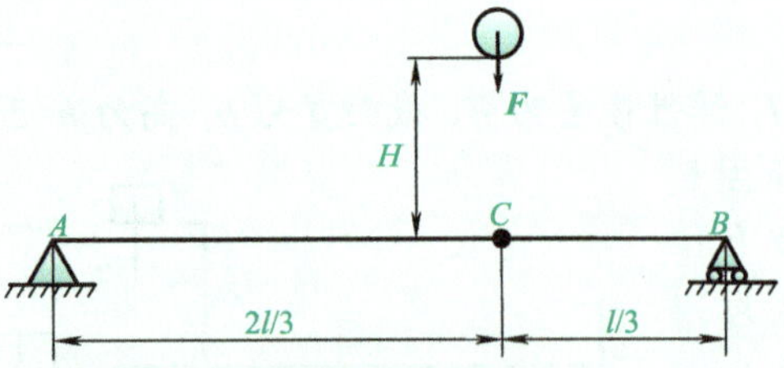

题图 15.1

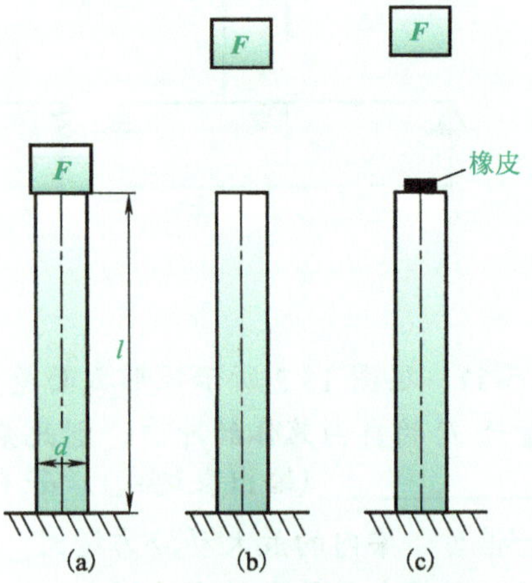

题图 15.2

15.3 梁的支承情况如题图 15.3 所示，已知弹簧常数 $K=100\text{N/mm}$，梁的弹性模量 $E=200\text{GPa}$。一重为 $F=2\text{kN}$ 的物体自高度 $H=30\text{mm}$ 处自由落体到梁上。求梁 2 截面处的最大冲击正应力及 1 截面处的动挠度。

15.4 题图 15.4 所示杆 AB 的上端固定，下端有一弹簧(弹簧在 1kN 静载荷作用下缩短 0.625mm)，杆的直径 $d=40\text{mrn}$，$l=4\text{m}$，杆的许用应力$[\sigma]=120\text{MPa}$，弹性模量 $E=200\text{GPa}$。杆上方重物的重量 $\boldsymbol{F}=15\text{kN}$，自高度 h 处沿杆轴自由下落在弹簧上。试确定物体自由下落许可的高度 h。

15.5 题图 15.5 所示 AB 杆下端固定，长为 l。在 C 点处受到沿水平方向运动的物体的冲击，物体的重量为 $\boldsymbol{F}$，与杆接触时的速度为 v。设杆的 E、I 和 W_z 皆为已知，试求 AB 杆内的最大正应力。

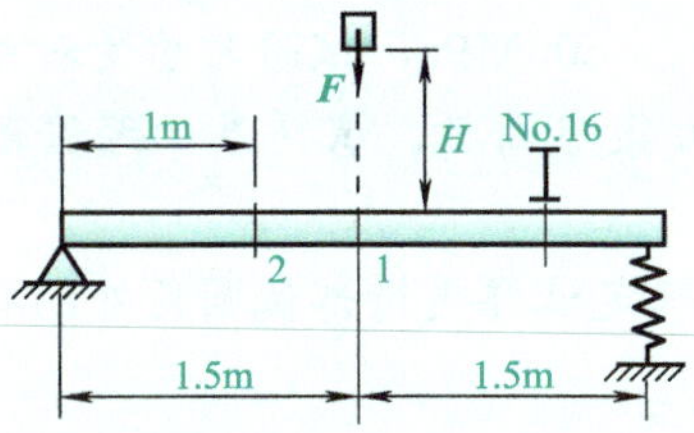

题图 15.3

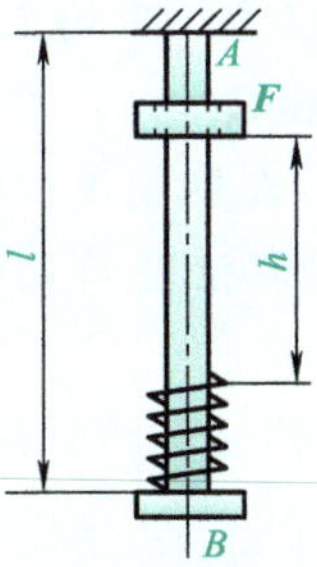

题图 15.4

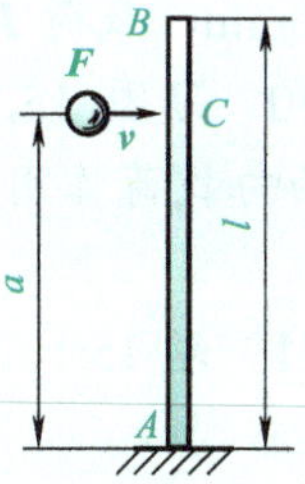

题图 15.5

15.6 题图 15.6 所示圆轴直径 $d=60\text{mm}$，长度 $l=2\text{m}$，左端固定，右端有一直径 $D=400\text{mm}$ 的鼓轮。轮上绕以钢绳，绳的一端 A 悬挂一吊盘。绳长 $l_1=10\text{m}$，横截面面积 $A=120\text{mm}^2$，$E=200\text{GPa}$。轴的剪切弹性模量 $G=80\text{GPa}$。一重为 $\boldsymbol{F}=800\text{N}$ 的物体自 $h=200\text{mm}$ 处落于盘上，求轴内最大扭转切应力和绳内最大拉应力。

15.7 题图 15.7 所示直角 L 形圆截面折杆的 A 端固定，ABC 在同一水平面内，折杆的直径 $d=30\text{mm}$，$l=1000\text{mm}$，$a=500\text{mm}$，材料的 $E=210\text{GPa}$，$G=80\text{GPa}$，$[\sigma]=160\text{MPa}$。一重物 $F=60\text{N}$ 自高度 $h=40\text{mm}$ 处自由下落到 C 点，试按第三强度理论校核折杆的强度；并计算折杆 C 截面的铅垂位移。

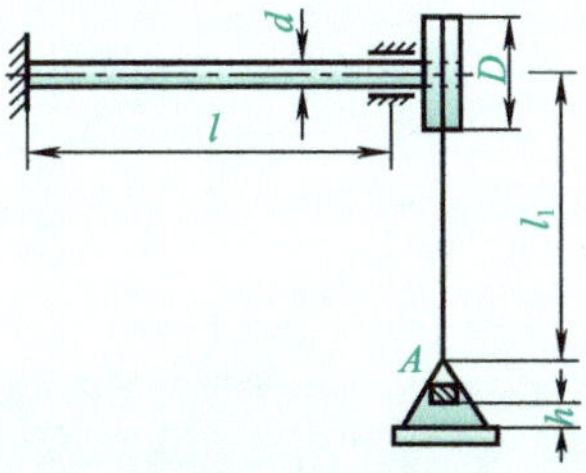

题图 15.6

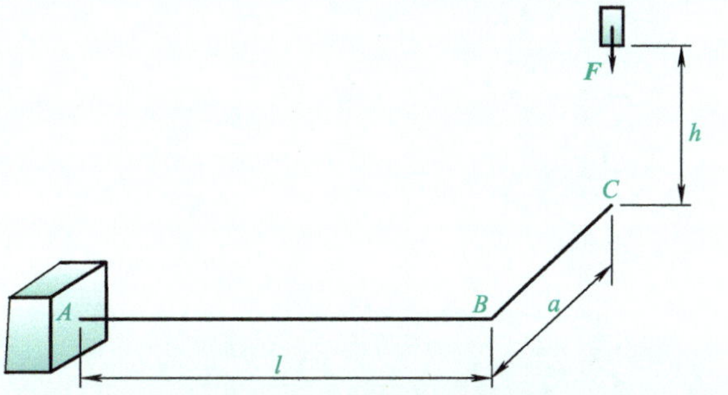

题图 15.7

15.8 试求题图 15.8 所示各交变应力的平均应力、应力幅值及循环特征。

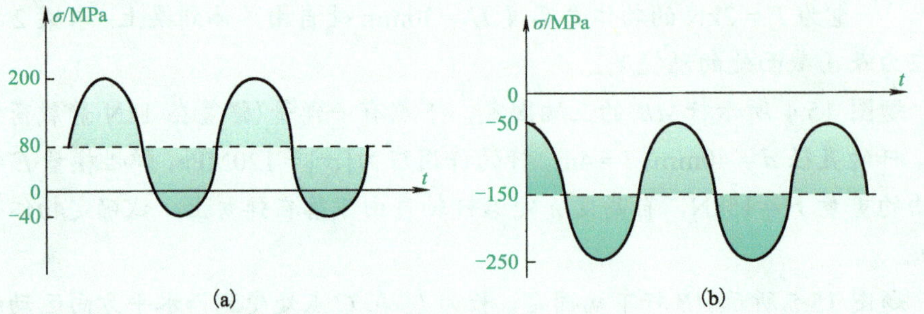

题图 15.8

15.9 题图 15.9 所示旋转轴，同时承受横向载荷 $\boldsymbol{F}_y$ 与轴向拉力 $\boldsymbol{F}_x$ 的作用，试求危险截面边缘任一点处的最大正应力、最小正应力、平均应力和应力幅值。已知轴径 $d=10\text{mm}$，轴长 $l=100\text{mm}$，载荷 $\boldsymbol{F}_y=500\text{N}$，$\boldsymbol{F}_x=2000\text{N}$。

15.10 题图 15.10 所示疲劳试样，由钢制成，强度极限 $\sigma_b=600\text{MPa}$，试验时承受对称循环的轴向载荷作用，试确定试样夹持部位圆角处的有效应力集中因数。试样表面经磨削加工。

15.11 题 15.10 所述试样，承受对称循环的扭矩作用，试确定试样夹持部位圆角处的有效应力集中因数。

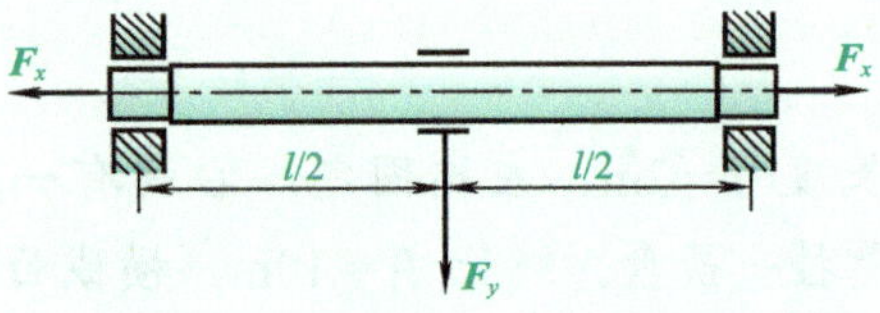

题图 15.9

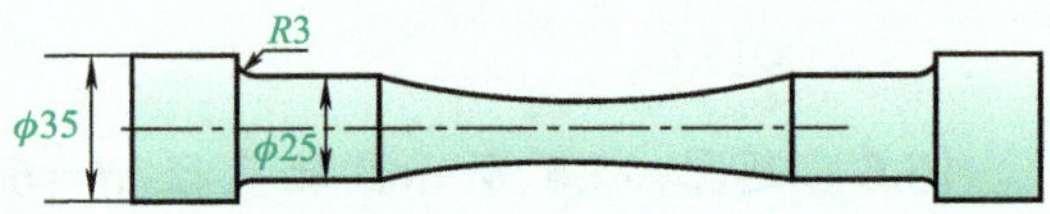

题图 15.10

15.12 一阶梯圆轴，$D=80\text{mm}$，$d=40\text{mm}$，过渡半径 $r=10\text{mm}$，材料的强度极限 $\sigma_b=900\text{MPa}$，轴的表面为粗车加工。试求此轴弯曲及扭转时的因数 $K_\sigma/\beta\varepsilon_\sigma$ 及 $K_\tau/\beta\varepsilon_\tau$。

附录Ⅰ 金属材料的力学性能试验

Ⅰ.1 金属材料的拉伸实验

材料的拉伸实验是研究材料力学性能的最基本的实验。通过拉伸实验，可以测定材料在常温、静载下的强度和塑性指标，了解材料受力与变形的关系，为工程中评定材质，强度计算及合理设计提供科学依据。

Ⅰ.1.1 实验目的

(1)测定低碳钢的屈服极限σ_s，强度极限σ_b，延伸率δ和断面收缩率ψ，测定灰铸铁的强度极限σ_b。

(2)观察金属材料在拉伸过程中的各种力学现象，了解受力与变形的关系。

(3)比较低碳钢与灰铸铁拉伸性能的差别。

Ⅰ.1.2 实验仪器和设备

(1)电子万能试验机。

(2)游标卡尺。

Ⅰ.1.3 试件

实验表明，试件的尺寸和形状对试验结果都有影响。为了避免这种影响，使各种材料的试验结果具有可比性，必须将试件尺寸、形状和试验方法统一规定，使试验标准化。常用的拉伸试样有圆形和矩形截面两类。国家标准《金属材料拉伸试验 第1部分：室温试验方法》(GB/T 228.1—2010)推荐的圆形截面比例试样形状如图Ⅰ.1所示。

图Ⅰ.1中，L_t为试件总长度；L_0为试件平行长度部分两条刻线间的距离，称为原始标距；d_0为平行长度部分的原始直径；圆形比例试件分为以下两种：

(1)$L_0=10d_0$，称为长试件；

(2)$L_0=5d_0$，称为短试件(本实验试件采用d_0=10mm，L_0=100mm的长试件)。

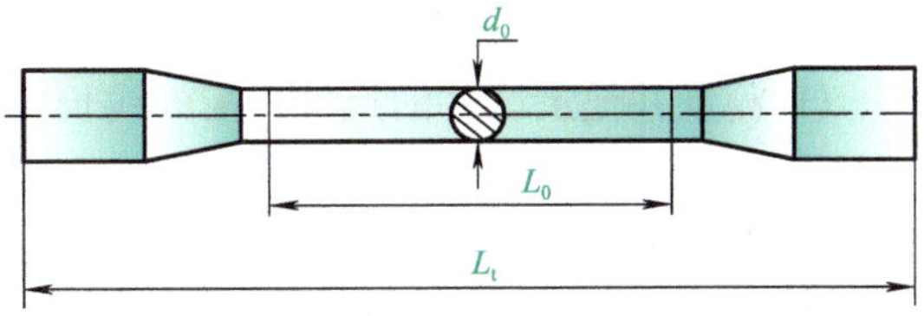

图Ⅰ.1 试件示意图

I.1.4 实验原理

材料的力学性能指标σ_s、σ_b、δ和ψ由常温、静载下的拉伸破坏试验测定。整个试验过程中，力与变形的对应关系可由拉伸图表示。拉伸图由试验机自动绘出。

1. 低碳钢拉伸实验

低碳钢的拉伸图比较典型，见图 I.2，整个试验过程可以分为以下四个阶段。

(1) 直线阶段 OA：此阶段内力与变形成正比，也称为线弹性变形阶段，A 点对应的载荷为比例极限载荷 F_p。

(2) 屈服阶段 $B'C$：曲线常呈锯齿形，此阶段拉力变化不大，变形却迅速增加，材料失去抵抗继续变形的能力，这种现象称之为材料屈服。此段曲线上的最高点 B' 称为上屈服点，考虑初始瞬时效应后的最低点 B 称为下屈服点，因材料的下屈服点比较稳定，所以工程上以下屈服点对应的力为屈服载荷 F_s。

(3) 强化阶段 CD：材料经过屈服阶段后，又增强了抵抗变形的能力(即强化)，要使材料继续变形，必须增大拉力。此阶段 D 点对应的力为测试过程中的最大载荷 F_b。

(4) 颈缩阶段 DE：过了 D 点，试件某一局部显著收缩，产生所谓颈缩，颈缩使试件继续变形所需要的拉力减小，拉伸图呈现下降趋势，最后在颈缩部位断裂。

2. 灰铸铁拉伸实验

图 I.3 为灰铸铁拉伸图。力和变形不呈明显的线性关系，没有屈服和颈缩现象；拉伸时的塑性变形极小，在变形很小时，就达到最大载荷而突然断裂，断后延伸率δ 和断面收缩率ψ 都很小，最有工程意义的是强度极限σ_b。因此，只需确定最大载荷 F_b。

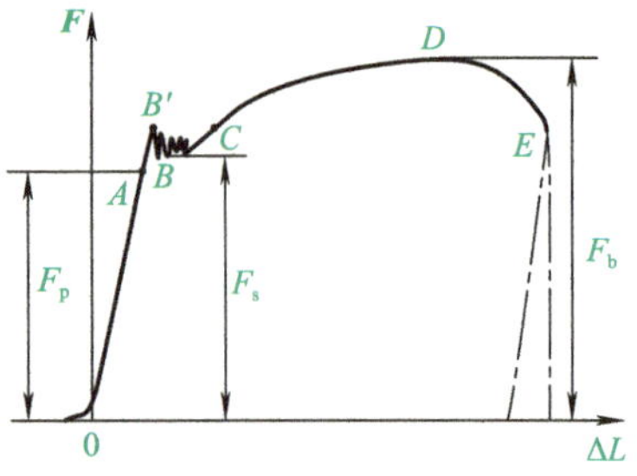

图 I.2

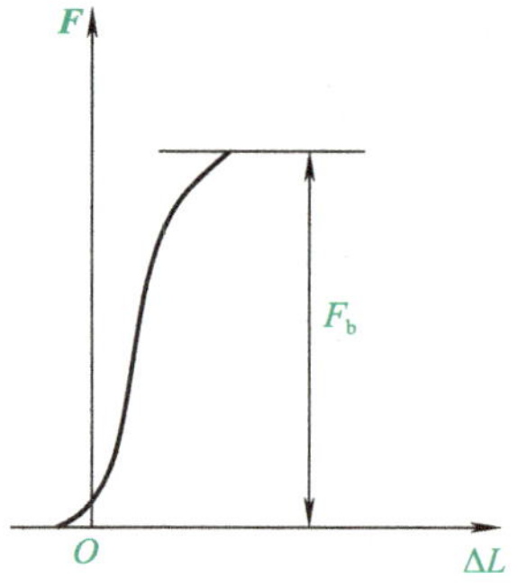

图 I.3

I.1.5 实验步骤(以 CSS-44100 型电子万能试验机为例)

1. 实验准备

(1) 测量并记录试件的尺寸：在刻线长度内的两端和中部测量三个截面的直径 d_0，取其平均直径为计算直径，并量取标距长度 L_0。

(2) 打开控制系统电源，系统进行自检后自动进入 PC-CONTROL 状态。

(3) 打开计算机，双击计算机桌面上的 TestExpert 图标，试验软件启动。

(4) 软件联机并启动控制系统：

① 单击“联机”按钮，出现联机窗口，当此窗口消失证明联机成功。

② 按下启动按钮，控制系统“ON”灯亮后，软件操作按钮有效。

(5) 调节横梁位置并安装试样。

2. 进行实验

(1) 设置试验条件(详见电子万能试验机操作指南)。

(2) 按下“试验”按钮，试验机开始按试验程序对试件进行拉伸。仔细观察试件和计算机屏幕上的拉伸曲线的变化情况，直至试件拉断。对于低碳钢试件，注意观察屈服阶段的特点、颈缩阶段的发生和发展。

(3) 浏览拉伸曲线，记录屈服载荷 F_s 和最大载荷 F_b，或打印试验报告。

I.1.6 实验结果处理

(1) 根据低碳钢拉伸测得的 F_s、F_b 计算屈服极限 σ_s 和强度极限 σ_b 为

$$\sigma_s = \frac{F_s}{A_0}, \qquad \sigma_b = \frac{F_b}{A_0}$$

(2) 根据灰铸铁拉伸测得的 F_b 计算强度极限 σ_b 为

$$\sigma_b = \frac{F_b}{A_0}$$

(3) 测定计算断后延伸率 δ 和断面收缩率 ψ 为

$$\delta = \frac{L_1 - L_0}{L_0} \times 100\%, \qquad \psi = \frac{A_0 - A_1}{A_0} \times 100\%$$

试件拉断后，将其断裂试件紧密对接在一起，在断口最细(颈缩)处沿两个互相垂直方向各测量一次直径，取其平均值为 d_1，用来计算断口处横截面面积 A_1。

将断裂试件的两段紧密对接在一起，尽量使其轴线位于一直线上，若断口到邻近标距端点的距离大于 $L_0/3$，则用游标卡尺测量断裂后两端刻线之间的标距长度即为 L_1。

若断口到邻近标距端点的距离小于或等于 $L_0/3$，则要求用断口移中法计算 L_1 的长度。

① 利用在试验前将试件标距部分等分成的 10 个小格，即以断口 O 为起点，在长段上量取基本等于短段的格数得 B 点。当长段所余格数为偶数时，如图 I.4(a) 所示，则由所余格数的一半得 C 点，将 BC 段长度移到标距的左端，则移位后有

$$L_1 = AO + OB + 2BC$$

② 如果在长段取 B 点后所余下的格数为奇数，如图 I.4(b) 所示，则取所余格数加 1 格之半得 C_1 点，减 1 格之半得 C 点，则移位(即将 BC_1 或 BC 移到试件左侧)后有

$$L_1 = AO + OB + BC + BC_1$$

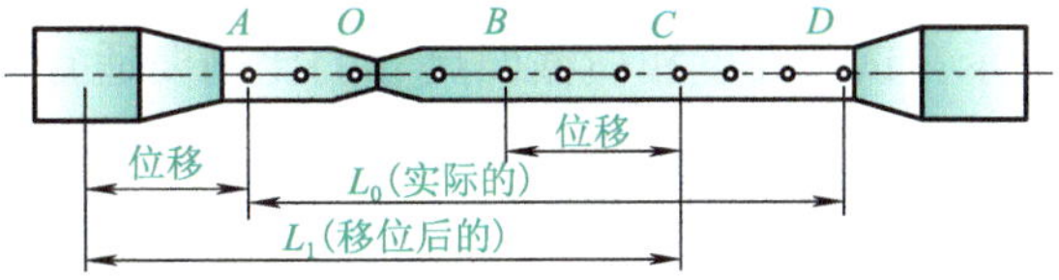

(a)

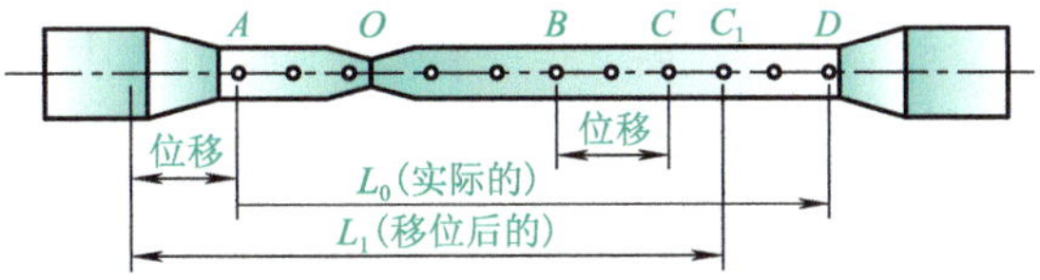

(b)

图 I.4

(4) 绘制两种材料的拉伸图(F-ΔL 图)。

(5) 观察并绘图两种材料的断口形状。

I.1.7 思考题

(1) 参考试验机自动绘出的拉伸图，分析从试件加力至断裂的过程可分为几个阶段？相应于每一阶段的拉伸曲线的特点和物理意义是什么？

(2) σ_s和σ_b是不是试件在屈服和断裂时的真实应力？为什么？

(3) 由拉伸实验测定的材料机械性能在工程上有何意义？

I.2 金属材料的压缩实验

很多材料受压的力学性能与受拉的力学性能是不同的，例如灰铸铁、混凝土、岩石等脆性材料其抗压性能优于抗拉性能，因此压缩实验也是研究材料力学性能的基本实验。

I.2.1 实验目的

(1) 测定低碳钢压缩时的屈服极限σ_s和灰铸铁压缩时的强度极限σ_b。

(2) 观察低碳钢和灰铸铁在压缩过程中的变形和破坏现象，并进行比较。

I.2.2 实验仪器和设备

(1) 液压式万能材料试验机。

(2) 游标卡尺。

I.2.3 压缩试件

为了能对各种材料的试验结果作比较，金属材料压缩试件一般采用圆柱形试件，如图 I.5 所示。试件高度和横截面尺寸的比例要适宜：试件太高，容易产生纵向失稳；试件太短，试验机垫板与试件两端面间的摩擦力会阻碍试件上下端面的径向变形，如图 I.6 所示，对试件实际的承载能力产生影响。为保证试样在试验过程中均匀单向压缩，且端部不在试验结束之前损坏，国家标准《金属材料 室温压缩试验方法》(GB/T 7314—2005) 推荐无约束压缩试样尺寸为

$$1 \leqslant \frac{h_0}{d_0} \leqslant 2$$

实验时，试件置于试验机的球形承垫中心位置处，如图 I.7 所示。当试件两端面稍不平行时，能起调节作用，使压力均匀分布，以保证合力通过试件轴线。试件两端的平面应加工光滑以减小摩擦力的影响，实验时通常还在两端部加适量的润滑油。

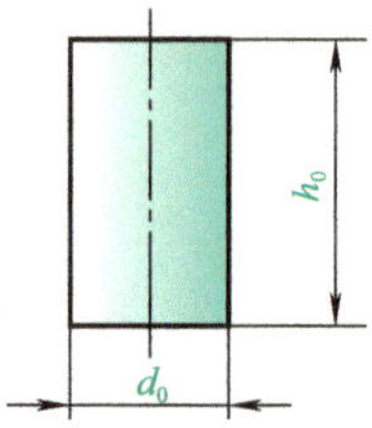

图 I.5

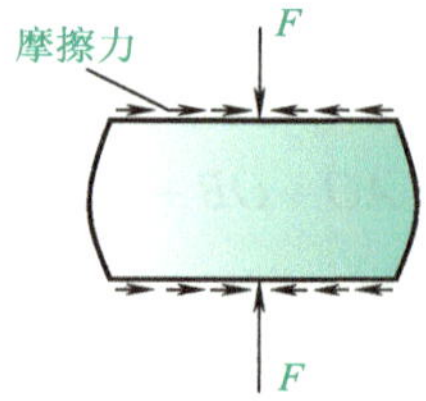

图 I.6

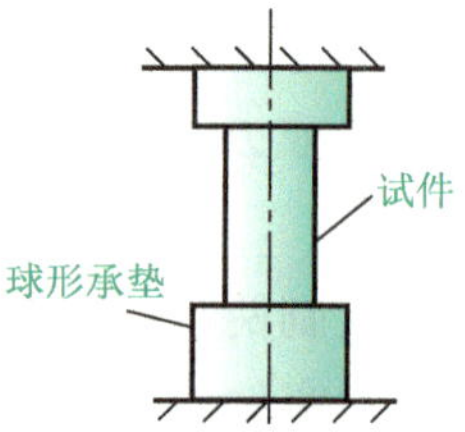

图 I.7

I.2.4　实验原理

1. 低碳钢压缩实验

图 I.8 为低碳钢压缩图。低碳钢受压时与受拉一样有比例极限和屈服极限，但不像拉伸时那样有明显的屈服现象。因此，测定压缩的屈服载荷 F_s 时要特别细心观察，以度盘式试验机为例，在缓慢而均匀的加载下，试验机的测力指针会突然停留、或倒退、或指针转速突然减慢，无论出现上述某一种情况，此时主动指针所指载荷即作为屈服载荷 F_s。

过了屈服点，试件塑性变形迅速增加，横截面面积也随之增大，增大的面积能承受更大的载荷，因此，压缩曲线迅速上升，试件最后可压成饼状，所以最大载荷 F_b 不存在。

2. 灰铸铁压缩实验

图 I.9 为灰铸铁压缩图。灰铸铁试件受压缩时，无屈服现象，在达到最大载荷前会出现较大的塑性变形，当达到最大载荷时，试件突然发生破裂，以度盘式试验机为例，此时测力指针迅速倒退，由随动指针可读出最大载荷 F_b。由于端面摩擦力的影响，灰铸铁试件最后被压成鼓形，且破坏面与试件轴线大约为 45° 左右。

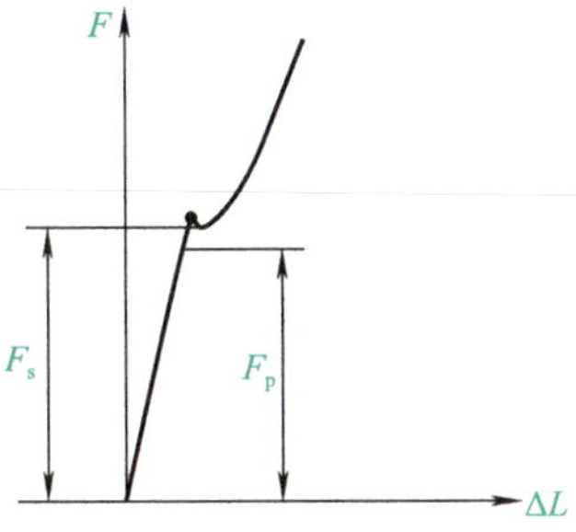

图 I.8

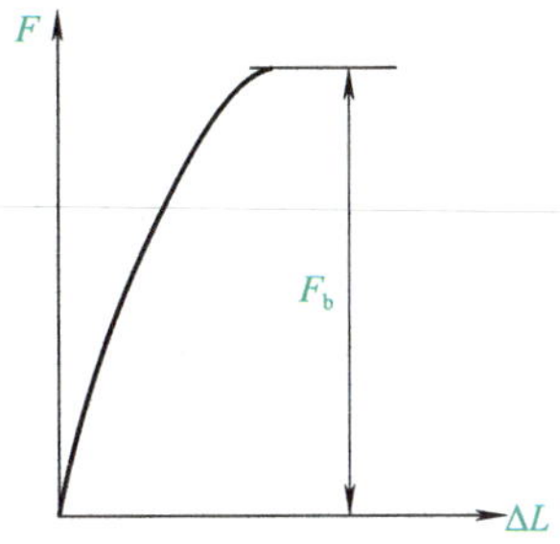

图 I.9

I.2.5　实验步骤

(1) 测量并记录试件高度及横截面直径。

(2) 根据估计的最大载荷选择测力盘刻度档，配以相应摆锤，调整指针对准零点，调整绘图装置。

(3) 将试件两端涂上润滑剂，然后放在试验机工作台支承垫中心处。

(4) 开动试验机，使工作台上升，当试件与上支承垫接近时应把油门关小，减慢工作台上升速度。当试件与上承压座接触受力后，要控制加载速度，使载荷缓慢均匀增加，注意观察测力指针和绘图装置所绘的压缩曲线，从而判断试件是否屈服，及时记录屈服载荷 F_s，超过屈服载荷后，继续加载，低碳钢试件被压成鼓形即可停止。

灰铸铁试件加压至试件破坏为止，记录最大载荷 F_b。

I.2.6　实验结果处理

(1) 根据所测低碳钢的压缩屈服载荷 F_s 计算压缩屈服极限 σ_s 为

$$\sigma_s = \frac{F_s}{A_0}$$

式中，$A_0 = \dfrac{\pi \cdot d_0^2}{4}$。

(2) 根据所测灰铸铁的压缩最大载荷 F_b 计算压缩强度极限 σ_b 为

$$\sigma_b = \frac{F_b}{A_0}$$

I.2.7 思考题

(1) 为什么灰铸铁试件压缩时沿 45° 的方向破裂？

(2) 由两种材料(低碳钢和灰铸铁)拉伸与压缩的试验结果，归纳整理塑性材料和脆性材料的力学性能及破坏形式。比较哪种材料的抗拉性能好？哪种材料的抗压性能好？

I.3 金属材料的扭转实验

扭转是杆件基本变形形式之一。扭转实验是对杆件施加绕轴线转动的力偶矩，以测定材料在扭转条件下力学性能的实验。在工程中，很多传动零部件都是在扭转条件下工作的。因此，扭转实验也是材料力学的一项重要实验。

I.3.1 实验目的

(1) 测定低碳钢的剪切屈服极限 τ_s，剪切强度极限 τ_b 和灰铸铁的剪切强度极限 τ_b。

(2) 观察圆轴在扭转时的力学现象，分析破坏原因。

I.3.2 实验仪器和设备

(1) 扭转试验机。

(2) 游标卡尺。

I.3.3 试件

国家标准《金属材料 室温扭转试验方法》(GB/T 10128—2007) 推荐的试件的形状如图 I.10 所示。

图 I.10 中，L_0 为试件平行长度部分两条刻线间的距离，称为原始标距；d_0 为平行长度部分的原始直径。

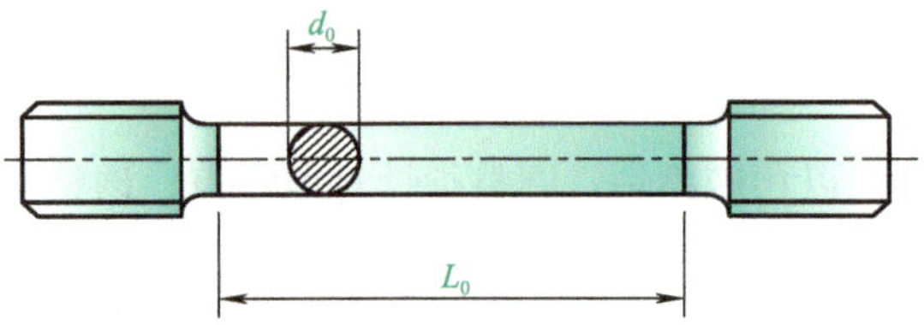

图 I.10

I.3.4 实验原理

圆轴承受扭转时，横截面处于纯剪切应力状态，因此，常用扭转试验来研究材料在纯剪切作用下的扭转机械性能。

1. 低碳钢的扭转实验

低碳钢扭转时，由自动绘图仪绘出的扭转图如图 I.11 所示。图中 OA 段为一倾斜直线，扭矩 T 与扭转角 φ 成正比。试件横截面上的应力按线性分布，如图 I.12(a) 所示。

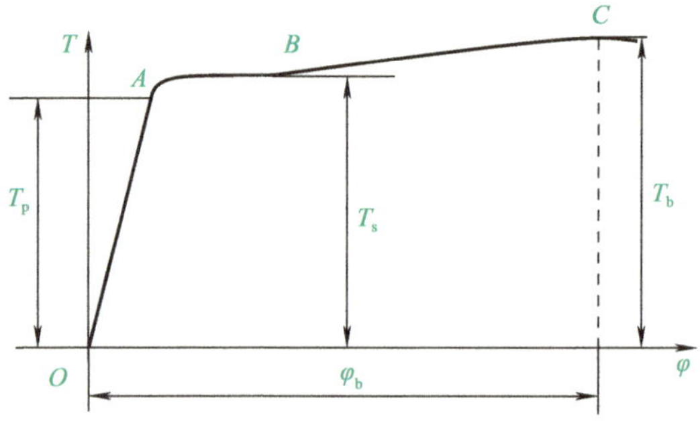

图 I.11

当扭矩超过 T_p 后,试件横截面边缘的应力达到材料的剪切屈服极限 τ_s，开始屈服。继续加载，屈服区域逐渐向内延展，横截面上应力分布如图 I.12(b)所示。

随着实验的继续，扭矩盘上指针几乎不动或来回摆动，$T—\varphi$ 曲线近似为平台，指针倒退的最小值即为试件的屈服扭矩 T_s，这时塑性区占据了几乎全部截面，如图 I.12(c)所示。

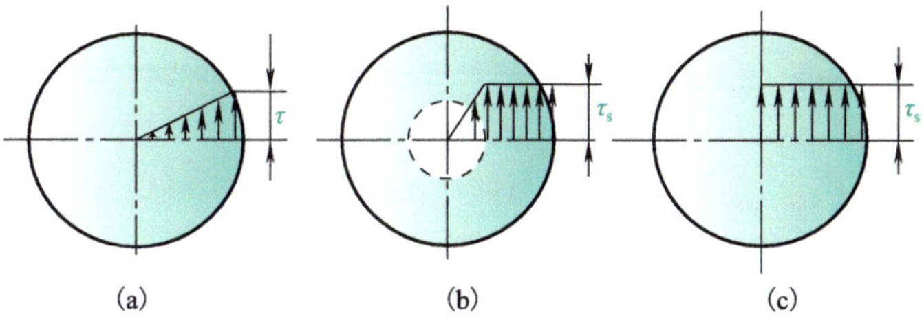

图 I.12

试件受载继续变形，材料由表至里逐渐强化，直到试件发生断裂，可测得最大扭矩 T_b，从破坏断面可看到低碳钢试件沿横截面被剪断。

2. 灰铸铁的扭转实验

灰铸铁扭转图如图 I.13(a)所示。无屈服现象且扭转角很小时就发生破坏，断裂面为与轴线约成 45°的螺旋面。横截面上的剪应力近似按线性分布，如图 I.13(b)所示。

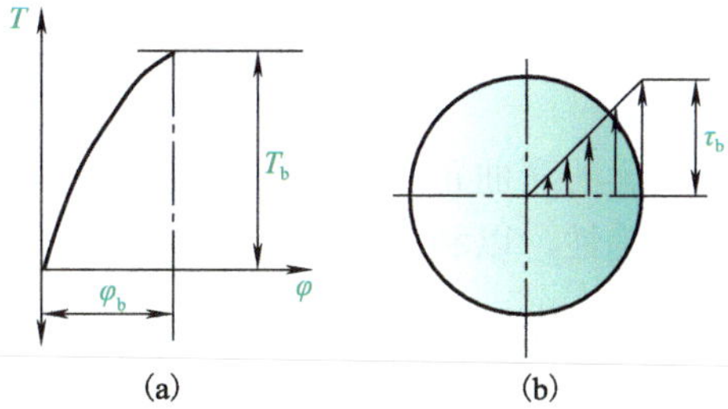

图 I.13

I.3.5　实验步骤

1. 低碳钢的扭转实验

(1)测量试件实验段两端及中部直径，并记录最小直径。

(2)按照扭断试件所需要最大扭矩相当于度盘测力范围的 40%～80%选择测力度盘，调整测力指针对零，旋被动针靠向测力指针。

(3)将试件装入试验机夹头，用粉笔沿试件母线划一纵向线，以便观察扭矩与转角的对应关系。调整主动夹头上的刻度圈对零，以记录扭角度数。

(4)用≤30°/min 的主动夹头转速对试件加载，以测定屈服扭矩 T_s。测出 T_s 后，将主动夹头调至最高转速继续对试件加载，直至试件破断为止，测出最大扭矩 T_b。

2. 灰铸铁的扭转实验

(1)、(2)、(3)与低碳钢扭转实验相同。

(4)用≤30°/min 的转速对试件加载直至试件破断为止，记录最大扭矩 T_b。

I.3.6　实验结果处理

(1)根据所测低碳钢的屈服扭矩 T_s 和最大扭矩 T_b 分别计算剪切屈服极限 τ_s、剪切强度极限 τ_b 分别为

$$\tau_s = \frac{3}{4}\cdot\frac{T_s}{W_p}, \qquad \tau_b = \frac{3}{4}\frac{T_b}{W_p}$$

式中，$W_p=\dfrac{\pi\cdot d^3}{16}$。

(2)根据所测灰铸铁的最大扭矩 T_b 计算剪切强度极限 τ_b 为

$$\tau_b=\frac{T_b}{W_p}$$

式中，$W_p=\dfrac{\pi\cdot d^3}{16}$。

I.3.7 思考题

(1)试件尺寸试验前后有无变化？说明什么？

(2)试分析两种材料的破坏断口为何不同？

I.4 梁的纯弯曲正应力实验

梁的弯曲正应力计算公式是在某些假设条件下推导出来的，因此有必要进行实验，验证其准确性，以利实际应用。

I.4.1 实验目的

(1)测定矩形截面直梁纯弯曲时的正应力分布，与理论计算结果进行比较，以验证弯曲正应力公式。

(2)学习电阻应变测量方法。

I.4.2 实验仪器和设备

(1)小型纯弯曲梁实验台。

(2)静态电阻应变仪及预调平衡箱。

(3)电子计算机。

I.4.3 实验装置

本实验试件采用中碳钢制成的矩形截面梁，梁安放在小型弯曲实验台两支座上；实验时，在砝码盘上分三级加砝码，通过加力横梁把一集中力分成两分力加于梁上，如图 I.14 所示，使梁的中间部分产生纯弯曲，其弯矩图见图 I.15。

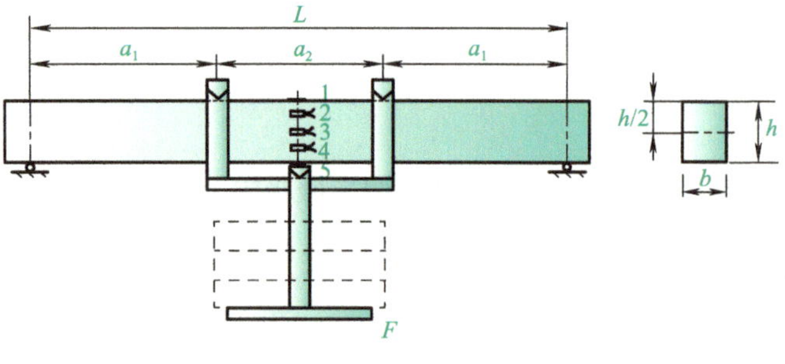

图 I.14

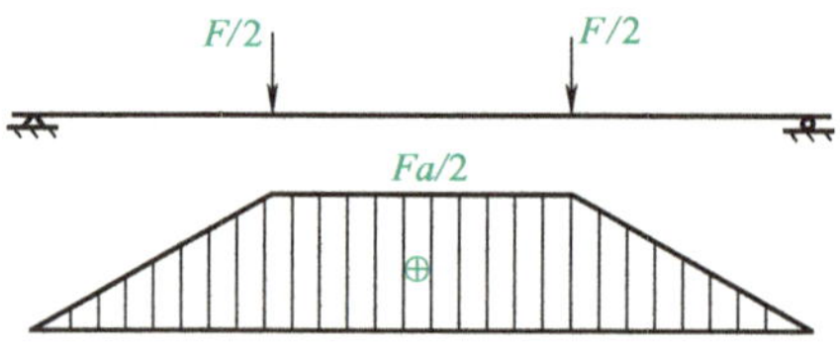

图 I.15

Ⅰ.4.4　实验原理

已知梁受纯弯曲时，其横截面上各点应力的理论计算值为

$$\Delta\sigma_{i理}=\frac{\Delta M}{I_z}\cdot Y_i$$

式中，ΔM 为作用在梁上的弯矩增量，即

$$\Delta M=\frac{\Delta F}{2}\cdot a_1\quad(\text{N}\cdot\text{mm})$$

其中，ΔF 为载荷增量，即

$$\Delta F=F_i-F_{i-1}=60\quad(\text{N})$$

I_z 为梁横截面对中性轴 Z 的惯性矩，即

$$I_z=\frac{bh^3}{12}\quad(\text{mm}^4)$$

Y_i 为中性层到欲测点的距离(mm)。为了验证理论公式及测定梁纯弯曲时横截面上应力分布规律，在梁的纯弯曲段内某横截面的上、下表面及侧面上按离中性层的距离 Y_i 粘贴电阻应变片，即

$$Y_{1,5}=\pm\frac{h}{2},\qquad Y_{2,4}=\pm\frac{h}{4},\qquad Y_3=0$$

当梁变形时，用静态电阻应变仪测出各点的应变值 $\varepsilon_i(i=1,2,\cdots,5)$，再根据单向应力状态下的虎克定律，计算出各点实测的应力值，即

$$\Delta\sigma_{i实}=E\times\Delta\varepsilon_{i实},\qquad \Delta\varepsilon_{i实}=\frac{\sum\Delta\varepsilon_i}{n}\qquad(i=1,2,\cdots,5)$$

式中，E 为梁材料的弹性模量(GPa)；$\Delta\varepsilon_{i实}$ 为各点的实测应变增量平均值；n 为加载次数。

Ⅰ.4.5　实验方法和步骤

(1) 记录小型纯弯曲试验台的有关尺寸和应变片的有关参数。

(2) 采用半桥温度补偿接桥方式，将各测点的应变片接入预调平衡箱。

(3) 打开计算机电源和静态应变测试仪电源。

(4) 双击静态应变测试仪图标进入界面，计算机自动查找机箱，按“确定”键。单击下拉菜单采样→平衡操作→按“确定”键，平衡两次；单击下拉菜单采样→单次采样→按“采样”键；这时应变仪各点均显示为零。

(5) 采用增量加载方法。

增量法加载是在小型纯弯曲试验台上加砝码，每级在砝码盘上加一个砝码(即增量 $\Delta F=60\text{N}$)，并通过计算机采样记录所测各点应变值，直加到规定载荷，卸去载荷再重复做 2～3 次。

Ⅰ.4.6　实验数据处理

(1) 相对误差计算，公式为

$$\beta_i=\frac{\Delta\sigma_{i理}-\Delta\sigma_{i实}}{\Delta\sigma_{i理}}\times100\%$$

(2) 绘制出各点正应力的理论值和实测值沿梁截面高度的分布曲线并进行比较。

I.4.7 思考题

(1) 分析理论值和实测值误差的原因？

(2) 弯曲正应力的大小是否受材料弹性模量 E 的影响？

I.5 电子万能试验机

电子万能试验机工作时，由主控计算机通过 RS-232 标准总线接口对各测量、控制功能函数进行调用、管理、控制，并利用主机与附件的功能搭配组合，完成多种功能试验。电子万能试验机系统结构如图 I.16 所示(以 CSS-44100 为例)。

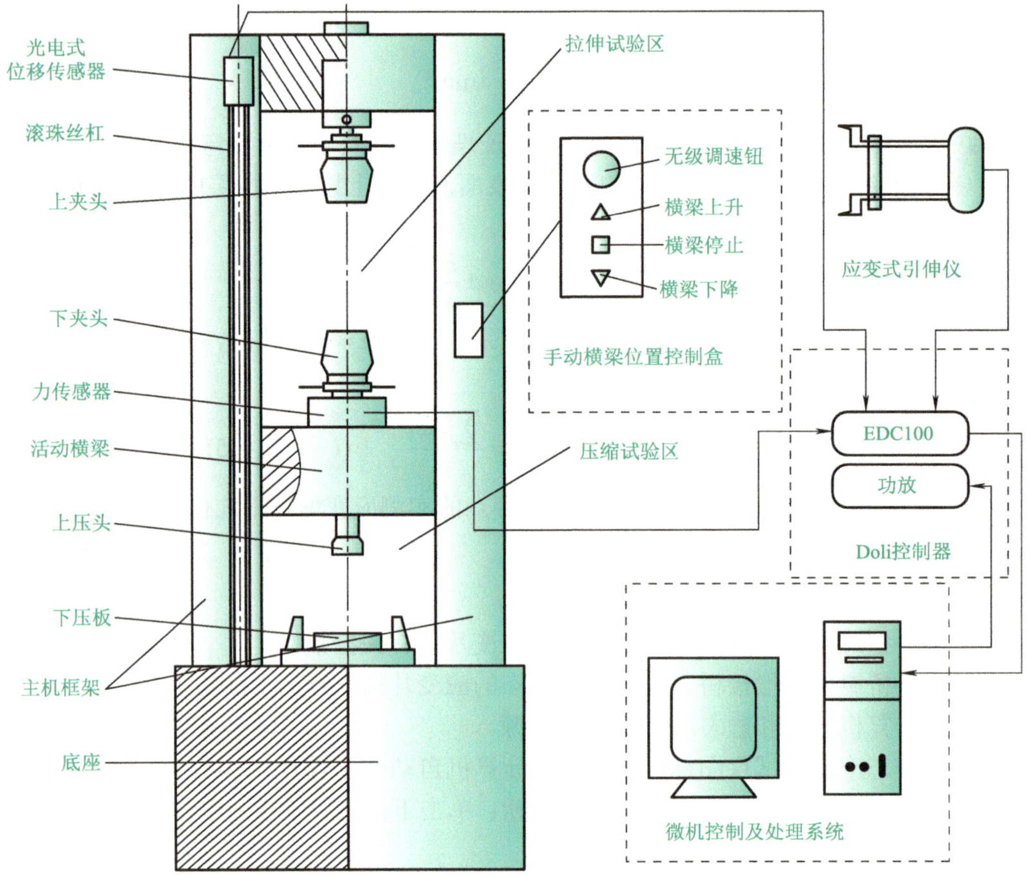

图 I.16

电子万能试验机分为主机和测量控制系统二大部分。

I.5.1 主机

主机是材料力学性能试验机测试的执行机构，主要由负荷机架、传动系统、夹持系统和位置保护装置构成。系统工作时，在活动横梁位移控制系统的驱动下，配合相应的附件，可以使被测试样产生应力、应变，经测量、数据采集、处理后给出所需数据。

在底座的工作台面上，安装有立柱、滚珠丝杠副和压缩弯曲试验台，立柱位于活动横梁的两侧，用于支撑上横梁，并为活动横梁起导向作用，防止活动横梁上、下移动时发生摆动。工作台下部为铸造机器底座，它与横梁具有同等刚度。由上横梁、活动横梁、工作台、滚珠丝杠副及立柱组成门式结构的负荷机架，在实验过程中，力在负荷机架内得到平衡。

在上横梁与活动横梁之间，分别安装有拉伸上夹头和下夹头，当控制系统发出信号使直流伺服电动机工作时，通过减速装置带动圆弧齿形带转动，从而驱动大带轮，使滚珠丝杠获得稳定的转速，带动活动横梁上、下移动。试验时，将试件安装在上、下夹头之间，上夹头不动，当活动横梁向下运动时，试件受到拉伸。若把试件放在下压板上或放在弯曲试验台上，当活动横梁向下运行时，试件与压头接触 而被压缩或弯曲。同时由负荷传感器将载荷大小的信号输出给负荷测量系统，由位移编码器将活动横梁位移信号输出给位移测量系统。

在电子万能试验机主机前面，通常安装有行程保护装置，它是由限位杆、限位环和限位开关组成。上、下限位环的位置可以根据试验需要预先设定。当活动横梁运行到极限位置碰动限位环时，限位杠自动滑落，由限位杆触动限位开关来切断电源，使活动横梁停止运行，从而起到保护机器行程，防止上、下夹具碰撞等恶性事故发生。

Ⅰ.5.2 控制测量系统

试验机的控制测量系统主要分为位移、力和变形测量控制系统。

位移的测量由装在转动丝杠一端与丝杠同步转动的光电式位移传感器提取信号的。由于转动丝杠的螺距已经确定，光电编码器发出的脉冲数就与活动横梁的位移量有着固定的比例关系。当位移发生时光电编码器发出的脉冲信号由计算机采集后，将信号按比例转换后即可得到位移；控制时设定好一个速度或位移目标选择，计算机将指令发送到控制器，控制器控制主机上的直流伺服电动机，使其得到一个固定的电压，就确定了活动横梁运行的速度，再通过设定活动横梁移动方向来控制电动机转动的方向，从而实现位移的控制。

力的测量是通过应变式力传感器及测量放大器来实现。由活动横梁下夹头或上压头作用的力传递给力传感器，力传感器产生的信号经由控制器传输到计算机后，由计算机按传感器标定数据进行处理得到力值。变形测量则是通过使用引伸计来实现各种标距的变形测量。通常在测量前，将引伸计安装在被测试件上，当试件受力变形时，通过引伸计将变形信号放大，输出到控制器，控制器将信号传输到计算机并显示出来。力和变形的测量控制方式与位移控制方式类似，控制的设定目标和实时闭环控制检测指标变为相应的力值和变形值，控制执行机构仍是控制器和直流伺服电动机。

Ⅰ.6 液压式万能材料试验机

液压式万能材料试验机广泛应用于材料试验中，其结构原理可分为四大部分，结构原理图见图Ⅰ.17。

Ⅰ.6.1 加力部分

在液压式万能试验机的机座上装有两根固定立柱 7，主要由这两根立柱支承大横梁、小横梁、工作油缸 9。当开动电动机 16 时，传动皮带就带动油泵 15 工作，高压油液经油管进油阀 14 输送到工作油缸 9，推动工作活塞 10 往上运动。活塞上升时，带动活动立柱 8 与工作台 5 往上运行。做拉伸实验时，将拉伸试件 3 的两端夹于上夹头 4 和下夹头 2 之间(下夹头连接底座固定不动)。当工作台 5 上升时，使试件 3 发生拉伸变形；做压缩实验时，把压缩试件放在下承压座 12 的中心位置处，当工作台 5 上升时使上承压座 11 接触试件后，产生压缩变形；做弯曲实验时，把弯曲试件放在两弯曲支座 13 上，当工作台 5 上升时使上压头(弯曲压头)接触试件后，产生弯曲变形。进油阀 14 用来控制输入工作油缸 9 中的油量，以控制试件的变形速度。实验完毕，关闭进油阀 14，打开回油阀 20，把工作油缸 9 里的油液泄回油箱，使工作台 5 回到原始位置。

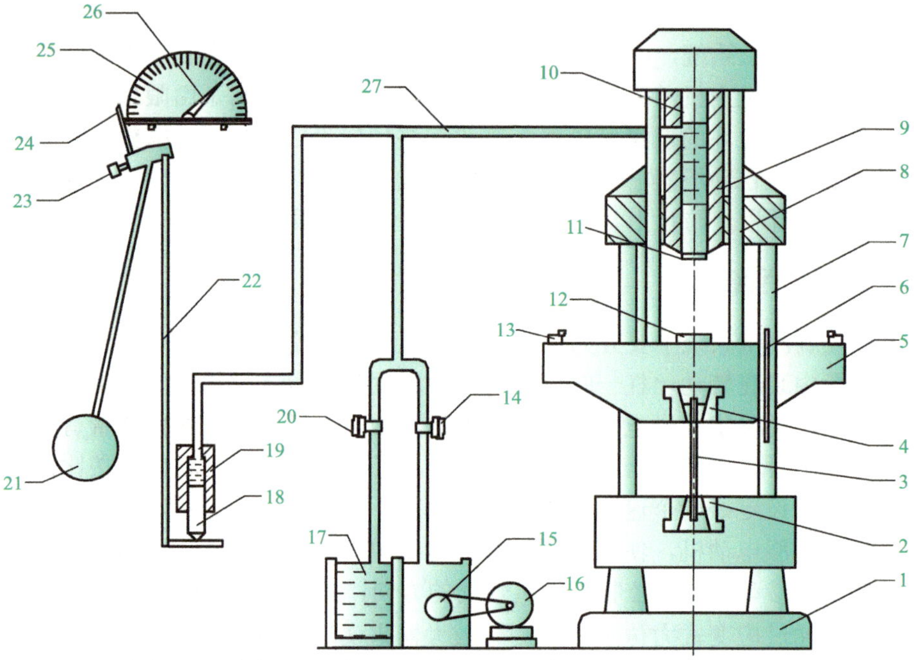

1—底座；2—下夹头；3—试件；4—上夹头；5—工作台；6—标尺；7—固定立柱；8—活动立柱；9—工作油缸；10—工作活塞；11—上承压座；12—下承压座；13—弯曲支座；14—进油阀；15—高压油泵；16—电动机；17—油箱；18—测力活塞；19—测力油缸；20—回油阀；21—摆锤；22—测力拉杆；23—平衡砣；24—推杆；25—测力度盘；26—测力指针；27—油管

图 I.17

I.6.2 测力部分

实验时，试件受力大小，可在测力度盘 25 上直接读出指示值。试件受力后，工作油缸 9 的油具有一定的压力，压力的大小与试件受力的大小是成正比例的。由于工作油缸 9 和测力油缸 19 是联通的，故工作油缸和测力油缸所受的油压是相等的。此油压推动测力活塞 18 和测力拉杆 22，使推杆 24 和摆锤 21 绕支点转动，推杆 24 推动螺杆运动，使齿轮和测力指针 26 旋转，测力度盘 25 所读得的数值即表示试件受力的大小。

液压万能材料试验机的载荷范围可由摆锤 21 的重量来确定。一般试验机都备有三种砣重作为选择载荷范围用，测力度盘 25 上相应有三种载荷刻度。

I.6.3 自动绘图部分

液压试验机绘图装置是通过固定在万能试验机工作台上的拉绳带动绘图滚筒转动，滚筒转动方向为变形坐标，螺杆运动方向为力坐标。

Ⅰ.6.4 操作部分

该部分主要由进油阀、回油阀和电器开关等组成。进油阀的作用是调节油箱里的油往工作油缸送油量的大小。进油阀的阀门开得大，表示油送到工作油缸的速度快、油量多，也就说明试件受力大，变形快。实验时要严格控制进油阀门的大小，保证载荷盘指针均匀地转动。回油阀的作用是调节工作油缸里的油流回油箱的流量,即使试件卸载，实验做完后，须打开回油阀门，使工作油缸的油流回油箱。万能试验机的具体操作方法如下：

(1)选择载荷范围。实验前，首先根据试件材料能承受的最大载荷，选择相应的砣重量，确定合适的实验载荷范围(如300kN万能试验机分为：0～60kN，0～150kN，0～300kN)。若在万能试验机上挂上A砣，表示0～60kN范围，挂上A、B砣表示0～150kN范围，挂上A、B、C砣表示0～300kN范围。如直径为10mm的低碳钢拉伸试件，估计最大承载为40kN左右，选用0～60kN范围即可，其目的是提高载荷测试精度。

(2)载荷调零。开动油泵电动机，关闭回油阀，再打开进油阀，向工作油缸送油，使工作台略上升5～10mm后(消除工作平台的自重)，转动螺杆使指针对准测力度盘上的零点，拨回被动指针。

(3)安装调整绘图仪的纸和笔。加载时能自动绘制试件受力与变形的曲线图。

(4)安装试件。装夹拉伸试件时，先调整下夹头位置，使拉伸区空间与试件长度相适应。调整下夹头位置时，可开动电动机使下夹头上升或下降。当试件夹紧后，就不允许再用电动机升降下夹头，以免电动机超负荷而烧毁。

(5)加载与卸载。试件安装完毕，即可开启进油阀，逐渐对试件进行加载，加载时要求测力指针匀速平稳地转动。切忌猛开进油阀导致加载速度失控，损坏测力机构。实验完毕，关闭电源开关和进油阀，打开回油阀，使工作油缸的油流回油箱，工作平台下降至初始位置。

(6)试验中不得擅离试验机，听见异常声音或发现故障应立即关闭电源检查、排除。

Ⅰ.7 电阻应变测量简介

电阻应变测量是用电阻应变计(即应变片)测定结构或构件表面应变、再根据应力－应变关系，确定结构或构件表面应力状态的一种实验应力分析方法。

当结构或构件变形时，粘贴并固结于其上的电阻应变计的电阻值将发生相对变化。由于在线弹性阶段内这个变化是很微小的，需要专门的测量仪器—电阻应变仪来进行测量。电阻应变测量系统方框图见图Ⅰ.18。

图Ⅰ.18

Ⅰ.7.1 电阻应变计(简称应变片)

电阻应变计(即应变片)在测量中能将工程结构或构件上的变形，转换成电阻变化。

由物理学可知，金属电阻丝的电阻与其长度成正比，与其横截面积为反比。即

$$R=\frac{\rho \cdot l}{A} \tag{I.1}$$

式中，R 为电阻值；ρ为电阻率，即单位长度、单位横截面积的电阻；L 为电阻丝长度；A为横截面积。

当电阻丝随构件受力作用而发生变形时，电阻丝长度、截面积均将发生变化，电阻丝阻值也将随之变化。在一定范围内，电阻丝单位电阻的变化率$\Delta R/R$ 与其线应变$\Delta l/l$ 成正比，即

$$\frac{\Delta R}{R}=K\frac{\Delta l}{l}=K\cdot\varepsilon \tag{I.2}$$

式中，ΔR 为电阻丝变形后产生的电阻变化量；K为比例常数，亦称为**灵敏系数**；ε为应变值，常用$\mu\varepsilon$表示，$1\mu\varepsilon=10^{-6}$。

因此只要测得电阻丝的电阻变化量，通过式（I.2）即可得到应变值ε。

为了测得工程结构或构件上某点的应变，将电阻丝制成的电阻应变片用粘贴剂粘贴于测点上，见图 I.19，当其受力时，应变片随被测物体同时变形，即可测得该点应变值。除电阻丝应变片外，目前常用的还有箔式应变片，见图 I.20，该应变片尺寸准确、均匀，易于制成任意形状，标距及宽度均可做得很小，并且稳定性好，机械滞后的蠕变小，能通过较大电流，输出信号大，可提高**测量精度**。

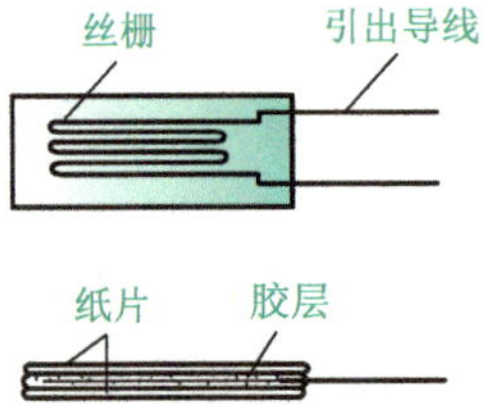

图 I.19

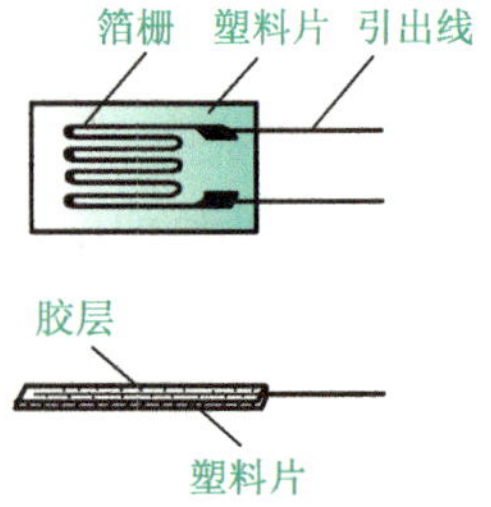

图 I.20

I.7.2 应变测量电路

1. 应变测量电路

应变测量电路主要是将应变片的电阻变化转换为电压（或电流）的变化信号。一般来说，应变片感受变形所引起的电阻变化是很小的，测量电路应能精确测量其电阻变化。最为普遍应用的应变测量电路是惠斯通电桥，见图 I.21。四个桥臂上连接 4 片电阻应变片 R_1、R_2、R_3、R_4，在 AC 端上加一供桥电压，BD 端为输出端。根据不同的使用要求，电桥供桥电压可是直流或交流，输出可是电压或电流。现以直流电压 E 供压为例说明输出端电压 U 的变化规律。

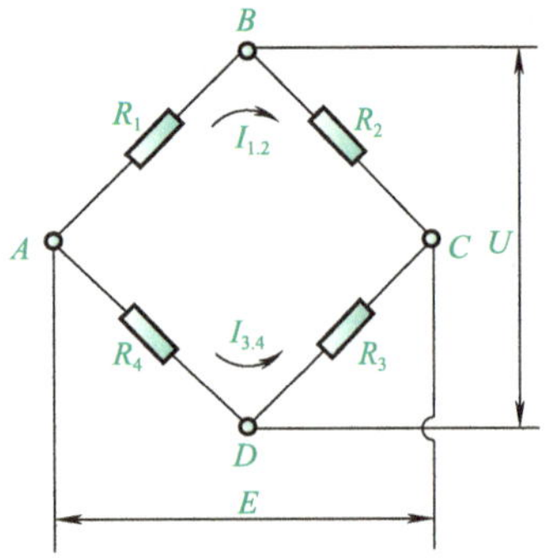

图 I.21

从图 I.21 可知，BD 间视为开路，故电流为

$$I_{1,2}=\frac{E}{R_1+R_2}, \qquad I_{3,4}=\frac{E}{R_3+R_4}$$

AB 及 AD 间的电位差分别为

$$U_{AB}=\frac{R_1}{R_1+R_2}\cdot E, \qquad U_{AD}=\frac{R_4}{R_3+R_4}\cdot E$$

输出电压 U 是 B、D 两点间的电位差，即

$$U=U_{AB}-U_{AD}=\frac{R_1}{R_1+R_2}\cdot E-\frac{R_4}{R_3+R_4}\cdot E$$

$$=\frac{R_1R_3-R_2R_4}{(R_1+R_2)(R_3+R_4)}\cdot E \tag{I.3}$$

电桥平衡时，输出电压为零，有 $R_1R_3=R_2R_4$

如果处于平衡的电桥，各臂阻值分别产生 ΔR_1、ΔR_2、ΔR_3、ΔR_4 的变化，将其代入式(I.3)，可推导出输出电压改变量近似由下式表示为

$$\Delta U=\frac{R_1R_2}{(R_1+R_2)^2}\cdot\left(\frac{\Delta R_1}{R_1}-\frac{\Delta R_2}{R_2}+\frac{\Delta R_3}{R_3}-\frac{\Delta R_4}{R_4}\right)\cdot E$$

对于电源 E 左右对称的情况下(即相邻臂电阻相等的对称电桥)，$R_1=R_2$　$R_3=R_4$ 时，有

$$\Delta U=\frac{E}{4}\cdot\left(\frac{\Delta R_1}{R_1}-\frac{\Delta R_2}{R_2}+\frac{\Delta R_3}{R_3}-\frac{\Delta R_4}{R_4}\right) \tag{I.4}$$

对于电源 E 全等的情况下(即四臂电阻相等)，$R_1=R_2=R_3=R_4$ 时，将式(I.2)代入式(I.4)，得

$$\Delta U=\frac{EK}{4}\cdot(\varepsilon_1-\varepsilon_2+\varepsilon_3-\varepsilon_4) \tag{I.5}$$

2. 温度补偿

在一般情况下，粘贴于测点处的应变片的电阻除了因变形引起改变外，由于应变片与构件材料的热膨胀系数不相等，还会产生因温度变化导致的电阻改变量ΔR_t，使电桥失去平衡。ΔR_t 产生的虚假应变将造成测量误差，所以必须排除。

利用电桥特点可进行温度补偿。例如在拉伸试件纵向贴上工作应变片 R_1，在与试件材质相同且处于同一温度场、但不受力的补偿块上粘贴与工作应变片阻值、灵敏系数相同的补偿应变片 R_2，见图 I.22(a)。R_3 和 R_4 为仪器中精密无感电阻。

当温度变化时，由于 R_3 和 R_4 为仪器中精密无感电阻，不会产生温度引起的电阻变化，而 R_1 和 R_2 的电阻变化率分别为$\Delta R_{1t}/R_1$ 和$\Delta R_{2t}/R_2$，结果相同，代入(I.4)式，两项相减结果为零，因此对电桥的输出影响相互抵消，从而达到消除ΔR_t 产生的虚假应变的目的。

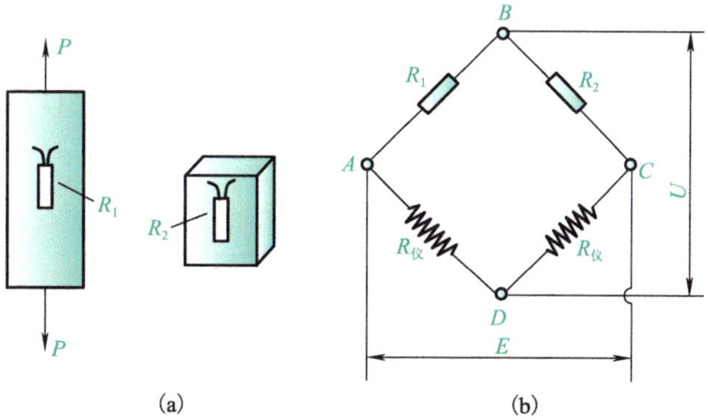

图 I.22

3. 接桥方式

分析式(I.4)可知，测量电桥的输出电压与ε_1、ε_2、ε_3、ε_4 直接相关，测量桥具有相对臂相加(即$\varepsilon_1+\varepsilon_3$)，相邻臂相减(即$\varepsilon_1-\varepsilon_2$)的特性，根据具体情况，合理选择接桥方式将有利提高读数灵敏度、实现温度补偿或消除复合受力情况下的不必要力的影响。举例如下：

1) 半桥接法(此时 $R_1=R_2$)

(1) 单臂工作片半桥接法。

如图 I.22(a) 所示直杆轴向受力情况，在纵向贴上工作应变片 R_1，在补偿块上粘贴补偿应

变片 R_2，组成单臂工作片半桥接法，见图 I.22(b)。此时式(I.4)为

$$\Delta U=\frac{1}{4}EK\varepsilon_1$$

静态仪读数ε 就是测点的实际应变值$\varepsilon_{实}$，即$\varepsilon_{实}=\varepsilon_{仪}$。

(2)相邻臂均为工作片半桥接法。

① 如图 I.23(a)所示悬臂梁受力情况，在纵向距离相同的上下表面位置粘贴工作应变片 R_1 和 R_2，按图 I.23(b)。接桥方式按相邻臂均为工作片半桥接法连接，由于悬臂梁贴片位置上下表面受力时应变相等，符号相反，(I.4)式为

$$\Delta U=\frac{1}{2}EK\varepsilon$$

静态仪读数ε是测点的实际应变值的两倍，即$\varepsilon_{实}=2\varepsilon_{仪}$，$\varepsilon_{实}=1/2\varepsilon_{仪}$。

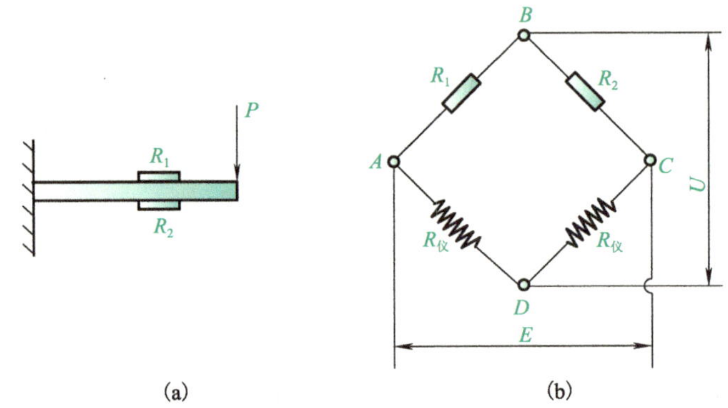

图 I.23

② 如图 I.24(a)所示直杆轴向受力情况，在试件的正反两面相同位置粘贴各一纵一横(即互相垂直)共四片电阻应变片 R_1、R_2、R_3、R_4，按图 I.24(b)的接桥方式组成半桥接法，也可实现温度互补偿，并消除弯曲应变影响。此时(I.4)式为

$$\Delta U=\frac{1}{4}EK\varepsilon(1+\mu),\qquad \varepsilon_{仪}=(1+\mu)\varepsilon_{实},\qquad \varepsilon_{实}=\frac{\varepsilon_{仪}}{(1+\mu)}$$

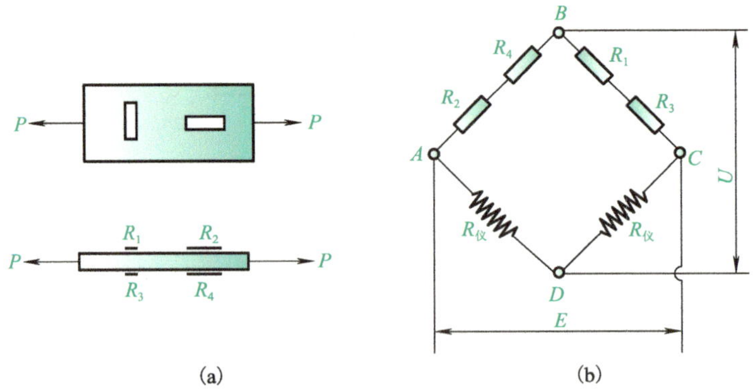

图 I.24

2)全桥接法

如图 I.25(a)所示的扭转拉(压)弯曲复合受力情况，采用图 I.25(a)所示的贴片方案，按

图 I.25(b)组成全桥连接方式，R_1、R_2、R_3、R_4 均为工作片，且均互为补偿。此时式(I.4)为

$$\Delta U = EK\varepsilon\,,\qquad \varepsilon_{仪}=4\varepsilon_{实}\,,\qquad \varepsilon_{实}=\frac{\varepsilon_{仪}}{4}$$

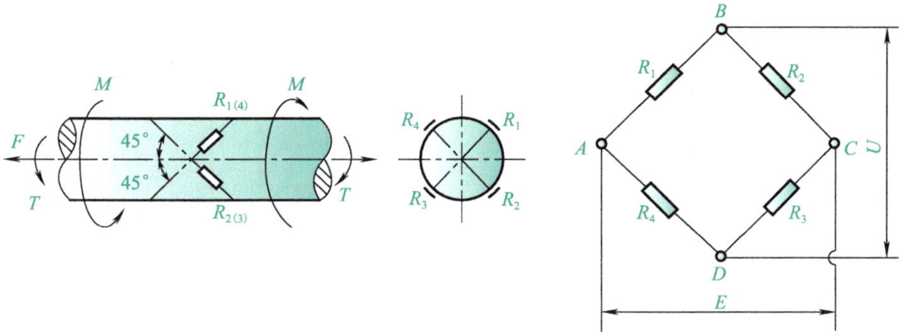

(a)　　　　(b)

图 I.25

应变仪读数 $\varepsilon_{仪}$ 就是测点的实际应变值的四倍，且能消除拉(压)和弯曲的影响，测出扭转产生的应变。

I.7.3　电阻应变仪

电阻应变仪的作用是将应变片电阻变化量转换成电压(或电流)的变化信号，并把电压(或电流)信号放大后再转换成应变读数并输出的仪器和装置。应变量的测取方式有刻度盘读数、数字显示、计算机采样等几种形式。

电阻应变仪按频率响应范围分为：静态、动态、超动态电阻应变仪等。

常用静态电阻应变仪有：

(1)YJD－1 型静态电阻应变仪。

(2)YJ－5 型静态电阻应变仪。

(3)YJ－18 型静态电阻应变仪。

(4)YJ—X4 型静态电阻应变仪。

(5)DH3818 静态应变测试仪。

使用时详见操作说明书或听教师讲解。

附录Ⅱ

热轧型钢规格表(GB/T 706—2008)

附表 1　热轧等边角钢

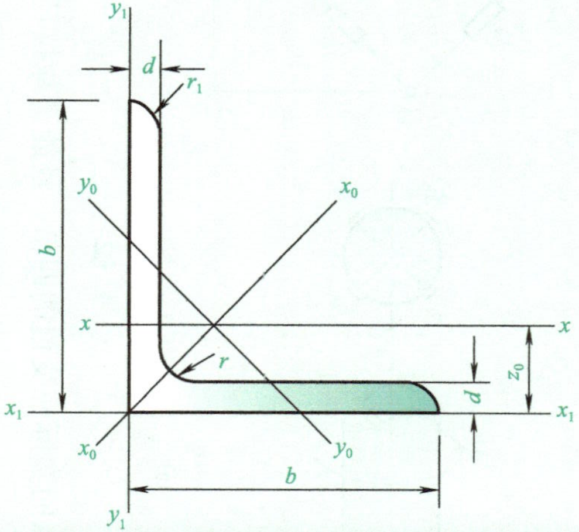

符号意义：

b——边宽度；　I——惯性矩；
d——边厚度；　i——惯性半径；
r——内圆弧半径；　W——截面系数；
r_1——边端内圆弧半径；　z_0——重心距离。

角钢号数	尺寸/mm			截面面积 /cm²	理论重量 /(kg/m)	外表面积 /(m²/m)	参考数值										z_0 /cm
							$x—x$			$x_0—x_0$			$y_0—y_0$			$x_1—x_1$	
	b	d	r				I_x/cm⁴	i_x/cm³	W_x/cm³	I_{x0}/cm⁴	i_{x0}/cm	W_{x0}/cm³	I_{y0}/cm⁴	i_{y0}/cm	W_{y0}/cm³	I_{x1}/cm⁴	
2	20	3	3.5	1.132	0.889	0.078	0.40	0.59	0.29	0.63	0.75	0.45	0.17	0.39	0.20	0.81	0.60
		4		1.459	1.145	0.077	0.50	0.58	0.36	0.78	0.73	0.55	0.22	0.38	0.24	1.09	0.64
2.5	25	3		1.432	1.124	0.098	0.82	0.76	0.46	1.29	0.95	0.73	0.34	0.49	0.33	1.57	0.73
		4		1.859	1.459	0.097	1.03	0.74	0.59	1.62	0.93	0.92	0.43	0.48	0.40	2.11	0.76
3	30	3	4.5	1.790	1.373	0.117	1.46	0.91	0.68	2.31	1.15	1.09	0.61	0.59	0.51	2.71	0.85
		4		2.276	1.786	0.117	1.84	0.90	0.87	2.92	1.13	1.37	0.77	0.58	0.62	3.63	0.89

续表

角钢号数	尺寸/mm			截面面积	理论重量	外表面积	参考数值										z_0
							$x—x$			$x_0—x_0$			$y_0—y_0$			$x_1—x_1$	
	b	d	r	/cm²	/(kg/m)	/(m²/m)	I_x/cm⁴	i_x/cm³	W_x/cm³	I_{x0}/cm⁴	i_{x0}/cm	W_{x0}/cm³	I_{y0}/cm⁴	i_{y0}/cm	W_{y0}/cm³	I_{x1}/cm⁴	/cm
3.6	36	3	4.5	2.109	1.656	0.141	2.58	1.11	0.99	4.09	1.39	1.61	1.07	0.71	0.76	4.68	1.00
		4		2.756	2.163	0.141	3.29	1.09	1.28	5.22	1.38	2.05	1.37	0.70	0.93	6.25	1.04
		5		3.382	2.654	0.141	3.95	1.08	1.56	6.24	1.36	2.45	1.65	0.70	1.09	7.48	1.07
4.0	40	3	5	2.359	1.825	0.157	3.59	1.23	1.23	5.69	1.55	2.01	1.49	0.79	0.96	6.41	1.09
		4		3.086	2.422	0.157	4.60	1.22	1.60	7.29	1.54	2.58	1.91	0.79	1.19	8.56	1.13
		5		3.791	2.976	0.156	5.53	1.21	1.96	8.76	1.52	3.01	2.30	0.78	1.39	10.74	1.17
4.5	45	3		2.659	2.088	0.177	5.17	1.40	1.58	8.20	1.76	2.58	2.14	0.90	1.24	9.12	1.22
		4		3.486	2.736	0.177	6.65	1.38	2.05	10.56	1.74	3.32	2.75	0.89	1.54	12.18	1.26
		5		4.292	3.369	0.176	8.04	1.37	2.51	12.74	1.72	4.00	3.33	0.88	1.81	15.25	1.30
		6		5.076	3.985	0.175	9.33	1.36	2.95	14.76	1.70	4.64	3.89	0.88	2.06	18.36	1.33
5	50	3	5.5	2.971	2.332	0.197	7.18	1.55	1.96	11.37	1.96	3.22	2.98	1.00	1.57	12.50	1.34
		4		3.897	3.059	0.197	9.26	1.54	2.56	14.70	1.94	4.16	3.82	0.99	1.96	16.60	1.38
		5		4.803	3.770	0.196	11.21	1.53	3.13	17.79	1.92	5.03	4.64	0.98	2.31	20.90	1.42
		6		5.688	4.465	0.196	13.05	1.52	3.68	20.68	1.91	5.85	5.42	0.98	2.63	25.14	1.46
5.6	56	3	6	3.343	2.624	0.221	10.19	1.75	2.48	16.14	2.20	4.08	4.24	1.13	2.02	17.56	1.47
		4		4.390	3.446	0.220	13.18	1.73	3.24	20.92	2.18	5.28	5.46	1.11	2.52	23.43	1.53
		5		5.415	4.251	0.220	16.02	1.72	3.97	25.42	2.17	6.42	6.61	1.10	2.98	29.33	1.57
		8		8.367	6.568	0.219	23.63	1.68	6.03	37.37	2.11	9.44	9.89	1.09	4.16	47.24	1.68
6.3	63	4	7	4.978	3.907	0.248	19.03	1.96	4.13	30.17	2.46	6.78	7.89	1.26	3.29	33.35	1.70
		5		6.143	4.822	0.248	23.17	1.94	5.08	36.77	2.45	8.25	9.57	1.25	3.90	41.73	1.74
		6		7.288	5.721	0.247	27.12	1.93	6.00	43.03	2.43	9.66	11.20	1.24	4.46	50.14	1.78
		8		9.515	7.469	0.247	34.46	1.90	7.75	54.56	2.40	12.25	14.33	1.23	5.47	67.11	1.85
		10		11.657	9.151	0.246	41.09	1.88	9.39	64.85	2.36	14.56	17.33	1.22	6.36	84.31	1.93

续表

角钢号数	尺寸/mm			截面面积/cm²	理论重量/（kg/m）	外表面积/（m²/m）	参考数值										z0/cm
							x—x			x0—x0			y0—y0			x1—x1	
	b	d	r				I_x/cm^4	i_x/cm^3	W_x/cm^3	I_{x0}/cm^4	i_{x0}/cm	W_{x0}/cm^3	I_{y0}/cm^4	i_{y0}/cm	W_{y0}/cm^3	I_{x1}/cm^4	
7	70	4	8	5.570	4.372	0.275	26.39	2.18	5.14	41.80	2.74	8.44	10.99	1.40	4.17	45.74	1.86
		5		6.875	5.397	0.275	32.21	2.16	6.32	51.08	2.73	10.32	13.34	1.39	4.95	57.21	1.91
		6		8.160	6.406	0.275	37.77	2.15	7.48	59.93	2.71	12.11	15.61	1.38	5.67	68.73	1.95
		7		9.424	7.398	0.275	43.09	2.14	8.59	68.35	2.69	13.81	17.82	1.38	6.34	80.29	1.99
		8		10.677	8.373	0.274	48.17	2.12	9.68	76.37	2.68	15.43	19.98	1.37	6.98	91.92	2.03
7.5	75	5	9	7.412	5.818	0.295	39.97	2.33	7.32	63.30	2.92	11.94	16.63	1.50	5.77	70.56	2.04
		6		8.797	6.905	0.294	46.95	2.31	8.64	74.38	2.90	14.02	19.51	1.49	6.67	84.55	2.07
		7		10.160	7.976	0.294	53.57	2.30	9.93	84.96	2.89	16.02	22.18	1.48	7.44	98.71	2.11
		8		11.503	9.030	0.294	59.96	2.28	11.20	95.07	2.88	17.93	24.86	1.47	8.19	112.97	2.15
		10		14.126	11.089	0.293	71.98	2.26	13.64	113.92	2.84	21.48	30.05	1.46	9.56	141.74	2.22
8	80	5		7.912	6.211	0.315	48.79	2.48	8.34	77.33	3.13	13.67	20.25	1.60	6.66	85.36	2.15
		6		9.397	7.376	0.314	57.35	2.47	9.87	90.98	3.11	16.08	23.72	1.59	7.65	102.50	2.19
		7		10.860	8.252	0.314	65.58	2.46	11.37	104.07	3.10	18.40	27.09	1.58	8.58	119.70	2.23
		8		12.303	9.658	0.314	73.49	2.44	12.83	116.60	3.08	20.61	30.39	1.57	9.46	136.97	2.27
		10		15.126	11.874	0.313	88.43	2.42	15.64	140.09	3.04	24.76	36.77	1.56	11.09	171.74	2.35
9	90	6	10	10.637	8.350	0.354	82.77	2.79	12.61	131.26	3.51	20.63	34.28	1.80	9.95	145.87	2.44
		7		12.301	9.656	0.354	94.83	2.78	14.54	150.47	3.50	23.64	39.18	1.78	11.19	170.30	2.48
		8		13.944	10.946	0.353	106.47	2.76	16.42	168.97	3.48	26.55	43.97	1.78	12.35	194.80	2.52
		10		17.167	13.476	0.353	128.58	2.74	20.07	203.90	3.45	32.04	53.26	1.76	14.52	244.07	2.59
		12		20.306	15.940	0.352	149.22	2.71	23.57	236.21	3.41	37.12	62.22	1.75	16.49	293.76	2.67

续表

角钢号数	尺寸/mm			截面面积/cm²	理论重量/(kg/m)	外表面积/(m²/m)	参考数值										z_0/cm
							x—x			x_0—x_0			y_0—y_0			x_1—x_1	
	b	d	r				I_x/cm⁴	i_x/cm³	W_x/cm³	I_{x0}/cm⁴	i_{x0}/cm	W_{x0}/cm³	I_{y0}/cm⁴	i_{y0}/cm	W_{y0}/cm³	I_{x1}/cm⁴	
10	100	6	12	11.932	9.366	0.393	114.95	3.01	15.68	181.98	3.90	25.74	47.92	2.00	12.69	200.07	2.67
		7		13.796	10.830	0.393	131.86	3.09	18.10	208.97	3.89	29.55	54.74	1.99	14.26	233.54	2.71
		8		15.638	12.176	0.393	148.24	3.08	20.47	235.07	3.88	33.24	61.41	1.98	15.75	267.09	2.76
		10		19.261	15.120	0.392	179.51	3.05	25.06	284.68	3.84	40.26	74.35	1.96	18.54	344.48	2.84
		12		22.800	17.898	0.391	208.90	3.03	29.48	330.95	3.81	46.80	86.84	1.95	21.08	402.34	2.91
		14		26.256	20.611	0.391	236.53	3.00	33.73	374.06	3.77	52.90	99.00	1.94	23.44	470.75	2.99
		16		29.627	23.257	0.390	262.53	2.98	37.82	414.16	3.74	58.57	110.89	1.94	25.63	539.80	3.06
11	110	7		15.196	11.928	0.433	177.16	3.41	22.05	280.94	4.30	36.12	73.38	2.20	17.51	310.64	2.96
		8		17.238	13.532	0.433	199.46	3.40	24.95	316.49	4.28	40.69	82.42	2.19	19.39	355.20	3.01
		10		21.261	16.690	0.432	242.19	3.38	30.60	384.39	4.25	49.42	99.98	2.17	22.91	444.65	3.09
		12		25.200	19.782	0.431	282.55	3.35	36.05	448.17	4.22	57.62	116.93	2.15	26.15	534.60	3.16
		14		29.056	22.809	0.431	320.71	3.32	41.31	508.01	4.18	65.31	133.40	2.14	29.14	625.16	3.24
12.5	125	8	14	19.750	15.504	0.492	297.03	3.88	32.52	470.89	4.88	53.28	123.16	2.50	25.86	521.01	3.37
		10		24.373	19.133	0.491	361.37	3.85	39.97	573.89	4.85	64.93	149.46	2.48	30.62	651.93	3.45
		12		28.912	22.696	0.491	423.16	3.83	41.17	671.44	4.82	75.96	174.88	2.46	35.03	783.42	3.53
		14		33.367	26.193	0.490	481.65	3.80	54.16	763.73	4.78	86.41	199.57	2.45	39.13	915.61	3.61
14	140	10		27.373	21.488	0.511	514.65	4.34	50.58	817.27	5.46	82.56	212.04	2.78	39.20	915.11	3.82
		12		32.512	25.522	0.511	603.68	4.31	59.80	958.79	5.43	96.85	248.57	2.76	45.02	1099.28	3.90
		14		37.567	29.490	0.550	688.81	4.28	68.75	1093.56	5.40	110.47	284.06	2.75	50.45	1284.22	3.98
		16		42.539	33.393	0.549	770.24	4.26	77.46	1221.81	5.36	123.42	318.67	2.74	55.55	1470.07	4.06

续表

角钢号数	尺寸/mm			截面面积/cm^2	理论重量/（kg/m）	外表面积/（m^2/m）	参考数值										z_0/cm
							$x—x$			$x_0—x_0$			$y_0—y_0$			$x_1—x_1$	
	b	d	r				I_x/cm^4	i_x/cm^3	W_x/cm^3	I_{x0}/cm^4	i_{x0}/cm	W_{x0}/cm^3	I_{y0}/cm^4	i_{y0}/cm	W_{y0}/cm^3	I_{x1}/cm^4	
16	160	10	16	31.502	24.729	0.630	779.53	4.98	66.70	1237.30	6.27	109.36	321.76	3.20	52.76	1364.33	4.31
		12		37.441	29.391	0.630	916.58	4.95	78.98	1455.68	6.24	128.67	377.49	3.18	60.74	1639.57	4.39
		14		43.296	33.987	0.629	1048.36	4.92	90.95	1665.02	6.20	147.17	431.49	3.16	68.24	1914.68	4.47
		16		49.067	38.518	0.629	1175.08	4.89	102.63	1865.57	6.17	164.89	484.59	3.14	75.31	2190.82	4.55
18	180	12		42.241	33.159	0.710	1321.35	5.59	100.82	2100.10	7.05	165.00	542.61	3.58	78.41	2332.80	4.89
		14		48.896	38.383	0.709	1514.48	5.56	116.25	2407.42	7.02	189.14	625.53	3.56	88.38	2723.80	4.97
		16		55.467	43.542	0.709	1700.99	5.54	131.13	2703.37	6.98	212.40	698.60	3.55	97.83	3115.29	5.05
		18		61.955	48.634	0.708	1875.12	5.50	145.64	2988.24	6.94	234.78	762.01	3.51	105.14	3502.43	5.13
20	200	14	18	54.642	42.894	0.788	2103.55	6.20	144.70	3343.26	7.82	236.40	863.83	3.98	111.82	3734.10	5.46
		16		62.013	48.680	0.788	2366.15	6.18	163.65	3760.89	7.79	265.93	971.41	3.96	123.96	4270.39	5.54
		18		69.301	54.401	0.787	2620.64	6.15	182.22	4164.54	7.75	294.48	1076.74	3.94	135.52	4808.13	5.62
		20		76.505	60.056	0.787	2867.30	6.12	200.42	4554.55	7.72	322.06	1180.04	3.93	146.55	5347.51	5.69
		24		90.661	71.168	0.785	3338.25	6.07	236.17	5294.97	7.64	374.41	1381.53	3.90	166.55	6457.16	5.87

注：截面图中的 $r_1=\frac{1}{3}d$ 及表中的 r 值的数据只用于孔型设计，不作交货条件。

附表 2　热轧不等边角钢

符号意义：

B —— 边宽度；	b —— 短边宽度；
d —— 边厚度；	I —— 惯性矩；
r —— 内圆弧半径；	i —— 惯性半径；
r_1 —— 边端内圆弧半径；	W —— 截面系数；
x_0 —— 重心距离；	y_0 —— 重心距离。

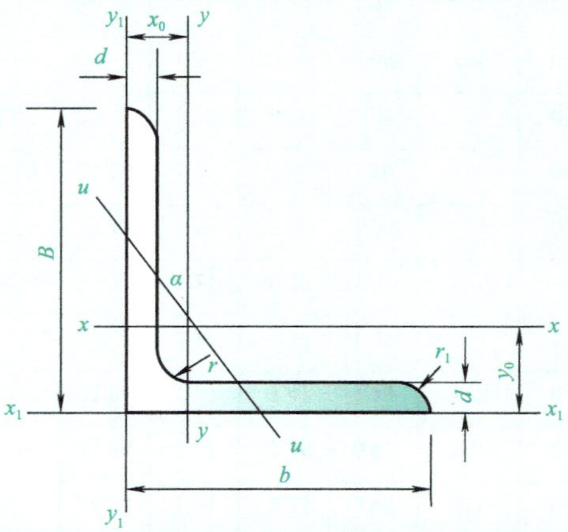

角钢号数	尺寸/mm				截面面积	理论重量	外表面积	参考数值													
								x—x			y—y			x1—x1		y1—y1		u—u			
	B	b	d	r	/cm²	/(kg/m)	/(m²/m)	I_x/cm⁴	i_x/cm	W_x/cm³	I_y/cm⁴	i_y/cm	W_y/cm³	I_{x1}/cm⁴	y_0/cm	I_{y1}/cm⁴	x_0/cm	I_u/cm⁴	i_u/cm	W_u/cm³	tanα
2.5/1.6	25	16	3	3.5	1.162	0.912	0.080	0.70	0.78	0.43	0.22	0.44	0.19	1.56	0.86	0.43	0.42	0.14	0.34	0.16	0.392
			4		1.499	1.176	0.079	0.88	0.77	0.55	0.27	0.43	0.24	2.09	0.90	0.59	0.46	0.17	0.34	0.20	0.381
3.2/2	32	20	3		1.492	1.171	0.102	1.53	1.01	0.72	0.46	0.55	0.30	3.27	1.08	0.82	0.49	0.28	0.43	0.25	0.382
			4		1.939	1.522	0.101	1.93	1.00	0.93	0.57	0.54	0.39	4.37	1.12	1.12	0.53	0.35	0.42	0.32	0.374
4/2.5	40	25	3	4	1.890	1.484	0.127	3.08	1.28	1.15	0.93	0.70	0.49	5.39	1.32	1.59	0.59	0.56	0.54	0.40	0.386
			4		2.467	1.936	0.127	3.93	1.26	1.49	1.18	0.69	0.63	8.53	1.37	2.14	0.63	0.71	0.54	0.52	0.381
4.5/2.8	45	28	3	5	2.149	1.687	0.143	4.45	1.44	1.47	1.34	0.79	0.62	9.10	1.47	2.23	0.64	0.80	0.61	0.51	0.383
			4		2.806	2.203	0.143	5.69	1.42	1.91	1.70	0.78	0.80	12.13	1.51	3.00	0.68	1.02	0.60	0.66	0.380
5/3.2	50	32	3	5.5	2.431	1.908	0.161	6.24	1.60	1.84	2.02	0.91	0.82	12.49	1.60	3.31	0.73	1.20	0.70	0.68	0.404
			4		3.177	2.494	0.160	8.02	1.59	2.39	2.58	0.90	1.06	16.65	1.65	4.45	0.77	1.53	0.69	0.87	0.402

续表

角钢号数	尺寸/mm				截面面积	理论重量	外表面积	参考数值												
								x—x			y—y			x_1—x_1		y_1—y_1		u—u			
	B	b	d	r	/cm²	/（kg/m）	/（m²/m）	I_x/cm⁴	i_x/cm	W_x/cm³	I_y/cm⁴	i_y/cm	W_y/cm³	I_{x1}/cm⁴	y_0/cm	I_{y1}/cm⁴	x_0/cm	I_u/cm⁴	i_u/cm	W_u/cm³	tanα
5.6/3.6	56	36	3	6	2.743	2.153	0.181	8.88	1.80	2.32	2.92	1.03	1.05	17.54	1.78	4.70	0.80	1.73	0.79	0.87	0.408
			4		3.590	2.818	0.180	11.45	1.79	3.03	3.76	1.02	1.37	23.39	1.82	6.33	0.85	2.23	0.79	1.13	0.408
			5		4.415	3.466	0.180	13.86	1.77	3.71	4.49	1.01	1.65	29.25	1.87	7.94	0.88	2.67	0.78	1.36	0.404
6.3/4	63	40	4	7	4.058	3.185	0.202	16.49	2.02	3.87	5.23	1.14	1.70	33.30	2.04	8.63	0.92	3.12	0.88	1.40	0.398
			5		4.993	3.920	0.202	20.02	2.00	4.74	6.31	1.12	2.71	41.63	2.08	10.86	0.95	3.76	0.87	1.71	0.396
			6		5.908	4.638	0.201	23.36	1.96	5.59	7.29	1.11	2.43	49.98	2.12	13.12	0.99	4.34	0.86	1.99	0.393
			7		6.802	5.339	0.201	26.53	1.98	6.40	8.24	1.10	2.78	58.07	2.15	15.47	1.03	4.97	0.86	2.29	0.389
7/4.5	70	45	4	7.5	4.547	3.570	0.226	23.17	2.26	4.86	7.55	1.29	2.17	45.92	2.24	12.26	1.02	4.40	0.98	1.77	0.410
			5		5.609	4.403	0.225	27.95	2.23	5.92	9.13	1.28	2.65	57.10	2.28	15.39	1.06	5.40	0.98	2.19	0.407
			6		6.647	5.218	0.225	32.54	2.21	6.95	10.62	1.26	3.12	68.35	2.32	18.58	1.09	6.35	0.98	2.59	0.404
			7		7.657	6.011	0.225	37.22	2.20	8.03	12.01	1.25	3.57	79.99	2.36	21.84	1.13	7.16	0.97	2.94	0.402
7.5/5	75	50	5	8	6.125	4.808	0.245	34.86	2.39	6.83	12.61	1.44	3.30	70.00	2.40	21.04	1.17	7.41	1.10	2.74	0.435
			6		7.260	5.699	0.245	41.12	2.38	8.12	14.70	1.42	3.88	84.30	2.44	25.37	1.21	8.54	1.08	3.19	0.435
			8		9.467	7.431	0.244	52.39	2.35	10.52	18.53	1.40	4.99	112.50	2.52	34.23	1.29	10.87	1.07	4.10	0.429
			10		11.590	9.098	0.244	62.71	2.33	12.79	21.96	1.38	6.04	140.80	2.60	43.43	1.36	13.10	1.06	4.99	0.423
8/5.0	80	50	5		6.375	5.005	0.255	41.96	2.56	7.78	12.82	1.42	3.32	85.21	2.60	21.06	1.14	7.66	1.10	2.74	0.388
			6		7.560	5.935	0.255	49.49	2.56	9.25	14.95	1.41	3.91	102.53	2.65	25.41	1.18	8.85	1.08	3.20	0.387
			7		8.724	6.848	0.255	56.16	2.54	10.58	16.96	1.39	4.48	119.33	2.69	29.82	1.21	10.18	1.08	3.70	0.384
			8		9.867	7.745	0.254	62.83	2.52	11.92	18.85	1.38	5.03	136.41	2.73	34.32	1.25	11.38	1.07	4.16	0.381

续表

角钢号数	尺寸/mm				截面面积	理论重量	外表面积	参考数值														
								$x—x$			$y—y$			$x_1—x_1$		$y_1—y_1$		$u—u$				
	B	b	d	r	/cm^2	/(kg/m)	/(m^2/m)	I_x/cm^4	i_x/cm	W_x/cm^3	I_y/cm^4	i_y/cm	W_y/cm^3	I_{x1}/cm^4	y_0/cm	I_{y1}/cm^4	x_0/cm	I_u/cm^4	i_u/cm	W_u/cm^3	tanα
9/5.6	90	56	5	9	7.212	5.611	0.287	60.45	2.90	9.92	18.32	1.59	4.21	121.32	2.91	29.53	1.25	10.98	1.23	3.49	0.385
			6		8.557	6.717	0.286	71.03	2.88	11.74	21.42	1.58	4.96	145.59	2.95	35.58	1.29	12.90	1.23	4.13	0.384
			7		9.880	7.756	0.286	81.01	2.86	13.49	24.36	1.57	5.70	169.60	3.00	41.71	1.33	14.67	1.22	4.72	0.382
			8		11.183	8.779	0.286	91.03	2.85	15.27	27.15	1.56	6.41	194.17	3.04	47.93	1.36	16.34	1.21	5.29	0.380
10/6.3	100	63	6	10	9.617	7.550	0.320	99.06	3.21	14.64	30.94	1.79	6.35	199.71	3.24	50.50	1.43	18.42	1.38	5.25	0.394
			7		11.111	8.722	0.320	113.45	3.20	16.88	35.26	1.78	7.29	233.00	3.28	59.14	1.47	21.00	1.38	6.02	0.393
			8		12.584	9.878	0.319	127.37	3.18	19.08	39.39	1.77	8.21	266.32	3.32	67.88	1.50	23.50	1.37	6.78	0.391
			10		15.467	12.142	0.319	153.81	3.15	23.32	47.12	1.74	9.98	333.06	3.40	85.73	1.58	28.33	1.35	8.24	0.387
10/8.0	100	80	6		10.637	8.350	0.354	107.04	3.17	15.19	61.24	2.40	10.16	199.82	2.95	102.68	1.97	31.65	1.72	8.37	0.627
			7		12.301	9.656	0.354	122.73	3.16	17.52	70.08	2.39	11.71	233.20	3.00	119.98	2.01	36.17	1.72	9.60	0.626
			8		13.944	10.946	0.353	137.92	3.14	19.81	78.58	2.37	13.21	266.61	3.04	137.37	2.05	40.58	1.71	10.80	0.625
			10		17.167	13.476	0.353	166.87	3.12	24.24	94.65	2.35	16.12	333.63	3.12	172.48	2.13	49.10	1.69	13.12	0.622
11/7.0	110	70	6		10.637	8.350	0.354	133.37	3.54	17.85	42.92	2.01	7.90	265.78	3.53	69.08	1.57	25.36	1.54	6.53	0.403
			7		12.301	9.656	0.354	153.00	3.53	20.60	49.01	2.00	9.09	310.07	3.57	80.82	1.61	28.95	1.53	7.50	0.402
			8		13.944	10.946	0.353	172.04	3.51	23.30	54.87	1.98	10.25	354.39	3.62	92.70	1.65	32.45	1.53	8.45	0.401
			10		17.167	13.476	0.353	208.39	3.48	28.54	65.88	1.96	12.48	443.13	3.70	116.83	1.72	39.20	1.51	10.29	0.397
12.5/8	125	80	7	11	14.096	11.066	0.403	277.98	4.02	26.86	74.74	2.30	12.01	454.99	4.01	120.32	1.80	43.81	1.76	9.92	0.408
			8		15.989	12.551	0.403	256.77	4.01	30.41	83.49	2.28	13.56	519.99	4.06	137.85	1.84	49.15	1.75	11.18	0.407
			10		19.712	15.474	0.402	312.04	3.98	37.33	100.67	2.26	16.56	650.09	4.14	173.40	1.92	59.45	1.74	13.64	0.404
			12		23.351	18.330	0.402	364.41	3.95	44.01	116.67	2.24	19.43	780.39	4.22	209.67	2.00	69.35	1.72	16.01	0.400

续表

角钢号数	尺寸/mm				截面面积/cm²	理论重量/(kg/m)	外表面积/(m²/m)	参考数值														
								x—x			y—y			x_1—x_1		y_1—y_1		u—u			
	B	b	d	r				I_x/cm⁴	i_x/cm	W_x/cm³	I_y/cm⁴	i_y/cm	W_y/cm³	I_{x1}/cm⁴	y_0/cm	I_{y1}/cm⁴	x_0/cm	I_u/cm⁴	i_u/cm	W_u/cm³	$\tan\alpha$
14/9.0	140	90	8	12	18.038	14.160	0.453	365.64	4.50	38.48	120.69	2.59	17.34	730.53	4.50	195.75	2.04	70.83	1.98	14.31	0.411
			10		22.261	17.475	0.452	445.50	4.47	47.31	146.03	2.56	21.22	913.20	4.58	245.92	2.12	85.82	1.96	17.48	0.409
			12		26.400	20.724	0.451	521.25	4.44	55.87	169.79	2.54	24.95	1096.09	4.66	296.89	2.19	100.21	1.95	20.54	0.406
			14		30.456	23.908	0.451	594.10	4.42	64.18	192.10	2.51	28.54	1279.26	4.74	348.82	2.27	114.13	1.94	23.52	0.403
16/10.0	160	100	10	13	25.315	19.872	0.512	668.69	5.14	62.13	205.03	2.85	26.56	1362.89	5.24	336.59	2.28	121.74	2.19	21.92	0.390
			12		30.054	23.592	0.511	784.91	5.11	73.49	239.06	2.82	31.28	1635.56	5.32	405.94	2.36	142.33	2.17	25.79	0.388
			14		34.709	27.247	0.510	896.30	5.08	84.56	271.20	2.80	35.82	1908.50	5.40	476.42	2.43	162.23	2.16	29.56	0.385
			16		39.281	30.835	0.510	1003.04	5.05	95.33	301.60	2.77	40.24	2181.79	5.48	548.22	2.51	182.57	2.16	33.44	0.382
18/11.0	180	110	10	14	28.373	22.273	0.571	956.25	5.80	78.96	278.11	3.13	32.49	1940.40	5.89	447.22	2.44	166.50	2.42	26.88	0.376
			12		33.712	26.464	0.571	1124.72	5.78	93.53	325.03	3.10	38.32	2328.38	5.98	538.94	2.52	194.87	2.40	31.66	0.374
			14		38.967	30.589	0.570	1286.91	5.75	107.76	369.55	3.08	43.97	2716.60	6.06	631.95	2.59	222.30	2.39	36.32	0.372
			16		44.139	34.649	0.569	1443.06	5.72	121.64	411.85	3.06	49.44	3105.15	6.14	726.46	2.67	248.94	2.38	40.87	0.369
20/12.5	200	125	12		37.912	29.761	0.641	1570.90	6.44	116.73	483.16	3.57	49.99	3193.85	6.54	787.74	2.83	285.79	2.74	41.23	0.392
			14		43.867	34.436	0.640	1800.97	6.41	134.65	550.83	3.54	57.44	3726.17	6.02	922.47	2.91	326.58	2.73	47.34	0.390
			16		49.739	39.045	0.639	2023.35	6.38	152.18	615.44	3.52	64.69	4258.86	6.70	1058.86	2.99	366.21	2.71	53.32	0.388
			18		55.256	43.588	0.639	2238.30	6.35	169.33	677.19	3.49	71.74	4792.00	6.78	1197.13	3.06	404.83	2.70	59.18	0.385

注：截面图中的 $r_1=\frac{1}{3}d$ 及表中的 r 值的数据只用于孔型设计，不作交货条件。

附表 3 热轧工字钢

符号意义：

h —— 高度； r_1 —— 腿端圆弧半径；
b —— 腿宽度； I —— 惯性矩；
d —— 腰厚度； i —— 惯性半径；
t —— 平均腿厚度； W —— 截面系数；
r —— 内圆弧半径； S —— 半截面的静矩。

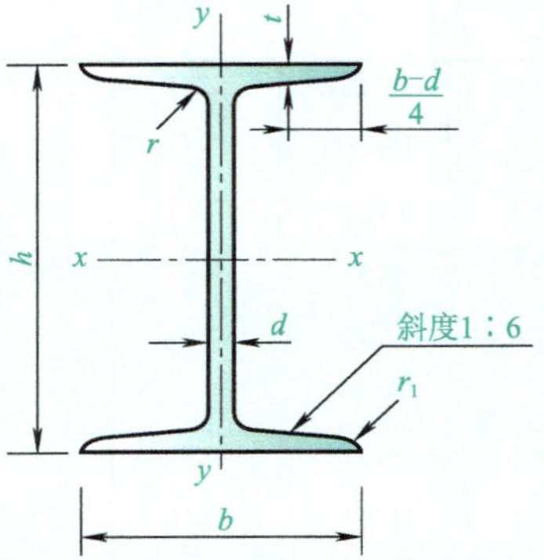

型号	尺寸/mm						截面面积/cm²	理论重量/(kg/m)	参考数值						
									x—x				y—y		
	h	b	d	t	r	r_1			I_x/cm⁴	W_x/cm³	i_x/cm	I_x∶S_x/cm	I_y/cm⁴	W_y/cm³	i_y/cm
10	100	68	4.5	7.6	6.5	3.3	14.345	11.261	245	49	4.14	8.59	33	9.72	1.52
12.6	126	74	5.0	8.4	7.0	3.5	18.118	14.223	488	77	5.20	10.85	47	12.68	1.61
14	140	80	5.5	9.1	7.5	3.8	21.516	16.890	712	102	5.76	12.00	64	16.10	1.73
16	160	88	6.0	9.9	8.0	4.0	26.131	20.513	1130	141	6.58	13.80	93	21.20	1.89
18	180	94	6.5	10.7	8.5	4.3	30.756	24.143	1660	185	7.36	15.40	122	26.00	2.00
20a	200	100	7.0	11.4	9.0	4.5	35.578	27.929	2370	237	8.15	17.20	158	31.50	2.12
20b	200	102	9.0	11.4	9.0	4.5	39.578	31.069	2500	250	7.96	16.90	169	33.10	2.06
22a	220	110	7.5	12.3	9.5	4.8	42.128	33.070	3400	309	8.99	18.90	225	40.90	2.31
22b	220	112	9.5	12.3	9.5	4.8	46.528	36.524	3570	325	8.78	18.70	239	42.70	2.27
25a	250	116	8.0	13.0	10.0	5.0	48.541	38.105	5024	402	10.18	21.58	280	48.28	2.40
25b	250	118	10.0	13.0	10.0	5.0	53.541	42.030	5284	423	9.94	21.27	309	52.42	2.40
28a	280	122	8.5	13.7	10.5	5.3	55.404	43.429	7114	508	11.32	24.62	345	56.57	2.50
28b	280	124	10.5	13.7	10.5	5.3	61.004	47.888	7480	534	11.08	24.24	379	61.21	2.49

续表

型号	尺寸/mm						截面面积/cm²	理论重量/（kg/m）	参考数值						
									x—x				y—y		
	h	b	d	t	r	r_1			I_x/cm⁴	W/cm³	i_x/cm	$I_x:S_x$/cm	I_y/cm⁴	W_y/cm³	i_y/cm
32a	320	130	9.5	15.0	11.5	5.8	67.156	52.717	11100	692	12.8	27.46	460	70.56	2.62
32b	320	132	11.5	15.0	11.5	5.8	73.556	57.741	11600	726	12.6	27.09	502	75.99	2.61
32c	320	134	13.5	15.0	11.5	5.8	79.956	62.765	12200	760	12.3	26.77	544	81.17	2.61
36a	360	136	10.0	15.8	12.0	6.0	76.480	60.037	15800	875	14.4	30.70	552	81.20	2.69
36b	360	138	12.0	15.8	12.0	6.0	83.680	65.689	16500	919	14.1	30.30	582	84.30	2.64
36c	360	140	14.0	15.8	12.0	6.0	90.880	71.341	17300	962	13.8	29.90	612	87.40	2.60
40a	400	142	10.5	16.5	12.5	6.3	86.112	67.598	21700	1090	15.9	34.10	660	93.20	2.77
40b	400	144	12.5	16.5	12.5	6.3	94.112	73.878	22800	1140	15.6	33.60	692	96.20	2.71
40c	400	146	14.5	16.5	12.5	6.3	102.112	80.158	23900	1190	15.2	33.20	727	99.60	2.65
45a	450	150	11.5	18.0	13.5	6.8	102.446	80.420	32200	1430	17.7	38.60	855	114.00	2.89
45b	450	152	13.5	18.0	13.5	6.8	111.446	87.485	33800	1500	17.4	38.00	894	118.00	2.84
45c	450	154	15.5	18.0	13.5	6.8	120.446	94.550	35300	1570	17.1	37.60	938	122.00	2.79
50a	500	158	12.0	20.0	14.0	7.0	119.304	93.654	46500	1860	19.7	42.80	1120	142.00	3.07
50b	500	160	14.0	20.0	14.0	7.0	129.304	101.504	48600	1940	19.4	42.40	1170	146.00	3.01
50c	500	162	16.0	20.0	14.0	7.0	139.304	109.354	50600	2080	19.0	41.80	1220	151.00	2.96
56a	560	166	12.5	21.0	14.5	7.3	135.435	106.316	65600	2340	22.0	47.73	1370	165.08	3.18
56b	560	168	14.5	21.0	14.5	7.3	146.435	115.108	68500	2450	21.6	47.17	1487	174.25	3.16
56c	560	170	16.5	21.0	14.5	7.3	157.835	123.900	71400	2550	21.3	46.66	1558	183.34	3.16
63a	630	176	13.0	22.0	15.0	7.5	154.658	121.407	93900	2980	24.5	54.17	1701	193.24	3.31
63b	630	178	15.0	22.0	15.0	7.5	167.258	131.298	98100	3160	24.2	53.51	1812	203.60	3.29
63c	630	180	17.0	22.0	15.0	7.5	179.858	141.189	102000	3300	23.8	52.92	1925	213.88	3.27

注：表中 r 、 r_1 的数据只用于孔型设计，不作交货条件。

附表4 热轧槽钢

符号意义：

h——高度； r_1——腿端圆弧半径；
b——腿宽度； I——惯性矩；
d——腰厚度； i——惯性半径；
t——平均腿厚度； W——截面系数；
r——内圆弧半径； z_0——y—y轴与y_1—y_1轴的间距。

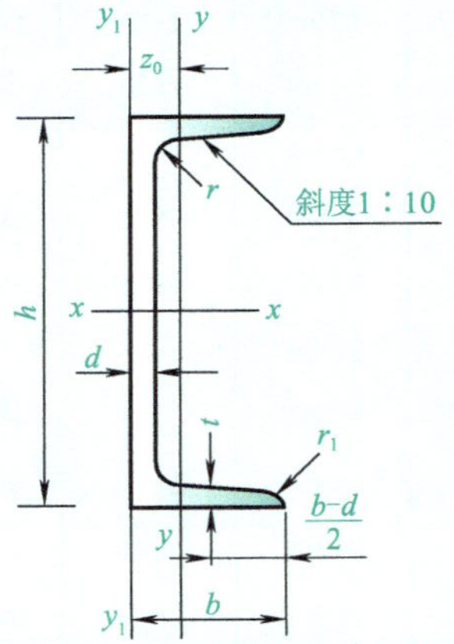

型号	尺寸/mm						截面面积/cm²	理论重量/(kg/m)	参考数值							
									x—x			y—y			y_1—y_1	
	h	b	d	t	r	r_1			W_x/cm³	I_x/cm⁴	i_x/cm	W_y/cm³	I_y/cm⁴	i_y/cm	I_{y1}/cm⁴	z_0/cm
5	50	37	4.5	7.0	7.0	3.50	6.93	5.44	10.4	26.0	1.94	3.55	8.30	1.10	20.9	1.35
6.3	63	40	4.8	7.5	7.5	3.75	8.45	6.63	16.1	50.8	2.45	4.50	11.87	1.19	28.4	1.36
8	80	43	5.0	8.0	8.0	4.00	10.25	8.05	25.3	101.3	3.15	5.79	16.60	1.27	37.4	1.43
10	100	48	5.3	8.5	8.5	4.25	12.75	10.01	39.7	198.3	3.95	7.80	25.60	1.41	54.9	1.52
12.6	126	53	5.5	9.0	9.0	4.50	15.69	12.32	62.1	391.5	4.95	10.24	37.99	1.57	77.1	1.59
14a	140	58	6.0	9.5	9.5	4.75	18.52	14.54	80.5	563.7	5.52	13.01	53.20	1.70	107.1	1.71
14b	140	60	8.0	9.5	9.5	4.75	21.32	16.73	87.1	609.4	5.35	14.12	61.10	1.69	120.6	1.67
16a	160	63	6.5	10.0	10.0	5.00	21.96	17.24	108.3	866.2	6.28	16.30	73.30	1.83	144.1	1.80
16	160	65	8.5	10.0	10.0	5.00	25.16	19.75	116.8	934.5	6.10	17.55	83.40	1.82	160.8	1.75

续表

型号	尺寸/mm						截面面积/cm²	理论重量/(kg/m)	参考数值							
									x—x			y—y			y_1—y_1	z_0/cm
	h	b	d	t	r	r_1			W_x/cm³	I_x/cm⁴	i_x/cm	W_y/cm³	I_y/cm⁴	i_y/cm	I_{y1}/cm⁴	
18a	180	68	7.0	10.5	10.5	5.25	25.70	20.17	141.4	1272.7	7.04	20.03	98.60	1.96	189.7	1.88
18	180	70	9.0	10.5	10.5	5.25	29.30	23.00	152.2	1369.9	6.84	21.52	111.00	1.95	210.1	1.84
20a	200	73	7.0	11.0	11.0	5.50	28.84	22.64	178.0	1780.4	7.86	24.20	128.00	2.11	244.0	2.01
20	200	75	9.0	11.0	11.0	5.50	32.84	25.78	191.4	1913.7	7.64	25.88	143.60	2.09	268.4	1.95
22a	220	77	7.0	11.5	11.5	5.75	31.85	25.00	217.6	2393.9	8.67	28.17	157.80	2.23	298.2	2.10
22	220	79	9.0	11.5	11.5	5.75	36.24	28.45	233.8	2571.4	8.42	30.05	176.40	2.21	326.3	2.03
25a	250	78	7.0	12.0	12.0	6.00	34.92	27.41	369.6	3369.6	9.82	30.61	175.53	2.24	322.3	2.07
25b	250	80	9.0	12.0	12.0	6.00	39.92	31.34	282.4	3530.0	9.41	32.66	196.42	2.22	353.2	1.98
25c	250	82	11.0	12.0	12.0	6.00	44.92	35.26	295.2	3690.5	9.07	35.93	218.42	2.21	384.1	1.92
28a	280	82	7.5	12.5	12.5	6.25	40.03	31.43	340.3	4764.6	10.91	35.72	217.99	2.33	387.6	2.10
28b	280	84	9.5	12.5	12.5	6.25	45.64	35.82	366.5	5130.5	10.60	37.93	242.14	2.30	427.6	2.02
28c	280	86	11.5	12.5	12.5	6.25	51.23	40.22	392.6	5496.3	10.35	40.30	267.60	2.28	462.6	1.95
32a	320	88	8.0	14.0	14.0	7.00	48.51	38.08	474.9	7598.1	12.49	46.47	304.79	2.50	552.3	2.24
32b	320	90	10.0	14.0	14.0	7.00	54.91	43.11	509.0	8144.2	12.15	49.16	336.33	2.47	592.9	2.16
32c	320	92	12.0	14.0	14.0	7.00	61.31	48.13	543.1	8690.3	11.88	52.64	374.18	2.47	643.3	2.09
36a	360	96	9.0	16.0	16.0	8.00	60.91	47.81	659.7	11874.2	13.97	63.54	455.00	2.73	818.4	2.44
36b	360	98	11.0	16.0	16.0	8.00	68.11	53.47	702.9	12651.8	13.63	66.85	496.70	2.70	880.4	2.37
36c	360	100	13.0	16.0	16.0	8.00	75.31	59.12	746.1	13429.4	13.36	70.02	536.40	2.67	947.9	2.34
40a	400	100	10.5	18.0	18.0	9.00	75.07	58.93	878.9	17577.9	15.30	78.83	592.00	2.81	1067.7	2.49
40b	400	102	12.5	18.0	18.0	9.00	83.07	65.21	932.2	18644.5	14.98	82.52	640.00	2.78	1135.6	2.44
40c	400	104	14.5	18.0	18.0	9.00	91.07	71.49	985.6	19711.2	14.71	86.19	687.80	2.75	1220.7	2.42

注：表中 r 、 r_1 的数据只用于孔型设计，不作交货条件。

部分习题参考答案

第 1 章　静力学基础

1.1　$M_O(\boldsymbol{F}_1)=-35.4\text{N}\cdot\text{m}$，$M_O(\boldsymbol{F}_2)=283\text{N}\cdot\text{m}$，$M_O(\boldsymbol{F}_3)=-1800\text{N}\cdot\text{m}$

1.2　$F_{1x}=50\sqrt{2}\text{N}$　$F_{1y}=50\sqrt{2}\text{N}$，$M_O(\boldsymbol{F}_1)=0$

$F_{2x}=100\text{N}$，$F_{2y}=0$，$M_O(\boldsymbol{F}_2)=100\text{N}\cdot\text{cm}$

$M_O(M_1)=-M_1=-300\text{N}\cdot\text{m}$，$M_O(M_2)=M_2=450\text{N}\cdot\text{m}$

1.3　$M_x(\boldsymbol{F}_1)=0$，$M_y(\boldsymbol{F}_1)=-20\text{N}\cdot\text{m}$，$M_z(\boldsymbol{F}_1)=0$

$M_x(\boldsymbol{F}_2)=-9.29\text{N}\cdot\text{m}$，$M_y(\boldsymbol{F}_2)=-3.71\text{N}\cdot\text{m}$，$M_z(\boldsymbol{F}_2)=18.57\text{N}\cdot\text{m}$

$M_x(\boldsymbol{F}_3)=22.36\text{N}\cdot\text{m}$，$M_y(\boldsymbol{F}_3)=-8.94\text{N}\cdot\text{m}$，$M_z(\boldsymbol{F}_3)=44.72\text{N}\cdot\text{m}$

第 2 章　力系的简化

2.1　$F_\text{R}=679\text{kN}$；$\cos(\boldsymbol{F}_\text{R},x)=0.502$；$\cos(\boldsymbol{F}_\text{R},x)=0.865$；$M_O=46\text{N}\cdot\text{m}$

2.2　$F_{\text{R}x}=-463.84\text{N}$，$F_{\text{R}y}=-150.78\text{N}$，$M_O=2143.94\text{N}\cdot\text{cm}$；$F_\text{R}=487.73\text{N}$，$d=4.39\text{cm}$

2.3　$F_{\text{R}x}=-345.4\text{N}$，$F_{\text{R}y}=249.6\text{N}$，$F_{\text{R}z}=10.56\text{N}$，$M_x=-51.78\text{N}\cdot\text{m}$，$M_y=-36.65\text{N}\cdot\text{m}$，$M_z=103.6\text{N}\cdot\text{m}$

2.4　$x_c=-\dfrac{r^2R}{2(R^2-r^2)}$，$y_c=0$

2.5　图(a) $x_c=0\text{mm}$，$y_c=6.07\text{mm}$

图(b) $x_c=11\text{mm}$，$y_c=0\text{mm}$

图(c) $x_c=5.1\text{mm}$，$y_c=10.1\text{mm}$

2.6　重心离底部的高度为 0.658m，离 B 端距离为 1.68m

2.7　$x_c=23.1\text{mm}$，$y_c=38.5\text{mm}$，$z_c=-28.1\text{mm}$

第 3 章　力系的平衡方程及其应用

3.1　$F_{CE}=1.16\text{kN}$

3.2　$F_C=11.25\text{kN}$

3.3　$F_A=\dfrac{2P}{\sqrt{3}}$；$F_\text{T}=\dfrac{2P}{\sqrt{3}}$

3.4　$F_A=F_B=F_C=42.43\text{kN}$

3.5　$F_A=F_B=5.7\text{kN}$

3.6　$F_A=10\text{ kN}$，$F_B=10\text{kN}$

3.7　$F_\text{T}=196.5\text{ kN}$，$F_{\text{N}A}=47.3\text{kN}$，$F_{\text{N}B}=90.21\text{kN}$

3.8　$F_A=-\dfrac{F_1a+F_2b}{c}$，$F_{Bx}=\dfrac{F_1a+F_2b}{c}$，$F_{By}=F_1+F_2$

3.9　$F_\text{R}=F+ql$，$M=l\left(F+\dfrac{ql}{2}\right)$

3.10　$F_{Ax}=20\text{kN}$，$F_{Ay}=100\text{kN}$，$M_A=130\text{kN}\cdot\text{m}$

3.11　图(a) $F_{Ax}=\dfrac{\sqrt{3}}{2}F_1$，$F_{Ay}=\dfrac{1}{6}(4F_1+F_2)$，$F_B=\dfrac{1}{3}(F_1+F_2)$

图(b) $F_{Ax}=\frac{1}{3\sqrt{3}}(F_2+2F_1)$， $F_{Ay}=\frac{1}{3}(2F_2+F_1)$， $F_B=\frac{2}{3\sqrt{3}}(F_2+2F_1)$

图(c) $F_{Ax}=0$， $F_{Ay}=\frac{1}{3}\left(2F+\frac{M}{a}\right)$， $F_B=\frac{1}{3}\left(F-\frac{M}{a}\right)$

图(d) $F_{Ax}=0$， $F_{Ay}=\frac{1}{2}\left(-F+\frac{M}{a}\right)$， $F_B=\frac{1}{2}\left(3F-\frac{M}{a}\right)$

3.12 图(a) $F_{Ax}=0$，$F_{Ay}=2qa$，$M_A=\frac{5qa^2}{2}$

图(b) $F_{Ax}=0$，$F_{Ay}=0$ ，$F_B=3qa$

图(c) $F_{Ax}=0$，$F_{Ay}=F_2-F_1$，$M_A=M+a(2F_2-3F_1)$

图(d) $F_{Ax}=0$，$F_{Ay}=-3\text{kN}$，$F_B=24.6\text{kN}$

图(e) $F_{Ax}=-F$，$F_{Ay}=3qa-\frac{5F}{6}$ ，$F_B=3qa+\frac{5F}{6}$

图(f) $F_{Ax}=\frac{qa}{2}$ ，$F_{Ay}=qa$，$F_B=\frac{qa}{2}$

3.13 $F_{Bx}=3.33\text{ kN}$，$F_{By}=0.25\text{ kN}$，$F_{AC}=6.65\text{ kN}$

3.14 $F_s=\frac{Fa\cos\alpha}{2h}$

3.15 $F_D=F\left(1+\frac{l}{a}\right)^2$

3.16 $F_A=-15\text{ kN}$，$F_B=40\text{ kN}$，$F_C=-5\text{ kN}$，$F_D=15\text{kN}$

3.17 $F_A=-48.3\text{kN}$，$F_B=100\text{ kN}$，$F_D=8.333\text{kN}$

3.18 $M=70\text{kN}\cdot\text{m}$

3.19 $F_{Ax}=12\text{ kN}$，$F_{Ay}=1.5\text{kN}$，$F_B=10.5\text{kN}$，$F_{BC}=-15\text{kN}$

3.20 $F_{Dx}=0$，$F_{Dy}=-2\text{kN}$，$F_{Ex}=0$，$F_{Ey}=2\text{kN}$

3.21 $F_{Ax}=1033.33\text{N}$，$F_{Ay}=766.67\text{N}$，$F_B=1039.09\text{N}$

3.22 $P_{1\min}=2P(1-r/R)$

3.23 $F_T=490\text{N}$，$F_C=1100\text{N}$

3.24 $F_{AB}=F_{AC}=-3\text{kN}$(压)，$F_{AD}=6\text{kN}$(拉)

3.25 $F_{AD}=F_{BD}=-26.39\text{kN}$(压)，$F_{CD}=33.46\text{kN}$(拉)

3.26 $F=50\text{N}$， $\alpha=143°8'$

3.27 $F_{Ax}=4\text{kN}$，$F_{Az}=-1.46\text{kN}$，$F_{Bx}=7.9\text{kN}$，$F_{Bz}=-2.88\text{kN}$

3.28 $F_N=800\text{N}$

3.29 $\theta=\arcsin\frac{3\pi f_s}{4+3\pi f_s}$

3.30 $F=\frac{\sin(\alpha+\alpha_m)}{\cos(\theta-\alpha_m)}P$；当 $\theta=\alpha_m$ 时， $F_{\min}=P\sin(\alpha+\alpha_m)$

3.31 图(a)平衡，$F_s=200\text{N}$

图(b)不平衡，$F_s=150\text{N}$

3.32 平衡应满足的条件为既不滑动又不翻倒，$F\leqslant\frac{6P}{16}=31.25\text{N}$

3.33 (1) $F_{\min}=\frac{\delta P}{r+b}$

(2) $M_{A1}=M_{A2}=\frac{\delta P}{2}$

第 4 章　材料力学的基本假设和基本概念

4.1　(1)对　(2)错　(3)错　(4)对　(5)对

4.2　连续性假设，均匀性假设，各向同性假设

4.3　强度，刚度

4.4　强度，刚度，稳定性

4.5　拉伸，压缩，弯曲

4.6　弯曲，剪切，弯曲与轴向压缩组合

4.7　A 点沿 x 方向的线应变，A 点沿 y 方向的线应变，A 点在 xy 平面内的剪应变

4.8　$F_{S1}=F$，$M_1=Fx$；$F_{N2}=F$，$M_2=Fa$

4.9　图(a) $\gamma=2\alpha$，图(b) $\gamma=\alpha-\beta$，图(c) $\gamma=0$

4.10　$F_{N1}=(\sqrt{2}/2)F$，$F_{S1}=(\sqrt{2}/2)F$，$M_1=(\sqrt{2}/2)Fx$

$F_{N2}=(\sqrt{2}/2)F$，$F_{S2}=(\sqrt{2}/2)F$

4.11　$F_A=F$，$M_A=FL$；$F_{S1}=F$，$M_1=FL/2$

第 5 章　轴向拉压杆的应力与变形

5.1　图(a) $F_{N1}=50\text{kN}$(拉)，$F_{N2}=10\text{kN}$(拉)，$F_{N3}=20\text{kN}$(压)

图(b) $F_{N1}=F$，$F_{N2}=0$，$F_{N3}=F$

图(c) $F_{N1}=0$，$F_{N2}=4F$，$F_{N3}=3F$

5.2　图(a) $F_{N,AB}=\dfrac{1}{2}F$(拉)，$F_{N,BC}=\dfrac{\sqrt{3}}{2}F$(压)

图(b) $F_{N,AB}=\dfrac{\sqrt{2}}{2}F$(拉)，$F_{N,BC}=2F$(拉)

5.3　$\sigma_{1-1}=0$，$\sigma_{2-2}=102\ \text{MPa}$，$\sigma_{3-3}=53\ \text{MPa}$

5.4　$\alpha=48°11'$

5.5　$\sigma_{max}=67.9\ \text{MPa}$，在 1-1 截面上

5.6　$\sigma_{0°}=100\ \text{MPa}$，$\sigma_{45°}=50\ \text{MPa}$，$\sigma_{-60°}=25\ \text{MPa}$，$\sigma_{90°}=0$

$\tau_{0°}=0$，$\tau_{45°}=50\ \text{MPa}$，$\tau_{-60°}=-43.3\ \text{MPa}$，$\tau_{90°}=0$

$\sigma_{max}=\sigma_{0°}=100\ \text{MPa}$，$|\tau_{max}|=\tau_{45°}=50\ \text{MPa}$

5.7　$\sigma_{max}=33.1\ \text{MPa}\leqslant[\sigma]$，满足强度条件

5.8　(1)结构的强度不够；

(2) $b=63.2\ \text{mm}$，$h=126.5\ \text{mm}$

5.9　$[F]=33.3\ \text{kN}$

5.10　$[F]=68.7\ \text{kN}$

5.11　$n\geqslant7.34$，取 $n=8$

5.12　$\theta=45°$

5.13　$\varepsilon_{\text{I}}=0.05\%$，$\varepsilon_{\text{II}}=0$，$\varepsilon_{\text{III}}=-0.05\%$，$\Delta l_{\text{I}}=0.5\ \text{mm}$，$\Delta l_{\text{II}}=0$，$\Delta l_{\text{III}}=-1\ \text{mm}$

5.14　$\Delta l_{\text{I}}=1.25\text{mm}$，$\Delta l_{\text{II}}=0.45\text{mm}$，$\Delta l_{\text{III}}=0.5\text{mm}$，$\Delta l=2.2\ \text{mm}$

5.15　$\Delta l=\dfrac{4Fl}{\pi Ed_1d_2}$

5.16 $\Delta l=\dfrac{Fl}{tE(b_2-b_1)}\ln\dfrac{b_2}{b_1}$

5.17 $E=208\ \text{GPa}$ ， $\mu=0.317$

5.18 $F=\dfrac{0.39Ed\delta}{\mu}$， $\Delta l=\dfrac{\delta l}{\mu d}$

5.19 $x=\dfrac{E_2A_2}{E_1A_1+E_2A_2}l$

5.20 $F_{N1}=-\dfrac{F}{6}$， $F_{N2}=\dfrac{5F}{6}$， $F_{N3}=\dfrac{F}{3}$

5.21 图(a) $F_{N1}=\dfrac{2F}{3}$， $F_{N2}=-\dfrac{F}{3}$；

图(b) $F_{N1}=F$， $F_{N2}=0$， $F_{N3}=-F$

5.22 $[F]=698\ \text{kN}$

5.23 $F_{N,BC}=22\ \text{kN}$

第 6 章　材料拉伸和压缩时的力学性能

6.1 $d_{max}=17.8\ \text{mm}$， $A_{CD}\geqslant 8.33\ \text{cm}^2$， $F=15.7\ \text{kN}$

6.2 $\varepsilon=500\times10^{-6}$， $\sigma=100\ \text{MPa}$， $F=7.85\ \text{kN}$

6.3 $E\approx200\ \text{GPa}$， $\sigma_p\approx200\ \text{MPa}$， $\sigma_s\approx240\ \text{MPa}$， $\sigma_b\approx440\ \text{MPa}$； $\delta=30\%$，塑性材料

6.4 $E=70\ \text{GPa}$， $\sigma_p=230\ \text{MPa}$， $\sigma_{p0.2}=325\ \text{MPa}$； $\varepsilon_e=0.0047$， $\varepsilon_p=0.003$

6.5 $F=12\ \text{kN}$ 时， $\Delta l_{前}=0.44\ \text{mm}$， $\Delta l_{后}=0$；

$F=23.5\ \text{kN}$ 时， $\Delta l_{前}=1.1\ \text{mm}$， $\Delta l_{后}=0.2\ \text{mm}$

第 7 章　剪　　切

7.1 $F=136\ \text{kN}$

7.2 $\tau=15.9\ \text{MPa}\leqslant[\tau]$，满足强度条件

7.3 $\tau_{铜}=51\ \text{MPa}$， $\tau_{销}=61.2\ \text{MPa}$

7.4 $\tau=28.6\ \text{MPa}<[\tau]$，满足剪切强度条件

$\sigma_{bs}=95.9\ \text{MPa}<[\sigma_{bs}]$，满足挤压强度条件

7.5 $\tau=137.5\ \text{MPa}>[\tau]$，不满足剪切强度条件

$\sigma_{bs}=194.4\ \text{MPa}<[\sigma_{bs}]$，满足挤压强度条件

7.6 $D:h:d=1.29:0.5:1$

7.7 $[F]=43.2\ \text{kN}$，已受拉伸强度控制

第 8 章　杆件的扭转

8.1 图(a) $T_{max}=2M_e$；

图(b) $T_{max}=3\ \text{kN}\cdot\text{m}$；

图(c) $T_{max}=5\ \text{kN}\cdot\text{m}$

8.2 BC 段：$T=-0.702\ \text{kN}\cdot\text{m}$；

AB 段：$T=-1.755\ \text{kN}\cdot\text{m}$

8.3 (1) $T_{max}=1.36\ \text{kN}\cdot\text{m}$；

(2) $T_{max}=1.09\ \text{kN}\cdot\text{m}$

8.6 (1) $\tau_\rho = 42.78$ MPa， $\tau_{max} = 71.30$ MPa；

(2) $\varphi_{BA} = 1.03°$， $\varphi_{CA} = 1.55°$

8.7 (1) $\tau_{max} = 69.8$ MPa；

(2) $\varphi_{CA} = 2.33°$

8.8 $\tau_{max1} = 24.3$ MPa>$[\tau]$， $\tau_{max2} = 22.6$ MPa>$[\tau]$， $\tau_{max3} = 23.7$ MPa>$[\tau]$不安全

8.9 $G = 0.8\times10^5$MPa， $\tau = 106$ MPa

8.10 $G = 0.78\times10^5$MPa， $\mu = 0.28$

8.11 $N = 77.0$ kW

8.12 $A_1 = 10.89\ \text{cm}^2$， $A_2 = 7.65\ \text{cm}^2$

8.13 重量比=面积比=0.51，刚度比 =极惯性矩之比=1.19

8.14 $\varphi = \dfrac{m_e l^2}{2GI_p}$

8.15 AE 段： $\tau_{max} = 45.17$ MPa <$[\tau]$， $\theta = 0.46°$/m<$[\theta]$满足强度和刚度条件

BC 段： $\tau_{max} = 71.3$ MPa <$[\tau]$， $\theta = 1.02°$/m<$[\theta]$满足强度和刚度条件

8.16 $\tau_{max} = 59.8$ MPa， $\varphi_C = 0.714°$

8.17 $[M_e] = 0.414$ kN·m

8.18 $[M_e] = 0.602$ kN·m

8.19 (1) $\tau_{1max} = 40.1$ MPa；

(2) $\tau_{2max} = 34.4$ MPa；

(3) $\theta = 0.565°$/m

8.20 $\dfrac{\tau_{max1}}{\tau_{max2}} = 0.737$， $\dfrac{I_p}{I_t} = 1.129$

第 9 章 弯曲应力及弯曲强度

9.1

习题号	F_{S1}	M_1	F_{S2}	M_2	F_{S3}	M_3
(a)	0	−2kN·m	−5kN	−12kN·m		
(b)	$-qa$	$-qa^2$	$-qa$	$-3qa^2$	$-2qa$	$-4.5qa^2$
(c)	0	27kN·m				
(d)	3kN	6kN·m	−3kN	6kN·m		
(e)	3kN	6kN·m	3kN	−3kN·m		
(f)	$-qa/12$	$qa^2/4$				

9.2

习题号	最大正剪力	最大负剪力	最大正弯矩	最大负弯矩
(a)	0	0	0	3kN·m
(b)	0	1.5kN	3kN·m	0
(c)	15kN	0	0	32.5kN·m
(d)	33kN	33kN	116kN·m	0
(e)	11kN	0	3kN·m	10kN·m
(f)	$P/2$	P		$Pl/2$
(g)	$qa/6$	qa	0	$qa^2/2$
(h)	5kN	15kN	7.5kN·m	15kN·m

9.3

习题号	最大正剪力	最大负剪力	最大正弯矩	最大负弯矩
(a)	ql	0	$ql^2/2$	0
(b)	0	0	10kN·m	0
(c)	20kN	0	30 kN·m	0
(d)	5kN		0	12.5kN·m
(e)	15kN	15kN	20kN	0
(f)	$m/2a$	0	0.5m	1.5m
(g)	1kN	7kN	2.25kN·m	10kN·m
(h)	$2F/3$	$F/3$	$Fa/3$	$Fa/3$
(i)	$F/2$	$F/2$	$Fa/2$	0
(j)	7.5kN	2.5kN	2.8kN·m	0
(k)	$1.5F$	$0.5F$	$0.5Fa$	Fa
(l)	$11qa/6$	$7qa/6$	$49qa^2/72$	qa^2

9.4

习题号	最大正剪力	最大负剪力	最大正弯矩	最大负弯矩
(a)	$2F$	0	Fa	$2Fa$
(b)	$1.5qa$	$1.5qa$	$0.125\,qa^2$	qa^2

9.5

习题号	最大正剪力	最大负剪力
(a)	5kN	0
(b)	5kN	5kN

9.6 a/l=0.207

9.7

习题号	最大轴力	最大剪力	最大弯矩	
(a)	F	F	Fa	
(b)	F	F	Fa	
(c)	qa	qa	$0.5qa^2$	

9.8 (a) $I_z = 2.18\times10^5\text{mm}^4$；(b) $I_z = 3.63\times10^7\text{mm}^4$；(c) $I_z = 1.23\times10^4\text{cm}^4$

9.9 $a = 111\text{mm}$

9.10 $\dfrac{h}{b} = 1.415$

9.11 $\sigma_{\max} = 22.2\text{MPa}$

9.12 A 截面：$\sigma_{\max} = 173$ MPa；B 截面：$\sigma_{\max} = 86.5$ MPa；C 截面：$\sigma_{\max} = 0$ MPa

9.13 $\sigma_{\text{t}\max} = 10.4$ MPa，发生在 C 截面的下缘

9.14 a =2.12 m，q = 25 kN/m

9.15 a =1.39 m

9.16 M = 9.36 kN·m

9.17 $[F] = 70.8\ \text{kN}$

9.18 $q = 10.03\ \text{kN/m}$

9.19 $n = 3.71$

9.20 16/15

9.21 $\dfrac{y_1}{y_2} = \dfrac{[\sigma]_t}{[\sigma]_c}$

9.22 5 倍

9.23 $W_z = 412\ \text{cm}^3$ ，选用两个 8 号槽钢

9.24 $\tau_{max} = 0.83\ \text{MPa}$

9.25 $\tau_a = \tau_b = \tau_c = 0.45\ \text{MPa}$

9.26 0.5

9.27 $[F]=3.94\ \text{kN}$

9.28 $\tau_{max} = 0.444\ \text{MPa}$

9.29 选用 No.28a 号工字钢，满足切应力强度条件。

9.30 选用 No.20a 号工字钢，满足切应力强度条件。

第 10 章 弯曲变形

10.2 图(a) $w_C = -\dfrac{M_e l^2}{16EI}$， $\theta_B = \dfrac{M_e l}{6EI}$

图(b) $w_B = -\dfrac{ql^4}{8EI}$， $\theta_B = \dfrac{ql^3}{6EI}$

图(c) $w_C = -\dfrac{qa^4}{8EI}$， $w_D = -\dfrac{qa^4}{12EI}$， $\theta_A = -\dfrac{qa^3}{6EI}$， $\theta_B = 0$

图(d) $w_C = -\dfrac{Fl^3}{6EI}$， $\theta_B = -\dfrac{9Pl^2}{8EI}$

10.3 $\theta_A = -\dfrac{7q_0 l^3}{360EI}$， $\theta_B = \dfrac{q_0 l^3}{45EI}$， $w_{max} = -6.52\times10^{-3}\dfrac{qa^4}{EI}$

10.4 $w_A = -\dfrac{Fa^3}{EI}\left(1+\dfrac{9EI}{4Ka^3}\right)$

10.5 图(a) $w_C = -\dfrac{Fa(2a^2+6ab+3b^2)}{6EI}$， $\theta_B = \dfrac{Fa(2b+a)}{2EI}$

图(b) $w_B = \dfrac{ql^4}{16EI}$， $\theta_B = \dfrac{ql^3}{12EI}$；

图(c) $w_C = \dfrac{qa(b^3-a^2b-3a^3)}{24EI}$， $\theta_B = \dfrac{qb(b^2-4a^2)}{6EI}$

图(d) $w_B = \dfrac{11Fl^3}{48EI}$， $\theta_C = \dfrac{Fl^2}{4EI}$

10.6 图(a) $w_C = \dfrac{Fa^3}{3EI}$， $\theta_B = -\dfrac{2Fa^2}{3EI}$

图(b) $w_C = -\dfrac{5Fa^3}{6EI}$， $\theta_B = \dfrac{5Fa^2}{6EI}$

10.7 $w_C = -\dfrac{5Fl^3}{2EI}$， $\theta_C = \dfrac{13Fl^2}{6EI}$

10.8 (1) $x=0.152\,l$；

(2) $x=0.167\,l$

10.9 $\theta_A=\dfrac{5Fl^2}{4EI}$， $w_A=-\dfrac{3Fl^3}{2EI}$

10.10 $w=\dfrac{Fx^3}{3EI}$

10.11 $\Delta_{HC}=\dfrac{3Fa^3}{4EI}$ (←)， $\Delta_{VC}=\dfrac{Fa^3}{2EI}$ (↓)

10.12 $\Delta_{VC}=8.21\ \text{mm}$ (↓)

10.13 $d\geqslant 23.9\ \text{mm}$

10.14 强度：16a 号；刚度：22a；考虑自重：$w_{max}=3.5\ \text{mm}<[w]$

10.16 图(a) $F_B=\dfrac{17}{16}qa$

图(b) $F_B=\dfrac{11}{16}F$

10.17 $F_N=\dfrac{3}{8}\dfrac{Al^3}{Al^3+3aI}ql$

10.18 $w_B=w_C=\dfrac{2ql^4}{9EI}$

第 11 章 能 量 法

11.1 图(a) $V=\dfrac{2F^2l}{E\pi d^2}$

图(b) $V=\dfrac{7F^2l}{8E\pi d^2}$

11.2 $V=0.957\dfrac{F^2l}{EA}$

11.3 $V=\dfrac{16m_e^2l^3}{3G\pi d^4}$

11.4 $V=\dfrac{14M_e^2l}{3G\pi d^4}$

11.5 图(a) $V=\dfrac{(F^2l^2+3FlM_e+3M_e^2)l}{6EI}$

图(b) $V=\dfrac{q^2l^5}{1280EI}$

图(c) $V=\dfrac{3F^2l^3}{512EI}$

图(d) $V=\dfrac{q_0^2l^5}{56EI}$

11.6 图(a) $V=\dfrac{13q^2l^5}{120EI}$

图(b) $V=\left(\dfrac{a^3}{2EI}+\dfrac{9h}{8EA}\right)F^2$

11.8 图(a) $w_C = \dfrac{Fl^3}{6EI}$ (↓)， $\theta_B = \dfrac{9Fl^2}{8EI}$ (↻)

图(b) $w_C = \dfrac{11ql^4}{24EI}$ (↓)， $\theta_B = \dfrac{2ql^3}{3EI}$ (↻)

图(c) $w_B = \dfrac{7qa^4}{24EI}$ (↓)， $\theta_B = \dfrac{qa^3}{6EI}$ (↻)

图(d) $w_C = \dfrac{qa^4}{8EI}$ (↓)

11.9 $\varDelta_{VC} = \dfrac{9+10\sqrt{3}}{6}\dfrac{Fa}{EA}$ (↓)， $\varDelta_{HB} = \dfrac{\sqrt{3}}{2}\dfrac{Fa}{EA}$ (→)

11.10 $\varDelta_{VC} = \dfrac{18+20\sqrt{3}}{3}\dfrac{Fa}{EA}$ (↓)， $\varDelta_{HC} = 2\sqrt{3}\dfrac{Fa}{EA}$ (→)

11.11 $\varDelta_{VA} = \dfrac{Fabh}{EI}$ (↑)， $\varDelta_{HA} = \dfrac{Fbh^2}{2EI}$ (→)

11.12 $\theta_A = \dfrac{Fa^2}{4EI}$ (↻)

11.13 $w_B = \dfrac{2Fa^3}{3EI} + \dfrac{8\sqrt{2}Fa}{EA}$ (↓)， $\theta_B = \dfrac{5Fa^3}{6EI} + \dfrac{4\sqrt{2}F}{EA}$ (↻)

第 12 章　应力状态分析

12.1 $\sigma_a = 47.7\text{MPa}, \tau_a = 19.1\text{MPa}$ ； $\sigma_b = 50.9\text{MPa}, \tau_b = 25.5\text{MPa}$

12.2

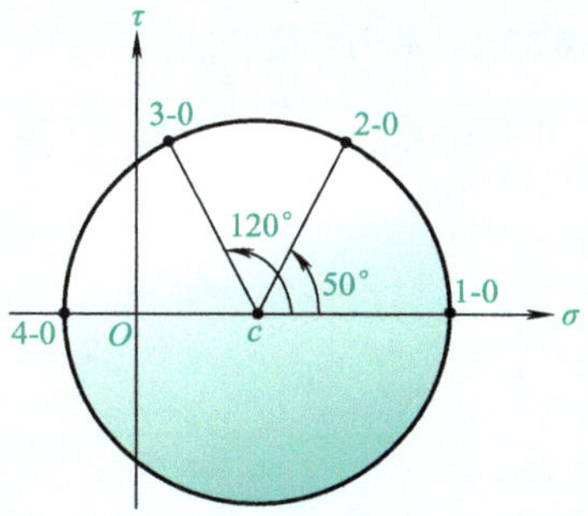

12.4 图(a) $\sigma_{60^\circ} = -30\text{MPa}$， $\tau_{60^\circ} = 34.64\text{MPa}$， $\tau_{max} = 40\text{MPa}$

图(b) $\sigma_{45^\circ} = 60\text{MPa}$， $\tau_{45^\circ} = 0$， $\tau_{max} = 0$

图(c) $\sigma_{30^\circ} = 20\text{MPa}$， $\tau_{30^\circ} = 34.64\text{MPa}$， $\tau_{max} = 40\text{MPa}$

12.5 图(a) $\sigma_{45^\circ} = -25\text{MPa}$， $\tau_{45^\circ} = 25\text{MPa}$

图(b) $\sigma_{30^\circ} = 14\text{MPa}$， $\tau_{30^\circ} = 15\text{MPa}$

图(c) $\sigma_{-55^\circ} = 2.34\text{MPa}$， $\tau_{-55^\circ} = -16.65\text{MPa}$

12.6 1 点： $\sigma_1 = \sigma_2 = 0$， $\sigma_3 = -120\text{MPa}$

2 点： $\sigma_1 = 36\text{MPa}$， $\sigma_2 = 0$， $\sigma_3 = -36\text{MPa}$

3 点： $\sigma_1 = 70.3\text{MPa}$， $\sigma_2 = 0$， $\sigma_3 = -10.3\text{MPa}$

4 点： $\sigma_1 = 120\text{MPa}$， $\sigma_2 = \sigma_3 = 0$

12.7 图(a) $\sigma_1 = 52.17\text{MPa}$， $\sigma_3 = -42.17\text{MPa}$， $\alpha_0 = -29^\circ$

图(b) $\sigma_1 = 71.23\text{MPa}$， $\sigma_3 = -11.23\text{MPa}$， $\alpha_0 = -38^\circ$

图(c) $\sigma_1 = -6.15\text{MPa}$， $\sigma_3 = -113.85\text{MPa}$， $\alpha_0 = -34.1^\circ$

12.8 $\sigma_1 = 80\text{MPa}$，$\sigma_2 = 40\text{MPa}$，$\sigma_3 = 0$

12.10 图(a) $\sigma_1 = 60\text{MPa}$，$\sigma_2 = 30\text{MPa}$，$\sigma_3 = -70\text{MPa}$，$\sigma_{\max} = 60\text{MPa}$，$\tau_{\max} = 65\text{MPa}$

图(b) $\sigma_1 = 50\text{MPa}$，$\sigma_2 = 30\text{MPa}$，$\sigma_3 = -50\text{MPa}$，$\sigma_{\max} = 50\text{MPa}$，$\tau_{\max} = 50\text{MPa}$

12.11 $\sigma_1 = 84.7\text{MPa}$，$\sigma_2 = 20\text{MPa}$，$\sigma_3 = -4.7\text{MPa}$

12.12 $\sigma_x = 80\text{MPa}$，$\sigma_y = 0$

12.13 $\sigma_1 = \sigma_2 = -29.6\text{MPa}$，$\sigma_3 = -60\text{MPa}$

第 13 章 强度理论与组合变形

13.1 $\sigma_{r1} = 24\text{MPa} < [\sigma]_t$，$\sigma_{r2} = 34.8\text{MPa} < [\sigma]_t$，强度够

13.2 $\sigma_{r3} = 250\text{MPa} = [\sigma]$，$\sigma_{r4} = 227\text{MPa} < [\sigma]$，强度够

13.3 图(a) $\sigma_{r1} = 72.4\text{MPa}$，$\sigma_{r2} = 75.5\text{MPa}$，$\sigma_{r3} = 84.8\text{MPa}$，$\sigma_{r4} = 79.3\text{MPa}$

图(b) $\sigma_{r1} = 25\text{MPa}$，$\sigma_{r2} = 31.3\text{MPa}$，$\sigma_{r3} = 50\text{MPa}$，$\sigma_{r4} = 43.3\text{MPa}$

图(c) $\sigma_{r1} = 54.7\text{MPa}$，$\sigma_{r2} = 63.4\text{MPa}$，$\sigma_{r3} = 89.4\text{MPa}$，$\sigma_{r4} = 78.1\text{MPa}$

图(d) $\sigma_{r1} = 80\text{MPa}$，$\sigma_{r2} = 90\text{MPa}$，$\sigma_{r3} = 120\text{MPa}$，$\sigma_{r4} = 105.8\text{MPa}$

13.4 图(a) $\sigma_{r3} = \sigma$；图(b) $\sigma_{r3} = \dfrac{1-2\mu}{1-\mu}\sigma$

13.5 $\sigma_{r1} = 22.7\text{MPa} < [\sigma]_t$，$\sigma_{r2} = 26.8\text{MPa} < [\sigma]_t$，安全

13.6 按第三强度理论：p=1.2MPa；按第四强度理论：p=1.38MPa

13.7 $\sigma_{\max}$=157.5MPa<$[\sigma]$，$\tau_{\max} = 47.8\text{MPa} < [\tau]$，在 F_S=100kN，M=80kN·m 的截面上的翼缘与腹板的交界处，σ_{r4}=155.7MPa<$[\sigma]$，安全

13.8 $\sigma_{\max} = 121\text{MPa}$，超过许用应力 0.83%，故仍可使用

13.9 (1)开槽前 $\sigma_{\max}^- = \dfrac{P}{a^2}$，各截面；开槽后 $\sigma_{\max}^- = \dfrac{8P}{3a^2}$，左侧外边缘

(2)均布 $\sigma_{\max}^- = \dfrac{2P}{a^2}$

13.10 $d = 122\text{mm}$

13.11 $F = 60\text{kN}$

13.12 $l = 2.43\text{m}$

13.13 $d \geqslant 17.28\text{mm}$

13.14 $\sigma_1 = 33.5\text{MPa}$，$\sigma_2 = 0$，$\sigma_3 = -9.96\text{MPa}$，$\tau_{\max} = 21.73\text{MPa}$，$\sigma_{r4} = 39.37\text{MPa}$

13.15 F=788N

第 14 章 压杆稳定问题

14.1 $F_{cr} = 54.5\text{kN}$

$F_{cr} = 89.1\text{kN}$

$F_{cr} = 459\text{kN}$

14.2 图(a) $F_{cr} = 2540\text{kN}$

图(b) $F_{cr} = 2644\text{kN}$

图(c) $F_{cr} = 3135\text{kN}$

14.3 $F_{cr} = 400\text{kN}$；$\sigma_{cr} = 665\text{MPa}$

14.4 $F_{cr} = \dfrac{\pi^2 EI}{2l^2}$，$F'_{cr} = \dfrac{\sqrt{2}\pi^2 EI}{l^2}$

14.5 $F_{cr}=65.1kN$

14.6 图(a) $b=40mm$，$\lambda=129.90>\lambda_p$，$F_{cr}=131.01kN$

图(b) $a=56.57mm$，$\lambda=91.86>\lambda_p$，$F_{cr}=262.02kN$

图(c) $d=63.83mm$，$\lambda=94.00>\lambda_p$，$F_{cr}=250.21kN$

图(d) $D=89.38mm$，$\lambda=54.99>\lambda_p$，$F_{cr}=731.01kN$

稳定性：图(d)>图(b)>图(c)>图(a)

14.7 $n=\dfrac{F_{cr}}{F}=8.28>n_{st}=8$，活塞杆满足稳定性条件

14.8 $[F]=286.4kN$

14.9 $a=191mm$

14.10 $w_B=0.386mm$

第 15 章 动 载 荷

15.1 $\sigma_{d,max}=\dfrac{2Pl}{9W}\left(1+\sqrt{1+\dfrac{243EIH}{2Pl^3}}\right)$

15.2 (1) 0.0283MPa

(2) 9.7MPa

(3) 1.7MPa

15.3 $\sigma_{d,max}=31.6MPa$，$\delta_d=24.5mm$

15.4 $h=392mm$

15.5 $\sigma_{d,max}=\sqrt{\dfrac{3EIv^2P}{gaW_z^2}}$

15.6 $\tau_{d,max}=80.7MPa$，$\sigma_{d,max}=142.5MPa$

15.7 $K_d=5.1$，$\sigma_{r3,d}=129MPa<[\sigma]$，折杆安全，$\delta_{c,d}=25.8mm$

15.8 图(a) $\sigma_m=80MPa$，$\sigma_a=120MPa$，$r=-0.2$

图(b) $\sigma_m=-150MPa$，$\sigma_a=100MPa$，$r=5$

15.9 $\sigma_{max}=152.8MPa$，$\sigma_{min}=-101.8MPa$，$\sigma_m=25.5MPa$，$\sigma_a=127.3MPa$

15.10 $K_\sigma=1.53$

15.11 $K_\tau=1.19$

15.12 $K_\sigma/(\beta\varepsilon_\sigma)=2.19$，$K_\tau/(\beta\varepsilon_\tau)=1.76$

参 考 文 献

范钦珊，王琪，2002. 工程力学：I. 北京：高等教育出版社.

哈尔滨工业大学理论力学教研组，2009. 理论力学. 7 版. 北京：高等教育出版社.

刘鸿文，2013. 材料力学：I，II. 5 版. 北京：高等教育出版社.

纳尔逊 E W，贝斯特 C L，2002. 工程力学. 贾启芬，等译. 北京：科学出版社.

屈本宁，张宝中，王国超，2004. 理论力学. 重庆：重庆大学出版社.

屈本宁，张曙红，2008. 工程力学. 2 版. 北京：科学出版社.

单辉祖，2004. 材料力学：I，II. 2 版. 北京：高等教育出版社.

孙训芳，2002. 材料力学：I，II. 4 版. 北京：高等教育出版社.

谢传锋，1999. 静力学. 北京：高等教育出版社.

Ferdinand P B, Johnston E R, Dewolf J J T, et al, 2012. Mechanics of Materials. Sixth edition. New York: McGraw-Hill.

Hibbeler R C, 2014. Statics. Twelfth Edition, 影印版. 北京：机械工业出版社.

James M G, Barry J G, 2009. Mechanics of Materials. Seventh edition, Toronto: Cengage Learning.

Qu B N, Yang B C, Guo R, 2014. Mechanical Calculation Model for L-Shape Traffic Signs Barwith Variable Cross-Section. Applied Mechanics and Materials Vols, 444-445: 1001-1006.